SAMMLUNG TUSCULUM

LUKIAN

BAND I
RHETORISCHE SCHRIFTEN

Griechisch-deutsch

Übersetzt und mit Anmerkungen versehen
von Peter von Möllendorff

Unter Mitwirkung von Jens Gerlach

DE GRUYTER

ISBN 978-3-11-070001-5
e-ISBN (PDF) 978-3-11-070342-9

Library of Congress Control Number: 2021945843

Bibliografische Information der Deutschen Nationalbibliothek
Die Deutsche Nationalbibliothek verzeichnet diese Publikation in der Deutschen Nationalbibliografie; detaillierte bibliografische Daten sind im Internet über http://dnb.dnb.de abrufbar.

Für Einbandgestaltung verwendete Abbildungen:
Cologny (Genève), Fondation Martin Bodmer, Cod. Bodmer 5: 3v/4r
(www.e-codices.unifr.ch)

Satz im Verlag
Druck und Bindung: Beltz Bad Langensalza GmbH

♾ Gedruckt auf säurefreiem Papier
Printed in Germany

www.degruyter.com

INHALT

EINLEITUNG

»Du lebst, Lucian!« – so beginnt Kurt Tucholsky vor nunmehr rund 100 Jahren die zweite Strophe seines Gedichts *An Lucianos* (1918).[1] Er rühmt seine kein Tabu achtende freie Rede, seinen Scharfsinn, sein alle sozialen Schichten umfassendes Interesse am Menschen, seinen satirisch-entlarvenden Witz, seine über alles Pathos siegende Frechheit. Lukian ist Tucholskys »Freund! Vetter! Bruder! Kampfgenosse!«, und über beinahe 2000 Jahre hinweg verbindet die beiden eine geistige und seelische Verwandtschaft, ja mehr noch, wie der als Klimax gemeinte Begriff »Kampfgenosse« zeigt: Es verbindet sie ein überhistorisches gemeinsames politisches Anliegen, und Tucholsky, wie Lukian ein »frecher Hund«, sieht sich als legitimen Nachfahren des Gesellschaftskritikers aus dem syrischen Samósata, der im 2. Jahrhundert n. Chr. lebte. Ebenso als verbindend mag Tucholsky dabei empfunden haben, dass auch Lukian in der Geschichte seiner Rezeption, und nicht am wenigsten in Tucholskys eigener Zeit, in konservativen Kreisen angefeindet wurde. Der teilweise feuilletonistische, manchmal auch pamphletistische Charakter seiner Schriften, der in der philologischen Wissenschaft immer lauter erhobene Vorwurf mangelnder Originalität, ja des Plagiats, schließlich allgemein mangelnder Seriosität – ihm sei »nichts heilig«, hieß es immer wieder: für Tucholsky: »Gott sei Dank« – mündete schließlich, schon im frühen 20. Jahrhundert, in antisemitisch motivierte Ablehnung: Lukian sei ein »ekelhafter Semit«, schrieb Johannes Geffcken 1907, Eduard Norden nannte ihn schon 1898 einen »leichtfertigen Syrer«,

1 Vgl. zum folgenden M. Baumbach, *Lukian in Deutschland. Eine forschungs- und rezeptionsgeschichtliche Analyse vom Humanismus bis zur Gegenwart*, München 2002, außerdem die Einleitung in J. Werner, H. Greiner-Mai, *Lukian. Werke in drei Bänden*, Berlin/Weimar 1974, hier XXXI–XL.

und nach Wilhelm Capelle könne er »germanisches Wesen auf die Dauer nicht ansprechen« (1914). In den ersten zwei Jahrzehnten des 20. Jahrhundert konnte es also scheinen, als sei Lukian öffentlicher Aufmerksamkeit nicht wert. Doch schon gut zwei Generationen zuvor war Lukian aus den deutschen Lehrplänen entfernt worden, um stattdessen, angesichts gesunkener Stundenzahlen, stärker die Klassiker zu fokussieren; das Interesse an ihm gerade als Schulautor war dann zwar, gerade mit Blick auf die Reinheit und Exemplarität seines attischen Stils, immer wieder aufgeflackert, aber im frühen 20. Jahrhundert ließ auch dies nach. Und damit erlosch dann bald weitgehend auch die wissenschaftliche Beschäftigung mit Lukian, die nach dem Zweiten Weltkrieg nur zögerlich und eigentlich erst im Zusammenhang einer zunehmenden Beschäftigung mit der literarischen Prosa der Kaiserzeit und einer neuen Würdigung dieser Epoche, die Houston Stewart Chamberlain, einer der ›Gründerväter‹ des pangermanischen Antisemitismus im 20. Jahrhundert, noch 1899 als »bastardisierte, verkommene, entartete Welt« bezeichnet hatte, seit den 70er Jahren wieder in Gang kam.[2]

Einem solchen Wechselbad zunehmender und abnehmender Akzeptanz war Lukian auch schon zuvor, im Humanismus der Renaissance, ausgesetzt gewesen. Wurde er von Humanisten wie Thomas Morus, Erasmus von Rotterdam, Philip Melanchthon und Ulrich von Hutten als Satiriker und Moralist sowie als, mindestens ebenso wichtig, genialer Schöpfer literarischer Dialoge und, bereits hier, als Attizist reinsten Wassers nicht nur geliebt und gelesen, sondern auch ins Lateinische und des Öfteren sogar ins Deutsche übersetzt und in ihre bildungspolitischen Ambitionen integriert, so geriet er seit der zweiten Hälfte des 16. Jahrhunderts zunehmend in den Vor-

2 Die vorangehenden Zitate nach Baumbach (Anm. 1) 217–219. Vor dem Wiederaufleben der Lukianstudien in den 70er Jahren bildet eine Ausnahme vom oben Gesagten das umfangreiche und magistrale Buch von Jacques Bompaire, *Lucien écrivain. Imitation et création*, Paris 1958.

wurf unseriöser Frivolität und zudem in den Ruf eines Verächters des Christentums – eine Kritik, die schon der Lukian-Eintrag im byzantinischen Lexikon *Suda* geäußert hatte und die erst mit dem Erscheinen von Jacob Bernays' *Lucian und die Kyniker* (1879) *ad acta* gelegt werden konnte: Bernays machte in der besonders häufig attackierten Schrift *Vom Tod des Peregrinus* als eigentliches Objekt der Satire nicht die Christen, sondern die Kyniker aus, allerdings betonte er auch, und das war nicht weniger folgenreich, Lukians angeblich mangelnde Tiefe, ja seinen Nihilismus. In anderen europäischen Ländern wurde Lukian durchaus positiver rezipiert, so in Frankreich insbesondere seine *Totengespräche* und *Göttergespräche*, und in England griff ihn etwa Henry Fielding in seiner journalistischen Tätigkeit intensiv auf.[3]

Geht man noch weiter zurück, so erweist sich die byzantinische Epoche als eigentlicher Startpunkt der literarischen Karriere Lukians. Denn in seiner eigenen Zeit hat er trotz seines umfangreichen Œuvres kaum biographische Spuren hinterlassen, und auch eine Lektüre seiner Schriften durch andere lässt sich nicht recht nachweisen; hier soll die Diskussion über so genannte Pseudo-Lucianea, also zeitgenössische Schriften anderer Verfasser, die unter seinem Namen liefen, nicht weitergeführt werden, da sich solche Klassifizierungen nur allzu oft als unbegründet erwiesen haben und wir in den wenigen Fällen, in denen man Unechtheit mit Gewissheit konzedieren wird, nicht einmal erklären können, warum genau ein solcher Text in Lukians Corpus gelangte, wer ihn eigentlich verfasst hat und mit welcher Intention.[4] Lukians Rezeption beginnt daher recht

3 Vgl. hierzu C. Robinson, *Lucian and his influence in Europe*, Bristol 1979; speziell zur französischen Rezeption vgl. C. Lauvergnat-Gagnière, *Lucien de Samosate et le Lucianisme en France au XVIe siècle: Athéisme et Polémique*, Genf 1988.

4 Eine Ausnahme könnte Libanios' Schrift *Gegen Aristides* darstellen; vgl. hierzu M.D. Macleod, *Luciani opera*, t.4, Oxford 1987, XII–XIII. Hier erfolgt die Zuweisung an Lukian seitens eines Korrektoren (Alexander) aus inhaltlichen, vor allem aber stilistischen Gründen, allerdings zu Unrecht.

eigentlich im Verlauf des 10. und 11. Jahrhunderts, als man sich in einem ›zweiten Klassizismus' der Antike zuwendet und Lukian als stilistisches wie moralisches Vorbild entdeckt. Er wird mit Vergnügen gelesen (Photios) und kommentiert (Arethas) und nicht nur imitiert, sondern man eignet sich ihn auch kreativ an und schreibt Dialoge in Lukianischer Manier, manche davon in solcher Qualität, dass sie in das Corpus Lukianischer Schriften eindringen und dort als seine Werke überliefert werden. Hervorzuheben sind dabei *Philopatris*, entstanden im 11. Jh., und *Timarion* aus dem 12. Jh. (beide in Band VI); während der *Timarion* eine Weiterentwicklung des von Lukian erfundenen Genres der *Totengespräche* darstellt, sollte ironischerweise gerade der *Philopatris* in der späteren Lukiankritik katholischer Kreise eine herausgehobene Rolle spielen. Die erwähnte Ambivalenz seiner Rezeption, schwankend zwischen admirativer Imitation auf der einen, teils in heftigen Worten Ausdruck findendem Irreligiositätsverdacht auf der anderen Seite, nimmt, wie man in den Randbemerkungen der Handschriften lesen kann, ebenfalls hier ihren Anfang. Als westliche Leser Lukian im Handgepäck der Griechen entdecken, die auf der Flucht vor den Türken nach dem Fall von Konstantinopel nach Europa kommen, wird er zu einem der bedeutenden Inspiratoren der aus der Begegnung mit der griechischen Literatur entspringenden Renaissance.

Lukian in Europa – Übersetzungen seit dem 17. Jahrhundert

Eine Facette der kreativen Aneignung Lukians in den folgenden Jahrhunderten bestand neben der Übernahme und Adaption des satirischen Dialogs, des Genres der ›phantastischen Reise‹ und des ›Totengesprächs‹ in der Übersetzung zunächst einzelner Schriften, dann aber auch des Gesamtwerks. Hier ist als erster Nicolas Perrot d'Ablancourt (1606–1664) zu nennen, dessen Übersetzung ins Französische 1654 erschien. D'Ablancourt übersetzte auch zahlreiche

weitere antike Schriftsteller und trug damit so wesentlich zur Herausbildung einer Nationalsprache bei, dass er 1637 für seine Verdienste um das Französische in die Académie française aufgenommen wurde. Eingehend benutzt wurde seine Übersetzung von einer unter John Dryden (1631–1700; seit 1662 Mitglied der Royal Society, von 1668 bis zur Glorious Revolution *Poet Laureate*) arbeitenden Übersetzergruppe, deren Werk erstmals 1711 erschien. Beide Übersetzungen folgen dem Konzept der ›schönen Untreue‹: Sie sehen ihren Auftrag nicht in einer historisch und philologisch exakten Transkription von einer Sprache in die andere, sondern darin, das in den Texten enthaltene Gedankengut und die es ihrer Auffassung nach lenkenden Intentionen zwar beizubehalten, sie jedoch in den Stil und die Kultur der eigenen Zeit adaptiv zu übertragen.

Dieses Anliegen verfolgte auch Christoph Martin Wieland (1733–1813) mit seiner Übertragung ins Deutsche.[5] Es ist kaum übertrieben zu sagen, dass sie zugleich den Höhepunkt der Lukianrezeption dieses Jahrhunderts darstellte. Wielands Arbeitsgrundlage seiner Übersetzung, deren Anfertigung ihn gut zwei Jahre, 1788 und 1789, beschäftigte, war die Überzeugung, dass das kulturelle Umfeld Lukians und seine eigene Zeit weitgehend miteinander vergleichbar seien, eine Meinung, die, wie gesehen, vier Generationen später Tucholsky teilte; generell lässt sich sagen, dass Lukianbegeisterung und kritische Distanz zur eigenen Zeit meist Hand in Hand gingen. Seine Übersetzung verfolgte daher die Absicht, Lukian seinen eigenen aufklärerischen Zwecken dienstbar zu machen. Um auch einem weniger gebildeten Publikum den Zugang zu vereinfachen, gab Wieland dem Werk einen umfänglichen Anmerkungsapparat bei, in dem er auch elementare Sacherklärungen lieferte; dieser gelehrte Anhang fiel

5 Nach Robinson (s. Anm. 3) 66 handelt es sich bei Wielands Übertragung um »the greatest and most lasting of the vernacular translations«, die aufgrund ihres vergleichsweise späten Erscheinens gleichwohl »marked the end of a tradition, and was without heirs«.

späteren Neuausgaben weitgehend zum Opfer. Dabei ließ er einige Werke, teilweise auch einzelne Partien unübersetzt: Lukian sollte moralisch unangreifbar sein und auch in der Schule weiterhin Berücksichtigung finden können – so fehlt das sechste *Hetärengespräch* –, und einiges – etwa *Das Gericht der Vokale* und den *Lexiphanes* – hielt er aus sprachlichen Gründen für unübersetzbar, da es hier um die Diskussion spezifischer Eigenheiten der griechischen Sprache gehe.

Als Übersetzer bemühte sich Wieland um eine Balance zwischen Nähe zur griechischen Vorlage und gleichzeitiger Zielsprachenorientierung, allerdings mit einer klaren Neigung zu letzterer. Sein Wunsch war es, der ›deutsche Lukian‹ zu werden, sich Lukian im besten Sinne des Wortes zu eigen zu machen, ihm ein neues Leben in seiner eigenen Zeit zu verleihen.[6] Die Übersetzung sollte dem Leser keine Brücke zurück zum Original bauen, sondern ein Werk eigenen Rechts und eigener Funktion sein. Dass Wieland dies gelungen ist: die Einfühlung in das Original zur Seelenverwandtschaft mit dem Autor zu erheben und die »Einbettung dieses literarischen Erbes in das deutsche Kulturgut« so weitgehend zu verwirklichen, dass man seine Übersetzung »als deutsches Original« lesen kann,[7] das steht so sehr außer Frage, dass die Wirkung von Wielands ›Lukian‹ diejenige seiner Nachfolger im 19. Jahrhundert bis heute weit übertroffen hat; die anstehende Neuausgabe seiner Übersetzung (die auch, herausgegeben von Heinz-Günther Nesselrath, den originalen Anmerkungsapparat Wielands wieder enthalten wird) trägt dem Rechnung.

Wielands Nachfolger verfolgten mit ihren Übersetzungen ebenfalls eigene Ziele. So verstand etwa August Pauly seine Übersetzung von 1827 ausdrücklich als philologisches Hilfsmittel zur Bewältigung

6 Vgl. zu Wieland als Übersetzer M. Baumbach, »Lukian«, in: Wieland. Handbuch. Leben – Werk – Wirkung, Stuttgart 2008, 411–419; E.A. Schmitt, Wieland und Borchardt als Horazübersetzer: eine doppelte Herme, AuA 67, 2021.

7 Baumbach (s. Anm. 1) 97.

der Auseinandersetzung mit dem griechischen Text. Nur noch eine Auswahl – rund die Hälfte – bietet Theodor Fischers Übersetzung von 1866/67: Hier firmiert Lukian, wie dem Reihentitel des Langenscheidt'schen Verlages zu entnehmen ist, explizit als »Klassiker«, ein Rang, der ihm in der Folgezeit, wie gesehen, zunehmend abgesprochen wurde. Diese Übersetzungen wurden zu Beginn des 20. Jahrhunderts nachgedruckt (Pauly: 1902, Fischer: 1904, Wieland: 1911, allerdings mit Überarbeitungen und Ergänzungen von Hanns Floerke). Eine gegenüber Fischer im Umfang noch stärker, nämlich auf acht Schriften, reduzierte Ausgabe der »Hauptwerke Lukians«, dafür mit griechischem Text, erschien 1954 in der Übersetzung von Karl Mras; kurz zuvor hatten 1948 Emil Ermatinger und Karl Hoenn unter dem in gewisser Weise entlarvenden Titel ›Parodien und Burlesken‹ vierzehn Schriften in der Wieland'schen Übersetzung herausgegeben – entlarvend deshalb, weil Lukian vom Aufklärer und sozialistischen Kampfgenossen zum bloßen Unterhalter degradiert erscheint; von Interesse ist hier die Würdigung »Wieland und Lukian« mit einem instruktiven Übersetzungsvergleich einer Lukianischen Passage bei Wieland und Jacob Bernays (S. XXXI–XXXVIII).[8] Weitere Übersetzungen einzelner Schriften erscheinen seitdem unsystematisch im Rahmen ihrer wissenschaftlichen Erschließung, über die sie Rechenschaft ablegen; den Versuch einer

8 Ein ähnlicher Vergleich zwischen Wieland und seinem Vorgänger Johann Heinrich Waser (Teilübersetzung Lukians von 1769–1773) bei Baumbach (s. Anm. 6) 414f. 1967 bearbeitete Otto Seel für Reclam Wielands Übersetzung der *Götter-*, *Meergötter-*, *Toten-* und *Hetärengespräche* mit dem Ziel »philologische[r] Gewissenhaftigkeit und moderne[r] Ansprechbarkeit« (251); die Skepsis gegenüber Lukians Bedeutung, die Betonung von Eleganz und Heiterkeit, schließlich die vom Übersetzer offenkundig gefühlte Notwendigkeit, sich selbst und den Gegenstand zu exkulpieren, auch seine noch von weitgehendem Desinteresse für die Kultur der Kaiserzeit geprägten Bemerkungen im Nachwort markieren gut den Aus- und Übergangspunkt der neueren Forschung zu Lukian und zur Literatur der imperialen Epoche.

für Lukians Œuvre repräsentativen Auswahl von sechzehn Schriften hat der Übersetzer der vorliegenden Werkausgabe 2006 unternommen (BAW, Artemis & Winkler). In Italien publizierte 1861 der Politiker, Lehrer und Literat Luigi Settembrini, auf Nisida im Golf von Neapel für seine liberale Gesinnung eingekerkert, eine Gesamtausgabe mit einer umfangreichen Einleitung zu Leben, Werk und Epoche Lukians; sie wurde zuletzt vollständig 2007 nachgedruckt, herausgegeben von Diego Fusaro; Fusaro übersetzte dafür auch die beiden von Settembrini (wie schon von Wieland) ausgelassenen Schriften *Das Gericht der Vokale* und *Der Solözist*. Settembrini artikuliert in der Einleitung den Bedarf an einer Übersetzung der bedeutenden antiken Autoren, die unsere Kultur geprägt haben, in die jeweiligen Nationalsprachen und nimmt Italien hier als gegenüber England, Frankreich und Deutschland abgeschlagen wahr. Lukians große Leistung, die ihn für alle Zeiten lesenswert macht, ist, so Settembrini, seine Sprache gewordene Liebe zur Schönheit, *bellezza*, die ihn über Dekadenz und Korruption seiner Epoche schweben lässt; hier hört man wie bei Wieland massive Kritik an den zeitgenössischen Verhältnissen heraus. In Frankreich erschien 1933/34 eine vollständige Übersetzung der Schriften Lukians von Emile Chambry, die 2015 – überarbeitet und modernisiert von Alain Billault und Emeline Marquis – wiederaufgelegt wurde. Zwischen 1968 und 1979 erschien dann in der Loeb Classical Library Lukians Gesamtwerk in Übersetzungen von A. M. Harmon, K. Kilburn und M. D. Macleod, dem Herausgeber der bis heute maßgeblichen Edition des griechischen Textes in der Reihe der Oxford Classical Texts (die auch der hier vorgelegten Übersetzung zugrunde liegt). Die modernsten Gesamtübersetzungen in westeuropäische Sprachen liegen also aktuell in englischer und in französischer Sprache vor.

Wieland selbst vertrat ausdrücklich die Auffassung, dass sich eine Übersetzung nach 30 bis 40 Jahren, also nach einer Generation, überlebt habe und dann ersetzt werden müsse. Selbst wenn der Haltbarkeitswert seiner eigenen Übertragung deutlich höher ist und

sein Werk auch heute noch die Lektüre mehr als lohnt, überschreitet der Abstand unserer Zeit selbst zur Loeb-Übersetzung jenes Maß entschieden. Doch mag dieses Argument aus heutiger Sicht nicht genügen, um den Aufwand einer neuen Gesamtübersetzung zu rechtfertigen. Auch mag selbst ein zeitkritischer Geist zweifeln, ob Lukian heute noch die gesellschaftlichen und politischen Hoffnungen, die Wieland und Tucholsky in ihn und sein Werk setzten, erfüllen könnte. Als allgemein akzeptiertes Bildungsgut spielt die Antike und ihre Literatur zudem nicht mehr die prominente Rolle, die man ihr in den 60ern und 70ern des vergangenen Jahrhunderts noch grundsätzlich zubilligte. Und die von Wieland, seinen Vorgängern, Zeitgenossen und Nachfahren gerühmte ›attische Reinheit‹ Lukians kann man letztlich nur am griechischen Original, aber nie an einer Übersetzung nachvollziehen, selbst wenn es dieser Sichtweise entspricht, eine Gesamtübersetzung zumindest aus einer Hand, sozusagen ›aus einem Guss‹ vorzulegen.

Brauchen wir eine neue Übersetzung Lukians?

Warum also ein ›neuer Lukian‹? Werfen wir einen Blick auf ihn, sein Werk und seine Zeit,[9] um das Außergewöhnliche, Bewahrenswerte und heute noch Anregende seiner Schriften zu erkennen, und beginnen wir mit Lukians Person! Hierfür sind wir nahezu vollständig auf sein Œuvre angewiesen, denn außerhalb dessen finden sich kaum Informationen. Die Historiographen der Zweiten Sophistik, Philostrat und Eunap, erwähnen ihn gar nicht bzw. nur mit einer kurzen Notiz. Das byzantinische Lexikon *Suda* enthält einen Eintrag zu seinem Namen, der vor allem seine angebliche Christenfeindlichkeit geißelt und im Übrigen seinem Werk einige wenige scheinbare Autobio-

9 Zum Folgenden vgl. M. Baumbach / P. v. Möllendorff, *Ein literarischer Prometheus. Lukian aus Samosata und die Zweite Sophistik*, Heidelberg 2017.

graphismen entnimmt. Ein Zeugnis besonderer Art verdanken wir der arabischen Übersetzung einer im Original verlorenen Schrift des Arztes Galen, der ungefähr zeitgleich mit Lukian lebte:[10] Er berichtet, dass Lukian sowohl zeitgenössische Philosophen als auch Philologen durch die Erfindung altertümlich klingender Begriffe zu gelehrten Erklärungen veranlasste, sie auf diese Weise als nur scheinbare Kenner ihrer Materie entlarvte und öffentlich zum Gespött machte. Diese Anekdote passt vorzüglich zu den vielen Maskierungen, derer sich Lukian in seinem Werk bedient, ohne doch aus ihm herausgesponnen zu sein, es macht ihn gleichsam zum ›Enthüllungsjournalisten‹, und zudem erinnert es an den Athener Philosophen Sokrates, der mit seinen Gesprächspartnern, wenn sie als Fachleute auftraten, ganz ähnlich verfuhr. An dessen Vita lehnt sich Lukian nicht nur in seiner scheinbaren Autobiographie *Der Lebenstraum* [in diesem Band] an, sondern auch bei der Erschaffung einer seiner beliebtesten Masken, einer Figur namens ›Lykinos‹. Neben weiteren solchen Masken – ›Syrer‹, ›Herr Freisprech‹ (Parrhesiades), ›Herr Zufall‹ (Tychiades) und ›Menippos‹ – nennt er sich in einigen wenigen Texten auch Lukianós, und zwar in Fällen, in denen er tatsächlich als Entlarver von (historischen!) Scharlatanen agiert, genau wie es bei Galen berichtet wird.[11] Auch hier bleiben aber Unklarheiten; aufs Ganze gesehen werden wir durch diese Stellen nicht klüger, was Lukians Leben betrifft, und andere Texte, in denen wir den Autor als Sprecher anzunehmen bereit wären, präsentieren ihn eher in typischen Situationen öffentlicher Auftritte, als dass sie zu seiner Individualisierung beitrügen. Der historische Lukian bleibt, offenkundig absichtsvoll, weitestgehend

10 Vgl. zum Problem der Datierung Lukians und seiner Schriften zuletzt P. v. Möllendorff, »Problem und Methode. Datierung und Datierungsnotwendigkeit am Beispiel Lukians«, in: W. Grünstäudl / K. M. Schmidt (Hgg.), *Die Datierung neutestamentlicher Pseudepigraphen. Herausforderungen und neuere Lösungsansätze*, Tübingen 2021, 121–132.

11 Zu einer weiteren Erwähnung des Namens in den *Wahren Geschichten* (2,28) [Band VI] vgl. Baumbach/v. Möllendorff (Anm. 9) 29f.

unsichtbar, und selbst jene ›Autobiographie‹, der *Lebenstraum*, die noch Wieland und seinen Nachfolgern als Richtschnur ihrer biographischen Bemerkungen zu Lukian diente, hilft hier *de facto* nicht. Denn sie konstruiert ihren Gegenstand aus einer Vielzahl von Anspielungen auf klassische Literatur, für deren Re-Konstruktion der gebildete Leser verantwortlich ist, der tatsächlich im Laufe des Texts aber auch mit Irrwegen und Täuschungsversuchen konfrontiert wird. Es ist nicht unmöglich, dass in diesem Text Autobiographisches verarbeitet ist, es ist nicht einmal unmöglich, dass dieses Konstruktionsverfahren von Zeitgenossen, die mit dem historischen Lukian vertraut waren, durchschaut und in besonderer Weise genossen werden konnte, aber während vielleicht ein Weg von Lukians Leben in diesen Text hinein führt, führt für uns Heutige jedenfalls kein Weg daraus zurück.

Eine jener auktorialen Masken Lukians, nach dem kynischen Philosophen des 4./3. Jahrhunderts v. Chr. ›Menippos‹ genannt, weitet diesen Befund ins Grundsätzliche, wenn er im Bericht über seinen Gang in die Unterwelt (*Necyomanteia* 16, Band IV) das menschliche Leben und die Aufgabe seiner erfolgreichen Bewältigung als Rollenspiel deklariert, hinter dem die tatsächliche ›historische‹ Identität des Individuums als unwesentlich verschwindet. An die Stelle einer Identitätssuche – die aus heutiger Sicht für einen Syrer aus womöglich nicht allzu hochstehender Familie, der sich im sozialen und kulturellen Zentrum der griechischen Welt bewähren musste, doch eine Herausforderung gewesen sein könnte – tritt hier das erfolgreiche Bemühen um die Erschaffung eines kaleidoskopischen Selbst, das sich in autofiktionalen Entwürfen unterschiedlichster Art niederschlägt und sich identitären Zuschreibungen auf der Basis ethnischer und sozialer Kriterien ironisch verweigert. Gerade die immense Bandbreite von Lukians Œuvre ist daher bemerkenswert; denn die Vielzahl von Gattungen, die Lukian teils bedient, teils sogar selbst erfindet und die sich ein Stück weit in der Bandaufteilung der vorliegenden Übersetzung widerspiegelt, lässt sich ja als ein weiterer

Aspekt dieser identitären Vervielfältigung verstehen: Lukian ist nicht Autor *einer* Gattung, sondern zahlreicher Gattungen, die von Dialogen verschiedensten Zuschnitts und unterschiedlichster Themen bis zu Erzählungen, Traktaten, Briefen, Essays, Deklamationen und kleineren rhetorischen Formen, Epigrammen, Dramoletten und Invektiven jedweder Art reichen, nicht zu reden von ihren raffinierten Kombinationen, nicht zu reden auch von den neuartigen Darstellungsverfahren, die sich Lukian erarbeitet hat: Unter ihnen sind besonders hervorzuheben die gekonnt pointierten und geschickt eingeflochtenen Anekdoten, seine lebendige Dialoggestaltung, seine extremen, ja exzentrischen Perspektivierungen des Geschehens durch Blicke von oben und von unten, von Himmels-, Unterwelts- und Interkontinentalreisen. Auch hier bleibt das Bild, das wir uns auf der Grundlage der diversen Sprecherhaltungen von Lukian machen, zwar reich, doch unscharf, und es wird ergänzt durch eine Vielfalt von Stilen. Wenn daher das antike Sprichwort *qualis vita talis oratio* irgendeine Gültigkeit besitzt, dann muss man Lukian als im Wortsinne ›vielseitige‹ Persönlichkeit bezeichnen, dessen biographische Unsichtbarkeit gerade in einer Epoche, die von physischen Auftritten ihrer intellektuellen Elite nicht genug bekommen konnte, diesen schillernden Facettenreichtum erst eigentlich ermöglichte.

Man mag es daher als Kulminationspunkt dieser hybriden Selbstgestaltung ansehen, dass Lukian gerade ein von ihm erdachtes hybrides Genre als seine größte literarische Leistung ansah und in mehreren Schriften beschrieb und anpries: eine aus philosophischem Dialog (in der Tradition Platons) und Komödie (in der Tradition des Aristophanes) bestehende Mischgattung, der ›komödische Dialog‹.[12] Hierzu führt der Sprecher des *Zeuxis* (1f.; in diesem Band)

12 Lukian hat diese Mischgattung nur beschrieben, ihr aber selbst keinen Namen gegeben. Keineswegs gehören alle Dialoge Lukians dazu, sicher aber *Der doppelt Angeklagte, Der Fischer, Die Versteigerung der Lebensformen, Ikaromenipp, Die entlaufenen Sklaven*.

zunächst aus, dass er sich missverstanden fühle, wenn das Publikum seine inhaltlichen Innovationen beklatsche anstelle der »Auswahl und der am alten Kanon orientierten Fügung der Worte, von Scharfsinn und Überlegtheit, von attischem Charme, von Harmonie, von Kunstfertigkeit in jedem Detail«; das hat auch die ältere philologische Forschung übersehen, die Lukian mangelnde Originalität vorwarf. Es geht Lukian vor allem um gelungenen Stil, und der ist dann besonders spannungsvoll und erkennbar harmonisch gefügt, wenn er das Heterogene bruchlos zusammenzubringen vermag. In den Schriften, die sich mit dieser neuen Gattung befassen, verwendet Lukian eine Reihe origineller poetologischer Metaphern: die Maske, den Honigwein als Mischgetränk, das Intervall der Oktave, schließlich – dieses Bild wird am stärksten ausgearbeitet – den Kentauren: genauer gesagt, Zeuxis' Gemälde eines Kentaurenpaars,[13] denn erst in der Kunst können die an sich unvereinbaren Gegensätze von Mensch und Tier fugenlos und wohlproportioniert vereinigt werden. Bewundernswert ist nach dem Willen des Sprechers also weniger der Inhalt einer Schrift als vielmehr die Kunst ihrer Gestaltung, und um eine solche raffinierte Kombinationskunst würdigen zu können, bedarf es gebildeter Rezipienten, die sich in Geschichte, Kunst und Literatur bestens auskennen. Dabei ist Lukian klar, dass es mit dem bloßen Kombinieren nicht getan ist: Die Verbindung der heterogenen Teile muss vielmehr so erfolgen, dass das Ergebnis eine zusätzliche, im Grunde erst aus der Spannungsfülle dieser Verbindung selbst resultierende Qualität aufweist, die an mehreren Stellen, beispielsweise eben im *Zeuxis* und in den *Bildern* (Band V), mit dem Begriff der χάρις (Anmut, Grazie) bezeichnet wird, ein spontaner, im Augenblick der Rezeption entstehender Eindruck von Schönheit, die ihren intensiven Reiz nicht zuletzt aus ihrer inhaltlichen wie ästhetischen Mehrdeutigkeit zieht, die sich recht gut

13 Vgl. zu Zeuxis die Vorrede *Zeuxis oder Antiochos* (in diesem Band) und dort Anm. 2.

mit der antiken Wortfügung des σπουδογέλοιον wiedergeben lässt, der Verbindung des Ernsten mit dem Lächerlichen.

Die mögliche Analogisierung von Gattungskreation und Identitätsarbeit, die Lukian selbst gleichsam zur Personifikation seiner wichtigsten poetischen Leistung macht, ist von besonderem Interesse, wenn man seine Epoche in den Blick nimmt, deren Kultur, wie beschrieben, noch vor ein bis zwei Generationen als bestenfalls epigonal und jedenfalls als Zeit des Niedergangs angesehen wurde. Diese Sicht hat sich heute grundlegend geändert. Zwar stand der Mittelmeerraum des zweiten nachchristlichen Jahrhunderts unter dem *imperium* des römischen Volkes. Aber diese politische Ruhe begünstigte eine weitreichende Hinwendung zu Literatur, Rhetorik, Philosophie und Kunst, und die griechische Welt partizipierte an politischer Macht nun gerade durch den Rekurs auf die bedeutendsten Vertreter dieser kulturellen Errungenschaften in der ›großen‹ Vergangenheit des 5. und 4. Jahrhunderts, die schon bald als ›Klassiker‹ empfunden wurden. Dieser Rekurs gestaltete sich als Prozess der Bildung, παιδεία (*paideía*), und der Status eines anerkannten ›Gebildeten‹, πεπαιδευμένος (*pepaideuménos*), war nicht nur begehrt, sondern auch diskursiv umkämpft. Dieser Kampf um das höchste Bildungsansehen fand vor allem im öffentlichen und halböffentlichen Raum statt und war nicht zuletzt eine Frage der *performance*, des wirkungsvollen Auftretens, der perfekten Selbstinszenierung, ja Selbststilisierung. Die bedeutendsten Gebildeten, jedenfalls die großen Rhetoren wie Polemon von Laodikeia, Favorinus von Arelate, Aelius Aristides und andere, traten vor großen Zuschauermengen auf und rissen sie mit ihren Reden zu Beifallsstürmen hin – genauso tief aber, das war das Risiko, konnten sie fallen; hierzu lese man Philostrats (ca. 165/170–244/249 n. Chr.) anekdotenreiche *Sophistenviten*. Rhetoren und Philosophen waren jedoch nur die Exponenten jenes Bildungsideals, das zugleich, wenn auch in reduziertem Maße, für alle Angehörigen der Oberschichten und gehobenen Mittelschichten maßgebend war. *Paideia* wurde dabei

nicht so sehr als passives Wissen verstanden, sondern vielmehr als Selbstformung der Persönlichkeit mit Blick auf Charakter, Denken und Sprechen. Im Ideal des Gebildeten konnte identitäre Selbstkonstruktion über die Grenzen von Herkommen und regionaler wie ethnischer Zugehörigkeit hinweg gelingen. Dies ist es, was uns Lukian in seiner ›Autobiographie‹, dem *Lebenstraum* in seiner breiten intertextuellen Konstruktion, vorführt.

Jene weltberühmten Sophisten schreckten, wie es aussieht, in ihrem agonalen Bemühen um eine unüberbietbare, von anderen unerreichbare *performance* vor nichts zurück. Polemon ließ sich, unheilbar krank, in einer eindrucksvollen Abschiedsszene lebendig einmauern, der von Philostrat als Eunuch und Mannweib bezeichnete Favorinus spielte virtuos auf dem Instrument seiner androgynen Mehrdeutigkeit, Dion von Prusa soll eine Rede vor aufgebrachten Soldaten nackt gehalten haben, und Aelius Aristides verbrachte 17 Jahre seines Lebens in der Paraderolle des ›kränklichen Rhetors‹ im Asklepiosheiligtum zu Pergamon. Wie lässt sich Lukian in eine solche Reihe einordnen? Eine höchst spekulative Konstruktion könnte folgendermaßen aussehen: Wenn Lukian wirklich im Alter an Gicht litt, was man aufgrund seiner beiden Podagra-Dramolette (Band IV), dann aber auch aufgrund einer Bemerkung in *Herakles* 7 (in diesem Band) vermuten mag, könnte das ein Indiz dafür sein, dass er aufgrund seiner körperlichen Konstitution zumindest ab einem bestimmten Zeitpunkt seines Lebens zu so exorbitanten Kraftanstrengungen, wie sie die Auftritte als Rhetor darstellten, nicht (mehr) in der Lage war. Dann ließen sich die gleichsam autofiktionale Selbstauslöschung, die Kaleidoskopierung in verschiedene Masken, die intertextuell getriebene Selbstkonstruktion, das Verschwinden hinter den Schriften und die Hybridisierung nicht nur seines Werks, sondern auch seiner Person gleichsam kompensatorisch lesen, aber nicht im Sinne eines bloß bemühten Versuchs, im Bildungswettbewerb mitzuhalten: Vielmehr könnte das eine geradezu innovative und zukunftsträchtige Entscheidung gewesen sein, nämlich an-

stelle von Performanz auf das Medium des Buches zu setzen, dieser Medienpräsenz aber die ganze Vielfalt und Unberechenbarkeit des persönlichen Auftritts zu übertragen. Das würde im Übrigen nicht bedeuten, dass Lukian überhaupt nie vor Publikum aufgetreten ist. Aber das Schweigen zeitgenössischer Quellen ließe sich dann so verstehen, dass er mit solchen Auftritten, wenn es sie denn gab und die entsprechenden Schriften[14] nicht doch mehrheitlich Fiktionen solcher Auftritte sind, die dem Zweck dienten, sie in die performativen ›Formulare‹ der Zeit einzuschreiben, keinen durchschlagenden Erfolg hatte, der ihm bleibenden Ruhm eingebracht hätte. Die große Vielfalt seiner Sujets und Gesprächshandlungen scheint sich, mit wenigen Ausnahmen, insgesamt Aufführungen und Präsentationen eher zu entziehen; man könnte sie sich aber sehr gut von professionellen Vorlesern vorgetragen denken, wie es sie in Lukians Zeit in reichen Haushalten häufig gab. Sie werden auch in der Lage gewesen sein, die ungeheure Kreativität und Bandbreite seines Humors adäquat zu vermitteln.

Kehren wir von diesem kurzen Einblick in Lukians Person, Umfeld und Werk zu der Ausgangsfrage zurück, was Lukian auch uns womöglich noch zu sagen hat und welche Anregungen er bereithält! Hier ist zunächst einmal festzuhalten, dass er für das zunehmend brennende Problem von Identitätsverlust und -findung eine unerwartete Lösung präsentiert, nämlich gerade den Verzicht auf einen identitären Kern, seinen Ersatz durch ein gelungenes Rollenspiel und die Wendung identitärer Vielfalt ins Literarische: die Fülle verschiedenster Text-, ja Gattungsgestaltungen und die Multiplikation der auktorialen Masken, gekrönt durch die Erschaffung einer neuen hybriden Gattung, deren eigentliche Kunstfertigkeit darin besteht, das spannungsvolle Nebeneinander von Subgattungen zu

14 In diesem Band beispielsweise die Prolalien (Vorreden) und Deklamationen, von denen die meisten den Eindruck machen, eher Übungsreden im Rahmen der rhetorischen Ausbildung zu sein.

einem harmonischen Ganzen zu vereinen, das gleichwohl keine der vereinigten Facetten zum Verschwinden bringt. Dies gelingt durch exorbitante Genialität in der stilistischen Gestaltung, die sich wiederum – dies ein zweiter Punkt, der auch für Heutige von Interesse sein dürfte – einem emphatischen Begriff von Bildung verdankt. Was Bildung genau sein soll, lässt sich aus heutiger Sicht genauso hinterfragen wie das Konzept von Identität: Die Antwort Lukians, die nur eine Intensivierung und Steigerung der Antwort seiner Epoche darstellt, ist die Stellung der Aufgabe einer unabschließbaren Formung – mit Blick auf Lukians Werk dürfte man auch sagen: Stilisierung –, die Intellekt und Charakter des zu Bildenden erfassen, ja – um eine Lukianische Metapher zu verwenden (*Der doppelt Angeklagte* 8 [Band VIII]) – vollständig und bis in die letzte Faser einfärben muss. Inhalt und zugleich Gestaltungsmittel dieser Bildung ist die Anstrengung, eine als klassisch und damit maßgeblich verstandene Stufe der antiken Kunst und Literatur sich so anzueignen, dass man in der Bezugnahme auf sie das Eigene zur Darstellung bringen kann. Originalität und das nie Dagewesene, die Alleinstellung, die Innovation um der Innovation willen werden abgelehnt zugunsten der Gewinnung echter Schönheit im Ausdruck des eigenen Lebens. Identität entsteht in der selbstbewussten Wahrnehmung eigenen kulturschaffenden Könnens.

Es sind daher neben großem Humor, gewaltiger Belesenheit – wer Lukian liest, erhält zugleich einen weitreichenden Einblick in antike Literatur, Kunst und Geschichte von ihren Anfängen bis in Lukians Gegenwart, einem entschiedenen Bekenntnis zum Kosmopolitismus, einer von Selbstironie nicht freien Moralität, kritischer Distanz zu (jeder Epoche bekannter) politischer, religiöser und allgemein intellektueller Scharlatanerie, dem Einstehen für den hohen Wert der Redefreiheit (παρρησία, *parrhesía*), formalem und generischem Reichtum und einer Klarheit und Eleganz des Stils, die ihresgleichen suchen, vor allem diese Entwürfe von Identität und Bildung, die Lukian für unsere Zeit als immens lesenswert erschei-

nen lassen – nicht im Sinne eines zu beherzigenden Exempels, sondern als Widerlager eigenen Nachdenkens.

Zur vorliegenden Übersetzung

Unter Lukians Namen sind 86 Schriften überliefert, von denen einige wenige – Nr. 75 sowie Nr. 81–86 in der Referenzausgabe von Matthew D. Macleod (Oxford Classical Texts) – als unecht (oder, im Falle der Epigramme, als teilweise unecht) angesehen werden können. In der vorliegenden Übersetzung sind, mit Ausnahme der unter Lukians Namen überlieferten 42 literarischen Briefe (Nr. 75) und einer in Wahrheit dem spätantiken Redner Libanios gehörenden Rede Πρὸς Ἀριστείδην περὶ τῶν ὀρχηστῶν (Nr. 81: *Gegen Aristides über die Tänzer*), alle Schriften berücksichtigt, sind doch auch die unechten Texte eben in vieler Hinsicht ›lukianisch‹; zudem stehen Echtheitsfragen heute aus kulturtheoretischen Erwägungen nicht mehr im Zentrum klassisch-philologischer Forschung. Für die Anordnung seiner Schriften gibt es mehrere Möglichkeiten. Man kann sich für eine der beiden sehr unterschiedlichen Reihenfolgen der beiden Haupthandschriftentraditionen γ und β entscheiden; letzteres bietet sich deshalb nicht wirklich an, weil β nur weniger als die Hälfte der überlieferten Schriften enthält. γ liegt der Schriftenfolge der Loeb'schen Übersetzung zugrunde.[15]

Die vorliegende Übersetzung in acht Bänden lässt die Gliederungen der handschriftlichen Tradition außer Acht; allerdings sind in den so genannten *Dialogi minores* – den *Götter-*, *Meergötter-*, *To-*

15 Wieland, der, wie schon gesagt, außer dem sechsten *Hetärengespräch* und einigen Epigrammen aufgrund von Echtheitszweifeln sowie aus teils moralischen, teils linguistischen Gründen weitere acht Schriften unübersetzt ließ, hatte sich weitgehend an der Lukianausgabe des niederländischen Philologen Tiberius Hemsterhuis von 1743 orientiert, allerdings auch eigene Überlegungen zur Entstehungsreihenfolge einfließen lassen.

ten- und Hetärengesprächen – die in γ vorgegebenen Reihenfolgen der Einzeldialoge bewahrt. Stattdessen habe ich das Werk in unterschiedliche inhaltliche Rubriken unterteilt; die Übersetzungen aus meiner Ausgabe in der ›Bibliothek der Alten Welt‹ sowie der *Hermotimos* (Darmstadt 2000) wurden dabei nach Überarbeitung übernommen. Band I enthält die im engeren Sinne rhetorischen Schriften, also die rhetorische Praxis: die so genannten ›Vorreden‹ (προλαλιαί, *prolaliai*), die Deklamationen, Enkomien und Diatriben; nicht hingegen einen metarhetorischen und eher bildungssatirischen Text wie den *Rednerlehrer* (Band VII); Band II umfasst die philosophischen Schriften. Damit sind die beiden starken Pole der kaiserzeitlichen Bildung gleich zu Beginn der Reihe etabliert. Mit Band III (Götter) und Band IV (Unterwelt) folgen zwei Themenschwerpunkte innerhalb Lukians Œuvre, die seinen Nachruhm und seine kreative Aneignung in der Rezeption stark befördert haben; in Band IV befinden sich auch Lukians Dichtungen, zwei kleine Tragödien über die Gicht und 63 Epigramme. Band V enthält Essays und Dialoge, die sich einer bunten Vielfalt von Themen zuwenden, wie der Schwierigkeit, einen Anblick vollkommener Schönheit angemessen zu beschreiben, Reflexionen über Erotik, Astrologie, Geschichtsschreibung und anderes. In Band VI finden sich die erzählenden Texte, angefangen mit der phantastischen Reise der *Wahren Geschichten*; er enthält außerdem die vier sicher unechten Schriften *Philopatris*, *Charidemus*, *Nero* und *Timarion*. Band VII und Band VIII schließen die Reihe mit den satirischen Schriften im engeren Sinne (»im engeren Sinne« deshalb, weil satirisches Sprechen ein omnipräsentes Element Lukianischer Texte ist); dabei wendet sich Band VII primär, wenn auch nicht ausschließlich, den Sprach- und Literatursatiren, Band VIII den eigentlichen Gesellschaftssatiren zu: Die beiden Bände sind daher *de facto* als Einheit zu verstehen.

Zu diesem Band

Die hier vereinigten rhetorischen Erzeugnisse beginnen mit *Lukians Lebenstraum*. Dieser, wie oben skizziert, pseudo-autobiographische Text könnte von Länge und Duktus her durchaus als Vorrede zu einer größeren Deklamation gedient haben; ihm folgen daher neun tatsächliche solche *Prolalien*, denen der gestalterische Grundzug zu eigen ist, dass sie von einer scheinbar gar nicht zur Sache gehörigen und möglichst abgelegenen kleinen anekdotischen Geschichte, historischer oder mythischer Natur, oder, wie im *Bernstein* oder in den *Durstschlangen*, von einer kleinen naturkundlichen Darlegung zur aktuellen Situation des Redners vor seinem Publikum vorstoßen, zum Zweck der Werbung um Wohlwollen und Aufmerksamkeit – damit entsprechen sie genau den Forderungen, die die rhetorische Lehre für die Einleitungen von Reden erhob. Kreativen Geist erforderten auch die Themen der vier – wahrscheinlich in Anlehnung an die entsprechenden Übungen in der rhetorischen Ausbildung verfassten – folgenden Deklamationen. Die beiden mit *Phalaris* betitelten Texte – der erste genau genommen die Verlesung eines Sendschreibens des sizilischen Tyrannen, der zweite die Stellungnahme eines Delphers vor der delphischen Ratsversammlung – leiteten möglicherweise die umfängliche Tradition der so genannten *Phalaris-Briefe* ein, eine Sammlung von 148 fiktiven Schreiben des Tyrannen zur Rechtfertigung seiner Taten, die seit der zweiten Hälfte des 3. Jahrhunderts n. Chr. entstand. Der *Tyrannentöter* und *Der enterbte Sohn* sind Exemplare der vorgegebenen Themen jener Übungsreden. Hier ging es insbesondere darum, diese vergleichsweise abgegriffenen Sujets originell und interessant neuzugestalten und jedes nur denkbare Argument aus dem Hut zu zaubern. Die fünf anschließenden Lobreden (ἐγκώμια, *enkômia*) starten mit dem Lob eines einfachen und naheliegenden Gegenstandes, der Vaterstadt, und gehen dann über zu dem eines scheinbar alles andere als lobenswerten Gegenstandes, der Fliege; auch solche Enkomien ge-

hörten zum rhetorischen Ausbildungsprogramm, das noch andere knifflige Themen wie den Tod, die Glatze oder das Fieber kannte. Das paradoxe Enkomion der Fliege hat seine Nachahmer gefunden, von Michael Psellos im 11. bis Leon Battista Alberti im 15. Jahrhundert. Die zwei die Sequenz abschließenden Laudationes betreffen Architektur, einmal – im *Hippias* – eine Thermenanlage, dann – in *Vom Saal* – eine Vortragshalle; dieser Text ist besonders eindrucksvoll, weil er zugleich mit dem Lob auch eine Reflexion über die richtige Art und Weise des Lobens entfaltet. In der Mitte dieses Blocks steht die *Lobrede auf Demosthenes*, nicht nur der längste, sondern wohl der auch intrikateste dieser Texte. Sein erster Teil enthält eine in leicht snobistischem Tonfall gehaltene Auseinandersetzung von zwei Kennern darüber, ob es wohl schwieriger sei, Homer oder Demosthenes zu loben. Damit, wie auch im Stil dieses Gesprächs, ist deutlich auf ein wesentliches Element der kaiserzeitlichen Bildung angespielt, den Attizismus: Die Orientierung an den (ja größtenteils in Athen lebenden) Klassikern sollte auch den attischen Dialekt des Griechischen zur herrschenden Sprachnorm erheben und zugleich bestimmte stilistische Werte besonders propagieren. Was guter Attizismus sei, war auch in Lukians Zeit heftigst umstritten; die in Band VII versammelten Schriften dokumentieren das eindrucksvoll. Der zweite Teil der *Lobrede auf Demosthenes* enthält dann, in völlig anderem Stil, die Verlesung des angeblichen Protokolls eines Gesprächs, das der makedonische Herrscher Antipatros mit seinem Geheimdienstchef Archias anlässlich von Demosthenes' Selbsttötung geführt haben soll. Der vorliegende Band schließt mit drei Diatriben, Streitreden in der Manier der kynischen Philosophen, in der Öffentlichkeit provokativ gegen etablierte Verhaltensweisen zu polemisieren, um deren Sinnlosigkeit zu beweisen. Der heftige polemische Ton dieser Texte verdankt sich – das sollte angesichts der Kritik, auf die diese Texte in der Geschichte ihrer Rezeption gestoßen sind, gesagt werden – zu einem nicht geringen Teil auch den Usancen des gewählten Genres. Ihr Inhalt schließt mit der aus-

führlichen Bildbeschreibung eines Gemäldes des klassischen Malers Apelles in *Von der Verleumdung* direkt an die entsprechenden Deskriptionen in *Hippias* und in *Vom Saal* an und weist mit den Themen der ethischen Didaxis – der Warnung vor übler Nachrede –, des Opfers (*Von den Opfern*) und der Trauerriten (*Vom Trauern*) auf die Bände II–IV voraus.

Das literarische Genie eines Christoph Martin Wieland ist für einen Übersetzer ohnehin nicht einzuholen. Von daher erhebt die vorliegende Übersetzung nicht einmal ansatzweise den Anspruch, Wieland zu ersetzen, dessen Übersetzung ein großes Werk für sich und mit glänzender literaturgeschichtlicher Patina ist und bleibt. Wenn sie daher auch Wielands Bemühen um einen Ausgleich zwischen Nähe zur Ausgangs- und Affinität zur Zielsprache folgt, der bekanntlich stets eine Gratwanderung darstellt, so verlangt doch gerade die oben dargelegte Absicht, wesentliche intellektuelle Positionen und literarische Leistungen Lukians einem deutschsprachigen Leser zugänglich zu machen, eine klare Nähe zu Sprachgebung und zu den stilistischen Variationen der Originaltexte: Das Fremde, wie nahe es uns bisweilen zu stehen scheint, erhebt mit Recht den Anspruch, seine Fremdheit als sein Eigenes bewahren zu dürfen. Gleichzeitig ist es ein Anliegen, Lukians Kolloquialität zu bewahren und daher jeden Anschein von Antiquiertheit zu vermeiden; wenn es sich daher anbot, scheut die Übersetzung auch vor Modernismen nicht zurück. Vorausgesetzt sind Leserinnen und Leser, die über ein elementares Wissen über die Antike verfügen; die Anmerkungen sollen abgelegenere Namen und Sachen erklären, an einigen Stellen Verständnishilfen bieten, Zitate auflösen und, teilweise, Interpretationsvorschläge andeuten – den immensen Anspielungsreichtum der Schriften Lukians können sowohl Anmerkungen als auch Übersetzung jedoch nicht zur Gänze wiedergeben. Die Umfänglichkeit der originalen Anmerkungen Wielands, die sich aus seiner aufklärerischen Wirkabsicht erklärt, hätte Zielsetzung und Volumen der Bände gesprengt; Anmerkungen zur Textgestaltung sind auf Aus-

nahmen beschränkt, hierzu sei auf den textkritischen Apparat der Ausgabe Macleods verwiesen.

Wie alle größeren Unternehmungen, so hat auch diese von mehreren Seiten Hilfe und Unterstützung erfahren. Namentlich danke ich Katharina Legutke (de Gruyter) und Maria Panteli (Thesaurus Linguae Graecae) für ihre Mühen bei der Bereitstellung einer digitalen Version des griechischen Textes, außerdem Manuel Baumbach, Laura Bottenberg, Katrin Dolle, Saskia Schomber und Jannis Wittek für Rat und Korrekturen. Den weitaus größten Dank schulde ich Jens Gerlach, dessen durchgängige und eindringliche Kommentare und Korrekturen die Grenzen kollegialer Hilfe weit hinter sich gelassen haben.

ΠΡΟΛΑΛΙΑΙ

VORREDEN

ΠΕΡΙ ΤΟΥ ΕΝΥΠΝΙΟΥ
ΗΤΟΙ
ΒΙΟΣ ΛΟΥΚΙΑΝΟΥ

[1] Ἄρτι μὲν ἐπεπαύμην εἰς τὰ διδασκαλεῖα φοιτῶν ἤδη τὴν ἡλικίαν πρόσηβος ὤν, ὁ δὲ πατὴρ ἐσκοπεῖτο μετὰ τῶν φίλων ὅ τι καὶ διδάξαιτό με. τοῖς πλείστοις οὖν ἔδοξεν παιδεία μὲν καὶ πόνου πολλοῦ καὶ χρόνου μακροῦ καὶ δαπάνης οὐ μικρᾶς καὶ τύχης δεῖσθαι λαμπρᾶς, τὰ δ' ἡμέτερα μικρά τε εἶναι καὶ ταχεῖάν τινα τὴν ἐπικουρίαν ἀπαιτεῖν· εἰ δέ τινα τέχνην τῶν βαναύσων τούτων ἐκμάθοιμι, τὸ μὲν πρῶτον εὐθὺς ἂν αὐτὸς ἔχειν τὰ ἀρκοῦντα παρὰ τῆς τέχνης καὶ μηκέτ' οἰκόσιτος εἶναι τηλικοῦτος ὤν, οὐκ εἰς μακρὰν δὲ καὶ τὸν πατέρα εὐφρανεῖν ἀποφέρων ἀεὶ τὸ γιγνόμενον.

[2] Δευτέρας οὖν σκέψεως ἀρχὴ προὐτέθη, τίς ἀρίστη τῶν τεχνῶν καὶ ῥᾴστη ἐκμαθεῖν καὶ ἀνδρὶ ἐλευθέρῳ πρέπουσα καὶ πρόχειρον ἔχουσα τὴν χορηγίαν καὶ διαρκῆ τὸν πόρον. ἄλλου τοίνυν ἄλλην ἐπαινοῦντος, ὡς ἕκαστος γνώμης ἢ ἐμπειρίας εἶχεν, ὁ πατὴρ εἰς τὸν θεῖον ἀπιδών – παρῆν γὰρ ὁ πρὸς μητρὸς θεῖος, ἄριστος ἑρμογλύφος εἶναι δοκῶν – »Οὐ θέμις«, εἶπεν, »ἄλλην τέχνην ἐπικρατεῖν σοῦ παρόντος, ἀλλὰ τοῦτον ἄγε« – δείξας ἐμέ – »καὶ δίδασκε παραλαβὼν λίθων ἐργάτην ἀγαθὸν εἶναι καὶ συναρμοστὴν καὶ ἑρμογλυφέα· δύναται γὰρ καὶ τοῦτο, φύσεώς γε, ὡς οἶσθα, ἔχων δεξιῶς.« ἐτεκμαίρετο δὲ ταῖς ἐκ τοῦ κηροῦ παιδιαῖς· ὁπότε γὰρ ἀφεθείην ὑπὸ τῶν διδασκάλων, ἀποξέων ἂν τὸν κηρὸν ἢ βόας ἢ ἵππους ἢ καὶ νὴ Δί' ἀνθρώπους ἀνέπλαττον, εἰκότας, ὡς ἐδόκουν τῷ πατρί· ἐφ' οἷς παρὰ μὲν τῶν διδασκάλων πληγὰς ἐλάμβανον, τότε δὲ ἔπαινος εἰς τὴν εὐφυίαν καὶ ταῦτα ἦν, καὶ χρηστὰς εἶχον ἐπ'

LUKIANS LEBENSTRAUM

(1) Ich war gerade mit der Schule fertig und schon beinahe ein junger Mann, da beriet sich mein Vater mit seinen Freunden darüber, was er mich denn nur lernen lassen könnte. Die meisten vertraten die Ansicht, Bildung koste immense Mühe, viel Zeit, nicht wenig Geld und bedürfe einer glänzenden sozialen Stellung, unsere Verhältnisse jedoch seien mager und verlangten nach schneller Abhilfe; wenn ich aber eines dieser Handwerke lernte, dann würde ich erstens gleich selbst aus meinem Beruf meinen Lebensunterhalt beziehen und nicht mehr – in meinem Alter! – zuhause ausgehalten werden müssen, und würde nach kurzer Zeit auch meinem Vater eine Freude machen – mit der regelmäßigen Ablieferung meines Lohns.

(2) Den Anfang der zweiten Beratung bildete dann die Frage, welches Handwerk das beste sei, sich am leichtesten erlernen lasse, sich für einen freien Mann gehöre und außerdem schnelles und gutes Geld und dauerhafte Einkünfte bringe. Da lobte nun, je nach Meinung oder Erfahrung, jeder etwas anderes, mein Vater aber wandte sich an meinen Onkel – ja, auch mein Onkel mütterlicherseits war dabei, der das Ansehen eines vorzüglichen Steinmetzen genoss – und sagte: »Es geht nicht an, dass in deiner Gegenwart ein anderes Handwerk den Vorzug erhält! Nein, nimm ihn zu dir« – dabei zeigte er auf mich – »und lass ihn einen guten Steinwerker werden, einen Steinfüger, ja einen Bildhauer; auch dazu hat er das Zeug, er ist ja, wie du weißt, von Natur aus recht geschickt.«[1]

Zum Beweis führte er meine Wachsspielereien an: Denn immer, wenn mich meine Lehrer unbeaufsichtigt ließen, schabte ich ein Stückchen Wachs vom Täfelchen und knetete daraus Rinder, Pferde oder sogar, bei Zeus, Menschen,[2] ganz naturgetreu, wie der Vater fand; und wofür ich von meinen Lehrern immer Schläge bekommen hatte, dafür lobte man mich jetzt, wegen meiner Begabung,

ἐμοὶ τὰς ἐλπίδας ὡς ἐν βραχεῖ μαθήσομαι τὴν τέχνην, ἀπ' ἐκείνης γε τῆς πλαστικῆς.

[3] Ἅμα τε οὖν ἐπιτήδειος ἐδόκει ἡμέρα τέχνης ἐνάρχεσθαι, κἀγὼ παραδεδόμην τῷ θείῳ μὰ τὸν Δί' οὐ σφόδρα τῷ πράγματι ἀχθόμενος, ἀλλά μοι καὶ παιδιάν τινα οὐκ ἀτερπῆ ἐδόκει ἔχειν καὶ πρὸς τοὺς ἡλικιώτας ἐπίδειξιν, εἰ φαινοίμην θεούς τε γλύφων καὶ? ἀγαλμάτια μικρά τινα κατασκευάζων ἐμαυτῷ τε κἀκείνοις οἷς προῃρούμην. καὶ τό γε πρῶτον ἐκεῖνο καὶ σύνηθες τοῖς ἀρχομένοις ἐγίγνετο. ἐγκοπέα γάρ τινά μοι δοὺς ὁ θεῖος ἐκέλευσεν ἠρέμα καθικέσθαι πλακὸς ἐν μέσῳ κειμένης, ἐπειπὼν τὸ κοινὸν »ἀρχὴ δέ τοι ἥμισυ παντός.« σκληρότερον δὲ κατενεγκόντος ὑπ' ἀπειρίας κατεάγη μὲν ἡ πλάξ, ὁ δὲ ἀγανακτήσας σκυτάλην τινὰ πλησίον κειμένην λαβὼν οὐ πρᾴως οὐδὲ προτρεπτικῶς μου κατήρξατο, ὥστε δάκρυά μοι τὰ προοίμια τῆς τέχνης.

[4] Ἀποδρὰς οὖν ἐκεῖθεν ἐπὶ τὴν οἰκίαν ἀφικνοῦμαι συνεχὲς ἀναλύζων καὶ δακρύων τοὺς ὀφθαλμοὺς ὑπόπλεως, καὶ διηγοῦμαι τὴν σκυτάλην καὶ τοὺς μώλωπας ἐδείκνυον, καὶ κατηγόρουν πολλήν τινα ὠμότητα, προσθεὶς ὅτι ὑπὸ φθόνου ταῦτα ἔδρασε, μὴ αὐτὸν ὑπερβάλωμαι κατὰ τὴν τέχνην. ἀνακτησαμένης δὲ τῆς μητρὸς καὶ πολλὰ τῷ ἀδελφῷ λοιδορησαμένης, ἐπεὶ νὺξ ἐπῆλθεν κατέδαρθον ἔτι ἔνδακρυς καὶ τὴν σκυτάλην ἐννοῶν.

[5] Μέχρι μὲν δὴ τούτων γελάσιμα καὶ μειρακιώδη τὰ εἰρημένα· τὰ μετὰ ταῦτα δὲ οὐκέτι εὐκαταφρόνητα, ὦ ἄνδρες, ἀκούσεσθε, ἀλλὰ καὶ πάνυ φιληκόων ἀκροατῶν δεόμενα· ἵνα γὰρ καθ' Ὅμηρον εἴπω,

θεῖός μοι ἐνύπνιον ἦλθεν ὄνειρος
ἀμβροσίην διὰ νύκτα,

und so ruhten, aufgrund jener Knetkunst, beträchtliche Hoffnungen auf mir, ich würde in kurzer Zeit mein Handwerk erlernen.

(3) Kaum schien nun der rechte Tag für meinen Start ins Berufsleben gekommen, da überantwortete man mich meinem Onkel, und, bei Zeus, ich nahm die Sache nicht sehr schwer, sondern hielt das Ganze für einen nicht unerfreulichen Spaß, etwas, womit ich bei meinen Altersgenossen gut angeben könnte, wenn sie sähen, wie ich Götter meißelte und kleine Skulptürchen für mich und meine Busenfreunde herstellte. Nun, dann passierte mir zunächst, was Anfängern regelmäßig passiert. Mein Onkel drückte mir nämlich einen Meißel in die Hand und befahl mir, damit vorsichtig auf die Steinplatte zwischen uns zu schlagen. »Gut begonnen, halb gewonnen!«[3], dieses gute alte Sprichwort fügte er noch hinzu. Doch ich schlug aus Unerfahrenheit zu hart drauf, die Platte zerbrach, er wurde wütend, griff nach einem in der Nähe liegenden Stock und verpasste mir eine weder sanfte noch besonders motivierende erste Einweihung – und so bildeten Tränen die Präliminarien meines Handwerks.

(4) Ich lief also davon und kam ununterbrochen schluchzend und mit Tränen in den Augen nach Hause, wo ich vom Stock erzählte, die Striemen zeigte und ihn unmäßiger Grausamkeit bezichtigte, mit dem Zusatz, er habe das aus Missgunst getan, damit ich ihn nicht im Handwerk überträfe. Meine Mutter regte sich auf und machte ihrem Bruder heftige Vorwürfe, und als die Nacht kam, schlief ich ein, immer noch weinend und in Gedanken beim Stock.

(5) So, bis hierher ist das, was ich erzählt habe, lächerlich und kindisch; doch auf das, was ihr, Männer, im Folgenden zu hören bekommen werdet, lässt sich nicht mehr so leicht herabschauen, sondern es erfordert sogar Zuhörer, die eine gute Geschichte wirklich zu würdigen wissen. Denn, um es mit Homer zu sagen,[4]

> *kam zu mir im Schlafe, gesandt von Gott, oheimlich ein Traum / durch die ambrosische Nacht,*

ἐναργὴς οὕτως ὥστε μηδὲν ἀπολείπεσθαι τῆς ἀληθείας. ἔτι γοῦν καὶ μετὰ τοσοῦτον χρόνον τά τε σχήματά μοι τῶν φανέντων ἐν τοῖς ὀφθαλμοῖς παραμένει καὶ ἡ φωνὴ τῶν ἀκουσθέντων ἔναυλος· οὕτω σαφῆ πάντα ἦν.

[6] Δύο γυναῖκες λαβόμεναι ταῖν χεροῖν εἷλκόν με πρὸς ἑαυτὴν ἑκατέρα μάλα βιαίως καὶ καρτερῶς· μικροῦ γοῦν με διεσπάσαντο πρὸς ἀλλήλας φιλοτιμούμεναι· καὶ γὰρ καὶ ἄρτι μὲν ἂν ἡ ἑτέρα ἐπεκράτει καὶ παρὰ μικρὸν ὅλον εἶχέ με, ἄρτι δ' ἂν αὖθις ὑπὸ τῆς ἑτέρας εἰχόμην. ἐβόων δὲ πρὸς ἀλλήλας ἑκατέρα, ἡ μὲν ὡς αὐτῆς ὄντα με κεκτῆσθαι βούλοιτο, ἡ δὲ ὡς μάτην τῶν ἀλλοτρίων ἀντιποιοῖτο. ἦν δὲ ἡ μὲν ἐργατικὴ καὶ ἀνδρικὴ καὶ αὐχμηρὰ τὴν κόμην, τὼ χεῖρε τύλων ἀνάπλεως, διεζωσμένη τὴν ἐσθῆτα, τιτάνου καταγέμουσα, οἷος ἦν ὁ θεῖος ὁπότε ξέοι τοὺς λίθους· ἡ ἑτέρα δὲ μάλα εὐπρόσωπος καὶ τὸ σχῆμα εὐπρεπὴς καὶ κόσμιος τὴν ἀναβολήν.

Τέλος δ' οὖν ἐφιᾶσί μοι δικάζειν ὁποτέρᾳ βουλοίμην συνεῖναι αὐτῶν. προτέρα δὲ ἡ σκληρὰ ἐκείνη καὶ ἀνδρώδης ἔλεξεν·

[7] »Ἐγώ, φίλε παῖ, Ἑρμογλυφικὴ τέχνη εἰμί, ἣν χθὲς ἤρξω μανθάνειν, οἰκεία τέ σοι καὶ συγγενὴς οἴκοθεν· ὅ τε γὰρ πάππος σου« – εἰποῦσα τοὔνομα τοῦ μητροπάτορος – »λιθοξόος ἦν καὶ τὼ θείω ἀμφοτέρω καὶ μάλα εὐδοκιμεῖτον δι' ἡμᾶς. εἰ δ' ἐθέλεις λήρων μὲν καὶ φληνάφων τῶν παρὰ ταύτης ἀπέχεσθαι,« – δείξασα τὴν ἑτέραν – »ἕπεσθαι δὲ καὶ συνοικεῖν ἐμοί, πρῶτα μὲν θρέψῃ γεννικῶς καὶ τοὺς ὤμους ἕξεις καρτερούς, φθόνου δὲ παντὸς ἀλλότριος ἔσῃ· καὶ οὔποτε ἄπει ἐπὶ τὴν ἀλλοδαπήν, τὴν πατρίδα καὶ τοὺς οἰκείους καταλιπών, οὐδὲ ἐπὶ λόγοις ἐπαινέσονταί σε πάντες.

[8] Μὴ μυσαχθῇς δὲ τοῦ σώματος τὸ εὐτελὲς μηδὲ τῆς ἐσθῆτος τὸ πιναρόν· ἀπὸ γὰρ τοιούτων ὁρμώμενος καὶ Φειδίας ἐκεῖνος ἔδειξε τὸν

in solcher Klarheit, dass er in nichts hinter der Realität zurückblieb. Ja, sogar heute, nach so langer Zeit, stehen mir die Gestalten derer, die mir erschienen, noch vor Augen und habe ich den Klang der Worte, die ich hörte, noch im Ohr: so deutlich war alles.

(6) Zwei Frauen fassten mich an den Händen[5] und zogen mich jede zu sich heran, mit großer Kraft und Gewalt; wenig fehlte, und sie hätten mich, in ihrem ehrgeizigen Wettstreit, auseinandergerissen, denn bald war die eine fast schon Siegerin und hatte mich um ein Haar ganz auf ihre Seite gezogen, bald wieder fand ich mich im Griff der anderen. Jede keifte die andere an, die eine, sie wolle mich besitzen, weil ich ihr gehöre, die andere, sie beanspruche vergeblich fremdes Eigentum. Die eine sah aus wie eine Arbeiterin, männlich und mit struppigem Haar, die Hände schwielig, vor dem Gewand einen Schurz, voller Kalkstaub, genau wie mein Onkel aussah, wenn er Steine polierte; die andere hingegen hatte ein sehr hübsches Gesicht, trat in gefälliger Haltung auf und in anständiger Kleidung. Zuletzt aber überließen sie mir das Urteil darüber, welcher von ihnen ich zugehören wolle. Als erste sprach jene schroffe und männliche und sagte:

(7) »Ich, lieber Junge, bin die Steinmetzkunst, die du gestern schon kennengelernt hast, deine Hausgenossin und Verwandte mütterlicherseits. Schon dein Großvater« – sie nannte den Namen des Vaters meiner Mutter – »war ja Steinschneider, und deine beiden Onkel standen durch mich in höchstem Ansehen. Bist du bereit, dem Geschwätz und Gequatsche von der da« – sie zeigte auf die andere – »fernzubleiben, mir zu folgen und mit mir zusammenzuleben, dann werde ich dich erstmal ordentlich füttern und nähren, du wirst breite und harte Schultern bekommen, über alle Missgunst erhaben sein, nie deine Heimat und deine Familie verlassen und in die Fremde ziehen, und niemand wird dich bloß für Wörter loben. **(8)** Rümpfe nicht die Nase über mein unansehnliches Äußeres und auch nicht über mein verdrecktes Gewand! So hat auch jener berühmte Phidias angefangen, der uns Zeus vor Augen stellte,

Δία καὶ Πολύκλειτος τὴν Ἥραν εἰργάσατο καὶ Μύρων ἐπῃνέθη καὶ Πραξιτέλης ἐθαυμάσθη. προσκυνοῦνται γοῦν οὗτοι μετὰ τῶν θεῶν. εἰ δὴ τούτων εἷς γένοιο, πῶς μὲν οὐ κλεινὸς αὐτὸς παρὰ πᾶσιν ἀνθρώποις ἔσῃ, ζηλωτὸν δὲ καὶ τὸν πατέρα ἀποδείξεις, περίβλεπτον δὲ ἀποφανεῖς καὶ τὴν πατρίδα;«

Ταῦτα καὶ ἔτι τούτων πλείονα διαπταίουσα καὶ βαρβαρίζουσα πάμπολλα εἶπεν ἡ Τέχνη, μάλα δὴ σπουδῇ συνείρουσα καὶ πείθειν με πειρωμένη, ἀλλ᾽ οὐκέτι μέμνημαι· τὰ πλεῖστα γὰρ ἤδη μου τὴν μνήμην διέφυγεν.

[9] Ἐπεὶ δ᾽ οὖν ἐπαύσατο, ἄρχεται ἡ ἑτέρα ὧδέ πως·

»Ἐγὼ δέ, ὦ τέκνον, Παιδεία εἰμὶ ἤδη συνήθης σοι καὶ γνωρίμη, εἰ καὶ μηδέπω εἰς τέλος μου πεπείρασαι. ἡλίκα μὲν οὖν τὰ ἀγαθὰποριῇ λιθοξόος γενόμενος, αὕτη προείρηκεν· οὐδὲν γὰρ ὅτι μὴ ἐργάτης ἔσῃ τῷ σώματι πονῶν κἀν τούτῳ τὴν ἅπασαν ἐλπίδα τοῦ βίου τεθειμένος, ἀφανὴς μὲν αὐτὸς ὤν, ὀλίγα καὶ ἀγεννῆ λαμβάνων, ταπεινὸς τὴν γνώμην, εὐτελὴς δὲ τὴν πρόοδον, οὔτε φίλοις ἐπιδικάσιμος οὔτε ἐχθροῖς φοβερὸς οὔτε τοῖς πολίταις ζηλωτός, ἀλλ᾽ αὐτὸ μόνον ἐργάτης καὶ τῶν ἐκ τοῦ πολλοῦ δήμου εἷς, ἀεὶ τὸν προὔχοντα ὑποπτήσσων καὶ τὸν λέγειν δυνάμενον θεραπεύων, λαγὼ βίον ζῶν καὶ τοῦ κρείττονος ἕρμαιον ὤν· εἰ δὲ καὶ Φειδίας ἢ Πολύκλειτος γένοιο καὶ πολλὰ θαυμαστὰ ἐξεργάσαιο, τὴν μὲν τέχνην ἅπαντες ἐπαινέσονται, οὐκ ἔστι δὲ ὅστις τῶν ἰδόντων, εἰ νοῦν ἔχοι, εὔξαιτ᾽ ἂν σοὶ ὅμοιος γενέσθαι· οἷος γὰρ ἂν ᾖς, βάναυσος καὶ χειρῶναξ καὶ ἀποχειροβίωτος νομισθήσῃ.

und Polyklet, der Hera erschuf, Myron, den alle Welt pries, und Praxiteles, über den sie staunte. Sie alle werden doch gleich den Göttern geradezu fußfällig verehrt. Wirst du einer von ihnen, wie solltest du dann nicht auch selbst bei allen Menschen Ruhm erlangen, auch deinen Vater zu einem beneideten Mann machen und sogar deinem Vaterland weithin Achtung erwerben?« Das alles und noch viel mehr sagte die Handwerkskunst unter dauerndem Stottern und Stammeln; wirklich, sie gab sich richtig Mühe, das aneinanderzureihen, und versuchte ernsthaft, mich zu überzeugen, aber ich kann mich nicht mehr recht erinnern, denn das meiste ist meinem Gedächtnis entfallen.

(9) Als sie zum Ende gekommen war, da legte die andere ungefähr folgendermaßen los: »Ich, mein Kind, bin die Bildung und dir schon lange vertraut und bekannt, auch wenn du bisher nur Kostproben von mir genossen hast. Was du dir nun als Steinschneider für Güter verschaffen wirst, das hat dir die da gerade gesagt: nämlich nichts, außer dass du ein Arbeiter sein wirst, der sich körperlich abplacken und in diese Plackerei seine gesamte Lebenshoffnung setzen muss, dass du ganz unscheinbar sein wirst und nur Weniges und Wertloses abbekommst, niedrig in deinen Ansichten, in der Öffentlichkeit unscheinbar, kein Beistand für deine Freunde, kein Schrecken für deine Feinde,[6] unbeneidet von deinen Mitbürgern, sondern einfach nur ein Arbeiter und einer aus der breiten Masse, der sich stets vor Höheren duckt und um den, der reden kann, herumscharwenzelt, kurz: du wirst das Leben eines Hasen führen und ein gefundenes Fressen für jeden sein, der stärker ist als du. Und selbst wenn du ein Phidias oder ein Polyklet wirst und viele bestaunenswerte Werke erschaffst, dann werden zwar alle deine Kunst loben, doch wird keiner von den Betrachtern, wenn er Verstand hat, sich wünschen, er käme dir gleich: Denn was auch immer du sein wirst – man wird dich für einen gemeinen Handwerker halten, der nichts als seine Hände besitzt und mit ihnen seinen Lebensunterhalt fristet.

[10] Ἢν δ᾽ ἐμοὶ πείθῃ, πρῶτον μέν σοι πολλὰ ἐπιδείξω παλαιῶν ἀνδρῶν ἔργα καὶ πράξεις θαυμαστὰς καὶ λόγους αὐτῶν ἀπαγγελῶ, καὶ πάντων ὡς εἰπεῖν ἔμπειρον ἀποφανῶ, καὶ τὴν ψυχήν, ὅπερ σου κυριώτατόν ἐστι, κατακοσμήσω πολλοῖς καὶ ἀγαθοῖς κοσμήμασι – σωφροσύνῃ, δικαιοσύνῃ, εὐσεβείᾳ, πρᾳότητι, ἐπιεικείᾳ, συνέσει, καρτερίᾳ, τῷ τῶν καλῶν ἔρωτι, τῇ πρὸς τὰ σεμνότατα ὁρμῇ· ταῦτα γάρ ἐστιν ὁ τῆς ψυχῆς ἀκήρατος ὡς ἀληθῶς κόσμος. λήσει δέ σε οὔτε παλαιὸν οὐδὲν οὔτε νῦν γενέσθαι δέον, ἀλλὰ καὶ τὰ μέλλοντα προόψει μετ᾽ ἐμοῦ, καὶ ὅλως ἅπαντα ὁπόσα ἐστί, τά τε θεῖα τά τ᾽ ἀνθρώπινα, οὐκ εἰς μακράν σε διδάξομαι.

[11] Καὶ ὁ νῦν πένης ὁ τοῦ δεῖνος, ὁ βουλευσάμενός τι περὶ ἀγεννοῦς οὕτω τέχνης, μετ᾽ ὀλίγον ἅπασι ζηλωτὸς καὶ ἐπίφθονος ἔσῃ, τιμώμενος καὶ ἐπαινούμενος καὶ ἐπὶ τοῖς ἀρίστοις εὐδοκιμῶν καὶ ὑπὸ τῶν γένει καὶ πλούτῳ προὐχόντων ἀποβλεπόμενος, ἐσθῆτα μὲν τοιαύτην ἀμπεχόμενος,« – δείξασα τὴν ἑαυτῆς· πάνυ δὲ λαμπρὰν ἐφόρει – »ἀρχῆς δὲ καὶ προεδρίας ἀξιούμενος. κἂν που ἀποδημῇς, οὐδ᾽ ἐπὶ τῆς ἀλλοδαπῆς ἀγνὼς οὐδ᾽ ἀφανὴς ἔσῃ· τοιαῦτά σοι περιθήσω τὰ γνωρίσματα ὥστε τῶν ὁρώντων ἕκαστος τὸν πλησίον κινήσας δείξει σε τῷ δακτύλῳ, ›Οὗτος ἐκεῖνος‹ λέγων. **[12]** ἂν δέ τι σπουδῆς ἄξιον ἢ τοὺς φίλους ἢ καὶ τὴν πόλιν ὅλην καταλαμβάνῃ, εἰς σὲ πάντες ἀποβλέψονται· κἄν πού τι λέγων τύχῃς, κεχηνότες οἱ πολλοὶ ἀκούσονται, θαυμάζοντες καὶ εὐδαιμονίζοντές σε τῆς δυνάμεως τῶν λόγων καὶ τὸν πατέρα τῆς εὐποτμίας. ὃ δὲ λέγουσιν, ὡς ἄρα καὶ ἀθάνατοι γίγνονταί τινες ἐξ ἀνθρώπων, τοῦτό σοι περιποιήσω· καὶ γὰρ ἢν αὐτὸς ἐκ τοῦ βίου ἀπέλθῃς, οὔποτε παύσῃ συνὼν τοῖς πεπαιδευμένοις καὶ προσομιλῶν

(10) Wenn du aber auf mich hörst, dann werde ich dir zunächst einmal viele Werke der Alten vorführen und dir ihre bestaunenswerten Taten und Worte erzählen; ich werde dir einen sozusagen allumfassenden Erfahrungsschatz vermitteln und deine Seele, die ja dein wichtigster Teil ist, mit vielen vortrefflichen Schmuckstücken zieren – mit Besonnenheit, Gerechtigkeit, Frömmigkeit, Sanftmut, Anstand, Klugheit, Selbstbeherrschung, der Liebe zum Schönen, dem Drang zu den erhabensten Dingen: Denn das ist ja der in Wahrheit lautere Schmuck der Seele. Nichts wird dir verborgen bleiben, weder etwas aus früherer Zeit noch etwas, das jetzt geschehen soll, nein, du wirst sogar die Zukunft vorhersehen, mit meiner Hilfe, und überhaupt werde ich dich einfach alles lehren, was es gibt, Göttliches wie Menschliches, in gar nicht langer Zeit.[7] **(11)** Und du, der du jetzt der Sohn eines armen Niemands bist, der du jetzt Pläne für einen so niederen Beruf schmiedest, du wirst binnen kurzem allen Menschen Gegenstand von Neid und Missgunst sein, geehrt, gepriesen, im besten Ruf bei den Besten, in hohem Ansehen bei den Adligen und Reichen, gekleidet in so ein Gewand« – sie zeigte auf ihres; sie trug ein wirklich prachtvolles! – »und der Ämter und Sitze in der ersten Reihe für würdig erachtet. Verreist du irgendwohin, dann wirst du nicht einmal im Ausland unbekannt und ohne Ansehen sein; mit solchen Kennzeichen werde ich dich versehen, dass jeder, der dich sieht, seinen Nebenmann anstupsen, mit dem Finger auf dich zeigen und »Das ist doch *der*!« sagen wird. **(12)** Wenn deinen Freunden oder der ganzen Stadt etwas zustößt, das nach ernsthafter Mühewaltung verlangt, dann wirst du es sein, auf den alle blicken. Wo immer du auftrittst und etwas von dir gibst, wird dir die Masse mit offenem Mund zuhören, sie werden dich bestaunen und dich für deine Wortgewalt preisen, und deinen Vater für sein großes Glück. Und auch, dass manche Menschen sogar, wie man so schön sagt, Unsterblichkeit erlangen, werde ich dir ermöglichen: Denn auch dann, wenn deine leibliche Existenz endet, wirst du auf ewig mit den Gebildeten zusammen sein und

τοῖς ἀρίστοις. ὁρᾷς τὸν Δημοσθένην ἐκεῖνον, τίνος υἱὸν ὄντα ἐγὼ ἡλίκον ἐποίησα. ὁρᾷς τὸν Αἰσχίνην, ὡς τυμπανιστρίας υἱὸς ἦν, ἀλλ᾽ ὅμως αὐτὸν δι᾽ ἐμὲ Φίλιππος ἐθεράπευεν. ὁ δὲ Σωκράτης καὶ αὐτὸς ὑπὸ τῇ Ἑρμογλυφικῇ ταύτῃ τραφείς, ἐπειδὴ τάχιστα συνῆκεν τοῦ κρείττονος καὶ δραπετεύσας παρ᾽ αὐτῆς ηὐτομόλησεν ὡς ἐμέ, ἀκούεις ὡς παρὰ πάντων ᾄδεται.

[13] Ἀφεὶς δὲ αὖ τοὺς τηλικούτους καὶ τοιούτους ἄνδρας καὶ πράξεις λαμπρὰς καὶ λόγους σεμνοὺς καὶ σχῆμα εὐπρεπὲς καὶ τιμὴν καὶ δόξαν καὶ ἔπαινον καὶ προεδρίας καὶ δύναμιν καὶ ἀρχὰς καὶ τὸ ἐπὶ λόγοις εὐδοκιμεῖν καὶ τὸ ἐπὶ συνέσει εὐδαιμονίζεσθαι, χιτώνιόν τι πιναρὸν ἐνδύσῃ καὶ σχῆμα δουλοπρεπὲς ἀναλήψῃ καὶ μοχλία καὶ γλυφεῖα καὶ κοπέας καὶ κολαπτῆρας ἐν ταῖν χεροῖν ἕξεις κάτω νενευκὼς εἰς τὸ ἔργον, χαμαιπετὴς καὶ χαμαίζηλος καὶ πάντα τρόπον ταπεινός, ἀνακύπτων δὲ οὐδέποτε οὐδὲ ἀνδρῶδες οὐδὲ ἐλεύθερον οὐδὲν ἐπινοῶν, ἀλλὰ τὰ μὲν ἔργα ὅπως εὔρυθμα καὶ εὐσχήμονα ἔσται σοι προνοῶν, ὅπως δὲ αὐτὸς εὔρυθμός τε καὶ κόσμιος ἔσῃ, ἥκιστα πεφροντικώς, ἀλλ᾽ ἀτιμότερον ποιῶν σεαυτὸν λίθων.«

[14] Ταῦτα ἔτι λεγούσης αὐτῆς οὐ περιμείνας ἐγὼ τὸ τέλος τῶν λόγων ἀναστὰς ἀπεφηνάμην, καὶ τὴν ἄμορφον ἐκείνην καὶ ἐργατικὴν ἀπολιπὼν μετέβαινον πρὸς τὴν Παιδείαν μάλα γεγηθώς, καὶ μάλιστα ἐπεί μοι καὶ εἰς νοῦν ἦλθεν ἡ σκυτάλη καὶ ὅτι πληγὰς εὐθὺς οὐκ ὀλίγας ἀρχομένῳ μοι χθὲς ἐνετρίψατο. ἡ δὲ ἀπολειφθεῖσα τὸ μὲν πρῶτον ἠγανάκτει καὶ τὼ χεῖρε συνεκρότει καὶ τοὺς ὀδόντας συνέπριε· τέλος δέ, ὥσπερ τὴν Νιόβην ἀκούομεν, ἐπεπήγει καὶ εἰς λίθον μετεβέβλητο. εἰ δὲ παράδοξα ἔπαθε, μὴ ἀπιστήσητε· θαυματοποιοὶ γὰρ οἱ ὄνειροι.

[15] Ἡ ἑτέρα δὲ πρός με ἀπιδοῦσα, »Τοιγαροῦν ἀμείψομαί σε«,

die Gesellschaft der Besten genießen. Schau dir den bekannten Demosthenes an: Wessen Sohn war er, und was habe ich aus ihm gemacht! Schau dir Aischines an: der Sohn einer Tamburinspielerin, und trotzdem hat ihn Philipp um meinetwillen hofiert. Sokrates wurde höchstpersönlich von dieser Steinmetzkunst hier großgezogen, doch seit er von der stärkeren Seite gehört hatte und ihr davon- und zu mir übergelaufen war,[8] da hörst du ja, wie er in aller Munde ist.

(13) Und da willst du nun Männer von dieser Größe und Art, glanzvolle Taten, gewichtige Worte, prachtvolles Äußeres, Ehre, Ruhm, Lobpreis, Sitze in der ersten Reihe, Macht, Ämter, einen guten Ruf als Redner[9] und Beglückwünschungen für deine Klugheit zum Teufel jagen und so ein verdrecktes Chitönchen anziehen, dir ein sklavenmäßiges Äußeres zulegen, Hebel, Stichel, Meißel und Schlageisen in den Händen halten, den Kopf immer schön über die Arbeit gebeugt, immer am Boden, immer im Staub, auf jede Weise niedrig, aber nie hochaufgerichtet, und ohne einen einzigen eines Mannes würdigen und freien Gedanken, sondern stets zwar darauf bedacht, wie dir Ebenmaß und Form deiner Werke gelingen werden; wie du aber auch selbst maßvoll und ordentlich sein könntest, darauf verwendest du keinen einzigen Gedanken, sondern willst dich zu etwas noch weniger Ehrenwertem machen als deine Steine.«[10]

(14) Sie redete noch, da erhob ich mich und traf, ohne das Ende ihrer Ausführungen abzuwarten, meine Entscheidung. Ich verließ jene hässliche Gestalt von Arbeiterin und wechselte voller Freude auf die Seite der Bildung, erst recht, als mir der Stock einfiel und dass er mir gestern gleich schon zu Beginn nicht wenige Schläge aufgerieben hatte.[11] Die Verlassene war erst wütend, schlug die Hände zusammen und knirschte mit den Zähnen, schließlich aber, wie wir es von Niobe hören, erstarrte sie und war zu Stein geworden.[12] Und wenn euch seltsam vorkommt, was ihr zustieß, dann glaubt mir darum nicht weniger: Träume sind ja Wundertäter.

(15) Die andere aber schaute mich an und sagte: »Da will ich dir

ἔφη, »τῆσδε τῆς δικαιοσύνης, ὅτι καλῶς τὴν δίκην ἐδίκασας, καὶ ἐλθὲ ἤδη, ἐπίβηθι τούτου τοῦ ὀχήματος,« – δείξασά τι ὄχημα ὑποπτέρων ἵππων τινῶν τῷ Πηγάσῳ ἐοικότων – »ὅπως εἰδῇς οἷα καὶ ἡλίκα μὴ ἀκολουθήσας ἐμοὶ ἀγνοήσειν ἔμελλες.« ἐπεὶ δὲ ἀνῆλθον, ἡ μὲν ἤλαυνε καὶ ὑφηνιόχει, ἀρθεὶς δὲ εἰς ὕψος ἐγὼ ἐπεσκόπουν ἀπὸ τῆς ἕω ἀρξάμενος ἄχρι πρὸς τὰ ἑσπέρια πόλεις καὶ ἔθνη καὶ δήμους, καθάπερ ὁ Τριπτόλεμος ἀποσπείρων τι εἰς τὴν γῆν. οὐκέτι μέντοι μέμνημαι ὅ τι τὸ σπειρόμενον ἐκεῖνο ἦν, πλὴν τοῦτο μόνον ὅτι κάτωθεν ἀφορῶντες ἄνθρωποι ἐπῄνουν καὶ μετ᾽ εὐφημίας καθ᾽ οὓς γενοίμην τῇ πτήσει παρέπεμπον.

[16] Δείξασα δέ μοι τὰ τοσαῦτα κἀμὲ τοῖς ἐπαινοῦσιν ἐκείνοις ἐπανήγαγεν αὖθις, οὐκέτι τὴν αὐτὴν ἐσθῆτα ἐκείνην ἐνδεδυκότα ἣν εἶχον ἀφιπτάμενος, ἀλλά μοι ἐδόκουν εὐπάρυφός τις ἐπανήκειν. καταλαβοῦσα οὖν καὶ τὸν πατέρα ἑστῶτα καὶ περιμένοντα ἐδείκνυεν αὐτῷ ἐκείνην τὴν ἐσθῆτα κἀμέ, οἷος ἥκοιμι, καί τι καὶ ὑπέμνησεν οἷα μικροῦ δεῖν περὶ ἐμοῦ ἐβουλεύσαντο.

Ταῦτα μέμνημαι ἰδὼν ἀντίπαις ἔτι ὤν, ἐμοὶ δοκεῖν ἐκταραχθεὶς πρὸς τὸν τῶν πληγῶν φόβον.

[17] Μεταξὺ δὲ λέγοντος »Ἡράκλεις«, ἔφη τις, »ὡς μακρὸν τὸ ἐνύπνιον καὶ δικανικόν.« εἶτ᾽ ἄλλος ὑπέκρουσε »Χειμερινὸς ὄνειρος, ὅτε μήκισταί εἰσιν αἱ νύκτες, ἢ τάχα που τριέσπερος, ὥσπερ ὁ Ἡρακλῆς, καὶ αὐτός ἐστι. τί δ᾽ οὖν ἐπῆλθεν αὐτῷ ληρῆσαι ταῦτα πρὸς ἡμᾶς καὶ μνησθῆναι παιδικῆς νυκτὸς καὶ ὀνείρων παλαιῶν καὶ γεγηρακότων; ἕωλος γὰρ ἡ ψυχρολογία. μὴ ὀνείρων τινὰς ὑποκριτὰς ἡμᾶς ὑπείληφεν;« οὔκ, ὦγαθέ· οὐδὲ γὰρ ὁ Ξενοφῶν ποτε διηγούμενος τὸ

nun doch deine Gerechtigkeit vergelten, dass du so schön Recht gesprochen hast! Komm schon, steig auf den Wagen hier,« – dabei zeigte sie auf einen Wagen, der von einer Art geflügelten Pferden gezogen wurde, die wie Pegasos aussahen – »damit du erfährst, was für großartige Dinge du verpasst hättest, wenn du mir nicht gefolgt wärst!« Als ich aufgestiegen war, fuhr sie los und führte die Zügel, und ich schaute, in die Höhe entrückt, vom Sonnenaufgang beginnend bis zum Westen über Städte, Stämme und Völker, und dabei streute ich wie Triptolemos irgendetwas auf die Erde. Ich kann mich leider nicht mehr erinnern, was das war, was ich da streute, nur daran, dass die Leute, die von unten her zu mir aufsahen, mich priesen und mir, wohin ich bei meinem Flug kam, Segenswünsche mit auf den Weg gaben.[13] **(16)** Als sie mir all dies und jenen Lobpreisern mich gezeigt hatte, brachte sie mich wieder zurück, und ich war nicht mehr in dasselbe Gewand gehüllt, das ich beim Abflug getragen hatte, sondern es kam mir so vor, als trüge ich bei meiner Rückkehr eine Robe mit Pelzbesatz. Sie fand auch meinen Vater vor, der dastand und auf mich wartete, zeigte ihm die Robe und auch, was aus mir, dem Heimkehrer, geworden sei, ja, und sie rief ihm auch in Erinnerung, was sie beinahe über mich beschlossen hätten. Das, so erinnere ich mich, sah ich, fast noch ein Kind, im Traum, verstört, wie ich denke, durch meine Angst vor den Schlägen.

(17) Ich war noch mitten in meiner Erzählung – »Herakles!«, sagt da einer,[14] »was für ein langer und plädoyermäßiger Traum!«, und ein anderer wirft ein: »Ein Wintertraum, wenn die Nächte am längsten sind, oder vielleicht hat es dafür auch drei Nächte gebraucht, wie für Herakles.[15] Was kommt ihm denn in den Sinn, uns dieses Zeug vorzuschwätzen und Erinnerungen an seine Kindernächte zu pflegen und an uralte Träume mit so einem Bart? Frostiges, abgestandenes Gerede, das! Hält er uns vielleicht für Traumdeuter oder so etwas?«

Nein, mein Guter! Denn auch Xenophon, als er einmal erzählte,

ἐνύπνιον, ὡς ἐδόκει αὐτῷ καίεσθαι ἡ πατρῴα οἰκία καὶ τὰ ἄλλα, – ἴστε γάρ – οὐχ ὑπόκρισιν τὴν ὄψιν οὐδ' ὡς φλυαρεῖν ἐγνωκὼς αὐτὰ διεξῄει, καὶ ταῦτα ἐν πολέμῳ καὶ ἀπογνώσει πραγμάτων, περιεστώτων πολεμίων, ἀλλά τι καὶ χρήσιμον εἶχεν ἡ διήγησις.

[18] Καὶ τοίνυν κἀγὼ τοῦτον τὸν ὄνειρον ὑμῖν διηγησάμην ἐκείνου ἕνεκα, ὅπως οἱ νέοι πρὸς τὰ βελτίω τρέπωνται καὶ παιδείας ἔχωνται, καὶ μάλιστα εἴ τις αὐτῶν ὑπὸ πενίας ἐθελοκακεῖ καὶ πρὸς τὴν ἥττω ἀποκλίνει, φύσιν οὐκ ἀγεννῆ διαφθείρων. ἐπιρρωσθήσεται εὖ οἶδ' ὅτι κἀκεῖνος ἀκούσας τοῦ μύθου, ἱκανὸν ἑαυτῷ παράδειγμα ἐμὲ προστησάμενος, ἐννοῶν οἷος μὲν ὢν πρὸς τὰ κάλλιστα ὥρμησα καὶ παιδείας ἐπεθύμησα, μηδὲν ἀποδειλιάσας πρὸς τὴν πενίαν τὴν τότε, οἷος δὲ πρὸς ὑμᾶς ἐπανελήλυθα, εἰ καὶ μηδὲν ἄλλο, οὐδενὸς γοῦν τῶν λιθογλύφων ἀδοξότερος.

er habe geträumt, das Haus seines Vaters stehe in Flammen[16] und so weiter – ihr kennt das ja –, berichtete seine Vision ja nicht, um sie deuten zu lassen, und auch nicht, weil er Unsinn zu reden beschlossen hatte, schon gar nicht im Krieg und in verzweifelter Lage, von Feinden umzingelt, sondern seine Erzählung hatte auch einen Nutzen. **(18)** Und so habe auch ich euch diesen Traum zu einem ganz bestimmten Zweck erzählt, nämlich damit die Jugend sich bessere Ziele steckt und sich an die Bildung hält, vor allem dann, wenn einer von ihnen aus Armut den Pfad der Tugend verlässt, Neigungen zum Schlechteren entwickelt und seine durchaus nicht wertlosen Anlagen verkümmern lässt. Ich weiß genau, dass auch er, wenn er meine Geschichte hört, neuen Mut schöpfen wird, vorausgesetzt, er nimmt sich mich zum geeigneten Beispiel und macht sich klar, was für einer ich war, als ich mir das Schönste zum Ziel setzte und Bildung begehrte, ohne an meiner damaligen Armut zu verzweifeln, und als was für einer ich jetzt wieder vor euch stehe: wenn schon sonst nichts, so doch jedenfalls um nichts unansehnlicher als ein Steinmetz.

ΠΡΟΛΑΛΙΑ. ΗΡΑΚΛΗΣ

[1] Τὸν Ἡρακλέα οἱ Κελτοὶ Ὄγμιον ὀνομάζουσι φωνῇ τῇ ἐπιχωρίῳ, τὸ δὲ εἶδος τοῦ θεοῦ πάνυ ἀλλόκοτον γράφουσι. γέρων ἐστὶν αὐτοῖς ἐς τὸ ἔσχατον, ἀναφαλαντίας, πολιὸς ἀκριβῶς ὅσαι λοιπαὶ τῶν τριχῶν, ῥυσὸς τὸ δέρμα καὶ διακεκαυμένος ἐς τὸ μελάντατον οἷοί εἰσιν οἱ θαλαττουργοὶ γέροντες· μᾶλλον δὲ Χάρωνα ἢ Ἰαπετόν τινα τῶν ὑποταρταρίων καὶ πάντα μᾶλλον ἢ Ἡρακλέα εἶναι ἂν εἰκάσειας. ἀλλὰ καὶ τοιοῦτος ὢν ἔχει ὅμως τὴν σκευὴν τὴν Ἡρακλέους· καὶ γὰρ τὴν διφθέραν ἐνῆπται τὴν τοῦ λέοντος καὶ τὸ ῥόπαλον ἔχει ἐν τῇ δεξιᾷ καὶ τὸν γωρυτὸν παρήρτηται, καὶ τὸ τόξον ἐντεταμένον ἡ ἀριστερὰ προδείκνυσιν, καὶ ὅλος Ἡρακλῆς ἐστι ταῦτά γε.

[2] ᾤμην οὖν ἐφ᾽ ὕβρει τῶν Ἑλληνίων θεῶν τοιαῦτα παρανομεῖν τοὺς Κελτοὺς ἐς τὴν μορφὴν τὴν Ἡρακλέους ἀμυνομένους αὐτὸν τῇ γραφῇ, ὅτι τὴν χώραν ποτὲ αὐτῶν ἐπῆλθεν λείαν ἐλαύνων, ὁπότε τὰς Γηρυόνου ἀγέλας ζητῶν κατέδραμε τὰ πολλὰ τῶν ἑσπερίων γενῶν.

[3] Καίτοι τὸ παραδοξότατον οὐδέπω ἔφην τῆς εἰκόνος· ὁ γὰρ δὴ γέρων Ἡρακλῆς ἐκεῖνος ἀνθρώπων πάμπολύ τι πλῆθος ἕλκει ἐκ τῶν ὤτων ἅπαντας δεδεμένους. δεσμὰ δέ εἰσίν οἱ σειραὶ λεπταὶ χρυσοῦ καὶ ἠλέκτρου εἰργασμέναι ὅρμοις ἐοικυῖαι τοῖς καλλίστοις. καὶ ὅμως ὑφ᾽ οὕτως ἀσθενῶν ἀγόμενοι οὔτε δρασμὸν βουλεύουσι, δυνάμενοι ἂν εὐμαρῶς, οὔτε ὅλως ἀντιτείνουσιν ἢ τοῖς ποσὶν ἀντερείδουσι πρὸς τὸ ἐναντίον τῆς ἀγωγῆς ἐξυπτιάζοντες, ἀλλὰ φαιδροὶ ἕπονται καὶ γεγηθότες καὶ τὸν ἄγοντα ἐπαινοῦντες, ἐπειγόμενοι ἅπαντες καὶ τῷ φθάνειν ἐθέλειν τὸν δεσμὸν ἐπιχαλῶντες, ἐοικότες ἀχθεσθησομένοις εἰ λυθήσον-

VORREDE: HERAKLES

(1) Den Herakles nennen die Kelten in ihrer Sprache Ogmios, und sie geben dem Gott in ihren Bildern ein sehr befremdliches Aussehen. Bei ihnen ist er ein hochbetagter Greis[1] mit einer Stirnglatze und, soweit er noch welche hat, ganz grauen Haaren. Seine Haut ist runzlig und sonnenverbrannt wie bei alten Seebären: Man würde ihn eher für einen Charon oder einen Iapetos aus der Welt der Unterirdischen und für alles eher als für Herakles halten. Aber auch in dieser Gestalt verfügt er doch über die Ausrüstung des Herakles, denn er ist in das Löwenfell gekleidet, trägt die Keule in der Rechten, hat sich den Köcher an die Seite gehängt, die Linke weist den Bogen mit aufgezogener Sehne vor: In dieser Hinsicht ist er jedenfalls ganz und gar Herakles.

(2) Ich dachte wirklich, es geschehe in der Absicht, die griechischen Götter zu verunglimpfen, dass sich die Kelten auf solche Weise an der Gestalt des Herakles versündigten, indem sie sich an ihm mit Hilfe des Bildes dafür rächten, dass er einmal ihr Land angegriffen und ihr Vieh geraubt hatte, als er auf der Suche nach den Herden des Geryonos den größten Teil der westlichen Völker durchstreifte.

(3) Was mich allerdings an dem Bild am meisten überraschte, habe ich noch nicht gesagt: Jener greise Herakles zieht eine riesige Menschenmenge hinter sich her, alle an den Ohren befestigt. Als Fesseln dienen ihm feine, aus Gold und Bernstein gefertigte Ketten, die wie die herrlichsten Halsbänder aussehen. Und trotz dieser so schwachen Bande denken sie weder ans Weglaufen – sie könnten es leicht –, noch halten sie überhaupt dagegen oder stemmen sich, die Füße in den Boden gedrückt, mit dem Körper gegen die Zugrichtung, sondern sie folgen ihm mit strahlenden Gesichtern, in fröhlicher Stimmung und voll des Lobes für den, der sie da zieht, ja sie drängen ihm nach, und ihre Fesseln hängen durch, wollen sie ihn doch sogar überholen, und es sieht so aus, als ob sie sich ärgern

ται. ὃ δὲ πάντων ἀτοπώτατον εἶναί μοι ἔδοξεν, οὐκ ὀκνήσω καὶ τοῦτο εἰπεῖν· οὐ γὰρ ἔχων ὁ ζωγράφος ὅθεν ἐξάψει [ταῖς σειραῖς] τὰς ἀρχάς, ἅτε τῆς δεξιᾶς μὲν ἤδη τὸ ῥόπαλον, τῆς λαιᾶς δὲ τὸ τόξον ἐχούσης, τρυπήσας τοῦ θεοῦ τὴν γλῶτταν ἄκραν ἐξ ἐκείνης ἑλκομένους αὐτοὺς ἐποίησεν, καὶ ἐπέστραπταί γε εἰς τοὺς ἀγομένους μειδιῶν.

[4] Ταῦτ᾽ ἐγὼ μὲν ἐπὶ πολὺ εἱστήκειν ὁρῶν καὶ θαυμάζων καὶ ἀπορῶν καὶ ἀγανακτῶν· Κελτὸς δέ τις παρεστὼς οὐκ ἀπαίδευτος τὰ ἡμέτερα, ὡς ἔδειξεν ἀκριβῶς Ἑλλάδα φωνὴν ἀφιείς, φιλόσοφος, οἶμαι, τὰ ἐπιχώρια, »Ἐγώ σοι«, ἔφη, »ὦ ξένε, λύσω τῆς γραφῆς τὸ αἴνιγμα· πάνυ γὰρ ταραττομένῳ ἔοικας πρὸς αὐτήν. τὸν λόγον ἡμεῖς οἱ Κελτοὶ οὐχ ὥσπερ ὑμεῖς οἱ Ἕλληνες Ἑρμῆν οἰόμεθα εἶναι, ἀλλ᾽ Ἡρακλεῖ αὐτὸν εἰκάζομεν, ὅτι παρὰ πολὺ τοῦ Ἑρμοῦ ἰσχυρότερος οὗτος. εἰ δὲ γέρων πεποίηται, μὴ θαυμάσῃς· μόνος γὰρ ὁ λόγος ἐν γήρᾳ φιλεῖ ἐντελῆ ἐπιδείκνυσθαι τὴν ἀκμήν, εἴ γε ἀληθῆ ὑμῶν οἱ ποιηταὶ λέγουσιν, ὅτι αἱ μὲν τῶν ὁπλοτέρων φρένες ἠερέθονται, τὸ δὲ γῆρας ›ἔχει τι λέξαι τῶν νέων σοφώτερον‹. οὕτω γέ τοι καὶ τοῦ Νέστορος ὑμῖν ἀπορρεῖ ἐκ τῆς γλώττης τὸ μέλι, καὶ οἱ ἀγορηταὶ τῶν Τρώων τὴν ὄπα ἀφιᾶσιν εὐανθῆ τινα· λείρια γὰρ καλεῖται, εἴ γε μέμνημαι, τὰ ἄνθη.

[5] ὥστε εἰ τῶν ὤτων ἐκδεδεμένους τοὺς ἀνθρώπους πρὸς τὴν γλῶτταν ὁ γέρων οὗτος Ἡρακλῆς ἕλκει, μηδὲ τοῦτο θαυμάσῃς εἰδὼς τὴν ὤτων καὶ γλώττης συγγένειαν· οὐδ᾽ ὕβρις εἰς αὐτόν, εἰ ταύτῃ τετρύπηται· μέμνημαι γοῦν, ἔφη, καὶ κωμικῶν τινων ἰαμβείων παρ᾽

würden, machte man sie los. Aber auch mit dem, was mir am verrücktesten vorkam, will ich nicht hinter dem Berg halten: Weil der Maler nämlich nicht wusste, wo er das andere Ende der Fesseln[2] festmachen sollte – in der Rechten hielt Herakles ja schon die Keule, in der Linken den Bogen –, durchbohrte er die Zungenspitze des Gottes und stellte es so dar, als ob sie von dort aus gezogen würden; und dabei dreht er sich sogar zu denen um, die er führt, und lächelt sie an.[3]

(4) Ich stand lange Zeit da und betrachtete das Bild mit einer Mischung aus Staunen, Verlegenheit und Verärgerung. Neben mir stand ein Kelte, durchaus nicht unvertraut mit unserer Bildung, wie er durch seine perfekte Beherrschung des Griechischen bewies, ein Kenner, glaube ich, der einheimischen Traditionen. »Ich werde dir, Fremder«, sagte er, »das Rätsel des Bildes lösen, denn du machst den Eindruck, als verwirre es dich sehr! Der Logos – dass Hermes ihn verkörpert, glauben wir Kelten anders als ihr Griechen nicht, sondern wir vergleichen ihn mit Herakles, weil der viel stärker ist als Hermes. Und wenn er als alter Mann dargestellt ist, dann musst du dich darüber nicht wundern: Denn allein der Logos zeigt die Vollendung seiner Blüte gern im Alter, vorausgesetzt, eure Dichter sprechen die Wahrheit, wenn sie sagen: ›Schnell fertig ist die Jugend mit dem Wort‹, hingegen hat das Alter ›Klügeres zu sagen als die Jugend‹.[4] Gerade so fließt doch auch eurem Nestor Honig von der Zunge, und die Stimmen der troischen Ratsherren erklingen sozusagen in voller Blütenpracht: Lilien heißen, wenn ich mich recht erinnere, jene Bluten.[5]

(5) Wenn daher dieser greise Herakles die Menschen hinter sich her zieht, ihre Ohren an seiner Zunge befestigt, dann wundere dich auch darüber nicht: Du weißt doch um die Verwandtschaft von Ohren und Zunge. Und es bedeutet auch keine Verunglimpfung seiner göttlichen Person, wenn er an dieser Stelle durchbohrt ist: Jedenfalls kann ich mich«, sagte er, »an einen Vers aus der Feder eines Komödiendichters erinnern, den ich in eurem Land gelernt

ὑμῶν μαθών, τοῖς γὰρ λάλοις ἐξ ἄκρου ›ἡ γλῶττα πᾶσίν ἐστι τετρυπημένη‹. **[6]** τὸ δ' ὅλον καὶ αὐτὸν ἡμεῖς τὸν Ἡρακλέα λόγῳ τὰ πάντα ἡγούμεθα ἐξεργάσασθαι σοφὸν γενόμενον, καὶ πειθοῖ τὰ πλεῖστα βιάσασθαι. καὶ τά γε βέλη αὐτοῦ οἱ λόγοι εἰσίν, οἶμαι, ὀξεῖς καὶ εὔστοχοι καὶ ταχεῖς καὶ τὰς ψυχὰς τιτρώσκοντες· πτερόεντα γοῦν τὰ ἔπη καὶ ὑμεῖς φατε εἶναι.«

[7] Τοσαῦτα μὲν ὁ Κελτός. ἐμοὶ δὲ ἡνίκα περὶ τῆς δεῦρο παρόδου ταύτης ἐσκοπούμην πρὸς ἐμαυτόν, εἴ μοι καλῶς ἔχει τηλικῷδε ὄντι καὶ πάλαι τῶν ἐπιδείξεων πεπαυμένῳ αὖθις ὑπὲρ ἐμαυτοῦ ψῆφον διδόναι τοσούτοις δικασταῖς, κατὰ καιρὸν ἐπῆλθεν ἀναμνησθῆναι τῆς εἰκόνος· τέως μὲν γὰρ ἐδεδίειν, μή τινι ὑμῶν δόξαιμι κομιδῇ μειρακιώδη ταῦτα ποιεῖν καὶ παρ' ἡλικίαν νεανιεύεσθαι, κᾆτά τις Ὁμηρικὸς νεανίσκος ἐπιπλήξειέν μοι εἰπὼν τὸ »σὴ δὲ βίη λέλυται«, καὶ χαλεπὸν γῆρας κατείληφέ σε, »ἠπεδανὸς δέ νύ τοι θεράπων, βραδέες δέ τοι ἵπποι«, ἐς τοὺς πόδας τοῦτο ἀποσκώπτων. ἀλλ' ὅταν ἀναμνησθῶ τοῦ γέροντος ἐκείνου Ἡρακλέους, πάντα ποιεῖν προάγομαι καὶ οὐκ αἰδοῦμαι τοιαῦτα τολμῶν ἡλικιώτης ὢν τῆς εἰκόνος.

[8] ὥστε ἰσχὺς μὲν καὶ τάχος καὶ κάλλος καὶ ὅσα σώματος ἀγαθὰ χαιρέτω, καὶ ὁ Ἔρως ὁ σός, ὦ Τήϊε ποιητά, ἐσιδών με ὑποπόλιον τὸ γένειον χρυσοφαέννων, εἰ βούλεται, πτερύγων ἐρετμοῖς παραπετέσθω, καὶ ὁ Ἱπποκλείδης οὐ φροντιεῖ. τῷ λόγῳ δὲ νῦν ἂν μάλιστα ἀνηβᾶν καὶ ἀνθεῖν καὶ ἀκμάζειν καθ' ὥραν εἴη καὶ ἕλκειν τῶν ὤτων ὅσους ἂν πλείστους δύνηται, καὶ τοξεύειν πολλάκις, ὡς οὐδέν γε δέος μὴ κενωθεὶς λάθοι ὁ γωρυτὸς αὐτῷ.

Ὁρᾷς ὅπως παραμυθοῦμαι τὴν ἡλικίαν καὶ τὸ γῆρας τὸ ἐμαυτοῦ,

habe, dass an der Spitze ›die Zungen aller Geschwätzigen durchbohrt sind‹[6]. **(6)** Und überhaupt glauben wir, dass auch Herakles selbst als der weise Mann, der er war, alle seine Arbeiten mit Hilfe des Logos bewältigt und das meiste durch die Macht seiner Überredungsgewalt zuwege gebracht hat. Seine Pfeile sind seine Worte, denke ich: spitze, zielsichere, schnelle, die ins Herz treffen; auch ihr sagt ja von den Worten, sie seien geflügelt.[7]«

(7) Soweit der Kelte. Als ich aber bei mir über meinen Auftritt hier nachdachte, darüber, ob es mir wohl gut zu Gesicht stehe, in meinem Alter und wo ich meine sophistische Karriere doch schon lange beendet habe, auf ein Neues so vielen Richtern den Stimmstein über mich in die Hand zu geben, da kam mir im rechten Moment die Erinnerung an das Bild in den Sinn: Bis zu diesem Augenblick hatte ich nämlich in der Furcht gelebt, mein Unterfangen könnte dem einen oder anderen von euch einfach kindisch und wie unzeitiger jugendlicher Übermut vorkommen, und dann würde mich ein homerbegeisterter junger Mann heftig tadeln mit den Worten »deine Kraft ist dahin«, und das schlimme Alter hat dich gepackt, »hinfällig ist dir der Diener, langsam die Pferde«[8], mit einer spöttischen Anspielung auf meine Füße.[9] Denke ich aber an jenen alten Herakles, dann fühle ich mich zu jeder Tat bereit, und meine Kühnheit ist mir nicht mehr peinlich, bin ich doch ein Altersgenosse des Mannes auf dem Bild.

(8) Daher adieu, Kraft, Schnelligkeit, Schönheit und sonstige körperliche Vorzüge! Auch dein Eros, Dichter von Teos, soll, wenn er mag, nur einen Blick auf mein ergrautes Kinn werfen und dann auf seinen goldleuchtenden Fittichen an mir vorbeifliegen,[10] und dem Hippokleides wird's egal sein![11] Jetzt aber sei der Augenblick gekommen, dass sich mein Logos zu voller Blüte, Pracht und Reife entfaltet und so viele Menschen, wie er vermag, an den Ohren hinter sich herzieht und viele Pfeile abschießt, denn sein Köcher wird ihm ganz sicher nicht unversehens leer werden, keine Sorge!

Du siehst, wie ich mich über mein Alter und meine Jahre hin-

καὶ διὰ τοῦτο ἐτόλμησα πάλαι νενεωλκημένον τὸ ἀκάτιον κατασπάσας καὶ ἐκ τῶν ἐνόντων ἐπισκευάσας αὖθις ἀφεῖναι ἐς μέσον τὸ πέλαγος. εἴη δ' , ὦ θεοί, καὶ τὰ παρ' ὑμῶν ἐμπνεῦσαι δεξιά, ὡς νῦν γε μάλιστα πλησιστίου [τε καὶ] ἐσθλοῦ [καὶ] ἑταίρου ἀνέμου δεόμεθα, ἵνα, εἰ ἄξιοι φαινοίμεθα, καὶ ἡμῖν τὸ Ὁμηρικὸν ἐκεῖνο ἐπιφθέγξηταί τίς,

οἵην ἐκ ῥακέων ὁ γέρων ἐπιγουνίδα φαίνει.

wegtröste. Deshalb habe ich auch gewagt, mein Schiffchen, das ich schon lange aufs Trockene gezogen hatte, wieder flott zu machen, es nach Vermögen auszurüsten und es erneut aufs hohe Meer hinausfahren zu lassen.[12] Lasst, ihr Götter, auch von eurer Seite her gutes Gelingen wehen! Gerade jetzt brauche ich dringend einen segelfüllenden, kräftigen, freundlichen Fahrtwind[13], damit man auch mir, hält man mich dessen für würdig, den homerischen Vers nachruft: »Seht, was für Schenkel enthüllt unter seinen Lumpen der Alte!«[14]

ΠΡΟΛΑΛΙΑ. ΔΙΟΝΥΣΟΣ

[1] Ὅτε ὁ Διόνυσος ἐπ' Ἰνδοὺς στρατιὰν ἤλασε – κωλύει γὰρ οὐδέν, οἶμαι, καὶ μῦθον ὑμῖν διηγήσασθαι Βακχικόν – φασὶν οὕτω καταφρονῆσαι αὐτοῦ τὰ πρῶτα τοὺς ἀνθρώπους τοὺς ἐκεῖ, ὥστε καταγελᾶν ἐπιόντος, μᾶλλον δὲ ἐλεεῖν τὴν τόλμαν αὐτίκα μάλα συμπατηθησομένου ὑπὸ τῶν ἐλεφάντων, εἰ ἀντιτάξαιτο· ἤκουον γάρ, οἶμαι, τῶν σκοπῶν ἀλλόκοτα ὑπὲρ τῆς στρατιᾶς αὐτοῦ ἀγγελλόντων, ὡς ἡ μὲν φάλαγξ αὐτῷ καὶ οἱ λόχοι γυναῖκες εἶεν ἔκφρονες καὶ μεμηνυῖαι, κιττῷ ἐστεμμέναι, νεβρίδας ἐνημμέναι, δοράτια μικρὰ ἔχουσαι ἀσίδηρα, κιττοποίητα καὶ ταῦτα, καί τινα πελτάρια κοῦφα, βομβοῦντα, εἴ τις μόνον προσάψαιτο – ἀσπίσι γὰρ εἴκαζον, οἶμαι, τὰ τύμπανα – ὀλίγους δέ τινας ἀγροίκους νεανίσκους ἐνεῖναι, γυμνούς, κόρδακα ὀρχουμένους, οὐρὰς ἔχοντας, κεράστας, οἷα τοῖς ἄρτι γεννηθεῖσιν ἐρίφοις ὑποφύεται. **[2]** καὶ τὸν μὲν στρατηλάτην αὐτὸν ἐφ' ἅρματος ὀχεῖσθαι παρδάλεων ὑπεζευγμένων, ἀγένειον ἀκριβῶς, οὐδ' ἐπ' ὀλίγον τὴν παρειὰν χνοῶντα, κερασφόρον, βοτρύοις ἐστεφανωμένον, μίτρᾳ τὴν κόμην ἀναδεδεμένον, ἐν πορφυρίδι καὶ χρυσῇ ἐμβάδι· ὑποστρατηγεῖν δὲ δύο, ἕνα μέν τινα βραχύν, πρεσβύτην, ὑπόπαχυν, προγάστορα, ῥινόσιμον, ὦτα μεγάλα ὄρθια ἔχοντα, ὑπότρομον, νάρθηκι ἐπερειδόμενον, ἐπ' ὄνου τὰ πολλὰ ἱππεύοντα, ἐν κροκωτῷ καὶ τοῦτον, πάνυ πιθανόν τινα συνταγματάρχην αὐτοῦ· ἕτερον δὲ τεράστιον ἄνθρωπον, τράγῳ τὰ νέρθεν ἐοικότα, κομήτην τὰ σκέλη, κέρατα ἔχοντα, βαθυπώγωνα, ὀργίλον καὶ θυμικόν, θατέρᾳ μὲν σύριγγα φέροντα, τῇ δεξιᾷ δὲ ῥάβδον καμπύλην ἐπηρμένον καὶ περισκιρτῶντα ὅλον τὸ στρατόπεδον, καὶ τὰ γύναια δὲ φοβεῖσθαι

VORREDE: DIONYSOS

(1) Als Dionysos ein Heer gegen die Inder führte[1] – mich hindert ja nichts, denke ich, euch auch einen bakchischen Mythos zu erzählen –, da sollen, so heißt es, die Menschen dort ihn anfangs so stark verachtet haben, dass sie ihn beim Anrücken auslachten, nein, mehr noch Mitleid empfanden mit jemandem, der im nächsten Augenblick von den Elefanten zertrampelt werden würde, wenn er sich ihnen tollkühn entgegenstellte; ihre Späher hatten ihnen nämlich, glaube ich, einige Merkwürdigkeiten über sein Heer gemeldet: Seine Phalanx und seine Abteilungen bestünden aus verzückten und wahnsinnigen, mit Efeu bekränzten und in Hirschfelle gehüllten Frauen, die kurze Speere ohne Metallspitze trügen, auch sie aus Efeu, und dazu eine Art leichte Schilde, die dröhnten, wenn eine sie nur berührte – denn sie hielten, glaube ich, die Tamburine für Schilde –, und es seien auch ein paar wenige Bauernburschen dabei, die nackt den Kordax[2] tanzten, mit Schwänzen und Hörnern, wie sie den neugeborenen Böcklein wachsen. **(2)** Ihr Anführer selbst fahre auf einem Wagen, der von Panthern gezogen werde: Er sei ganz und gar bartlos, kein bisschen Flaum sprieße auf seinen Wangen, er habe Hörner und sei mit Trauben bekränzt, das Haar trage er aufgebunden, sein Gewand sei purpurn und seine Schuhe aus Gold. Er verfüge über zwei Unterkommandeure, der eine sei klein, alt, dicklich und prellbäuchig, stumpfnasig, habe große spitze Ohren, wirke tatterig und stütze sich auf einen Narthexstengel, reite die meiste Zeit auf einem Esel, und sein Gewand sei ebenfalls krokusfarben: insgesamt ein völlig passender und überzeugender Mitbefehlshaber. Der andere sei ein Mensch von monströsem Äußeren! Unten herum sehe er aus wie ein Bock: lang behaarte Beine, Hörner, tiefer Bart, aufbrausend und ungestüm, in der einen Hand halte er eine Syrinx, in der rechten schwinge er übermütig einen krummen Stab und umtanze das ganze Heer in wilden Bockssprüngen,[3] und das Weibsvolk habe Angst vor ihm, lasse seine Haare im Wind

αὐτὸν καὶ σείειν ἠνεμωμένας τὰς κόμας, ὁπότε προσίοι, καὶ βοᾶν εὐοῖ· τοῦτο δ' εἰκάζειν καλεῖσθαι αὐτῶν τὸν δεσπότην. τὰς δ' οὖν ποίμνας διηρπάσθαι ἤδη ὑπὸ τῶν γυναικῶν καὶ διεσπάσθαι ἔτι ζῶντα τὰ θρέμματα· ὠμοφάγους γάρ τινας αὐτὰς εἶναι.

[3] Ταῦτα οἱ Ἰνδοὶ καὶ ὁ βασιλεὺς αὐτῶν ἀκούοντες ἐγέλων, ὡς τὸ εἰκός, καὶ οὐδ' ἀντεπεξάγειν ἢ παρατάττεσθαι ἠξίουν, ἀλλ' εἴπερ ἄρα, τὰς γυναῖκας ἐπαφήσειν αὐτοῖς, εἰ πλησίον γένοιντο, σφίσι δὲ καὶ νικᾶν αἰσχρὸν ἐδόκει καὶ φονεύειν γύναια μεμηνότα καὶ θηλυμίτρην ἄρχοντα καὶ μεθύον σμικρὸν γερόντιον καὶ ἡμιάνθρωπον στρατιώτην ἄλλον καὶ γυμνήτας ὀρχηστάς, πάντας γελοίους. ἐπεὶ δὲ ἤγγελτο πυρπολῶν ὁ θεὸς ἤδη τὴν χώραν καὶ πόλεις αὐτάνδρους καταφλέγων καὶ ἀνάπτων τὰς ὕλας καὶ ἐν βραχεῖ πᾶσαν τὴν Ἰνδικὴν φλογὸς ἐμπεπληκώς – ὅπλον γάρ τι Διονυσιακὸν τὸ πῦρ, πατρῷον αὐτῷ κἀκ τοῦ κεραυνοῦ – ἐνταῦθα ἤδη σπουδῇ ἀνελάμβανον τὰ ὅπλα καὶ τοὺς ἐλέφαντας ἐπισάξαντες καὶ ἐγχαλινώσαντες καὶ τοὺς πύργους ἀναθέμενοι ἐπ' αὐτοὺς ἀντεπεξῄεσαν, καταφρονοῦντες μὲν καὶ τότε, ὀργιζόμενοι δὲ ὅμως καὶ συντρῖψαι σπεύδοντες αὐτῷ στρατοπέδῳ τὸν ἀγένειον ἐκεῖνον στρατηλάτην. [4] ἐπεὶ δὲ πλησίον ἐγένοντο καὶ εἶδον ἀλλήλους, οἱ μὲν Ἰνδοὶ προτάξαντες τοὺς ἐλέφαντας ἐπῆγον τὴν φάλαγγα, ὁ Διόνυσος δὲ τὸ μέσον μὲν αὐτὸς εἶχε, τοῦ κέρως δὲ αὐτῷ τοῦ δεξιοῦ μὲν ὁ Σιληνός, τοῦ εὐωνύμου δὲ ὁ Πὰν ἡγοῦντο· λοχαγοὶ δὲ καὶ ταξίαρχοι οἱ Σάτυροι ἐγκαθειστήκεσαν· καὶ τὸ μὲν σύνθημα ἦν ἅπασι τὸ εὐοῖ. εὐθὺς δὲ τὰ τύμπανα ἐπαταγεῖτο καὶ τὰ κύμβαλα τὸ πολεμικὸν ἐσήμαινε καὶ τῶν Σατύρων τις λαβὼν τὸ κέρας ἐπηύλει τὸ ὄρθιον καὶ ὁ τοῦ Σιληνοῦ ὄνος ἐνυάλιόν τι ὠγκήσατο καὶ αἱ Μαινάδες σὺν ὀλολυγῇ ἐνεπήδησαν αὐτοῖς δράκοντας ὑπεζωσμέναι κἀκ τῶν θύρσων ἄκρων ἀπογυμνοῦσαι τὸν σίδηρον. οἱ Ἰνδοὶ δὲ καὶ οἱ ἐλέφαντες αὐτῶν αὐτίκα ἐκκλίναντες σὺν

flattern, wann immer er in die Nähe komme, und schreie »euoi«. Das sei vermutlich der Name ihres Herrn.[4] Die Frauen ließen bereits zerfetzte Herden und bei lebendigem Leibe zerrissene Jungtiere hinter sich zurück: offensichtlich fräßen sie rohes Fleisch.[5]

(3) Als die Inder und ihr König das hörten, lachten sie natürlich und glaubten, es sei nicht nötig, ein Heer gegen sie hinauszuführen und sich in Schlachtordnung aufzustellen, sondern, wenn überhaupt, ihnen ihre Frauen entgegenzuschicken, sobald sie näher kämen; sie aber auch zu besiegen und zu töten, ein übergeschnapptes Weibsvolk, einen Anführer mit Frauenfrisur, ein kleines und betrunkenes altes Männlein, einen Halbmenschsoldaten und nackte Tänzer, lauter Witzfiguren – das hielten sie für unmoralisch. Als ihnen aber gemeldet worden war, der Gott brandschatze bereits das Land und brenne die Städte mitsamt ihren Bewohnern nieder, er zünde die Wälder an und habe in kürzester Zeit ganz Indien zum Raub der Flammen gemacht – denn das Feuer ist ja gewissermaßen eine dionysische Waffe, sein väterliches Erbe noch vom Blitz[6] –, da griffen sie nun doch energisch zu den Waffen, sattelten ihre Elefanten, legten ihnen Zaumzeug an, setzten ihnen die Türme auf den Rücken und zogen so gegen sie aus, zwar auch da noch voller Verachtung, aber doch auch voller Zorn und in der festen Absicht, zusammen mit seinem Heer auch jenen bartlosen Anführer kurz und klein zu schlagen. **(4)** Als sie näher rückten und einander sehen konnten, da ließen die Inder ihre Phalanx vorrücken, die Elefanten an der Spitze, Dionysos aber hatte persönlich das Kommando über die Mitte inne, während den rechten Flügel für ihn Silenos, den linken Pan befehligte. Als Hauptleute und Leutnants waren die Satyrn aufgestellt, und ihrer aller Parole war das »euoi«. Da dröhnten nun die Tamburine, die Becken schlugen das Schlachtsignal, einer der Satyrn griff sich das Horn und ließ die Fanfare ertönen, Silens Esel brüllte militärisch und die Mänaden sprangen mit lautem Geheul auf sie los, mit Schlangen gegürtet, und enthüllten unter den Köpfen des Thyrsos das Eisen. Die Inder und ihre Elefanten wichen

οὐδενὶ κόσμῳ ἔφευγον οὐδ' ἐντὸς βέλους γενέσθαι ὑπομείναντες, καὶ τέλος κατὰ κράτος ἑαλώκεσαν καὶ αἰχμάλωτοι ἀπήγοντο ὑπὸ τῶν τέως καταγελωμένων, ἔργῳ μαθόντες ὡς οὐκ ἐχρῆν ἀπὸ τῆς πρώτης ἀκοῆς καταφρονεῖν ξένων στρατοπέδων.

[5] Ἀλλὰ τί πρὸς τὸν Διόνυσον ὁ Διόνυσος οὗτος; εἴποι τις ἄν. ὅτι μοι δοκοῦσι – καὶ πρὸς Χαρίτων μή με κορυβαντιᾶν ἢ τελέως μεθύειν ὑπολάβητε, εἰ τἀμὰ εἰκάζω τοῖς θεοῖς – ὅμοιόν τι πάσχειν οἱ πολλοὶ πρὸς τοὺς καινοὺς τῶν λόγων τοῖς Ἰνδοῖς ἐκείνοις, οἷον καὶ πρὸς τοὺς ἐμούς· οἰόμενοι γὰρ σατυρικὰ καὶ γελοῖά τινα καὶ κομιδῇ κωμικὰ παρ' ἡμῶν ἀκούσεσθαι – τοιαῦτα πεπιστεύκασιν, οὐκ οἶδ' ὅ τι δόξαν αὐτοῖς ὑπὲρ ἐμοῦ – οἱ μὲν οὐδὲ τὴν ἀρχὴν ἀφικνοῦνται, ὡς οὐδὲν δέον παρέχειν τὰ ὦτα κώμοις γυναικείοις καὶ σκιρτήμασι σατυρικοῖς καταβάντας ἀπὸ τῶν ἐλεφάντων, οἱ δὲ ὡς ἐπὶ τοιοῦτό τι ἥκοντες ἀντὶ τοῦ κιττοῦ σίδηρον εὑρόντες οὐδ' οὕτως ἐπαινεῖν τολμῶσι τῷ παραδόξῳ τοῦ πράγματος τεθορυβημένοι. ἀλλὰ θαρρῶν ἐπαγγέλλομαι αὐτοῖς, ὅτι ἢν καὶ νῦν ὡς πρότερόν ποτε τὴν τελετὴν ἐθελήσωσιν ἐπιδεῖν πολλάκις καὶ ἀναμνησθῶσιν οἱ παλαιοὶ συμπόται κώμων κοινῶν τῶν τότε καιρῶν καὶ μὴ καταφρονήσωσιν τῶν Σατύρων καὶ Σιληνῶν, πίωσι δὲ ἐς κόρον τοῦ κρατῆρος τούτου, ἐμβακχεύσειν καὶ αὐτοὺς καὶ πολλάκις μεθ' ἡμῶν ἐρεῖν τὸ εὐοῖ.

[6] οὗτοι μὲν οὖν – ἐλεύθερον γὰρ ἀκοή – ποιούντων ὅ τι καὶ φίλον. Ἐγὼ δέ, ἐπειδήπερ ἔτι ἐν Ἰνδοῖς ἐσμεν, ἐθέλω καὶ ἄλλο ὑμῖν διηγήσασθαί τι τῶν ἐκεῖθεν, οὐκ ἀπροσδιόνυσον οὐδ' αὐτό, οὐδ' ὧν ποιοῦμεν

sogleich aus und flohen in heillosem Durcheinander; sie warteten nicht erst ab, bis sie in Schussweite gerieten, und schließlich und endlich wurden sie gewaltsam gefangen gesetzt und als Kriegsgefangene abgeführt – von denen, über die sie gerade noch gelacht hatten, und so mussten sie auf die harte Tour lernen, dass man eben nicht aufs erste Hörensagen hin fremde Heere geringschätzen soll.

(5) »Aber was hat denn nun dieser Dionysos mit Dionysos zu tun?«[7] – könnte einer fragen. Dass es mir so vorkommt – und bitte, bei den Chariten, denkt nicht, ich sei verrückt oder völlig betrunken, wenn ich meine Angelegenheiten mit denen der Götter vergleiche –, als gehe es den meisten ähnlich wie jenen Indern, wenn sie mit einer neuen Art von Literatur konfrontiert werden, beispielsweise meiner. Denn sie glauben so sehr, dass sie Satyrisches, Lustiges und einfach Komisches von mir zu hören bekommen werden – davon sind sie fest überzeugt: Ich weiß gar nicht, was sie von mir denken! –, dass die einen erst gar nicht kommen, weil es sich ja nicht lohne, von den Elefanten zu steigen und sein Gehör einem Weiberfasching und dem Gehopse von Satyrn zu leihen, und die anderen, weil sie umgekehrt genau zu diesem Zweck gekommen sind und plötzlich statt Efeu Eisen vorfinden,[8] nun ebenfalls kein Lob zu formulieren wagen, vom Paradoxen und Unerwarteten der Angelegenheit wie betäubt. Doch voller Selbstvertrauen verkünde ich ihnen: Wenn sie, wie früher einmal, auch jetzt oft das Geheimnis der Einweihung schauen wollen und wenn sich die alten Mitzecher und Teilnehmer unserer gemeinsamen Umzüge an die schönen Momente damals erinnern und die Satyrn und Silene nicht verachten, sondern auch diesen Mischkrug bis zur Neige leeren, dann werden auch sie in bakchische Verzückung geraten und mit mir zusammen ein ums andere Mal »euoi« rufen.

(6) Nun, die sollen tun, wie es ihnen beliebt. Das Zuhören ist ja freiwillig. Aber ich will euch, wo wir ja jetzt gerade in Indien sind, noch eine weitere Geschichte von dort erzählen, und auch die hat durchaus mit Dionysos zu tun und steht dem, was ich tue, keines-

ἀλλότριον. ἐν Ἰνδοῖς τοῖς Μαχλαίοις, οἳ τὰ λαιὰ τοῦ Ἰνδοῦ ποταμοῦ, εἰ κατὰ ῥοῦν αὐτοῦ βλέποις, ἐπινεμόμενοι μέχρι πρὸς τὸν Ὠκεανὸν καθήκουσι, παρὰ τούτοις ἄλσος ἐστὶν ἐν περιφράκτῳ, οὐ πάνυ μεγάλῳ χωρίῳ, συνηρεφεῖ δέ· κιττὸς γὰρ πολὺς καὶ ἄμπελοι σύσκιον αὐτὸ ἀκριβῶς ποιοῦσιν. ἐνταῦθα πηγαί εἰσι τρεῖς καλλίστου καὶ διειδεστάτου ὕδατος, ἡ μὲν Σατύρων, ἡ δὲ Πανός, ἡ δὲ Σιληνοῦ. καὶ εἰσέρχονται εἰς αὐτὸ Ἰνδοὶ ἅπαξ τοῦ ἔτους ἑορτάζοντες τῷ θεῷ, καὶ πίνουσι τῶν πηγῶν, οὐχ ἁπασῶν ἅπαντες, ἀλλὰ καθ' ἡλικίαν, τὰ μὲν μειράκια τῆς τῶν Σατύρων, οἱ ἄνδρες δὲ τῆς Πανικῆς, τῆς δὲ τοῦ Σιληνοῦ οἱ κατ' ἐμέ.

[7] Ἃ μὲν οὖν πάσχουσιν οἱ παῖδες ἐπειδὰν πίωσιν, ἢ οἷα οἱ ἄνδρες τολμῶσι κατεχόμενοι τῷ Πανί, μακρὸν ἂν εἴη λέγειν· ἃ δ' οἱ γέροντες ποιοῦσιν, ὅταν μεθυσθῶσιν τοῦ ὕδατος, οὐκ ἀλλότριον εἰπεῖν· ἐπειδὰν πίῃ ὁ γέρων καὶ κατάσχῃ αὐτὸν ὁ Σιληνός, αὐτίκα ἐπὶ πολὺ ἄφωνός ἐστι καὶ καρηβαροῦντι καὶ βεβαπτισμένῳ ἔοικεν, εἶτα ἄφνω φωνή τε λαμπρὰ καὶ φθέγμα τορὸν καὶ πνεῦμα λιγυρὸν ἐγγίγνεται αὐτῷ καὶ λαλίστατος ἐξ ἀφωνοτάτου ἐστίν, οὐδ' ἂν ἐπιστομίσας παύσειας αὐτὸν μὴ οὐχὶ συνεχῆ λαλεῖν καὶ ῥήσεις μακρὰς συνείρειν. συνετὰ μέντοι πάντα καὶ κόσμια καὶ κατὰ τὸν Ὁμήρου ἐκεῖνον ῥήτορα· »νιφάδεσσι« γὰρ »ἐοικότα χειμερίῃσι« διεξέρχονται, οὐδ' ἀποχρήσει σοι κύκνοις κατὰ τὴν ἡλικίαν εἰκάσαι αὐτούς, ἀλλὰ τεττιγῶδές τι πυκνὸν καὶ ἐπίτροχον συνάπτουσιν ἄχρι βαθείας ἑσπέρας. τοὐντεῦθεν δὲ ἤδη ἀφεθείσης αὐτοῖς τῆς μέθης σιωπῶσι καὶ πρὸς τὸ ἀρχαῖον ἀνατρέχουσι. τὸ μέντοι παραδοξότατον οὐδέπω εἶπον· ἢν γὰρ ἀτελῆ ὁ γέρων μεταξὺ

wegs fern. In Indien, bei den Machlaiern, die das in Richtung der Mündung linke Ufer des Indus bevölkern und deren Siedlungsgebiet bis zum Okeanos reicht, bei denen also gibt es einen Hain an einem umfriedeten, nicht sehr großen, gleichwohl dicht bewachsenen Ort: Massen von Efeu und Wein legen ihn in völligen Schatten. Dort gibt es drei Quellen von schönstem und klarstem Wasser: eine ist den Satyrn, die zweite dem Pan, die dritte dem Silen geweiht. Diesen Hain betreten die Inder einmal im Jahr, wenn sie das Fest für den Gott begehen, und trinken von den Quellen, aber nicht alle von jeder, sondern ihrem Alter entsprechend: die jungen Männer von der Satyrquelle, die Männer von der des Pan, und von der des Silen meine Altersgenossen.

(7) Was nun den jungen Leuten passiert, wenn sie trinken, oder was sich die Männer alles trauen, wenn sie von Pan besessen sind, das wäre wohl eine lange Erzählung ... Was aber die Alten tun, wenn sie vom Wasser berauscht sind, das zu erzählen ist nicht unpassend. Wenn ein Alter trinkt und Silen sich seiner bemächtigt, verstummt er sofort und für geraume Zeit, und er sieht aus wie ein Betrunkener mit schwerem Kopf, aber dann erhebt sich plötzlich in ihm eine prächtige Stimme, ein durchdringendes Organ, ein strahlendes Timbre, und war er eben noch ganz und gar stumm, so ergießt er sich nun in einen Wortschwall sondergleichen, und selbst wenn man ihm den Mund verstopfte, könnte man ihn nicht davon abbringen, ohne Unterbrechung zu schwätzen und lange Reden zu reihen. Indes ist alles, was sie von sich geben, vernünftig, anständig und ganz wie bei jenem bekannten Redner Homers:[9] Denn »wie Schneegestöber« kommen ihre Worte heraus, und es wird nicht hinreichen, sie mit Blick auf ihr Alter mit Schwänen zu vergleichen, sondern Grillengezirpe[10] reihen sie geläufig und dicht an dicht, bis weit in den Abend hinein. Dann aber verflüchtigt sich ihr Rausch, sie verstummen und kehren in ihren alten Zustand zurück. Die größte Merkwürdigkeit allerdings habe ich noch gar nicht erwähnt: Wenn nämlich ein Alter seine Rede mittendrin abbricht, weil ihn der

καταλίπῃ ὃν διεξῄει τὸν λόγον, δύντος ἡλίου κωλυθεὶς ἐπὶ πέρας αὐτὸν ἐπεξελθεῖν, ἐς νέωτα πιὼν αὖθις ἐκεῖνα συνάπτει ἃ πέρυσι λέγοντα ἡ μέθη αὐτὸν κατέλιπεν.

[8] Ταῦτά μοι κατὰ τὸν Μῶμον εἰς ἐμαυτὸν ἀπεσκώφθω, καὶ μὰ τὸν Δί' οὐκ ἂν ἔτι ἐπαγάγοιμι τὸ ἐπιμύθιον· ὁρᾶτε γὰρ ἤδη καθ' ὅ τι τῷ μύθῳ ἔοικα. ὥστε ἤν μέν τι παραπαίωμεν, ἡ μέθη αἰτία· εἰ δὲ πινυτὰ δόξειε τὰ λεγόμενα, ὁ Σιληνὸς ἄρα ἦν ἵλεως.

Sonnenuntergang daran hindert, sie zu Ende zu bringen, dann redet er im nächsten Jahr, wenn er wieder trinkt, genau an der Stelle weiter, an der ihn im Vorjahr der Rausch verließ.[11]

(8) Soweit, nach Art des Momos,[12] der Spott gegen meine eigene Person! Und nein, bei Zeus, die Moral von der Geschicht' führ' ich nun nicht mehr an. Ihr seht ja schon, inwiefern ich meiner Geschichte entspreche. Sollte ich daher irgendwo danebengelangt haben, ist der Rausch schuld – sollte euch aber, was ich gesagt habe, vernünftig vorkommen, dann, ja, dann war Silen mir gnädig.

ΠΕΡΙ ΤΟΥ ΗΛΕΚΤΡΟΥ Η ΤΩΝ ΚΥΚΝΩΝ

[1] Ἠλέκτρου πέρι καὶ ὑμᾶς δηλαδὴ ὁ μῦθος πέπεικεν, αἰγείρους ἐπὶ τῷ Ἠριδανῷ ποταμῷ δακρύειν αὐτὸ θρηνούσας τὸν Φαέθοντα, καὶ ἀδελφάς γε εἶναι τὰς αἰγείρους ἐκείνας τοῦ Φαέθοντος, εἶτα ὀδυρομένας τὸ μειράκιον ἀλλαγῆναι ἐς τὰ δένδρα, καὶ ἀποστάζειν ἔτι αὐτῶν δάκρυον δῆθεν τὸ ἤλεκτρον. τοιαῦτα γὰρ ἀμέλει καὶ αὐτὸς ἀκούων τῶν ποιητῶν ᾀδόντων ἤλπιζον, εἴ ποτε γενοίμην ἐπὶ τῷ Ἠριδανῷ, ὑπελθὼν μίαν τῶν αἰγείρων ἐκπετάσας τὸ προκόλπιον ὑποδέξεσθαι τῶν δακρύων ὀλίγα, ὡς ἤλεκτρον ἔχοιμι. **[2]** καὶ δὴ οὐ πρὸ πολλοῦ κατ᾽ ἄλλο μέν τι χρέος, ἧκον δὲ ὅμως ἐς τὰ χωρία ἐκεῖνα, καὶ – ἔδει γὰρ ἀναπλεῖν κατὰ τὸν Ἠριδανόν – οὔτ᾽ αἰγείρους εἶδον πάνυ περισκοπῶν οὔτε τὸ ἤλεκτρον, ἀλλ᾽ οὐδὲ τοὔνομα τοῦ Φαέθοντος ᾔδεσαν οἱ ἐπιχώριοι. ἀναζητοῦντος γοῦν ἐμοῦ καὶ διαπυνθανομένου »Πότε δὴ ἐπὶ τὰς αἰγείρους ἀφιξόμεθα τὰς τὸ ἤλεκτρον;« ἐγέλων οἱ ναῦται καὶ ἠξίουν σαφέστερον λέγειν ὅ τι καὶ θέλοιμι· κἀγὼ τὸν μῦθον διηγούμην αὐτοῖς, Φαέθοντα γενέσθαι Ἡλίου παῖδα, καὶ τοῦτον ἐς ἡλικίαν ἐλθόντα αἰτῆσαι παρὰ τοῦ πατρὸς ἐλάσαι τὸ ἅρμα, ὡς ποιήσειε καὶ αὐτὸς μίαν ἡμέραν, τὸν δὲ δοῦναι, τὸν δὲ ἀπολέσθαι ἐκδιφρευθέντα, καὶ τὰς ἀδελφὰς αὐτοῦ πενθούσας ἐνταῦθά που, ἔφην, παρ᾽ ὑμῖν, ἵναπερ καὶ κατέπεσεν, ἐπὶ τῷ Ἠριδανῷ, αἰγείρους γενέσθαι καὶ δακρύειν ἔτι ἐπ᾽ αὐτῷ τὸ ἤλεκτρον. **[3]** »Τίς ταῦτά σοι«, ἔφασκον, »διηγήσατο ἀπατεὼν καὶ ψευδολόγος ἄνθρωπος; ἡμεῖς δὲ οὔτε ἡνίοχόν τινα ἐκπίπτοντα εἴδομεν οὔτε τὰ?ς αἰγείρους ἃς φὴς ἔχομεν. εἰ δὲ ἦν τι τοιοῦτον, οἴει ἡμᾶς

VOM BERNSTEIN ODER VON DEN SCHWÄNEN

(1) Bernstein! – Sein Mythos ist euch selbstverständlich in Fleisch und Blut übergegangen: Dass Pappeln am Fluss Eridanos[1] ihn als Tränen weinen, als Klage um Phaethon, und dass es sich bei jenen Pappeln nämlich um Phaethons Schwestern handele, die in ihrer Klage um den jungen Mann dann in die Bäume verwandelt worden seien und immer noch ihre Tränen tropfen ließen – eben den Bernstein. Das hatte ich selbst natürlich auch in den Liedern der Dichter vernommen und deshalb gehofft, unter einer der Pappeln mit meinem Gewand ein paar dieser Tränen auffangen zu können, um Bernstein zu gewinnen, wenn ich einmal zum Eridanos käme. **(2)** Ja, und nun kam ich vor kurzem, zwar zu einem ganz anderen Zweck, aber eben doch in jene Gegend, und da – ich musste nämlich den Eridanos hinauffahren – konnte ich nicht nur keine Pappeln, obwohl ich mich wirklich gründlich umsah, und keinen Bernstein entdecken, sondern die Einheimischen kannten noch nicht einmal den Namen Phaethon. Als ich nun voller Forschereifer immer wieder nachbohrte: »Wann kommen wir denn zu den Bernsteinpappeln?«, lachten die Schiffer und baten mich, ihnen genauer zu erklären, was ich eigentlich wolle. Da erzählte ich ihnen den Mythos: Phaethon sei der Sohn des Helios gewesen, und als er herangewachsen war, habe er von seinem Vater verlangt, ihn den Wagen fahren zu lassen, damit auch er mal einen Tag machen könne, und der habe es ihm erlaubt, aber er sei aus dem Wagen geschleudert worden und dabei zu Tode gekommen, und seine Schwestern seien in ihrer Trauer hier irgendwo, sagte ich, bei euch, wo er ja auch abgestürzt sei, am Eridanos, zu Pappeln geworden und weinten noch immer Tränen aus Bernstein um ihn. **(3)** »Wer hat dir denn das erzählt,« sagten sie, »welcher Betrüger und Lügner? Wir haben weder einen Wagenlenker herabstürzen sehen, noch gibt es bei uns die Pappeln, von denen du sprichst. Wenn es so etwas gäbe, glaubst du denn, dass wir für zwei Obolen die Schiffe gegen den Strom rudern

δυοῖν ὀβολοῖν ἕνεκα ἐρέττειν ἂν ἢ ἕλκειν τὰ πλοῖα πρὸς ἐναντίον τὸ ὕδωρ, οἷς ἐξῆν πλουτεῖν ἀναλέγοντας τῶν αἰγείρων τὰ δάκρυα;« τοῦτο λεχθὲν οὐ μετρίως μου καθίκετο, καὶ ἐσιώπησα διαισχυνθείς, ὅτι παιδίου τινος ὡς ἀληθῶς ἔργον ἐπεπόνθειν πιστεύσας τοῖς ποιηταῖς ἀπίθανα οὕτως ψευδομένοις, ὡς μηδὲν ὑγιὲς ἀρέσκεσθαι αὐτοῖς.

Μιᾶς μὲν δὴ ταύτης ἐλπίδος οὐ μικρᾶς ἐψευσμένος ἠνιώμην καθάπερ ἐκ τῶν χειρῶν τὸ ἤλεκτρον ἀπολωλεκώς, ὅς γε ἤδη ἀνέπλαττον ὅσα καὶ οἷα χρήσομαι αὐτῷ.

[4] ἐκεῖνο δὲ καὶ πάνυ ἀληθὲς ᾤμην εὑρήσειν παρ' αὐτοῖς, κύκνους πολλοὺς ᾄδοντας ἐπὶ ταῖς ὄχθαις τοῦ ποταμοῦ. καὶ αὖθις ἠρώτων τοὺς ναύτας – ἀνεπλέομεν γὰρ ἔτι – »Ἀλλ' οἵ γε κύκνοι πηνίκα ὑμῖν τὸ λιγυρὸν ἐκεῖνο ᾄδουσιν ἐφεστῶτες τῷ ποταμῷ ἔνθεν καὶ ἔνθεν; φασὶ γοῦν Ἀπόλλωνος παρέδρους αὐτοὺς ὄντας, ᾠδικοὺς ἀνθρώπους, ἐνταῦθά που ἐς τὰ ὄρνεα μεταπεσεῖν καὶ διὰ τοῦτο ᾄδειν ἔτι οὐκ ἐκλαθομένους τῆς μουσικῆς.« **[5]** οἱ δὲ σὺν γέλωτι, »Σύ«, ἔφησαν, »ὦ ἄνθρωπε, οὐ παύσῃ τήμερον καταψευδόμενος τῆς χώρας ἡμῶν καὶ τοῦ ποταμοῦ; ἡμεῖς δὲ ἀεὶ πλέοντες καὶ ἐκ παίδων σχεδὸν ἐργαζόμενοι ἐν τῷ Ἠριδανῷ ὀλίγους μὲν κύκνους ἐνίοτε ὁρῶμεν ἐν τοῖς ἕλεσι τοῦ ποταμοῦ, καὶ κρώζουσιν οὗτοι πάνυ ἄμουσον καὶ ἀσθενές, ὡς τοὺς κόρακας ἢ τοὺς κολοιοὺς Σειρῆνας εἶναι πρὸς αὐτούς, ᾀδόντων δὲ [καὶ] ἡδὺ καὶ οἷον σὺ φῂς οὐδὲ ὄναρ ἀκηκόαμεν· ὥστε θαυμάζομεν πόθεν ταῦτα εἰς ὑμᾶς ἀφίκετο περὶ ἡμῶν.«

[6] Πολλὰ τοιαῦτα ἐξαπατηθῆναι ἔστι πιστεύοντας τοῖς πρὸς τὸ μεῖζον ἕκαστα ἐξηγουμένοις. ὥστε κἀγὼ νῦν δέδια ὑπὲρ ἐμαυτοῦ μὴ

oder ziehen würden, wenn wir einfach dadurch, dass wir Pappeltränen aufsammeln, reich werden könnten?« Was sie da sagten, traf mich doch tief, und beschämt verstummte ich, weil ich mich wirklich wie ein Kleinkind benommen und den Dichtern ihre Unglaublichkeiten abgenommen hatte, und dabei sind die doch so verlogen, dass nichts Gescheites mehr ihren Gefallen findet.

Da war ich nun um diese eine, gar nicht geringe, Hoffnung betrogen und fühlte mich so bekümmert, als ob ich den Bernstein schon in den Händen gehalten und dann verloren hätte, und dabei hatte ich mir schon ausgemalt, wofür ich ihn alles brauchen könnte. **(4)** Aber Folgendes, was wirklich wahr ist, würde ich, glaubte ich, doch bei ihnen finden: Schwäne in großer Zahl, singend an den Ufern des Flusses. Also fragte ich die Schiffer erneut – wir waren ja noch unterwegs: »Aber was ist mit den Schwänen? Wann stehen sie denn hier und dort am Ufer aufgereiht und singen für euch jenes bekannte helltönende Lied? Man sagt doch, sie seien Genossen Apolls, Freunde des Gesangs, und es sei hier irgendwo gewesen, dass sie sich in diese Vögel verwandelt hätten und deswegen immer noch sängen, denn die Musik hätten sie nicht vergessen.«[2] **(5)** »Menschenskind!«, antworteten sie und prusteten los, »du willst heute wohl gar nicht aufhören, Lügengeschichten über unser Land und unseren Fluss zu erzählen! Wir fahren schon seit eh und je auf dem Eridanos, fast von Kindesbeinen an ist er unser Arbeitsplatz! Erstens sehen wir hier nur ab und zu mal ein paar Schwäne in den Niederungen des Flusses, und zweitens ist ihr Gekrächze schwächlich und alles andere als musikalisch, Raben und Dohlen sind wahre Sirenen gegen sie, aber dass sie so ein süßes Lied sängen, wie du behauptest, das haben wir noch nicht einmal im Traum gehört. Wir müssen uns schon wundern, woher du diese Geschichten über uns hast.«

(6) Man kann auf eine ganze Menge solcher Betrügereien hereinfallen, wenn man Leuten glaubt, die aus allem eine riesige Geschichte machen. Deshalb befürchte auch ich jetzt für mich, dass ihr, die

ὑμεῖς ἄρτι ἀφιγμένοι, καὶ τοῦτο πρῶτον ἀκροασάμενοι ἡμῶν, ἤλεκτρά τινα καὶ κύκνους ἐλπίσαντες εὑρήσειν παρ' ἡμῖν, ἔπειτα μετ' ὀλίγον ἀπέλθητε καταγελῶντες τῶν ὑποσχομένων ὑμῖν τοιαῦτα πολλὰ κειμήλια ἐνεῖναι τοῖς λόγοις. ἀλλὰ μαρτύρομαι, ὡς ἐμοῦ τοιαῦτα μεγαλαυχουμένου περὶ τῶν ἐμῶν οὔτε ὑμεῖς οὔτε ἄλλος πω ἀκήκοεν, οὐδ' ἂν ἀκούσειέν ποτε. ἄλλοις μὲν γὰρ οὐκ ὀλίγοις ἐντύχοις ἂν Ἠριδανοῖς τισι καὶ οἷς οὐκ ἤλεκτρον, ἀλλὰ χρυσὸς αὐτὸς ἀποστάζει τῶν λόγων, πολὺ τῶν κύκνων τῶν ποιητικῶν λιγυρωτέροις· τὸ δὲ ἐμὸν ὁρᾶτε ἤδη ὁποῖον ἁπλοϊκὸν καὶ ἄμυθον, οὐδέ τις ᾠδὴ πρόσεστιν. ὥστε ὅρα μὴ τοιοῦτό τι πάθῃς μείζω περὶ ἡμῶν ἐλπίσας, οἷόν τι πάσχουσιν οἱ τὰ ἐν τῷ ὕδατι ὁρῶντες· οἰόμενοι γὰρ τηλικαῦτα εἶναι αὐτὰ οἷα διεφαίνετο αὐτοῖς ἄνωθεν, εὐρυνομένης τῆς σκιᾶς πρὸς τὴν αὐγήν, ἐπειδὰν ἀνασπάσωσι, πολλῷ μικρότερα εὑρίσκοντες ἀνιῶνται. ἤδη οὖν σοι προλέγω, ἐκχέας τὸ ὕδωρ καὶ ἀποκαλύψας τἀμὰ μηδὲν μέγα προσδοκήσῃς ἀνιμήσεσθαι, ἢ σαυτὸν αἰτιάσῃ τῆς ἐλπίδος.

ihr gerade erst angekommen seid und mich außerdem zum ersten Mal hört, in der Hoffnung, ihr würdet bei mir Bernstein und Schwäne finden, mich schon bald wieder verlasst und alle auslacht, die euch versprochen haben, in meinen Reden gebe es lauter solche Kleinodien. Aber ich schwöre, dass weder ihr noch irgendwer sonst mich jemals solche großsprecherischen Ankündigungen meiner Auftritte hat machen hören, und man wird sie auch nie zu Gehör bekommen. Allerdings kann man ja andere und nicht wenige solche Eridanos-Typen treffen, aus deren Reden nicht Bernstein, sondern schieres Gold tropft,[3] Leute mit viel vernehmlicheren Stimmen, als sie die poetischen Schwäne besitzen. Schaut euch dagegen meinen Vortrag an! Wie einfach ist er, und wie gut kommt er ohne Mythos aus, und Gesang ist auch keiner dabei! Seht daher zu, dass es euch, wenn ihr allzu Großes von mir erwartet, nicht so ergeht wie denen, die Gegenstände im Wasser anschauen, glauben sie doch, die seien so groß, wie sie ihnen von oben vorkämen, weil ihr Schatten sich im Licht verbreitert – und holen sie sie hoch, dann ärgern sie sich, dass sie in Wirklichkeit viel kleiner sind.[4] Ich muss euch also warnen: Wenn ihr das Wasser ausgießt und meine Worte aufdeckt, dann erwartet nicht, etwas Großartiges zu angeln, andernfalls seid ihr selbst verantwortlich für eure Hoffnungen.

ΠΕΡΙ ΤΩΝ ΔΙΨΑΔΩΝ

[1] Τῆς Λιβύης τὰ νότια ψάμμος ἐστὶν βαθεῖα καὶ γῆ διακεκαυμένη, ἔρημος ἐπὶ πολύ, ἀκριβῶς ἄκαρπος, πεδινὴ ἅπασα, οὐ χλόην οὐ πόαν οὐ φυτὸν οὐχ ὕδωρ ἔχουσα, ἢ εἴ που ἄρα ἐν κοίλοις συνεστηκὸς ὑετοῦ ὀλίγου λείψανον, παχὺ καὶ τοῦτο καὶ δυσῶδες, οὐδὲ πάνυ διψῶντι ἀνθρώπῳ πότιμον. ἀοίκητος γοῦν ἐστι διὰ ταῦτα· ἢ πῶς γὰρ ἂν οἰκοῖτο ἀνήμερος οὕτω καὶ ξηρὰ καὶ ἄφορος οὖσα καὶ πολλῷ τῷ αὐχμῷ πιεζομένη; καὶ τὸ θάλπος δὲ αὐτὸ καὶ ὁ ἀὴρ κομιδῇ πυρώδης καὶ φλογερὸς ὢν καὶ ἡ ψάμμος ὑπερζέουσα παντελῶς ἄβατον τὴν χώραν τίθησι.

[2] Γαράμαντες μόνοι πρόσοικοι ὄντες, εὐσταλὲς καὶ κοῦφον ἔθνος, ἄνθρωποι σκηνῖται, ἀπὸ θήρας τὰ πολλὰ ζῶντες, ἐνίοτε οὗτοι ἐσβάλλουσι θηράσοντες ἀμφὶ τροπὰς τὰς χειμερινὰς μάλιστα, ὕσαντα τὸν θεὸν τηρήσαντες, ὁπότε τὸ πολὺ τοῦ καύματος σβεσθείη καὶ ἡ ψάμμος νοτισθείη καὶ ἀμηγέπη βατὰ γένοιτο. ἡ θήρα δέ ἐστιν ὄνων τε τῶν ἀγρίων καὶ στρουθῶν τῶν μεγάλων χαμαὶ τούτων καὶ πιθήκων μάλιστα καὶ ἐλεφάντων ἐνίοτε· ταῦτα γὰρ μόνα διαρκεῖ πρὸς τὸ δίψος καὶ ἀνέχεται ἐπὶ πολὺ ταλαιπωρούμενα ὑπὸ πολλῷ καὶ ὀξεῖ τῷ ἡλίῳ. καὶ ὅμως οἱ Γαράμαντες ἐπειδὰν τὰ σιτία καταναλώσωσιν ἅπερ ἔχοντες ἀφίκοντο, ἀπελαύνουσιν ὀπίσω εὐθὺς δεδιότες μὴ σφίσιν ἡ ψάμμος ἀναφλεγεῖσα δύσβατος καὶ ἄπορος γένηται, εἶτα ὥσπερ ἐντὸς ἀρκύων ληφθέντες καὶ αὐτοὶ ἀπόλωνται μετὰ τῆς ἄγρας. ἄφυκτα γάρ ἐστιν ἢν ὁ ἥλιος ἀνασπάσας τὴν ἰκμάδα καὶ τάχιστα ξηράνας τὴν χώραν ὑπερζέσῃ, ἀκμαιοτέραν τὴν ἀκτῖνα προσβαλὼν ἅτε πρὸς τὴν νοτίδα παρατεθηγμένην· τροφὴ γὰρ αὕτη τῷ πυρί.

[3] Καίτοι ταῦτα πάντα ὁπόσα εἶπον – τὸ θάλπος, τὸ δίψος, ἡ ἐρημία, τὸ μηδὲν ἔχειν ἐκ τῆς γῆς λαβεῖν – ἧττον ὑμῖν δυσχερῆ εἶναι

DIE DURSTSCHLANGEN

(1) Der Süden Libyens besteht aus tiefem Sand und verbrannter Erde, größtenteils unfruchtbarer, zur Gänze flacher Wüste, ohne Gras, ohne Wiese, ohne Pflanzen, ohne Wasser, außer vielleicht einer in einer Senke stehenden kleinen Regenpfütze, doch auch die dickflüssig, stinkend und nicht einmal für einen Verdurstenden trinkbar. Entsprechend ist die Gegend unbesiedelt. Wie sollte man eine so raue, trockene Erde, die nichts hervorbringt und in Dreck und Dürre erstickt, auch besiedeln? Die Hitze und die glühende, ja brennende Luft und der kochende Sand machen das Land vollends unbetretbar.

(2) Seine einzigen Nachbarn sind die Garamanten, ein einfaches und flinkes Völkchen, das in Zelten lebt und sich zum größten Teil von der Jagd ernährt.[1] Sie betreten das Land bisweilen zum Zweck der Jagd, meistens zur Zeit der Wintersonnenwende, und sie passen dabei den Zeitpunkt ab, wenn Gott es regnen lässt, die Hitze stark zurückgeht und der Sand feucht wird und wenigstens irgendwie betreten werden kann. Sie jagen wilde Esel, Strauße, häufig Affen und ab und an Elefanten. Denn das sind die einzigen Lebewesen, die dem Durst standhalten und das kärgliche Dasein in der ständig stechenden Sonne dauerhaft ertragen. Und trotzdem ziehen sich die Garamanten, wenn sie ihren mitgebrachten Proviant aufgebraucht haben, sofort wieder zurück, aus Furcht, der Sand könnte plötzlich wieder auflodern und unbegehbar und ausweglos werden, und dann säßen sie wie in einem Jagdnetz fest und müssten zusammen mit ihrer Beute zugrunde gehen. Denn es gibt keine Rettung, sobald die Sonne alle Feuchtigkeit aufsaugt und im Nu das Land austrocknet und zum Kochen bringt, denn die Sonnenstrahlen gewinnen an Macht, weil sie von der Feuchtigkeit verschärft werden: Die nährt das Feuer noch.

(3) Und doch wird euch all das, wovon ich gerade gesprochen habe – Hitze, Durst, Wüste, die Unmöglichkeit, irgendeinen Nut-

δόξει τοῦ λεχθησομένου, καὶ δι᾽ ὃ φευκτέα πάντως ἡ χώρα ἐκείνη. ἑρπετὰ γὰρ ποικίλα μεγέθει τε μέγιστα καὶ πλήθει πάμπολλα καὶ τὰς μορφὰς ἀλλόκοτα καὶ τὸν ἰὸν ἄμαχα ἐπινέμεται τὴν γῆν, τὰ μὲν ὑποβρύχια, φωλεύοντα ἐν μυχῷ τῆς ψάμμου, τὰ δὲ ἄνω ἐπιπολάζοντα – φύσαλοι καὶ ἀσπίδες καὶ ἔχιδναι καὶ κεράσται καὶ βουπρήστεις καὶ ἀκοντίαι καὶ ἀμφίσβαιναι καὶ δράκοντες καὶ σκορπίων γένος διττόν, τὸ μὲν ἕτερον ἐπίγειόν τι καὶ πεζόν, ὑπέρμεγα καὶ πολυσφόνδυλον, θάτερον δὲ ἐναέριον καὶ πτηνόν, ὑμενόπτερον δὲ οἷα ταῖς ἀκρίσι καὶ τέττιξι καὶ νυκτερίσι τὰ πτερά. τοιαῦτα ὄρνεα πολλὰ ἐπιπετόμενα οὐκ εὐπρόσιτον ἀπεργάζεται τὴν Λιβύην ἐκείνην.

[4] Τὸ δὲ δὴ πάντων ἑρπετῶν δεινότατον ὧν ἡ ψάμμος τρέφει ἡ διψάς ἐστιν, ὄφις οὐ πάνυ μέγας, ἐχίδνῃ ὅμοιος, τὸ δῆγμα βίαιος, τὸν ἰὸν παχύς, ὀδύνας μὲν ἀλήκτους ἐπάγων εὐθύς· ἐκκαίει τε γὰρ καὶ σήπει καὶ πίμπρασθαι ποιεῖ, καὶ βοῶσιν ὥσπερ ἐν πυρᾷ κείμενοι. τὸ δὲ μάλιστα καταπονοῦν καὶ κατατρῦχον αὐτοὺς ἐκεῖνό ἐστιν, ὁμώνυμον πάθος τῷ ἑρπετῷ. διψῶσι γὰρ εἰς ὑπερβολήν, καὶ τὸ παραδοξότατον, ὅσῳπερ ἂν πίνωσι, τοσούτῳ μᾶλλον ὀρέγονται τοῦ ποτοῦ· καὶ ἡ ἐπιθυμία πολὺ πλέον ἐπιτείνεται αὐτοῖς. οὐδ᾽ ἂν σβέσειάς ποτε τὸ δίψος, οὐδ᾽ ἢν τὸν Νεῖλον αὐτὸν ἢ τὸν Ἴστρον ὅλον ἐκπιεῖν παράσχῃς, ἀλλὰ προσεκκαύσειας ἐπάρδων τὴν νόσον, ὥσπερ ἂν εἴ τις ἐλαίῳ πῦρ κατασβεννύοι. **[5]** λέγουσιν ἰατρῶν παῖδες ἐκείνην τὴν αἰτίαν εἶναι, παχὺν τὸν ἰὸν ὄντα ἔπειτα δευόμενον τῷ ποτῷ ὀξυκίνητον γίγνεσθαι, ὑγρότερον ὡς τὸ εἰκὸς καθιστάμενον καὶ ἐπὶ πλεῖστον διαχεόμενον.

zen aus diesem Land zu ziehen –, noch freundlich vorkommen im Vergleich zu dem, was jetzt berichtet werden soll und weswegen man das Land ganz und gar meiden sollte. Denn Kriechtiere aller Art, von gewaltiger Größe und in unendlicher Menge, von fremdartigem Aussehen und gegen deren Gift kein Kraut gewachsen ist, bevölkern den Erdboden, manche, die sich in Sandhöhlen verbergen, unterirdisch, die anderen an der Oberfläche, Kröten, Vipern, Kobras, Hornschlangen, Ochsenkäfer, Schießschlangen, Doppelschleichen, Pythons und zwei Arten von Skorpionen, die einen oberirdische Kriechtiere, übergroß und vielgliedrig, die anderen geflügelt und flugfähig, mit membranartigen Flügeln wie denen der Heuschrecken, Zikaden und Fledermäuse. Solche Flügelwesen, die dort in großer Zahl herumfliegen, machen jenen Teil Libyens nicht gerade zu einem leicht zugänglichen Ort.

(4) Das von all diesen Kriechtieren, denen der Sand als Lebensraum dient, mit Abstand gefährlichste ist aber die Durstschlange, eine nicht besonders große Schlange, der Kobra ähnlich, mit kräftigem Biss und zähflüssigem Gift. Sie fügt sofortige unbeschreibliche Schmerzen zu. Denn sie bewirkt Entzündung und Eitern und lässt einen glauben, man stehe in Flammen, und ihre Opfer schreien, als ob sie auf einem Scheiterhaufen stünden. Was sie aber am meisten quält und zermürbt, ist Folgendes, nämlich ein Leiden, das mit dem Kriechtier den Namen teilt: Denn sie empfinden Durst im Übermaß, und was das Erstaunlichste ist: Je mehr sie trinken, desto mehr verlangen sie nach weiteren Getränken, und ihre Gier wird immer größer. Diesen Durst könnte man nicht löschen, und gäbe man ihnen den Nil oder die ganze Donau zu trinken, vielmehr entflammt man durch diese Bewässerung das Leiden noch mehr, so als wollte einer Feuer mit Öl löschen. (5) Die Ärzte behaupten, der Grund hierfür sei folgender: Das zähflüssige Gift wirke aufgrund der Befeuchtung durch das Getränk heftiger und schneller, seine Konsistenz werde, wie es naheliegt, feuchter und durchströme den ganzen Körper.

[6] Ἐγὼ μὲν οὖν οὐδένα τοῦτο πεπονθότα εἶδον, μηδέ, ὦ θεοί, ἴδοιμι οὕτω κολαζόμενον ἄνθρωπον, ἀλλ᾽ οὐδὲ ἐπέβην τῆς Λιβύης τὸ παράπαν εὖ ποιῶν. ἐπίγραμμα δέ τι ἤκουσα, ὅ μοι τῶν ἑταίρων τις ἔλεγεν αὐτὸς ἐπὶ στήλης ἀνεγνωκέναι ἀνδρὸς οὕτως ἀποθανόντος. ἐκ Λιβύης ἔφη ἀπιὼν ἐς Αἴγυπτον παρὰ τὴν μεγάλην Σύρτιν ποιεῖσθαι τὴν πορείαν· οὐ γὰρ εἶναι ἄλλως. ἔνθα δὴ τάφῳ ἐντυχεῖν παρὰ τὴν ἠϊόνα ἐπ᾽ αὐτῷ τῷ κλύσματι, καὶ στήλην ἐφεστάναι δηλοῦσαν τοῦ ὀλέθρου τὸν τρόπον· κεκολάφθαι γὰρ ἐπ᾽ αὐτῇ ἄνθρωπον μέν τινα οἷον τὸν Τάνταλον γράφουσιν ἐν λίμνῃ ἑστῶτα καὶ ἀρυόμενον τοῦ ὕδατος, ὡς πίοι δῆθεν, τὸ θηρίον δὲ – τὴν διψάδα – ἐμπεφυκὸς αὐτῷ περιεσπειρᾶσθαι τῷ ποδί, καί τινας γυναῖκας ὑδροφορούσας ἅμα πολλὰς καταχεῖν τὸ ὕδωρ αὐτοῦ· πλησίον δὲ ᾠὰ κεῖσθαι οἷα τῶν στρουθῶν ἐκείνων οὓς ἔφην θηρᾶν τοὺς Γαράμαντας· γεγράφθαι δὲ πρὸς τοὐπίγραμμα – οὐ χεῖρον δὲ καὶ αὐτὸ εἰπεῖν,

Τοῖα παθόντ᾽ οἶμαι καὶ Τάνταλον αἴθοπος ἰοῦ
μηδαμὰ κοιμῆσαι διψαλέην ὀδύνην.
καὶ Δαναοῖο κόρας τοῖον πίθον οὐκ ἀναπλῆσαι
αἰὲν ἐπαντλούσας ὑδροφόρῳ καμάτῳ.

ἔτι καὶ ἄλλα ἔπη τέτταρά ἐστι περὶ τῶν ᾠῶν, καὶ ὡς ἀναιρούμενος αὐτὰ ἐδήχθη, ἀλλ᾽ οὐκέτι μέμνημαι ἐκείνων.

[7] Συλλέγουσι δὲ ἄρα τὰ ᾠὰ καὶ ἐσπουδάκασι περὶ αὐτὰ οἱ περίοικοι, οὐχ ὡς φαγεῖν μόνον, ἀλλὰ καὶ σκεύεσι χρῶνται κενώσαντες καὶ ἐκπώματα ποιοῦνται ἀπ᾽ αὐτῶν· οὐ γὰρ ἔχουσι κεραμεύειν διὰ τὸ ψάμμον εἶναι τὴν γῆν. εἰ δὲ καὶ μεγάλα εὑρεθείη, καὶ πῖλοι γίγνονται

(6) Nun, ich habe noch keinen gesehen, dem das zugestoßen ist, und ich möchte, ihr Götter, auch nie einen solchermaßen gestraften Menschen sehen müssen, sondern im Gegenteil: Ich war überhaupt noch nie in Libyen, und daran habe ich gut getan. Ich habe aber ein Epigramm gehört, von einem Freund, der behauptete, es selbst auf der Grabstele eines Mannes gelesen zu haben, der auf diese Weise zu Tode gekommen sei. Bei seiner Abreise von Libyen nach Ägypten, sagte er, habe er den Weg entlang der großen Syrte genommen; anders gehe es nicht. Da sei er tatsächlich am Strand, und zwar direkt bei der Brandung, auf ein Grab gestoßen, und eine Stele habe darauf gestanden, die die Art und Weise des Todes dargelegt habe: Auf ihr sei nämlich das Bild eines Mannes eingraviert gewesen, wie man den Tantalos zu malen pflegt, im See stehend und Wasser schöpfend, als ob er trinken wolle, das Untier aber – die Durstschlange – habe sich eng um seinen Fuß geringelt, und außerdem seien viele Frauen mit Wasserkrügen abgebildet gewesen, wie sie ihr Wasser alle gleichzeitig über ihm ausgossen; daneben hätten noch ein paar Eier gelegen, wie die von jenen Straußen, auf die, wie ich schon sagte, die Garamanten Jagd machen. Und im Epigrammfeld habe gestanden – genauso gut kann ich es auch gleich zitieren:

Wäre ihm solches gescheh'n, hätt' auch Tantalos feurigen Giftes
dursterzeugenden Schmerz, glaube ich, niemals gestillt,
und des Danaos Töchter, erschöpft vom ewigen Schöpfen,
hätten ein solches Fass nie ganz mit Wasser gefüllt.

Es standen noch vier weitere Verse über die Eier darauf, und darüber, wie er gebissen worden war, als er sie aufheben wollte, aber an die kann ich mich nicht mehr erinnern.

(7) Die Nachbarn der Gegend sammeln also die Eier und bemühen sich sehr um sie, nicht nur um sie zu essen, sondern sie benutzen sie, wenn sie sie geleert haben, auch als Geschirr und verfertigen Becher aus ihnen. Denn wegen des hohen Sandgehalts der Erde können sie keine Töpferwaren herstellen. Wenn man be-

δύο ἐκ τοῦ ᾠοῦ ἑκάστου· τὸ γὰρ ἡμίτομον ἑκάτερον ἀποχρῶν τῇ κεφαλῇ πῖλός ἐστιν.

[8] ἐκεῖ τοίνυν λοχῶσιν αἱ διψάδες παρὰ τὰ ᾠά, καὶ ἐπειδὰν προσέλθῃ ὁ ἄνθρωπος, ἐκ τῆς ψάμμου ἐξερπύσασαι δάκνουσι τὸν κακοδαίμονα· ὁ δὲ πάσχει ἐκεῖνα τὰ μικρὸν ἔμπροσθεν εἰρημένα πίνων ἀεὶ καὶ μᾶλλον διψῶν καὶ πιμπλάμενος οὐδέποτε.

[9] Ταυτὶ οὐ μὰ Δία πρὸς Νίκανδρον τὸν ποιητὴν φιλοτιμούμενος διεξῆλθον, οὐδ' ὅπως ὑμεῖς μάθοιτε ὡς οὐκ ἀμελὲς γεγένηταί μοι φύσεις τῶν Λιβυκῶν ἑρπετῶν εἰδέναι. ἰατρῶν γὰρ ἂν μᾶλλον ὁ ἔπαινος εἴη, οἷς ἀνάγκη εἰδέναι ταῦτα ὡς καὶ ἀμύνασθαι αὐτὰ μετὰ τῆς τέχνης ἔχοιεν. ἀλλά μοι δοκῶ – καὶ πρὸς Φιλίου μὴ δυσχεράνητε τὴν εἰκόνα θηριώδη οὖσαν – ὅμοιόν τι καὶ αὐτὸς παθεῖν πρὸς ὑμᾶς οἷον ἐκεῖνοι πάσχουσι πρὸς τὸ ποτὸν οἱ δηχθέντες ὑπὸ τῆς διψάδος. ὅσῳ γὰρ ἂν ἐπὶ πλέον παρίω ἐς ὑμᾶς, τοσούτῳ μᾶλλον ὀρέγομαι τοῦ πράγματος, καὶ τὸ δίψος ἄσχετον ὑπεκκαίεταί μοι, καὶ ἔοικα οὐδ' ἐμπλήσεσθαί ποτε τοῦ τοιούτου ποτοῦ. μάλα εἰκότως. ποῦ γὰρ ἂν οὕτω διειδεῖ τε καὶ καθαρῷ ὕδατι ἐντύχοιμι; ὥστε σύγγνωτε εἰ δηχθεὶς καὶ αὐτὸς τὴν ψυχὴν ἡδίστῳ τούτῳ καὶ ὑγιεινοτάτῳ τῷ δήγματι ἐμφοροῦμαι χανδὸν, ὑποθεὶς τῷ κρουνῷ τὴν κεφαλήν. εἴη μόνον μὴ ἐπιλιπεῖν τὰ παρ' ὑμῶν ἐπιρρέοντα μηδὲ χυθεῖσαν τὴν σπουδὴν τῆς ἀκροάσεως κεχηνότα ἔτι καὶ διψῶντα καταλιπεῖν· ὡς δίψους γε ἕνεκα τοὐμοῦ πρὸς ὑμᾶς οὐδὲν ἂν ἐκώλυε πίνειν ἀεί· κατὰ γὰρ τὸν σοφὸν Πλάτωνα, κόρος οὐδεὶς τῶν καλῶν.

sonders große findet, macht man auch aus jedem Ei zwei Kappen: Jede Hälfte, groß genug für einen Kopf, dient als Kappe.

(8) Allerdings lauern dort die Durstschlangen bei den Eiern, und nähert sich ein Mann, kommen sie aus dem Sand gekrochen und beißen den Unglücklichen. Dann erleidet er das, was ich eben gerade erzählt habe, und trinkt und trinkt und hat immer mehr Durst und kann nie mehr aufhören.

(9) Das hier habe ich nicht, bei Zeus, alles so ausführlich dargelegt, um mit dem Dichter Nikandros[2] in Konkurrenz zu treten, und auch nicht, damit ihr seht, dass mir Kenntnisse vom Wesen der libyschen Kriechtiere keineswegs gleichgültig sind. Ein solches Lob dürfte ja eher die Ärzte treffen, die so etwas wissen müssen, damit sie sie mithilfe ihrer Kunst abwehren können. Doch es kommt mir so vor – und beim Philios,[3] seid mir bitte nicht böse wegen meiner Tiermetaphorik! –, als ginge es mir euch gegenüber ähnlich, wie es denen, die von der Durstschlange gebissen werden, dem Trinken gegenüber geht. Denn je öfter ich vor euch auftrete, desto wichtiger wird mir das, und der Durst brennt unerträglich in mir, ja, ich glaube, von diesem Trank werde ich nie genug bekommen. Nichts natürlicher als das! Wo würde ich sonst auf so klares und reines Wasser stoßen? Also verzeiht mir, wenn auch ich, von einem so überaus angenehmen und mehr als gesunden Biss verletzt, meine Seele weit öffne, den Kopf voll im Wasserstrahl! Ach, wäre es nur möglich, nichts von dem, was mir von euch zuströmt, übrig zu lassen und nicht einmal ein Tröpfchen eures ernsthaften Lauschens zu verschütten, während ich noch den Mund vor lauter Durst weit aufsperre. Mich könnte jedenfalls, was meinen Durst auf euch betrifft, nichts davon abhalten, für alle Ewigkeiten zu trinken: Denn wie sagt schon der weise Platon: Vom Schönen bekommt man nie genug![4]

ΗΡΟΔΟΤΟΣ Η ΑΕΤΙΩΝ

[1] Ἡροδότου εἴθε μὲν καὶ τὰ ἄλλα μιμήσασθαι δυνατὸν ἦν. οὐ πάντα φημὶ ὅσα προσῆν αὐτῷ (μεῖζον γὰρ εὐχῆς τοῦτό γε) ἀλλὰ κἂν ἓν ἐκ τῶν ἁπάντων – οἷον ἢ κάλλος τῶν λόγων ἢ ἁρμονίαν αὐτῶν ἢ τὸ οἰκεῖον τῇ Ἰωνίᾳ καὶ προσφυὲς ἢ τῆς γνώμης τὸ περιττὸν ἢ ὅσα μυρία καλὰ ἐκεῖνος ἅμα πάντα συλλαβὼν ἔχει πέρα τῆς εἰς μίμησιν ἐλπίδος. ἃ δὲ ἐποίησεν ἐπὶ τοῖς συγγράμμασιν καὶ ὡς πολλοῦ ἄξιος τοῖς Ἕλλησιν ἅπασιν ἐν βραχεῖ κατέστη, καὶ ἐγὼ καὶ σὺ καὶ ἄλλος ἂν μιμησαίμεθα.

Πλεύσας γὰρ οἴκοθεν ἐκ τῆς Καρίας εὐθὺ τῆς Ἑλλάδος ἐσκοπεῖτο πρὸς ἑαυτὸν ὅπως ἂν τάχιστα καὶ ἀπραγμονέστατα ἐπίσημος καὶ περιβόητος γένοιτο καὶ αὐτὸς καὶ τὰ συγγραμμάτια. τὸ μὲν οὖν περινοστοῦντα ⟨νῦν⟩ μὲν Ἀθηναίοις, νῦν δὲ Κορινθίοις ἀναγινώσκειν ἢ Ἀργείοις ἢ Λακεδαιμονίοις ἐν τῷ μέρει, ἐργῶδες καὶ μακρὸν ἡγεῖτο εἶναι καὶ τριβὴν οὐ μικρὰν ἐν τῷ τοιούτῳ ἔσεσθαι. οὔκουν ἠξίου διασπᾶν τὸ πρᾶγμα οὐδὲ κατὰ διαίρεσιν οὕτω κατ᾿ ὀλίγον ἀγείρειν καὶ συλλέγειν τὴν γνῶσιν, ἐπεβούλευε δέ, εἰ δυνατὸν εἴη, ἀθρόους που λαβεῖν τοὺς Ἕλληνας ἅπαντας. ἐνίσταται οὖν Ὀλύμπια τὰ μεγάλα, καὶ ὁ Ἡρόδοτος τοῦτ᾿ ἐκεῖνο ἥκειν οἱ νομίσας τὸν καιρόν, οὗ μάλιστα ἐγλίχετο, πλήθουσαν τηρήσας τὴν πανήγυριν, ἁπανταχόθεν ἤδη τῶν ἀρίστων συνειλεγμένων, παρελθὼν ἐς τὸν ὀπισθόδομον οὐ θεατήν, ἀλλ᾿ ἀγωνιστὴν Ὀλυμπίων παρεῖχεν ἑαυτὸν ᾄδων τὰς ἱστορίας καὶ κηλῶν τοὺς παρόντας, ἄχρι τοῦ καὶ Μούσας κληθῆναι τὰς βίβλους αὐτοῦ, ἐννέα καὶ αὐτὰς οὔσας.

[2] Ἤδη οὖν ἅπαντες αὐτὸν ᾔδεσαν πολλῷ μᾶλλον ἢ τοὺς Ὀλυμπι-

HERODOT ODER AËTÍON

(1) Ach, könnte man doch nur Herodot auch in allem Übrigen nachahmen! Nicht in allen seinen Eigenschaften natürlich (das würde ja den Rahmen des Wünschbaren sprengen), aber auch nur eine einzige unter ihnen allen – beispielsweise die Schönheit der Wortwahl, ihr harmonisches Arrangement, die Natürlichkeit seines ionischen Dialekts, das Übermaß der Klugheit oder was er sonst alles an ungezähltem Schönen auf sich vereinigt – liegt jenseits aller Hoffnung auf Nachahmbarkeit. Aber was er, einmal abgesehen von seinen Schriften, getan hat und wie er sich allen Griechen in kurzer Frist unverzichtbar machte, das könnten ich und du und auch andere wohl doch nachahmen.

Als er nämlich seine Heimat Karien verließ und sich auf den direkten Weg nach Griechenland machte, ging er mit sich zu Rate, wie er schnellstmöglich und ohne große Umstände bekannt und berühmt werden könnte, er selbst ebenso wie seine Büchlein. Erst in Athen, dann in Korinth vorzutragen oder nacheinander in Argos oder in Sparta, kam ihm anstrengend und langwierig vor: Dafür würde er ziemlichen Aufwand betreiben müssen. Er hielt es für falsch, dieses Ziel stückweise anzugehen und sein Ansehen in kleinen Einzelschritten zu sammeln und zusammenzubringen, und so fasste er den Plan, die Griechen, wenn es sich machen ließe, an einem Ort versammelt zu erwischen. Nun standen die großen Olympischen Spiele an, und Herodot, der glaubte, das sei gerade die gute Gelegenheit, nach der er so sehr gelechzt hatte, und beobachtete, wie die Festversammlung immer größer wurde, als von überall her die Besten zusammenkamen, begab sich in die rückwärtige Halle des Zeustempels und trat nicht als Zuschauer, sondern als Wettkampfteilnehmer auf: Er trug seine *Historien* vor und verzauberte die Anwesenden, bis schließlich seine Bücher, ebenfalls neun an der Zahl, sogar als Musen bezeichnet wurden.

(2) Schon war es soweit, dass alle ihn viel besser kannten als selbst

ονίκας αὐτούς. καὶ οὐκ ἔστιν ὅστις ἀνήκοος ἦν τοῦ Ἡροδότου ὀνόματος – οἱ μὲν αὐτοὶ ἀκούσαντες ἐν Ὀλυμπίᾳ, οἱ δὲ τῶν ἐκ τῆς πανηγύρεως ἡκόντων πυνθανόμενοι. καὶ εἴ πού γε φανείη μόνον, ἐδείκνυτο ἂν τῷ δακτύλῳ, »Οὗτος ἐκεῖνος Ἡρόδοτός ἐστιν ὁ τὰς μάχας τὰς Περσικὰς Ἰαστὶ συγγεγραφώς, ὁ τὰς νίκας ἡμῶν ὑμνήσας.« τοιαῦτα ἐκεῖνος ἀπέλαυσε τῶν ἱστοριῶν, ἐν μιᾷ συνόδῳ πάνδημόν τινα ⟨καὶ⟩ κοινὴν ψῆφον τῆς Ἑλλάδος λαβὼν καὶ ἀνακηρυχθεὶς οὐχ ὑφ' ἑνὸς μὰ Δία κήρυκος, ἀλλ' ἐν ἁπάσῃ πόλει, ὅθεν ἕκαστος ἦν τῶν πανηγυριστῶν.

[3] Ὅπερ ὕστερον κατανοήσαντες, ἐπίτομόν τινα ταύτην ὁδὸν ἐς γνῶσιν, Ἱππίας τε ὁ ἐπιχώριος αὐτῶν σοφιστὴς καὶ Πρόδικος ὁ Κεῖος καὶ Ἀναξιμένης ὁ Χῖος καὶ Πῶλος ⟨ὁ⟩ Ἀκραγαντῖνος καὶ ἄλλοι συχνοὶ λόγους ἔλεγον ἀεὶ καὶ αὐτοὶ πρὸς τὴν πανήγυριν, ἀφ' ὧν γνώριμοι ἐν βραχεῖ ἐγίγνοντο.

[4] Καὶ τί σοι τοὺς παλαιοὺς ἐκείνους λέγω σοφιστὰς καὶ συγγραφέας καὶ λογογράφους ὅπου τὰ τελευταῖα ταῦτα καὶ Ἀετίωνά φασι τὸν ζωγράφον συγγράψαντα τὸν Ῥωξάνης καὶ Ἀλεξάνδρου γάμον εἰς Ὀλυμπίαν καὶ αὐτὸν ἀγαγόντα τὴν εἰκόνα ἐπιδείξασθαι, ὥστε Προξενίδαν Ἑλλανοδίκην τότε ὄντα ἡσθέντα τῇ τέχνῃ γαμβρὸν ποιήσασθαι τὸν Ἀετίωνα;

[5] Καὶ τί τὸ θαῦμα ἐνῆν τῇ γραφῇ αὐτοῦ, ἤρετό τις, ὡς τὸν Ἑλλανοδίκην δι' αὐτὸ οὐκ ἐπιχωρίῳ τῷ Ἀετίωνι συνάψασθαι τῆς θυγατρὸς τὸν γάμον; ἔστιν ἡ εἰκὼν ἐν Ἰταλίᾳ, κἀγὼ εἶδον ὥστε καὶ σοὶ ἂν εἰπεῖν ἔχοιμι. θάλαμός ἐστι περικαλλὴς καὶ κλίνη νυμφική, καὶ ἡ Ῥωξάνη κάθηται πάγκαλόν τι χρῆμα παρθένου ἐς γῆν ὁρῶσα, αἰδουμέ-

die Olympiasieger. Und es gab niemanden, der den Namen Herodot nicht schon vernommen hätte – die einen, weil sie ihn persönlich in Olympia gehört, die anderen, weil sie ihn von den Heimkehrern der Festversammlung erfahren hatten. Und er brauchte nur irgendwo aufzutauchen, schon zeigte man mit dem Finger auf ihn: »Das da ist der Herodot, der die Perserkriege auf Ionisch beschrieben hat, er, der unsere Siege so hymnisch gepriesen hat!« So einen Erfolg hatte er mit seinen *Historien* – mit einer einzigen Versammlung hatte er sozusagen die pandemische und allseits geteilte Zustimmung Griechenlands erhalten, und sein Name machte die Runde, nicht nur von einem Ausrufer verkündet, beim Zeus, sondern in jeder Stadt, aus der die einzelnen Teilnehmer der Feier gekommen waren.

(3) Diese Abkürzung zur Prominenz: Das verstanden später auch andere, und so hielten auch der Landsmann der Eleer, der Sophist Hippias, und Prodikos aus Keios, Anaximenes aus Chios und Polos aus Akragas und viele andere ebenfalls immer wieder Reden vor der Festversammlung, wodurch sie binnen Kurzem Bekanntheit erlangten.[1]

(4) Doch warum erzähle ich dir von jenen Sophisten, Schriftstellern und Rednern aus grauer Vorzeit, wo doch zu guter Letzt auch der Maler Aëtion die Hochzeit von Roxane und Alexander gemalt und das Gemälde persönlich nach Olympia gebracht und dort ausgestellt haben soll, mit dem Erfolg, dass Proxenidas, der damals Kampfrichter war, sich so über seine Kunst freute, dass er Aëtion zu seinem Schwiegersohn machte?[2]

(5) Und was war nun so toll an seinem Gemälde, fragt einer, dass ein olympischer Kampfrichter deswegen seine Tochter nicht mit einem Einheimischen, sondern mit Aëtion verheiratete? Das Bild befindet sich in Italien, ich habe es dort selbst gesehen und kann dir daher deine Frage beantworten. Man sieht ein rundum schönes Schlafgemach und ein Brautbett, darauf sitzt Roxane, ein Prachtexemplar von einer jungen Frau, den Blick zu Boden gesenkt, voller

νη ἑστῶτα τὸν Ἀλέξανδρον. Ἔρωτες δέ τινες μειδιῶντες· ὁ μὲν κατόπιν ἐφεστὼς ἀπάγει τῆς κεφαλῆς τὴν καλύπτραν καὶ δείκνυσι τῷ νυμφίῳ τὴν Ῥωξάνην, ὁ δέ τις μάλα δουλικῶς ἀφαιρεῖ τὸ σανδάλιον ἐκ τοῦ ποδὸς ὡς κατακλίνοιτο ἤδη, ἄλλος τῆς χλανίδος τοῦ Ἀλεξάνδρου ἐπειλημμένος, Ἔρως καὶ οὗτος, ἕλκει αὐτὸν πρὸς τὴν Ῥωξάνην πάνυ βιαίως ἐπισπώμενος. ὁ βασιλεὺς δὲ αὐτὸς μὲν στέφανόν τινα ὀρέγει τῇ παιδί, πάροχος δὲ καὶ νυμφαγωγὸς Ἡφαιστίων συμπάρεστι δᾷδα καιομένην ἔχων, μειρακίῳ πάνυ ὡραίῳ ἐπερειδόμενος – Ὑμέναιος οἶμαί ἐστιν (οὐ γὰρ ἐπεγέγραπτο τοὔνομα). ἑτέρωθι δὲ τῆς εἰκόνος ἄλλοι Ἔρωτες παίζουσιν ἐν τοῖς ὅπλοις τοῦ Ἀλεξάνδρου, δύο μὲν τὴν λόγχην αὐτοῦ φέροντες, μιμούμενοι τοὺς ἀχθοφόρους ὁπότε δοκὸν φέροντες βαροῖντο· ἄλλοι δὲ δύο ἕνα τινὰ ἐπὶ τῆς ἀσπίδος κατακείμενον, βασιλέα δῆθεν καὶ αὐτόν, σύρουσιν τῶν ὀχάνων τῆς ἀσπίδος ἐπειλημμένοι· εἷς δὲ δὴ ἐς τὸν θώρακα ἐσελθὼν ὕπτιον κείμενον λοχῶντι ἔοικεν, ὡς φοβήσειεν αὐτούς, ὁπότε κατ' αὐτὸν γένοιντο σύροντες.

[6] Οὐ παιδιὰ δὲ ἄλλως ταῦτά ἐστιν οὐδὲ περιείργασται ἐν αὐτοῖς ὁ Ἀετίων, ἀλλὰ δηλοῖ τοῦ Ἀλεξάνδρου καὶ τὸν ἐς τὰ πολεμικὰ ἔρωτα, καὶ ὅτι ἅμα καὶ Ῥωξάνης ἤρα καὶ τῶν ὅπλων οὐκ ἐπελέληστο. πλὴν ἀλλ' ἥ γε εἰκὼν αὐτὴ καὶ ἄλλως γαμήλιόν τι ἐπὶ τῆς ἀληθείας διεφάνη ἔχουσα, προμνησαμένη τῷ Ἀετίωνι τὴν τοῦ Προξενίδου θυγατέρα. καὶ ἀπῆλθε γήμας καὶ αὐτός, πάρεργον τῶν Ἀλεξάνδρου γάμων, ὑπὸ νυμφαγωγῷ τῷ βασιλεῖ, μισθὸν εἰκασμένου γάμου προσλαβὼν ἀληθῆ γάμον.

[7] Ἡρόδοτος μὲν οὖν (ἐπάνειμι γὰρ ἐπ' ἐκεῖνον) ἱκανὴν τῶν Ὀλυμπίων τὴν πανήγυριν ἡγεῖτο καὶ συγγραφέα θαυμαστὸν δεῖξαι τοῖς

Scheu vor dem stehend abgebildeten Alexander. Des Weiteren einige lächelnde Eroten, einer steht hinter ihr, zieht ihr den Schleier vom Haupt und zeigt Roxane ihrem Bräutigam, ein anderer streift ihr so recht in Sklavenmanier das Sandälchen vom Fuß, als ob sie sich gleich niederlegen wolle; ein weiterer, ebenfalls ein Erote, hat sich Alexanders Mantel bemächtigt und zerrt und zieht ihn jetzt mit aller Gewalt zu Roxane hin. Der König selbst reicht dem Mädchen einen Kranz, als Trauzeuge und Brautführer ist Hephaistion anwesend und hält eine brennende Fackel, wobei er sich auf einen äußerst hübschen Knaben stützt – ich glaube, es handelt sich um Hymenaios (sein Name war nicht beigeschrieben). Auf der gegenüberliegenden Seite des Bildes haben andere Eroten im Scherz Alexanders Waffen angelegt, zwei tragen seine Lanze und spielen Lastenträger, die von dem Gewicht eines Dachbalkens niedergedrückt werden; zwei andere zerren einen, der im Schild ruht – natürlich auch er ein König –, an den Handgriffen des Schildes herum. Und einer schließlich hat sich im umgefallenen Brustpanzer wie in einem Hinterhalt versteckt, um sie zu erschrecken, wenn sie beim Herumzerren an ihm vorbeikommen.

(6) Das ist nicht nur einfach so ein trivialer Scherz, und Aëtion hat damit auch nicht nur sein Bild füllen wollen, sondern er verdeutlicht Alexanders Liebe auch zu kriegerischen Taten, und dass er sowohl Roxane begehrte als auch seine Waffen nicht vergessen hatte. Hinzu kommt, dass das Bild selbst in Wahrheit auch noch auf ganz andere Weise einen Beitrag zur Hochzeit erkennen ließ: Es trat nämlich sozusagen als Brautwerber für Aëtion bei Proxenidas' Tochter auf. So heiratete er im Ergebnis auch selbst, sozusagen als Nebeneffekt zu Alexanders Hochzeit und mit dem König als Brautführer, und kassierte als Zusatzlohn für seine gemalte Hochzeit eine echte.

(7) Herodot nun, um wieder zu ihm zurückzukommen, hielt die Festversammlung in Olympia für geeignet, den Griechen auch einen bewundernswerten Schriftsteller zu präsentieren, wie er die

⟨Ἕλλησι τὰς⟩ Ἑλληνικὰς ⟨νίκας⟩ διεξιόντα, ὡς ἐκεῖνος διεξῆλθεν. ἐγὼ δὲ – καὶ πρὸς Φιλίου μή με κορυβαντιᾶν ὑπολάβητε μηδὲ τἀμὰ εἰκάζειν τοῖς ἐκείνου, ἵλεως ὁ ἀνήρ – ἀλλὰ τοῦτό γε ὅμοιον παθεῖν φημι αὐτῷ. ὅτε γὰρ τὸ πρῶτον ἐπεδήμησα τῇ Μακεδονίᾳ, πρὸς ἐμαυτὸν ἐσκοπούμην ὅ τι μοι χρηστέον τῷ πράγματι. καὶ ὁ μὲν ἔρως οὗτος ἦν ἅπασιν ὑμῖν γνωσθῆναι καὶ ὅτι πλείστοις Μακεδόνων δεῖξαι τἀμά· τὸ δὲ αὐτὸν περιιόντα τηνικαῦτα τοῦ ἔτους συγγίγνεσθαι τῇ πόλει ἑκάστῃ οὐκ εὐμαρὲς ἐφαίνετο, εἰ δὲ τηρήσαιμι τήνδε ὑμῶν τὴν σύνοδον, εἶτα παρελθὼν ἐς μέσον δείξαιμι τὸν λόγον, εἰς δέον οὕτως ἀποβήσεσθαί μοι τὰ τῆς εὐχῆς.

[8] Αὐτοί τε οὖν ἤδη συνεληλύθατε, ὅ τι περ ὄφελος ἐξ ἑκάστης πόλεως, αὐτὸ δὴ τὸ κεφάλαιον ἁπάντων Μακεδόνων, καὶ ὑποδέχεται πόλις ἡ ἀρίστη οὖσα οὐ κατὰ Πίσαν μὰ Δί᾽ οὐδὲ τὴν κεῖθι στενοχωρίαν καὶ σκηνὰς καὶ καλύβας καὶ πνῖγος· οἵ τε αὖ πανηγυρισταὶ οὐ συρφετώδης ὄχλος, ἀθλητῶν μᾶλλον φιλοθεάμονες, ἐν παρέργῳ οἱ πολλοὶ τὸν Ἡρόδοτον τιθέμενοι, ἀλλὰ ῥητόρων τε καὶ συγγραφέων καὶ σοφιστῶν οἱ δοκιμώτατοι· ὅσον οὐ μικρὸν ἤδη, μὴ τοὐμὸν παρὰ πολὺ ἐνδεέστερον φαίνηται τῶν Ὀλυμπίων. ἀλλ᾽ ἢν μὲν ὑμεῖς Πολυδάμαντι ἢ Γλαύκῳ ἢ Μίλωνι παραθεωρῆτέ με, κομιδῇ ὑμῖν δόξω θρασὺς ἄνθρωπος εἶναι. ἢν δὲ πολὺ ἐκείνων ἀπαγαγόντες τὴν μνήμην ἐπ᾽ ἐμαυτοῦ μόνον ἀποδύσαντες ἴδητε, τάχ᾽ ἂν οὐ πάνυ μαστιγώσιμος ὑμῖν δόξαιμι. ὡς ἔν γε τηλικούτῳ σταδίῳ ἱκανὸν ἐμοὶ γοῦν καὶ τοῦτο.

griechischen Siege durchgeht, so wie er es eben tat. Aber mir – und bitte, beim Philios,[3] glaubt nicht, ich sei verrückt und vergliche mein Können mit seinem, möge er mir gnädig sein! –, mir geht es, sage ich, zumindest in diesem Punkt ähnlich wie ihm. Als ich nämlich zum ersten Mal nach Makedonien reiste, da ging ich mit mir zu Rate, wie ich verfahren sollte. Denn da war auf der einen Seite mein drängender Wunsch, euch allen bekannt zu werden und mein Können so vielen Makedonen wie möglich zu zeigen; auf der anderen Seite schien es mir alles andere als leicht, zu dieser Jahreszeit herumzureisen und jede Stadt einzeln anzusteuern – aber wenn ich heute eure Zusammenkunft abpassen und dann in eurer Mitte meinen Vortrag halten könnte, dann müssten meine Wünsche doch in Erfüllung gehen.[4]

(8) Und nun seid ihr, alles was Rang und Namen in jeder Stadt hat, wahrlich, das Kopfstück allen Makedonentums, hier zusammengekommen, und es empfängt euch eine Stadt, die die beste ist, nicht wie Pisa, beim Zeus, mit seiner Enge, seinen Zelten und Hütten und seiner erstickenden Hitze, und die Feiernden sind nicht ein haufenweise auftretender Mob von Leuten, die lieber die Athleten sehen wollen und von denen die meisten Herodot für nebensächlich halten, sondern die bedeutendsten Rhetoren, Schriftsteller und Sophisten. Da ist es schon ein Erfolg, wenn mein Auftritt nicht weit hinter Olympia zurückbleibt. Wenn ihr mich in einer Reihe mit Polydamas, Glaukos oder Milon[5] betrachtet, dann werde ich euch natürlich ganz schön dreist vorkommen. Aber wenn ihr euch die einmal aus dem Kopf schlagt und nur mich allein auszieht und anschaut, dann werdet ihr vielleicht finden, dass ich durchaus keine Peitschenhiebe verdient habe.[6] Und in einem so gewaltigen Stadion soll mir das fürs Erste genügen.

ΖΕΥΞΙΣ Η ΑΝΤΙΟΧΟΣ

[1] Ἔναγχος ἐγὼ μὲν ὑμῖν δείξας τὸν λόγον ἀπῄειν οἴκαδε, προσιόντες δέ μοι τῶν ἀκηκοότων πολλοὶ (κωλύει γὰρ οὐδέν, οἶμαι, καὶ τὰ τοιαῦτα πρὸς φίλους ἤδη ὄντας ὑμᾶς λέγειν) – προσιόντες οὖν ἐδεξιοῦντο καὶ θαυμάζουσιν ἐῴκεσαν. ἐπὶ πολὺ γοῦν παρομαρτοῦντες ἄλλος ἄλλοθεν ἐβόων καὶ ἐπῄνουν ἄχρι τοῦ καὶ ἐρυθριᾶν με, μὴ ἄρα πάμπολυ τῆς ἀξίας τῶν ἐπαίνων ἀπολειποίμην. τὸ δ' οὖν κεφάλαιον αὐτοῖς τοῦτο ἦν, καὶ πάντες ἓν καὶ τὸ αὐτὸ ἐπεσημαίνοντο, τὴν γνώμην τῶν συγγραμμάτων ξένην οὖσαν καὶ πολὺν ἐν αὐτῇ τὸν νεωτερισμόν. μᾶλλον δὲ αὐτὰ εἰπεῖν ἄμεινον ἅπερ ἐκεῖνοι ἐπεφθέγγοντο· »Ὢ τῆς καινότητος.« »Ἡράκλεις, τῆς παραδοξολογίας.« »Εὐμήχανος ἄνθρωπος.« »Οὐδὲν ἄν τις εἴποι τῆς ἐπινοίας νεαρώτερον.« οἱ μὲν τοιαῦτα πολλὰ ἔλεγον, ὡς ἐκεκίνηντο δηλαδὴ ὑπὸ τῆς ἀκροάσεως. ἢ τίνα γὰρ ἂν αἰτίαν εἶχον ψεύδεσθαι καὶ κολακεύειν τὰ τοιαῦτα ξένον ἄνθρωπον, οὐ πάνυ πολλῆς αὐτοῖς φροντίδος ἄξιον τὰ ἄλλα;

[2] Πλὴν ἐμέ γε (εἰρήσεται γάρ) οὐ μετρίως ἠνία ὁ ἔπαινος αὐτῶν, καὶ ἐπειδή ποτε ἀπελθόντων κατ' ἐμαυτὸν ἐγενόμην ἐκεῖνα ἐνενόουν· οὐκοῦν τοῦτο μόνον χάριεν τοῖς ἐμοῖς ἔνεστιν, ὅτι μὴ συνήθη μηδὲ κατὰ τὸ κοινὸν βαδίζει τοῖς ἄλλοις, ὀνομάτων δὲ ἄρα καλῶν ἐν αὐτοῖς καὶ πρὸς τὸν ἀρχαῖον κανόνα συγκειμένων ἢ νοῦ ὀξέος ἢ περινοίας τινὸς ἢ χάριτος Ἀττικῆς ἢ ἁρμονίας ἢ τέχνης τῆς ἐφ' ἅπασι, τούτων δὲ πόρρω ἴσως τοὐμόν. οὐ γὰρ ἄν, παρέντες αὐτὰ ἐκεῖνα, ἐπῄνουν μόνον τὸ καινὸν τῆς προαιρέσεως καὶ ξενίζον. ἐγὼ δὲ ὁ μάταιος ᾤμην, ὁπότε ἀναπηδῶν-

ZEUXIS ODER ANTIOCHOS

(1) Kürzlich war ich, nachdem ich euch einen Vortrag gehalten hatte, auf dem Heimweg, und es begleiteten mich viele Zuhörer (ihr seid ja schon meine Freunde, was sollte mich also davon abhalten, auch so etwas zu erzählen) – also, sie begleiteten mich, drückten mir die Hand und machten den Eindruck völliger Verblüffung. Ein ganzes Stück des Weges liefen sie neben mir her, von allen Seiten schrien sie auf mich ein und priesen mich so sehr, dass ich ganz rot wurde vor Angst, am Ende doch weit hinter ihrer Wertschätzung zurückzubleiben. Worauf sie aber immer wieder zurückkamen und was sie alle einvernehmlich und als einziges besonders hervorhoben, das war, wie fremdartig die Inhalte und wie vielseitig die Neuerungen meiner Schriften seien. Am besten lasse ich sie einfach selbst zu Wort kommen: »Was für eine Neuartigkeit!«, »Beim Herakles, was für Unglaublichkeiten!«, »Ein Mann mit Ideen!«, »Keiner könnte frischere Einfälle haben!« Solche Sachen sagten sie viele, offensichtlich geradezu ganz außer sich vom Zuhören. Denn was hätten sie für einen Grund haben sollen, mich anzulügen und mir, einem Fremden, um den sie sich im Übrigen nicht viele Gedanken machten, solche Schmeicheleien zu sagen?

(2) Mich allerdings (denn das muss gesagt werden) ärgerte ihr Lob ziemlich, und als sie weg waren und ich endlich mit mir allein war, dachte ich mir Folgendes: Das ist also das einzig Reizvolle an meinen Vorträgen, dass ich nicht wie die anderen die gewöhnlichen und allgemeinen Wege beschreite, aber von der Auswahl und der am alten Kanon orientierten Fügung der Worte, von Scharfsinn und Überlegtheit, von attischem Charme, von Harmonie, von Kunstfertigkeit in jedem Detail: Von all dem bin ich mit meinem Können womöglich weit entfernt! Denn sie hätten doch sonst nicht all das übergangen und nur die verfremdende Neuartigkeit meiner Themenwahl gelobt. Und ich in meiner naiven Arroganz hatte geglaubt, es sei zwar genau das, was sie antreibe, wenn sie aufspran-

τες ἐπαινοῖεν, τάχα μέν τι καὶ αὐτὸ τοῦτο προσάγεσθαι αὐτούς· ἀληθὲς γὰρ εἶναι τὸ τοῦ Ὁμήρου, καὶ τὴν νέαν ᾠδὴν κεχαρισμένην ὑπάρχειν τοῖς ἀκούουσιν· οὐ μὴν τοσοῦτόν γε οὔτε ὅλον τῇ καινότητι νέμειν ἠξίουν, ἀλλὰ τὴν μὲν ὥσπερ ἐν προσθήκης μοίρᾳ συνεπικοσμεῖν τι καὶ πρὸς τὸν ἔπαινον συντελεῖν καὶ αὐτήν, τὰ δὲ τῷ ὄντι ἐπαινούμενα καὶ ὑπὸ τῶν ἀκουόντων εὐφημούμενα ἐκεῖνα εἶναι. ὥστε οὐ μετρίως ἐπήρμην καὶ ἐκινδύνευον πιστεύειν αὐτοῖς ἕνα καὶ μόνον ἐν τοῖς Ἕλλησιν εἶναι λέγουσι καὶ τὰ τοιαῦτα. τὸ δὲ κατὰ τὴν παροιμίαν ἄνθρακες ἡμῶν ὁ θησαυρὸς ἦσαν, καὶ ὀλίγου δέω θαυματοποιοῦ τινος ἔπαινον ἐπαινεῖσθαι πρὸς αὐτῶν.

[3] Ἐθέλω γοῦν ὑμῖν καὶ τὸ τοῦ γραφέως διηγήσασθαι. ὁ Ζεῦξις ἐκεῖνος ἄριστος γραφέων γενόμενος τὰ δημώδη καὶ τὰ κοινὰ ταῦτα οὐκ ἔγραφεν, ἢ ὅσα πάνυ ὀλίγα, ἥρωας ἢ θεοὺς ἢ πολέμους, ἀεὶ δὲ καινοποιεῖν ἐπειρᾶτο καί τι ἀλλόκοτον ἂν καὶ ξένον ἐπινοήσας ἐπ᾽ ἐκείνῳ τὴν ἀκρίβειαν τῆς τέχνης ἐπεδείκνυτο. ἐν δὲ τοῖς ἄλλοις τολμήμασι καὶ θήλειαν Ἱπποκένταυρον ὁ Ζεῦξις αὐτὸς ἐποίησεν, ἀνατρέφουσάν γε προσέτι παιδίω Ἱπποκενταύρω διδύμω κομιδῇ νηπίω. τῆς εἰκόνος ταύτης ἀντίγραφός ἐστι νῦν Ἀθήνησι πρὸς αὐτὴν ἐκείνην ἀκριβεῖ τῇ στάθμῃ μετενηνεγμένη. τὸ ἀρχέτυπον δὲ αὐτὸ Σύλλας ὁ Ῥωμαίων στρατηγὸς ἐλέγετο μετὰ τῶν ἄλλων εἰς Ἰταλίαν πεπομφέναι, εἶτα περὶ Μαλέαν οἶμαι καταδύσης τῆς ὁλκάδος ἀπολέσθαι ἅπαντα καὶ τὴν γραφήν. πλὴν ἀλλὰ τήν γε εἰκόνα τῆς εἰκόνος εἶδον, καὶ αὐτὸς ὑμῖν ὡς ἂν οἷός τε ὦ δείξω τῷ λόγῳ, οὐ μὰ τὸν Δία γραφικός τις ὤν, ἀλλὰ πάνυ μέμνημαι οὐ πρὸ πολλοῦ ἰδὼν ἔν τινος τῶν γραφέων Ἀθήνησι. καὶ τὸ ὑπερθαυμάσαι τότε τὴν τέχνην τάχ᾽ ἂν μοι καὶ νῦν πρὸς τὸ σαφέστερον δηλῶσαι συναγωνίσαιτο.

gen und mich anfeuerten – denn jenes Bonmot Homers ist ja wahr, dass gerade das neue Lied den Zuhörern gefällt[1] –, aber ich hielt es doch für richtig, weder so viel noch das Ganze der Neuartigkeit zuzuweisen, sondern meinte, dass sie zwar gleichsam als Dreingabe meinen Vortrag zusätzlich schmücke und schon auch selbst zu seiner Lobwürdigkeit beitrage, das eigentliche Lob und die Komplimente der Zuhörer aber jenen Qualitäten gelten. Deshalb fühlte ich mich nicht wenig erhoben und hätte ihnen beinahe geglaubt, als sie sagten, ich sei einzigartig unter den Griechen, und andere solche Sprüche. Aber wie das Sprichwort schon sagt: Wie gewonnen, so zerronnen – es fehlte nicht viel, und ich hätte das Lob eines Gauklers von ihnen eingeheimst.

(3) Ich will euch dazu die Geschichte von einem Maler erzählen. Jener bekannte Zeuxis,[2] der König der Maler, malte nie oder nur möglichst selten die gewöhnlichen und gemeinen Sujets, Heroen, Götter, Schlachten, sondern strebte immer nach dem Originellen, und wenn ihm eine absonderliche und fremdartige Idee kam, dann demonstrierte er an ihr die ganze Sorgfalt seiner Kunst. Neben seinen sonstigen provokativen Innovationen schuf dieser Zeuxis auch eine Hippokentaurin, die außerdem noch zwei ganz kleine Hippokentaurensäuglinge nährt. Eine absolut präzise Kopie des Bildes befindet sich jetzt in Athen. Das Original soll der römische General Sulla zusammen mit den übrigen Gemälden nach Rom geschickt haben, doch dann kenterte das Lastschiff beim Kap Malea, glaube ich, und seine gesamte Ladung ging mitsamt dem Bild verloren. Wie auch immer, jedenfalls habe ich das Bild des Bildes gesehen, und werde es euch nun persönlich, so gut ich vermag, mithilfe der Sprache vor Augen führen, nicht etwa, bei Zeus, weil ich selbst ein Maler wäre, sondern vielmehr erinnere ich mich sehr gut daran, weil ich es erst vor Kurzem im Haus irgendeines Malers in Athen gesehen habe. Und das Staunen und die Bewunderung, die ich da für seine Kunst empfand, mögen mir vielleicht auch jetzt dabei helfen, es in aller Deutlichkeit zu beschreiben.[3]

[4] Ἐπὶ χλόης εὐθαλοῦς ἡ Κένταυρος· αὕτη πεποίηται ὅλη μὲν τῇ ἵππῳ χαμαὶ κειμένη, καὶ ἀποτέτανται εἰς τοὐπίσω οἱ πόδες· τὸ δὲ γυναικεῖον ὅσον αὐτῆς ἠρέμα ἐπεγήγερται καὶ ἐπ᾽ ἀγκῶνός ἐστιν, οἱ δὲ πόδες οἱ ἔμπροσθεν οὐκέτι καὶ οὗτοι ἀποτάδην, οἷον ἐπὶ πλευρὰν κειμένης, ἀλλ᾽ ὁ μὲν ὀκλάζοντι ἔοικεν καμπύλος ὑπεσταλμένῃ τῇ ὁπλῇ, ὁ δὲ ἔμπαλιν ἐπανίσταται καὶ τοῦ ἐδάφους ἀντιλαμβάνεται, οἷοί εἰσιν ἵπποι πειρώμενοι ἀναπηδᾶν. τοῖν νεογνοῖν δὲ τὸ μὲν ἄνω ἔχει αὐτὴ ἐν ταῖς ἀγκάλαις καὶ τρέφει ἀνθρωπικῶς ἐπέχουσα τὸν γυναικεῖον μαστόν, τὸ δ᾽ ἕτερον ἐκ τῆς ἵππου θηλάζει ἐς τὸν πωλικὸν τρόπον. ἄνω δὲ τῆς εἰκόνος οἷον ἀπό τινος σκοπῆς Ἱπποκένταυρός τις, ἀνὴρ ἐκείνης δηλαδὴ τῆς τὰ βρέφη ἀμφοτέρωθεν τιθηνουμένης, ἐπικύπτει γελῶν οὐχ ὅλος φαινόμενος, ἀλλ᾽ ἐς μέσον τὸν ἵππον, λέοντος σκύμνον ἀνέχων τῇ δεξιᾷ καὶ ὑπὲρ ἑαυτὸν αἰωρῶν, ὡς δεδίξαιτο σὺν παιδιᾷ τὰ βρέφη.

[5] Τὰ μὲν οὖν ἄλλα τῆς γραφῆς, ἐφ᾽ ὅσα τοῖς ἰδιώταις ἡμῖν οὐ πάντῃ ἐμφανῆ ὄντα τὴν ὅλην ἔχει ὅμως δύναμιν τῆς τέχνης – οἷον τὸ ἀποτεῖναι τὰς γραμμὰς ἐς τὸ εὐθύτατον καὶ τῶν χρωμάτων ἀκριβῆ τὴν κρᾶσιν καὶ εὔκαιρον τὴν ἐπιβολὴν ποιήσασθαι καὶ σκιάσαι ἐς δέον καὶ τοῦ μεγέθους τὸν λόγον καὶ τὴν τῶν μερῶν πρὸς τὸ ὅλον ἰσότητα καὶ ἁρμονίαν – γραφέων παῖδες ἐπαινούντων, οἷς ἔργον εἰδέναι τὰ τοιαῦτα. ἐγὼ δὲ τοῦ Ζεύξιδος ἐκεῖνο μάλιστα ἐπῄνεσα, ὅτι ἐν μιᾷ καὶ τῇ αὐτῇ ὑποθέσει ποικίλως τὸ περιττὸν ἐπεδείξατο τῆς τέχνης, τὸν μὲν ἄνδρα ποιήσας πάντῃ φοβερὸν καὶ κομιδῇ ἄγριον, σοβαρὸν τῇ χαίτῃ, λάσιον τὰ πολλὰ οὐ κατὰ τὸν ἵππον αὐτοῦ μόνον, ἀλλὰ καὶ κατὰ στέρνον τοῦ ἀνθρώπου καὶ ὤμους ἐπὶ πλεῖστον, τὸ βλέμμα, καίτοι γελῶντος, θηριῶδες ὅλον ὄρειόν τι καὶ ἀνήμερον.

(4) Auf einer blühenden Wiese befindet sich die Kentaurin. Sie ist mit ihrem ganzen Pferdeleib auf dem Boden liegend gemalt, ihre Beine nach hinten ausgestreckt; ihr Frauenleib ist leicht aufgerichtet und stützt sich auf den Ellbogen, ihre Vorderbeine sind hingegen nicht so ausgestreckt, als ob sie auf ihrer Flanke liege, sondern das eine ist gekrümmt und stemmt sich sozusagen auf den untergestellten Huf, das andere steht aufrecht und stützt sich am Boden ab, wie man es von Pferden kennt, die aufzuspringen versuchen. Von den Babys hält sie das eine oben in ihren Armen und säugt es, indem sie ihm nach Menschenweise die Brust gibt, das andere lässt sie nach Fohlenart an ihren Zitzen saugen. Oben auf dem Bild, wie auf einer Anhöhe, befindet sich ein Hippokentaur, offenkundig der Mann der Kentaurin, die ihre Babys an beiden Seiten angelegt hat. Man kann ihn nicht ganz sehen, nur bis zur Mitte des Pferdeleibs; er beugt sich mit einem Lachen über sie, hebt mit der Rechten ein Löwenjunges hoch und hält es über sich, um die Babys zum Spaß zu erschrecken.

(5) Was nun das Gemälde als solches und diejenigen Qualitäten betrifft, die, ohne dass es uns Laien an jeder Stelle ganz klar erkennbar ist, gleichwohl die volle Macht der Kunst entfalten – etwa die perfekt gerade Linienführung, die akribische Mischung der Farben, die Wahl des fruchtbaren Augenblicks, die an den richtigen Stellen platzierten Schattierungen, die korrekten Größenverhältnisse und die gleichmäßigen und harmonischen Proportionen –, das alles sollen die Maler würdigen, deren Aufgabe es ist, über solche Dinge Bescheid zu wissen. Ich hingegen will an Zeuxis vor allem hervorheben, dass er in ein und demselben Sujet seine Meisterschaft auf vielfältige Weise demonstriert hat, indem er den Mann in jeder Hinsicht furchterregend und überaus wild gestaltet hat, mit ungestüm wehender Mähne und kräftiger Behaarung, nicht nur am Pferdeleib, sondern auch fast überall an Brust und Schultern des Menschen, und mit einem Blick, obwohl er lacht, ganz wie dem eines wilden, ungezähmten Tieres aus den Bergen.

[6] Τοιοῦτον μὲν ἐκεῖνον. ⟨τὴν⟩ θήλειαν δὲ ἵππου γε τῆς καλλίστης, οἷαι μάλιστα αἱ Θετταλαί εἰσιν, ἀδμῆτες ἔτι καὶ ἄβατοι, τὸ δὲ ἄνω ἡμίτομον γυναικὸς πάγκαλον ἔξω τῶν ὤτων· ἐκεῖνα δὲ μόνα σατυρώδη ἐστὶν αὐτῇ. καὶ ἡ μῖξις δὲ καὶ ἡ ἁρμογὴ τῶν σωμάτων, καθ' ὃ συνάπτεται καὶ συνδεῖται τῷ γυναικείῳ τὸ ἱππικόν, ἠρέμα καὶ οὐκ ἀθρόως μεταβαίνουσα καὶ ἐκ προσαγωγῆς τρεπομένη λανθάνει τὴν ὄψιν ἐκ θατέρου εἰς τὸ ἕτερον ὑπαγομένη. τῶν νεογνῶν δὲ τὸ ἐν τῷ νηπίῳ ὅμως ἄγριον καὶ ἐν τῷ ἁπαλῷ ἤδη φοβερόν, καὶ τοῦτο θαυμαστὸν οἷον ἔδοξέ μοι, καὶ ὅτι παιδικῶς μάλα πρὸς τὸν σκύμνον τοῦ λέοντος ἀναβλέπουσι, μεταξὺ τῆς θηλῆς ἑκάτερος ἐπειλημμένοι ἐν χρῷ τῇ μητρὶ προσιστάμενοι.

[7] Ταῦτα δ' οὖν ἐπιδειξάμενος ὁ Ζεῦξις αὐτὸς μὲν ᾤετο ἐκπλήξειν τοὺς ὁρῶντας ἐπὶ τῇ τέχνῃ, οἱ δὲ αὐτίκα μὲν ἐβόων – ἢ τί γὰρ ἂν ἐποίουν καλλίστῳ θεάματι ἐντυγχάνοντες; –, ἐπῄνουν δὲ μάλιστα πάντες ἅπερ κἀμὲ πρῴην ἐκεῖνοι, τῆς ἐπινοίας τὸ ξένον καὶ τὴν γνώμην τῆς γραφῆς ὡς νέαν καὶ τοῖς ἔμπροσθεν † ἧττον ἔτι † οὖσαν. ὥστε ὁ Ζεῦξις συνεὶς ὅτι αὐτοὺς ἀσχολεῖ ἡ ὑπόθεσις καινὴ οὖσα καὶ ἀπάγει τῆς τέχνης, ὡς ἐν παρέργῳ τίθεσθαι τὴν ἀκρίβειαν τῶν πραγμάτων, »Ἄγε δή«, ἔφη, »ὦ Μικίων«, πρὸς τὸν μαθητήν, »περίβαλε ἤδη τὴν εἰκόνα καὶ ἀράμενοι ἀποκομίζετε οἴκαδε. οὗτοι γὰρ ἡμῶν τὸν πηλὸν τῆς τέχνης ἐπαινοῦσι, τῶν δὲ αὖ φώτων εἰ καλῶς ἔχει καὶ κατὰ τὴν τέχνην, οὐ πολὺν ποιοῦνται λόγον, ἀλλὰ παρευδοκιμεῖ τὴν ἀκρίβειαν τῶν ἔργων ⟨ἡ⟩ τῆς ὑποθέσεως καινοτομία.«

[8] Ὁ μὲν οὖν Ζεῦξις οὕτως, ὀργιλώτερον ἴσως. Ἀντίοχος δὲ ὁ σωτὴρ ἐπικληθεὶς καὶ οὗτος ὅμοιόν τι παθεῖν λέγεται ἐν τῇ πρὸς Γαλάτας μάχῃ. εἰ βούλεσθε, διηγήσομαι καὶ τοῦτο, ὁποῖον ἐγένετο.

(6) So viel zu ihm. Die Kentaurin hingegen ist einesteils eine wunderschöne Stute, wie es besonders die aus Thessalien sind, noch ungezähmt und nicht zugeritten, in der oberen Hälfte aber eine wirklich gutaussehende Frau, abgesehen von den Ohren: Die allein erinnern an einen Satyrn. Die Mischung und Fügung der Leiber, also dort, wo Frau und Pferd sich miteinander verbinden und vereinen, arbeitet mit sanften, sachten und allmählichen Übergängen, wobei dem Blick verborgen bleibt, wo eigentlich der eine Leib zum anderen wird. Bei den Babys gibt es trotz aller Kindlichkeit doch auch Wildheit und im Zarten schon das Schreckliche, und das fand ich genauso erstaunlich, wie dass sie ganz kindlich zu dem Löwenjungen hochschauen, jedes den Mund an der säugenden Brust und eng an die Mutter gekuschelt.

(7) Als Zeuxis dieses Bild ausstellte, war er der Überzeugung, er würde die Betrachter mit seiner Kunst verblüffen, und die stießen zwar sofort Schreie der Bewunderung aus – was hätten sie, mit einem so grandiosen Anblick konfrontiert, auch sonst tun sollen? –, aber sie lobten doch alle besonders das, was jene Leute vor Kurzem an mir gelobt hatten, die Fremdartigkeit der Idee, das ganz neue und noch nie dagewesene[4] Sujet des Bildes. Und so sagte Zeuxis, als er einsehen musste, dass das neue Bildthema ihnen die Muße der Betrachtung raubte und von der künstlerischen Leistung ablenkte, so dass sie die sorgfältige Präzision, mit der alles ausgeführt war, für nebensächlich hielten, zu seinem Schüler: »Mach schon, Mikion, wirf eine Hülle über das Bild, und dann nehmt es und bringt es nach Hause! Denn diese Leute loben an unserer Kunst den Lehm, aber ob die Lichtführung schön und kunstgemäß ist, davon wiederum machen sie kein Aufhebens, sondern die Neuartigkeit des Sujets sticht die Präzision der Ausführung aus.«

(8) Soweit also Zeuxis, vielleicht zu sehr im Zorn. Auch Antiochos, mit dem Beinamen ›der Retter‹, soll in der Schlacht gegen die Galater etwas Ähnliches widerfahren sein.[5] Wenn ihr Lust habt, erzähle ich euch auch, was da geschah. Antiochos kannte die Wehr-

εἰδὼς γὰρ ἀλκίμους ὄντας καὶ πλήθει παμπόλλους ὁρῶν καὶ τὴν φάλαγγα καρτερῶς συναραρυῖαν καὶ ἐπὶ μετώπου μὲν προασπίζοντας τοὺς χαλκοθώρηκας αὐτῶν, ἐς βάθος δὲ ἐπὶ τεττάρων καὶ εἴκοσι τεταγμένους ὁπλίτας, ἐπὶ κέρως δ' ἑκατέρωθεν τὴν ἵππον δισμυρίαν οὖσαν, ἐκ δὲ τοῦ μέσου τὰ ἅρματα ἐκπηδήσεσθαι μέλλοντα δρεπανηφόρα ὀγδοήκοντα καὶ συνωρίδας ἐπ' αὐτοῖς δὶς τοσαύτας, ταῦτα ὁρῶν πάνυ πονηρὰς εἶχε τὰς ἐλπίδας, ὡς ἀμάχων ὄντων ἐκείνων αὐτοῖς. ἐκεῖνος γὰρ δι' ὀλίγου τῆς στρατιᾶς ἐκείνης παρασκευασθείσης οὐ μεγαλωστὶ οὐδὲ κατ' ἀξίαν τοῦ πολέμου ἀφίκετο κομιδῇ ὀλίγους ἄγων, καὶ τούτων πελταστικὸν τὸ πολὺ καὶ ψιλικόν· οἱ γυμνῆτες δὲ ὑπὲρ ἥμισυ τῆς στρατιᾶς ἦσαν. ὥστε ἐδόκει αὐτῷ ἤδη σπένδεσθαι καί τινα εὐπρεπῆ διάλυσιν εὑρίσκεσθαι τοῦ πολέμου.

[9] Ἀλλὰ Θεοδότας ὁ Ῥόδιος, ἀνὴρ γενναῖος καὶ τακτικῶν ἔμπειρος, οὐκ εἴα παρὼν ἀθυμεῖν. καὶ ἦσαν γὰρ ἑκκαίδεκα ἐλέφαντες τῷ Ἀντιόχῳ. τούτους ἐκέλευσεν ὁ Θεοδότας τέως μὲν ἔχειν ὡς οἷόν τε κατακρύψαντα, ὡς μὴ κατάδηλοι εἶεν ὑπερφαινόμενοι τοῦ στρατοῦ, ἐπειδὰν δὲ σημήνῃ ὁ σαλπιγκτὴς καὶ δέῃ συμπλέκεσθαι καὶ εἰς χεῖρας ἰέναι καὶ ἡ ἵππος ἡ τῶν πολεμίων ἐπελαύνηται καὶ τὰ ἅρματα οἱ Γαλάται ἀνοίξαντες τὴν φάλαγγα καὶ διαστήσαντες ἐπαφῶσι, τότε ἀνὰ τέτταρας μὲν τῶν ἐλεφάντων ἀπαντᾶν ἐφ' ἑκάτερα τοῖς ἱππεῦσιν, τοὺς ὀκτὼ δὲ ἀντεπαφεῖναι τοῖς ἁρματηλάταις καὶ συνωριασταῖς. εἰ γὰρ τοῦτο γένοιτο, »φοβηθήσονται αὐτῶν«, ἔφη, »οἱ ἵπποι καὶ ἐς τοὺς Γαλάτας αὖθις ἐμπεσοῦνται φεύγοντες.« καὶ οὕτως ἐγένετο.

[10] οὐ γὰρ πρότερον ἰδόντες ἐλέφαντας οὔτε αὐτοὶ Γαλάται οὔτε οἱ ἵπποι αὐτῶν οὕτω πρὸς τὸ παράδοξον τῆς ὄψεως ἐταράχθησαν, ὥστε πόρρω ἔτι τῶν θηρίων ὄντων ἐπεὶ μόνον τετριγότων ἤκουσαν καὶ τοὺς

kraft der Galater, und als er sah, wie zahlreich sie waren, wie machtvoll ihre Schlachtreihe aufgestellt war, wie ihre Erzgepanzerten[6] die Schilde in Linie hielten, wie ihre Schwerbewaffneten in eine Tiefe von 24 Reihen gestaffelt waren und auf beiden Flügeln zwanzigtausend Reiter standen, in der Mitte achtzig Sichelwagen und hinter ihnen noch einmal die doppelte Zahl an Zweigespannen loszupreschen im Begriff standen – als er das sah, hätte er beinahe alle Hoffnung auf einen Sieg aufgegeben, denn wie sollten sie gegen so eine Streitmacht kämpfen? Er war ja ganz kurzfristig, ohne großen und der Bedeutung des Konfliktes angemessenen Aufwand, mit nur recht wenigen Truppen angekommen, und das waren auch noch größtenteils ungepanzerte Leichtbewaffnete. Diese Gymneten machten über die Hälfte seines Heeres aus. Angesichts solcher Umstände schien es ihm richtiger, um Frieden nachzusuchen und eine gesichtswahrende Lösung des Konflikts zu finden.

(9) Doch bei ihm war Theodotas von Rhodos, ein tüchtiger Mann und gewiefter Taktiker, und ließ ihn nicht mutlos werden.[7] Denn Antiochos hatte auch sechzehn Elefanten. Diese befahl Theodotas für den Augenblick möglichst versteckt zu halten, damit sie nicht über dem Heer aufragten und deshalb leicht zu erkennen wären. Sobald aber der Trompeter das Zeichen gäbe und es zu Feindberührung und Nahkampf käme, sobald die Reiterei der Feinde angaloppierte und die Galater ihre Schlachtreihe öffneten und auseinanderträten, um die Wagen auf sie loszulassen, dann sollten auf die beiden Reitertrupps je vier Elefanten losgehen, die acht übrigen aber sollte er den Wagenlenkern und Gespannführern entgegenschicken. Denn wenn das geschähe, dann, sagte er, »werden ihre Pferde scheu werden und auf ihrer Flucht wieder in die Reihen der Galater einbrechen.« Und genauso kam es.

(10) Denn weder die Galater noch ihre Pferde hatten jemals zuvor Elefanten zu Gesicht bekommen und erschraken daher dermaßen über den befremdlichen Anblick, dass sie schon, als sie die Tiere noch in weiter Entfernung nur trompeten hörten, ihre Zähne

ὀδόντας εἶδον ἀποστίλβοντας ἐπισημότερον ὡς ἂν ἐκ μέλανος τοῦ παντὸς σώματος καὶ τὰς προνομαίας ὡς ἐς ἁρπαγὴν ὑπεραιωρουμένας, πρὶν ἢ τὸ τόξευμα ἐξικνεῖσθαι, ἐκκλίναντες σὺν οὐδενὶ κόσμῳ ἔφευγον, οἱ μὲν πεζοὶ περιπειρόμενοι ὑπ' ἀλλήλων τοῖς δορατίοις καὶ συμπατούμενοι ὑπὸ τῶν ἱππέων ὡς εἶχον ἐμπεσόντων ἐπ' αὐτούς, τὰ ἅρματα δέ, ἀναστρέψαντα καὶ ταῦτα ἔμπαλιν εἰς τοὺς οἰκείους, οὐκ ἀναιμωτὶ διεφέρετο ἐν αὐτοῖς, ἀλλὰ τὸ τοῦ Ὁμήρου, »δίφροι δ' ἀνεκυμβαλίαζον.« οἱ ἵπποι δ' ἐπείπερ ἅπαξ τῆς ἐς τὸ εὐθὺ ὁδοῦ ἀπετρέποντο οὐκ ἀνασχόμενοι τῶν ἐλεφάντων, τοὺς ἐπιβάτας ἀποβαλόντες »κείν' ὄχεα κροτάλιζον« τέμνοντες νὴ Δία καὶ διαιροῦντες τοῖς δρεπάνοις εἴ τινας τῶν φίλων καταλάβοιεν. πολλοὶ δὲ ὡς ἐν ταράχῳ τοσούτῳ κατελαμβάνοντο. εἵποντο δὲ καὶ οἱ ἐλέφαντες συμπατοῦντες καὶ ἀναρριπτοῦντες ⟨ταῖς⟩ προνομαίαις ἐς ὕψος καὶ συναρπάζοντες καὶ τοῖς ὀδοῦσι περιπείροντες, καὶ τέλος οὗτοι κατὰ κράτος παραδιδόασι τῷ Ἀντιόχῳ τὴν νίκην.

[11] Οἱ Γαλάται δὲ οἱ μὲν ἐτεθνήκεσαν, πολλοῦ τοῦ φόνου γενομένου, οἱ δὲ ζῶντες ἐλαμβάνοντο, πλὴν πάνυ ὀλίγοι ὁπόσοι ἔφθασαν εἰς τὰ ὄρη ἀναφυγόντες, οἱ Μακεδόνες δὲ ὅσοι σὺν Ἀντιόχῳ ἦσαν, ἐπαιώνιζον καὶ προσιόντες ἄλλος ἀλλαχόθεν ἀνέδουν τὸν βασιλέα καλλίνικον ἀναβοῶντες. ὁ δὲ καὶ δακρύσας, ὥς φασιν, »Αἰσχυνώμεθα«, ἔφη, »ὦ στρατιῶται, οἷς γε ἡ σωτηρία ἐν ἑκκαίδεκα τούτοις θηρίοις ἐγένετο· ὡς εἰ μὴ τὸ καινὸν τοῦ θεάματος ἐξέπληξε τοὺς πολεμίους, τί ἂν ἡμεῖς ἦμεν πρὸς αὐτούς;« ἔπι τε ⟨τῷ⟩ τροπαίῳ κελεύει ἄλλο μηδέν, ἐλέφαντα δὲ μόνον ἐγκολάψαι.

[12] Ὥρα τοίνυν με σκοπεῖν μὴ καὶ τοὐμὸν ὅμοιον ᾖ τῷ Ἀντιόχῳ, ἐλέφαντες δέ τινες καὶ ξένα μορμολύκεια πρὸς τοὺς ὁρῶντας καὶ θαυματοποιία ἄλλως· ἐκεῖνα γοῦν ἐπαινοῦσι πάντες. οἷς δὲ ἐγὼ ἐπεποίθειν, οὐ

blitzen – das um so deutlicher, als sie sich gegen das Schwarz des ganzen Leibes abhoben – und ihre Rüssel, wie um sie zu packen, erhoben sahen, umdrehten, ohne auch nur einen Pfeilschuss abzugeben, und in völliger Auflösung flohen, die Fußsoldaten in ihre eigenen Lanzen liefen und von den über sie stürzenden Reitern niedergetrampelt wurden; die Kampfwagen aber, die genauso in Richtung ihrer eigenen Leute umgekehrt waren, kamen da ebenfalls nicht ohne Blutvergießen durch, sondern, um Homer zu zitieren, »die Wagen stürzten übereinander.«[8] Nachdem die Zugpferde erst einmal in ihrer Panik vor den Elefanten vom geraden Weg abgekommen waren, warfen sie ihre Lenker ab, »ließen die leeren Wagen krachen«[9] und, bei Zeus, zerschnitten und zerteilten mit den Sicheln, wer von den eigenen Leuten ihnen in den Weg kam – und in diesem gewaltigen Durcheinander erwischte es natürlich viele. Hinter ihnen kamen die Elefanten getrampelt, schleuderten und rissen mit ihren Rüsseln alle in die Höhe und durchbohrten sie mit ihren Zähnen, und so waren schließlich und endlich sie es, die Antiochos mit ihrer Gewalt den Sieg verschafften.

(11) Die Galater waren nach dem großen Blutbad teils tot, teils wurden sie lebendig gefangengenommen, mit Ausnahme einiger weniger, die dem durch Flucht in die Berge zuvorgekommen waren, und die Makedonen unter Antiochos jubelten, drängten sich um ihren König und bekränzten ihn unter dem Ruf ›Kallinikos‹.[10] Er aber soll unter Tränen gesagt haben: »Soldaten, wir sollten uns schämen, dass wir den Sieg diesen sechzehn Tieren verdanken! Denn hätte die Unerhörtheit des Anblicks die Feinde nicht bestürzt, was hätten wir dann gegen sie vermocht?« Und er befahl, auf das Siegeszeichen nichts anderes als nur einen Elefanten zu gravieren.

(12) Es ist daher nun an der Zeit für mich, zu prüfen, ob nicht auch meine Sache der des Antiochos gleicht: Elefanten sozusagen[11] und fremdartige Popanze für die Betrachter und überhaupt einfach Gaukelei, denn das ist es ja, was alle loben. Und worauf ich mein Selbstbewusstsein gestützt hatte, davon sprechen sie überhaupt

πάνυ ταῦτα ἐν λόγῳ παρ᾽ αὐτοῖς ἐστιν, ἀλλ᾽ ὅτι μὲν θήλεια Ἱπποκένταυρος γεγραμμένη, τοῦτο μόνον ἐκπλήττονται καί, ὥσπερ ἐστί, καινὸν καὶ τεράστιον δοκεῖ αὐτοῖς. τὰ δὲ ἄλλα μάτην ἄρα τῷ Ζεύξιδι πεποίηται; ἀλλ᾽ οὐ μάτην – γραφικοὶ γὰρ ὑμεῖς καὶ μετὰ τέχνης ἕκαστα ὁρᾶτε. εἴη μόνον ἄξια τοῦ θεάτρου δεικνύειν.

nicht, aber dass da ein weiblicher Hippokentaur auf dem Bild ist, nur davon sind sie beeindruckt und nur das halten sie für nie dagewesen und monströs, was es ja auch ist. Hat sich Zeuxis mit seinen anderen Qualitäten also vergeblich gemüht? Nein, nicht vergeblich! Denn ihr seid ja Kenner der Malerei und betrachtet alles mit Kunstverstand. Möge es mir gelingen, euch nur etwas zu präsentieren, das dieses Publikums würdig ist!

ΠΡΟΣ ΤΟΝ ΕΙΠΟΝΤΑ, ΠΡΟΜΗΘΕΥΣ ΕΙ ΕΝ ΛΟΓΟΙΣ

[1] Οὐκοῦν Προμηθέα με εἶναι φής; εἰ μὲν κατὰ τοῦτο, ὦ ἄριστε, ὡς πηλίνων κἀμοὶ τῶν ἔργων ὄντων, γνωρίζω τὴν εἰκόνα καί φημι ὅμοιος εἶναι αὐτῷ, οὐδ' ἀναίνομαι πηλοπλάθος ἀκούειν, εἰ καὶ φαυλότερος ἐμοὶ ὁ πηλὸς οἷος ἐκ τριόδου, βόρβορός τις παρὰ μικρόν. εἰ δὲ ὑπερεπαινῶν τοὺς λόγους ὡς δῆθεν εὐμηχάνους ὄντας τὸν σοφώτατον τῶν Τιτάνων ἐπιφημίζεις αὐτοῖς, ὅρα μή τις εἰρωνείαν φῇ καὶ μυκτῆρα οἷον τὸν Ἀττικὸν προσεῖναι τῷ ἐπαίνῳ. ἢ πόθεν γὰρ εὐμήχανον τοὐμόν; τίς δὲ ἡ περιττὴ σοφία καὶ προμήθεια ἐν τοῖς γράμμασιν; ὡς ἔμοιγε ἱκανὸν εἰ μὴ πάνυ σοι γήϊνα ἔδοξεν μηδὲ κομιδῇ ἄξια τοῦ Καυκάσου. καίτοι πόσῳ δικαιότερον ὑμεῖς ἂν εἰκάζοισθε τῷ Προμηθεῖ, ὁπόσοι ἐν δίκαις εὐδοκιμεῖτε ξὺν ἀληθείᾳ ποιούμενοι τοὺς ἀγῶνας. ζῶα γοῦν ὡς ἀληθῶς καὶ ἔμψυχα ὑμῖν τὰ ἔργα, καὶ νὴ Δία καὶ τὸ θερμὸν αὐτῶν ἐστι διάπυρον· καὶ τοῦτο ἐκ τοῦ Προμηθέως ἂν εἴη, πλὴν εἰ μὴ ἑνὶ διαλλάττοιτε, ὅτι μὴ ἐκ πηλοῦ πλάττετε ἀλλὰ χρυσᾶ ὑμῖν τοῖς πολλοῖς τὰ πλάσματα.

[2] Ἡμεῖς δὲ οἱ ἐς τὰ πλήθη παριόντες καὶ τὰς τοιαύτας τῶν ἀκροάσεων ἐπαγγέλλοντες εἴδωλα ἄττα ἐπιδεικνύμεθα, καὶ τὸ μὲν ὅλον ἐν πηλῷ, καθάπερ ἔφην μικρὸν ἔμπροσθεν, ἡ πλαστικὴ κατὰ ταὐτὰ τοῖς κοροπλάθοις· τὰ δ' ἄλλα οὔτε κίνησις ὁμοία πρόσεστιν οὔτε ψυχῆς δεῖγμά τι, ἀλλὰ τέρψις ἄλλως καὶ παιδιὰ τὸ πρᾶγμα. ὥστε μοι ἐνθυμεῖσθαι ἔπεισι μὴ ἄρα οὕτω με Προμηθέα λέγεις εἶναι ὡς ὁ κωμικὸς τὸν

DER LITERARISCHE PROMETHEUS

(1) Du behauptest also, ich sei ein Prometheus?[1] Wenn du das in dem Sinne meinst, mein Bester, dass auch meine Werke aus Lehm sind, dann akzeptiere ich das Bild und gebe die Ähnlichkeit zwischen ihm und mir zu, und ich habe dann auch nichts dagegen, als Lehmwerker bezeichnet zu werden, obwohl mein Lehm ziemlich minderwertig ist, Lehm von der Straße sozusagen, fast eine Art Matsch. Wenn du meine Schriften hingegen mit dem übertriebenen Lob, sie seien aber doch wirklich erfindungsreich, unter die Patronage des klügsten der Titanen stellst, dann pass nur auf, dass man in deinen Lobesworten nicht Ironie und attisches Naserümpfen zu hören meint. Ja, wo soll denn in meinem Werk Erfindungsreichtum stecken? Worin soll die übermäßige Klugheit und Achtsamkeit in meinen Schriften bestehen? Ich bin ja schon zufrieden, wenn du nicht meinst, sie bestünden zur Gänze aus Erde und Lehm und hätten einfach nur den Kaukasus verdient. Mit wieviel größerem Recht könnte man dagegen euch mit Prometheus vergleichen, die ihr durch eure Auftritte vor Gericht bekannt seid und echte Prozesse führt! Eure Werke sind doch wirklich lebendig und beseelt, und bei Zeus! ihre Streitbarkeit ist voller Feuer – auch das wohl im Stil des Prometheus, mit dem einen Unterschied, dass ihr nicht mit Lehm modelliert, sondern die meisten eurer kunstvoll stilisierten Vorträge aus purem Gold sind.

(2) Ich hingegen, der ich vor Menschenmengen trete und entsprechende Vorträge ankündige, führe nur irgendwelche Figuren vor, und meine gestalterische Arbeit begnügt sich völlig, wie ich eben gesagt habe, mit Lehm, genau wie bei den Puppenmachern; im Übrigen verfügen diese Figuren weder über eine vergleichbare Beweglichkeit noch lassen sie auch nur einen Hauch von Beseeltheit erkennen, sondern bei der ganzen Angelegenheit geht es bloß um Spaß und Unterhaltung. Und so kommt mir die Frage in den Sinn, ob du, wenn du mich einen Prometheus nennst, damit nicht

Κλέωνα· φησὶν δέ, οἶσθα, περὶ αὐτοῦ· »Κλέων Προμηθεύς ἐστι μετὰ τὰ πράγματα.« καὶ αὐτοὶ δὲ Ἀθηναῖοι τοὺς χυτρέας καὶ ἰπνοποιοὺς καὶ πάντας ὅσοι πηλουργοί Προμηθέας ἀπεκάλουν ἐπισκώπτοντες ἐς τὸν πηλὸν ἢ καὶ τὴν ἐν πυρὶ οἶμαι τῶν σκευῶν ὄπτησιν. καὶ εἴ γε σοι τοῦτο βούλεται εἶναι ὁ Προμηθεύς, πάνυ εὐστόχως ἀποτετόξευται καὶ ἐς τὴν Ἀττικὴν δριμύτητα τῶν σκωμμάτων, ἐπεὶ καὶ εὔθρυπτα ἡμῖν τὰ ἔργα ὥσπερ ἐκείνοις τὰ χυτρίδια, καὶ μικρόν τις λίθον ἐμβαλὼν συντρίψειεν ἂν πάντα.

[3] Καίτοι, φαίη τις ἂν παραμυθούμενος, οὐ ταῦτα εἴκασέ σε τῷ Προμηθεῖ, ἀλλὰ τὸ καινουργὸν τοῦτο ἐπαινῶν καὶ μὴ πρός τι ἄλλο ἀρχέτυπον μεμιμημένον, ὥσπερ ἐκεῖνος οὐκ ὄντων ἀνθρώπων τέως ἐννοήσας αὐτοὺς ἀνέπλασεν, τοιαῦτα ζῷα μορφώσας καὶ διακοσμήσας ὡς εὐκίνητά τε εἴη καὶ ὀφθῆναι χαρίεντα. καὶ τὸ μὲν ὅλον ἀρχιτέκτων αὐτὸς ἦν, συνειργάζετο δέ τι καὶ ἡ Ἀθηνᾶ ἐμπνέουσα τὸν πηλὸν καὶ ἔμψυχα ποιοῦσα εἶναι τὰ πλάσματα. ὁ μὲν ταῦτα ἂν εἴποι, πρός γε τὸ εὐφημότατον ἐξηγούμενος τὸ εἰρημένον, καὶ ἴσως οὗτος ὁ νοῦς ἦν τῷ λελεγμένῳ. ἐμοὶ δὲ οὐ πάνυ ἱκανόν, εἰ καινοποιεῖν δοκοίην, μηδὲ ἔχοι τις λέγειν ἀρχαιότερόν τι τοῦ πλάσματος οὗ τοῦτο ἀπόγονόν ἐστιν. ἀλλὰ εἰ μὴ καὶ χάριεν φαίνοιτο, αἰσχυνοίμην ἄν, εὖ ἴσθι, ἐπ' αὐτῷ καὶ ξυμπατήσας ἂν ἀφανίσαιμι. οὐδ' ἂν ὠφελήσειεν αὐτό, παρὰ γοῦν ἐμοί, ἡ καινότης, μὴ οὐχὶ συντετρῖφθαι ἄμορφον ὄν. καὶ εἴ γε μὴ οὕτω φρονοίην, ἄξιος ἂν εἶναι μοι δοκῶ ὑπὸ ἑκκαίδεκα γυπῶν κείρεσθαι, οὐ συνιεὶς ὡς πολὺ ἀμορφότερα τὰ μετὰ τοῦ ξένου αὐτὸ πεπονθότα.

in die gleiche Richtung zielst wie der Komödiendichter in seinem Vers über Kleon, wo es bekanntlich heißt: »Kleon ist ein Prometheus, hinterher.«[2] Überhaupt pflegte man in eben jenem Athen die Töpfer, die Ofenbauer und überhaupt alle, die mit Lehm arbeiten, ›Prometheus‹ zu nennen, in spöttischer Anspielung auf den Lehm und das Brennen des Geschirrs im Feuer, glaube ich. Wenn es das ist, was du mit ›Prometheus‹ meinst, dann hast du zielsicher die Bissigkeit des attischen Witzes getroffen: Auch meine Werke sind ja zerbrechlich wie deren Tongeschirr – wirf nur ein Steinchen dagegen, und alles geht zu Bruch.

(3) »Aber«, könnte einer sagen, um mich zu trösten, »das war es doch gar nicht, weswegen er dich mit Prometheus verglichen hat. Er wollte vielmehr deine Originalität loben: Dass du dich nicht mit der Nachahmung eines Vorbildes abgibst, genau wie Prometheus die Menschen, die es ja zu dieser Zeit noch nicht gab, erdachte und formte, indem er Lebewesen bildete und gestaltete, die sich geschmeidig bewegten und anmutig anzuschauen waren. Und insgesamt war er es, der den Entwurf lieferte, daneben war ihm aber auch Athena behilflich, die dem Lehm Leben einhauchte und seinen Gestalten eine Seele verlieh.« Das könnte er sagen und mithin den Ausspruch so auslegen, als ob er gut gemeint gewesen sei, und vielleicht war das ja sogar seine eigentliche Bedeutung. Mir reicht es aber nicht ganz, wenn ich den Eindruck erwecken würde, etwas Neues zu erschaffen, und keiner ein älteres Werk benennen könnte, von dem meine Erfindung sich herleitet. Nein, wenn sie nicht auch anmutig wirkte, dann, das darfst du mir glauben, würde ich mich für sie schämen und sie mit einem Fußtritt aus der Welt schaffen. Es würde ihr auch, in meinen Augen jedenfalls, ihre Originalität nichts nützen: Wäre sie hässlich, sie läge schon so gut wie in Scherben. Und dächte ich nicht so, dann, finde ich, hätte ich verdient, gleich von sechzehn Geiern zerfleischt zu werden, denn dann würde mir die Einsicht fehlen, dass Mangel an Anmut noch viel hässlicher ist, wenn er sich mit Neuartigkeit paart.

[4] Πτολεμαῖος γοῦν ὁ Λάγου δύο καινὰ ἐς Αἴγυπτον ἄγων, κάμηλόν τε Βακτριανὴν παμμέλαιναν καὶ δίχρωμον ἄνθρωπον, ὡς τὸ μὲν ἡμίτομον αὐτοῦ ἀκριβῶς μέλαν εἶναι, τὸ δὲ ἕτερον ἐς ὑπερβολὴν λευκόν, ἐπ' ἴσης δὲ μεμερισμένον, ἐς τὸ θέατρον συναγαγὼν τοὺς Αἰγυπτίους ἐπεδείκνυτο αὐτοῖς ἄλλα τε πολλὰ θεάματα καὶ τὸ τελευταῖον καὶ ταῦτα, τὴν κάμηλον καὶ τὸν ἡμίλευκον ἄνθρωπον, καὶ ᾤετο ἐκπλήξειν τῷ θεάματι. οἱ δὲ πρὸς μὲν τὴν κάμηλον ἐφοβήθησαν καὶ ὀλίγου δεῖν ἔφυγον ἀναθορόντες, καίτοι χρυσῷ πᾶσα ἐκεκόσμητο καὶ ἁλουργίδι ἐπέστρωτο καὶ ὁ χαλινὸς ἦν λιθοκόλλητος, Δαρείου τινὸς ἢ Καμβύσου ἢ Κύρου αὐτοῦ κειμήλιον. πρὸς δὲ τὸν ἄνθρωπον οἱ μὲν πολλοὶ ἐγέλων, οἱ δέ τινες ὡς ἐπὶ τέρατι ἐμυσάττοντο. ὥστε ὁ Πτολεμαῖος συνεὶς ὅτι οὐκ εὐδοκιμεῖ ἐπ' αὐτοῖς οὐδὲ θαυμάζεται ὑπὸ τῶν Αἰγυπτίων ἡ καινότης, ἀλλὰ πρὸ αὐτῆς τὸ εὔρυθμον καὶ τὸ εὔμορφον κρίνουσι, μετέστησεν αὐτὰ καὶ οὐκέτι διὰ τιμῆς ἦγεν ὡς πρὸ τοῦ. ἀλλ' ἡ μὲν κάμηλος ἀπέθανεν ἀμελουμένη, τὸν ἄνθρωπον δὲ τὸν διττὸν Θέσπιδι τῷ αὐλητῇ ἐδωρήσατο καλῶς αὐλήσαντι παρὰ τὸν πότον.

[5] Δέδοικα δὲ μὴ καὶ τοὐμὸν κάμηλος ἐν Αἰγυπτίοις ᾖ, οἱ δὲ ἄνθρωποι τὸν χαλινὸν ἔτι αὐτῆς θαυμάζωσι καὶ τὴν ἁλουργίδα, ἐπεὶ οὐδὲ τὸ ἐκ δυοῖν τοῖν καλλίστοιν συγκεῖσθαι, διαλόγου καὶ κωμῳδίας, οὐδὲ τοῦτο ἀπόχρη εἰς εὐμορφίαν, εἰ μὴ καὶ ἡ μῖξις ἐναρμόνιος καὶ κατὰ τὸ σύμμετρον γίγνοιτο. ἔστι γοῦν ἐκ δύο καλῶν ἀλλόκοτον τὴν

(4) Nehmen wir zum Beispiel Ptolemaios, den Sohn des Lagos,[3] der zwei Novitäten nach Ägypten brachte, ein pechschwarzes Kamel aus Baktrien[4] und einen zweifarbigen Mann, dessen eine Körperhälfte vollkommen schwarz war, die andere von reinem, ungebrochenem Weiß; die Trennlinie verlief genau durch seine Mitte. Ptolemaios ließ die Ägypter sich im Theater versammeln und präsentierte ihnen neben vielen anderen Attraktionen zum Schluss der Vorstellung auch diese beiden, das Kamel und den halbweißen Mann, und er war sich sicher, sie mit diesem Spektakel verblüffen zu können. Die aber bekamen beim Anblick des Kamels einen Schreck und wären beinahe aufgesprungen und weggelaufen: Dabei war das Tier ganz mit Gold geschmückt, trug eine Schabracke aus Purpur, und sein Zaumzeug war mit Edelsteinen besetzt – ein Wertgegenstand, wie ihn höchstens ein Dareios, ein Kambyses oder ein Kyros[5] ihr Eigen genannt haben. Über den Mann hingegen mussten die meisten lachen; es gab aber auch einige, die sich vor ihm ekelten wie vor einer Missgeburt. Da sah Ptolemaios ein, dass bei den Ägyptern Neuigkeit nicht viel gilt, ja sie noch nicht einmal zu beeindrucken vermag, sondern dass sie Wohlproportioniertheit und Wohlgestalt höher schätzen, weshalb er seine Sensationen fortschaffen ließ und sie nicht mehr so sehr in Ehren hielt wie zuvor, im Gegenteil: Das Kamel starb schließlich, völlig vernachlässigt, und den zweifachen Mann schenkte er dem Auleten[6] Thespis dafür, dass er ihm schön beim Wein aufgespielt hatte.

(5) Mich treibt die Furcht um, auch mein Werk könnte ein Kamel bei den Ägyptern sein, aber womöglich könnten die Menschen Zaumzeug und Purpurdecke sogar noch bewundern. Denn es reicht nicht, dass es sich aus zwei exquisiten Bestandteilen zusammensetzt, dem philosophischen Dialog und der Komödie – nein, auch das genügt nicht, um von Wohlgestalt sprechen zu können, wenn nicht zugleich auch ihre Verbindung den Forderungen nach Harmonie und Symmetrie entspricht. Es kann vorkommen, dass die Zusammenstellung von zwei schönen Bestandteilen scheußlich

ξυνθήκην εἶναι, οἷον ἐκεῖνο τὸ προχειρότατον, ὁ ἱπποκένταυρος· οὐ γὰρ ἂν φαίης ἐπέραστόν τι ζῷον τουτὶ γενέσθαι, ἀλλὰ καὶ ὑβριστότατον, εἰ χρὴ πιστεύειν τοῖς ζωγράφοις ἐπιδεικνυμένοις τὰς παροινίας καὶ σφαγὰς αὐτῶν. τί οὖν; οὐχὶ καὶ ἔμπαλιν γένοιτ' ἂν εὔμορφόν τι ἐκ δυοῖν τοῖν ἀρίστοιν ξυντεθέν, ὥσπερ ἐξ οἴνου καὶ μέλιτος τὸ ξυναμφότερον ἥδιστον; φημὶ ἔγωγε. οὐ μὴν περί γε τῶν ἐμῶν ἔχω διατείνεσθαι ὡς τοιούτων ὄντων, ἀλλὰ δέδια μὴ τὸ ἑκατέρου κάλλος ἡ μῖξις συνέφθειρεν.

[6] Οὐ πάνυ γοῦν συνήθη καὶ φίλα ἐξ ἀρχῆς ἦν ὁ διάλογος καὶ ἡ κωμῳδία, εἴ γε ὁ μὲν οἴκοι καθ' ἑαυτὸν καὶ νὴ Δία ἐν τοῖς περιπάτοις μετ' ὀλίγων τὰς διατριβὰς ἐποιεῖτο, ἡ δὲ παραδοῦσα τῷ Διονύσῳ ἑαυτὴν θεάτρῳ ὡμίλει καὶ ξυνέπαιζε καὶ ἐγελωτοποίει καὶ ἐπέσκωπτε καὶ ἐν ῥυθμῷ ἔβαινε πρὸς αὐλὸν ἐνίοτε καὶ τὸ ὅλον ἀναπαίστοις μέτροις ἐποχουμένη τὰ πολλά. τοὺς δὲ τοῦ διαλόγου ἑταίρους ἐχλεύαζε φροντιστὰς καὶ μετεωρολέσχας καὶ τὰ τοιαῦτα προσαγορεύουσα. καὶ μίαν ταύτην προαίρεσιν ἐπεποίητο ἐκείνους ἐπισκώπτειν καὶ τὴν Διονυσιακὴν ἐλευθερίαν καταχεῖν αὐτῶν, ἄρτι μὲν ἀεροβατοῦντας δεικνύουσα καὶ νεφέλαις ξυνόντας, ἄρτι δὲ ψυλλῶν πηδήματα διαμετροῦντας, ὡς δῆθεν τὰ ἀέρια λεπτολογουμένους. ὁ διάλογος δὲ σεμνοτάτας ἐποιεῖτο τὰς συνουσίας φύσεώς τε πέρι καὶ ἀρετῆς φιλοσοφῶν. ὥστε, τὸ τῶν μουσικῶν τοῦτο, δὶς διὰ πασῶν εἶναι τὴν ἁρμονίαν, ἀπὸ τοῦ ὀξυτάτου ἐς τὸ βαρύτατον. καὶ ὅμως ἐτολμήσαμεν ἡμεῖς τὰ οὕτως ἔχοντα πρὸς

ist. Nehmen wir etwa das naheliegende Beispiel des Kentauren: Den würdest du ja wohl kaum als reizvolles Wesen bezeichnen – vielmehr verletzt er jedes Maß, wenn man den Malern Glauben schenken darf, die die alkoholischen Exzesse und die blutigen Auseinandersetzungen dieser Wesen darstellen. Aber was denn? Könnte nicht auch andersherum, wenn man zwei erstklassige Bestandteile miteinander kombiniert, ein geschmackvolles Ergebnis herauskommen, so wie die köstliche Mischung von Wein und Honig? Das will ich doch meinen! Allerdings zögere ich, entsprechendes von meinem Werk zu behaupten. Vielmehr befürchte ich, dass die jeweilige Schönheit der beiden Bestandteile durch ihre Mischung verdorben worden ist.

(6) Dialog und Komödie waren jedenfalls anfangs nicht gerade miteinander vertraut und befreundet, wenn man bedenkt, dass der eine in seinen vier Wänden für sich blieb oder sich, bei Zeus, gemeinsam mit einigen wenigen Freunden in öffentlichen Anlagen erging und Gespräche führte, die andere sich hingegen dem Dionysos überließ, sich ständig im Theater herumtrieb, Späße machte, den Hanswurst spielte, die Leute mit ihrem Spott piesackte, ab und zu im Takt des Aulos einhermarschierte und überhaupt in anapästischen Versen[7] daherkam, wobei sie die Freunde des Dialogs aufs Korn nahm und sie Grübler oder abgehobene Schwätzer und ähnliches nannte.[8] Und dabei ging es ihr nur um eins: diese Leute zu verspotten und den Kübel dionysischer Freizügigkeit über ihnen auszuleeren. Mal führte sie sie als Luftikusse und Wolkenfreunde vor, dann wieder als Flohsprungmesser, als Leute eben, die selbst die Haare des Himmels noch spalten wollen. Der Dialog hingegen gefiel sich darin, Zusammenkünfte von äußerster Würde zu gestalten, bei denen er ›Über die Natur‹ philosophierte und ›Über die Tugend‹[9]. Kurz: Musikwissenschaftlich formuliert lagen zwei Oktaven zwischen ihnen, und sie waren voneinander so weit entfernt wie höchster Ton und tiefster Ton. Trotzdem habe ich gewagt, diese beiden, die so zueinander stehen, zusammenzubringen und sie

ἄλληλα ξυναγαγεῖν καὶ ξυναρμόσαι οὐ πάνυ πειθόμενα οὐδὲ εὐμαρῶς ἀνεχόμενα τὴν κοινωνίαν.

[7] Δέδια τοίνυν μὴ αὖθις ὅμοιόν τι τῷ Προμηθεῖ τῷ σῷ πεποιηκὼς φαίνωμαι τὸ θῆλυ τῷ ἄρρενι ἐγκαταμίξας καὶ δι᾽ αὐτὸ δίκην ὑπόσχω. μᾶλλον δὲ καὶ ⟨ ⟩, ἐξαπατῶν ἴσως τοὺς ἀκούοντας καὶ ὀστᾶ παραθεὶς αὐτοῖς κεκαλυμμένα τῇ πιμελῇ, γέλωτα κωμικὸν ὑπὸ σεμνότητι φιλοσόφῳ. τὸ γὰρ τῆς κλεπτικῆς – καὶ γὰρ κλεπτικῆς ὁ θεός – ἄπαγε. τοῦτο μόνον οὐκ ἂν εἴποις ἐνεῖναι τοῖς ἡμετέροις. ἢ παρὰ τοῦ γὰρ ἂν ἐκλέπτομεν; εἰ μὴ ἄρα τις ἐμὲ διέλαθεν τοιούτους ἱπποκάμπους καὶ τραγελάφους καὶ αὐτὸς συντεθεικώς. πλὴν ἀλλὰ τί ἂν πάθοιμι; ἐμμενετέον γὰρ οἷς ἅπαξ προειλόμην· ἐπεὶ τό γε μεταβουλεύεσθαι Ἐπιμηθέως ἔργον, οὐ Προμηθέως ἐστίν.

miteinander zu verbinden, und das, obwohl sie gar nicht gerne folgen und ihre Gemeinschaft auch keineswegs leicht ertragen.

(7) Ich fürchte deshalb, dass es schon wieder so aussieht, als täte ich etwas, das auch dein Prometheus hätte tun können, indem ich das Weibliche mit dem Männlichen gemischt habe, und dass man mich dafür zur Verantwortung ziehen wird. Oder eher ⟨wird man mich aus anderen Gründen mit Prometheus vergleichen⟩[10], vielleicht weil ich die Zuhörer betrüge und ihnen Knochen vorsetze, die in Fett gehüllt sind:[11] das Gelächter der Komödie unter dem Deckmantel philosophischer Würde. Denn den Vorwurf des Diebstahls – der Gott beschirmt ja auch die Diebe – erspare mir! Das allein, das wirst du zugeben, fehlt in meinen Schriften. Von wem hätte ich denn auch stehlen sollen? Es sei denn, ich hätte einen übersehen, der ebenfalls solche Seepferde und Bockhirsche zusammengebaut hat.[12] Aber was soll's? Ich muss ja doch bei dem bleiben, wofür ich mich nun einmal entschieden habe.[13] Denn umzudenken ist Sache des Epimetheus, aber nicht des Prometheus!

ΣΚΥΘΗΣ Η ΠΡΟΞΕΝΟΣ

[1] Οὐ πρῶτος Ἀνάχαρσις ἀφίκετο ἐκ Σκυθίας Ἀθήναζε παιδείας ἐπιθυμίᾳ τῆς Ἑλληνικῆς, ἀλλὰ καὶ Τόξαρις πρὸ αὐτοῦ, σοφὸς μὲν καὶ φιλόκαλος ἀνὴρ καὶ ἐπιτηδευμάτων φιλομαθὴς τῶν ἀρίστων, οἴκοι δὲ οὐ τοῦ βασιλείου γένους ὢν οὐδὲ τῶν πιλοφορικῶν, ἀλλὰ Σκυθῶν τῶν πολλῶν καὶ δημοτικῶν, οἷοί εἰσι παρ' αὐτοῖς οἱ ὀκτάποδες καλούμενοι, τοῦτο δέ ἐστι, δύο βοῶν δεσπότην εἶναι καὶ ἁμάξης μιᾶς. οὗτος ὁ Τόξαρις οὐδὲ ἀπῆλθεν ἔτι ὀπίσω ἐς Σκύθας, ἀλλ' Ἀθήνησιν ἀπέθανεν, καὶ μετ' οὐ πολὺ καὶ ἥρως ἔδοξεν καὶ ἐντέμνουσιν αὐτῷ Ξένῳ Ἰατρῷ οἱ Ἀθηναῖοι· τοῦτο γὰρ τοὔνομα ἥρως γενόμενος ἐπεκτήσατο. τὴν δ' αἰτίαν τῆς ἐπωνυμίας καὶ ἀνθ' ὅτου ἐς τοὺς ἥρωας κατελέγη καὶ τῶν Ἀσκληπιαδῶν εἷς ἔδοξεν, οὐ χεῖρον ἴσως διηγήσασθαι, ὡς μάθητε οὐ Σκύθαις μόνον ἐπιχώριον ὂν ἀπαθανατίζειν καὶ πέμπειν παρὰ τὸν Ζάμολξιν, ἀλλὰ καὶ Ἀθηναίοις ἐξεῖναι θεοποιεῖν τοὺς Σκύθας ἐπὶ τῆς Ἑλλάδος.

[2] Κατὰ τὸν λοιμὸν τὸν μέγαν ἔδοξεν ἡ Ἀρχιτέλους γυνή, Ἀρεοπαγίτου ἀνδρός, ἐπιστάντα οἱ τὸν Σκύθην κελεῦσαι εἰπεῖν Ἀθηναίοις ὅτι παύσονται τῷ λοιμῷ ἐχόμενοι, ἢν τοὺς στενωποὺς οἴνῳ πολλῷ ῥάνωσι. τοῦτο συχνάκις γενόμενον – οὐ γὰρ ἠμέλησαν οἱ Ἀθηναῖοι ἀκούσαντες – ἔπαυσε μηκέτι λοιμώττειν αὐτούς, εἴτε ἀτμούς τινας πονηροὺς ὁ οἶνος σβέσας τῇ ὀδμῇ, εἴτε ἄλλο τι πλέον εἰδὼς ὁ ἥρως ὁ Τόξαρις, ἅτε ἰατρικὸς ὤν, συνεβούλευσεν. ὁ δ' οὖν μισθὸς τῆς ἰάσεως ἔτι καὶ νῦν ἀποδίδοται αὐτῷ λευκὸς ἵππος καταθυόμενος ἐπὶ τῷ μνήματι, ὅθεν ἔδειξεν ἡ Δειμαινέτη προσελθόντα αὐτὸν ἐντείλασθαι ἐκεῖνα τὰ περὶ τοῦ

DER SKYTHE ODER DER KONSUL

(1) Der erste, der aus Verlangen nach griechischer Bildung von Skythien[1] nach Athen kam, war nicht Anacharsis, sondern vor ihm schon Toxaris, ein kluger Mann und Liebhaber der Schönheit, der sich für die wichtigsten und besten Dinge interessierte, in seiner Heimat aber nicht zur Königsfamilie und auch nicht zu den Kappenträgern,[2] sondern zum einfachen skythischen Volk gehörte, was bei ihnen die sogenannten Achtfüßer sind, womit gemeint ist, dass man Herr ist über zwei Rinder und einen Wagen. Dieser Toxaris kehrte nie nach Skythien zurück, sondern starb in Athen, und schon nach kurzer Zeit wurde er sogar als Heros angesehen und die Athener weihten ihm als dem ›Fremden Arzt‹ eine Kultstätte; denn das war der Beiname, den er als Heros erhalten hatte. Den Grund für die Vergabe dieses Beinamens zu erzählen, und für welche Taten er unter die Heroen gestellt und als einer der Asklepiaden angesehen wurde, wäre vielleicht gar nicht schlecht, damit ihr seht, dass es nicht nur eine skythische Sitte ist, Menschen für unsterblich zu erklären und sie zu Zamolxis[3] zu schicken, sondern dass auch die Athener Skythen in Griechenland vergöttlichen können.

(2) Während der großen Seuche[4] glaubte die Frau des Areopagiten Architeles, der Skythe trete zu ihr und beauftrage sie, den Athenern zu sagen, die Seuche würde ein Ende finden, wenn sie die Gassen der Stadt mit viel Wein besprengten. Nachdem sie das zu wiederholten Malen getan hatten – denn die Athener schossen den Rat nicht in den Wind –, hörte die Seuche tatsächlich auf, unter ihnen zu wüten, sei es dass der Wein irgendwelche üblen Dünste durch seinen Geruch erstickt hatte, sei es dass der Heros Toxaris seinen Rat aufgrund höheren ärztlichen Wissens erteilte. Den Lohn für die Heilung entrichten sie ihm jedenfalls bis heute, in Gestalt eines weißen Pferdes, das auf dem Mahnmal geopfert wird, das ihnen Demainete als den Ort gezeigt hatte, wo er an sie herangetreten war und ihr jene Weisung in Sachen Wein erteilt hatte. Und in der

οἴνου· καὶ εὑρέθη κεῖθι ὁ Τόξαρις τεθαμμένος τῇ τε ἐπιγραφῇ γνωσθείς, εἰ καὶ μὴ πᾶσα ἔτι ἐφαίνετο, καὶ μάλιστα, ὅτι ἐπὶ τῇ στήλῃ Σκύθης ἀνὴρ ἐγκεκόλαπτο, τῇ λαιᾷ μὲν τόξον ἔχων ἐντεταμένον, τῇ δεξιᾷ δὲ βιβλίον, ὡς ἐδόκει. ἔτι καὶ νῦν ἴδοις ἂν αὐτοῦ ὑπὲρ ἥμισυ καὶ τὸ τόξον ὅλον καὶ τὸ βιβλίον· τὰ δὲ ἄνω τῆς στήλης καὶ τὸ πρόσωπον ὁ χρόνος ἤδη ἐλυμήνατό που· ἔστιν δὲ οὐ πολὺ ἀπὸ τοῦ Διπύλου, ἐν ἀριστερᾷ εἰς Ἀκαδημίαν ἀπιόντων, οὐ μέγα τὸ χῶμα καὶ ἡ στήλη χαμαί· πλὴν ἀλλ' ἔστεπταί γε ἀεί, καί φασι πυρεταίνοντάς τινας ἤδη πεπαῦσθαι ἀπ' αὐτοῦ, καὶ μὰ τὸν Δί' οὐδὲν ἄπιστον, ὃς ὅλην ποτὲ ἰάσατο τὴν πόλιν.

[3] Ἀλλὰ γὰρ οὗπερ ἕνεκα ἐμνήσθην αὐτοῦ, ἔζη μὲν ἔτι ὁ Τόξαρις, ὁ Ἀνάχαρσις δὲ ἄρτι καταπεπλευκὼς ἀνῄει ἐκ Πειραιῶς, οἷα δὴ ξένος καὶ βάρβαρος οὐ μετρίως τεταραγμένος ἔτι τὴν γνώμην, πάντα ἀγνοῶν, ψοφοδεὴς πρὸς τὰ πολλά, οὐκ ἔχων ὅ τι χρήσαιτο ἑαυτῷ· καὶ γὰρ συνίει καταγελώμενος ὑπὸ τῶν ὁρώντων ἐπὶ τῇ σκευῇ, καὶ ὁμόγλωσσον οὐδένα εὕρισκεν, καὶ ὅλως μετέμελεν αὐτῷ ἤδη τῆς ὁδοῦ, καὶ ἐδέδοκτο ἰδόντα μόνον τὰς Ἀθήνας ἐπὶ πόδα εὐθὺς ὀπίσω χωρεῖν καὶ πλοίῳ ἐπιβάντα πλεῖν αὖθις ἐπὶ Βοσπόρου, ὅθεν οὐ πολλὴ ἔμελλεν αὐτῷ ὁδὸς ἔσεσθαι οἴκαδε ἐς Σκύθας. οὕτως ἔχοντι τῷ Ἀναχάρσιδι ἐντυγχάνει δαίμων τις ἀγαθὸς ὡς ἀληθῶς ὁ Τόξαρις ἤδη ἐν τῷ Κεραμεικῷ. καὶ τὸ μὲν πρῶτον ἡ στολὴ αὐτὸν ἐπεσπάσατο πατριῶτις οὖσα, εἶτα μέντοι οὐ χαλεπῶς ἔμελλε καὶ αὐτὸν γνώσεσθαι τὸν Ἀνάχαρσιν ἅτε γένους τοῦ δοκιμωτάτου ὄντα καὶ ἐν τοῖς πρώτοις Σκυθῶν. ὁ Ἀνάχαρσις δὲ πόθεν ἂν ἐκεῖνον ἔγνω ὁμοεθνῆ ὄντα, Ἑλληνιστὶ ἐσταλμένον, ἐν χρῷ κεκαρμέ-

Tat fand man dort das Grab des Toxaris, identifizierbar zum einen an der Aufschrift, wenn sie auch nicht mehr vollständig lesbar war, zum anderen aber vor allem daran, dass auf der Grabstele ein Skythe eingemeißelt war, der, wie es aussah, in der Linken einen aufgespannten Bogen, in der Rechten ein Buch hielt. Auch heute noch kann man von ihm selbst über die Hälfte und Bogen und Buch ganz erkennen, den oberen Teil der Stele hingegen und das Gesicht hat bereits die Zeit in Mitleidenschaft gezogen. Das Grab befindet sich nicht weit vom Dipylon[5], linkerhand, wenn man Richtung Akademie geht, der Grabhügel ist nicht hoch und die Stele liegt am Boden. Jedoch ist sie stets bekränzt, und man erzählt sich, dass einige Leute durch ihn schon vom Fieber befreit worden seien, und das, bei Zeus, ist in keiner Weise unglaubwürdig bei jemandem, der mal eine ganze Stadt geheilt hat.

(3) Doch zurück dazu, warum ich an ihn denken musste! Toxaris war noch am Leben, da kam Anacharsis gleich nach seiner Landung vom Piräus herauf, und wie es einem Fremden und Barbaren so geht, war er noch ziemlich verstört: Nichts erkannte er, bei jedem Geräusch fuhr er zusammen und wusste überhaupt nichts mit sich anzufangen. Denn er bekam ja mit, dass er von denen, die ihn sahen, wegen seiner Kleidung ausgelacht wurde, und er konnte niemanden finden, der seine Sprache gesprochen hätte, überhaupt bereute er bereits seine Reise, und so war er fest entschlossen, sich Athen nur einmal anzusehen, dann schnurstracks auf dem Fuße kehrt zu machen, sein Schiff zu besteigen und wieder Richtung Bosporos zu segeln, von wo aus er es gar nicht mehr weit bis nach Hause hätte, zu den Skythen. In diesem Zustand begegnete er nun, wahrhaftig wie einem guten Geist, schon im Kerameikos[6] dem Toxaris. Dem fiel zuerst seine Kleidung auf, die ganz wie in seiner Heimat war, und dann hatte er auch kein Problem, Anacharsis selbst zu erkennen, stammte er doch aus einer sehr angesehenen Familie und gehörte zur skythischen Aristokratie. Woher hätte, umgekehrt, Anacharsis jenen als Landsmann erkennen sollen, in seiner griechischen

νον, ὑπεξυρημένον τὸ γένειον, ἄζωστον, ἀσίδηρον, ἤδη στωμύλον, αὐτῶν τῶν Ἀττικῶν ἕνα τῶν αὐτοχθόνων; οὕτω μετεπεποίητο ὑπὸ τοῦ χρόνου.

[4] Ἀλλὰ Τόξαρις Σκυθιστὶ προσειπὼν αὐτόν »Οὐ σύ«, ἔφη, Ἀνάχαρσις ὢν τυγχάνεις ὁ Δαυκέτου;« ἐδάκρυσεν ὑφ᾽ ἡδονῆς ὁ Ἀνάχαρσις, ὅτι καὶ ὁμόφωνον εὑρήκει τινά, καὶ τοῦτον εἰδότα ὅστις ἦν ἐν Σκύθαις, καὶ ἤρετο »Σὺ δὲ πόθεν οἶσθα ἡμᾶς, ὦ ξένε;« »Καὶ αὐτός«, ἔφη, »ἐκεῖθέν εἰμι παρ᾽ ὑμῶν, Τόξαρις τοὔνομα, οὐ τῶν ἐπιφανῶν, ὥστε καὶ ἐγνῶσθαι ἄν σοι κατ᾽ αὐτό.« »Μῶν«, ἔφη, »σὺ ὁ Τόξαρις εἶ περὶ οὗ ἐγὼ ἤκουσα ὥς τις Τόξαρις ἔρωτι τῆς Ἑλλάδος ἀπολιπὼν καὶ γυναῖκα ἐν Σκυθίᾳ καὶ παιδία νεογνὰ οἴχοιτο ἐς Ἀθήνας καὶ νῦν διατρίβοι κεῖθι τιμώμενος ὑπὸ τῶν ἀρίστων;« »Ἐγώ«, ἔφη, »ἐκεῖνός εἰμι, εἴ τις κἀμοῦ λόγος ἔτι παρ᾽ ὑμῖν.« »Οὐκοῦν«, ἦ δ᾽ ὃς ὁ Ἀνάχαρσις, »μαθητήν σου ἴσθι με γεγενημένον καὶ ζηλωτὴν τοῦ ἔρωτος ὃν ἠράσθης, ἰδεῖν τὴν Ἑλλάδα. καὶ κατά γε τὴν ἐμπορίαν ταύτην ἀποδημήσας ἥκω σοι μυρία παθὼν ἐν τοῖς διὰ μέσου ἔθνεσιν, καὶ εἴ γε μὴ σοὶ ἐνέτυχον, ἔγνωστο ἤδη πρὶν ἥλιον δῦναι, ὀπίσω αὖθις ἐπὶ ναῦν κατιέναι· οὕτως ἐτεταράγμην ξένα καὶ ἄγνωστα πάντα ὁρῶν. ἀλλὰ πρὸς Ἀκινάκου καὶ Ζαμόλξιδος, τῶν πατρῴων ἡμῖν θεῶν, σύ με, ὦ Τόξαρι, παραλαβὼν ξενάγησον καὶ δεῖξον τὰ κάλλιστα τῶν Ἀθήνησιν, εἶτα καὶ τὰ ἐν τῇ ἄλλῃ Ἑλλάδι, νόμων τε τοὺς ἀρίστους καὶ ἀνδρῶν τοὺς βελτίστους καὶ ἤθη καὶ πανηγύρεις καὶ βίον αὐτῶν καὶ πολιτείαν, δι᾽ ἅπερ σύ τε κἀγὼ μετὰ σὲ

Kleidung, kein Haar am Körper, glattrasiert, ohne Gürtel, ohne Schwert, bereits redegewandt, kurz, einen Einheimischen Attikas? So stark hatte ihn die Zeit verändert.

(4) Doch Toxaris sprach ihn auf Skythisch an und sagte: »Du bist nicht etwa Anacharsis, der Sohn des Dauketos?« Da brach Anacharsis in Tränen aus, vor lauter Freude und Erleichterung darüber, endlich jemanden gefunden zu haben, der seine Sprache verstand und obendrein auch noch wusste, welchen Rang er bei den Skythen besaß, und fragte ihn: »Woher kennst du mich denn, Fremder?« »Auch ich«, antwortete der, »komme genau dorther, von wo du stammst! Mein Name ist Toxaris, aber ich gehöre nicht zu den Vornehmen, daher kannst du das nicht wissen.« »Bist du etwa«, sagte Anacharsis, »jener Toxaris, von dem ich gehört habe: Dass nämlich ein gewisser Toxaris aus Liebe zu Griechenland seine Frau und seine kleinen Kinder in Skythien zurückgelassen habe, fort nach Athen gesegelt sei und jetzt dort lebe, in hohem Ansehen bei den Besten?« »Der bin ich«, sagte er, »wenn es wahr ist, dass man bei euch noch von mir spricht.« »So wisse«, sagte darauf Anacharsis, »dass ich schon lange dein Schüler bin und dir in deiner Liebe nacheifere, nämlich Griechenland zu sehen. Deshalb habe ich auch diese Handelsreise unternommen, und jetzt bin ich da, nach tausenderlei Erlebnissen bei den Völkern zwischen Skythien und Griechenland, und wäre ich dir nicht begegnet, dann wäre ich jedenfalls, das hatte ich fest vor, noch vor Sonnenuntergang wieder aufs Schiff zurückgegangen, so sehr hatte es mich verstört, all das Fremde und Unbekannte zu sehen. Aber bei unserem Schwert Akinakes und bei Zamolxis, den Göttern unserer Heimat, du, Toxaris, musst mir erlauben, dich zu begleiten, und musst mir als mein Fremdenführer die Schönheiten Athens zeigen, und danach auch die im übrigen Griechenland, außerdem die besten Gesetze, die tauglichsten Männer, die Gebräuche, die Feste, ihre Lebensführung und ihr Staatswesen, all das, um dessentwillen du und ich nach dir

τοσαύτην ὁδὸν ἥκομεν, καὶ μὴ περιίδῃς ἀθέατον αὐτῶν ἀναστρέψοντα.«

[5] »Τοῦτο μέν«, ἔφη ὁ Τόξαρις, »ἥκιστα ἐρωτικὸν εἴρηκας, ἐπὶ τὰς θύρας αὐτὰς ἐλθόντα οἴχεσθαι ἀπιόντα. πλὴν ἀλλὰ θάρρει. οὐ γὰρ ἄν, ὡς φής, ἀπέλθοις οὐδ᾽ ἂν ἀφείη σε ῥᾳδίως ἡ πόλις· οὐχ οὕτως ὀλίγα τὰ θέλγητρα ἔχει πρὸς τοὺς ξένους, ἀλλὰ μάλα ἐπιλήψεταί σου, ὡς μήτε γυναικὸς ἔτι μήτε παίδων, εἴ σοι ἤδη εἰσί, μεμνῆσθαι. ὡς δ᾽ ἂν τάχιστα πᾶσαν ἴδοις τὴν πόλιν τὴν ⟨τῶν⟩ Ἀθηναίων, μᾶλλον δὲ τὴν Ἑλλάδα ὅλην καὶ τὰ Ἑλλήνων καλά, ἐγὼ ὑποθήσομαί σοι. ἔστι σοφὸς ἀνὴρ ἐνταῦθα, ἐπιχώριος μέν, ἀποδημήσας δὲ μάλα πολλὰ ἔς τε Ἀσίαν καὶ ἐς Αἴγυπτον καὶ τοῖς ἀρίστοις τῶν ἀνθρώπων συγγενόμενος, τὰ ἄλλα οὐ τῶν πλουσίων, ἀλλὰ καὶ κομιδῇ πένης. ὄψει γέροντα οὕτω δημοτικῶς ἐσταλμένον. πλὴν διά γε τὴν σοφίαν καὶ τὴν ἄλλην ἀρετὴν πάνυ τιμῶσιν αὐτόν, ὥστε καὶ νομοθέτῃ χρῶνται πρὸς τὴν πολιτείαν καὶ ἀξιοῦσι κατὰ τὰ ἐκείνου προστάγματα βιοῦν. εἰ τοῦτον φίλον κτήσαιο καὶ μάθοις οἷος ἀνήρ ἐστι, πᾶσαν νόμιζε τὴν Ἑλλάδα ἐν αὐτῷ ἔχειν καὶ τὸ κεφάλαιον ἤδη ἂν εἰδέναι τῶν τῇδε ἀγαθῶν· ὡς οὐκ ἔστιν ὅ τι μεῖζόν σοι καλὸν χαρίσασθαι δυναίμην ἢ συστήσας ἐκείνῳ.«

[6] »Μὴ τοίνυν μέλλωμεν«, ἔφη, »ὦ Τόξαρι,« ὁ Ἀνάχαρσις, »ἀλλά με λαβὼν ἄγε παρ᾽ αὐτόν. ἀτὰρ ἐκεῖνο δέδια, μὴ δυσπρόσοδος καὶ ἐν παρέργῳ θῆταί σου τὴν ἔντευξιν τὴν ὑπὲρ ἡμῶν.« »Εὐφήμει«, ἦ δ᾽ ὅς, »ἐκείνῳ τὰ μέγιστα χαριεῖσθαί μοι δοκῶ ἀφορμὴν παρασχὼν τῆς ἐς ξένον ἄνδρα εὐποιίας. ἕπου μόνον· εἴσῃ γὰρ ὅση πρὸς τὸν Ξένιον ἡ

diesen langen Weg unternommen haben, und bitte, lass nicht zu, dass ich heimkehren muss, ohne dies gesehen zu haben.«

(5) »Das«, sagte Toxaris, »wäre nun wirklich ein für einen Liebhaber höchst untypisches Verhalten, gerade an der Tür angekommen schon wieder wegzulaufen! Nein, Kopf hoch! Es dürfte kaum dazu kommen, dass du, wie du sagst, abreist, und die Stadt wird dich wohl auch nicht so leicht loslassen. So wenige Attraktionen bietet sie Fremden nicht, vielmehr wird sie dich so völlig gefangen nehmen, dass du an deine Frau oder an deine Kinder, wenn du schon welche hast, nicht mehr denken wirst. So schnell wie möglich sollst du die ganze Stadt der Athener sehen, ja mehr noch, ganz Griechenland und alle Schönheiten der Griechen, und ich werde dich dabei unterstützen. Hier lebt ein kluger Mann, zwar ein Einheimischer, aber weitgereist, bis nach Asien und Ägypten, und mit den besten Leuten der ganzen Welt bekannt, im Übrigen aber keineswegs reich, nein, sogar völlig mittellos – du wirst einen Greis sehen, gekleidet wie ein Mann aus dem Volk. Doch verehren sie ihn sehr für seine Klugheit und seine sonstigen Qualitäten, so sehr, dass sie ihn beim Entwurf ihrer Verfassung als Gesetzgeber heranziehen und es für richtig halten, ihre Lebensführung an seinen Anweisungen auszurichten. Gewinnst du ihn zum Freund und merkst du erst einmal, was für ein Mann er ist, dann sei überzeugt, in seiner Person ganz Griechenland zu besitzen und gewissermaßen schon die Quintessenz alles Guten hier zu kennen. Ich könnte dir daher keinen größeren Gefallen tun, als dich mit ihm in Verbindung zu bringen.«

(6) »Worauf warten wir dann noch, Toxaris«, sagte Anacharsis, »los, bring mich zu ihm! Ich fürchte nur, er ist vielleicht wenig zugänglich und hält deinen Versuch, mich mit ihm bekannt zu machen, nicht für wichtig.« »Da kannst du ganz beruhigt sein«, sagte er, »ich bin sicher, ich könnte ihm keine größere Freude machen, als ihm die Gelegenheit zu verschaffen, einem Fremden gefällig zu sein. Komm nur mit! Du wirst erfahren, wie groß seine Ehrfurcht vor dem Zeus des Gastrechts und sein sonstiger Anstand

αἰδὼς καὶ ἡ ἄλλη ἐπιείκεια καὶ χρηστότης. μᾶλλον δὲ κατὰ δαίμονα οὗτος αὐτὸς ἡμῖν πρόσεισιν, ὁ ἐπὶ συννοίας, ὁ λαλῶν ἑαυτῷ.« καὶ ἅμα προσειπὼν τὸν Σόλωνα »Τοῦτό σοι«, ἔφη, »δῶρον μέγιστον ἥκω ἄγων, ξένον ἄνδρα φιλίας δεόμενον. [7] Σκύθης δέ ἐστι τῶν παρ' ἡμῖν εὐπατριδῶν, καὶ ὅμως τἀκεῖ πάντα ἀφεὶς ἥκει συνεσόμενος ὑμῖν καὶ τὰ κάλλιστα ὀψόμενος τῆς Ἑλλάδος, κἀγὼ ἐπίτομόν τινα ταύτην ἐξεῦρον αὐτῷ, ὅπως ῥᾷστα καὶ αὐτὸς μάθοι πάντα καὶ γνώριμος γένοιτο τοῖς ἀρίστοις· τοῦτο δ' ἦν σοὶ προσαγαγεῖν αὐτόν. εἰ τοίνυν ἐγὼ Σόλωνα οἶδα, οὕτω ποιήσεις καὶ προξενήσεις αὐτοῦ καὶ πολίτην γνήσιον ἀποφανεῖς τῆς Ἑλλάδος. καὶ ὅπερ σοι ἔφην μικρὸν ἔμπροσθεν, ὦ Ἀνάχαρσι, πάντα ἑώρακας ἤδη Σόλωνα ἰδών· τοῦτο αἱ Ἀθῆναι, τοῦτο ἡ Ἑλλάς· οὐκέτι ξένος σύ γε, πάντες σε ἴσασι, πάντες σε φιλοῦσι. τηλικοῦτόν ἐστι τὸ κατὰ τὸν πρεσβύτην τοῦτον. ἁπάντων ἐπιλήσῃ τῶν ἐν Σκυθίᾳ συνὼν αὐτῷ. ἔχεις τῆς ἀποδημίας τὰ ἆθλα, τοῦ ἔρωτος τὸ τέλος. οὗτός σοι ὁ Ἑλληνικὸς κανών, τοῦτο δεῖγμα τῆς φιλοσοφίας τῆς Ἀττικῆς. οὕτω τοίνυν γίγνωσκε ὡς εὐδαιμονέστατος ὤν, ὃς συνέσῃ Σόλωνι καὶ φίλῳ χρήσῃ αὐτῷ.«

[8] Μακρὸν ἂν εἴη διηγήσασθαι, ὅπως μὲν ἥσθη ὁ Σόλων τῷ δώρῳ, οἷα δὲ εἶπεν, ὡς δὲ τὸ λοιπὸν συνῆσαν, ὁ μὲν παιδεύων καὶ διδάσκων τὰ κάλλιστα, ὁ Σόλων, καὶ φίλον ἅπασι ποιῶν τὸν Ἀνάχαρσιν καὶ προσάγων τοῖς Ἑλλήνων καλοῖς καὶ πάντα τρόπον ἐπιμελούμενος, ὅπως ἥδιστα διατρίψῃ ἐν τῇ Ἑλλάδι, ὁ δὲ τεθηπὼς τὴν σοφίαν αὐτοῦ καὶ μηδὲ τὸν ἕτερον πόδα ἑκὼν εἶναι ἀπολειπόμενος. ὡς γοῦν ὑπέσχετο αὐτῷ ὁ Τόξαρις, ἐξ ἑνὸς ἀνδρὸς τοῦ Σόλωνος ἅπαντα ἔγνω ἐν ἀκαρεῖ καὶ πᾶσιν ἦν γνώριμος καὶ ἐτιμᾶτο δι' ἐκεῖνον. οὐ γὰρ μικρὸν ἦν Σόλων

und seine Güte sind. Aber was rede ich – da kommt er uns ja wie vom Himmel gesandt selbst entgegen, der da, der ganz in Gedanken ist und mit sich selbst redet!« Und damit wandte er sich schon an Solon.[7] »Ich bringe dir hier«, sagte er, »ein wirklich großes Geschenk: einen Fremden, der deiner Freundschaft bedarf. **(7)** Er ist Skythe und einer von unseren Adligen, und dennoch hat er alles dort zurückgelassen, um sich in eure Gesellschaft zu begeben und zu sehen, was in Griechenland am schönsten ist. Und ich habe mir für ihn dies hier gewissermaßen als Abkürzung ausgedacht, damit auch er alles möglichst leicht kennenlernt und mit unserer Aristokratie bekannt wird: nämlich ihn zu dir zu bringen. Wenn ich mich in Solon nicht täusche, wirst du genau das tun: ihm als Konsul behilflich sein und ihn zu einem echten Bürger Griechenlands machen. Und wie ich dir eben schon sagte, Anacharsis: Hast du Solon gesehen, hast du alles gesehen! Das ist Athen, das ist Griechenland! Du bist kein Fremder mehr, alle kennen dich, alle schätzen dich. So geht das mit diesem Alten! Bist du mit ihm zusammen, wirst du alles in Skythien vergessen. Hier hast du den Lohn deiner Reise, das Ziel deines Verlangens.[8] Er sei dein Maßstab für alles Griechische, er das lebende Exempel attischen Philosophierens. Mach dir klar, dass deine Verbindung mit Solon und seine Freundschaft größtes Glück für dich bedeuten!«

(8) Es würde zu viel Zeit benötigen, zu berichten, wie groß Solons Freude über das Geschenk war, was er sagte, wie sie in Zukunft miteinander verkehrten, er, Solon, als Erzieher und Lehrer der schönsten Dinge, der Anacharsis die Freundschaft aller vermittelte, ihn mit der griechischen Noblesse bekannt machte und auf jede Weise dafür sorgte, dass sein Aufenthalt in Griechenland so angenehm wie möglich verlief, und er, der Solons Klugheit bestaunte und ihn, soweit es nach ihm ging, keine Sekunde aus den Augen ließ. Jedenfalls trat ein, was Toxaris ihm versprochen hatte: Im Handumdrehen kannte er alles, war er allen bekannt und wurde er Solons wegen von allen geehrt. Denn es war keine Kleinigkeit, wenn Solon

ἐπαινῶν, ἀλλ’ οἱ ἄνθρωποι καὶ τοῦτο ὡς νομοθέτῃ ἐπείθοντο· ἐφίλουν οὓς ἐκεῖνος δοκιμάζοι καὶ ἐπίστευον ἀρίστους ἄνδρας εἶναι. τὰ τελευταῖα καὶ ἐμυήθη μόνος βαρβάρων Ἀνάχαρσις, δημοποίητος γενόμενος, εἰ χρὴ Θεοξένῳ πιστεύειν καὶ τοῦτο ἱστοροῦντι περὶ αὐτοῦ· καὶ οὐκ ἂν οὐδὲ ἀνέστρεψεν οἶμαι ἐς Σκύθας, εἰ μὴ Σόλων ἀπέθανεν.

[9] Βούλεσθε οὖν ἐπάγω ἤδη τῷ μύθῳ τὸ τέλος, ὡς μὴ ἀκέφαλος περινοστοίη; ὥρα γοῦν εἰδέναι οὗτινός μοι ἕνεκα ὁ Ἀνάχαρσις ἐκ Σκυθίας καὶ Τόξαρις τὰ νῦν ἐς Μακεδονίαν ἥκετον ἔτι καὶ Σόλωνα γέροντα ἄνδρα ἐπαγομένω Ἀθήνηθεν. φημὶ δὴ ὅμοιόν τι καὶ αὐτὸς παθεῖν τῷ Ἀναχάρσιδι – καὶ πρὸς Χαρίτων μὴ νεμεσήσητέ μοι τῆς εἰκόνος, εἰ βασιλικῷ ἀνδρὶ ἐμαυτὸν εἴκασα· βάρβαρος μὲν γὰρ κἀκεῖνος καὶ οὐδέν τι φαίης ἂν τοὺς Σύρους ἡμᾶς φαυλοτέρους εἶναι τῶν Σκυθῶν. ἀτὰρ οὐδὲ κατὰ τὸ βασιλικὸν εἰσποιῶ τἀμὰ ἐς τὴν ὁμοιότητα, κατ’ ἐκεῖνα δέ. ὅτε γὰρ πρῶτον ἐπεδήμησα ὑμῶν τῇ πόλει, ἐξεπλάγην μὲν εὐθὺς ἰδὼν τὸ μέγεθος καὶ τὸ κάλλος καὶ τῶν ἐμπολιτευομένων τὸ πλῆθος καὶ τὴν ἄλλην δύναμιν καὶ λαμπρότητα πᾶσαν. ὥστε ἐπὶ πολὺ ἐτεθήπειν πρὸς ταῦτα καὶ οὐκ ἐξήρκουν τῷ θαύματι, οἷόν τι καὶ ὁ νησιώτης ἐκεῖνος νεανίσκος ἐπεπόνθει πρὸς τὴν τοῦ Μενελάου οἰκίαν. καὶ ἔμελλον οὕτω διατεθήσεσθαι τὴν γνώμην ἰδὼν πόλιν ἀκμάζουσαν ἀκμῇ τοσαύτῃ καὶ κατὰ τὸν ποιητὴν ἐκεῖνον

> ἀνθεῦσαν ἀγαθοῖς πᾶσιν οἷς θάλλει πόλις.

[10] Οὕτω δὴ ἔχων ἐσκοπούμην ἤδη περὶ τῶν πρακτέων, καὶ τὸ μὲν δεῖξαι τῶν λόγων ὑμῖν πάλαι ἐδέδοκτο. τίσι γὰρ ἂν ἄλλοις ἔδειξα σιωπῇ παροδεύσας τηλικαύτην πόλιν; ἐζήτουν γάρ, οὐδὲ ἀποκρύψομαι

jemanden lobte, sondern die Leute folgten ihm auch darin wie einem Gesetzgeber. Sie schätzten, wen er billigte, und hielten ihn für über jeden Verdacht erhaben. Zu guter Letzt erfuhr Anacharsis sogar, nachdem ihm der Bürgerstatus verliehen worden war, als einziger unter allen Barbaren die Einweihung,[9] wenn man Theoxenos und seinem Forschungsbericht über ihn glauben darf. Und meiner Meinung nach wäre er auch nicht zu den Skythen zurückgekehrt, wenn Solon nicht gestorben wäre.

(9) Soll ich nun auch das Ende vom Lied berichten, damit meine Geschichte nicht sozusagen kopflos umherwandert? Dann ist der Zeitpunkt gekommen, zu erfahren, weswegen ich Anarcharsis und Toxaris jetzt aus Skythien nach Makedonien[10] kommen ließ, die auch noch den greisen Solon von Athen im Schlepptau haben. Denn ich behaupte, dass es mir ganz ähnlich geht wie Anacharsis – und bei den Chariten, verübelt mir nicht, dass ich mich in meinem Bild mit einem königlichen Mann vergleiche! Auch er war ja ein Barbar, und es wird wohl keiner behaupten wollen, dass wir Syrer weniger wert seien als die Skythen. Überhaupt führe ich den Vergleich mit mir ja nicht in Bezug auf seine königliche Abkunft ein, sondern aus folgendem Grund: Als ich zum ersten Mal in eure Stadt kam, da war ich wie erschlagen beim Anblick der Größe, der Schönheit, der Menge der Bürger und überhaupt der Macht und der Pracht von allem. Daher starrte ich das alles geraume Zeit erstaunt an und kam mit dem Wundern gar nicht nach, ganz so, wie es jenem jungen Mann von der Insel in Menelaos' Palast erging.[11] Und ich hätte mich beinahe genauso gefühlt beim Anblick einer Stadt im vollen Staate und, wie es jener Dichter formuliert hat,

> blühend in der Pracht des Guten, das die Stadt ersprießen lässt.[12]

(10) In dieser Stimmung dachte ich schon damals darüber nach, was zu tun sei, und ich war längst fest entschlossen, euch meine Wortkunst vorzuführen. Wem anders hätte ich sie denn zeigen und dabei schweigend an einer solchen Stadt vorbeifahren sollen? Ich

τἀληθές, οἵτινες οἱ προὔχοντες εἶεν καὶ οἷς ἄν τις προσελθὼν καὶ ἐπιγραψάμενος προστάτας συναγωνισταῖς χρῷτο πρὸς τὰ ὅλα. ἐνταῦθά μοι οὐχ εἷς, ὥσπερ τῷ Ἀναχάρσιδι, καὶ οὗτος βάρβαρος, ὁ Τόξαρις, ἀλλὰ πολλοί, μᾶλλον δὲ πάντες τὰ αὐτὰ μόνον οὐ ταῖς αὐταῖς συλλαβαῖς ἔλεγον· »ὦ ξένε, πολλοὶ μὲν καὶ ἄλλοι χρηστοὶ καὶ δεξιοὶ ἀνὰ τὴν πόλιν, καὶ οὐκ ἂν ἀλλαχόθι τοσούτους εὕροις ἄνδρας ἀγαθούς, δύο δὲ μάλιστά ἐστον ἡμῖν ἄνδρε ἀρίστω, γένει μὲν καὶ ἀξιώματι πολὺ προὔχοντε ἁπάντων, παιδείᾳ δὲ καὶ λόγων δυνάμει τῇ Ἀττικῇ δεκάδι παραβάλλοις ἄν. ἡ δὲ παρὰ τοῦ δήμου εὔνοια πάνυ ἐρωτικὴ πρὸς αὐτούς, καὶ τουτὶ γίγνεται, ὅ τι ἂν οὗτοι ἐθέλωσιν. ἐθέλουσι γὰρ ὅ τι ἂν ἄριστον ᾖ τῇ πόλει. τὴν μὲν γὰρ χρηστότητα καὶ τὴν πρὸς τοὺς ξένους φιλανθρωπίαν καὶ τὸ ἐν μεγέθει τοσούτῳ ἀνεπίφθονον καὶ τὸ μετ' εὐνοίας αἰδέσιμον καὶ τὸ πρᾷον καὶ τὸ εὐπρόσοδον αὐτὸς ἂν ἄλλοις διηγήσαιο πειραθεὶς μικρὸν ὕστερον.

[11] Καὶ ὡς μᾶλλον θαυμάσῃς, μιᾶς καὶ τῆς αὐτῆς οἰκίας ἐστόν, υἱὸς καὶ πατήρ, ὁ μέν, εἴ τινα Σόλωνα ἢ Περικλέα ἢ Ἀριστείδην ἐπινοεῖς, ὁ δὲ υἱὸς καὶ ὀφθεὶς μὲν αὐτίκα ἐπάξεταί σε, οὕτω μέγας ἐστὶ καὶ καλὸς ἀρρενωπήν τινα τὴν εὐμορφίαν· εἰ δὲ καὶ φθέγξαιτο μόνον, οἰχήσεταί ⟨σε⟩ ἀπὸ τῶν ὤτων ἀναδησάμενος, τοσαύτην Ἀφροδίτην ἐπὶ τῇ γλώττῃ ὁ νεανίσκος ἔχει. ἥ γέ τοι πόλις ἅπασα κεχηνότες αὐτοῦ ἀκούουσιν, ὁπόταν δημηγορήσων παρέλθῃ, ὁποῖόν φασι τοὺς τότε Ἀθηναίους πρὸς τὸν τοῦ Κλεινίου πεπονθέναι, παρ' ὅσον τοῖς μὲν οὐκ εἰς μακρὰν μετεμέλησε τοῦ ἔρωτος, ὃν ἠράσθησαν τοῦ Ἀλκιβιάδου, τοῦτον δὲ ἡ πόλις οὐ φιλεῖ μόνον, ἀλλὰ καὶ αἰδεῖσθαι ἤδη ἀξιοῖ, καὶ ὅλως ἓν τοῦτο ἡμῖν δημόσιον ἀγαθόν ἐστιν καὶ μέγα ὄφελος ἅπασιν, ἁνὴρ οὗτος. εἰ δὴ

war – um euch die Wahrheit nicht zu verhehlen – auf der Suche nach denen, die hier das Sagen haben, die man angehen und offiziell als Patrone benennen und mit deren genereller Unterstützung man rechnen könnte. Da sagte mir nicht bloß einer, wie dem Anacharsis, und dazu noch ein Barbar, wie Toxaris, sondern viele, ja alle, gerade dass sie nicht dieselben Worte dazu gebrauchten: »Fremder, in dieser Stadt gibt es zwar allgemein viele rechtschaffene und kluge Leute, und du wirst wohl nirgends sonst so viele gute Männer finden, aber es sind doch vor allem zwei, die bei uns als die besten gelten können, an Familie und Position weit über allen, und an Bildung und Wortgewalt könntest du sie mit den zehn Attikern vergleichen.[13] Das Wohlwollen des Volkes ihnen gegenüber grenzt an die Zuneigung von Liebenden, und was immer sie wollen, genau das geschieht. Denn sie wollen stets das Beste für die Stadt. Ihre Rechtschaffenheit und ihre Menschenfreundlichkeit gegenüber Fremden, die Tatsache, dass sie bei einer solchen Machtfülle weder auf Neid noch auf Missgunst treffen, ihr respektvolles Wohlwollen, ihre Milde und Zugänglichkeit: Davon magst du selbst anderen berichten, wenn du sie erst erprobt hast. **(11)** Ja, und nun wundere dich ruhig noch mehr: Sie kommen aus ein und demselben Haus, Sohn und Vater. Der eine – stell dir einen Solon, einen Perikles, einen Aristides vor![14] Der andere, der Sohn, wird dich, schon wenn du ihn nur siehst, gleich faszinieren, so groß und schön ist er, ein gutaussehender Mann; tut er aber nur den Mund auf, so hat er dich im Nullkommanichts an den Ohren gepackt – der Bursche trägt ein gerüttelt Maß Aphrodite auf der Zunge.[15] Die ganze Stadt lauscht ihm mit offenem Mund, wenn er die Rednertribüne betritt, um eine Rede zu halten, so, wie es angeblich den Athenern damals mit dem Sohn des Kleinias gegangen ist, einmal davon abgesehen, dass sie ihre Liebe zu Alkibiades schon bald bereuen mussten.[16] Ihn hier hingegen liebt die Stadt nicht nur, sondern sie würdigt ihn auch ihrer Verehrung, und überhaupt ist er unser einzig wahres Gemeinwohl und Gemeinnutz: dieser Mann. Sollten daher er selbst und

αὐτός τε καὶ ὁ πατὴρ αὐτοῦ δέξαιντό σε καὶ φιλοποιήσαιντο, πᾶσαν ἔχεις τὴν πόλιν, καὶ ἐπισεῖσαι χρὴ τὴν χεῖρα, τοῦτο μόνον, καὶ οὐκέτ' ἐνδοιάσιμα τὰ σά.« ταῦτα νὴ τὸν Δί' ἅπαντες ἔλεγον (εἰ χρὴ καὶ ὅρκον ἐπάγειν τῷ λόγῳ), καί μοι ἤδη πειρωμένῳ τὸ πολλοστὸν τῶν προσόντων εἰρηκέναι ἔδοξαν. »οὐχ ἕδρας τοίνυν οὐδ' ἀμβολᾶς ἔργον«, ὡς ὁ Κεῖός φησιν, ἀλλὰ χρὴ πάντα μὲν κάλων κινεῖν, πάντα δὲ πράττειν καὶ λέγειν, ὡς φίλοι ἡμῖν τοιοῦτοι γένοιντο· ἢν γὰρ τοῦτο ὑπάρξῃ, εὔδια πάντα καὶ πλοῦς οὔριος καὶ λειοκύμων ἡ θάλαττα καὶ ὁ λιμὴν πλησίον.

sein Vater dich akzeptieren und zu ihrem Freund machen, dann hast du damit auch gleich die ganze Stadt, und auf einen Wink von dir, einen bloßen Wink, sind alle deine Angelegenheiten geregelt.«

Das sagten sie alle – bei Zeus, wenn ich denn meinen Bericht noch beeiden soll –, und als ich dann einen Versuch wagen konnte, durfte ich feststellen, dass sie nur einen Bruchteil ihrer Eigenschaften erwähnt hatten. »Jetzt kein Zaudern, jetzt kein Zögern!«, wie der Keier sagt,[17] nein, an jedem Tau muss man ziehen, alles muss man tun und sagen, um solche Freunde zu gewinnen. Denn wenn das gelingt, dann ist alles eitel Sonnenschein, volle Segel, glatte See, und ein Hafen in Sichtweite.[18]

ΑΡΜΟΝΙΔΗΣ

[1] Ἁρμονίδης ὁ αὐλητὴς ἤρετό ποτε Τιμόθεον διδάσκαλον αὐτοῦ ὄντα »Εἰπέ μοι«, ἔφη, »ὦ Τιμόθεε, πῶς ἂν ἔνδοξος γενοίμην ἐπὶ τῇ τέχνῃ; καὶ τί ποιοῦντα εἴσονταί με οἱ Ἕλληνες ἅπαντες; τὰ μὲν γὰρ ἄλλα εὖ ποιῶν ἐδιδάξω με ἤδη, ἁρμόσασθαι τὸν αὐλὸν ἐς τὸ ἀκριβὲς καὶ ἐμπνεῖν ἐς τὴν γλωσσίδα λεπτόν τι καὶ ἐμμελὲς καὶ ὑποβάλλειν τοὺς δακτύλους εὐαφῶς ὑπὸ πυκνῇ τῇ ἄρσει καὶ θέσει καὶ βαίνειν ἐν ῥυθμῷ καὶ σύμφωνα εἶναι τὰ μέλη πρὸς τὸν χορὸν καὶ τῆς ἁρμονίας ἑκάστης διαφυλάττειν τὸ ἴδιον, τῆς Φρυγίου τὸ ἔνθεον, τῆς Λυδίου τὸ Βακχικόν, τῆς Δωρίου τὸ σεμνόν, τῆς Ἰωνικῆς τὸ γλαφυρόν. ταῦτα μὲν οὖν πάντα ἐκμεμάθηκα παρὰ σοῦ· τὰ μέγιστα δὲ καὶ ὧν ἕνεκα ἐπεθύμησα τῆς αὐλητικῆς, οὐχ ὁρῶ πῶς ἂν ἀπ᾽ αὐτῆς μοι προσγένοιτο, ἡ δόξα ἡ παρὰ τῶν πολλῶν καὶ τὸ ἐπίσημον εἶναι ἐν πλήθεσι καὶ δείκνυσθαι τῷ δακτύλῳ, καὶ ἤν που φανῶ, εὐθὺς ἐπιστρέφεσθαι πάντας εἰς ἐμὲ καὶ λέγειν τοὔνομα, ›οὗτος Ἁρμονίδης ἐκεῖνός ἐστιν ὁ ἄριστος αὐλητής,‹ ὥσπερ ὅτε καὶ σύ, ὦ Τιμόθεε, τὸ πρῶτον ἐλθὼν οἴκοθεν ἐκ Βοιωτίας ἐπηύλησας τῇ Πανδιονίδι καὶ ἐνίκησας ἐν τῷ Αἴαντι τῷ ἐμμανεῖ, τοῦ ὁμωνύμου σοι ποιήσαντος τὸ μέλος, οὐδεὶς ἦν ὃς ἠγνόει τοὔνομα, Τιμόθεον ἐκ Θηβῶν. ἀλλ᾽ ἔνθα ἂν καὶ νῦν φανῇς, συνθέουσιν ἐπὶ σὲ πάντες ὥσπερ ἐπὶ τὴν γλαῦκα τὰ ὄρνεα. ταῦτ᾽ ἐστὶν δι᾽ ἅπερ ηὐξάμην αὐλητὴς γενέσθαι καὶ ὑπὲρ ὧν πεπόνηκα τὸν πόνον τὸν πολύν· ἐπεὶ τό γε αὐλεῖν αὐτὸ ἄνευ τοῦ ἔνδοξον εἶναι δι᾽ αὐτὸ οὐκ ἂν δεξαίμην ἀγνώστῳ μοι προσγενόμενον, οὐδ᾽ εἰ Μαρσύας ἢ Ὄλυμπος γενήσεσθαι μέλλοιμι λανθάνων. οὐδὲν γὰρ ὄφελος ἀπορρήτου, φασί, καὶ ἀφανοῦς τῆς μουσικῆς. ἀλλὰ σύ«, ἔφη, »καὶ ταῦτα παίδευσόν με, ὅπως μοι

HARMONIDES

(1) Der Aulet Harmonides fragte einmal seinen Lehrer Timotheos: »Sag mir, Timotheos, wie kann ich mit meiner Kunst wohl berühmt werden? Und was muss ich tun, damit alle Griechen mich kennen? Denn alles Übrige hast du mich ja dankenswerterweise schon gelehrt: den Aulos präzise zu stimmen, sanft und melodiös in das Mundstück zu blasen, die Finger sauber und im Takt aufzusetzen, im Rhythmus der Musik einherzuschreiten, die Melodie mit dem Chorgesang in Einklang zu bringen und das Eigentümliche jeder Tonart zu bewahren, das Enthusiastische der phrygischen, das Ekstatische der lydischen, die Würde der dorischen, die Geschmeidigkeit der ionischen. Das alles habe ich bereits von dir gelernt; aber das wichtigste, das, weswegen ich unbedingt den Aulos spielen können wollte, also, wie ich das mithilfe der Kunst erreichen soll, kann ich nicht sehen: die Anerkennung der Menge, im Gedränge erkannt zu werden, dass man mit dem Finger auf mich zeigt, dass sich, wenn ich irgendwo auftauche, alles sofort nach mir umdreht und meinen Namen sagt: »Das ist doch Harmonides, der Aulos-Star!« Genau wie es damals, als du, Timotheos, zum ersten Mal aus deiner Heimat Böotien kamst, die ›Pandionis‹[1] begleitetest und im ›Rasenden Aias‹ siegtest – die Musik hatte dein Namensvetter für dich komponiert[2] –, niemanden gab, der deinen Namen nicht gekannt hätte: Timotheos aus Theben. Aber auch heutzutage, wo auch immer du dich sehen lässt, strömt gleich alles zu dir wie die Vögel zur Eule.[3] Das ist es, weswegen ich unbedingt Aulos-Spieler werden wollte und wofür ich mir die ganze Plackerei aufgebürdet habe. Das Aulos-Spielen allein, ohne Ruhm, nur für sich, das wollte ich, bliebe ich unbekannt, nicht einmal geschenkt haben, und könnte ich auch, im Verborgenen, ein Marsyas oder ein Olympos werden.[4] Denn eine Musik, von der man nicht spricht und von der man nichts mitbekommt, ist ohne Wert, wie man sagt.[5] Nein, du«, sagte er, »musst mir auch beibringen, wie ich aus mir und meiner

χρηστέον κἀμαυτῷ καὶ τῇ τέχνῃ, καί σοι διττὴν εἴσομαι τὴν χάριν, καὶ ἐπὶ τῇ αὐλήσει καί, τὸ μέγιστον, ἐπὶ τῇ δόξῃ αὐτῆς.«

[2] Ἀποκρίνεται οὖν αὐτῷ ὁ Τιμόθεος »Ἀλλ᾽, ὦ Ἁρμονίδη, ἐρᾷς μέν«, ἔφη, »εὖ ἴσθι, οὐ μικροῦ πράγματος, ἐπαίνου καὶ δόξης καὶ ἐπίσημος εἶναι καὶ γιγνώσκεσθαι πρὸς τῶν πολλῶν, τοῦτο δὲ εἰ μὲν οὑτωσί πως ἐς τὰ πλήθη παριὼν ἐπιδεικνύμενος ἐθέλοις πορίζεσθαι, μακρὸν ἂν γένοιτο, καὶ οὐδὲ οὕτως ἅπαντες εἴσονταί σε. ποῦ γὰρ ἂν εὑρεθείη ἢ θέατρον ἢ στάδιον οὕτω μέγα, ἐν ᾧ πᾶσιν αὐλήσεις τοῖς Ἕλλησιν; ὡς δὲ ποιήσας γνωσθήσῃ αὐτοῖς καὶ ἐπὶ τὸ πέρας ἀφίξῃ τῆς εὐχῆς, ἐγὼ καὶ τοῦτο ὑποθήσομαί σοι· σὺ γὰρ αὔλει μὲν καὶ πρὸς τὰ θέατρα ἐνίοτε, ἀτὰρ ὀλίγον μελέτω σοι τῶν πολλῶν. ἡ δὲ ἐπίτομος καὶ ῥᾴστα ἐπὶ τὴν δόξαν ἄγουσα ἥδε ἐστίν. εἰ γὰρ ἐπιλεξάμενος τῶν ἐν τῇ Ἑλλάδι τοὺς ἀρίστους καὶ ὀλίγους αὐτῶν ὅσοι κορυφαῖοι καὶ ἀναμφιλόγως θαυμαστοὶ καὶ ἐπ᾽ ἀμφότερα πιστοί, εἰ τούτοις, φημί, ἐπιδείξαιο τὰ αὐλήματα καὶ οὗτοι ἐπαινέσονταί σε, ἅπασιν Ἕλλησι νόμιζε ἤδη γεγενῆσθαι γνώριμος ἐν οὕτω βραχεῖ. καὶ τὸ πρᾶγμα ὅρα πῶς συντίθημι· εἰ γὰρ οὓς ἅπαντες ἴσασι καὶ οὓς θαυμάζουσιν, οὗτοι δὲ εἴσονταί σε αὐλητὴν εὐδόκιμον ὄντα, τί σοι δεῖ τῶν πολλῶν, οἵ γε πάντως ἀκολουθήσουσι τοῖς ἄμεινον κρῖναι δυναμένοις; ὁ γάρ τοι πολὺς οὗτος λεώς, αὐτοὶ μὲν ἀγνοοῦσι τὰ βελτίω, βάναυσοι ὄντες οἱ πολλοὶ αὐτῶν, ὅντινα δ᾽ ἂν οἱ προὔχοντες ἐπαινέσωσι, πιστεύουσι μὴ ἂν ἀλόγως ἐπαινεθῆναι τοῦτον· ὥστε ἐπαινέσουσι καὶ αὐτοί. καὶ γὰρ οὖν καὶ ἐν τοῖς ἀγῶσιν οἱ μὲν πολλοὶ θεαταὶ ἴσασι κροτῆσαί ποτε καὶ συρίσαι, κρίνουσι δὲ ἑπτὰ ἢ πέντε ἢ ὅσοι δή.«

[3] Ταῦτα ὁ μὲν Ἁρμονίδης οὐκ ἔφθη ποιῆσαι. μεταξὺ γὰρ αὐλῶν,

Kunst Gewinn ziehen kann, und du wirst dir meinen doppelten Dank verdienen, sowohl für die Aulos-Kunst als auch, vor allem, für den aus ihr resultierenden Ruhm.«

(2) Da antwortete ihm Timotheos: »Lieber Harmonides, da wünschst du dir aber gewiss keine Kleinigkeiten, Lob, Ruhm, Ansehen und einen hohen Bekanntheitsgrad, und wenn du dir das einfach so, nur dadurch, dass du vor der Menge deine Kunst zeigst, verschaffen wolltest, würde das lange dauern, und auch dann werden dich nicht alle kennen. Denn wo wolltest du wohl ein Theater oder ein Stadion von der Größe finden, dass du darin vor allen Griechen mit deinem Aulos auftreten könntest? Was du aber tun musst, um bei ihnen bekannt zu werden und deinen Wunsch in Erfüllung gehen zu lassen, auch darin will ich dich unterstützen. Denn geh du nur ab und an in die Theater und spiele dort, aber kümmere dich nicht groß um die Menge! Der kürzeste und einfachste Weg zum Ruhm ist der folgende: Wenn du dir die besten Leute in Griechenland suchst und unter ihnen die wenigen, die als Meinungsmacher gelten, an deren Kultstatus und Glaubwürdigkeit in jeder Hinsicht kein Zweifel besteht – wenn du denen, sage ich, deine Aulos-Stücke vorträgst und sie dich loben, dann sei gewiss, dass du, in so kurzer Zeit, schon bei allen Griechen bekannt bist. Schau, wie ich die Sache verstehe! Wenn diejenigen, die alle kennen und bewundern, dich kennen und wissen, dass du ein famoser Aulos-Spieler bist, was brauchst du dann noch die Menge, die sich doch ohnehin in allem nach denen richtet, die mehr Ahnung haben? Denn die große Masse ist eben nun einmal so, sie haben selbst keine Vorstellung von Qualität, weil sie größtenteils Banausen sind, wen aber ihre Anführer loben, von dem glauben sie, dass er wohl kaum grundlos gelobt wird. Und so schließen sie sich ihrerseits dem Lob an. Bei Wettbewerben ist es ja nicht anders: Auch da kann die Mehrheit der Zuschauer gut klatschen und pfeifen, das eigentliche Urteil aber fällen sieben oder fünf oder wie viele auch immer.«

(3) Harmonides kam nicht mehr dazu, diesen Rat in die Tat um-

φασίν, ὅτε τὸ πρῶτον ἠγωνίζετο, φιλοτιμότερον ἐμφυσῶν ἐναπέπνευσε τῷ αὐλῷ καὶ ἀστεφάνωτος ἐν τῇ σκηνῇ ἀπέθανε τὸ αὐτὸ καὶ πρῶτον καὶ ὕστατον αὐλήσας ἐν τοῖς Διονυσίοις.

Ὁ μέντοι τοῦ Τιμοθέου λόγος οὐκ αὐληταῖς οὐδὲ Ἁρμονίδῃ μόνον εἰρῆσθαί μοι δοκεῖ, ἀλλὰ πᾶσιν ὅσοι δόξης ὀρέγονται δημόσιόν τι ἐπιδεικνύμενοι, τοῦ παρὰ τῶν πολλῶν ἐπαίνου δεόμενοι. ἔγωγ' οὖν ὁπότε καὶ αὐτὸς ἐνενόουν τὰ ὅμοια περὶ τῶν ἐμαυτοῦ καὶ ἐζήτουν ὅπως ἂν τάχιστα γνωσθείην πᾶσιν, τῷ Τιμοθέου λόγῳ ἑπόμενος ἐσκοπούμην ὅστις ὁ ἄριστος εἴη τῶν ἐν τῇ πόλει καὶ ὅτῳ πιστεύσουσιν οἱ ἄλλοι καὶ ὃς ἀντὶ πάντων ἀρκέσειεν ἄν. οὕτω δὲ ἄρα σὺ ἔμελλες ἡμῖν φαίνεσθαι τῷ δικαίῳ λόγῳ, ὅ τι περ τὸ κεφάλαιον ἀρετῆς ἁπάσης, ὁ γνώμων, φασί, καὶ ὁ ὀρθὸς κανὼν τῶν τοιούτων. εἰ δέ σοι δείξαιμι τἀμὰ καὶ σὺ ἐπαινέσειας αὐτά – εἴη γὰρ οὕτω φανήσεσθαι –, καὶ δὴ ἐπὶ πέρας ἥκειν με τῆς ἐλπίδος ἐν μιᾷ ψήφῳ τὰς ἁπάσας λαβόντα. ἢ τίνα γὰρ ἂν πρὸ σοῦ ἑλόμενος οὐχὶ παραπαίειν ἂν δικαίως νομισθείην; ὥστε λόγῳ μὲν ἐφ' ἑνὸς ἀνδρὸς ἀναρρίψομεν τὸν κύβον, τὸ δ' ἀληθὲς ὥσπερ ἂν εἰ τοὺς ἁπανταχόθεν ἀνθρώπους συγκαλέσας ἐς κοινὸν θέατρον ἐπιδεικνύμην τοὺς λόγους. δῆλον γὰρ ὡς καθ' ἕνα τε καὶ συνάμα πάντων συνειλεγμένων μόνος αὐτὸς ἀμείνων ἂν ἦσθα. οἱ μέν γε τῶν Λακεδαιμονίων βασιλεῖς, τῶν ἄλλων ἑκάστου μίαν ψῆφον φερόντων, ἐκεῖνοι μόνοι ἑκάτερος αὐτῶν δύο ἔφερον, σὺ δὲ καὶ τὰς τῶν ἐφόρων καὶ τὰς τῶν γερόντων προσέτι, καὶ ὅλως ἁπάντων ὁ πολυψηφότατος ἐν παιδείᾳ σύ γε, καὶ μάλιστα ὅσῳ τὴν λευκὴν ἀεὶ καὶ σῴζουσαν φέρεις, ὃ καὶ θαρρεῖν

zusetzen. Man erzählt, dass er bei seinem ersten Wettbewerb allzu ehrgeizig in seinen Aulos blies und so mitten im Spiel sein Leben aushauchte und unbekränzt auf der Bühne verstarb. So hatte er gleichzeitig zum ersten und zum letzten Mal bei den Dionysien den Aulos gespielt.

Timotheos' Ausführungen indes scheinen mir nicht nur für Aulos-Spieler und auch nicht nur für Harmonides zu gelten, sondern für alle, die bei öffentlichen Auftritten nach Ruhm streben und auf das Lob der Menge aus sind. Ich jedenfalls, als ich ganz ähnliche Pläne für mich selbst schmiedete und einen Weg suchte, wie ich schnellstmöglich allen bekannt werden könnte, richtete mich nach Timotheos' Vorschlag und prüfte, wer von den Leuten in der Stadt der Beste sei, wem die anderen ihr Vertrauen schenken würden und wer mir wohl alle anderen ersetzen könnte. Bei wohlabgewogener Prüfung warst es nun du, der mir als Verkörperung aller Qualitäten erschien, als Richtschnur, wie man sagt, und gerader Maßstab für solche Angelegenheiten. Wenn ich dir meine Fähigkeiten vorführte und du sie lobtest – ach, käme es doch nur dazu! –, dann wäre ich schon am Ziel meiner Hoffnungen und hätte mit einem Schlag alle Voten für mich gewonnen. Wen sollte ich wohl auch an deiner Stelle wählen, ohne zu Recht für verrückt gehalten zu werden? So werde ich zwar dem Anschein nach all mein Glück auf eine Karte setzen, in Wahrheit aber wird es so sein, als holte ich von überall her Menschen in ein gemeinsames Theater und zeigte dort meine Redekunst. Es ist ja klar, dass du immer überlegen wärst, ob man die Leute nun einzeln oder alle gemeinsam an einem Ort vor sich hat. Bei den Spartanern war es so, dass, während von allen übrigen jeder nur einen Stimmstein einbrachte, die beiden Könige allein jeder zwei setzen konnten: Aber dir gebühren obendrein auch noch die Stimmsteine der Ephoren und die der Geronten, und überhaupt bist in Sachen der Bildung du derjenige mit den meisten Stimmsteinen von allen, umso mehr, als du in allen Fällen den weißen und rettenden Stein trägst, was auch mir in der aktuel-

με ἐν τῷ παρόντι ποιεῖ διά γε τὸ μέγεθος τοῦ τολμήματος καὶ πάνυ δικαίως ἂν φοβηθέντα. κἀκεῖνο δὲ νὴ Δία προσέτι καὶ αὐτὸ θαρρεῖν ποιεῖ, τὸ μὴ παντάπασιν ἀλλότρια τἀμὰ εἶναί σοι, ὃς πόλεώς γε ἐκείνης εἰμί, ἣν πολλάκις εὖ ἐποίησας, τὸ μὲν πρῶτον ἰδίᾳ, τὸ δὲ δεύτερον κοινῇ μετὰ παντὸς τοῦ ἔθνους. ὥστε ἤν που καὶ νῦν ἐμοὶ ἐς τὸ χεῖρον ῥέπωσιν αἱ ψῆφοι ἐν τῷ λόγῳ καὶ ἐλάττους ὦσιν αἱ ἀμείνους, σὺ δὲ τὴν τῆς Ἀθηνᾶς προστιθεὶς ἀναπλήρου τὸ ἐνδέον παρὰ σεαυτοῦ καὶ τὸ ἐπανόρθωμα οἰκεῖόν σοι δοκείτω.

[4] Καὶ γὰρ οὐδὲ ἐκεῖνό μοι ἱκανόν, εἰ πολλοὶ ἐθαύμασαν πρότερον, εἰ ἔνδοξος ἤδη ἐγώ, εἰ ἐπαινοῦνται πρὸς τῶν ἀκουσάντων οἱ λόγοι. πάντα ἐκεῖνα ὑπηνέμια ὀνείρατα, φασί, καὶ ἐπαίνων σκιαί. τὸ δ' ἀληθὲς ἐν τῷ παρόντι δειχθήσεται· οὗτος ἀκριβὴς ὅρος τῶν ἐμῶν, οὐδὲν ἀμφίδοξον ἔτι οὐδ' ὡς ἄν τις ἐνδοιάσειεν, ἀλλ' ἢ ἄριστον κατὰ παιδείαν δεήσει νομίζεσθαι, σοί γε δόξαντα, ἢ πάντων – εὐφημεῖν δὲ χρὴ πρὸς οὕτω μέγαν ἀγῶνα χωροῦντα. δόξαιμεν γάρ, ὦ θεοί, λόγου ἄξιοι καὶ βεβαιώσαιτε ἡμῖν τὸν παρὰ τῶν ἄλλων ἔπαινον, ὡς τὸ λοιπὸν θαρροῦντας ἐς τοὺς πολλοὺς παρεῖναι. πᾶν γὰρ ἤδη στάδιον ἧττον φοβερὸν τῷ Ὀλύμπια τὰ μεγάλα νενικηκότι.

len Situation Mut macht, der ich angesichts der Größe des Risikos mit gutem Grund Lampenfieber habe. Mut macht mir außerdem, bei Zeus, auch die Tatsache, dass dir meine Fähigkeiten nicht unvertraut sind, da ich ja aus jener Stadt komme, der du schon häufig Wohltaten erwiesen hast, beim ersten Mal privat, beim zweiten Mal öffentlich in Anwesenheit der ganzen Bevölkerung. Sollte daher auch jetzt sich bei meiner Rede die Waage zu meinen Ungunsten neigen und sollten die Stimmen zu meinen Gunsten in der Minderzahl sein, dann lege du den Stein der Athena dazu, fülle die Lücke mit deiner eigenen Person,[6] und der Erfolg soll dann der deine sein.

(4) Denn mir genügt es auch nicht, dass mich schon früher viele bewundert haben, dass ich schon berühmt bin, dass meine Reden auch jetzt schon von den Zuhörern gelobt werden. Das sind alles windige Träume, wie man so sagt, nur Schatten des Lobes. Nein, jetzt ist der Augenblick der Wahrheit gekommen! Dies hier ist die wahre Messlatte meiner Fähigkeiten, hier gibt es keine Unentschiedenheiten, auch keine Zweifel mehr, sondern es gilt, entweder für den Besten in Sachen Bildung gehalten zu werden, jedenfalls deiner Ansicht nach, oder von allen – nein, ich will es nicht beschreien, jetzt, wo ich in einen so gewaltigen Wettbewerb eintrete. Ich will, ihr Götter, der Zustimmung für würdig gehalten werden, und bitte, bekräftigt und bestätigt das mir schon gespendete Lob, damit ich in Zukunft voller Zuversicht vor die Menge trete. Denn auf den, der in Olympia gesiegt hat, wirkt jedes Stadion nur noch halb so bedrohlich.

ΜΕΛΕΤΑΙ

DEKLAMATIONEN

ΦΑΛΑΡΙΣ Α

[1] Ἔπεμψεν ἡμᾶς, ὦ Δελφοί, ὁ ἡμέτερος δυνάστης Φάλαρις ἄξοντας τῷ θεῷ τὸν ταῦρον τοῦτον καὶ ὑμῖν διαλεξομένους τὰ εἰκότα ὑπέρ τε αὐτοῦ ἐκείνου καὶ ὑπὲρ τοῦ ἀναθήματος. ὧν μὲν οὖν ἕνεκα ἥκομεν, ταῦτά ἐστιν· ἃ δέ γε πρὸς ὑμᾶς ἐπέστειλεν ⟨τάδε⟩·

»Ἐγώ«, φησίν, »ὦ Δελφοί, καὶ παρὰ πᾶσι μὲν τοῖς Ἕλλησι τοιοῦτος ὑπολαμβάνεσθαι ὁποῖός εἰμι, ἀλλὰ μὴ ὁποῖον ἡ παρὰ τῶν μισούντων καὶ φθονούντων φήμη ταῖς τῶν ἀγνοούντων ἀκοαῖς παραδέδωκεν, ἀντὶ τῶν πάντων ἀλλαξαίμην ἄν, μάλιστα δὲ παρ' ὑμῖν, ὅσῳ ἱεροί τέ ἐστε καὶ πάρεδροι τοῦ Πυθίου καὶ μόνον οὐ σύνοικοι καὶ ὁμωρόφιοι τοῦ θεοῦ. ἡγοῦμαι γάρ, εἰ ὑμῖν ἀπολογησαίμην καὶ πείσαιμι μάτην ὠμὸς ὑπειλῆφθαι, καὶ τοῖς ἄλλοις ἅπασι δι' ὑμῶν ἀπολελογημένος ἔσεσθαι. καλῶ δὲ ὧν ἐρῶ τὸν θεὸν αὐτὸν μάρτυρα, ὃν οὐκ ἔνι δή που παραλογίσασθαι καὶ ψευδεῖ λόγῳ παραγαγεῖν· ἀνθρώπους μὲν γὰρ ἴσως ἐξαπατῆσαι ῥᾴδιον, θεὸν δέ, καὶ μάλιστα τοῦτον, διαλαθεῖν ἀδύνατον.

[2] Ἐγὼ γὰρ οὐ τῶν ἀφανῶν ἐν Ἀκράγαντι ὤν, ἀλλ' εἰ καί τις ἄλλος εὖ γεγονὼς καὶ τραφεὶς ἐλευθερίως καὶ παιδείᾳ προσεσχηκώς, ἀεὶ διετέλουν τῇ μὲν πόλει δημοτικὸν ἐμαυτὸν παρέχων, τοῖς δὲ συμπολιτευομένοις ἐπιεικῆ καὶ μέτριον, βίαιον δὲ ἢ σκαιὸν ἢ ὑβριστικὸν ἢ αὐθέκαστον οὐδεὶς οὐδὲν ἐπεκάλει μου τῷ προτέρῳ ἐκείνῳ βίῳ. ἐπειδὴ δὲ ἑώρων τοὺς τἀναντία μοι πολιτευομένους ἐπιβουλεύοντας καὶ ἐξ ἅπαντος τρόπου ἀνελεῖν με ζητοῦντας – διῄρητο δὲ ἡμῶν τότε ἡ πόλις – μίαν ταύτην ἀποφυγὴν καὶ ἀσφάλειαν εὕρισκον, τὴν αὐτὴν ἅμα καὶ τῇ

PHALARIS I

(1) Uns hat, ihr Delpher, Phalaris,[1] unser Herr, geschickt, um dem Gott diesen Stier zu bringen und euch mitzuteilen, was ihr über ihn selbst und über das Weihgeschenk wissen solltet. Das ist der Grund unseres Hierseins. Was er uns für euch aufgetragen hat, ist folgendes:

»Ich, ihr Delpher,« lässt er euch sagen, »würde, um in der Meinung aller Griechen so dazustehen, wie ich bin, und nicht so, wie mich die üble Nachrede meiner Feinde und Neider den Ohren der Ahnungslosen präsentiert, alles geben, vor allem aber in eurer Meinung, seid ihr doch heilige Männer und Beisitzer des Pythiers, ja beinahe schon Hausgenossen und Mitbewohner des Gottes. Denn ich glaube, ich würde, wenn es mir gelänge, mich vor euch zu verteidigen und euch davon zu überzeugen, dass man mich ganz ohne Grund für einen Rohling hält, auch bei allen anderen bereits durch eure Vermittlung als unschuldig gelten. Für das, was ich sagen will, rufe ich den Gott selbst als Zeugen, den man wirklich nicht täuschen und mit Lügengerede überlisten kann. Es mag ja vielleicht einfach sein, einen Menschen zu betrügen: vor einem Gott aber, und insbesondere vor diesem, unentlarvt zu bleiben, ist unmöglich.

(2) Ich gehöre nicht zur Unterschicht von Akragas, sondern stamme aus guter Familie, wurde als freier Mann erzogen und bin der Bildung zugewandt wie sonst kaum einer. Und so war mein Verhalten der Stadt gegenüber stets das eines Bürgers, meinen Mitbürgern gegenüber das eines anständigen und maßvollen Mannes. Dass ich gewalttätig sei, ein grober Klotz, übergriffig, eigensinnig: Solche Vorwürfe hat in meinem früheren Leben nie jemand gegen mich erhoben. Als ich aber mitansehen musste, wie meine politischen Gegner mir nachstellten und mich auf jede erdenkliche Art zu beseitigen suchten – unsere Stadt zerfiel damals in zwei Lager –, da wusste ich mir nur dies als Zuflucht und sicheren

πόλει σωτηρίαν, εἰ ἐπιθέμενος τῇ ἀρχῇ ἐκείνους μὲν ἀναστείλαιμι καὶ παύσαιμι ἐπιβουλεύοντας, τὴν πόλιν δὲ σωφρονεῖν καταναγκάσαιμι· καὶ ἦσαν γὰρ οὐκ ὀλίγοι ταῦτα ἐπαινοῦντες, ἄνδρες μέτριοι καὶ φιλοπόλιδες, οἳ καὶ τὴν γνώμην ᾔδεσαν τὴν ἐμὴν καὶ τῆς ἐπιχειρήσεως τὴν ἀνάγκην· τούτοις ⟨οὖν⟩ συναγωνισταῖς χρησάμενος ῥᾳδίως ἐκράτησα.

[3] Τοὐντεῦθεν οἱ μὲν οὐκέτι ἐτάραττον, ἀλλ' ὑπήκουον, ἐγὼ δὲ ἦρχον, ἡ πόλις δὲ ἀστασίαστος ἦν. σφαγὰς δὲ ἢ ἐλάσεις ἢ δημεύσεις οὐδὲ κατὰ τῶν ἐπιβεβουλευκότων εἰργαζόμην, καίτοι ἀναγκαῖον ⟨ὂν⟩ τὰ τοιαῦτα τολμᾶν ἐν ἀρχῇ τῆς δυναστείας μάλιστα. φιλανθρωπίᾳ γὰρ καὶ πρᾳότητι καὶ τῷ ἡμέρῳ κἀξ ἰσοτιμίας θαυμασίως ἐγὼ ἤλπιζον ἐς τὸ πείθεσθαι προσάξεσθαι τούτους. εὐθὺς γοῦν τοῖς μὲν ἐχθροῖς ἐσπείσμην καὶ διηλλάγμην, καὶ συμβούλοις καὶ συνεστίοις ἐχρώμην τοῖς πλείστοις αὐτῶν. τὴν δὲ πόλιν αὐτὴν ὁρῶν ὀλιγωρίᾳ τῶν προεστώτων διεφθαρμένην, τῶν πολλῶν κλεπτόντων, μᾶλλον δὲ ἁρπαζόντων τὰ κοινά, ὑδάτων τε ἐπιρροίαις ἀνεκτησάμην καὶ οἰκοδομημάτων ἀναστάσεσιν ἐκόσμησα καὶ τειχῶν περιβολῇ ἐκράτυνα καὶ τὰς προσόδους, ὅσαι ἦσαν κοιναί, τῇ τῶν ἐφεστώτων ἐπιμελείᾳ ῥᾳδίως ἐπηύξησα καὶ τῆς νεολαίας ἐπεμελούμην καὶ τῶν γερόντων προὐνόουν καὶ τὸν δῆμον ἐν θέαις καὶ διανομαῖς καὶ πανηγύρεσι καὶ δημοθοινίαις διῆγον, ὕβρεις δὲ παρθένων ἢ ἐφήβων διαφθοραὶ ἢ γυναικῶν ἀπαγωγαὶ ἢ δορυφόρων ἐπιπέμψεις ἢ δεσποτική τις ἀπειλὴ ἀποτρόπαιά μοι καὶ ἀκοῦσαι ἦν. **[4]** ἤδη δὲ καὶ περὶ τοῦ ἀφεῖναι τὴν ἀρχὴν καὶ καταθέσθαι τὴν δυναστείαν ἐσκοπού-

Schutz zu finden, und zugleich auch als Rettung für die Stadt: die Herrschaft an mich zu reißen, jene Leute zurückzudrängen, ihren Nachstellungen ein Ende zu bereiten und die Stadt zur Vernunft zu zwingen. Und es waren nicht wenige, die diesen Plan lobten, maßvolle Männer und Patrioten, die meine Ansichten ebenso kannten, wie sie die unhintergehbare Notwendigkeit der Usurpation einsahen. Mit ihrer Unterstützung setzte ich mich ohne Schwierigkeiten durch.

(3) Von da an gab es seitens meiner Gegner keine Störungen mehr, sondern nur noch Gehorsam. Ich war an der Macht, die Stadt lebte in Ruhe und Frieden. Gemetzel hingegen, Verbannungen, Enteignungen: Solche Untaten habe ich nie begangen, nicht einmal gegen meine früheren Feinde, und das, obwohl es besonders zu Beginn einer Herrschaft nötig ist, zu solchen Mitteln zu greifen. Hegte ich doch, wunderlich genug, die Hoffnung, sie durch Menschenfreundlichkeit, Sanftmut, Milde und gleiche Behandlung aller zum Gehorsam zu motivieren. Sofortiger Friede und Versöhnung mit meinen Feinden waren die Folge, und den Großteil von ihnen zog ich als Berater und als Haus- und Tischgenossen heran. Und da ich sah, wie die Stadt darniederlag, vernachlässigt von ihren Vorstehern, von denen die meisten sich als Diebe, ja Plünderer am Gemeingut vergingen, stellte ich sie durch die Anlage von Wasserleitungen wieder her, verschönerte sie durch die Errichtung öffentlicher Gebäude, befestigte sie mit einem Mauerring, die öffentlichen Einkünfte erhöhte ich problemlos durch die Aufmerksamkeit meiner Aufseher, ich kümmerte mich um die Jugend, sorgte für die Alten, bereicherte das öffentliche Leben des Volkes durch Schauspiele, durch Spenden, durch Festlichkeiten und öffentliche Speisungen. Nötigung von Mädchen, Korrumpierung junger Männer, Entführung von Frauen, bewaffnete Razzien und tyrannische Drohungen: Nur davon zu hören war mir ein Gräuel. **(4)** Und ja, ich erwog sogar schon, meine Macht aufzugeben und die Herrschaft niederzulegen, und grübelte nur, wie man das gefahrlos tun

μην, ὅπως μόνον ἀσφαλῶς παύσαιτο ἄν τις ἐννοῶν, ἐπεὶ τό γε ἄρχειν αὐτὸ καὶ πάντα πράττειν ἐπαχθὲς ἤδη καὶ σὺν φθόνῳ καματηρὸν ἐδόκει μοι εἶναι· τὸ δ' ὅπως μηκέτι τοιαύτης τινὸς θεραπείας δεήσεται ἡ πόλις, τοῦτ' ἐζήτουν ἔτι. κἀγὼ μὲν ὁ ἀρχαῖος περὶ ταῦτα εἶχον, οἱ δὲ ἤδη τε συνίσταντο ἐπ' ἐμὲ καὶ περὶ τοῦ τρόπου τῆς ἐπιβουλῆς καὶ ἀποστάσεως ἐσκοποῦντο καὶ συνωμοσίας συνεκρότουν καὶ ὅπλα ἤθροιζον καὶ χρήματα ἐπορίζοντο καὶ τοὺς ἀστυγείτονας ἐπεκαλοῦντο καὶ εἰς τὴν Ἑλλάδα παρὰ Λακεδαιμονίους καὶ Ἀθηναίους ἐπρεσβεύοντο· ἃ μὲν γὰρ περὶ ἐμοῦ αὐτοῦ, εἰ ληφθείην, ἐδέδοκτο ἤδη αὐτοῖς καὶ ὅπως με αὐτοχειρίᾳ διασπάσεσθαι ἠπείλουν καὶ ἃς κολάσεις ἐπενόουν, δημοσίᾳ στρεβλούμενοι ἐξεῖπον. τοῦ μὲν δὴ μηδὲν παθεῖν τοιοῦτον οἱ θεοὶ αἴτιοι φωράσαντες τὴν ἐπιβουλήν, καὶ μάλιστά γε ὁ Πύθιος ὀνείρατά τε προδείξας καὶ τοὺς μηνύσοντας ἕκαστα ἐπιπέμπων.

[5] Ἐγὼ δὲ ἐνταῦθα ἤδη ὑμᾶς, ὦ Δελφοί, ἐπὶ τοῦ αὐτοῦ δέους νῦν τῷ λογισμῷ γενομένους ἀξιῶ περὶ τῶν τότε πρακτέων μοι συμβουλεῦσαι, ὅτε ἀφύλακτος ὀλίγου δεῖν ληφθεὶς ἐζήτουν τινὰ σωτηρίαν περὶ τῶν παρόντων. πρὸς ὀλίγον οὖν τῇ γνώμῃ ἐς Ἀκράγαντα παρ' ἐμὲ ἀποδημήσαντες καὶ ἰδόντες τὰς παρασκευὰς αὐτῶν καὶ τὰς ἀπειλὰς ἀκούσαντες εἴπατε τί δεῖ ποιεῖν· φιλανθρωπίᾳ χρῆσθαι πρὸς αὐτοὺς ἔτι καὶ φείδεσθαι καὶ ἀνέχεσθαι ὅσον αὐτίκα μελλήσοντα πείσεσθαι τὰ ὕστατα, μᾶλλον δὲ γυμνὴν ἤδη ὑπέχειν τὴν σφαγὴν καὶ τὰ φίλτατα ἐν ὀφθαλμοῖς ὁρᾶν ἀπολλύμενα; ἢ τὰ μὲν τοιαῦτα πάνυ ἠλιθίου τινὸς ⟨ἡγεῖσθαι⟩ εἶναι, γενναῖα δὲ καὶ ἀνδρώδη διανοηθέντα καὶ χολὴν ἔμφρονος καὶ ἠδικημέ-

könnte, denn das Herrschen selbst und die ständige Geschäftigkeit empfand ich bereits als rechte Last, die mir neben Missgunst nichts als Beschwerlichkeiten einbrachte. Ich suchte nur noch nach Mitteln und Wegen, wie die Stadt ohne eine solche Fürsorge auskommen könnte. Altmodisch, wie ich war, hielt ich mich noch mit solchen Überlegungen auf, da rotteten sie sich schon gegen mich zusammen und berieten über die beste Art und Weise, mir nachzustellen und untreu zu werden, sie schmiedeten verschwörerische Pläne, legten Waffenarsenale an, verschafften sich Geld, sandten Hilferufe an die Nachbarstädte und Boten nach Griechenland zu den Spartanern und den Athenern. Ihre mich, sobald ich festgesetzt wäre, persönlich betreffenden Pläne, wie sie untereinander gelobt, mich mit eigener Hand zu zerfleischen, und welche Bestrafungen sie sich schon für mich ausgedacht hatten, das haben sie auf der Folter im Angesicht der Öffentlichkeit bekannt. Dass ich kein derartiges Schicksal erleiden musste, dafür habe ich den Göttern zu danken, die den Anschlag aufdeckten, und vor allen anderen dem Pythier, der es mir rechtzeitig in Träumen zeigte und Leute schickte, die über alles Anzeige erstatten sollten.

(5) Hier und jetzt bitte ich euch, ihr Delpher, euch einmal im Kopf in die gleiche furchteinflößende Situation zu versetzen und mir einen Rat zu geben, was ich damals hätte tun sollen, als ich schutzlos und schon beinahe in ihrer Gewalt nach einem Ausweg aus der damaligen Lage suchte. Reist einmal für einen kurzen Augenblick im Geiste zu mir nach Akragas, schaut euch ihre Vorbereitungen und hört euch ihre Drohungen an, und dann sagt mir, was ich tun soll: Ihnen weiterhin freundlich gegenübertreten, sie schonen und aushalten, wo mir doch mein letztes Stündlein sozusagen schon geschlagen hat, ja mehr noch, ihnen meine Kehle ungeschützt darbieten und mit eigenen Augen zuschauen, wie alles, was mir lieb und teuer ist, vernichtet wird? Oder dies für das Handeln eines rechten Dummkopfs halten, stattdessen auf edle und männliche Taten sinnen und ihnen mit dem gerechten Zorn eines vernünf-

νου ἀνδρὸς ἀναλαβόντα μετελθεῖν ἐκείνους, ἐμαυτῷ δὲ ἐκ τῶν ἐνόντων τὴν ἐς τὸ ἐπιὸν ἀσφάλειαν παρασχεῖν; ταῦτ᾽ οἶδ᾽ ὅτι συνεβουλεύσατε ἄν.

[6] Τί οὖν ἐγὼ μετὰ τοῦτο ἐποίησα; μεταστειλάμενος τοὺς αἰτίους καὶ λόγου μεταδοὺς αὐτοῖς καὶ τοὺς ἐλέγχους παραγαγὼν καὶ σαφῶς ἐξελέγξας ἕκαστα, ἐπεὶ μηδ᾽ αὐτοὶ ἔτι ἔξαρνοι ἦσαν, ἠμυνόμην ἀγανακτῶν τὸ πλέον οὐχ ὅτι ἐπεβεβουλεύμην, ἀλλ᾽ ὅτι μὴ εἰάθην ὑπ᾽ αὐτῶν ἐν ἐκείνῃ τῇ προαιρέσει μεῖναι, ἣν ἐξ ἀρχῆς ἐνεστησάμην. καὶ τὸ ἀπ᾽ ἐκείνου φυλάττων μὲν ἐμαυτὸν διατελῶ, ἐκείνων δὲ τοὺς ἀεὶ ἐπιβουλεύοντάς μοι κολάζων. εἶθ᾽ οἱ ἄνθρωποι ἐμὲ τῆς ὠμότητος αἰτιῶνται οὐκέτι λογιζόμενοι παρὰ ποτέρου ἡμῶν ἦν ἡ πρώτη τούτων ἀρχή, συνελόντες δὲ τὰν μέσῳ καὶ ἐφ᾽ οἷς ἐκολάζοντο τὰς τιμωρίας αὐτὰς ᾐτιῶντο καὶ τὰς δοκούσας ἐν αὐταῖς ὠμότητας, ὅμοιον ὡς εἴ τις παρ᾽ ὑμῖν ἱερόσυλόν τινα ἰδὼν ἀπὸ τῆς πέτρας ῥιπτόμενον ἃ μὲν ἐτόλμησε μὴ λογίζοιτο, ὡς νύκτωρ ἐς τὸ ἱερὸν παρῆλθε καὶ κατέσπασε τὰ ἀναθήματα καὶ τοῦ ξοάνου ἥψατο, κατηγοροίη δὲ ὑμῶν πολλὴν τὴν ἀγριότητα, ὅτι Ἕλληνές τε καὶ ἱεροὶ εἶναι λέγοντες ὑπεμείνατε ἄνθρωπον Ἕλληνα πλησίον τοῦ ἱεροῦ – καὶ γὰρ οὐ πάνυ πόρρω τῆς πόλεως εἶναι λέγεται ἡ πέτρα – κολάσει τοιαύτῃ περιβαλεῖν. ἀλλ᾽, οἶμαι, αὐτοὶ καταγελάσεσθε, ἢν ταῦτα λέγῃ τις καθ᾽ ὑμῶν, καὶ οἱ ἄλλοι πάντες ἐπαινέσονται ὑμῶν τὴν κατὰ τῶν ἀσεβούντων ὠμότητα.

[7] Τὸ δ᾽ ὅλον οἱ δῆμοι οὐκ ἐξετάζοντες ὁποῖός τις ὁ τοῖς πράγμασιν ἐφεστώς ἐστιν, εἴτε δίκαιος εἴτε ἄδικος, αὐτὸ ἁπλῶς τὸ τῆς τυραννίδος ὄνομα μισοῦσι καὶ τὸν τύραννον, κἂν Αἰακὸς ἢ Μίνως ἢ Ῥαδάμανθυς ᾖ,

tigen Mannes, dem Unrecht widerfahren ist, entgegentreten, meine Möglichkeiten nutzen und mir für die Zukunft Sicherheit verschaffen? Das ist es, ich weiß es, was ihr mir raten würdet!

(6) Was tat ich nun danach? Ich ließ mir die Schuldigen vorführen, gab ihnen Gelegenheit zur Rechtfertigung, konfrontierte sie mit der Beweislage und brachte alle Einzelheiten ans Licht, und da sie auch selbst geständig waren, nahm ich meine Rache, weniger darüber verärgert, dass sie mir nachgestellt, als darüber, dass sie mich daran gehindert hatten, bei meinen guten Vorsätzen zu bleiben, die ich von Anfang an verfolgt hatte. Seit jener Zeit lasse ich in meiner Wachsamkeit nicht mehr nach und strafe konsequent jeden, der mir nachstellt. Und da beschuldigen mich die Leute der Grausamkeit, ohne zu bedenken, wer von uns damit angefangen hat! Während sie das, was zwischendrin geschah und wofür sie bestraft wurden, nur knapp erwähnten, beklagten sie sich ausführlich über die Strafen selbst und die in ihnen zutage tretende Grausamkeit. Das ist nicht anders, als wenn einer bei euch sähe, wie ein Tempelräuber vom Felsen gestürzt wird, und dann nicht bedächte, was für ein Verbrechen er begangen hat, wie er bei Nacht in das Heiligtum eindrang, die Weihgaben herunterriss und die Hand an das Kultbild selbst legte, sondern euch wegen eurer Rohheit anklagte, weil ihr – obwohl ihr doch behauptet, Griechen und Priester zu sein – duldetet, dass ein Mann, auch er Grieche, nah beim Heiligtum – denn der Felsen soll ja gar nicht weit von der Stadt entfernt sein – eine solche Strafe erleidet.[2] Da werdet auch ihr, meine ich, lachen müssen, wenn einer solche Vorwürfe gegen euch erhebt, und alle anderen werden euch für eure Grausamkeit, euer hartes Durchgreifen Frevlern gegenüber loben.

(7) Überhaupt ist es ja so, dass die Leute nie nachfragen, wer das denn eigentlich ist, der da an der Spitze steht, und ob er gerecht oder ungerecht ist. Sie verabscheuen einfach schon das Wort ›Tyrannis‹ und sind genauso schnell dabei, den Tyrannen – und hieße er auch Aiakos, Minos oder Rhadamanthys[3] – um jeden Preis zu

ὁμοίως ἐξ ἅπαντος ἀνελεῖν σπεύδουσιν, τοὺς μὲν πονηροὺς αὐτῶν πρὸ ὀφθαλμῶν τιθέμενοι, τοὺς δὲ χρηστοὺς τῇ κοινωνίᾳ τῆς προσηγορίας τῷ ὁμοίῳ μίσει συμπεριλαμβάνοντες. ἐγὼ γοῦν ἀκούω καὶ παρ᾽ ὑμῖν τοῖς Ἕλλησι πολλοὺς γενέσθαι τυράννους σοφοὺς ὑπὸ φαύλῳ ὀνόματι δοκοῦντι χρηστὸν καὶ ἥμερον ἦθος ἐπιδεδειγμένους, ὧν ἐνίων καὶ λόγους εἶναι βραχεῖς ἐν τῷ ἱερῷ ὑμῶν ἀποκειμένους, ἀγάλματα καὶ ἀναθήματα τῷ Πυθίῳ.

[8] Ὁρᾶτε δὲ καὶ τοὺς νομοθέτας τῷ κολαστικῷ εἴδει τὸ πλέον νέμοντας, ὡς τῶν γε ἄλλων οὐδὲν ὄφελος, εἰ μὴ ὁ φόβος προσείη καὶ ἐλπὶς τῆς κολάσεως. ἡμῖν δὲ τοῦτο πολλῷ ἀναγκαιότερον τοῖς τυράννοις, ὅσῳ πρὸς ἀνάγκην ἐξηγούμεθα καὶ μισοῦσί τε ἅμα καὶ ἐπιβουλεύουσιν ἀνθρώποις σύνεσμεν, ὅπου μηδὲ τῶν μορμολυκείων ὄφελός τι ἡμῖν γίγνεται, ἀλλὰ τῷ περὶ τῆς Ὕδρας μύθῳ τὸ πρᾶγμα ἔοικεν· ὅσῳ γὰρ ἂν ἐκκόπτωμεν, τοσῷδε πλείους ἡμῖν ἀναφύονται τοῦ κολάζειν ἀφορμαί. φέρειν δὲ ἀνάγκη καὶ τὸ ἀναφυόμενον ἐκκόπτειν ἀεὶ καὶ ἐπικαίειν νὴ Δία κατὰ τὸν Ἰόλεων, εἰ μέλλοιμεν ἐπικρατήσειν· τὸν γὰρ ἅπαξ εἰς τὰ τοιαῦτα ἐμπεσεῖν ἠναγκασμένον ὅμοιον χρὴ τῇ ὑποθέσει καὶ αὐτὸν εἶναι, ἢ φειδόμενον τῶν πλησίον ἀπολωλέναι. ὅλως δέ, τίνα οἴεσθε οὕτως ἄγριον ἢ ἀνήμερον ἄνθρωπον εἶναι ὡς ἥδεσθαι μαστιγοῦντα καὶ οἰμωγῶν ἀκούοντα καὶ σφαττομένους ὁρῶντα, εἰ μὴ ἔχοι τινὰ μεγάλην τοῦ κολάζειν αἰτίαν; ποσάκις γοῦν ἐδάκρυσα μαστιγουμένων ἄλλων, ποσάκις δὲ θρηνεῖν καὶ ὀδύρεσθαι τὴν ἐμαυτοῦ τύχην ἀναγκάζομαι μείζω κόλασιν αὐτὸς καὶ χρονιωτέραν ὑπομένων;

beseitigen. Dabei halten sie sich immer die schlechten Exemplare vor Augen, die guten aber beziehen sie aufgrund der gleichen Bezeichnung in ihren Hass mit ein. Ich jedenfalls habe mir sagen lassen, dass es auch bei euch Griechen viele kluge Tyrannen gegeben habe, die unter einer nach allgemeiner Auffassung verwerflichen Bezeichnung ein freundliches und sanftmütiges Verhalten an den Tag gelegt hätten. Von einigen von ihnen sollen sogar kurze Sinnsprüche in eurem Heiligtum niedergelegt worden sein, als Zierde und Weihgabe für den Pythier.[4]

(8) Ihr seht außerdem, dass auch die Gesetzgeber besonderen Wert auf das Prinzip der Bestrafung legen. Denn alles andere nützt ja nichts, wenn es nicht daneben auch Angst vor und Aussicht auf Bestrafung gibt. Für uns Tyrannen ist das alles umso unumgänglicher, als wir ja unsere Führungsposition nur gezwungenermaßen einnehmen und mit Leuten zu tun haben, die uns hassen und zugleich übelwollen, ein Umfeld, in dem uns auch Drohkulissen nichts nützen, sondern die Angelegenheit an den Mythos von Hydra erinnert: Je mehr Köpfe wir abschlagen, desto mehr Anlässe zur Bestrafung wachsen uns nach. Da bleibt nichts, als es zu ertragen, das jeweils Nachwachsende abzuschlagen und, beim Zeus, nach Art des Iolaos auszubrennen, wenn wir die Kontrolle behalten wollen.[5] Denn wer einmal durch Zwang in eine solche Lage geraten ist, der muss sich seiner vorgegebenen Rolle anpassen, oder er muss diejenigen, die ihm nahestehen, schonen – und zugrunde gehen. Wer ist denn eurer Meinung nach überhaupt ein so roher und wilder Mensch, dass er Freude am Auspeitschen empfände, daran, Schmerzensschreie zu hören und zuzusehen, wie Menschen abgeschlachtet werden, wenn er nicht einen triftigen Grund für die Bestrafung hätte? Wie oft bin ich in Tränen ausgebrochen, wenn andere ausgepeitscht wurden, wie oft konnte ich nicht anders als klagen und mein eigenes Schicksal bejammern, erlitt ich doch eine schwerere und langwierigere Bestrafung! Für einen Menschen, der von seinem

ἀνδρὶ γὰρ φύσει μὲν ἀγαθῷ, διὰ δὲ ἀνάγκην πικρῷ, πολὺ τοῦ κολάζεσθαι τὸ κολάζειν χαλεπώτερον.

[9] Εἰ δὲ δεῖ μετὰ παρρησίας εἰπεῖν, ἐγὼ μέν, εἰ αἵρεσίς μοι προτεθείη, πότερα βούλομαι, κολάζειν τινὰς ἀδίκως ἢ αὐτὸς ἀποθανεῖν, εὖ ἴστε ὡς οὐδὲν μελλήσας ἑλοίμην ἂν τεθνάναι μᾶλλον ἢ μηδὲν ἀδικοῦντας κολάζειν. εἰ δέ τις φαίη ›Βούλει, ὦ Φάλαρι, τεθνάναι αὐτὸς ἀδίκως ἢ δικαίως κολάζειν τοὺς ἐπιβούλους;‹, τοῦτο βουλοίμην ἄν· αὖθις γὰρ ὑμᾶς, ὦ Δελφοί, συμβούλους καλῶ, πότερον ἄμεινον [εἶναι] ἀδίκως ἀποθανεῖν ἢ ἀδίκως σώζειν τὸν ἐπιβεβουλευκότα, οὐδεὶς οὕτως, οἶμαι, ἀνόητός ἐστιν ὃς οὐκ ἂν προτιμήσειε ζῆν μᾶλλον ἢ σώζων τοὺς ἐχθροὺς ἀπολωλέναι. καίτοι πόσους ἐγὼ καὶ τῶν ἐπιχειρησάντων μοι καὶ φανερῶς ἐληλεγμένων ὅμως ἔσωσα; οἷον Ἄκανθον τουτονὶ καὶ Τιμοκράτη καὶ Λεωγόραν τὸν ἀδελφὸν αὐτοῦ, παλαιᾶς συνηθείας τῆς πρὸς αὐτοὺς μνημονεύσας.

[10] Ὅταν δὲ βουληθῆτε τοὐμὸν εἰδέναι, τοὺς εἰσφοιτῶντας εἰς Ἀκράγαντα ξένους ἐρωτήσατε ὁποῖος ἐγὼ περὶ αὐτούς εἰμι καὶ εἰ φιλανθρώπως προσφέρομαι τοῖς καταίρουσιν, ὅς γε καὶ σκοποὺς ἐπὶ τῶν λιμένων ἔχω καὶ πευθῆνας, τίνες ὅθεν καταπεπλεύκασιν, ὡς κατ᾽ ἀξίαν τιμῶν ἀποπέμποιμι αὐτούς. ἔνιοι δὲ καὶ ἐξεπίτηδες φοιτῶσι παρ᾽ ἐμέ, οἱ σοφώτατοι τῶν Ἑλλήνων, καὶ οὐ φεύγουσι τὴν συνουσίαν τὴν ἐμήν, ὥσπερ ἀμέλει καὶ πρῴην ὁ σοφὸς Πυθαγόρας ἧκεν ὡς ἡμᾶς, ἄλλα μὲν ὑπὲρ ἐμοῦ ἀκηκοώς· ἐπεὶ δὲ ἐπειράθη, ἀπῆλθεν ἐπαινῶν με τῆς δικαιοσύνης καὶ ἐλεῶν τῆς ἀναγκαίας ὠμότητος. εἶτα οἴεσθε τὸν πρὸς

Wesen her gut ist, aufgrund seiner Zwangslage aber grausam, ist das Bestrafen viel schlimmer als das Bestraftwerden.[6]

(9) Und wenn ich ganz offen sprechen darf: Ich, ließe man mich wählen, was ich lieber wollte, irgendjemanden zu Unrecht zu bestrafen oder selbst zu sterben, würde, das könnt ihr mir glauben, ohne jedes Zögern eher den Tod wählen als die Bestrafung gänzlich Unschuldiger. Würde aber einer fragen: ›Willst du, Phalaris, lieber selbst zu Unrecht den Tod finden oder zu Recht hinterlistige Intriganten bestrafen?‹, dann würde ich letzteres wählen. Denn erneut bitte ich euch, Delpher, mir einen Rat zu geben: Ob es besser ist, zu Unrecht den Tod zu finden oder zu Unrecht einen Intriganten am Leben zu lassen. Niemand ist so verrückt, glaube ich, dass er nicht lieber leben als seine Feinde retten und dabei untergehen wollte. Und doch! Wieviele von all denen, die mich attackierten hatten und öffentlich überführt waren, habe ich trotzdem geschont! Etwa den Akanthos hier, den Timokrates und seinen Bruder Leogoras, weil ich an meine frühere Vertrautheit mit ihnen denken musste.

(10) Wenn ihr über mich Bescheid wissen wollt, dann fragt die Fremden, die nach Akragas kommen, wie ich mich ihnen gegenüber verhalte und ob ich denen, die bei uns an Land gehen, freundlich begegne, wo ich doch sogar Späher in den Häfen habe, die auskundschaften sollen, wer sie sind und woher sie gefahren kommen, damit ich sie unter Erweisung gebührender Ehren wieder entlassen kann. Einige kommen sogar mit voller Absicht zu mir, und zwar die Weisesten unter den Griechen, und sie gehen meiner Gesellschaft nicht aus dem Weg, wie übrigens gerade neulich erst der weise Pythagoras zu uns kam.[7] Er hatte zwar ganz andere Geschichten über mich gehört, aber nachdem er es erst einmal hatte drauf ankommen lassen, war er bei seiner Abreise voll des Lobes für meine Gerechtigkeit und voller Kummer über die Unabdingbarkeit von Grausamkeiten. Und da wollt ihr glauben, dass derselbe Mann, der Ausländern gegenüber freundlich ist, seine eigenen Leute so un-

τοὺς ὀθνείους φιλάνθρωπον οὕτως ἀδίκως τοῖς οἰκείοις προσφέρεσθαι, εἰ μή τι διαφερόντως ἠδίκητο;

[11] Ταῦτα μὲν οὖν ὑπὲρ ἐμαυτοῦ ἀπολελόγημαι ὑμῖν, ἀληθῆ καὶ δίκαια καὶ ἐπαίνου μᾶλλον, ὡς ἐμαυτὸν πείθω, ἢ μίσους ἄξια. ὑπὲρ δὲ τοῦ ἀναθήματος καιρὸς ὑμᾶς ἀκοῦσαι ὅθεν καὶ ὅπως τὸν ταῦρον τοῦτον ἐκτησάμην, οὐκ ἐκδοὺς αὐτὸς τῷ ἀνδριαντοποιῷ – μὴ γὰρ οὕτω μανείην, ὡς τοιούτων ἐπιθυμῆσαι κτημάτων – ἀλλὰ Περίλαος ἦν τις ἡμεδαπός, χαλκεὺς μὲν ἀγαθός, πονηρὸς δὲ ἄνθρωπος. οὗτος πάμπολυ τῆς ἐμῆς γνώμης διημαρτηκὼς ᾤετο χαριεῖσθαί μοι, εἰ καινήν τινα κόλασιν ἐπινοήσειεν, ὡς ἐξ ἅπαντος κολάζειν ἐπιθυμοῦντι. καὶ δὴ κατασκευάσας τὸν βοῦν ἧκέ μοι κομίζων κάλλιστον ἰδεῖν καὶ πρὸς τὸ ἀκριβέστατον εἰκασμένον· κινήσεως γὰρ αὐτῷ καὶ μυκηθμοῦ ἔδει μόνον πρὸς τὸ καὶ ἔμψυχον εἶναι δοκεῖν. ἰδὼν δὲ ἀνέκραγον εὐθύς ›ἄξιον τὸ κτῆμα τοῦ Πυθίου, πεμπτέος ὁ ταῦρος τῷ θεῷ.‹ ὁ δὲ Περίλαος παρεστὼς ›Τί δ' εἰ μάθοις‹, ἔφη, ›τὴν σοφίαν τὴν ἐν αὐτῷ καὶ τὴν χρείαν ἣν παρέχεται;‹ καὶ ἀνοίξας ἅμα τὸν ταῦρον κατὰ τὰ νῶτα ›Ἤν τινα‹, ἔφη, ›κολάζειν ἐθέλῃς, ἐμβιβάσας εἰς τὸ μηχάνημα τοῦτο καὶ κατακλείσας προστιθέναι μὲν τοὺς αὐλοὺς τούσδε πρὸς τοὺς μυξωτῆρας τοῦ βοός, πῦρ δὲ ὑποκαίειν κελεύειν, καὶ ὁ μὲν οἰμώξεται καὶ βοήσεται ἀλήκτοις ταῖς ὀδύναις ἐχόμενος, ἡ βοὴ δὲ διὰ τῶν αὐλῶν μέλη σοι ἀποτελέσει οἷα λιγυρώτατα καὶ ἐπαυλήσει θρηνῶδες καὶ μυκήσεται γοερώτατον, ὡς τὸν μὲν κολάζεσθαι, σὲ δὲ τέρπεσθαι μεταξὺ καταυλούμενον.‹

[12] ἐγὼ δὲ ὡς τοῦτο ἤκουσα, ἐμυσάχθην τὴν κακομηχανίαν τοῦ ἀνδρὸς καὶ τὴν ἐπίνοιαν ἐμίσησα τοῦ κατασκευάσματος καὶ οἰκείαν αὐτῷ τιμωρίαν ἐπέθηκα· καί, ›Ἄγε δή‹, ἔφην, ›ὦ Περίλαε, εἰ μὴ κενὴ

gerecht behandelt, es sei denn, man hätte ihm außerordentliches Unrecht getan?

(11) Soviel also zu meiner Verteidigung vor euch. Sie ist wahr, gerecht und, wie ich mir selbst immer wieder sage, eher des Lobes als des Hasses würdig. Jetzt aber noch zu meinem Weihgeschenk! Ihr sollt hören, woher und wie dieser Stier in meinen Besitz kam. Ich hatte ihn nicht selbst beim Bildhauer in Auftrag gegeben – möge ich nie so wahnsinnig sein, solche Besitztümer zu begehren! –, vielmehr war da ein gewisser Perilaos, ein Landsmann, ein guter Schmied, aber ein schlechter Mensch.[8] Der, in schwerem Irrtum über meine Gesinnung, glaubte, sich bei mir beliebt zu machen, wenn er sich eine neue Art der Bestrafung ausdächte, so als ob ich immer und um jeden Preis strafen wolle. Und so stellte er das Rind her und brachte es mir persönlich, wirklich ein wunderschöner Anblick und in detailgetreuer Nachbildung. Es fehlte nur, dass es sich bewegt und gebrüllt hätte – man hätte es für lebendig gehalten. Kaum hatte ich es erblickt, da schrie ich sofort: ›Ein Besitz würdig des Pythiers! Der Stier muss dem Gott geschickt werden!‹ Perilaos aber, der daneben stand, sagte: ›Und was erst, wenn du erfährst, welches Raffinement in ihm steckt und wie nützlich er dir sein wird!‹ Und damit öffnete er den Stier am Rücken. ›Wenn du jemanden‹, sagte er, ›bestrafen willst, dann verfrachte ihn in dieses Gerät, verschließ es und lass diese Auloi hier an den Nüstern des Rindes anbringen, unter ihm Feuer anlegen, und dann wird er zwar heulen und schreien, vor lauter Schmerzen, die nicht enden wollen, aber sein Geschrei wird für dich durch die Auloi als vernehmlichste Melodie erklingen, eine Totenklage wird er blasen und ein Klagelied muhen, so dass er bestraft, du aber dabei durch ein Blaskonzert unterhalten wirst.‹[9]

(12) Als ich das hörte, keimte Abscheu gegen die böse Erfindung des Mannes in mir auf, Hass stieg in mir empor auf die Idee, die hinter dem Machwerk steckte, und ich beschloss, ihm seine eigene Strafe aufzuerlegen. ›Na, Perilaos‹, sagte ich, ›wenn das nicht ein-

ἄλλως ὑπόσχεσις ταῦτά ἐστι, δεῖξον ἡμῖν αὐτὸς εἰσελθὼν τὴν ἀλήθειαν τῆς τέχνης καὶ μίμησαι τοὺς βοῶντας, ἵν' εἰδῶμεν εἰ καὶ ἃ φὴς μέλη διὰ τῶν αὐλῶν φθέγγεται.‹ πείθεται μὲν ταῦτα ὁ Περίλαος, ἐγὼ δέ, ἐπεὶ ἔνδον ἦν, κατακλείσας αὐτὸν πῦρ ὑφάπτειν ἐκέλευον, ›ἀπολάμβανε‹, εἰπών, ›τὸν ἄξιον μισθὸν τῆς θαυμαστῆς σου τέχνης, ἵν' ὁ διδάσκαλος τῆς μουσικῆς πρῶτος αὐτὸς αὐλῇς.‹ καὶ ὁ μὲν δίκαια ἔπασχεν ἀπολαύων τῆς αὑτοῦ εὐμηχανίας· ἐγὼ δὲ ἔτι ἔμπνουν καὶ ζῶντα τὸν ἄνδρα ἐξαιρεθῆναι κελεύσας, ὡς μὴ μιάνειε τὸ ἔργον ἐναποθανών, ἐκεῖνον μὲν ἄταφον κατὰ κρημνῶν ῥίπτειν ἐκέλευσα, καθήρας δὲ τὸν βοῦν ἀνέπεμψα ὑμῖν ἀνατεθησόμενον τῷ θεῷ. καὶ ἐπιγράψαι γε ἐπ' αὐτῷ ἐκέλευσα τὴν πᾶσαν διήγησιν, τοῦ ἀνατιθέντος ἐμοῦ τοὔνομα, τὸν τεχνίτην τὸν Περίλαον, τὴν ἐπίνοιαν τὴν ἐκείνου, τὴν δικαιοσύνην τὴν ἐμήν, τὴν πρέπουσαν τιμωρίαν, τὰ τοῦ σοφοῦ χαλκέως μέλη, τὴν πρώτην πεῖραν τῆς μουσικῆς.

[13] Ὑμεῖς δέ, ὦ Δελφοί, δίκαια ποιήσετε θύσαντες μὲν ὑπὲρ ἐμοῦ μετὰ τῶν πρέσβεων, ἀναθέντες δὲ τὸν ταῦρον ἐν καλῷ τοῦ ἱεροῦ, ὡς πάντες εἰδεῖεν οἷος ἐγὼ πρὸς τοὺς πονηρούς εἰμι καὶ ὅπως ἀμύνομαι τὰς περιττὰς ἐς κακίαν ἐπιθυμίας αὐτῶν. ἱκανὸν γοῦν καὶ τοῦτο μόνον δηλῶσαί μου τὸν τρόπον, Περίλαος κολασθεὶς καὶ ὁ ταῦρος ἀνατεθεὶς καὶ μηκέτι φυλαχθεὶς πρὸς ἄλλων κολαζομένων αὐλήματα μηδὲ μελῳδήσας ἄλλο ἔτι πλὴν μόνα τὰ τοῦ τεχνίτου μυκήματα, καὶ ὅτι ἐν μόνῳ αὐτῷ καὶ πεῖραν ἔλαβον τῆς τέχνης καὶ κατέπαυσα τὴν ἄμουσον ἐκείνην καὶ ἀπάνθρωπον ᾠδήν. καὶ τὰ μὲν παρόντα ταῦτα παρ' ἐμοῦ τῷ θεῷ· ἀναθήσω δὲ καὶ ἄλλα πολλάκις, ἐπειδάν μοι παράσχῃ μηκέτι δεῖσθαι κολάσεων.«

fach leere Versprechungen sind, dann steig doch einmal selbst hinein und zeig uns, was deine Kunst wirklich zu leisten vermag. Mach mal die Schreienden nach, damit wir wissen, ob da durch die Nüstern die Melodien tönen, von denen du sprichst!‹ Perilaos tut, was ich ihm befehle. Und ich, kaum war er drin, sperrte ihn ein und befahl, Feuer unter ihm anzulegen. ›Da hast du‹, sagte ich, ›den gerechten Lohn für deine erstaunliche Kunstfertigkeit, damit du als Musiklehrer selbst das erste Lied bläst.‹ Und so erlitt er die gerechte Strafe, indem er in den Genuss seines eigenen Erfindungsreichtums kam. Ich aber ließ den Mann, noch bei Atem und am Leben, herausholen, damit er mir das Werk nicht durch seinen Tod darin besudele, und ihn ließ ich unbestattet in den Abgrund werfen, den Stier aber sandte ich, nach einer gründlichen Reinigung,[10] euch, als Weihgabe für den Gott. Außerdem ließ ich auf ihn die ganze Geschichte als Inschrift aufbringen: meinen, des Stifters, Namen, den Namen des Künstlers, Perilaos, seinen Einfall, meine Gerechtigkeit, die angemessene Bestrafung, nämlich das Lied des schlauen Schmieds, die erste Bewährungsprobe seiner musikalischen Fähigkeiten.

(13) Ihr aber, Delpher, werdet recht daran tun, zusammen mit meinen Gesandten dem Gott in meinem Namen zu opfern und den Stier an einem schönen Ort im Heiligtum aufzustellen, damit alle sehen können, wie ich zu üblen Menschen stehe und wie ich ihr maßloses Verlangen nach Schlechtigkeit zu ahnden weiß. Schon allein das genügt, um meinen Charakter offenzulegen: Perilaos' Bestrafung, die Weihung des Stiers, der nie mehr die Bläserstücke anderer Sträflinge in sich verwahrt hat und nie mehr ein anderes Lied als allein das Stiergebrüll des Künstlers hat ertönen lassen, und dass ich an ihm allein das Kunstwerk einer Probe unterzogen und zugleich jenes musenferne[11] und unmenschliche Lied zum Verstummen gebracht habe. Dies hier ist mein Geschenk für den Gott; und ich werde ihm noch oft andere bringen, wenn er mir denn die Gnade erweist, nie mehr Bestrafungen zu benötigen.«

[14] Ταῦτα μέν, ὦ Δελφοί, τὰ παρὰ τοῦ Φαλάριδος, ἀληθῆ πάντα καὶ οἷα ἐπράχθη ἕκαστα, καὶ δίκαιοι ἂν εἴημεν πιστεύεσθαι ὑφ' ὑμῶν μαρτυροῦντες, ὡς ἂν καὶ εἰδότες καὶ μηδεμίαν τοῦ ψεύδεσθαι νῦν αἰτίαν ἔχοντες. εἰ δὲ δεῖ καὶ δεηθῆναι ὑπὲρ ἀνδρὸς μάτην πονηροῦ δοκοῦντος καὶ ἄκοντος κολάζειν ἠναγκασμένου, ἱκετεύομεν ὑμᾶς ἡμεῖς οἱ Ἀκραγαντῖνοι Ἕλληνές τε ὄντες καὶ τὸ ἀρχαῖον Δωριεῖς προσέσθαι τὸν ἄνδρα φίλον εἶναι ἐθέλοντα καὶ πολλὰ καὶ δημοσίᾳ καὶ ἰδίᾳ ἕκαστον ὑμῶν εὖ ποιῆσαι ὡρμημένον. λάβετε οὖν αὐτοὶ τὸν ταῦρον καὶ ἀνάθετε καὶ εὔξασθε ὑπέρ τε τῆς Ἀκράγαντος καὶ ὑπὲρ αὐτοῦ Φαλάριδος, καὶ μήτε ἡμᾶς ἀπράκτους ἀποπέμψητε μήτε ἐκεῖνον ὑβρίσητε μήτε τὸν θεὸν ἀποστερήσητε καλλίστου τε ἅμα καὶ δικαιοτάτου ἀναθήματος.

(14) Dies, Delpher, lässt Phalaris euch ausrichten, ist die reine Wahrheit und alles genau so, wie es sich abgespielt hat. Unser Zeugnis dürfte wohl mit Recht bei euch Glauben finden, da wir zum einen wissen, wie es war, und zum anderen auch keinen Anlass zur Lüge haben. Wenn wir aber sogar eine Bitte formulieren dürfen im Namen eines Mannes, der ohne jeden Grund als schlecht gilt und doch nur gegen seinen Willen zu Strafaktionen gezwungen war, dann flehen wir, die Akragantiner, die wir Griechen und von alters her Dorer sind, euch an, ihn hier zuzulassen als einen Mann, der euer Freund sein will und entschlossen ist, jedem von euch, öffentlich wie privat, zahlreiche Wohltaten zu erweisen. Nehmt daher den Stier, stellt ihn auf, betet für Akragas und für Phalaris selbst, und schickt uns weder unverrichteter Dinge fort noch versündigt euch an ihm, noch beraubt den Gott der schönsten und zugleich gerechtesten Weihgabe!

ΦΑΛΑΡΙΣ Β

[1] Οὔτε Ἀκραγαντίνων, ὦ ἄνδρες Δελφοί, πρόξενος ὢν οὔτε ἰδιόξενος αὐτοῦ Φαλάριδος οὔτ’ ἄλλην ἔχων πρὸς αὐτὸν ἢ εὐνοίας ἰδίαν αἰτίαν ἢ μελλούσης φιλίας ἐλπίδα, τῶν δὲ πρέσβεων ἀκούσας τῶν ἡκόντων παρ’ αὐτοῦ ἐπιεικῆ καὶ μέτρια διεξιόντων, καὶ τὸ εὐσεβὲς ἅμα καὶ τὸ κοινῇ συμφέρον καὶ μάλιστα τὸ Δελφοῖς πρέπον προορώμενος ἀνέστην παραινέσων ὑμῖν μήτε ὑβρίζειν ἄνδρα δυνάστην εὐσεβοῦντα μήτε ἀνάθημα ἤδη τῷ θεῷ καθωμολογημένον ἀπαλλοτριοῦν, καὶ ταῦτα τριῶν τῶν μεγίστων ὑπόμνημα εἰς ἀεὶ γενησόμενον, τέχνης καλλίστης καὶ ἐπινοίας κακίστης καὶ δικαίας κολάσεως. [2] ἐγὼ μὲν οὖν καὶ τὸ ἐνδοιάσαι ὑμᾶς ὅλως περὶ τούτου καὶ ἡμῖν προθεῖναι τὴν διάσκεψιν, εἰ χρὴ δέχεσθαι τὸ ἀνάθημα ἢ ὀπίσω αὖθις ἀποπέμπειν, ἀνόσιον ἤδη εἶναι νομίζω, μᾶλλον δὲ οὐδ’ ὑπερβολὴν ἀσεβείας ἀπολελοιπέναι· οὐδὲν γὰρ ἀλλ’ ἢ ἱεροσυλία τὸ πρᾶγμά ἐστι μακρῷ τῶν ἄλλων χαλεπωτέρα, ὅσῳ τοῦ τὰ ἤδη ἀνατεθέντα συλᾶν τὸ μηδὲ τὴν ἀρχὴν τοῖς ἀνατιθέναι βουλομένοις ἐπιτρέπειν ἀσεβέστερον.

[3] Δέομαι δὲ ὑμῶν Δελφὸς καὶ αὐτὸς ὢν καὶ τὸ ἴσον μετέχων τῆς τε δημοσίας εὐκλείας, εἰ φυλάττοιτο, καὶ τῆς ἐναντίας δόξης, εἰ ἐκ τῶν παρόντων προσγένοιτο, μήτ’ ἀποκλείειν τὸ ἱερὸν τοῖς εὐσεβοῦσι μήτε τὴν πόλιν πρὸς ἅπαντας ἀνθρώπους διαβάλλειν ὡς τὰ πεμπόμενα τῷ θεῷ συκοφαντοῦσαν καὶ ψήφῳ καὶ δικαστηρίῳ δοκιμάζουσαν τοὺς

PHALARIS II

(1) Ihr Delpher, ich bin weder Konsul der Akragantiner noch persönlicher Vertreter des Phalaris, dem gegenüber ich weder aus Wohlwollen noch aus Hoffnung auf spätere Freundschaft befangen bin. Vielmehr habe ich vernommen, wie seine Gesandten geziemende und maßvolle Argumente vorgetragen haben, und so habe ich mich aus Pflichtbewusstsein, aus Rücksicht auf das Gemeinwohl und vor allem auf das, was sich für Delpher zu tun schickt, jetzt erhoben, um euch den Rat zu geben, weder einen Herrscher zu beleidigen, der seinen frommen Pflichten nachkommt, noch eine dem Gott schon versprochene Weihgabe zu entfremden, und zwar gerade auch deshalb, weil sie das Potential besitzt, ein ewiges Mahnmal für drei Superlative zu werden: für die schönste Kunstfertigkeit, für die bösartigste Idee und für die gerechte Strafe. **(2)** Ich persönlich halte nun schon die Tatsache, dass ihr überhaupt Zweifel in dieser Angelegenheit hegt und uns zu prüfen beauftragt, ob ihr die Weihgabe annehmen dürft oder sie wieder zurückschicken sollt, für einen Akt der Gottlosigkeit, ja mehr noch für ein unübertreffbares Maß an Pflichtverletzung dem Gott gegenüber; denn die ganze Angelegenheit ist nichts anderes als Heiligtumsschändung, aber noch viel schlimmer als alle anderen: Denn denen, die eine Stiftung vornehmen wollen, dies überhaupt gar nicht zu gestatten, verletzt die Pflichten gegen den Gott noch mehr als die Schändung schon aufgestellter Weihgaben.

(3) Unter Berufung darauf, dass ich sowohl selbst Delpher bin als auch den gleichen Anteil am öffentlichen Ansehen habe, wenn es denn bewahrt werden kann, wie am entgegengesetzten Ruf, sollte er sich aus der gegenwärtigen Angelegenheit ergeben, bitte ich euch, weder das Heiligtum den Frommen zu verschließen noch die Stadt bei allen Menschen verleumderisch in den Verdacht zu bringen, sie mache die Gaben für den Gott schlecht und unterziehe die Stifter einer hochnotpeinlichen Prüfung. Denn dann wird sich wohl kei-

ἀνατιθέντας· οὐδεὶς γὰρ ἔτι ἀναθεῖναι τολμήσειεν ἂν εἰδὼς οὐ προσησόμενον τὸν θεὸν ὅ τι ἂν μὴ πρότερον Δελφοῖς δοκῇ. [4] ὁ μὲν οὖν Πύθιος τὴν δικαίαν ἤδη περὶ τοῦ ἀναθήματος ψῆφον ἤνεγκεν· εἰ γοῦν ἐμίσει τὸν Φάλαριν ἢ τὸ δῶρον αὐτοῦ ἐμυσάττετο, ῥᾴδιον ἦν ἐν τῷ Ἰονίῳ μέσῳ καταδῦσαι αὐτὸ μετὰ τῆς ἀγούσης ὁλκάδος, ὁ δὲ πολὺ τοὐναντίον ἐν εὐδίᾳ τε διαπεραιωθῆναι, ὥς φασι, παρέσχεν αὐτοῖς καὶ σῶς ἐς τὴν Κίρραν κατᾶραι. [5] ᾧ καὶ δῆλον ὅτι προσίεται τὴν τοῦ μονάρχου εὐσέβειαν. χρὴ δὲ καὶ ὑμᾶς τὰ αὐτὰ ἐκείνῳ ψηφισαμένους προσθεῖναι καὶ τὸν ταῦρον τουτονὶ τῷ ἄλλῳ κόσμῳ τοῦ ἱεροῦ· ἐπεὶ πάντων ἂν εἴη τοῦτο ἀτοπώτατον, πέμψαντά τινα μεγαλοπρεπὲς οὕτω δῶρον θεῷ τὴν καταδικάζουσαν ἐκ τοῦ ἱεροῦ ψῆφον λαβεῖν καὶ μισθὸν κομίσασθαι τῆς εὐσεβείας τὸ κεκρίσθαι μηδὲ τοῦ ἀνατιθέναι ἄξιον.

[6] Ὁ μὲν οὖν τἀναντία μοι ἐγνωκώς, καθάπερ ἐκ τοῦ Ἀκράγαντος ἄρτι καταπεπλευκώς, σφαγάς τινας καὶ βίας καὶ ἁρπαγὰς καὶ ἀπαγωγὰς ἐτραγῴδει τοῦ τυράννου μόνον οὐκ αὐτόπτης γεγενῆσθαι λέγων, ὃν ἴσμεν οὐδ᾽ ἄχρι τοῦ πλοίου ἀποδεδημηκότα. χρὴ δὲ τὰ μὲν τοιαῦτα μηδὲ τοῖς πεπονθέναι φάσκουσιν πάνυ πιστεύειν διηγουμένοις – ἄδηλον γὰρ εἰ ἀληθῆ λέγουσιν – οὐχ ὅπως αὐτοὺς ἃ μὴ ἐπιστάμεθα κατηγορεῖν. [7] εἰ δ᾽ οὖν τι καὶ πέπρακται τοιοῦτον ἐν Σικελίᾳ, τοῦτ᾽ οὐ Δελφοῖς ἀναγκαῖον πολυπραγμονεῖν, εἰ μὴ ἀντὶ ἱερέων ἤδη δικασταὶ εἶναι

ner mehr zu einer Stiftung verstehen wollen, wenn er weiß, dass der Gott nichts akzeptieren wird, was nicht vorher die Delpher für gut befunden haben. **(4)** Nun hat der Pythier aber schon sein rechtskräftiges Urteil über die Weihgabe gefällt: Hätte er Phalaris gehasst oder sich voll Abscheu von seiner Gabe abgewandt, dann wäre es ihm ja ein Leichtes gewesen, sie mitsamt dem Transportschiff mitten im Ionischen Meer zu versenken – er hat aber das genaue Gegenteil getan und ihnen, so hört man, eine Überfahrt bei heiterem Wetter und eine sichere Landung im Hafen von Kirrha gewährt.[1] **(5)** Wodurch als gesichert gelten kann, dass er der Frömmigkeit des Monarchen sein Gehör gibt. Deshalb solltet auch ihr euch seinem Urteil anschließen und diesen Stier hier der übrigen prachtvollen Ausstattung des Heiligtums hinzufügen. Denn das wäre wohl der Gipfel der Absurdität: Einer, der dem Gott ein so prachtvolles Geschenk bringt, wird vom Heiligtum selbst verurteilt und empfängt als Lohn für seine Frömmigkeit das Urteil, nicht einmal des Stiftens an sich würdig zu sein.

(6) Er nun, der die gegenteilige Meinung vertritt, hat uns, gerade als ob er frisch von Akragas herüber gesegelt wäre, ganze Schauermärchen von irgendwelchen Massenmorden, Gewalttaten, Plünderungen und Entführungen des Tyrannen erzählt – fehlte nur noch, er hätte behauptet, es mit eigenen Augen gesehen zu haben, er, der Weitgereiste, von dem wir wissen, dass er noch kein Schiff von innen gesehen hat! Man darf noch nicht einmal den Leuten, die behaupten, solches am eigenen Leib erlitten zu haben, ihre Geschichten ganz glauben – es ist ja alles andere als klar, ob sie die Wahrheit sagen –, geschweige denn, dass wir selbst uns zu Anklägern in Angelegenheiten aufschwingen, von denen wir gar nichts verstehen. **(7)** Und selbst wenn so etwas nun auf Sizilien geschehen ist, dann ist das noch lange kein Grund für uns Delpher, uns in fremde Angelegenheiten einzumischen, wenn wir nicht beanspruchen wollen, an Stelle von Priestern Richter zu sein und stattdessen, während es doch unsere Aufgabe ist, dem Gott Opfer darzubringen und in al-

ἀξιοῦμεν καί, δέον θύειν καὶ τἆλλα θεραπεύειν τὸν θεὸν καὶ συνανατιθέναι εἰ πέμψειέ τις, σκοποῦντες καθήμεθα εἴ τινες τῶν ὑπὲρ τὸν Ἰόνιον δικαίως ἢ ἀδίκως τυραννοῦνται.

[8] Καὶ τὰ μὲν τῶν ἄλλων ἐχέτω ὅπῃ βούλεται· ἡμῖν δὲ ἀναγκαῖον, οἶμαι, τὰ ἡμέτερα αὐτῶν εἰδέναι, ὅπως τε πάλαι διέκειτο καὶ ὅπως νῦν ἔχει καὶ τί ποιοῦσι λῷον ἔσται· ὅτι μὲν δὴ ἐν κρημνοῖς τε οἰκοῦμεν αὐτοὶ καὶ πέτρας γεωργοῦμεν, οὐχ Ὅμηρον χρὴ περιμένειν δηλώσοντα ἡμῖν, ἀλλ᾽ ὁρᾶν πάρεστι ταῦτα. καὶ ὅσον ἐπὶ τῇ γῇ, βαθεῖ λιμῷ ἀεὶ συνῆμεν ἄν, τὸ δ᾽ ἱερὸν καὶ ὁ Πύθιος καὶ τὸ χρηστήριον καὶ οἱ θύοντες καὶ οἱ εὐσεβοῦντες, ταῦτα Δελφῶν τὰ πεδία, ταῦτα ἡ πρόσοδος, ἐντεῦθεν ἡ εὐπορία, ἐντεῦθεν αἱ τροφαί – χρὴ γὰρ τἀληθῆ πρός γε ἡμᾶς αὐτοὺς λέγειν – καὶ τὸ λεγόμενον ὑπὸ τῶν ποιητῶν, ἄσπαρτα ἡμῖν καὶ ἀνήροτα φύεται τὰ πάντα ὑπὸ γεωργῷ τῷ θεῷ, ὃς οὐ μόνον τὰ παρὰ τοῖς Ἕλλησιν ἀγαθὰ γιγνόμενα παρέχει, ἀλλ᾽ εἴ τι ἐν Φρυξὶν ἢ Λυδοῖς ἢ Πέρσαις ἢ Ἀσσυρίοις ἢ Φοίνιξιν ἢ Ἰταλιώταις ἢ Ὑπερβορέοις αὐτοῖς, πάντα ἐς Δελφοὺς ἀφικνεῖται. καὶ τὰ δεύτερα μετὰ τὸν θεὸν ἡμεῖς τιμώμεθα ὑφ᾽ ἁπάντων καὶ εὐποροῦμεν καὶ εὐδαιμονοῦμεν· ταῦτα τὸ ἀρχαῖον, ταῦτα τὸ μέχρι νῦν, καὶ μὴ παυσαίμεθά γε οὕτω βιοῦντες.

[9] Μέμνηται δὲ οὐδεὶς πώποτε ψῆφον ὑπὲρ ἀναθήματος παρ᾽ ἡμῖν ἀναδοθεῖσαν οὐδὲ κωλυθέντα τινὰ θύειν ἢ ἀνατιθέναι. καὶ διὰ τοῦτ᾽, οἶμαι, καὶ αὐτὸ εἰς ὑπερβολὴν ηὔξηται τὸ ἱερὸν καὶ ὑπερπλουτεῖ ἐν τοῖς ἀναθήμασιν. δεῖ τοίνυν μηδ᾽ ἐν τῷ παρόντι καινοτομεῖν μηδὲν μηδὲ

lem anderen seine Diener zu sein und jemanden, der etwas schickt, bei der Aufstellung seiner Weihgabe zu unterstützen, wie in einem Gerichtshof unsere Plätze einzunehmen und zu untersuchen, ob irgendwelche Tyrannen jenseits des Ionischen Meeres ihre Herrschaft gerecht oder ungerecht ausüben.

(8) Mag es sich mit den Angelegenheiten anderer Leute verhalten, wie es will: Wir, meine ich, müssen uns über unsere eigenen Angelegenheiten Gedanken machen: Wie stellten sie sich in der Vergangenheit dar, wie steht es mit ihnen jetzt, und wie werden wir zu unserem Vorteil handeln? Dass wir in einer steinigen Gegend leben und Felsen beackern: Um das zu verstehen, brauchen wir wirklich nicht erst auf Homer zu warten, sondern das kann jeder sehen.[2] Soweit es von unserem Grund und Boden abhängt, wäre schlimmster Hunger unser ständiger Begleiter, aber das Heiligtum, der Pythier, das Orakel, die Opfernden und die Frommen: Das sind die fruchtbaren Ebenen der Delpher, das sind ihre Einkünfte, das ist die Quelle ihres Wohlstandes, das ihr Unterhalt – wenigstens uns selbst gegenüber sollten wir doch ehrlich sein! –, und das Dichterwort trifft ganz auf uns zu, dass uns der Gott als Bauer alles ungesät und ungepflügt wachsen lässt,[3] er, der uns nicht nur alles, was es bei den Griechen Gutes gibt, offeriert – nein, auch was es bei den Phrygern, den Lydern, den Persern, den Assyrern, den Phöniziern, den Italern oder sogar bei den Hyperboreern gibt, all das gelangt nach Delphi. Zudem stehen wir bei allen in Ruhm und Ehre, gleich an zweiter Stelle nach dem Gott, wir leben im Wohlstand und sind glücklich. So war es früher, so war es bis jetzt, und möge dieses Leben nie enden!

(9) Keiner kann sich erinnern, dass wir jemals über eine Weihgabe abgestimmt oder jemanden an einem Opfer oder einer Weihung gehindert hätten. Und das ist es, meine ich, weshalb das Heiligtum so übermäßig gewachsen ist und einen so ungeheuren Reichtum an Weihgaben besitzt. Wir sollten also auch heute nicht mit Neuerungen herumexperimentieren und gegen den Brauch unserer Väter das

παρὰ τὰ πάτρια νόμον καθιστάναι, φυλοκρινεῖν τὰ ἀναθήματα καὶ γενεαλογεῖν τὰ πεμπόμενα, ὅθεν καὶ ἀφ᾽ ὅτου καὶ ὁποῖα, δεξαμένους δὲ ἀπραγμόνως ἀνατιθέναι ὑπηρετοῦντας ἀμφοῖν, καὶ τῷ θεῷ καὶ τοῖς εὐσεβέσι.

[10] Δοκεῖτε δέ μοι, ὦ ἄνδρες Δελφοί, ἄριστα βουλεύεσθαι περὶ τῶν παρόντων, εἰ λογίσαισθε ὑπὲρ ὅσων καὶ ἡλίκων ἐστὶν ἡ σκέψις, πρῶτον μὲν ὑπὲρ τοῦ θεοῦ καὶ τοῦ ἱεροῦ καὶ θυσιῶν καὶ ἀναθημάτων καὶ ἐθῶν ἀρχαίων καὶ θεσμῶν παλαιῶν καὶ δόξης τοῦ μαντείου, ἔπειτα ὑπὲρ τῆς πόλεως ὅλης καὶ τῶν συμφερόντων τῷ τε κοινῷ ἡμῶν καὶ ἰδίᾳ ἑκάστῳ Δελφῶν, ἐπὶ πᾶσι δὲ τῆς παρὰ πᾶσιν ἀνθρώποις εὐκλείας ἢ κακοδοξίας· τούτων γὰρ οὐκ οἶδα εἴ τι μεῖζον, εἰ σωφρονεῖτε, ἢ ἀναγκαιότερον ἡγήσεσθε ἄν.

[11] Περὶ μὲν οὖν ὧν βουλευόμεθα, ταῦτά ἐστιν, οὐ Φάλαρις τύραννος εἷς οὐδ᾽ ὁ ταῦρος οὗτος οὐδὲ χαλκὸς μόνον, ἀλλὰ πάντες βασιλεῖς καὶ πάντες δυνάσται, ὅσοι νῦν χρῶνται τῷ ἱερῷ, καὶ χρυσὸς καὶ ἄργυρος καὶ ὅσα ἄλλα τίμια, πολλάκις ἀνατεθησόμενα τῷ θεῷ· πρῶτον μὲν γὰρ τὸ κατὰ τὸν θεὸν ἐξετασθῆναι ἄξιον. **[12]** τίνος οὖν ἕνεκα μὴ ὡς ἀεὶ μηδὲ ὡς πάλαι τὰ περὶ τῶν ἀναθημάτων ποιήσωμεν; ἢ τί μεμφόμενοι τοῖς παλαιοῖς ἔθεσιν καινοτομήσωμεν; καὶ ὃ μηδὲ πώποτε, ἀφ᾽ οὗ τὴν πόλιν οἰκοῦμεν καὶ ὁ Πύθιος χρᾷ καὶ ὁ τρίπους φθέγγεται καὶ ἡ ἱέρεια ἐμπνεῖται, γεγένηται παρ᾽ ἡμῖν, νῦν καταστησώμεθα, κρίνεσθαι καὶ ἐξετάζεσθαι τοὺς ἀνατιθέντας; καὶ μὴν ἐξ ἐκείνου μὲν τοῦ παλαιοῦ ἔθους, τοῦ ἀνέδην καὶ πᾶσιν ἐξεῖναι, ὁρᾶτε ὅσων ἀγαθῶν ἐμπέπλησται τὸ ἱερόν, ἁπάντων ἀνατιθέντων καὶ ὑπὲρ τὴν ὑπάρχουσαν δύναμιν

Gesetz erlassen, Weihgaben, die man uns schickt, seien auf ihre Abstammung und ihre Familie hin zu überprüfen und ›was, woher und von wem‹ zu fragen, sondern sie, ohne Schwierigkeiten zu machen, in Empfang nehmen, aufstellen und so beiden dienen: dem Gott und den Frommen!

(10) Ich bin der Ansicht, Männer von Delphi, dass ihr, was die vorliegende Frage betrifft, am besten beraten seid, wenn ihr euch die Tragweite und Bedeutung eurer Prüfung bewusst macht: Es geht erstens um den Gott, um das Heiligtum, die Opfer und Weihgaben, die altehrwürdigen Gebräuche, die lange etablierten Satzungen und den Ruf des Orakels, zweitens um die ganze Stadt, unser Gemeinwohl und das Wohl jedes einzelnen Delphers, und mehr noch als alles um unser gutes oder unser schlechtes Ansehen in der ganzen Welt. Denn ich kann mir gar nicht vorstellen, dass ihr, seid ihr bei Verstand, etwas werdet finden können, das wichtiger oder dringender wäre als dies.

(11) Das ist es also, worüber wir zu Rate sitzen, nicht der eine Tyrann Phalaris, auch nicht dieser Stier, auch nicht nur die Bronze, sondern alle Könige und alle Herrscher, die heutzutage mit dem Heiligtum in Verbindung stehen, ihr Gold, ihr Silber und alle übrigen wertvollen Dinge, die noch oft als Stiftungen für den Gott dienen werden. Denn zuerst muss unsere Prüfung angemessenerweise auf das gehen, was den Gott betrifft. **(12)** Weswegen also sollen wir denn in der Frage der Weihgeschenke nicht wie immer schon und wie früher verfahren? Oder warum die alten Gebräuche kritisieren und Neuerungen einführen? Und jetzt etwas etablieren, was es noch nie bei uns gegeben hat, seit wir unsere Stadt bewohnen, seit der Pythier Orakel gibt, seit der Dreifuß ertönt und die Priesterin in Verzückung verfällt: die Bewertung und Überprüfung der Stifter? Und seht doch, welche Fülle an Gutem jener alte Brauch, dass Weihungen allen ungehindert möglich sind, dem Heiligtum beschert hat, wo alle ihre Weihgaben aufstellen und einige sogar über ihre eigentlichen Mittel hinaus den Gott beschenken!

ἐνίων δωρουμένων τὸν θεόν. [13] εἰ δ' ὑμᾶς αὐτοὺς δοκιμαστὰς καὶ ἐξεταστὰς ἐπιστήσετε τοῖς ἀναθήμασιν, ὀκνῶ μὴ ἀπορήσωμεν τῶν δοκιμασθησομένων ἔτι, οὐδενὸς ὑπομένοντος ὑπόδικον αὑτὸν καθιστάναι, καὶ ἀναλίσκοντα καὶ καταδαπανῶντα παρ' αὑτοῦ κρίνεσθαι καὶ ὑπὲρ τῶν ὅλων κινδυνεύειν. ἢ τίνι βιωτόν, εἰ κριθήσεται τοῦ ἀνατιθέναι ἀνάξιος;

(13) Setzt ihr euch aber als Prüf- und Musterungskommission über die Weihgaben, dann, so beschleicht mich die Sorge, werden uns bald die Leute ausgehen, die sich mustern lassen wollen, weil sich niemand dafür, dass er sein Vermögen angreift und aufzehrt, einem gerichtlichen Verfahren unterziehen, verurteilt werden und seine ganze Existenz aufs Spiel setzen möchte: Oder wer wollte noch weiterleben, über den das Urteil gesprochen wird, er sei nicht würdig, eine Weihgabe darzubringen?

ΤΥΡΑΝΝΟΚΤΟΝΟΣ

Ἀνῆλθέν τις ἐς τὴν ἀκρόπολιν ἀποκτενῶν τὸν τύραννον· αὐτὸν μὲν οὐχ εὗρεν, τὸν δ' υἱὸν αὐτοῦ ἀποκτείνας κατέλιπε τὸ ξίφος ἐν τῷ σώματι. ἐλθὼν ὁ τύραννος καὶ τὸν υἱὸν ἰδὼν ἤδη νεκρὸν τῷ αὐτῷ ξίφει ἑαυτὸν ἀπέκτεινεν. αἰτεῖ ὁ ἀνελθὼν καὶ τὸν τοῦ τυράννου υἱὸν ἀνελὼν γέρας ὡς τυραννοκτόνος.

[1] Δύο τυράννους ἀποκτείνας, ὦ ἄνδρες δικασταί, μιᾶς ἡμέρας, τὸν μὲν ἤδη παρηβηκότα, τὸν δὲ ἀκμάζοντα καὶ πρὸς διαδοχὴν τῶν ἀδικημάτων ἑτοιμότερον, ἥκω μίαν ὅμως ἐπ' ἀμφοτέροις αἰτήσων δωρεὰν μόνος τῶν πώποτε τυραννοκτόνων πληγῇ μιᾷ δύο πονηροὺς ἀποσκευασάμενος καὶ φονεύσας τὸν μὲν παῖδα τῷ ξίφει, τὸν πατέρα δὲ τῇ πρὸς τὸν υἱὸν φιλοστοργίᾳ. ὁ μὲν οὖν τύραννος ἀνθ' ὧν ἐποίησεν ἱκανὴν ἡμῖν δέδωκε τιμωρίαν, ζῶν μὲν τὸν υἱὸν ἐπιδὼν προανῃρημένον, παρὰ τὴν τελευτήν [τελευταῖον] δὲ ἠναγκασμένος, τὸ παραδοξότατον, αὐτὸς αὑτοῦ γενέσθαι τυραννοκτόνος. ὁ παῖς δὲ ὁ ἐκείνου τέθνηκεν μὲν ὑπ' ἐμοῦ, ὑπηρέτησε δέ μοι καὶ ἀποθανὼν πρὸς ἄλλον φόνον, ζῶν μὲν συναδικῶν τῷ πατρί, μετὰ θάνατον δὲ πατροκτονήσας, ὡς ἐδύνατο.

[2] Τὴν μὲν οὖν τυραννίδα ὁ παύσας εἰμὶ ἐγὼ καὶ τὸ ξίφος ὃ πάντα εἴργασται ἐμόν, τὴν δὲ τάξιν ἐνήλλαξα τῶν φόνων καὶ τὸν τρόπον ἐκαινοτόμησα τῆς τῶν πονηρῶν τελευτῆς, τὸν μὲν ἰσχυρότερον καὶ ἀμύνασθαι δυνάμενον αὐτὸς ἀνελών, τὸν γέροντα δὲ μόνῳ παραχωρήσας τῷ ξίφει.

[3] Ἐγὼ μὲν οὖν καὶ περιττότερόν τι ἐπὶ τούτοις ᾤμην γενήσεσθαί μοι παρ' ὑμῶν καὶ δωρεὰς λήψεσθαι ἰσαρίθμους τοῖς ἀνῃρημένοις, ὡς ἂν

DER TYRANNENTÖTER

In der Absicht, den Tyrannen zu töten, stieg einer zur Akropolis hinauf. Den Tyrannen selbst fand er nicht vor, tötete stattdessen seinen Sohn und ließ das Schwert in der Leiche stecken. Der Tyrann kam hinzu, entdeckte seinen bereits entleibten Sohn und gab sich selbst mit dem gleichen Schwert den Tod. Nun fordert er, der hinaufgestiegen ist und den Sohn des Tyrannen getötet hat, eine Belohnung als Tyrannentöter.[1]

(1) Zwei Tyrannen habe ich erschlagen, Richter, an einem einzigen Tag, den einen, der schon jenseits, den anderen, der noch mitten in der Blüte seiner Jahre stand und nur allzu bereit war, sein Unrechtserbe anzutreten: So trete ich vor euch und fordere doch nur *eine* Belohnung für beide. Als einziger unter allen Tyrannentötern, die es je gab, habe ich auf einen Streich zwei Bösewichter aus dem Verkehr gezogen und den Sohn durch das Schwert, den Vater durch seine zärtliche Sohnesliebe gemeuchelt. Der Tyrann nun hat uns für seine Untaten ausreichend Genugtuung gegeben: Zu Lebzeiten musste er sehen, wie sein Sohn vorzeitig aus dem Leben gerissen wurde, am Ende seines Lebens sah er sich gezwungen – welch unverhoffte Wendung! –, selbst sein eigener Tyrannentöter zu werden. Sein Sohn aber starb von meiner Hand, und noch im Tode reichte er mir seine Hand zu einer weiteren Bluttat, im Leben war er Helfershelfer, im Tod Totschläger seines Vaters, so gut er es vermochte.

(2) Ich bin es, der der Tyrannenherrschaft ein Ende gemacht hat, und das Schwert, das alles vollbracht hat, ist mein Schwert! Nur habe ich die Reihenfolge der Exekutionen umgekehrt und die Art und Weise, wie Bösewichter zu Tode kommen, revolutioniert, indem ich denjenigen, der stärker war und sich wehren konnte, selbst getötet, den Alten hingegen meinem Schwert allein überlassen habe.

(3) Ich glaubte also sicher zu sein, überreich von euch dafür belohnt zu werden und eine der Zahl der Getöteten entsprechende

οὐ τῶν παρόντων ἀπαλλάξας ὑμᾶς μόνον, ἀλλὰ καὶ τῆς τῶν μελλόντων κακῶν ἐλπίδος, καὶ τὴν ἐλευθερίαν βέβαιον παρασχών, οὐδενὸς παραλελειμμένου κληρονόμου τῶν ἀδικημάτων· μεταξὺ δὲ κινδυνεύω τοσαῦτα κατορθώσας ἀγέραστος ἀπελθεῖν παρ' ὑμῶν καὶ μόνος στερέσθαι τῆς παρὰ τῶν νόμων ἀμοιβῆς, οὓς διεφύλαξα.

Ὁ μὲν οὖν ἀντιλέγων οὑτοσὶ δοκεῖ μοι οὐ κηδόμενος, ὥς φησι, τῶν κοινῶν τοῦτο ποιεῖν, ἀλλ' ἐπὶ τοῖς τετελευτηκόσι λελυπημένος καὶ ἀμυνόμενος τὸν ἐκείνοις τοῦ θανάτου αἴτιον γεγενημένον.

[4] ὑμεῖς δὲ ἀνάσχεσθέ μου, ὦ ἄνδρες δικασταί, πρὸς ὀλίγον τὰ ἐν τῇ τυραννίδι καίπερ εἰδόσιν ὑμῖν ἀκριβῶς διηγουμένου· καὶ γὰρ τὸ μέγεθος οὕτω μάθοιτ' ἂν τῆς εὐεργεσίας τῆς ἐμῆς, καὶ αὐτοὶ μᾶλλον εὐφρανεῖσθε λογιζόμενοι ὧν ἀπηλλάγητε.

Οὐ γὰρ ὥσπερ ἄλλοις τισὶν ἤδη συνέβη πολλάκις, ἁπλῆν καὶ ἡμεῖς τυραννίδα καὶ μίαν δουλείαν ὑπεμείναμεν, οὐδὲ ἑνὸς ὑπηνέγκαμεν ἐπιθυμίαν δεσπότου, ἀλλὰ μόνοι τῶν πώποτε τὰ ὅμοια δυστυχησάντων δύο ἀνθ' ἑνὸς τυράννους εἴχομεν καὶ πρὸς διττὰ οἱ δυστυχεῖς ἀδικήματα διῃρούμεθα. μετριώτερος δὲ ὁ πρεσβύτης ἦν παρὰ πολὺ καὶ πρὸς τὰς ὀργὰς ἠπιώτερος καὶ πρὸς τὰς κολάσεις ἀμβλύτερος καὶ πρὸς τὰς ἐπιθυμίας βραδύτερος, ὡς ἂν ἤδη τῆς ἡλικίας τὸ μὲν σφοδρότερον τῆς ὁρμῆς ἐπεχούσης, τὰς δὲ τῶν ἡδονῶν ὀρέξεις χαλιναγωγούσης. καὶ πρός γε τὴν ἀρχὴν τῶν ἀδικημάτων ὑπὸ τοῦ παιδὸς ἄκων προσῆχθαι ἐλέγετο, οὐ πάνυ τυραννικὸς αὐτὸς ὤν, ἀλλ' εἴκων ἐκείνῳ· φιλότεκνος γὰρ ἐς ὑπερβολὴν ἐγένετο, ὡς ἔδειξεν, καὶ πάντα ὁ παῖς ἦν αὐτῷ καὶ ἐκείνῳ

Zahl von Geschenken zu bekommen, denn ich hatte euch ja doch nicht nur von den Übeln der Gegenwart, sondern auch von der ahnungsvollen Sorge um die Übel der Zukunft erlöst und euch bleibende Freiheit gebracht, ist doch kein Erbfolger im Unrecht mehr übrig. Inzwischen laufe ich jedoch Gefahr, aus eurem Gericht trotz solcher Heldentaten ganz ohne Ehrengeschenk herauszukommen und als einziger des Lohnes beraubt zu werden, den die Gesetze vorsehen, die ich beschützt und bewahrt habe. Dieser mein Gegner hier, so kommt es mir vor, widerspricht mir nicht, wie er behauptet, aus Sorge um das Gemeinwohl, sondern vielmehr aus Trauer um die Toten und aus Rache an dem, der für ihren Tod verantwortlich ist.

(4) Bitte habt Geduld mit mir, Richter, wenn ich euch in aller Kürze die Zustände unter der Tyrannenherrschaft berichte, obwohl ihr sie ja bestens kennt: Könnt ihr euch doch dann die Größe meiner Wohltat bewusst machen und werdet selbst noch größere Freude empfinden, wenn ihr ermesst, wovon ihr erlöst worden seid. Denn wir hatten nicht, wie es bei anderen schon oft vorgekommen ist, eine einfache Tyrannenherrschaft und die Versklavung durch einen einzigen Mann zu ertragen, und wir mussten auch nicht die Begehrlichkeiten eines einzelnen Despoten erdulden, sondern von allen Menschen, die jemals ein ähnliches Unglück zu ertragen hatten, besaßen allein wir zwei Tyrannen statt einem und wurden nur wir – wir Armen! – zwischen verdoppelten Unrechtstaten zerrissen. Dabei war der Greis weitaus gemäßigter, milder in seinen Wutausbrüchen, träger in seinen Strafaktionen und weniger willfährig seinem Verlangen gegenüber, als ob sein Alter bereits allzu heftige Ausschläge seiner Affekte verhinderte und die Wünsche seiner Lüsternheit im Zaum hielt. Anfänglich jedenfalls wurde er, wie es hieß, gegen seinen Willen von seinem Sohn zu den Unrechtstaten gepresst, selbst gar kein tyrannischer Mensch, sondern nur aus Nachgiebigkeit jenem gegenüber. Er übertrieb die Liebe zu seinem Kind – das hat er ja auch jetzt bewiesen –, der Sohn war sein Ein

ἐπείθετο καὶ ἠδίκει ὅσα κελεύοι καὶ ἐκόλαζεν οὓς προστάττοι καὶ πάντα ὑπηρέτει, καὶ ὅλως ἐτυραννεῖτο ὑπ᾽ αὐτοῦ καὶ δορυφόρος τῶν τοῦ παιδὸς ἐπιθυμιῶν ἦν.

[5] Ὁ νεανίας δὲ τῆς μὲν τιμῆς παρεχώρει καθ᾽ ἡλικίαν ἐκείνῳ καὶ μόνου ἐξίστατο τοῦ τῆς ἀρχῆς ὀνόματος, τὸ δ᾽ ἔργον τῆς τυραννίδος καὶ τὸ κεφάλαιον αὐτὸς ἦν, καὶ τὸ πιστὸν καὶ ἀσφαλὲς ἀπ᾽ αὐτοῦ παρεῖχε τῇ δυναστείᾳ, τὴν δὲ ἀπόλαυσιν μόνος ἐκαρποῦτο τῶν ἀδικημάτων. ἐκεῖνος ἦν ὁ τοὺς δορυφόρους συνέχων, ὁ τὴν φρουρὰν κρατύνων, ὁ τοὺς τυραννουμένους φοβῶν, ὁ τοὺς ἐπιβουλεύοντας ἐκκόπτων, ἐκεῖνος ὁ τοὺς ἐφήβους ἀνασπῶν, ὁ ἐνυβρίζων τοῖς γάμοις· ἐκείνῳ αἱ παρθένοι ἀνήγοντο, καὶ εἴ τινες σφαγαὶ καὶ εἴ τινες φυγαὶ καὶ χρημάτων ἀφαιρέσεις καὶ βάσανοι καὶ ὕβρεις, πάντα ταῦτα τολμήματα ἦν νεανικά. ὁ γέρων δὲ ἐκείνῳ ἠκολούθει καὶ συνηδίκει καὶ ἐπῄνει μόνον τὰ τοῦ παιδὸς ἀδικήματα, καὶ τὸ πρᾶγμα ἡμῖν ἀφόρητον καθειστήκει· ὅταν γὰρ αἱ τῆς γνώμης ἐπιθυμίαι τὴν ἐκ τῆς ἀρχῆς ἐξουσίαν προσλάβωσιν, οὐδένα ὅρον ποιοῦνται τῶν ἀδικημάτων.

[6] Μάλιστα δὲ ἐκεῖνο ἐλύπει, τὸ εἰδέναι μακράν, μᾶλλον δὲ ἀΐδιον, τὴν δουλείαν ἐσομένην καὶ ἐκ διαδοχῆς παραδοθησομένην τὴν πόλιν ἄλλοτε ἄλλῳ δεσπότῃ καὶ πονηρῷ⟨ν⟩ κληρονόμημα γενησόμενον τὸν δῆμον· ὡς τοῖς γε ἄλλοις οὐ μικρά τις ἐλπὶς αὕτη, τὸ λογίζεσθαι καὶ πρὸς αὐτοὺς λέγειν, »Ἀλλ᾽ ἤδη παύσεται«, »Ἀλλ᾽ ἤδη τεθνήξεται καὶ μετ᾽ ὀλίγον ἐλεύθεροι γενησόμεθα.« ἐπ᾽ ἐκείνων δὲ οὐδὲν τοιοῦτον ἠλπίζετο, ἀλλὰ ἑωρῶμεν ἤδη ἕτοιμον τὸν τῆς ἀρχῆς διάδοχον. τοιγαροῦν οὐδ᾽ ἐπιχειρεῖν τις ἐτόλμα τῶν γεννικῶν καὶ τὰ αὐτὰ ἐμοὶ προαιρουμένων, ἀλλ᾽ ἀπέγνωστο παντάπασιν ἡ ἐλευθερία καὶ ἄμαχος ἡ

und Alles, ihm folgte er, beging jedes Unrecht, das dieser anordnete, bestrafte jeden, den dieser ihm anwies, und war in allem sein Diener. Kurz: Sein Tyrann war der Sohn, dessen Lüsten diente er als Büttel.

(5) Der junge Mann ließ ihm, seinem Alter entsprechend, den Vorrang der Ehrenstellung und enthielt sich nur des Herrschertitels, doch war er selbst Hand und Seele der Tyrannis: Dadurch gewährleistete er die zuverlässige Sicherheit der Herrschaft und erntete den Nutzen der Unrechtstaten allein. Er war es, der Leibwächter unter Waffen hielt, der die Wachen verstärkte, er war der Schrecken seiner Untertanen, er war es, der Leute, die seiner Herrschaft gefährlich wurden, vernichtete, er, der die jungen Burschen zwangsrekrutierte, er, der glückliche Ehen zerstörte. Ihm führte man junge Mädchen zu, und was es sonst an Metzeleien, Verbannungen, Konfiskationen, Folterungen und brutalen Übergriffen gab, das war alles das Werk seines jugendlichen Übermutes.[2] Der Alte hingegen war sein Gefolgsmann, sein Genosse im Unrecht, der die Unrechtstaten seines Sohnes bloß zu loben wusste, kurz: Die Lage war für uns unerträglich geworden. Denn kann sich die Gier des Willens die Mittel der Macht aneignen, kennt sie keine Grenze des Unrechts.

(6) Am meisten Kummer machte uns aber, dass wir wussten, die Sklaverei werde lang, ja ewig dauern, immer wieder werde ein Despot dem anderen die Stadt in die Hand geben, und unser Volk werde ein Erbteil von Bösewichtern sein. Denn für andere besteht ja keine geringe Hoffnung darin, zu rechnen und einander zu versichern: »Bald wird es ein Ende haben, bald ist er tot, nur noch kurze Zeit, und wir sind frei!« Unter ihrer Herrschaft jedoch gab es keinen solchen Hoffnungsschimmer, sondern wir mussten mitansehen, wie schon ein Nachfolger in der Herrschaft bereitstand. Deshalb vermochte sich keiner von den Adligen, obwohl sie meine Ansichten teilten, zu einem Anschlag durchzuringen, sondern man hatte den Gedanken an Freiheit ganz aufgegeben, und die Tyrannis

τυραννὶς ἐδόκει, πρὸς τοσούτους ἐσομένης τῆς ἐπιχειρήσεως.

[7] Ἀλλ᾽ οὐκ ἐμὲ ταῦτα ἐφόβησεν οὐδὲ τὸ δυσχερὲς τῆς πράξεως λογισάμενος ἀπώκνησα οὐδὲ πρὸς τὸν κίνδυνον ἀπεδειλίασα, μόνος δέ, μόνος πρὸς οὕτως ἰσχυρὰν καὶ πολλὴν τυραννίδα, μᾶλλον δὲ οὐ μόνος, ἀλλὰ μετὰ τοῦ ξίφους ἀνῄειν τοῦ συμμεμαχημένου καὶ τὸ μέρος συντετυραννοκτονηκότος, πρὸ ὀφθαλμῶν μὲν τὴν τελευτὴν ἔχων, ἀλλαξόμενος δὲ ὅμως τὴν κοινὴν ἐλευθερίαν τῆς σφαγῆς τῆς ἐμῆς. ἐντυχὼν δὲ τῇ πρώτῃ φρουρᾷ καὶ τρεψάμενος οὐ ῥᾳδίως τοὺς δορυφόρους καὶ τὸν ἐντυγχάνοντα κτείνων καὶ τὸ ἀνθιστάμενον πᾶν διαφθείρων ἐπὶ τὸ κεφάλαιον αὐτὸ τῶν ἔργων ἱέμην, ἐπὶ τὴν μόνην τῆς τυραννίδος ἰσχύν, ἐπὶ τὴν ὑπόθεσιν τῶν ἡμετέρων συμφορῶν· καὶ ἐπιστὰς τῷ τῆς ἀκροπόλεως φρουρίῳ καὶ ἰδὼν γεννικῶς ἀμυνόμενον καὶ ἀνθιστάμενον πολλοῖς τραύμασιν ὅμως ἀπέκτεινα.

[8] Καὶ ἡ μὲν τυραννὶς ἤδη καθῄρητο, καὶ πέρας εἶχέ μοι τὸ τόλμημα, καὶ τὸ ἀπ᾽ ἐκείνου πάντες ἦμεν ἐλεύθεροι, ἐλείπετο δὲ γέρων ἔτι μόνος, ἄνοπλος, ἀποβεβληκὼς τοὺς φύλακας, ἀπολωλεκὼς τὸν μέγαν ἐκεῖνον ἑαυτοῦ δορυφόρον, ἔρημος, οὐδὲ γενναίας ἔτι χειρὸς ἄξιος.

Ἐνταῦθα τοίνυν πρὸς ἐμαυτόν, ὦ ἄνδρες δικασταί, τὰ τοιαῦτα ἐλογιζόμην· »Πάντ᾽ ἔχει μοι καλῶς, πάντα πέπρακται, πάντα κατώρθωται. τίνα ἂν ὁ περίλοιπος κολασθείη τρόπον; ἐμοῦ μὲν γὰρ ἀνάξιός ἐστι καὶ τῆς ἐμῆς δεξιᾶς, καὶ μάλιστα ἐπ᾽ ἔργῳ λαμπρῷ καὶ νεανικῷ καὶ γενναίῳ ἀνῃρημένος, καταισχύνων κἀκείνην τὴν σφαγήν· ἄξιον δέ τινα δεῖ ζητῆσαι δήμιον, ἀλλὰ μετὰ τὴν συμφορὰν μηδὲ τὴν αὐτὴν κερδαίνειν. ἰδέτω, κολασθήτω, παρακείμενον ἐχέτω τὸ ξίφος· τούτῳ τὰ λοιπὰ

schien unüberwindlich, gegen so viele hätte man sich erheben müssen.

(7) Mich aber schreckte das nicht, weder habe ich angesichts der Schwierigkeiten der Tat gezaudert noch vor der Gefahr verzagt, nein, allein, allein! bin ich gegen eine so mächtige und zahlenmäßig überlegene Tyrannis hinaufgestiegen, oder besser: nicht allein, sondern zusammen mit meinem Schwert, meinem Verbündeten und anteiligen Ko-Tyrannentöter, zwar den Tod vor Augen, aber dennoch bereit, die Freiheit aller für meine Vernichtung einzutauschen. Ich stieß auf die erste Wache, ich schlug nicht ohne Mühe die Leibwächter in die Flucht, ich tötete jeden, den ich traf, und vernichtete alles, was sich mir in den Weg stellte, doch dann richtete sich mein ganzes Sinnen und Trachten auf die eigentliche, die wichtigste Tat, auf das Machtzentrum der Tyrannenherrschaft, auf den Grundpfeiler unseres Unglücks: Und als ich zur Festung der Akropolis kam und ihn erblickte, da verwundete ich ihn, obwohl er sich mir entgegenwarf und sich tapfer wehrte, dennoch an vielen Stellen, und so tötete ich ihn.[3]

(8) Und das war das Ende der Tyrannis und zugleich die Vollendung meiner Heldentat. Von diesem Augenblick an waren wir alle frei, nur der Alte war noch übrig, ohne Waffen, seine Wachen waren ihm genommen, jenen seinen mächtigen Beschützer hatte er verloren, allein war er – einer edlen Hand nicht mehr würdig. Da nun, Richter, überlegte ich folgendermaßen: »Alles ist gut gegangen, alles ist vollbracht, alles in Ordnung! Auf welche Weise soll er, der noch übrig ist, seine Strafe finden? Meiner und meiner Rechten ist er nicht würdig, vor allem nicht, wenn er nur als Dreingabe zu einer so herrlichen, kraftvollen und edlen Tat erschlagen wird und damit mein Blutbad am Ende noch verunziert. Ich muss einen anderen würdigen Henker suchen, aber nach meiner erfolgreichen Tat darf ich keinen weiteren Vorteil daraus ziehen! Mit eigenen Augen soll er sehen, bestraft werden soll er, das Schwert soll er dazu bereitliegen haben: Dem trage ich das Übrige auf!« So überlegte ich

ἐντέλλομαι.« ταῦτα βουλευσάμενος αὐτὸς μὲν ἐκποδὼν ἀπηλλαττόμην, ὁ δέ, ὅπερ ἐγὼ προὐμαντευσάμην, διεπράξατο καὶ ἐτυραννοκτόνησεν καὶ τέλος ἐπέθηκε τῷ ἐμῷ δράματι.

[9] Πάρειμι οὖν κομίζων ὑμῖν τὴν δημοκρατίαν καὶ θαρρεῖν ἤδη προκηρύττων ἅπασι καὶ τὴν ἐλευθερίαν εὐαγγελιζόμενος. ἤδη οὖν ἀπολαύετε τῶν ἔργων τῶν ἐμῶν. κενὴ μέν, ὡς ὁρᾶτε, πονηρῶν ἡ ἀκρόπολις, ἐπιτάττει δὲ οὐδείς, ἀλλὰ καὶ τιμᾶν ἔξεστι καὶ δικάζειν καὶ ἀντιλέγειν κατὰ τοὺς νόμους, καὶ πάντα ταῦτα γεγένηται δι' ἐμὲ ὑμῖν καὶ διὰ τὴν τόλμαν τὴν ἐμήν, κἀκ τοῦ ἑνὸς ἐκείνου φόνου, μεθ' ὃν οὐκέτι ζῆν πατὴρ ἐδύνατο. ἀξιῶ δ' οὖν ἐπὶ τούτοις τὴν ὀφειλομένην δοθῆναί μοι παρ' ὑμῶν δωρεάν, οὐ φιλοκερδὴς οὐδὲ μικρολόγος τις ὢν οὐδὲ ἐπὶ μισθῷ τὴν πατρίδα εὐεργετεῖν προῃρημένος, ἀλλὰ βεβαιωθῆναί μοι βουλόμενος τὰ κατορθώματα τῇ δωρεᾷ καὶ μὴ διαβληθῆναι μηδὲ ἄδοξον γενέσθαι τὴν ἐπιχείρησιν τὴν ἐμὴν ὡς ἀτελῆ καὶ γέρως ἀναξίαν κεκριμένην.

[10] Οὑτοσὶ δὲ ἀντιλέγει καὶ φησὶν οὐκ εὔλογον ποιεῖν με τιμᾶσθαι θέλοντα καὶ δωρεὰν λαμβάνειν· οὐ γὰρ εἶναι τυραννοκτόνον οὐδὲ πεπρᾶχθαί μοί τι κατὰ τὸν νόμον, ἀλλ' ἐνδεῖν τι τῷ ἔργῳ τῷ ἐμῷ πρὸς ἀπαίτησιν τῆς δωρεᾶς. πυνθάνομαι τοίνυν αὐτοῦ. Τί λοιπὸν ἀπαιτεῖς παρ' ἡμῶν; οὐκ ἠβουλήθην; οὐκ ἀνῆλθον; οὐκ ἐφόνευσα; οὐκ ἠλευθέρωσα; μή τις ἐπιτάττει; μή τις κελεύει; μή τις ἀπειλεῖ δεσπότης; μή τίς με τῶν κακούργων διέφυγεν; οὐκ ἂν εἴποις. ἀλλὰ πάντα εἰρήνης μεστὰ καὶ πάντες οἱ νόμοι καὶ ἐλευθερία σαφὴς καὶ δημοκρατία βέβαιος καὶ γάμοι ἀνύβριστοι καὶ παῖδες ἀδεεῖς καὶ παρθένοι ἀσφαλεῖς καὶ ἑορτάζουσα τὴν

und verließ die Bühne. Er aber tat wirklich, was ich vorhergesehen hatte: Er ist selbst zum Tyrannentöter geworden und hat so mein Stück zu Ende gespielt.

(9) Hier stehe ich. Ich bringe euch die Demokratie, ich heiße euch in aller Öffentlichkeit, wieder aufzuatmen, und ich verkünde euch die frohe Botschaft: Ihr seid frei! Jetzt schon könnt ihr die Früchte meiner Taten genießen. Geräumt von Bösewichtern ist, wie ihr seht, die Akropolis, keiner erteilt mehr Anweisungen, ihr könnt Ehrungen verleihen, Prozesse führen, Streitigkeiten ausfechten, ganz wie die Gesetze es vorsehen, und all das habt ihr mir zu verdanken, meiner Verwegenheit und diesem einen Totschlag, nach dem der Vater nicht mehr zu leben vermochte. Hierfür fordere ich nun von euch die schuldige Belohnung, nicht weil ich ein habgieriger und kleinlicher Mensch wäre, und auch nicht, weil ich etwa vorhatte, meinem Vaterland eine Wohltat gegen Bezahlung zu erweisen, sondern weil es mir darum geht, meinen Erfolgen durch die Belohnung Dauer zu verleihen und meinen Anschlag nicht dadurch in Verruf geraten und in Ruhmlosigkeit versinken zu lassen, dass er als Fehlschlag und als eines Ehrengeschenkes unwürdig abgeurteilt wird.

(10) Der hier tritt gegen mich auf und behauptet, ich handelte gegen alle Vernunft, wenn ich eine Ehrung und ein Geschenk begehrte. Ich sei nämlich gar kein Tyrannentöter, und meine Aktion entspreche auch gar nicht den Gesetzen, sondern meiner Tat fehle etwas, um ein Geschenk dafür fordern zu dürfen. Ich frage ihn also: Was willst du denn noch von mir? Hatte ich nicht den Willen zur Tat? Bin ich nicht hinaufgestiegen? Habe ich nicht getötet? Habe ich nicht befreit? Erteilt etwa jemand noch Anweisungen? Befehle? Stößt da etwa noch ein Despot Drohungen aus? Ist mir etwa einer der Schurken entwischt? Das wirst du nicht behaupten können! Nein, alles ist voll des Friedens, überall regiert das Gesetz, hell strahlt die Freiheit, sicher steht die Demokratie, die Ehen bleiben unangetastet, unsere Söhne leben ohne Furcht, jungen Frauen droht keine Gefahr, die Stadt feiert das Fest ihres gemeinsamen Glücks. Und

κοινὴν εὐτυχίαν ἡ πόλις. τίς οὖν ὁ τούτων ἁπάντων αἴτιος; τίς ὁ ἐκεῖνα μὲν παύσας, τὰ δὲ παρεσχημένος; εἰ γάρ τίς ἐστι τῶν πάντων πρὸ ἐμοῦ τιμᾶσθαι δίκαιος, παραχωρῶ τοῦ γέρως, ἐξίσταμαι τῆς δωρεᾶς. εἰ δὲ μόνος ἐγὼ πάντα διεπραξάμην τολμῶν καὶ κινδυνεύων, ἀνιῶν, ἀναιρῶν, κολάζων, δι᾽ ἀλλήλων τιμωρούμενος, τί μου διαβάλλεις τὰ κατορθώματα; τί δὲ ἀχάριστον πρός με τὸν δῆμον ποιεῖς εἶναι;

[11] »Οὐ γὰρ αὐτὸς ἐφόνευσας τὸν τύραννον· ὁ δὲ νόμος τυραννοκτόνῳ δίδωσιν τὴν δωρεάν.« διαφέρει δέ, εἰπέ μοι, τί ἢ αὐτὸν ἀνελεῖν ἢ τοῦ θανάτου παρασχεῖν τὴν αἰτίαν; ἐγὼ μὲν γὰρ οὐδὲν οἶμαι· ἀλλὰ τοῦτο μόνον ὁ νομοθέτης εἶδεν, τὴν ἐλευθερίαν, τὴν δημοκρατίαν, τὴν τῶν δεινῶν ἀπαλλαγήν. τοῦτ᾽ ἐτίμησεν, τοῦτ᾽ ἄξιον ἀμοιβῆς ὑπέλαβεν, ὅπερ οὐκ ἂν εἴποις μὴ δι᾽ ἐμὲ γεγενῆσθαι. εἰ γὰρ ἐφόνευσα δι᾽ ὃν ἐκεῖνος ζῆν οὐκ ἐδύνατο, αὐτὸς εἴργασμαι τὴν σφαγήν. ἐμὸς ὁ φόνος, ἡ χεὶρ ἐκείνου. μὴ τοίνυν ἀκριβολογοῦ ἔτι περὶ τοῦ τρόπου τῆς τελευτῆς μηδὲ ἐξέταζε ὅπως ἀπέθανεν, ἀλλ᾽ εἰ μηκέτ᾽ ἐστίν, εἰ δι᾽ ἐμὲ τὸ μηκέτ᾽ εἶναι ἔχει· ἐπεὶ κἀκεῖνο προσεξετάσειν μοι δοκεῖς καὶ συκοφαντήσειν τοὺς εὐεργέτας, εἴ τις μὴ ξίφει, ἀλλὰ λίθῳ ἢ ξύλῳ ἢ ἄλλῳ τῳ τρόπῳ ἀπέκτεινεν.

Τί δέ, εἰ λιμῷ ἐξεπολιόρκησα τὸν τύραννον τὴν ἀνάγκην τῆς τελευτῆς παρέχων, ἀπῄτεις ἂν καὶ τότε παρ᾽ ἐμοῦ αὐτόχειρα τὴν σφαγήν, ἢ ἐνδεῖν ἔλεγές μοί τι πρὸς τὸν νόμον, καὶ ταῦτα χαλεπώτερον τοῦ κακούργου πεφονευμένου; ἓν μόνον ἐξέταζε, τοῦτο ἀπαίτει, τοῦτο

wem ist das alles zu verdanken? Wer ist es, der dem einen ein Ende gemacht, der das andere geschenkt hat? Wenn es wirklich jemanden auf der Welt gibt, der zu Recht verdient, an meiner Stelle geehrt zu werden, dann überlasse ich ihm die Ehrengabe und verzichte auf die Belohnung. Habe aber ich allein das alles vollbracht, habe ich mich erkühnt, habe ich die Gefahr auf mich genommen, bin ich hinaufgestiegen, habe ich getötet, habe ich bestraft, habe ich sie die Rache aneinander vollziehen lassen, was redest du dann meine Erfolge schlecht? Warum willst du das Volk zur Undankbarkeit gegen mich aufhetzen?

(11) »Weil du den Tyrannen nicht selbst getötet hast:[4] Das Gesetz aber verleiht die Belohnung dem Tyrannentöter.« Was macht es denn für einen Unterschied, sag mir, ob ich ihn getötet oder seinen Tod verursacht habe? Keinen, meine jedenfalls ich. Sondern auf dies allein hat der Gesetzgeber geschaut: auf die Freiheit, auf die Demokratie, auf die Erlösung aus schlimmer Not. Dafür sah er Ehrungen vor, das hielt er einer Belohnung für wert, wofür du mir die Urheberschaft nicht absprechen kannst. Wenn ich nämlich denjenigen getötet habe, dessen Tod jenem das Leben verleidet hat, dann habe ich damit selbst die Bluttat vollbracht. Mein ist die Tat, sein ist die Hand! Hör also auf mit deinen Haarspaltereien über die Art und Weise seines Endes und frage nicht, wie er starb, sondern, wenn er nicht mehr lebt, ob er durch mich nicht mehr lebt! Wahrscheinlich wirst du gleich auch noch fragen – es geht dir doch nur darum, Wohltäter zu verleumden! –, ob einer nicht mit dem Schwert, sondern mit einem Stein oder Stock oder auf sonst eine andere Weise getötet hat. Was wäre denn, wenn ich den Tyrannen auf seiner Burg ausgehungert und so seinen Tod erzwungen hätte? Würdest du auch in diesem Fall von mir eine eigenhändige Bluttat einklagen, oder würdest du auch in diesem Fall sagen, mir fehle noch etwas, um den Buchstaben des Gesetzes zu erfüllen, und das, wo der Übeltäter dann einen noch viel schlimmeren Tod gestorben wäre? Stell nur diese eine Frage, verlange nur dies, lass dich nur

πολυπραγμόνει, τίς τῶν πονηρῶν λείπεται, ἢ τίς ἐλπὶς τοῦ φόβου ἢ τί ὑπόμνημα τῶν συμφορῶν; εἰ δὲ καθαρὰ πάντα καὶ εἰρηνικά, συκοφαντοῦντός ἐστιν τῷ τρόπῳ τῶν πεπραγμένων χρώμενον ἀποστερεῖν ἐθέλειν τὴν ἐπὶ τοῖς πεπονημένοις δωρεάν.

[12] Ἐγὼ καὶ τοῦτο μέμνημαι διηγορευμένον ἐν τοῖς νόμοις (ἐκτὸς εἰ μὴ διὰ τὴν πολλὴν δουλείαν ἐπιλέλησμαι τῶν ἐν αὐτοῖς εἰρημένων) αἰτίας θανάτου εἶναι διττάς, ⟨εἴ τις αὐτὸς ἀπέκτεινεν⟩ ἢ εἴ τις μὴ αὐτὸς μὲν ἀπέκτεινε μηδὲ τῇ χειρὶ ἔδρασεν τὸ ἔργον, ἠνάγκασεν δὲ καὶ παρέσχεν ἀφορμὴν τοῦ φόνου, τὰ ἴσα καὶ τοῦτον ἀξιοῖ ὁ νόμος αὐτὸν ἀντικολάζεσθαι – μάλα δικαίως· οὐ γὰρ ἠβούλετο τοῦ πεπραγμένου ἥσσων γίνεσθαι τῷ τῆς ἀδείας· καὶ περιττὴ λοιπὸν ἡ ἐξέτασις τοῦ τρόπου τῆς σφαγῆς.

Εἶτα τὸν μὲν οὕτως ἀποκτείναντα κολάζειν ὡς ἀνδροφόνον δικαιοῖς καὶ οὐδαμῶς ἀφεῖσθαι θέλεις, τὸν δὲ κατὰ τὸν αὐτὸν τούτῳ τρόπον εὖ πεποιηκότα τὴν πόλιν οὐ τῶν ὁμοίων ἀξιώσεις τοῖς εὐεργέταις;

[13] οὐδὲ γὰρ ἐκεῖνο ἂν ἔχοις λέγειν, ὡς ἐγὼ μὲν ἁπλῶς αὐτὸ ἔπραξα, ἠκολούθησε δέ τι τέλος ἄλλως χρηστόν, ἐμοῦ μὴ θελήσαντος. τί γὰρ ἔτι ἐδεδίειν τοῦ ἰσχυροτέρου πεφονευμένου; τί δὲ κατέλιπον τὸ ξίφος ἐν τῇ σφαγῇ, εἰ μὴ πάντως τὸ ἐσόμενον αὐτὸ προεμαντευόμην; ἐκτὸς εἰ μὴ τοῦτο φῄς, ὡς οὐ τύραννος ὁ τεθνεὼς ἦν οὐδὲ ταύτην εἶχε τὴν προσηγορίαν, οὐδὲ δωρεὰς ἐπ' αὐτῷ πολλάς, εἰ ἀποθάνοι, ἡδέως ἂν ὑμεῖς ἐδώκατε. ἀλλ' οὐκ ἂν εἴποις.

Εἶτα τοῦ τυράννου πεφονευμένου [ἀνεληλυθότος] τῷ τὴν αἰτίαν παρασχόντι τῆς σφαγῆς οὐκ ἀποδώσεις τὴν δωρεάν; ὢ τῆς πολυπρα-

davon umtreiben: Wer von den Bösewichtern ist noch übrig, was lässt neuen Schrecken argwöhnen, was erinnert noch an das Unglück? Ist aber alles bereinigt, alles friedlich, dann muss man schon ein Miesmacher und Anschwärzer sein, um sich darauf zu versteifen, auf welche Art und Weise die Tat durchgeführt worden ist, und die Belohnung für die große Mühe zu verweigern.

(12) Ich meine mich auch daran zu erinnern, dass die Gesetze – falls ich ihren Inhalt nicht durch die lange Sklaverei vergessen habe – zwei Tatbestände des Totschlags vorsehen: Wenn einer entweder eigenhändig getötet hat oder zwar nicht selbst tötete und die Tat auch nicht eigenhändig verübt hat, aber den Totschlag verursacht und angestiftet hat, dann fordert das Gesetz für beide die gleiche Strafe, und das sehr zu Recht: Denn es wollte vermeiden, dass sein Geltungsbereich durch die Zulassung einer eventuellen Straflosigkeit eingeschränkt würde; und somit ist im folgenden die Frage nach der Art der Tötung überflüssig. Und da hältst du es für rechtens, einen, der auf diese Weise getötet hat, als Totschläger zu bestrafen, und willst ihn keinesfalls freigesprochen wissen, aber einen, der auf genau die gleiche Art und Weise der Stadt eine Wohltat erwiesen hat, den willst du nicht derselben Ehren würdigen, wie sie Wohltäter erhalten?

(13) Auch folgendes könntest du ja nicht einwenden: Dass ich meine Tat einfach so vollbracht hätte, die Sache aber, ohne meine Absicht, eben günstig ausgegangen sei. Denn was hatte ich denn noch zu fürchten, nachdem der Stärkere erschlagen dalag? Warum ließ ich das Schwert in der Wunde stecken, wenn ich nicht ganz sicher absah, dass genau das geschehen würde? Es sei denn, du wärst der Meinung, dass der Tote gar kein Tyrann war und auch nicht so genannt wurde und dass ihr nicht mit Freuden große Belohnungen für seinen Tod gezahlt hättet. Aber das würdest du wohl nicht behaupten wollen. Und dann willst du, wo der Tyrann erschlagen daliegt, dem, der die Tat verursacht hat, die Belohnung nicht geben? Was mischst du dich denn da ein! Geht es dich etwas an, wie er zu

γμοσύνης. μέλει δέ σοι, πῶς ἀπέθανεν, ἀπολαύοντι τῆς ἐλευθερίας, ἢ τὸν τὴν δημοκρατίαν ἀποδεδωκότα περιττότερόν τι προσαπαιτεῖς; »Καίτοι ὅ γε νόμος«, ὡς φῄς, »τὸ κεφάλαιον ἐξετάζει τῶν πεπραγμένων, τὰ διὰ μέσου δὲ πάντα ἐᾷ καὶ οὐκέτι πολυπραγμονεῖ.« τί γάρ; οὐχὶ καὶ ἐξελάσας τις τύραννον ἤδη τιμὴν ἔλαβεν τυραννοκτόνου; καὶ μάλα δικαίως· ἐλευθερίαν γὰρ κἀκεῖνος ἀντὶ δουλείας παρέσχηται. τὸ δ' ὑπ' ἐμοῦ γεγενημένον οὐ φυγὴ οὐδὲ δευτέρας ἐπαναστάσεως ἐλπίς, ἀλλὰ παντελὴς καθαίρεσις καὶ πανωλεθρία παντὸς τοῦ γένους καὶ ῥιζόθεν τὸ δεινὸν ἅπαν ἐκκεκομμένον.

[14] Καί μοι πρὸς θεῶν ἤδη ἀπ' ἀρχῆς ἐς τέλος, εἰ δοκεῖ, πάντα ἐξετάσατε, εἴ τι τῶν πρὸς τὸν νόμον παραλέλειπται καὶ εἰ ἐνδεῖ ⟨τι⟩ τῶν προσεῖναι ὀφειλόντων τυραννοκτόνῳ. πρῶτα μὲν δὴ γνώμην προϋπάρχειν χρὴ γενναίαν καὶ φιλόπολιν καὶ πρὸ [τοῦ] τῶν κοινῶν κινδυνεύειν ἐθέλουσαν καὶ τῷ οἰκείῳ θανάτῳ τὴν τῶν πολλῶν σωτηρίαν ὠνησομένην. ἆρ' οὖν πρὸς τοῦτο ἐνεδέησα, ἐμαλακίσθην, ἢ προελόμενός τινα τῶν διὰ μέσου κινδύνων ἀπώκνησα; οὐκ ἂν εἴποις. μένε τοίνυν ἐπὶ τούτου ἔτι μόνου καὶ νόμιζε τοῦ θελῆσαι μόνον καὶ τοῦ βουλεύσασθαι ταῦτα, εἰ καὶ μὴ χρηστὸν ἀποβεβήκει, ἔκ γε τῆς γνώμης αὐτῆς καταστάντα με γέρας ἀξιοῦν ὡς εὐεργέτην λαμβάνειν. ἐμοῦ μὲν οὐ δυνηθέντος, ἄλλου δὲ μετ' ἐμὲ τετυραννοκτονηκότος, ἄλογον, εἰπέ μοι, ἢ ἀγνῶμον ἦν παρασχεῖν; καὶ μάλιστα εἰ ἔλεγον »Ἄνδρες, ἐβουλόμην, ἠθέλησα, ἐπεχείρησα, ἐπειράθην· τῆς γνώμης μόνης ἄξιός εἰμι τιμᾶσθαι.«, τί ἂν ἀπεκρίνω τότε;

Tode gekommen ist, jetzt, wo du im Genuss der Freiheit bist, oder meinst du, von dem, der die Demokratie zurückgebracht hat, noch mehr verlangen zu müssen? »Doch stellt das Gesetz«, wie du sagst, »nur die Frage nach der eigentlichen Tat, alle weiteren Umstände lässt es außer Acht und mischt sich nicht weiter ein.« Was denn? Hat nicht auch schon einmal jemand, der den Tyrannen vertrieben hat, den Ehrentitel des Tyrannentöters erhalten? Und das sehr zu Recht! Denn auch er hat ja anstelle von Sklaverei Freiheit geschenkt! Was ich aber getan habe, ist keine Verbannung, ist nicht die Aussicht auf eine zweite Erhebung, sondern die vollständige Säuberung und die totale Vernichtung der ganzen Familie und die Ausrottung des Übels mitsamt seiner Wurzel.

(14) Befragt mich ruhig, bei den Göttern, nach dem vollständigen Tathergang, wenn ihr wollt: Ob etwas von dem, was das Gesetz vorsieht, ausgelassen ist und ob etwas fehlt von dem, was sich für einen Tyrannentöter gehört! Zunächst muss die Absicht vorhanden sein, edel und von vaterländischer Gesinnung, bereit, für das Gemeinwohl ein Risiko einzugehen und mit dem eigenen Tod die Rettung vieler zu erkaufen. Habe ich es also hieran fehlen lassen, bin ich weich geworden, oder bin ich, nachdem mein Entschluss gefasst war, vor irgendeiner der Gefahren, die mir auf dem Weg drohten, zurückgeschreckt? Das kannst du nicht sagen. Bleib also nur bei diesem einen Punkt und erkenne an, dass allein für meinen guten Willen und für meinen Plan, auch wenn nichts Nützliches dabei herausgekommen wäre, ich hier auftreten und allein aufgrund meiner Absicht ein Ehrengeschenk als Wohltäter verlangen könnte. Hätte ich aber nichts ausrichten können und hätte ein anderer nach mir den Tyrannen getötet, wäre es dann, sag mir, ein Zeichen von Unvernunft und Unverstand, es mir zu geben? Und erst recht dann, wenn ich sagen würde: »Männer, ich hatte die Absicht, ich hatte den Willen, ich habe es angepackt, ich habe es versucht: Für meine Absicht allein verdiene ich, geehrt zu werden.« Was würdest du da antworten?

[15] Νῦν δὲ οὐ τοῦτό φημι, ἀλλὰ καὶ ἀνῆλθον καὶ ἐκινδύνευσα καὶ μυρία πρὸ τῆς τοῦ νεανίσκου σφαγῆς ἐποίησα· μὴ γὰρ οὕτω ῥᾷστον μηδὲ εὐχερὲς ὑπολάβητε εἶναι τὸ πρᾶγμα, φρουρὰν ὑπερβῆναι καὶ δορυφόρων κρατῆσαι καὶ τρέψασθαι τοσούτους μόνον, ἀλλὰ σχεδὸν τὸ μέγιστον ἐν τῇ τυραννοκτονίᾳ καὶ τὸ κεφάλαιον τῶν ἔργων τοῦτό ἐστιν. οὐ γὰρ δὴ αὐτός γε ὁ τύραννος μέγα καὶ δυσάλωτον καὶ δυσκατέργαστόν ἐστιν, ἀλλὰ τὰ φρουροῦντα καὶ συνέχοντα τὴν τυραννίδα, ἅ τις ἂν νικήσῃ, πάντα οὗτος κατώρθωσεν, καὶ τὸ λοιπὸν ὀλίγον. τὸ δὴ ἄχρι τῶν τυράννων προελθεῖν οὐκ ἂν ὑπῆρξέ μοι, μὴ οὐχὶ τῶν περὶ αὐτοὺς φυλάκων καὶ δορυφόρων ἁπάντων κεκρατηκότι κἀκείνους ἅπαντας προνενικηκότι. οὐδὲν ἔτι προστίθημι, ἀλλ' ἐπὶ τούτων αὖθις μένω· φυλακῆς ἐκράτησα, δορυφόρους ἐνίκησα, τὸν τύραννον ἀφύλακτον, ἄνοπλον, γυμνὸν ἀπέδωκα. τιμῆς ἄξιος ἐπὶ τούτοις εἶναί σοι δοκῶ, ἢ ἔτι ἀπαιτεῖς παρ' ἐμοῦ τὸν φόνον;

[16] Ἀλλ' εἰ καὶ φόνον ζητεῖς, οὐδὲ τοῦτο ἐνδεῖ, οὐδὲ ἀναίμακτός εἰμι, ἀλλ' εἴργασμαι μεγάλην καὶ γενναίαν σφαγὴν νεανίσκου ἀκμάζοντος καὶ πᾶσι φοβεροῦ, δι' ὃν ἀνεπιβούλευτος κἀκεῖνος ἦν, ᾧ μόνῳ ἐθάρρει, ὃς ἀντὶ πολλῶν ἤρκει δορυφόρων. ἆρ' οὖν οὐκ ἄξιος, ὦ οὗτος, δωρεᾶς, ἀλλὰ ἄτιμος ἐπὶ τηλικούτοις γένωμαι; τί γάρ, εἰ δορυφόρον ἕνα, τί δ' εἰ ὑπηρέτην τινὰ τοῦ τυράννου ἀπέκτεινα, τί δ' εἰ οἰκέτην τίμιον, οὐ μέγα ἂν ἔδοξεν καὶ τοῦτο, ἀνελθόντα ἐν μέσῃ τῇ ἀκροπόλει, ἐν μέσοις τοῖς ὅπλοις φόνον τινὸς ἐργάσασθαι τῶν τοῦ τυράννου φίλων; νῦν δὲ καὶ τὸν πεφονευμένον αὐτὸν ἰδέ. υἱὸς ἦν τυράννου, μᾶλλον δὲ τύραννος

(15) Nun sage ich das aber gar nicht, sondern ich bin hinaufgestiegen, ich bin das Risiko eingegangen, ich habe, bevor ich den jungen Mann erschlug, unzählige Schwierigkeiten überwunden. Denn ihr dürft euch nicht vorstellen, das wäre alles so einfach und kinderleicht gewesen: an den Wachen vorbeizukommen, die Leibwächter zu überwältigen und als einzelner so viele Gegner zu verjagen! Vielmehr ist beim Tyrannentöten gerade das beinahe die größte und wichtigste Aufgabe. Denn nicht der Tyrann selbst ist doch etwas Gewaltiges, kaum zu Überwindendes, unmöglich Niederzuringendes, sondern das, was die Tyrannis bewacht und erhält: Wenn man das besiegt, hat man alles erreicht, und der Rest ist nur eine Kleinigkeit. Und in der Tat wäre es mir nicht gelungen, bis zu den Tyrannen vorzudringen, hätte ich nicht zuvor die Wachen und Leibwächter um sie überwältigt und sie alle vorher besiegt. Ich füge nichts weiter hinzu, sondern bleibe erneut bei diesem einen Punkt: Ich habe die Wache überwältigt, die Leibwächter besiegt, den Tyrannen wachenlos, waffenlos, nackt ans Messer geliefert. Hältst du mich dafür der Ehre für würdig, oder verlangst du von mir auch noch die Bluttat?

(16) Wenn du aber auch noch die Bluttat einforderst: Daran fehlt es ebenfalls nicht, und ich stehe hier nicht ohne Blut an meinen Händen, sondern ich habe in einem großen und edlen Gemetzel einen jungen Mann auf dem Zenit seiner Kraft erschlagen, einen, der alle in Angst und Schrecken versetzte, durch den auch jener vor Anschlägen sicher war, aus dem allein er Mut und Zuversicht zog, der ihm viele Leibwächter ersetzte. Verdiene ich also, du da!, keine Belohnung, sondern soll angesichts solcher Taten ungeehrt bleiben? Was wäre denn, wenn ich einen einzigen Leibwächter, was, wenn ich einen Untergebenen, was, wenn ich einen angesehenen Diener des Tyrannen erschlagen hätte? Würde nicht auch das als eine große Tat gelten, mitten auf die Akropolis hinaufzusteigen und inmitten der Waffen einen der Freunde des Tyrannen zu töten? Aber jetzt schau dir die Person des Toten an! Er war der Sohn des Tyrannen,

χαλεπώτερος καὶ δεσπότης ἀπαραίτητος καὶ κολαστὴς ὠμότερος καὶ ὑβριστὴς βιαιότερος, τὸ δὲ μέγιστον, κληρονόμος τῶν ὅλων καὶ διάδοχος καὶ ἐπὶ πολὺ παρατεῖναι τὰ τῆς ἡμετέρας συμφορᾶς δυνάμενος.

[17] Βούλει τοῦτο μόνον πεπρᾶχθαί μοι, ζῆν δὲ ἔτι τὸν τύραννον διαπεφευγότα; γέρας δὴ ἐπὶ τούτοις αἰτῶ. τί φατέ; οὐ δώσετε; οὐχὶ κἀκεῖνον ὑφεωρᾶσθε· οὐ δεσπότης; οὐ βαρύς; οὐκ ἀφόρητος ἦν;

Νῦν δὲ καὶ τὸ κεφάλαιον αὐτὸ ἐννοήσατε· ὃ γὰρ οὗτος ἀπαιτεῖ παρ' ἐμοῦ, τοῦτο ὡς ἐνῆν ἄριστα διεπραξάμην, καὶ τὸν τύραννον ἀπέκτεινα ἑτέρῳ φόνῳ, οὐχ ἁπλῶς οὐδὲ πληγῇ μιᾷ, ὅπερ εὐκταιότατον ἦν αὐτῷ ἐπὶ τηλικούτοις ἀδικήμασιν, ἀλλὰ λύπῃ προβασανίσας πολλῇ καὶ ἐν ὀφθαλμοῖς δείξας τὰ φίλτατα οἰκτρῶς προκείμενα, υἱὸν ἐν ἡλικίᾳ, εἰ καὶ πονηρόν, ἀλλ' οὖν καὶ ἀκμάζοντα καὶ ὅμοιον τῷ πατρί, αἵματος καὶ λύθρου ἐμπεπλησμένον. ταῦτ' ἔστι πατέρων τὰ τραύματα, ταῦτα ξίφη δικαίων τυραννοκτόνων, οὗτος θάνατος ἄξιος ὠμῶν τυράννων, αὕτη τιμωρία πρέπουσα τοσούτοις ἀδικήμασιν· τὸ δ' εὐθὺς ἀποθανεῖν, τὸ δ' ἀγνοῆσαι, τὸ δὲ [εὐθὺς] ἀγνοεῖν, τὸ μηδὲν τοιοῦτο θέαμα ἰδεῖν, οὐδὲν ἔχει τυραννικῆς κολάσεως ἄξιον.

[18] Οὐ γὰρ ἠγνόουν, ὦ οὗτος, οὐκ ἠγνόουν, οὐδὲ τῶν ἄλλων οὐδείς, ὅσην ἐκεῖνος εὔνοιαν πρὸς τὸν υἱὸν εἶχεν καὶ ὡς οὐκ ἂν ἠξίωσεν ἐπιβιῶναι οὐδ' ὀλίγον αὐτῷ χρόνον. πάντες μὲν γὰρ πατέρες ἴσως πρὸς τοὺς παῖδας τοιοῦτοι, ὁ δὲ καὶ περιττότερόν τι τῶν ἄλλων εἶχεν, εἰκότως, ὁρῶν μόνον ἐκεῖνον κηδεμόνα καὶ φύλακα τῆς τυραννίδος καὶ μόνον προκινδυνεύοντα τοῦ πατρὸς καὶ τὴν ἀσφάλειαν τῇ ἀρχῇ παρεχόμενον.

mehr noch: Er war ein drückenderer Tyrann, ein unerbittlicher Despot, ein grausamerer Zuchtmeister, ein brutalerer Gewalttäter. Aber das Schlimmste: Er sollte alles erben und übernehmen und unser Unglück in alle Ewigkeit verlängern dürfen.

(17) Wollen wir annehmen, ich hätte nur das vollbracht, der Tyrann aber sei entkommen und lebe noch? Ja, tatsächlich: Ich fordere dafür ein Ehrengeschenk! Was sagt ihr? Ihr wollt mir keines geben? Habt ihr nicht auch zu jenem ängstlich aufgeschaut? War er nicht euer Herr? Lastete seine Hand nicht schwer auf euch? War er nicht kaum zu ertragen? Nun aber macht euch folgendes klar, es ist die Hauptsache: Was dieser Mann von mir einfordert, das habe ich, so gut es ging, in jeder Hinsicht erledigt und den Tyrannen getötet, in einem zweiten Blutbad, nicht einfach so, auch nicht nur mit einem Hieb – nein, das wäre ein allzu erstrebenswertes Ende für ihn gewesen nach solchen Verbrechen –, sondern erst, nachdem ich ihn zuvor durch tiefes Leid gequält und ihm vor seinen Augen das Liebste, was er besaß, gezeigt hatte, wie es bejammernswert dahingestreckt lag, seinen Sohn im besten Alter, gewiss: einen Bösewicht, aber doch auch blühend und seinem Vater so ähnlich, mit Blut und Schmutz besudelt. So verwundet man einen Vater, das ist das Schwert eines gerechten Tyrannentöters, das ist der Tod, den verrohte Tyrannen verdienen, das ist eine Rache, wie sie für solche Verbrechen angemessen ist! Einem schnellen Tod ohne Kenntnis der Lage, ohne ein solches Bild vor Augen, fehlt alles zu einer zünftigen Tyrannenbestrafung.

(18) Denn ich wusste genau, du da!, ja, ich wusste genau, und alle anderen wussten es auch, wie sehr er an seinem Sohn hing und dass er ihn nicht einmal für kurze Zeit hätte überleben wollen. Vielleicht empfinden alle Väter so für ihre Söhne, er aber sogar noch mehr als die anderen, natürlich, sah er doch in ihm den einzigen Beschützer und Bewacher seiner Tyrannis, den einzigen, der für seinen Vater Gefahren auf sich nahm und die Sicherheit der Herrschaft gewährleistete. Daher wusste ich, er würde, wenn schon

ὥστε εἰ καὶ μὴ διὰ τὴν εὔνοιαν, ἀλλὰ διὰ τὴν ἀπόγνωσιν εὐθὺς ἠπιστάμην τεθνηξόμενον αὐτὸν καὶ λογιούμενον ὡς οὐδὲν ἔτι τοῦ ζῆν ὄφελος τῆς ἐκ τοῦ παιδὸς ἀσφαλείας καθῃρημένης. ἅπαντα τοίνυν αὐτῷ ἀθρόα περιέστησα, τὴν φύσιν, τὴν λύπην, τὴν ἀπόγνωσιν, τὸν φόβον, τὰς ἐπὶ τῶν μελλόντων ⟨...⟩ ἐπ' αὐτὸν ἐχρησάμην τοῖς συμμάχοις καὶ πρὸς τὴν τελευταίαν ἐκείνην σκέψιν κατηνάγκασα. ἀπέθανεν ὑμῖν ἄτεκνος, λελυπημένος, ὀδυρόμενος, δακρύων, πεπενθηκὼς πένθος ὀλιγοχρόνιον μέν, ἀλλ' ἱκανὸν πατρί, καὶ τὸ δεινότατον, αὐτὸς ὑφ' αὑτοῦ, ὅσπερ θανάτων οἴκτιστος καὶ πολλῷ χαλεπώτερος ἢ εἰ ὑπ' ἄλλου γίγνοιτο.

[19] Ποῦ μοι τὸ ξίφος; μή τις ἄλλος τοῦτο γνωρίζει; μή τινος ἄλλου ὅπλον τοῦτο ἦν; τίς αὐτὸ ἐς τὴν ἀκρόπολιν ἀνεκόμισε; πρὸ τοῦ τυράννου ⟨τίς⟩ ἐχρήσατο; τίς αὐτὸ ἐπ' ἐκεῖνον ἀπέστειλεν; ὦ ξίφος κοινωνὸν καὶ διάδοχον τῶν ἐμῶν κατορθωμάτων, μετὰ τοσούτους κινδύνους, μετὰ τοσούτους φόνους ἀμελούμεθα καὶ ἀνάξιοι δοκοῦμεν δωρεᾶς. εἰ γὰρ ὑπὲρ μόνου τούτου τὴν τιμὴν ᾔτουν παρ' ὑμῶν, εἰ γὰρ ἔλεγον »Ἄνδρες, ἀποθανεῖν ἐθελήσαντι τῷ τυράννῳ καὶ ἀνόπλῳ ἐπὶ τοῦ καιροῦ κατειλημμένῳ ξίφος τοῦτο ἐμὸν ὑπηρέτησε καὶ πρὸς τὸ τέλος τῆς ἐλευθερίας συνήργησε πάντῃ, τοῦτο τιμῆς τε καὶ δωρεᾶς ἄξιον νομίσατε.«, δεσπότην οὕτω δημοτικοῦ κτήματος οὐκ ἂν ἠμείψασθε; οὐκ ἂν ἐν τοῖς εὐεργέταις ἀνεγράψατε; οὐκ ἂν τὸ ξίφος ἐν τοῖς ἱεροῖς ἀνεθήκατε; οὐκ ἂν μετὰ τῶν θεῶν κἀκεῖνο προσεκυνήσατε;

[20] Νῦν μοι ἐννοήσατε οἷα πεποιηκέναι εἰκὸς τὸν τύραννον, οἷα δὲ εἰρηκέναι πρὸ τῆς τελευτῆς· ἐπεὶ γὰρ ὑπ' ἐμοῦ φονευόμενος καὶ τιτρωσκόμενος πολλοῖς τραύμασιν ἐς τὰ φανερὰ τοῦ σώματος, ὡς ἂν

nicht aus Anhänglichkeit, so doch aus Verzweiflung sofort sterben wollen und sich ausrechnen, dass das Leben keinen Sinn mehr hätte, nachdem ihm die Sicherheit, die sein Sohn ihm zu bieten hatte, geraubt worden wäre. Mit alldem habe ich ihn dicht umzingelt: mit seinem eigenen Wesen, mit seiner Trauer, mit der Verzweiflung, mit der Angst, mit den ⟨Befürchtungen⟩[5] für die Zukunft. Diese Helfer habe ich mir für den Kampf gegen ihn geholt und ihn in jene letzte Überlegung hineingezwungen! Ohne Kinder ist er gestorben, voller Kummer, Jammer, Tränen, überwältigt von einem Leid, das zwar nur von kurzer Dauer war, aber für einen Vater doch genügte. Und das Fürchterlichste: Er starb von eigener Hand, der beklagenswerteste Tod überhaupt und viel schrecklicher, als von der Hand eines anderen zu sterben.

(19) Wo ist mein Schwert? Erkennt es denn niemand sonst? War das etwa die Waffe eines anderen? Wer hat es auf die Akropolis hinaufgebracht? Wer hat es vor dem Tyrannen gezückt? Wer hat es gegen ihn in den Kampf geschickt? Ach, mein Schwert, Gefährte und Erbe meines Erfolgs! Nach so vielen Gefahren, nach so vielen Gemetzeln beachtet man uns nicht und meint, wir hätten keine Belohnung verdient! Wenn ich nur für mein Schwert eine Ehrung von euch verlangte, wenn ich sagte: »Männer, der Tyrann wollte sterben, und da er sich zu diesem Zeitpunkt ohne Waffen befand, hat ihm mein Schwert diesen Dienst geleistet und so in jeder Hinsicht zum glücklichen Ende, der Freiheit, beigetragen: Dieses Schwert würdigt einer Ehrung und eines Geschenkes!« Würdet ihr dann den Herrn eines dermaßen dem Volkswohl dienenden Gegenstandes nicht belohnen? Würdet ihr ihn nicht unter eure Wohltäter einreihen? Würdet ihr das Schwert nicht als Weihgabe im Heiligtum aufstellen? Würdet ihr euch nicht vor ihm wie vor den Göttern zu Boden werfen?

(20) Nun stellt euch vor, was der Tyrann vor seinem Ende wahrscheinlich getan, was er gesagt hat! Von mir in sein Blut getaucht und am ganzen Körper mit immer neuen gut sichtbaren Wunden

μάλιστα λυπήσειν ἔμελλον τὸν γεγεννηκότα, ὡς ἂν ἐκ τῆς πρώτης θέας διασπαράξειν, ὁ μὲν ἀνεβόησεν οἰκτρόν, ἐπιβοώμενος τὸν γεγεννηκότα οὐ βοηθὸν οὐδὲ σύμμαχον – ᾔδει γὰρ πρεσβύτην ὄντα καὶ ἀσθενῆ – ἀλλὰ θεατὴν τῶν οἰκείων κακῶν· ἐγὼ γὰρ ἀπηλλαττόμην ποιητὴς μὲν τῆς ὅλης τραγῳδίας γεγενημένος, καταλιπὼν δὲ τῷ ὑποκριτῇ τὸν νεκρὸν καὶ τὴν σκηνὴν καὶ τὸ ξίφος καὶ τὰ λοιπὰ τοῦ δράματος· ἐπιστὰς δὲ ἐκεῖνος καὶ ἰδὼν υἱὸν ὃν εἶχεν μόνον ὀλίγον ἐμπνέοντα, ᾑμαγμένον, ἐμπεπλησμένον τοῦ φόνου καὶ τὰ τραύματα συνεχῆ καὶ πολλὰ καὶ καίρια, ἀνεβόησεν τοῦτο· »Τέκνον, ἀνῃρήμεθα, πεφονεύμεθα, τετυραννοκτονήμεθα, ποῦ ὁ σφαγεύς; τίνι με τηρεῖ; τίνι με φυλάττει διὰ σοῦ, τέκνον, προανῃρημένον; ἢ μή τι ὡς γέροντος ὑπερφρονεῖ, καὶ τῇ βραδυτῆτι, κολάζειν δέον, καὶ παρατείνει μοι τὸν φόνον καὶ μακροτέραν μοι τὴν σφαγὴν ποιεῖ;«

[21] Καὶ ταῦτα λέγων ἐζήτει τὸ ξίφος· αὐτὸς γὰρ ἄνοπλος ἦν διὰ τὸ πάντα τῷ παιδὶ θαρρεῖν. ἀλλ' οὐδὲ τοῦτο ἐνεδέησεν, πάλαι δὲ ἦν ὑπ' ἐμοῦ καὶ τοῦτο προπαρεσκευασμένον καὶ πρὸς τὸ μέλλον τόλμημα καταλελειμμένον. ἀποσπάσας δὴ τῆς σφαγῆς καὶ τοῦ τραύματος ἐξελὼν τὸ ξίφος φησί »Πρὸ μικροῦ μέν με ἀπέκτεινας, νῦν δὲ ἀνάπαυσον, ξίφος. πατρὶ πενθοῦντι παραμύθιον ἐλθὲ καὶ πρεσβυτικῇ χειρὶ δυστυχούσῃ συναγώνισαι. ἀπόσφαξον, τυραννοκτόνησον καὶ τοῦ πενθεῖν ἀπάλλαξον. εἴθε πρῶτός σοι ἐνέτυχον, εἴθε τὴν τάξιν προὔλαβον τοῦ φόνου. ἀπέθανον ἄν, ἀλλ' [ἢ] ὡς τύραννος μόνον, ἀλλ' ἔτι νομίζων ἕξειν ἔκδικον· νῦν δὲ ὡς ἄτεκνος, νῦν δὲ ὡς οὐδὲ φονέως εὐπορῶν.« Καὶ

verletzt, auf dass ich seinen Erzeuger im Höchstmaß schmerzen, ihm schon beim ersten Anblick das Herz zerreißen musste, da schrie er voll Jammers auf und brüllte seinen Erzeuger herbei, nicht als Helfer oder Mitkämpfer – er wusste ja, wie alt und schwach der war –, sondern als Zuschauer der Katastrophe seines Geschlechts. Denn ich machte die Bühne frei und hinterließ als Dichter der ganzen Tragödie dem Schauspieler die Leiche, die Szene, das Schwert und den Rest des Dramas. Der eilte herbei und erblickte seinen einzigen Sohn kaum mehr atmend, blutüberströmt, ja in seinem Blute schwimmend und mit vielen tödlichen Wunden, eine neben der anderen – da stieß er einen Schrei aus und rief: »Kind, man hat uns erschlagen, gemeuchelt, tyrannengetötet! Wo ist der Schlächter? Wofür verschont er mich? Wofür spart er mich auf, Kind, der ich doch schon durch deinen Tod getötet worden bin? Oder verachtet er mich, weil ich ein alter Mann bin, und zieht, weil ich Strafe verdient habe, noch durch sein Säumen meine Erschlagung in die Länge, zögert meine Niedermetzelung hinaus?«

(21) Mit diesen Worten sah er sich nach dem Schwert um; denn er selbst war unbewaffnet, weil sich sein ganzer Mut ja auf seinen Sohn stützte. Aber auch daran fehlte es nicht, längst schon war auch das von mir bereitgestellt und für die kommende Heldentat zurückgelassen worden. Aus dem noch blutenden Opfer riss, aus der Wunde zog er das Schwert und sprach: »Eben hast du mich getötet, nun erlöse mich, Schwert! Komm als Trost zu einem leidenden Vater und hilf dieser unglücklichen Greisenhand ihre Rolle spielen! Meuchle mich, tyrannentöte mich und befreie mich von meinem Leid! Ach wäre ich dir doch als erster begegnet, ach wäre ich doch als erster an der Reihe gewesen, getötet zu werden! Ich wäre gestorben, aber doch nur als Tyrann, aber doch in der Gewissheit, einen Rächer zu finden. Jetzt sterbe ich kinderlos, als jemand, der nicht einmal einen eigenen Schlächter findet.« Und mit diesen Worten versuchte er zitternd sich zu entleiben, doch vermochte er

ταῦτα ἅμα λέγων ἐπῆγε τὴν σφαγὴν τρέμων, οὐ δυνάμενος, ἐπιθυμῶν μέν, ἀσθενῶν δὲ πρὸς τὴν ὑπηρεσίαν τοῦ τολμήματος.

[22] Πόσαι κολάσεις ταῦτα; πόσα τραύματα; πόσοι θάνατοι; πόσαι τυραννοκτονίαι; πόσαι δωρεαί; καὶ τέλος ἑωράκατε πάντες τὸν μὲν νεανίαν προκείμενον, οὐδὲ μικρὸν οὐδ᾽ εὐκαταγώνιστον ἔργον, τὸν πρεσβύτην δὲ αὐτῷ περικεχυμένον καὶ τὸ αἷμα ἀμφοῖν ἀνακεκραμένον, τὴν ἐλευθέριον ἐκείνην καὶ ἐπινίκιον σπονδήν, καὶ τὰ ἔργα τοῦ ξίφους τοῦ ἐμοῦ, αὐτὸ δὲ τὸ ξίφος ἐν μέσῳ ἀμφοτέρων, ἐπιδεικνύμενον ὡς οὐκ ἀνάξιον γεγένηται τοῦ δεσπότου καὶ μαρτυρόμενον ὅτι μοι πιστῶς διηκονήσατο. τοῦτο ὑπ᾽ ἐμοῦ γενόμενον μικρότερον ἦν· νῦν δὲ λαμπρότερόν ἐστι τῇ καινότητι. καὶ ὁ μὲν καθελὼν τὴν τυραννίδα πᾶσαν εἰμὶ ἐγώ· μεμέρισται δὲ ἐς πολλοὺς τὸ ἔργον ὥσπερ ἐν δράματι· καὶ τὰ μὲν πρῶτα ἐγὼ ὑπεκρινάμην, τὰ δεύτερα δὲ ὁ παῖς, τὰ τρίτα δὲ ὁ τύραννος αὐτός, τὸ ξίφος δὲ πᾶσιν ὑπηρέτησεν.

es nicht, er wollte wohl, aber er war zu kraftlos selbst für einen Handlangerdienst zu meiner Heldentat.

(22) Wie viele Bestrafungen sind das? Wie viele Wunden? Wie viele Tode? Wie viele Tyrannentötungen? Wie viele Belohnungen? Und zuletzt habt ihr alle den jungen Mann daliegen sehen, keine geringe und leicht durchzuführende Tat, den Greis über ihm zusammengesunken und ihrer beider Blut vermischt, jene Trankspende für Freiheit und Sieg, das Werk meines Schwertes, und mitten zwischen ihnen das Schwert selbst: So demonstrierte es, dass es seinen Herrn nicht enttäuscht hat, so bezeugte es, dass es mir treu gedient hat. Wäre das von meiner Hand geschehen, wäre es eine geringere Tat gewesen: Jetzt aber strahlt sie hervor durch ihre Originalität. Und derjenige, der die Tyrannis vollständig beseitigt hat, das bin ich! Die Tat aber ist auf viele Rollen verteilt, wie im Drama: Protagonist war ich selbst, die zweite Rolle übernahm der Sohn, die dritte der Tyrann selbst – mein Schwert aber diente allen als Requisit.

ΑΠΟΚΗΡΥΤΤΟΜΕΝΟΣ

Ἀποκηρυχθείς τις ἰατρικὴν ἐξέμαθεν. μανέντα τὸν πατέρα καὶ ὑπὸ τῶν ἄλλων ἰατρῶν ἀπεγνωσμένον ἰασάμενος φαρμάκου δόσει ἀνελήφθη αὖθις ἐς τὸ γένος. μετὰ ταῦτα μεμηνυῖαν τὴν μητρυιὰν ἰάσασθαι κελευόμενος ⟨ ⟩ ἀποκηρύττεται.

[1] Οὐ καινὰ μὲν ταῦτα, ὦ ἄνδρες δικασταί, οὐδὲ παράδοξα τὰ ὑπὸ τοῦ πατρὸς ἐν τῷ παρόντι γιγνόμενα, οὐδὲ νῦν πρῶτον τὰ τοιαῦτα ὀργίζεται, ἀλλὰ πρόχειρος οὗτος ὁ νόμος αὐτῷ καὶ συνήθως ἐπὶ τοῦτ' ἀφικνεῖται τὸ δικαστήριον. ἐκεῖνο δὲ καινότερον νῦν δυστυχῶ, ὅτι ἔγκλημα μὲν ἴδιον οὐκ ἔχω, κινδυνεύω δὲ τιμωρίαν ὑποσχεῖν ὑπὲρ τῆς τέχνης εἰ μὴ πάντα δύναται πείθεσθαι τούτῳ κελεύοντι, οὗ τί γένοιτ' ἂν ἀτοπώτερον, θεραπεύειν ἐκ προστάγματος, οὐκέθ' ὡς ἡ τέχνη δύναται, ἀλλ' ὡς ὁ πατὴρ βούλεται; ἐβουλόμην μὲν οὖν τὴν ἰατρικὴν καὶ τοιοῦτόν τι ἔχειν φάρμακον ὃ μὴ μόνον τοὺς μεμηνότας ἀλλὰ καὶ τοὺς ἀδίκως ὀργιζομένους παύειν ἐδύνατο, ἵνα καὶ τοῦτο τοῦ πατρὸς τὸ νόσημα ἰασαίμην. νυνὶ δὲ τὰ μὲν τῆς μανίας αὐτῷ τέλεον πέπαυται, τὰ δὲ τῆς ὀργῆς μᾶλλον ἐπιτείνεται, καὶ τὸ δεινότατον, τοῖς μὲν ἄλλοις ἅπασιν σωφρονεῖ, κατ' ἐμοῦ δὲ τοῦ θεραπεύσαντος μόνου μαίνεται. τὸν μὲν οὖν μισθὸν τῆς θεραπείας ὁρᾶτε οἷον ἀπολαμβάνω, ἀποκηρυττόμενος ὑπ' αὐτοῦ πάλιν καὶ τοῦ γένους ἀλλοτριούμενος δεύτερον, ὥσπερ διὰ τοῦτ' ἀναληφθεὶς πρὸς ὀλίγον ἵν' ἀτιμότερος γένωμαι πολλάκις ἐκπεσὼν τῆς οἰκίας.

[2] Ἐγὼ δὲ ἐν μὲν τοῖς δυνατοῖς οὐδὲ κελευσθῆναι περιμένω· πρῴην

DER ENTERBTE SOHN

Ein Sohn hatte nach seiner Enterbung Medizin studiert. Nachdem er seinen Vater, der wahnsinnig geworden und von den übrigen Ärzten aufgegeben worden war, durch die Gabe eines Medikaments geheilt hatte, wurde er wieder in die Familie aufgenommen. Als er danach beauftragt wird, seine Stiefmutter zu heilen, die vom Wahnsinn befallen ist [...][1], wird er enterbt.[2]

(1) Das alles ist weder neu, ihr Richter, noch kommt es unerwartet, was mein Vater da gegenwärtig in Gang setzt, und es ist auch nicht das erste Mal, dass er wegen solcher Dinge in Zorn gerät, sondern er hat dieses Gesetz immer griffbereit und tritt als alter Bekannter vor dieses Gericht. Neuer ist hingegen der Grund für mein jetziges Unglück: Dass der Vorwurf nicht meine Person trifft, sondern dass ich Gefahr laufe, für meine Kunst bestraft zu werden, wenn sie denn nicht in allem dem Befehl dieses Mannes zu willfahren vermag. Kann das an Absurdität übertroffen werden: auf Befehl heilen zu sollen, und zwar nicht, wie die Kunst es vermag, sondern wie der Vater es will? Ich wollte wohl, die Medizin hätte auch hierfür schon ein Medikament, das die Macht besäße, nicht nur Wahnsinnigen, sondern auch zu Unrecht Erzürnten Einhalt zu gebieten, damit ich auch diese Krankheit meines Vaters heilen könnte. Nun hat zwar die Sache mit seinem Wahnsinn ein nachhaltiges Ende gefunden, aber mit seinem Zorn ist es schlimmer geworden, und der Gipfel der Ungeheuerlichkeiten ist: Allen anderen gegenüber ist er ruhig und besonnen, nur gegen mich, der ihn geheilt hat, tobt und rast er. Seht nur, welchen Lohn ich für meine Therapie empfange: Erneut von ihm enterbt, ein zweites Mal der Familie entfremdet, gerade als ob ich nur zu dem Zweck für kurze Zeit wieder aufgenommen wurde, dass ich durch die Wiederholung meiner Vertreibung aus dem Haus noch mehr entehrt würde!

(2) Ich pflege da, wo es möglich ist, nicht erst auf Befehle zu

γοῦν ἄκλητος ἧκον ἐπὶ τὴν βοήθειαν. ὅταν δέ τι ᾖ τελέως ἀπεγνωσμένον, οὐδ' ἐπιχειρεῖν βούλομαι. ἐπὶ δὲ τῆς γυναικὸς ταύτης εἰκότως καὶ ἀτολμότερός εἰμι· λογίζομαι γὰρ οἷα πάθοιμ' ἂν ὑπὸ τοῦ πατρὸς ἀποτυχών, ὃς οὐδὲ ἀρξάμενος τῆς θεραπείας ἀποκηρύττομαι. ἄχθομαι μὲν οὖν, ὦ ἄνδρες δικασταί, ἐπὶ τῇ μητρυιᾷ χαλεπῶς ἐχούσῃ (χρηστὴ γὰρ ἦν) καὶ ἐπὶ τῷ πατρὶ δι' ἐκείνην ἀνιωμένῳ, τὸ δὲ μέγιστον, ἐπ' ἐμαυτῷ ἀπειθεῖν δοκοῦντι καὶ ἃ προστάττομαι ὑπουργεῖν οὐ δυναμένῳ καὶ δι' ὑπερβολὴν τῆς νόσου καὶ ἀσθένειαν τῆς τέχνης. πλὴν οὐ δίκαιον οἶμαι ἀποκηρύττεσθαι τὸν ἃ μὴ δύναται ποιεῖν μηδὲ τὴν ἀρχὴν ὑπισχνούμενον.

[3] Δι' ἃς μὲν οὖν αἰτίας καὶ πρότερον ἀπεκήρυξέ με ῥᾴδιον συνιδεῖν ἐκ τῶν παρόντων. ἐγὼ δὲ καὶ πρὸς ἐκείνας μέν, ὡς οἴομαι, ἱκανῶς τῷ μετὰ ταῦτα βίῳ ἀπελογησάμην, καὶ ταυτὶ δὲ ἃ νῦν ἐγκαλεῖ ὡς ἂν οἷός τε ὦ ἀπολύσομαι, μικρὰ ὑμῖν διηγησάμενος τῶν ἐμῶν.

Ὁ γὰρ δυσάγωγος καὶ δυσπειθὴς ἐγώ, ὁ καταισχύνων τὸν πατέρα καὶ ἀνάξια πράττων τοῦ γένους, τότε μὲν αὐτῷ τὰ πολλὰ ἐκεῖνα βοῶντι καὶ διατεινομένῳ ὀλίγα χρῆναι ἀντιλέγειν ᾠόμην. ἀπελθὼν δὲ τῆς οἰκίας ἐνόμιζόν μοι δικαστήριον ἔσεσθαι μέγα καὶ ψῆφον ἀληθῆ τὸν μετὰ ταῦτα βίον καὶ τὸ φαίνεσθαι πάμπολυ τῶν τοῦ πατρὸς ἐγκλημάτων ἐκείνων ἀφεστηκότα καὶ περὶ τὰ κάλλιστα τῶν ἐπιτηδευμάτων ἐσπουδακότα καὶ τοῖς ἀρίστοις συνόντα. προεωρώμην δὲ καὶ τοιοῦτό τι καὶ ὑπώπτευον ἤδη ὡς οὐ σφόδρα καθεστηκότος πατρὸς ἀδίκως ὀργίζεσθαι καὶ ἐγκλήματα ψευδῆ καθ' υἱοῦ συντιθέναι· καὶ ἦσάν τινες οἱ μανίας

warten. Jedenfalls kam ich ja neulich ungerufen, um Hilfe zu bringen. Doch wenn die Lage vollkommen hoffnungslos ist, will ich mich nicht an eine Behandlung wagen. Und im Falle dieser Frau bin ich natürlich noch weniger geneigt, Risiken einzugehen; denn ich kann mir ja leicht ausrechnen, was mein Vater mir im Falle eines Misserfolgs antun würde, der ich ja schon enterbt werde, wo ich die Therapie noch nicht einmal begonnen habe. Nun, ich empfinde, ihr Richter, tiefen Kummer um meine Stiefmutter und ihren schlechten Zustand (denn sie war eine brave Frau), auch um meinen Vater, der ihretwegen betrübt ist, aber am meisten um mich selbst: Denn es sieht so aus, als sei ich ungehorsam, und doch bin ich wegen der Schwere der Krankheit und der Schwäche meiner Kunst nicht in der Lage, die Hilfe zu bringen, die man von mir verlangt. Allein, ich halte es nicht für gerecht, dass man enterbt wird, weil man das, was man nicht tun kann, von Anfang an gar nicht erst verspricht.

(3) Mit welchen Vorwürfen er mich schon früher enterbt hat, lässt sich leicht aus den aktuellen Vorgängen nachvollziehen. Ich habe mich gegen sie, wie ich denke, durch mein späteres Leben hinreichend verteidigt, und nun werde ich, so gut ich es vermag, seine jetzigen Anschuldigungen als nichtig erweisen, indem ich euch ein wenig von mir berichte.[3]

Ich, der Schwererziehbare, der Ungehorsame, ich, der seinem Vater Schande gemacht und Dinge getan hat, die seiner Familie unwürdig sind, glaubte damals, als er sich häufig über all dies krakeelend ereiferte, wenig entgegenhalten zu müssen. Ich verließ mein Elternhaus und meinte, mein späteres Leben würde mir ein bedeutender Gerichtshof und ein Stimmstein der Wahrheit sein, wenn ich nämlich von den Vorwürfen meines Vaters erkennbar weit entfernt wäre, mich um die schönste Betätigung bemühte und nur mit den Besten Umgang pflegte. Ich sah aber schon[4] damals etwas derartiges kommen und war voller Argwohn, ist es doch für einen Vater entschieden nicht normal, ungerecht in Zorn zu geraten und falsche Anschuldigungen gegen seinen Sohn zu konstruieren; und es

ἀρχὴν ταῦτα εἶναι νομίζοντες καὶ ἀπειλὴν καὶ ἀκροβολισμὸν οὐκ ἐς μακρὰν ἐπιπεσουμένου τοῦ κακοῦ, μῖσος ἄλογον καὶ νόμον ἀπηνῆ καὶ βλασφημίας προχείρους καὶ δικαστήριον σκυθρωπὸν καὶ βοὴν καὶ ὀργὴν καὶ ὅλως χολῆς μεστὰ πάντα. διὸ δὴ τάχα μοι καὶ ἰατρικῆς δεήσειν ποτὲ προσεδόκων.

[4] Ἀποδημήσας οὖν καὶ τοῖς εὐδοκιμωτάτοις τῶν ἐπὶ τῆς ἀλλοδαπῆς ἰατρῶν συγγενόμενος καὶ πόνῳ πολλῷ καὶ προθυμίᾳ λιπαρεῖ χρησάμενος ἐξέμαθον τὴν τέχνην. ἐπανελθὼν δὲ καταλαμβάνω τὸν πατέρα σαφῶς ἤδη μεμηνότα καὶ ὑπὸ τῶν ἐπιχωρίων ἰατρῶν ἀπεγνωσμένον, οὐκ ἐς βάθος ὁρώντων οὐδ᾽ ἀκριβῶς φυλοκρινούντων τὰς νόσους. πλὴν ὅπερ γε εἰκὸς ἦν ποιεῖν χρηστὸν υἱόν, οὔτε ἐμνησικάκησα τῆς ἀποκηρύξεως οὔτε μετάπεμπτος γενέσθαι περιέμεινα· οὐδὲ γὰρ εἶχόν τι αὐτῷ ἴδιον ἐγκαλεῖν, ἀλλὰ πάντα ἐκεῖνα ἦν ἀλλότρια τὰ ἁμαρτήματα καὶ ὥσπερ ἔφην ἤδη, τῆς νόσου. παρελθὼν οὖν ἄκλητος οὐκ εὐθὺς ἰασάμην· οὐ γὰρ οὕτω ποιεῖν ἔθος ἐστὶν ἡμῖν οὐδὲ ταῦτα ἡ τέχνη παραινεῖ, ἀλλὰ πάντων πρῶτον τοῦτο διδασκόμεθα συνορᾶν εἴτε ἰάσιμόν ἐστι τὸ νόσημα εἴτε ἀνήκεστον καὶ ὑπερβεβηκὸς τοὺς ὅρους τῆς τέχνης. καὶ τηνικαῦτα, ἢν μὲν εὐμεταχείριστον ᾖ, ἐπιχειροῦμεν καὶ πᾶσαν σπουδὴν ἐσφερόμεθα σῶσαι τὸν νοσοῦντα· ἢν δὲ κεκρατηκὸς ἤδη καὶ νενικηκὸς τὸ πάθος ἴδωμεν, οὐδὲ τὴν ἀρχὴν προσαπτόμεθα, νόμον τινὰ παλαιὸν τῶν προπατόρων τῆς τέχνης ἰατρῶν φυλάττοντες, οἵ φασι μὴ δεῖν ἐπιχειρεῖν τοῖς κεκρατημένοις.

Ἰδὼν οὖν τὸν πατέρα ἔτι ἐντὸς τῆς ἐλπίδος καὶ τὸ πάθος οὐχ ὑπὲρ

gab durchaus einige, die die Ansicht vertraten, das sei der Beginn einer geistigen Erkrankung, drohendes Anzeichen eines Unheils, das nicht lange auf sich warten lassen würde und seine Schatten vorauswerfe: unvernünftiger Hass, eine feindselige Art, griffbereite Schmähungen, ein finster blickender Gerichtshof, Geschrei, Zorn, und überhaupt alles voll Gift und Galle. Deshalb machte ich mich darauf gefasst, dass ich die Heilkunst wohl schon bald einmal benötigen würde.

(4) Ich verließ also meine Heimat, begab mich zu den berühmtesten Ärzten im Ausland und erlernte durch intensive Bemühung und unermüdliches Engagement die ärztliche Kunst. Als ich zurückkehrte, fand ich meinen Vater bereits im Zustand unbezweifelbaren Wahnsinns. Die Ärzte vor Ort hatten ihn aufgegeben; ihr analytischer Blick ging nicht tief, zu einer differenzierenden Diagnose von Krankheiten waren sie nicht in der Lage. Indes tat ich, was ein guter Sohn selbstverständlich tun muss: Ich verscheuchte alle bösen Erinnerungen an die Enterbung und wartete nicht erst ab, dass man nach mir schicken würde. Ich konnte ihm ja auch gar keinen persönlichen Vorwurf machen, waren all das doch Verfehlungen eines Fremden, eben, wie ich schon sagte, der Krankheit. Ich begab mich also unaufgefordert zu ihm, begann aber nicht sofort mit der Therapie. Denn das tun wir für gewöhnlich nicht, und die ärztliche Kunst rät auch nicht dazu, sondern wir lernen, uns zuallererst einen umfassenden Eindruck davon zu verschaffen, ob die Erkrankung heilbar ist, oder ob sie unheilbar ist und die Grenzen unserer Kunst überschreitet. Erst dann, wenn sie sich als gut behandelbar erweist, machen wir uns an die Arbeit und geben uns alle erdenkliche Mühe, den Kranken zu retten. Wenn wir aber sehen, dass das Leiden bereits die Oberhand und den Sieg gewonnen hat, dann rühren wir von Anfang an nicht daran und halten uns an ein altes Gesetz der Gründerväter unserer Kunst, die da sagen, man dürfe unheilbar Kranke nicht behandeln.[5]

Nun sah ich aber, dass für meinen Vater noch Hoffnung bestand

τὴν τέχνην, ἐπὶ πολὺ τηρήσας καὶ ἀκριβῶς ἐξετάσας ἕκαστα ἐπεχείρουν ἤδη καὶ τὸ φάρμακον τεθαρρηκότως ἐνέχεον, καίτοι πολλοὶ τῶν παρόντων ὑπώπτευον τὴν δόσιν καὶ τὴν ἴασιν διέβαλλον καὶ πρὸς κατηγορίας παρεσκευάζοντο. [5] παρῆν δὲ καὶ ἡ μητρυιὰ φοβουμένη καὶ ἀπιστοῦσα, οὐ τῷ μισεῖν ἐμέ, ἀλλὰ τῷ δεδιέναι καὶ ἀκριβῶς εἰδέναι πονηρῶς ἐκεῖνον διακείμενον· ἠπίστατο γὰρ μόνη τὰ πάντα συνοῦσα καὶ ὁμοδίαιτος τῇ νόσῳ. πλὴν ἀλλ᾽ ἔγωγε οὐδὲν ἀποδειλιάσας – ἠπιστάμην γὰρ οὐ ψευσόμενά με τὰ σημεῖα οὐδὲ προδώσουσαν τὴν τέχνην – ἐπῆγον τὴν ἴασιν ἐν καιρῷ τῆς ἐπιχειρήσεως, καίτοι κἀμοί τινες τῶν φίλων συνεβούλευον μὴ θρασύνεσθαι, μὴ καὶ διαβολήν τινα μείζω ἐνέγκῃ μοι τὸ ἀποτυχεῖν ὡς ἀμυνομένῳ τὸν πατέρα φαρμάκῳ καὶ μνησικακήσαντι ὧν ἐπεπόνθειν ὑπ᾽ αὐτοῦ.

Καὶ τὸ κεφάλαιον, σῶος μὲν οὗτος εὐθὺς ἦν καὶ ἐσωφρόνει πάλιν καὶ πάντα διεγίγνωσκεν· οἱ παρόντες δὲ ἐθαύμαζον, ἐπῄνει δὲ καὶ ἡ μητρυιὰ καὶ φανερὰ πᾶσιν ἦν χαίρουσα κἀμοὶ εὐδοκιμοῦντι κἀκείνῳ σωφρονοῦντι. οὗτος δ᾽ οὖν (μαρτυρεῖν γὰρ αὐτῷ ἔχω) μήτε μελλήσας μήτε σύμβουλόν τινα περὶ τούτων προσλαβών, ἐπειδὴ τὸ πᾶν ἤκουσε τῶν παρόντων, ἔλυε μὲν τὴν ἀποκήρυξιν, υἱὸν δὲ ἐξ ὑπαρχῆς ἐποιεῖτό με, σωτῆρα καὶ εὐεργέτην ἀποκαλῶν καὶ ἀκριβῆ πεῖραν εἰληφέναι ὁμολογῶν καὶ περὶ τῶν ἔμπροσθεν ἐκείνων ἀπολογούμενος. τοῦτο γενόμενον εὔφραινε μὲν πολλούς, ὅσοι παρῆσαν χρηστοί, ἐλύπει δὲ ἐκείνους ὅσοις ἀποκήρυξις υἱοῦ ἡδίων ἀναλήψεως. εἶδον γοῦν τότε οὐ

und sein Leiden nicht über meine Kunst hinausging. Nachdem ich ihn daher ausgiebig beobachtet und alles sorgfältig geprüft hatte, nahm ich die Sache in Angriff und flößte ihm voller Zuversicht das Medikament ein, und zwar obwohl viele der Anwesenden die Gabe argwöhnisch beäugten, die Heilung schlechtredeten und sich schon für eine gerichtliche Klage bereit machten. **(5)** Auch meine Stiefmutter war da, ängstlich und misstrauisch, nicht aus Hass auf mich, sondern aus Furcht und weil sie genau wusste, wie schlecht es um meinen Vater stand. Denn sie allein verstand den Sachverhalt in seiner Gänze, lebte sie doch sozusagen mit der Krankheit unter einem Dach. Nur ich verzagte nicht – wusste ich doch, dass mich die Symptome nicht trügen und meine Kunst mich nicht im Stich lassen würde – und verabreichte ihm das Medikament im genau richtigen Augenblick der Behandlung, obgleich mir einige meiner Freunde rieten, nicht zu forsch zu sein, damit mir ein Misserfolg nicht noch ein weit höheres Maß an Verleumdungen einbrächte: Dass ich mich an meinem Vater mithilfe eines Giftes gerächt hätte und ihm nachtrüge, was er mir angetan habe.

Kurz und gut, er war auf einen Schlag geheilt, wieder bei Verstand und besaß wieder seine volle Urteilsfähigkeit. Die Anwesenden waren perplex, meine Stiefmutter voll des Lobes, jeder konnte sehen, wie sehr sie sich zugleich über den Beifall für mich wie über seinen wiedergewonnenen Verstand freute. Dieser hier (dieses Zeugnis lege ich gern für ihn ab) erklärte ohne jedes Zögern und ohne jemanden hierbei zu Rate zu ziehen, nachdem er die ganze Geschichte von den Anwesenden erzählt bekommen hatte, meine Enterbung für ungültig und setzte mich von neuem als seinen Sohn ein, nannte mich seinen Retter und Wohltäter, gab zu, dass er mich jetzt aufs Genaueste erprobt und geprüft habe, und entschuldigte sich für das, was früher geschehen war. Das war eine große Freude für alle anständigen Leute, die dabei waren, Kummer machte es allerdings denen, die sich an der Enterbung eines Sohnes mehr ergötzen als an seiner Wiedereinsetzung. Jedenfalls konnte ich damals

πάντας ὁμοίως ἡδομένους τῷ πράγματι, ἀλλ᾽ εὐθύς τινος καὶ χρόαν τρεπομένην καὶ βλέμμα τεταραγμένον καὶ πρόσωπον ὠργισμένον, οἷον ἐκ φθόνου καὶ μίσους γίνεται.

[6] Ἡμεῖς μὲν οὖν, ὡς τὸ εἰκός, ἐν εὐφροσύναις καὶ θυμηδίαις ἦμεν, ἀλλήλους ἀπειληφότες· ἡ μητρυιὰ δὲ μετὰ μικρὸν εὐθὺς νοσεῖν ἤρξατο νόσον, ὦ ἄνδρες δικασταί, χαλεπὴν καὶ παράλογον· ἀρχόμενον γὰρ εὐθὺς τὸ δεινὸν παρεφύλαξα. οὐ γὰρ ἁπλοῦν οὐδὲ ἐπιπόλαιον τῆς μανίας τὸ εἶδος, ἀλλά τι παλαιὸν ὑποικουροῦν ἐν τῇ ψυχῇ κακὸν ἀπέρρηξε καὶ ἐς τοὐμφανὲς ἐξεκίνησε. πολλὰ μὲν οὖν καὶ ἄλλα ἡμῖν ἐστι σημεῖα τῶν ἀνιάτως μεμηνότων, ἓν δὲ ἐκεῖνο καινὸν ἐπὶ τῆς γυναικὸς ταύτης παρεφύλαξα· πρὸς μὲν γὰρ τοὺς ἄλλους ἡμερωτέρα καὶ πραεῖά ἐστι καὶ παρόντων εἰρήνην ἄγει ἡ νόσος, ἂν δέ τινα ἰατρὸν ἴδῃ καὶ τοῦτ᾽ ἀκούσῃ μόνον, κατ᾽ ἐκείνου μάλιστα παροξύνεται, ὅπερ καὶ αὐτὸ τοῦ πονηρῶς καὶ ἀνηκέστως ἔχειν ἐστὶ τεκμήριον.

[7] Ταῦτα ὁρῶν ἐγὼ μὲν ἠνιώμην καὶ τὴν γυναῖκα ᾤκτειρον ἀξίαν οὖσαν καὶ παρὰ τὸ προσῆκον δυστυχοῦσαν. ὁ πατὴρ δὲ ὑπὸ ἰδιωτείας (οὐ γὰρ οἶδεν οὔτε ἀρχὴν τοῦ κατέχοντος κακοῦ οὔτε τὴν αἰτίαν οὔτε τὸ μέτρον τοῦ πάθους) ἐκέλευεν ἰᾶσθαι καὶ τὸ ὅμοιον ἐκχέαι φάρμακον· οἴεται γὰρ ἓν εἶναι μανίας εἶδος καὶ μίαν τὴν νόσον καὶ τἀρρώστημα ταὐτὸν καὶ παραπλησίαν τὴν θεραπείαν δεχόμενον. ἐπεὶ δέ, ὅπερ ἀληθέστατον, ἀδύνατον εἶναί φημι σῴζεσθαι τὴν γυναῖκα καὶ ἡττῆσθαι ὑπὸ τῆς νόσου ὁμολογῶ, ἀγανακτεῖ καὶ ὀργίζεται καί φησιν ἑκόντα καθυφίεσθαι καὶ προδιδόναι τὴν ἄνθρωπον, ἐγκαλῶν ἐμοὶ τὴν ἀσθένειαν τῆς τέχνης. καὶ πάσχει μὲν σύνηθες τοῖς λυπουμένοις· ὀργίζονται γοῦν

schon sehen, dass sich nicht alle in gleichem Maße über die Sache freuten, sondern wie manche Haut plötzlich blass wurde, mancher Blick verstört, manch Gesicht zornverzerrt, wie es bei Neid und Hass geschieht.

(6) So waren wir nun, wie es nur natürlich ist, heiter und vergnügt, hatten wir uns doch endlich wieder! Doch schon bald darauf wurde plötzlich meine Stiefmutter krank, ihr Richter, und zwar ungewöhnlich schwer; denn die Gefährlichkeit der Erkrankung stellte ich von Anfang an fest. Das Erscheinungsbild des Wahnsinns war nämlich nicht einfach und oberflächlich, sondern ein altes Übel, das in den Tiefen ihrer Seele gehaust hatte, war durchgebrochen und kam jetzt ans Licht. Nun gibt es zwar auch viele andere Symptome eines unheilbaren Wahnsinns, aber das eine konnte ich als Neuheit bei dieser Frau feststellen: Gegen alle anderen ist sie sehr umgänglich und sanft, und die Krankheit bleibt in deren Gegenwart ruhig; sobald sie aber einen Arzt erblickt oder nur hört, einer sei da, dann fährt sie aufs Heftigste gegen ihn los, was für sich genommen schon ein Beweis dafür ist, wie schlecht es ihr geht und wie wenig Hoffnung auf Heilung besteht.

(7) Dieser Anblick betrübte mich tief, mir tat die Frau sehr leid, denn sie hatte das nicht verdient, und ihr Unglück überstieg alles Hinnehmbare. Mein Vater befahl mir in seiner Laienhaftigkeit (er bemerkte weder den Beginn des Übels, das sie heimsuchte, noch verstand er die Ursache noch das Ausmaß des Leidens), sie zu behandeln und ihr das gleiche Medikament einzuflößen, glaubt er doch, es gebe nur ein Erscheinungsbild des Wahnsinns, nur eine Krankheit, das Gebrechen sei dasselbe und vertrage eine analoge Therapie. Als ich ihm die schiere Wahrheit sagte, dass nämlich seine Frau nicht geheilt werden könne, und eingestand, der Krankheit nicht gewachsen zu sein, da fuhr er auf, geriet in Wut, behauptete, ich vernachlässige und verrate sie mit Absicht, und warf mir die Schwäche meiner Heilkunst vor. Dabei geht es ihm wie allen, die einen schweren Schmerz erleiden: Sie werden alle auf die zornig, die

ἅπαντες τοῖς μετὰ παρρησίας τἀληθῆ λέγουσιν. πλὴν ἔγωγε ὡς ἂν οἷός τε ὦ δικαιολογήσομαι πρὸς αὐτὸν καὶ ὑπὲρ ἐμαυτοῦ καὶ τῆς τέχνης.

[8] Καὶ πρῶτόν γε ἀπὸ τοῦ νόμου ἄρξομαι καθ' ὃν οὗτός με ἀποκηρῦξαι βούλεται, ἵν' εἰδῇ οὐκέθ' ὁμοίαν οὖσαν αὐτῷ νῦν τε καὶ πρότερον τὴν ἐξουσίαν. οὐ γὰρ ἅπασιν, ὦ πάτερ, ὁ νομοθέτης οὐδὲ πάντας υἱέας οὐδὲ ὁσάκις ἂν ἐθέλωσιν ἀποκηρύττειν συγκεχώρηκεν οὐδ' ἐπὶ πάσαις αἰτίαις, ἀλλ' ὥσπερ τοῖς πατράσιν τὰ τηλικαῦτα ὀργίζεσθαι ἐφῆκεν, οὕτω καὶ τῶν παίδων προὐνόησεν, ὡς μὴ ἀδίκως αὐτὸ πάσχωσιν· καὶ διὰ τοῦτο οὐκ ἐλευθέραν ἐφῆκε γίγνεσθαι οὐδὲ ἄκριτον τὴν τιμωρίαν, ἀλλ' ἐς δικαστήριον ἐκάλεσε καὶ δοκιμαστὰς ἐκάθισε τοὺς μήτε πρὸς ὀργὴν μήτε διαβολὴν τὸ δίκαιον κρινοῦντας. ᾔδει γὰρ πολλοῖς πολλάκις ἀλόγους αἰτίας ὀργῆς παρισταμένας, καὶ τὸν μὲν ψευδεῖ τινι διαβολῇ πειθόμενον, τὸν δὲ οἰκέτῃ πιστεύοντα ἢ γυναίῳ ἐχθρῷ. οὔκουν ἡγεῖτο ἀδίκαστον γίγνεσθαι τὸ πρᾶγμα οὐδ' ἐξ ἐρήμης τοὺς παῖδας εὐθὺς ἁλίσκεσθαι, ἀλλὰ καὶ ὕδωρ ἐγχεῖται καὶ λόγος ἀποδίδοται καὶ ἀνεξέταστον οὐδὲν καταλείπεται.

[9] Ἐπεὶ τοίνυν ἔξεστιν, καὶ τοῦ μὲν ἐγκαλεῖν μόνου ὁ πατὴρ κύριος, τοῦ κρῖναι δὲ εἰ εὔλογα αἰτιᾶται ὑμεῖς οἱ δικάζοντες, αὐτὸ μὲν ὅ μοι ἐπιφέρει καὶ ἐφ' ᾧ νῦν ἀγανακτεῖ μηδέπω σκοπεῖτε, πρότερον δὲ ἐκεῖνο ἐξετάσατε, εἰ ἔτι δοτέον ἀποκηρύττειν αὐτῷ ἅπαξ ἀποκηρύξαντι καὶ χρησαμένῳ τῇ παρὰ τοῦ νόμου ἐξουσίᾳ καὶ ἀποπληρώσαντι τὴν πατρικὴν ταύτην δυναστείαν, εἶτ' αὖθις ἀναλαβόντι καὶ λύσαντι τὴν ἀποκήρυξιν. ἐγὼ μὲν γὰρ ἀδικώτατον εἶναί φημι τὸ τοιοῦτον, ἀπεράν-

ihnen offen die Wahrheit sagen. Aber ich will mich doch jetzt, so gut ich es vermag, gegen ihn verteidigen, sowohl was meine Person als auch was meine Heilkunst betrifft.

(8) Und zwar beginne ich mit dem Gesetz,[6] auf dem er meine Enterbung fußen lassen will, damit er versteht, dass ihm heute nicht die gleichen Möglichkeiten zur Verfügung stehen wie früher. Denn der Gesetzgeber, lieber Vater, räumt nicht allen das Recht auf Enterbung ein, auch nicht allen Söhnen gegenüber, auch nicht in beliebiger Häufigkeit und auch nicht für alle Begründungen, sondern wie er den Vätern einen so heftigen Zorn gestattet, so hat er auch für die Kinder vorgesorgt, damit sie ihm nicht zu Unrecht ausgesetzt werden. Deshalb erlaubt er keine unbehinderte Anwendung dieser Strafe außerhalb jeder Jurisdiktion, sondern er verlangt ein Gerichtsverfahren und setzt Prüfer ein, die die Rechtmäßigkeit nicht nach dem Grad des Zorns oder der Verleumdung beurteilen. Denn er wusste gut, dass sich bei vielen oft ganz irrationale Gründe für den Zorn einstellen und dass der eine sich von einer lügnerischen Verleumdung leiten lässt, der andere einem Diener oder einem feindseligen Weibsbild vertraut. Und so war er der Auffassung, die Angelegenheit dürfe nicht ohne Gerichtsverfahren vonstatten gehen und die Söhne dürften nicht ohne Anhörung sofort abgeurteilt werden, sondern Wasser wird eingegossen, Rederecht wird gewährt und nichts bleibt ungeprüft.[7]

(9) Da das Gesetz also diese Möglichkeit bietet und der Vater nur die Anklage in der Hand hat, die Prüfung aber, ob seine Anschuldigung auf guten Gründen beruht, bei euch Richtern liegt, so lasst das, was er mir vorwirft und woran sich jetzt sein Ärger entzündet, erst noch beiseite und prüft vorher Folgendes: Ob ihm das Recht zur Enterbung überhaupt noch zusteht, nachdem er mich schon einmal enterbt, von seinen ihm vom Gesetz gewährten Freiräumen Gebrauch gemacht und das volle Maß seiner väterlichen Gewalt ausgeschöpft hat, dann aber mich wieder aufgenommen und die Enterbung rückgängig gemacht hat. Meiner Meinung nach

τους γίνεσθαι καὶ τῶν παίδων τὰς τιμωρίας καὶ πολλὰς τὰς καταδίκας καὶ τὸν φόβον ἀΐδιον καὶ τὸν νόμον ἄρτι μὲν συνοργίζεσθαι, μετὰ μικρὸν δὲ λύεσθαι, καὶ πάλιν ὁμοίως ἰσχυρὸν εἶναι, καὶ ὅλως ἄνω καὶ κάτω στρέφεσθαι τὰ δίκαια πρὸς τὸ ἐπὶ καιροῦ δοκοῦν πατράσιν. ἀλλὰ τὸ μὲν πρῶτον ἄξιον ἐφιέναι καὶ ἀγανακτοῦντι συναγανακτεῖν καὶ κύριον τῆς τιμωρίας ποιεῖν τὸν γεγεννηκότα· ἢν δὲ ἅπαξ ἀναλώσῃ τὴν ἐξουσίαν καὶ καταχρήσηται τῷ νόμῳ καὶ ἐμπλησθῇ τῆς ὀργῆς, εἶτα μετὰ ταῦτα ἀναλάβῃ, χρηστὸν εἶναι μεταπεισθείς, ἐπὶ τούτων ἀνάγκη [μὲν] μένειν καὶ μηκέτι μεταπηδᾶν μηδὲ μεταβουλεύεσθαι μηδὲ μεταποιεῖν τὴν κρίσιν.

Τοῦ μὲν γὰρ τὸν γεννηθέντα πονηρὸν ἢ χρηστὸν ἀποβήσεσθαι οὐδέν, οἶμαι, γνώρισμα ἦν, καὶ διὰ τοῦτο τοὺς ἀναξίους τοῦ γένους παραιτεῖσθαι συγκεχώρηται τοῖς ὅτε ἠγνόουν ἀναθρεψαμένοις. **[10]** ὅταν δὲ μὴ κατ᾽ ἀνάγκην ἀλλ᾽ ἐπ᾽ ἐξουσίας αὐτός τις ἀφ᾽ ἑαυτοῦ καὶ δοκιμάσας ἀναλάβῃ, τίς ἔτι μηχανὴ μεταβάλλεσθαι, ἢ τίς ἔτι χρῆσις ὑπόλοιπος τοῦ νόμου; φαίη γὰρ ἂν πρὸς σὲ ὁ νομοθέτης. »Εἰ πονηρὸς οὗτος ἦν καὶ τοῦ ἀποκηρυχθῆναι ἄξιος, τί παθὼν ἀνεκάλεις; τί δ᾽ αὖθις ἐπανῆγες ἐς τὴν οἰκίαν; τί δ᾽ ἔλυες τὸν νόμον; ἐλεύθερος γὰρ ἦσθα καὶ τοῦ μὴ ποιεῖν ταῦτα κύριος. οὐ γὰρ δὴ ἐντρυφᾶν σοι δοτέον τοῖς νόμοις οὐδὲ πρὸς τὰς σὰς μεταβολὰς συνάγεσθαι τὰ δικαστήρια, οὐδὲ ἄρτι μὲν λύεσθαι ἄρτι δὲ κυρίους εἶναι τοὺς νόμους καὶ τοὺς δικαστὰς καθῆσθαι μάρτυρας, μᾶλλον δὲ ὑπηρέτας, τῶν σοὶ δοκούντων, ὁτὲ μὲν κολάζοντας

ist so etwas höchst unrechtmäßig: Bestrafungen der Kinder ohne Ende, Verurteilungen in großer Zahl, ewige Angst, und bald beteiligt sich das Gesetz an der Zornesaufwallung, dann wird seine Wirkung nach kurzer Zeit rückgängig gemacht, dann tritt es erneut in gleicher Weise in Kraft, und insgesamt wird das Recht nach oben und nach unten gebogen, wie es den Vätern gerade passt. Nein, es ist zwar beim ersten Mal richtig, die Verärgerung des Erzeugers zu teilen und ihn zum Herrn der Bestrafung zu machen; wenn er jedoch seine Möglichkeiten einmal in Anspruch genommen, sich des Gesetzes bedient und seinem Zorn freien Lauf gelassen hat, den Sohn danach aber wieder aufnimmt, in der neuen Überzeugung, er sei brav und anständig, dann muss er auch dabei bleiben und darf nicht hin- und herspringen, sich umentscheiden und das Urteil auf den Kopf stellen.

Es gibt meines Wissens kein Merkmal, an dem man erkennen kann, ob ein Sprössling missrät oder gut gerät, und deshalb wird denen, die sie aufziehen, ohne das schon zu wissen, auch das Recht eingeräumt, sich ihrer zu entledigen, wenn sie der Familie unwürdig sind. **(10)** Wenn nun einer nicht aus Zwang, sondern aus eigener Machtvollkommenheit die Wiederaufnahme von sich aus und nach eingehender Prüfung vornimmt, welche Handhabe der Rückgängigmachung, welche Möglichkeit der Beanspruchung des Gesetzes bleiben ihm dann noch übrig? Der Gesetzgeber könnte ja zu dir sagen: »Wenn der da missraten war und die Enterbung verdient hatte, was ist denn passiert, dass du ihn wieder zurückgerufen hast? Warum hast du ihn erneut in dein Haus und deine Familie eingeführt? Warum hast du die Wirkung des Gesetzes aufgehoben? Du warst doch frei in deinen Entscheidungen, und es lag ganz bei dir, das nicht zu tun. Denn es steht dir keineswegs zu, nach Herzenslust im Luxus der Gesetze zu schwelgen und das Gericht je nach deinem Sinneswandel zusammentreten zu lassen, auch nicht, dass die Gesetze bald nicht gelten, bald angewandt werden und die Richter als Zeugen, nein, vielmehr als Diener deiner Launen zusammensitzen

ὁτὲ δὲ διαλλάττοντας, ὁπόταν σοι δοκῇ. ἅπαξ γεγέννηκας, ἅπαξ ἀνατέτραφας, ἅπαξ καὶ τὸ ἀποκηρύττειν ἀντὶ τούτων ἔχεις, ἣν δικαίως αὐτὸ ποιεῖν δοκῇς· τὸ δ᾽ ἄπαυστον τοῦτο καὶ ἀΐδιον καὶ πολὺ ῥᾴδιον μεῖζον ἤδη τῆς πατρικῆς ἐστιν ἐξουσίας.«

[11] Μὴ δή, πρὸς Διός, ὦ ἄνδρες δικασταί, συγχωρήσητε αὐτῷ ἑκούσιον τὴν ἀνάληψιν πεποιημένῳ καὶ λύσαντι τὴν γνῶσιν τοῦ πάλαι δικαστηρίου καὶ ἀκυρώσαντι τὴν ὀργὴν αὖθις τὴν αὐτὴν τιμωρίαν ἀνακαλεῖν καὶ ἐπὶ τὴν ἐξουσίαν τὴν πατρικὴν ἀνατρέχειν, ἧς ἔξωρος ἤδη καὶ ἕωλος ἡ προθεσμία καὶ μόνῳ τούτῳ ἄκυρος καὶ προδεδαπανημένη. ὁρᾶτε γάρ που καὶ ἐν τοῖς ἄλλοις δικαστηρίοις ὡς ἀπὸ μὲν τῶν κλήρῳ λαχόντων δικαστῶν, ἤν τις ἄδικον οἴηται γεγενῆσθαι τὴν κρίσιν, δίδωσιν ὁ νόμος ἐς ἕτερον ἐφεῖναι δικαστήριον· ἢν δέ τινες ἑκόντες αὐτοὶ σύνθωνται δικαστὰς καὶ προελόμενοι ἐπιτρέψωσιν διαιτᾶν, οὐκέτι. οἷς γὰρ ἐξῆν μηδὲ τὴν ἀρχὴν ἐμμένειν, εἰ τούτους τις αὐθαίρετος εἵλετο, στέργειν ἐστὶ δίκαιος τοῖς ἐγνωσμένοις. οὕτω δὴ καὶ σύ, ὃν ἐξῆν μηκέτ᾽ ἀναλαμβάνειν εἰ ἀνάξιος ἐδόκει τοῦ γένους, τοῦτον εἰ χρηστὸν ἡγησάμενος εἶναι πάλιν ἀνείληφας, οὐκέτ᾽ ἀποκηρύττειν ἕξεις· ὅτι γὰρ οὐκ ἄξιος αὖθις παθεῖν ταῦτα, ὑπ᾽ αὐτοῦ σοῦ μεμαρτύρηται καὶ χρηστὸς ἤδη ἀνωμολόγηται. ἀμετανόητον οὖν τὴν ἀνάληψιν καὶ τὴν διαλλαγὴν βέβαιον εἶναι προσήκει μετὰ κρίσιν οὕτω πολλὴν καὶ δύο δικαστήρια, ἓν μὲν τὸ πρῶτον, ἐφ᾽ οὗ παρῃτήσω, δεύτερον δὲ τὸ σόν, ὅτε μετεβουλεύσω καὶ ἀνάδαστον ἐποίησας· τὰ πρότερον ἐγνωσμένα λύσας βεβαιοῖς

und nach deinem Gutdünken bald strafen, bald freisprechen. Du hast einmal gezeugt, du hast einmal großgezogen, und dafür darfst du auch einmal enterben, wenn du deutlich machen kannst, dass du rechtmäßig agierst. Das aber pausenlos, permanent und leichtfertig zu tun: Das geht entschieden über das Recht eines Vaters hinaus.«

(11) Gestattet, bei Zeus, ihr Richter, ihm, der die Wiederaufnahme ohne Zwang vollzogen, das Urteil des früheren Gerichtshofes zunichtegemacht und die Rechtskraft seines Zornes aufgehoben hat, daher nicht, wieder die gleiche Strafe einzufordern und erneut auf seine väterliche Gewalt zu rekurrieren, deren Gültigkeitsdauer schon abgelaufen und verfallen, für ihn allein nicht mehr anwendbar und im Vorfeld verwirkt ist. Ihr seht ja doch wohl, dass auch sonst bei Gerichtshöfen, wo die Richter ihr Amt durch Los erhalten haben, das Gesetz, wenn einer das Urteil für ungerecht hält, ihm die Möglichkeit gibt, sich an ein anderes Gericht zu wenden; wenn man aber, nachdem man sich freiwillig auf die Richter geeinigt und vorab verständigt hat, ihnen daraufhin die Entscheidung überlässt, dann nicht mehr. Denn wenn man diejenigen, zu denen zu stehen man durchaus nicht gezwungen war, durch eigene Entscheidung gewählt hat, dann ist man verpflichtet, das Urteil zu akzeptieren. Und so gilt das daher auch für dich: Ihn, den du ja keineswegs hättest wiederaufnehmen müssen, wenn er dir der Familie unwürdig erschien, den wirst du, wenn du ihn erst einmal für ordentlich befunden und wiederaufgenommen hast, nicht mehr enterben können. Denn dass er dies ein zweites Mal zu erleiden nicht verdient hat, dafür bist du selbst höchstpersönlich Zeuge, der du ihn bereits als anständigen Menschen anerkannt hast. Es gehört sich daher, dass die Wiederaufnahme unwiderruflich und die Versöhnung dauerhaft ist nach so vielen Urteilen und nach zwei Gerichtsverfahren: das erste, bei dem du mich verstoßen, das zweite hingegen dein eigenes, als du deine Entscheidung widerrufen und aufgehoben hast. Dadurch, dass du deinen früheren Beschluss rück-

τὰ μετ᾽ ἐκεῖνα βεβουλευμένα. μένε τοίνυν ἐπὶ τῶν τελευταίων καὶ φύλαττε τὴν σαυτοῦ κρίσιν· πατέρα σε εἶναι δεῖ· τοῦτο γὰρ ἔδοξέ σοι, τοῦτ᾽ ἐδοκίμασας, τοῦτ᾽ ἐκύρωσας.

[12] Ἐγὼ μὲν οὐδ᾽ εἰ μὴ φύσει παῖς ἦν, θέμενος δὲ ἀποκηρύττειν ἤθελες, ἐξεῖναι ἄν σοι ᾠόμην· ὃ γὰρ τὴν ἀρχὴν μὴ ποιεῖν δυνατὸν ἦν, τοῦτ᾽ ἄδικον λύειν ἅπαξ γενόμενον. τὸν δὲ καὶ φύσει καὶ αὖθις προαιρέσει καὶ γνώμῃ ἐσπεποιημένον, πῶς εὔλογον αὖθις ἀπωθεῖσθαι καὶ πολλάκις τῆς μιᾶς οἰκειότητος ἀποστερεῖν; εἰ δ᾽ οἰκέτης ὢν ἐτύγχανον, καὶ τὸ μὲν πρῶτον πονηρὸν οἰόμενος ἐπέδησας, μεταπεισθεὶς δὲ ὡς οὐδὲν ἠδίκουν ἐλεύθερον ἀφῆκας εἶναι, ἆρ᾽ ἄν σοι πρὸς καιρὸν ὀργισθέντι αὖθις ἐξῆν ἐς τὴν ὁμοίαν δουλείαν ἐπανάγειν; οὐδαμῶς. τὰ γὰρ τοιαῦτα βέβαια καὶ διὰ παντὸς κύρια ὑπάρχειν οἱ νόμοι ἀξιοῦσιν.

[13] Ὑπὲρ μὲν οὖν τοῦ μηκέτι ἐξεῖναι τούτῳ ἀποκηρύττειν ὃν ἅπαξ ἀποκηρύξας ἑκὼν ἀνέλαβεν ἔτι πολλὰ εἰπεῖν ἔχων ὅμως παύσομαι. σκέψασθε δὲ ἤδη ὅντινα ὄντα καὶ ἀποκηρύξει με· καὶ οὐ δή που τοῦτό φημι, ὡς τότε μὲν ἰδιώτην, νῦν δὲ ἰατρόν· οὐδὲν γὰρ ἂν πρὸς τοῦτο ἡ τέχνη συναγωνίσαιτο· οὐδ᾽ ὅτι τότε μὲν νέον, νῦν δὲ ἤδη καὶ προβεβηκότα καὶ τὸ πιστὸν τοῦ μηδὲν ἀδικῆσαι ἂν παρὰ τῆς ἡλικίας ἔχοντα· μικρὸν γὰρ ἴσως καὶ τοῦτο. ἀλλὰ τότε μέν, εἰ καὶ μηδὲν ἠδικημένος, ὡς

gängig gemacht hast, verleihst du deiner späteren Entscheidung Dauerhaftigkeit. Bleib daher bei deiner letzten Entscheidung und erhalte dein eigenes Urteil aufrecht. Du musst jetzt Vater sein: So hast du es beschlossen, so hast du es bewilligt, so hast du es für Recht erklärt.

(12) Ich persönlich bin der Meinung: Nicht einmal dann, wenn ich nicht dein leibliches Kind wäre und du mich, nachdem du mich als Kind angenommen hättest, enterben wolltest, könntest du das tun. Denn was du insgesamt und durchaus hättest unterlassen können, das, ist es einmal geschehen, rückgängig zu machen, ist Unrecht. Wie könnte es der Vernunft entsprechen, ihn, der von Natur und erneut durch deine Entscheidung und deinen Beschluss zur Familie gehört, wieder zu verstoßen und ihn mehrmals der einen Familienzugehörigkeit zu berauben? Wollte es der Zufall und ich wäre dein Bediensteter und du hättest mich zunächst in der Meinung, ich sei ein übler Kerl, angekettet, dann deine Meinung dahingehend geändert, dass ich nichts verbrochen hätte, und mich wieder in Freiheit gesetzt, ja, soll es dir denn dann erlaubt sein, mich bei nächster Gelegenheit in einem neuerlichen Anfall von Zorn wieder genauso zu versklaven? Ganz sicher nicht! Solche Dinge haben von Dauer zu sein und ein für alle Mal zu gelten! So verlangen es die Gesetze!

(13) Nun, darüber, dass es dem da nicht erlaubt ist, ihn zu enterben, den er schon einmal enterbt und dann wieder aus freiem Willen aufgenommen hat, könnte ich zwar noch viel sagen, doch will ich es dabei bewenden lassen. Prüft jetzt, wer das eigentlich ist, ich, den er da enterben will! Und da will ich gar nicht die Tatsache anführen, dass ich damals noch ein unausgebildeter Laie war, jetzt aber ein Arzt bin; denn in dieser Angelegenheit hilft mir mein Beruf nicht. Ich will auch nicht anführen, dass ich damals noch jung war, jetzt aber schon vorgerückten Alters bin und mein Lebensalter als Garanten meiner Rechtschaffenheit anführen kann: Denn auch das ist vielleicht keine große Sache. Aber doch Folgendes: Damals

ἂν ἔγωγε φαίην, ἀλλ' οὐδὲ εὖ πεπονθὼς παρῃτεῖτο τῆς οἰκίας, νῦν δὲ σωτῆρα ἔναγχος καὶ εὐεργέτην γεγενημένον. οὔ τί γένοιτ' ἂν ἀχαριστότερον, σωθέντα δι' ἐμὲ καὶ τηλικοῦτον κίνδυνον διαπεφευγότα τοῖς τοιούτοις εὐθὺς ἀμείβεσθαι, τῆς θεραπείας ἐκείνης οὐδένα λόγον ἔχοντα, ἀλλ' οὕτως ῥᾳδίως ἐπιλελῆσθαι καὶ ἐπὶ τὴν ἐρημίαν ἐλαύνειν τὸν ἐφησθέντ' ἂν δικαίως ἐφ' οἷς ἀδίκως ἐξεβέβλητο, μὴ μόνον δ' οὐ μνησικακήσαντα, ἀλλὰ καὶ σώσαντα καὶ σωφρονεῖν παρασκευάσαντα;

[14] Οὐ γὰρ σμικρόν, ὦ ἄνδρες δικασταί, οὐδὲ τὸ τυχὸν εὖ πεποιηκὼς αὐτόν, ὅμως τῶν τοιούτων νῦν ἀξιοῦμαι. ἀλλ' εἰ καὶ οὗτος ἀγνοεῖ τὰ τότε, πάντες ὑμεῖς ἴστε οἷα ποιοῦντα αὐτὸν καὶ πάσχοντα καὶ ὅπως διακείμενον ἐγὼ παραλαβών, τῶν μὲν ἄλλων ἰατρῶν ἀπεγνωκότων, τῶν δὲ οἰκείων φευγόντων καὶ μηδὲ πλησίον προσιέναι τολμώντων, τοιοῦτον ἀπέφηνα ὡς καὶ κατηγορεῖν δύνασθαι καὶ περὶ τῶν νόμων διαλέγεσθαι. μᾶλλον δέ, ὁρᾷς, ὦ πάτερ, τὸ παράδειγμα· τοιοῦτον ὄντα σε παρ' ὀλίγον οἷα νῦν ἡ γυνή ἐστιν, πρὸς τὴν ἀρχαίαν φρόνησιν ἐπανήγαγον. οὐ δὴ δίκαιον τοιαύτην μοι γενέσθαι ἀντ' ἐκείνων τὴν ἀμοιβὴν οὐδὲ κατ' ἐμοῦ σε μόνου σωφρονεῖν· ὅτι γὰρ μὴ μικρὰ ὑπ' ἐμοῦ εὐηργέτησαι, καὶ ἀπ' αὐτῶν ὧν ἐγκαλεῖς δῆλόν ἐστιν· ὃς γὰρ ὡς ἐν ἐσχάτοις οὖσαν τὴν γυναῖκα καὶ παμπονηρῶς ἔχουσαν οὐκ ἰώμενον μισεῖς, πῶς οὐ πολὺ μᾶλλον ὅτι σε τῶν ὁμοίων ἀπήλλαξα ὑπεραγαπᾷς καὶ χάριν ὁμολογεῖς, τῶν οὕτω δεινῶν ἀπηλλαγμένος; σὺ δέ, ὅπερ

hat er mich, obwohl ich nichts verbrochen hatte, wie ich wohl sagen darf, aber ihm auch keine Wohltat erwiesen hatte, aus dem Haus gejagt. Jetzt aber bin ich gerade erst sein Retter und Wohltäter gewesen. Kann es noch größeren Undank geben, als dass er, der mir seine Rettung verdankt, der durch mich einer solchen Bedrohung entgangen ist, mir das sogleich mit solchen Taten vergilt, ohne meine Therapie zu berücksichtigen, sondern das ganz einfach vergisst und den in die Wüste schickt, der doch allen Grund gehabt hätte, sich über die Gründe seiner unrechtmäßigen Verstoßung[8] zu freuen, der aber nicht nur keine Rachegefühle gehegt, sondern ihn sogar gerettet und wieder zu Verstand gebracht hat?

(14) Denn, ihr Richter, ich habe ihm nicht nur geringfügige und beliebige Wohltaten erwiesen! Und doch muss ich mir nun so eine Behandlung gefallen lassen! Aber mag auch er keine Ahnung von den damaligen Vorgängen haben: Ihr wisst alle, in was für einem Zustand ich ihn übernommen habe, was er alles getan, was alles erlitten hatte, als ihn die übrigen Ärzte aufgegeben hatten, seine Angehörigen vor ihm flohen und nicht einmal in seine Nähe zu kommen wagten, und doch habe ich ihn so weit wiederhergestellt, dass er sogar Klage zu führen und über die Gesetze zu dissertieren vermag. Mehr noch, mein Vater, du hast das Modell doch vor Augen! Aus beinahe genau dem Zustand, in dem jetzt deine Frau ist, habe ich dich zur früheren Vernunft zurückgebracht. Da ist es doch nicht gerecht, dass ich so einen Lohn dafür bekomme und du allein mir gegenüber nicht bei gesundem Verstand bist. Dass du nämlich keine geringfügigen Wohltaten von mir erwiesen bekommen hast, das ergibt sich auch aus genau dem, was du mir vorwirfst! Denn wie müsstest du, der du mich hasst, weil ich deine Frau, die gleichsam auf der Schwelle zum Tod steht und der es äußerst schlecht geht, nicht heile, mich nicht viel eher über alle Maßen lieben, weil ich dich von einem ähnlichen Geschick befreit habe, und deine Dankbarkeit gestehen, befreit von einem so schrecklichen Übel? Du hingegen, und das ist wirklich der Gipfel des Undanks und der Igno-

ἀγνωμονέστατον, σωφρονήσας εὐθὺς ἐς δικαστήριον ἔχεις καὶ σεσωσμένος κολάζεις καὶ ἐπὶ τὸ ἀρχαῖον ἐκεῖνο μῖσος ἀνατρέχεις καὶ τὸν αὐτὸν ἀναγινώσκεις νόμον. καλὸν γοῦν τὸν μισθὸν ἀποδίδως τῇ τέχνῃ καὶ ἀξίας ἀμοιβὰς τῶν φαρμάκων ἐπὶ τὸν ἰατρὸν ὑγιαίνων μόνον.

[15] Ὑμεῖς δέ, ὦ ἄνδρες δικασταί, τὸν εὐεργέτην τούτῳ κολάζειν ἐπιτρέψετε καὶ τὸν σώσαντα ἐξελαύνειν καὶ τὸν σωφρονίσαντα μισεῖν καὶ τὸν ἀναστήσαντα τιμωρεῖσθαι; οὔκ, ἤν γε τὰ δίκαια ποιῆτε. καὶ γὰρ εἰ τὰ μέγιστα νῦν ἁμαρτάνων ἐτύγχανον, ἦν μοί τις οὐ μικρὰ προοφειλομένη χάρις, ἐς ἣν ἀποβλέποντα τοῦτον καὶ ἧς μεμνημένον καλῶς εἶχε τῶν μὲν παρόντων καταφρονεῖν, δι᾽ ἐκεῖνα δὲ πρόχειρον τὴν συγγνώμην ἔχειν, καὶ μάλιστα εἰ τηλικαύτη τις ἡ εὐεργεσία τυγχάνοι ὡς πάντα ὑπερπαίειν τὰ μετὰ ταῦτα. ὅπερ οἶμαι κἀμοὶ πρὸς τοῦτον ὑπάρχειν, ὃν ἔσωσα, καὶ ὃς τοῦ βίου παντὸς χρεώστης ἐστί μοι, καὶ ᾧ τὸ εἶναι καὶ τὸ σωφρονεῖν καὶ τὸ συνιέναι παρέσχημαι, καὶ μάλιστα ὅτε οἱ ἄλλοι πάντες ἤδη ἀπεγνώκεσαν καὶ ἥττους εἶναι ὡμολόγουν τῆς νόσου.

[16] Τοῦτο γὰρ μείζω οἶμαι ποιεῖν τὴν ἐμὴν εὐεργεσίαν, ὃς οὔτε υἱὸς ὢν τότε οὔτε ἀναγκαίαν τῆς θεραπείας ἔχων αἰτίαν ἀλλὰ ἐλεύθερος καθεστὼς καὶ ἀλλότριος, τῆς φυσικῆς αἰτίας ἀφειμένος, ὅμως οὐ περιεῖδον, ἀλλ᾽ ἐθελοντής, ἄκλητος, αὐτεπάγγελτος ἧκον, ἐβοήθησα, προσελιπάρησα, ἰασάμην, ἀνέστησα, καὶ τὸν πατέρα ἐμαυτῷ διεφύλαξα, καὶ ὑπὲρ τῆς ἀποκηρύξεως ἀπελογησάμην, καὶ τῇ εὐνοίᾳ τὴν ὀργὴν ἔπαυσα, καὶ τὸν νόμον ἔλυσα τῇ φιλοστοργίᾳ, καὶ μεγάλης εὐεργεσίας

ranz, begibst dich, kaum genesen und wieder bei Verstand, sogleich vor Gericht, schreist, kaum gerettet, nach Strafe, steigerst dich wieder in deinen alten Hass und liest dasselbe Gesetz vor. Ein schöner Lohn für meine Kunst, ein würdiges Entgelt für meine Heilmittel, deine Gesundung nur zu nutzen, um gegen deinen Arzt vorzugehen!

(15) Und ihr, Richter? Werdet ihr dem da seinen Wohltäter zur Bestrafung überlassen? Seinen Retter zur Vertreibung? Ihn, der ihn zur Vernunft gebracht hat, zum Hassen? Ihn, der ihn wieder auf die Beine gebracht hat, zur Rache? Nein, das werdet ihr nicht, wenn ihr denn Gerechtigkeit übt! Denn selbst wenn ich jetzt wirklich schlimmste Untaten begangen hätte, würde man mir doch noch vorab keine geringe Dankbarkeit schulden, und es wäre schon schön, der da würde sie im Blick behalten, sich an sie erinnern und deshalb alle gegenwärtigen Umstände beiseite wischen, um ihretwillen zum Verzeihen bereit zu sein, und das doch vor allem dann, wenn die Wohltat von solcher Größe ist, dass sie alles, was nach ihr kam, übertrifft. Dieser Anspruch, denke ich, steht mir auch dem da gegenüber zu, den ich gerettet habe und der für sein ganzes Leben in meiner Schuld steht, dem ich Dasein, Vernunft und Verstand geschenkt habe, und das, obendrein, als alle anderen ihn schon aufgegeben hatten und gestehen mussten, der Krankheit nicht gewachsen zu sein.

(16) Denn das, denke ich, vergrößert noch meine Wohltat, dass ich, der ich damals weder sein Sohn war noch einen zwingenden Grund für die Behandlung besaß, sondern ein freier und fremder Mann war, aus meiner naturgegebenen Schuldigkeit entlassen, ihn dennoch nicht links liegen ließ, sondern aus freien Stücken, ungerufen, aus eigenem Antrieb kam, Hilfe leistete, nicht aufgab, ihn gesund machte und wieder auf die Beine brachte, und so habe ich mir den Vater bewahrt, habe ich mich gegen die Enterbung verteidigt, habe ich den Zorn durch Wohlwollen beschwichtigt, habe ich die rechtlichen Konsequenzen durch Kindesliebe beseitigt, und

τὴν ἐς τὸ γένος ἐπάνοδον ἐπριάμην, καὶ ἐν οὕτως ἐπισφαλεῖ καιρῷ τὴν πρὸς τὸν πατέρα πίστιν ἐπεδειξάμην, καὶ μετὰ τῆς τέχνης ἐμαυτὸν ἐσεποίησα, καὶ γνήσιος υἱὸς ἐν τοῖς δεινοῖς ἀνεφάνην.

Πόσα γὰρ οἴεσθε παθεῖν με, πόσα καμεῖν παρόντα, ὑπηρετοῦντα, καιροφυλακοῦντα, νῦν μὲν εἴκοντα τῇ τοῦ πάθους ἀκμῇ, νῦν δὲ τὴν τέχνην ἐπάγοντα πρὸς ὀλίγον ἐνδιδόντος τοῦ κακοῦ; ἔστιν δὲ τῶν ὄντων ἁπάντων τούτων ἐν τῇ ἰατρικῇ τὸ ἐπισφαλέστατον τοὺς τοιούτους ἰᾶσθαι καὶ πλησιάζειν οὕτω διακειμένοις· ἐς γὰρ τοὺς πλησίον πολλάκις ἀφιᾶσι τὴν λύτταν, ἐπιζέσαντος τοῦ πάθους. καὶ ὅμως πρὸς οὐδὲν τούτων ἀπώκνησα οὐδὲ ἀπεδειλίασα, συνὼν δὲ καὶ πάντα τρόπον ἀντεξεταζόμενος τῇ νόσῳ τὸ τελευταῖον ἐκράτησα τῷ φαρμάκῳ.

[17] Μὴ γὰρ τοῦτ᾽ ἀκούσας εὐθὺς ὑπολάβῃ τις »Ποῖος δὲ ἢ πόσος ὁ κάματος ἐγχέαι φάρμακον;« πολλὰ γὰρ πρὸ τούτου γενέσθαι δεῖ, καὶ προοδοποιῆσαι τῇ πόσει καὶ προπαρασκευάσαι ῥᾴδιον ἐς ἴασιν τὸ σῶμα καὶ τῆς ἁπάσης ἕξεως φροντίσαι κενοῦντα καὶ ἰσχναίνοντα καὶ οἷς χρὴ τρέφοντα καὶ κινοῦντα ἐς ὅσον χρήσιμον καὶ ὕπνους ἐπινοοῦντα καὶ ἠρεμίας μηχανώμενον, ἅπερ οἱ μὲν ἄλλο τι νοσοῦντες ῥᾳδίως πεισθεῖεν ἄν, οἱ μεμηνότες δὲ διὰ τὴν ἐλευθερίαν τοῦ νοῦ δυσάγωγοι καὶ δυσηνιόχητοι καὶ τῷ ἰατρῷ ἐπισφαλεῖς καὶ τῇ θεραπείᾳ δυσκαταγώνιστοι. ὅταν γοῦν πολλάκις οἰηθῶμεν ἤδη πλησίον γενέσθαι τοῦ τέλους καὶ ἐλπίσωμεν, ἐμπεσόν τι μικρὸν ἁμάρτημα ἐπακμάσαντος τοῦ πάθους ἅπαντα

zum Preis einer gewaltigen Wohltat habe ich mir die Rückkehr in den Schoß der Familie erkauft, in einem so kritischen Augenblick habe ich meine Treue zu meinem Vater bewiesen, habe ich mich mithilfe meiner Kunst wieder ins Recht gesetzt und mich in der Gefahr als echter Sohn erwiesen.

Was glaubt ihr denn, was ich alles erduldet habe, wie mich meine Anwesenheit am Krankenbett erschöpft hat, meine Dienste, meine Aufmerksamkeit? Bald wich ich vor den Höhepunkten der Krankheit zurück, bald brachte ich meine Kunst zur Anwendung, wenn das Übel ein wenig nachzugeben begann. Unter all den Aufgaben, die die Heilkunst bereithält, ist die Heilung solcher Patienten, die Annäherung an Leute in diesem Zustand die gefährlichste und schwierigste. Denn oft, wenn die Erkrankung hochkocht, richten sie ihren Wahnsinn gegen die Menschen in ihrer Nähe. Und doch bin ich vor nichts von alldem zurückgeschreckt, habe mich nicht feige verkrochen, sondern blieb bei ihm, maß mich mit der Krankheit und habe sie zu guter Letzt durch mein Medikament besiegt.

(17) Ich möchte nämlich jetzt nicht, dass einer, kaum dass er das hört, mich unterbricht und sagt: »Was soll das schon für eine große Mühe sein, ein Medikament einzuflößen?« Denn bis es soweit ist, muss einiges geschehen, man muss dem Heiltrank den Weg bahnen und den Körper für die Heilung aufnahmefähig machen, man muss für die gesamte Konstitution Sorge tragen durch Abführ- und Entschlackungsmittel, durch eine angemessene Diät und durch Bewegung im nützlichen Maß, man muss Schlafphasen einbauen und Ruhezeiten planen, alles Dinge, zu denen man andere Kranke leicht überreden kann, während die Wahnsinnigen, aufgrund der Enthemmtheit ihres Verstandes schwer zu beeinflussen und zu lenken, dem Arzt tückisch und der Therapie in schwer zu bezwingender Sturheit gegenüberstehen. So geschieht es oft, dass wir glauben, wir seien schon fast am Ziel, und Hoffnung schöpfen, und dann kommt irgendein kleiner Fehler dazwischen, die Krankheit verschärft sich

ῥᾳδίως ἐκεῖνα ἀνέτρεψε καὶ ἐνεπόδισε τὴν θεραπείαν καὶ τὴν τέχνην διέσφηλε.

[18] Τὸν οὖν ταῦτα πάντα ὑπομεμενηκότα καὶ οὕτω χαλεπῷ νοσήματι προσπαλαίσαντα καὶ πάθος ἁπάντων παθῶν τὸ δυσαλωτότατον νενικηκότα ἔτι τούτῳ ἀποκηρύττειν ἐπιτρέψετε, καὶ τοὺς νόμους ὡς βούλεται ἑρμηνεύειν κατ' εὐεργέτου συγχωρήσετε, καὶ τῇ φύσει πολεμεῖν αὐτὸν ἐάσετε;

Ἐγὼ τῇ φύσει πειθόμενος, ὦ ἄνδρες δικασταί, σῴζω καὶ διαφυλάττω τὸν πατέρα ἐμαυτῷ κἂν ἀδικῇ· οὑτοσὶ δὲ τὸν εὐεργετηκότα παῖδα τοῖς νόμοις, ὥς φησιν, ἀκολουθῶν διαφθείρει καὶ τοῦ γένους ἀποστερεῖ. μισόπαις οὗτος, ἐγὼ φιλοπάτωρ γίγνομαι. ἐγὼ τὴν φύσιν ἀσπάζομαι, οὗτος τὰ τῆς φύσεως παρορᾷ καὶ καθυβρίζει δίκαια. ὢ πατρὸς μισοῦντος ἀδίκως· ὢ παιδὸς φιλοῦντος ἀδικώτερον. ἐγκαλῶ γὰρ ἐμαυτῷ, τοῦ πατρὸς ἀναγκάζοντος, ὅτι μισούμενος οὐ δέον φιλῶ καὶ φιλῶ πλέον ἢ προσῆκεν. καίτοι γε ἡ φύσις τοῖς πατράσιν τοὺς παῖδας μᾶλλον ἢ τοῖς παισὶν τοὺς πατέρας ἐπιτάττει φιλεῖν. ἀλλ' οὗτος ἑκὼν καὶ τοὺς νόμους παρορᾷ, οἳ τοὺς οὐδὲν ἠδικηκότας παῖδας τῷ γένει φυλάττουσιν, καὶ τὴν φύσιν, ἣ τοὺς γεννήσαντας ἕλκει πρὸς πόθον τῶν γεγεννημένων πολύν. οὐχ ὅπως μείζους ἀρχὰς εὐνοίας ἔχων πρὸς ἐμὲ μείζονα τὰ δίκαιά μοι τῆς εὐνοίας ἐσφέρει καὶ ἐπιδίδωσιν, ἢ τό γε ἔλαττον ἐμὲ μιμεῖται καὶ ζηλοῖ τοῦ φίλτρου· ἀλλ', οἴμοι τῆς συμφορᾶς, προσέτι καὶ μισεῖ φιλοῦντα καὶ ἀγαπῶντα ἐλαύνει καὶ εὐεργετοῦντα ἀδικεῖ καὶ ἀσπαζόμενον ἀποκηρύτ-

und stößt alle jene Maßnahmen ohne Mühe um, stellt sich der Therapie in den Weg und bringt unsere Kunst zum Scheitern.

(18) Und jetzt wollt ihr dem da immer noch erlauben, den zu enterben, der das alles ertragen, mit einer so schweren Krankheit gerungen und das Leiden besiegt hat, das am schwersten von allen in den Griff zu bekommen ist? Wollt ihr ihm einräumen, die Gesetze so, wie es ihm gerade gefällt, gegen seinen Wohltäter auszulegen, und ihn Krieg gegen die Natur führen lassen? Ich, ihr Herren Richter, gehorche der Natur und rette und bewahre mir meinen Vater, auch wenn er Unrecht tut; der hingegen vernichtet seinen eigenen Sohn und Wohltäter im Einklang, wie er behauptet, mit den Gesetzen und beraubt ihn seiner Familie. Der da hasst sein Kind, ich hingegen liebe meinen Vater. Ich heiße die Forderungen der Natur willkommen, er lässt sie in all ihrer Rechtmäßigkeit links liegen und versündigt sich an ihnen. Wehe über den Vater und seinen unberechtigten Hass! Wehe über den Sohn, dessen Liebe noch unberechtigter ist! Denn ich muss mir, von meinem Vater gezwungen, den Vorwurf machen, dass ich, da ich gehasst werde, ohne Not liebe und mehr liebe, als es mir zukommt. Und doch verlangt die Natur mehr von den Vätern, dass sie ihre Kinder, als von den Kindern, dass sie ihre Väter lieben. Der hier hingegen lässt, ganz aus freien Stücken, sowohl die Gesetze unbeachtet, welche Söhne, die keinerlei Unrecht getan haben, für ihre Familie bewahren, als auch die Natur, welche die Erzeuger mit aller Macht zur Kindesliebe zieht. Nicht dass er etwa, den gewichtigeren Anlässen für Wohltaten mir gegenüber entsprechend, mir ein höheres Maß des von Rechts wegen geschuldeten Wohlwollens widerfahren ließe und von sich aus noch etwas dazutäte, oder, was doch das Mindeste wäre, mich nachahmt und versucht, mit meinem Heiltrank gleichzuziehen – nein, ach, was für ein Unglück!, er hasst mich obendrein, der ich ihn liebe, jagt mich, der ich ihm zugetan bin, von Haus und Hof, tut Unrecht an mir, der ich ihm Wohltaten erweise, enterbt mich, der ich ihn in meine Arme schließe, und benutzt Gesetze, die zum

τει, καὶ τοὺς φιλόπαιδας νόμους ὡς μισόπαιδας κατ᾽ ἐμοῦ μεταχειρίζεται. ὢ μάχης ἣν ἐσάγεις, πάτερ, τοῖς νόμοις κατὰ τῆς φύσεως.

[19] Οὐκ ἔστι ταῦτα, οὐκ ἔστιν ὡς θέλεις· κακῶς ἑρμηνεύεις, ὦ πάτερ, καλῶς κειμένους τοὺς νόμους. οὐ πολεμεῖ φύσις καὶ νόμος ἐν ταῖς εὐνοίαις, ἀλλ᾽ ἀκολουθοῦσιν ἀλλήλοις ἐνταῦθα καὶ συναγωνίζονται τῇ λύσει τῶν ἀδικημάτων. ὑβρίζεις τὸν εὐεργέτην, ἀδικεῖς τὴν φύσιν. τί καὶ τοὺς νόμους συναδικεῖς τῇ φύσει; οὓς καλοὺς καὶ δικαίους καὶ φιλόπαιδας εἶναι θέλοντας οὐ συγχωρεῖς, καθ᾽ ἑνὸς παιδὸς ὡς κατὰ πολλῶν κινῶν πολλάκις καὶ ἡσυχάζειν οὐκ ἐῶν ἐν ταῖς τιμωρίαις τοὺς ἐν ταῖς τῶν παίδων πρὸς τοὺς πατέρας εὐνοίαις ἡσυχάζειν ἐθέλοντας, καίτοι γε ἐπὶ τοῖς μηδὲν ἡμαρτηκόσιν μηδὲ κειμένους. καὶ μὴν οἵ γε νόμοι καὶ ἀχαριστίας δικάζεσθαι διδόασιν κατὰ τῶν τοὺς εὐεργέτας μὴ ἀντευποιούντων. ὁ δὲ πρὸς τῷ μὴ ἀμείβεσθαι καὶ ἐπ᾽ αὐτοῖς οἷς πέπονθε κολάζειν ἀξιῶν, σκέψασθε εἴ τινα ὑπερβολὴν ἀδικίας ἀπολέλοιπεν.

Ὡς μὲν οὖν οὔτε ἀποκηρύττειν ἔτι τούτῳ ἔξεστιν ἅπαξ ἤδη τὴν πατρικὴν ἐξουσίαν ἀποπληρώσαντι καὶ χρησαμένῳ τοῖς νόμοις, οὔτε ἄλλως δίκαιον εὐεργέτην ἐς τὰ τηλικαῦτα γεγενημένον ἀπωθεῖσθαι καὶ τῆς οἰκίας παραιτεῖσθαι, ἱκανῶς, οἶμαι, δέδεικται.

[20] ἤδη δὲ καὶ ἐπ᾽ αὐτὴν τὴν αἰτίαν ἔλθωμεν τῆς ἀποκηρύξεως καὶ τὸ ἔγκλημα ἐξετάσωμεν ὁποῖόν ἐστιν. ἀνάγκη δὲ αὖθις ἐπὶ τὴν γνώμην ἀναδραμεῖν τοῦ νομοθέτου· ἵνα γάρ σοι τοῦτο πρὸς ὀλίγον δῶμεν, τὸ

Schutz der Kinder erlassen wurden, gegen mich, als wären sie Gesetze zur Regelung des Kinderhasses. Wehe über die Schlacht gegen die Gesetze, Vater, auf die du dich da einlässt, ganz gegen die Natur!

(19) Nicht verhält es sich so, nein, es verhält sich nicht so, wie du willst! Schlecht legst du, Vater, die Gesetze aus, und sie sind doch gut! Nein, Natur und Gesetz führen, geht es um Wohlwollen, keinen Krieg gegeneinander, vielmehr begleiten sie einander hier und kämpfen vereint für die Beseitigung von Unrecht. Du vergehst dich an deinem Wohltäter, du tust Unrecht an der Natur! Warum musst du, zugleich mit der Natur, auch noch den Gesetzen Unrecht tun? Sie lässt du, obwohl sie doch wollen, nicht schön, gerecht und kinderfreundlich sein, indem du sie immer wieder gegen den einen Sohn in Bewegung setzt, als ob es gegen eine Vielzahl von Söhnen ginge, und lässt sie keine Ruhe finden in deinen Racheaktionen, sie, die doch in wohlwollendem Verhalten der Söhne gegen ihre Väter zur Ruhe kommen wollen,[9] und das, wo sie wahrlich nicht für diejenigen erlassen wurden, die gar nichts verbrochen haben. Indes gestatten es die Gesetze durchaus, gegen diejenigen, die ihren Wohltätern nicht Gleiches mit Gleichem vergelten, wegen Undanks zu prozessieren. Wer aber zusätzlich dazu, dass er seine Schuldigkeit nicht begleicht, auch noch für das, was ihm Gutes widerfahren ist, nach Strafe ruft: Überlegt, ob der noch irgendein Übermaß an Unrecht ausgelassen hat!

Dass es dem da also weder möglich ist, ein weiteres Mal zu enterben, nachdem er seine väterliche Gewalt bereits einmal eingesetzt und sich der Gesetze bedient hat, noch auf andere Weise jemanden, der sich in einem solchen Maße als gerechter Wohltäter erzeigt hat, von sich zu stoßen und aus dem Familienverband auszuschließen, das ist, denke ich, hinreichend bewiesen.

(20) Kommen wir nun also zum eigentlichen Grund für die Enterbung und schauen wir einmal, welcher Art die Anklage ist! Hierzu ist es erneut notwendig, auf die Absicht des Gesetzgebers zu rekurrieren. Denn um dir einmal für einen Augenblick die Mög-

ἐξεῖναι ὁσάκις ἂν θέλῃς ἀποκηρύττειν, καὶ κατά γε τοῦ εὐεργέτου προσέτι τὴν ἐξουσίαν ταύτην συγχωρήσωμεν, οὐχ ἁπλῶς, οἶμαι, οὐδὲ ἐπὶ πάσαις αἰτίαις ἀποκηρύξεις. οὐδὲ τοῦθ᾽ ὁ νομοθέτης φησίν, ὅ τι ἂν τύχῃ ὁ πατὴρ αἰτιασάμενος, ἀποκηρυττέτω, καὶ ἀπόχρη θελῆσαι μόνον καὶ μέμψασθαι. τί γὰρ ἂν ἔδει δικαστηρίου; ἀλλ᾽ ὑμῖν ποιεῖ τοῦτο, ὦ ἄνδρες δικασταί, σκοπεῖν εἴτε ἐπὶ μεγάλοις καὶ δικαίοις ὁ πατὴρ ὀργίζεται εἴτε καὶ μή. οὐκοῦν τοῦτο ἤδη ἐξετάσατε. ἄρξομαι δὲ ἀπὸ τῶν μετὰ τὴν μανίαν εὐθύς.

[21] Τὰ μὲν δὴ πρῶτα τῆς σωφροσύνης τοῦ πατρὸς λύσις ἦν τῆς ἀποκηρύξεως, καὶ σωτὴρ καὶ εὐεργέτης καὶ πάντα ἦν ἐγώ. καὶ οὐδέν, οἶμαι, τούτοις ἔγκλημα προσεῖναι ἐδύνατο. τὰ μετὰ ταῦτα δέ, τί τῶν πάντων αἰτιᾷ; τίνα θεραπείαν, τίνα ἐπιμέλειαν υἱοῦ παρῆκα; πότε ἀπόκοιτος ἐγενόμην; τίνας πότους ἀκαίρους, τίνας κώμους ἐγκαλεῖς; τίς ἀσωτία; τίς πορνοβοσκὸς ὕβρισται; τίς ᾐτιάσατο; οὐδὲ εἷς. καὶ μὴν ταῦτ᾽ ἐστὶν ἐφ᾽ οἷς μάλιστα ὁ νόμος ἀποκηρύττειν ἐφίησιν.

[22] »Ἀλλὰ νοσεῖν ἤρξατο ἡ μητρυιά.« τί οὖν; ἐμοὶ τοῦτ᾽ ἐγκαλεῖς καὶ νόσου δίκην ἀπαιτεῖς; »οὔ«, φησίν. ἀλλὰ τί; »θεραπεύειν προσταττόμενος οὐ θέλεις, καὶ διὰ τοῦτ᾽ ἄξιος ἂν εἴης ἀποκηρύξεως ἀπειθῶν τῷ πατρί.« ἐγὼ δὲ τὸ μὲν οἷα προστάττοντι αὐτῷ ὑπακούειν οὐ δυνάμενος ἀπειθεῖν δοκῶ πρὸς ὀλίγον ὑπερθήσομαι· πρότερον δὲ ἁπλῶς ἐκεῖνό φημι, ὡς οὐ πάντα προστάττειν οὔτε τούτῳ δίδωσιν ὁ νόμος οὔτ᾽ ἐμοὶ τὸ

lichkeit zu geben, zu enterben, sooft du willst, und um dir diese Möglichkeit obendrein auch noch gegen deinen Wohltäter zu gewähren: Du wirst nicht einfach so, glaube ich, und auch nicht mit jedem beliebigen Grund die Enterbung vollziehen können. Auch der Gesetzgeber sagt nicht: Der Vater soll enterben, welchen Grund er auch immer dafür vorbringen mag, und es reicht vollkommen aus, es nur zu wollen und einen Tadel auszusprechen. Denn wozu brauchte man dann ein Gericht? Nein, euch erlegt er dies auf, ihr Herren Richter: zu prüfen, ob es gewichtige und gerechte Gründe sind, derentwegen der Vater zürnt, oder ob nicht. Nehmt also diese Prüfung jetzt vor! Ich beginne mit dem Zeitpunkt unmittelbar nach dem Wahnsinn.

(21) Meines Vaters erste Tat der Vernunft war gerade die Rücknahme der Enterbung, und ich war sein Retter, sein Wohltäter, sein ein und alles. Und an diesen Dingen konnte meines Erachtens kein Vorwurf haften. Aber danach? Welchen Vorwurf, unter allen nur denkbaren Vorwürfen, kann er mir machen? An welcher Pflege, an welcher Fürsorge eines Sohnes habe ich es fehlen lassen? Wann hätte ich auch nur eine Nacht außerhalb des Hauses verbracht? Welches unpassende Besäufnis, welche nächtlichen Schwärmereien kannst du mir vorhalten? Welche Ausschweifung? Welchen Zuhälter habe ich verprügelt? Wer hat Vorwürfe laut werden lassen? Niemand, nicht einer! Und doch sind es genau diese Dinge, bei denen das Gesetz in erster Linie die Enterbung zulässt.

(22) »Aber deine Stiefmutter wurde krank!« Ja, was denn? Das wirfst du mir vor und verlangst von mir Rechenschaft für die Erkrankung? »Nein«, sagt er. Was denn dann? »Obwohl ich es dir anordne, weigerst du dich, sie zu behandeln, und dafür hast du ja wohl die Enterbung verdient, für deinen Ungehorsam dem Vater gegenüber.« Ich möchte diesen Punkt – welcher Art genau seine Anordnung war, so dass ich ihr nicht gehorchen konnte und deshalb ungehorsam zu sein scheine – für einen Augenblick aufschieben. Zuvor möchte ich einfach nur Folgendes sagen: Weder ge-

πείθεσθαι πᾶσιν πάντως ἀναγκαῖον. ἐν δ' οὖν τοῖς τῶν προσταγμάτων τὰ μὲν ἀνεύθυνά ἐστιν, τὰ δὲ ὀργῆς καὶ τιμωρίας ἄξια. ἐὰν νοσῇς αὐτός, ἐγὼ δὲ ἀμελῶ· ἐὰν τῶν κατ' οἶκον ἐπιμελεῖσθαι κελεύῃς, ἐγὼ δὲ ὀλιγωρῶ· ἐὰν τὰ κατ' ἀγρὸν ἐπισκοπεῖν προστάττῃς, ἐγὼ δὲ ὀκνῶ – πάντα ταῦτα καὶ τὰ τοιαῦτα εὐλόγους ἔχει τὰς προφάσεις καὶ τὰς μέμψεις πατρικάς. τὰ δὲ ἄλλα ἐφ' ἡμῖν ἐστιν τοῖς παισίν, ὄντα τῶν τεχνῶν καὶ τῆς τούτων χρήσεως, καὶ μάλιστα εἰ μηδὲν ὁ πατὴρ αὐτὸς ἀδικοῖτο. ἐπεί τοι ἂν τῷ γραφεῖ πατὴρ προστάττῃ, »ταῦτα μέν, τέκνον, γράφε, ταυτὶ δὲ μή«, καὶ τῷ μουσικῷ, »τήνδε μὲν τὴν ἁρμονίαν κροῦε, ταύτην δὲ μή«, καὶ τῷ χαλκεύοντι, »τοιαῦτα μὲν χάλκευε, τοιαῦτα δὲ μή«, ἆρ' ἄν τις ἀνάσχοιτο ἀποκηρύττοντα, ὅτι μὴ κατὰ τὰ ἐκείνῳ δοκοῦντα ὁ παῖς χρῆται τῇ τέχνῃ; οὐδὲ εἷς, οἶμαι.

[23] Τὸ δὲ τῆς ἰατρικῆς ὅσῳ σεμνότερόν ἐστιν καὶ τῷ βίῳ χρησιμώτερον, τοσούτῳ καὶ ἐλευθεριώτερον εἶναι προσήκει τοῖς χρωμένοις, καί τινα προνομίαν ἔχειν τὴν τέχνην δίκαιον τῇ ἐξουσίᾳ τῆς χρήσεως, ἀναγκάζεσθαι δὲ μηδὲν μηδὲ προστάττεσθαι πρᾶγμα ἱερὸν καὶ θεῶν παίδευμα καὶ ἀνθρώπων σοφῶν ἐπιτήδευμα, μηδ' ὑπὸ δουλείαν γενέσθαι νόμου μηδ' ὑπὸ ψῆφον καὶ τιμωρίαν δικαστηρίου, μηδὲ ὑπὸ φόβον καὶ πατρὸς ἀπειλὴν καὶ ὀργὴν ἰδιωτικήν. ὥστε καὶ εἰ τοῦτό σοι σαφῶς οὑτωσὶ καὶ διαρρήδην ἔλεγον »Οὐ βούλομαι οὐδὲ θεραπεύω δυνάμενος, ἀλλ' ἐμαυτῷ μόνῳ τὴν τέχνην οἶδα καὶ πατρί, τοῖς δὲ ἄλλοις ἅπασιν ἰδιώτης εἶναι βούλομαι«, τίς τύραννος οὕτω βίαιος ὡς ἀναγκάσαι ἂν καὶ ἄκοντα χρῆσθαι τῇ τέχνῃ; τὰ γὰρ τοιαῦτα ἱκετείαις καὶ

stattet ihm das Gesetz jede Art von Anordnung, noch bin ich verpflichtet, allem und in jeder Weise zu gehorchen. Bei Anordnungen gibt es solche, deren Nichtbefolgen straflos bleibt, und solche, die es wert sind, dass man ihretwegen zornig wird und nach Strafe verlangt. Wenn du selbst krank bist und ich mich nicht kümmere; wenn du mir befiehlst, mich um die häuslichen Angelegenheiten zu kümmern, und ich sie vernachlässige; wenn du mir aufträgst, die Landarbeit zu beaufsichtigen, und ich mich drücke: All das, all so etwas bietet vernünftigen Anlass für väterlichen Tadel. Alles Übrige aber liegt bei uns Söhnen, da es Sache unserer beruflichen Fähigkeiten und ihres Gebrauchs ist, und erst recht dann, wenn dem Vater selbst dabei kein Unrecht zugefügt wird. Denn wenn ein Vater einem Maler befähle: »Male dies, mein Kind, dies hier aber nicht!«, und dem Musiker: »Schlag diesen Akkord an, aber diesen nicht!«, und dem Schmied: »Schmiede so etwas, aber so etwas nicht!«, ja, würde man denn dann dulden, dass er seinen Sohn enterbt, weil der von seinen beruflichen Fähigkeiten nicht nach dessen Vorstellungen Gebrauch macht? Niemand, nicht einer würde das vermutlich!

(23) Umso ehrwürdiger und nützlicher für das Leben die ärztliche Kunst ist, desto freier sollen auch ihre Ausübenden sein, und es ist nur gerecht, dass die Kunst in Fragen der Freiheit ihrer Ausübung gewissermaßen ein Vorrecht genießt. Weder unterliegt eine Kultangelegenheit Zwängen oder Anordnungen, noch die Wissenschaft von den Göttern und die Beschäftigungen weiser Männer: Sie dürfen nicht zu Sklaven des Gesetzes werden noch Gegenstand von gerichtlichen Urteilen und Abstrafungen, man darf sie nicht in Angst und Schrecken versetzen und väterlichen Drohungen und Zornesausbrüchen von Laien unterwerfen. Selbst wenn ich dir daher Folgendes klar und deutlich gesagt hätte: »Ich will nicht und ich behandle nicht, obwohl ich es vermag, sondern ich beherrsche meine Kunst nur für mich und für meinen Vater, für alle anderen aber will ich ein Laie sein«, welcher Tyrann besäße die Gewalt, mich zu zwingen, meine Kunst auch gegen meinen Willen zur Anwen-

δεήσεσιν, οὐ νόμοις καὶ ὀργαῖς καὶ δικαστηρίοις ὑπάγειν, οἶμαι, προσήκει· πείθεσθαι τὸν ἰατρὸν χρή, οὐ κελεύεσθαι· βούλεσθαι, οὐ φοβεῖσθαι· ἐπὶ τὴν θεραπείαν οὐκ ἄγεσθαι, ἑκόντα δὲ ἐρχόμενον ἥδεσθαι. πατρικῆς δὲ ἀνάγκης ἄμοιρος ἡ τέχνη, ὅπου γε τοῖς ἰατροῖς καὶ δημοσίᾳ αἱ πόλεις τιμὰς καὶ προεδρίας καὶ ἀτελείας καὶ προνομίας διδόασιν.

[24] Ταῦτα μὲν οὖν ἁπλῶς ἂν εἶχον εἰπεῖν ὑπὲρ τῆς τέχνης, εἰ καὶ σοῦ διδαξαμένου με καὶ πολλὰ ἐπιμεληθέντος καὶ ἀναλώσαντος ὡς μάθοιμι πρὸς μίαν ὅμως θεραπείαν ταύτην, δυνατὴν οὖσαν, ἀντέλεγον. νυνὶ δὲ κἀκεῖνο ἐννόησον, ὡς παντάπασιν ἄγνωμον ποιεῖς οὐκ ἐῶν με χρῆσθαι μετ᾽ ἐλευθερίας ἐμῷ κτήματι. ταύτην ἐγὼ τὴν τέχνην οὐχ υἱὸς ὢν σὸς ἐξέμαθον οὐδὲ τῷ σῷ νόμῳ ὑποκείμενος, καὶ ὅμως αὐτὴν μεμάθηκά σοι – καὶ πρῶτος αὐτῆς ἀπολέλαυκας – οὐδὲν παρὰ σοῦ πρὸς τὸ μαθεῖν ἔχων. τίνα διδάσκαλον ἐμισθώσω; τίνα φαρμάκων παρασκευήν; οὐδ᾽ ἡντιναοῦν· ἀλλὰ πενόμενος ἐγὼ καὶ τῶν ἀναγκαίων ἀπορούμενος καὶ ὑπὸ τῶν διδασκάλων ἐλεούμενος ἐπαιδευόμην, καί μοι τοιαῦτα παρὰ τοῦ πατρὸς ἦν πρὸς τὸ μαθεῖν ἐφόδια, λύπη καὶ ἐρημία καὶ ἀπορία καὶ μῖσος οἰκείων καὶ ἀποστροφὴ συγγενῶν. ἀντὶ τούτων τοίνυν χρῆσθαί μου τῇ τέχνῃ ἀξιοῖς καὶ δεσπότης εἶναι θέλεις τῶν ὅτ᾽ οὐκ ἦσθα δεσπότης πεπορισμένων; ἀγάπα εἴ τί σε καὶ πρότερον ἑκὼν οὐ προοφείλων εὖ ἐποίησα, μηδεμίαν μηδὲ τότε χάριν ἀπαιτεῖσθαι δυνάμενος.

[25] Οὐ δὴ δεῖ τὴν εὐποιίαν τὴν ἐμὴν ἀνάγκην ἐς τὸ λοιπόν μοι

dung zu bringen? Bitten und Flehen sind hier angemessen, denke ich, nicht Gesetze, Zornausbrüche, Gerichtshöfe! Einen Arzt muss man überreden, nicht ihm Befehle erteilen! Er muss wollen, nicht gescheucht werden! Man treibt ihn nicht zur Behandlung, man freut sich, wenn er von selbst kommt. Die Kunst ist unabhängig vom väterlichen Zwang – wo doch die Städte und Gemeinden den Ärzten sogar öffentlich Ämter antragen und ihnen Ehrenplätze, Steuerbefreiungen und Vorrechte einräumen.

(24) Das ist es also, was ich ganz einfach zur Verteidigung meiner ärztlichen Kunst hätte vorbringen können, wenn ich – selbst für den Fall, dass du selbst sie mich gelehrt und keine Kosten und Mühen gescheut hättest, damit ich sie erlerne – mich dennoch dieser einen Behandlung, und wäre sie machbar gewesen, verweigert hätte. Nun aber bedenke noch weiter, dass du bar jeder Vernunft handelst, indem du mich meinen Besitz nicht frei benutzen lässt. Diese Kunst habe ich nicht als dein Sohn erlernt und unterstand dabei auch nicht deinen Anweisungen: Und doch habe ich sie erlernt, zu deinem Vorteil, und du hast auch als erster von ihr profitiert, ohne dass ich von dir irgendetwas für meine Ausbildung erhalten hätte. Welchen Lehrer hast du bezahlt? Welche Bereitstellung von Heilmitteln? Gar keine! Nein, in Armut und unter Entbehrung des Notwendigsten, ja von meinen Lehrern bemitleidet durchlief ich meine Ausbildung, und folgende Unterstützungen erhielt ich von meinem Vater für die Ausbildung: Kummer, Einsamkeit, Not, Hass meiner Familie, Ablehnung meiner Verwandten. Und als Gegengabe für all dies verlangst du nun, dich meiner Kunst bedienen zu dürfen, und willst Herrscher sein über etwas, das ich mir verschafft habe, als du nicht Herrscher warst? Sei mal zufrieden, wenn ich dir früher überhaupt irgendeine Wohltat erwiesen habe, ohne es zu müssen, ohne jede Schuldigkeit, wo du doch überhaupt kein Anrecht auf Dank hast, und auch damals nicht hattest!

(25) In der Tat ergibt sich aus meiner Wohltäterschaft kein zwin-

γενέσθαι, οὐδὲ τὸ ἑκόντα εὐεργετῆσαι ἀφορμὴν τοῦ ἄκοντα κελεύεσθαι καταστῆναι, οὐδὲ ἔθος ὑπάρξαι τοῦτο, τὸ ἅπαξ τινὰ ἰασάμενον πάντας ἐς ἀεὶ θεραπεύειν ὁπόσους ἂν ὁ θεραπευθεὶς θέλῃ· ἐπεὶ δεσπότας ἂν οὕτως καθ' ἡμῶν εἴημεν τοὺς θεραπευομένους κεχειροτονηκότες καὶ μισθὸν τὸ δουλεύειν αὐτοῖς καὶ τὸ πάντα κελεύουσιν ὑπηρετεῖν προσδεδωκότες, οὗ τί γένοιτ' ἂν ἀδικώτερον; διότι σε νοσήσαντα χαλεπῶς οὕτως ἀνέστησα, διὰ τοῦτο νομίζεις ἐξεῖναί σοι καταχρῆσθαί μου τῇ τέχνῃ;

[26] Ταῦτα μὲν οὖν εἶχον ἂν λέγειν, εἰ καὶ δυνατὰ μὲν οὗτος προσέταττεν, ἐγὼ δὲ μὴ πάντως ἅπασι μηδὲ πρὸς ἀνάγκην ὑπήκουον. νῦν δὲ ἤδη σκέψασθε καὶ οἷά ἐστιν αὐτοῦ τὰ ἐπιτάγματα· »Ἐπεὶ γὰρ ἐμὲ ἰάσω«, φησίν, »μεμηνότα, μέμηνεν δὲ καὶ ἡ γυνὴ καὶ ὅμοια πάσχει« – τοῦτο γὰρ οἴεται – »καὶ ὑπὸ τῶν ἄλλων ὁμοίως ἀπέγνωσται, δύνασαι δὲ σὺ πάντα ὡς ἔδειξας, ἰῶ καὶ ταύτην καὶ ἀπάλλαττε ἤδη τῆς νόσου.« τοῦτο δέ, οὑτωσὶ μὲν ἁπλῶς ἀκοῦσαι, πάνυ εὔλογον ἂν δόξειεν, καὶ μάλιστα ἰδιώτῃ καὶ ἀπείρῳ ἰατρικῆς· εἰ δέ μου ἀκούσετε ὑπὲρ τῆς τέχνης δικαιολογουμένου, μάθοιτ' ἂν ὡς οὔτε πάντα ἡμῖν δυνατά ἐστιν οὔθ' αἱ τῶν νοσημάτων φύσεις παραπλήσιοι οὔτ' ἴασις ἡ αὐτὴ οὔτε φάρμακα τὰ αὐτὰ ἐπὶ πάντων ἰσχυρά, καὶ τότ' ἔσται δῆλον ὡς πάμπολυ τοῦ μὴ βούλεσθαί τι τὸ μὴ δύνασθαι διαφέρει. ἀνάσχεσθε δέ μου τὰ περὶ τούτων φιλοσοφοῦντος, καὶ μὴ ἀπειρόκαλον μηδὲ ἐξαγώνιον μηδὲ ἀλλότριον ἢ ἄκαιρον ἡγήσησθε τὸν περὶ τῶν τοιούτων λόγον.

gender Anspruch gegen mich in der Zukunft. Meine freiwillige gute Tat bildet keinen Ausgangspunkt, gegen meinen Willen Befehle entgegenzunehmen, und es besteht keinerlei Gewohnheitsrecht, dass jemand, der einmal heilend tätig geworden ist, nun bis in alle Ewigkeit alle diejenigen behandelt, die der Behandelte behandelt zu sehen wünscht. Denn dann hätten wir auf diese Weise die Behandelten zu unseren Herren ernannt und als Lohn vorab schon die sklavische Ergebenheit ihnen gegenüber und jede Art von Dienstbarkeit gegenüber ihren Befehlen festgelegt: Könnte es etwas Ungerechteres geben? Weil ich dich, als du so schlimm erkrankt warst, wieder auf die Beine gestellt habe, deswegen, meinst du, soll es dir zustehen, meine Kunst zu vereinnahmen?

(26) Das also hätte ich sagen können, wenn mir der da ausführbare Anordnungen erteilt hätte, ich ihnen aber nicht allen zur Gänze und auch nicht auf Druck Folge geleistet hätte. Aber jetzt prüft auch einmal, was genau seine Anweisungen sind: »Da du mich ja kuriert hast,« sagt er, »als ich wahnsinnig war, jetzt aber meine Frau ebenfalls wahnsinnig ist und an genau derselben Erkrankung leidet« – wie er glaubt – »und gleichfalls von den anderen aufgegeben worden ist, du aber alles zu tun vermagst, wie du uns schon bewiesen hast, heile nun auch sie und befreie sie auf der Stelle von der Krankheit!« Das könnte, hört man es einfach so, ganz vernünftig erscheinen, und vor allem einem Laien und Unerfahrenen in Sachen Heilkunst. Wollt ihr mir aber zuhören, wenn ich einige Rechtfertigungen zugunsten meiner Kunst vortrage, dann dürftet ihr verstehen, dass uns weder alles möglich, noch die jeweiligen Krankheiten von Natur aus miteinander verwandt, noch das Heilverfahren das gleiche ist, noch die Heilmittel bei allen die gleiche Wirksamkeit entfalten, und dann wird klar werden, dass Nicht-Können und Nicht-Wollen ganz verschiedene Dinge sind. Gestattet mir einige theoretische Überlegungen hierzu, und haltet meine Ausführungen hierüber bitte weder für geschmacklos noch für nicht zur Sache gehörig noch für überflüssig oder unzweckmäßig!

[27] Πρῶτα μὲν δὴ σωμάτων φύσεις καὶ κράσεις οὐχ αἱ αὐταί, κἂν ὅτι μάλιστα ἐκ τῶν ὁμοίων συνεστάναι ὁμολογῶνται, ἀλλὰ τὰ μὲν τῶνδε, τὰ δὲ τῶνδε ⟨μᾶλλον⟩ ἢ ἔλαττον μετέχει. καὶ λέγω τοῦτο ἔτι περὶ τῶν ἀνδρείων, ὡς οὐδὲ ταῦτα πᾶσιν ἴσα ἢ ὅμοια οὔτε τῇ κράσει οὔτε τῇ συστάσει. διάφορα δὴ καὶ μεγέθει καὶ εἴδει ἀνάγκη καὶ τὰ νοσήματα ἐγγίγνεσθαι αὐτοῖς, καὶ τὰ μὲν εὐίατα εἶναι καὶ πρὸς τὴν θεραπείαν ἀναπεπταμένα, τὰ δὲ τέλεον ἀπεγνωσμένα καὶ ῥᾳδίως ἁλισκόμενα καὶ κατὰ κράτος ὑπὸ τῶν νοσημάτων λαμβανόμενα. τὸ τοίνυν οἴεσθαι πάντα πυρετὸν ἢ πᾶσαν φθόην ἢ περιπλευμονίαν ἢ μανίαν μίαν καὶ τὴν αὐτὴν οὖσαν τῷ γένει ὁμοίαν ἐπὶ παντὸς εἶναι σώματος, οὐ σωφρονούντων οὐδὲ λελογισμένων οὐδὲ τὰ τοιαῦτα ἐξητακότων ἐστὶν ἀνθρώπων, ἀλλὰ τὸ αὐτὸ ἐν μὲν τῷδε ῥᾴδιον ἰᾶσθαι, ἐν δὲ τῷδε οὐκέτι. ὥσπερ οἶμαι καὶ πυρὸν ἢν τὸν αὐτὸν ἐς διαφόρους χώρας ἐμβάλῃς, ἄλλως μὲν ἐν τῇ πεδινῇ καὶ βαθείᾳ καὶ ποτιζομένῃ καὶ εὐηλίῳ καὶ εὐηνέμῳ καὶ ἐξειργασμένῃ ἀναφύσεται, εὐθαλὴς οἶμαι καὶ εὔστροφος καὶ πολύχους καρπός, ἄλλως δὲ ἐν ὄρει καὶ ὑπολίθῳ γηδίῳ, ἄλλως δὲ ἐν δυσηλίῳ, ἄλλως δὲ ἐν ὑπωρείᾳ, καὶ ὅλως διαφόρως καθ' ἑκάστους τόπους. οὕτω δὲ καὶ τὰ νοσήματα παρὰ τοὺς ὑποδεξαμένους τόπους ἢ εὔφορα καὶ εὔτροφα ἢ ἐλάττω γίγνεται. τοῦτο τοίνυν ὑπερβὰς ὁ πατὴρ καὶ ὅλον ἀνεξέταστον καταλιπὼν ἀξιοῖ πᾶσαν μανίαν τὴν ἐν ἅπαντι σώματι ὁμοίαν εἶναι καὶ τὴν θεραπείαν ἴσην.

(27) Erstens also: Die natürliche Beschaffenheiten der Körper und ihre Mischzustände sind nicht die gleichen, selbst wenn zuzugeben ist, dass sie zum größten Teil aus ähnlichen Bestandteilen zusammengesetzt sind; aber die einen haben hieran Anteil, die anderen daran, und mal mehr, mal weniger. Und ich bleibe zunächst noch bei den männlichen Körpern, wenn ich sage, dass auch sie nicht in allen Hinsichten gleich oder ähnlich sind, weder hinsichtlich ihrer Mischung noch ihrer Zusammensetzung. Entsprechend unterscheiden sich notwendigerweise auch die Krankheiten, die sie befallen, in Schwere und Aussehen, und die einen Körper sind leicht heilbar und der Behandlung zugänglich, die anderen hingegen sind hoffnungslose Fälle und werden leicht von Krankheiten befallen und im Griff gehalten. Zu glauben, jedes Fieber, jede Auszehrung, jede Lungenentzündung, jeder Wahnsinn, selbst wenn sie ihrer Art nach identisch wären, verhielten sich bei jedem Körper in vergleichbarer Weise, das entspricht daher also nicht der Auffassung vernünftiger Leute, die hierüber nachgedacht und solche Dinge eingehend erforscht haben, sondern dieselbe Krankheit lässt sich bei dem einen leicht heilen, bei dem anderen aber nicht mehr – genauso, wie es sich, meine ich, auch beim Weizen verhält: Bringt man ihn in unterschiedliche Regionen aus, wird er ganz unterschiedlich wachsen, und zwar auf die eine Weise in der tiefen, gut bewässerten, sonnigen, windigen und intensiv bebauten Ebene – nämlich als üppige, wie ich glaube, schön geflochtene und ertragreiche Frucht –, ganz anders aber wieder im Bergland auf steinigen Flecken, noch wieder anders in einer Gegend mit wenig Sonne, anders im Vorgebirge, und insgesamt ganz unterschiedlich an den einzelnen Orten. So gedeihen auch die Krankheiten je nach dem Ort[10], an dem sie auftreten, entweder gut und lassen sich gut behandeln, oder eben weniger. Über all das setzt sich mein Vater hinweg, lässt es ganz und gar ungeprüft, aber postuliert, jeder Wahnsinn in jedem Körper sei dem anderen ähnlich, und die Behandlung dieselbe.

[28] Πρὸς δὲ τούτοις τοσούτοις οὖσιν, ὅτι τὰ γυναικεῖα σώματα πάμπολυ τῶν ἀνδρείων διαφέρει πρός τε νόσου διαφορὰν καὶ πρὸς θεραπείας ἐλπίδα ἢ ἀπόγνωσιν ῥᾴδιον καταμαθεῖν· τὰ μὲν γὰρ τῶν ἀνδρῶν εὐπαγῆ καὶ εὔτονα, πόνοις καὶ κινήσεσιν καὶ ὑπαιθρίῳ διαίτῃ γεγυμνασμένα, τὰ δὲ ἔκλυτα καὶ ἀσυμπαγῆ, ἐνσκιᾳτροφημένα καὶ λευκὰ αἵματος ἐνδείᾳ καὶ θερμοῦ ἀπορίᾳ καὶ ὑγροῦ περιττοῦ ἐπιρροίᾳ. εὐαλωτότερα τοίνυν τῶν ἀνδρείων καὶ ταῖς νόσοις ἐκκείμενα καὶ τὴν ἴασιν οὐ περιμένοντα καὶ μάλιστα πρὸς μανίας εὐχερέστερα· ἅτε γὰρ πολὺ μὲν τὸ ὀργίλον καὶ κοῦφον καὶ ὀξυκίνητον ἔχουσαι, ὀλίγην δὲ τὴν τοῦ σώματος αὐτοῦ δύναμιν, ῥᾳδίως ἐς τὸ πάθος τοῦτο κατολισθάνουσιν.

[29] Οὐ δίκαιον τοίνυν παρὰ τῶν ἰατρῶν τὴν ὁμοίαν ἐπ' ἀμφοῖν θεραπείαν ἀπαιτεῖν, εἰδότας ὡς πολὺ τοὺν μέσῳ, βίῳ παντὶ καὶ πράξεσιν ὅλαις καὶ πᾶσιν ἐπιτηδεύμασιν ἐξ ἀρχῆς εὐθὺς κεχωρισμένων. ὅταν τοίνυν λέγῃς ὅτι μέμηνε, προστίθει καὶ ὅτι γυνὴ οὖσα μέμηνε, καὶ μὴ σύγχει πάντα ταῦτα τῷ τῆς μανίας ὑπάγων ὀνόματι ἑνὶ καὶ τῷ αὐτῷ δοκοῦντι, ἀλλὰ χωρίσας, ὥσπερ ἐστὶ δίκαιον, τῇ φύσει, τὸ δυνατὸν ἐφ' ἑκάστου σκόπει. καὶ γὰρ ἡμεῖς, ὅπερ ἐν ἀρχῇ τῶν λόγων εἰπὼν μέμνημαι, τοῦτο πρῶτον ἐπισκοποῦμεν, φύσιν σώματος τοῦ νοσοῦντος καὶ κρᾶσιν, καὶ τίνος πλείονος μετέχει, καὶ εἰ θερμότερον ἢ ψυχρότερον, καὶ ἀκμάζον ἢ παρηβηκός, καὶ μέγα ἢ μικρόν, καὶ πιμελὲς ἢ ὀλιγόσαρ-

(28) Nun verhält sich schon das alles so; dass sich aber obendrein die Körper der Frauen von denen der Männer völlig unterscheiden, und zwar sowohl hinsichtlich unterschiedlicher Erkrankungen als auch hinsichtlich der positiven oder negativen Prognose, das ist doch leicht zu verstehen. Denn die Körper der Männer sind fest und straff, durch harte Arbeit, Bewegung und Aufenthalt im Freien gestählt, die Körper der Frauen hingegen locker gefügt und weich, sie bleiben stets im Schatten und sind durch Blutarmut, Mangel an Wärme sowie den Zufluss überschüssiger Feuchtigkeit weißlich. Sie sind entsprechend anfälliger als die männlichen Körper und Krankheiten ausgesetzt, sie ertragen die Heilverfahren nicht so gut und sind vor allem ein leichtes Opfer für geistige Erkrankungen. Weil ihr Wesen stark zum Aufbrausen, zum Leichtsinn und zu schneller Erregbarkeit neigt, die Widerstandskraft ihres Körpers selbst aber nur gering ist, gleiten sie leicht in solche Zustände ab.

(29) Es ist daher alles andere als gerecht, von den Ärzten eine vergleichbare Behandlung für beide Geschlechter einzufordern, wenn man doch weiß, dass Welten zwischen ihnen liegen, weil sie durch die gesamte Lebensführung, durch ganze Tätigkeitsspektren und durch jede Art von Beschäftigung von vornherein voneinander getrennt sind. Wenn du daher sagst, sie sei wahnsinnig, dann sage auch, dass sie als Frau wahnsinnig ist, und wirf das nicht alles in einen Topf, indem du es mit dem Begriff ›Wahnsinn‹ belegst, der den Anschein erweckt, es handle sich um ein und dasselbe, sondern prüfe die jedem Einzelfall unterliegenden Möglichkeiten, indem du sie, wie es nur richtig ist, nach ihrem Wesen differenzierst. Denn auch wir – und das habe ich ja schon zu Beginn meiner Rede gesagt, wie ich mich erinnere – schauen zuallererst hierauf: die natürliche Beschaffenheit des Körpers des Erkrankten und sein Mischverhältnis, also woran er größeren Anteil hat, ob er wärmer oder kälter ist, ob er auf dem Höhepunkt seiner Kraft ist oder seine besten Jahre schon hinter sich hat, ob er groß oder klein ist, fett oder mager – all

κον, καὶ πάντα τὰ τοιαῦτα. καὶ ὅλως ἄν τις αὐτὰ προεξετάσῃ, πάνυ ἀξιόπιστος ἂν εἴη ἀπογιγνώσκων τι ἢ ὑπισχνούμενος.

[30] Ἐπεὶ καὶ τῆς μανίας αὐτῆς μυρία εἴδη ἐστὶν καὶ παμπόλλας ἔχει τὰς αἰτίας καὶ οὐδὲ τὰς προσηγορίας αὐτὰς ὁμοίας· οὐ γὰρ ταὐτὸν παρανοεῖν καὶ παραπαίειν καὶ λυττᾶν καὶ μεμηνέναι, ἀλλὰ ταῦτα πάντα τοῦ μᾶλλον ἢ ἧττον ἔχεσθαι τῇ νόσῳ ὀνόματά ἐστιν. αἰτίαι τε τοῖς μὲν ἀνδράσιν ἄλλαι, ταῖς δὲ γυναιξὶν ἕτεραι, καὶ τῶν ἀνδρῶν αὐτῶν τοῖς μὲν νέοις ἄλλαι, τοῖς δὲ γεγηρακόσιν διάφοροι, οἷον νέοις μὲν πλῆθος ὡς τὸ πολύ, γέροντας δὲ καὶ διαβολὴ ἄκαιρος καὶ ὀργὴ ἄλογος πολλάκις κατ᾽ οἰκείων ἐμπεσοῦσα τὸ μὲν πρῶτον διετάραξεν, εἶτα κατ᾽ ὀλίγον ἐς μανίαν περιέτρεψεν. γυναικῶν δὲ πολλὰ καθικνεῖται καὶ ῥᾳδίως ἐς τὴν νόσον ἐπάγεται, μάλιστα δὲ μῖσος κατά τινος πολὺ ἢ φθόνος ἐπ᾽ ἐχθρῷ εὐτυχοῦντι ἢ λύπη τις ἢ ὀργή· κατ᾽ ὀλίγον ταῦτα ὑποτυφόμενα καὶ μακρῷ χρόνῳ ἐντρεφόμενα μανίαν ἀποτελεῖ.

[31] Τοιαῦτά σοι, ὦ πάτερ, καὶ ἡ γυνὴ πέπονθεν καὶ ἴσως τι λελύπηκεν αὐτὴν ἔναγχος· οὐδὲν γὰρ ἐκείνη ἐμίσει. πλὴν ἔχεταί γε καὶ οὐκ ἂν ἐκ τῶν παρόντων ὑπ᾽ ἰατροῦ θεραπευθῆναι δύναιτο· ὡς εἴ γε ἄλλος τις ὑπόσχοιτο, εἴ τις ἀπαλλάξειε, μίσει τότε ὡς ἀδικοῦντα ἐμέ. καὶ μὴν κἀκεῖνο, ὦ πάτερ, οὐκ ἂν ὀκνήσαιμι εἰπεῖν, ὅτι εἰ καὶ μὴ τελέως οὕτως ἀπέγνωστο, ἀλλά τις ἔτι σωτηρίας ἐλπὶς ὑπεφαίνετο, οὐκ ἂν οὐδὲ οὕτω ῥᾳδίως προσηψάμην οὐδ᾽ αὖ προχείρως φάρμακον ἐγχέαι ἐτόλμησα, δεδιὼς τὴν τύχην καὶ τὴν παρὰ τῶν πολλῶν δυσφημίαν. ὁρᾷς ὡς οἴονται

das eben. Und generell dürfte jemand erst dann, wenn er das alles vorab geprüft hat, vertrauenswürdig sein, ob er nun jede Hoffnung für verloren erklärt oder Versprechungen macht.

(30) Denn auch allein schon nur beim Wahnsinn gibt es unzählige Unterarten, er kennt zahlreiche Ursachen, und nicht einmal die Bezeichnungen im Einzelnen ähneln einander. Denn es ist nicht dasselbe, ob man den Verstand verliert, ob man verrückt wird, ob man in Raserei verfällt, ob man wahnsinnig ist, sondern all das sind Bezeichnungen für unterschiedliche Grade der Erkrankung. Ihre Auslöser sind solche bei Männern, andere bei Frauen, und von den Männern selbst wieder solche bei jungen, bei alten davon zu unterscheidende, und zwar gibt es bei jungen Männern, wie auch sonst, zahlreiche Auslöser, bei alten Männern aber ist es häufig eine hartnäckige Verleumdung und ein ganz irrationaler Zorn auf Familienmitglieder, der als erste Verstörung eintritt, um sich dann binnen Kürze in Wahnsinn zu verwandeln. Bei Frauen gibt es viele Auslöser, die sie leicht in eine Erkrankung treiben, vor allem aber starker Hass gegen eine Person, Neid auf einen Feind im Glück, ein Kummer oder Zorn; für kurze Zeit glimmen sie unerkannt, dann, wenn sie über lange Zeit genährt werden, münden sie in Wahnsinn.

(31) Das ist es, Vater, was auch deiner Frau passiert ist, und vielleicht hat sie erst kürzlich irgendetwas betrübt; denn Hass kannte sie nicht. Nun jedenfalls ist sie befallen, und unter den gegebenen Umständen könnte sie von keinem Arzt behandelt werden. Denn wenn ein anderer das in Aussicht stellt, wenn einer sie zu erlösen vermag, dann darfst und sollst du mich hassen als jemanden, der sich an dir versündigt. Und auch dies, Vater, würde ich nicht zurückschrecken zu sagen, dass ich selbst dann, wenn sie kein so vollends hoffnungsloser Fall wäre, sondern es noch einen Hoffnungsschimmer auf Rettung gäbe, mich ihrer nicht so leicht annehmen würde und auch nicht so rasch bei der Hand wäre, ihr ein Heilmittel zu verabreichen, aus Angst vor dem Zufall und vor dem üblen Gerede der Leute. Du siehst doch, dass alle glauben, Stiefmütter,

πάντες εἶναί τι μῖσος πρὸς τοὺς προγόνους πάσαις μητρυιαῖς, κἂν ὦσι χρησταί, καί τινα κοινὴν μανίαν ταύτην γυναικείαν αὐτὰς μεμηνέναι. τάχ᾽ ἂν οὖν τις ὑπώπτευσεν, ἄλλως χωρήσαντος τοῦ κακοῦ καὶ τῶν φαρμάκων οὐ δυνηθέντων, κακοήθη καὶ δολερὰν τὴν θεραπείαν γεγονέναι.

[32] Καὶ τὰ μὲν τῆς γυναικός, ὦ πάτερ, οὕτως ἔχει, καὶ πάνυ σοι τετηρηκὼς λέγω – οὔ ποτε ῥᾷον ἕξει, κἂν μυριάκις πίῃ τοῦ φαρμάκου. διὰ τοῦτ᾽ ἐπιχειρεῖν οὐκ ἄξιον, εἰ μὴ πρὸς μόνον τὸ ἀποτυχεῖν με κατεπείγεις καὶ κακοδοξίᾳ περιβαλεῖν θέλεις. ἔασον ὑπὸ τῶν ὁμοτέχνων φθονεῖσθαι. ἐὰν δέ με ἀποκηρύξῃς πάλιν, ἐγὼ μὲν καίτοι πάντων ἔρημος γενόμενος οὐδὲν κατὰ σοῦ δεινὸν εὔξομαι· τί δ᾽ ἄν, ὅπερ μὴ γένοιτο, αὖθις ἡ νόσος ἐπανέλθῃ; φιλεῖ γάρ πως τὰ τοιαῦτα ἐρεθιζόμενα παλινδρομεῖν. τί με πρᾶξαι δεήσει; θεραπεύσω μὲν εὖ ἴσθι καὶ τότε καὶ οὔ ποτε λείψω τὴν τάξιν ἣν τοὺς παῖδας ἔταξεν ἡ φύσις, οὐδὲ τοῦ γένους τὸ ἐπ᾽ ἐμαυτῷ ἐπιλήσομαι. εἶτ᾽ ἂν σωφρονήσῃς, αὖθις ἀναλαμβάνειν πώποτε πιστεῦσαί με δεῖ; ὁρᾷς; ἤδη καὶ ταῦτα ποιῶν ἐπισπᾷ τὴν νόσον καὶ ὑπομιμνήσκεις τὸ πάθος. χθὲς καὶ πρῴην ἐκ τηλικούτων κακῶν ἀνασφήλας διατείνῃ καὶ βοᾷς, καὶ τὸ μέγιστον, ὀργίζῃ καὶ πρὸς μῖσος τρέπῃ καὶ τοὺς νόμους ἀνακαλεῖς. οἴμοι, πάτερ, ταῦτ᾽ ἦν σου καὶ τῆς πάλαι μανίας τὰ προοίμια.

selbst wenn sie brave Frauen sind, hegten grundsätzlich einen Hass auf die Nachkommenschaft, und von dieser Art weiblichen Wahnsinns seien sie alle gemeinsam befallen. Da könnte doch einer, wenn die Krankheit einen anderen Verlauf nimmt und die Medikamente nicht wirken, rasch auf die Idee kommen, die Behandlung sei bösartig und in hinterhältiger Absicht erfolgt.

(32) Der Fall deiner Frau, Vater, verhält sich so, und ich sage dir das nach eingehender Prüfung: Es wird ihr niemals besser gehen, auch nicht, wenn sie das Heilmittel tausendmal einnimmt.[11] Deshalb lohnt sich der Versuch nicht, es sei denn, es ginge dir darum, mich nur in den Misserfolg zu treiben und mich in Verruf zu bringen. Überlass es meinen Zunftgenossen, mich mit Missgunst zu verfolgen! Solltest du mich erneut enterben, werde ich dir, auch wenn ich von allen verlassen bin, nichts Schlechtes wünschen. Was aber, wenn, was die Götter verhüten mögen, deine Krankheit zurückkehrt? Denn solche Erkrankungen brechen, gereizt, recht gern erneut aus. Worum wirst du mich dann bitten? Sei gewiss, dass ich dich auch dann behandeln und den Platz niemals verlassen werde, den die Natur den Söhnen zugewiesen hat, und dass ich meine Familie, so es in meinen Kräften steht, nie vergessen werde. Muss ich dann eben darauf hoffen, dass du mich, wenn du zur Vernunft kommst, erneut wiederaufnehmen wirst? Siehst du? Schon jetzt, mit dieser Aktion,[12] ziehst du die Krankheit herbei und lässt uns an dein Leiden denken! Gerade erst hast du dich von so schlimmen Zuständen erholt, und schon wieder ereiferst du dich, schreist herum und – das ist das schlimmste – gerätst in Wut, ergibst dich dem Hass und rufst nach den Gesetzen. Oh weh, Vater! Das war auch seinerzeit der Vorbote deines Wahnsinns!

ΕΓΚΩΜΙΑ

LOBREDEN

ΠΑΤΡΙΔΟΣ ΕΓΚΩΜΙΟΝ

[1] Ὅτι μὲν οὐδὲν γλύκιον ἧς πατρίδος, φθάνει προτεθρυλημένον. ἆρ᾽ οὖν ἥδιον μὲν οὐδέν, σεμνότερον δέ τι καὶ θειότερον ἄλλο; καὶ μὴν ὅσα ⟨σεμνὰ⟩ καὶ θεῖα νομίζουσιν ἄνθρωποι, τούτων πατρὶς αἰτία καὶ διδάσκαλος, γεννησαμένη καὶ ἀναθρεψαμένη καὶ παιδευσαμένη. πόλεων μὲν οὖν μεγέθη καὶ λαμπρότητας καὶ πολυτελείας κατασκευῶν θαυμάζουσι πολλοί, πατρίδας δὲ στέργουσι πάντες· καὶ τοσοῦτον οὐδεὶς ἐξηπατήθη τῶν καὶ πάνυ κεκρατημένων ὑπὸ τῆς κατὰ τὴν θέαν ἡδονῆς, ὡς ὑπὸ τῆς ὑπερβολῆς τῶν παρ᾽ ἄλλοις θαυμάτων λήθην ποιήσασθαι τῆς πατρίδος. [2] ὅστις μὲν οὖν σεμνύνεται πολίτης ὢν εὐδαίμονος πόλεως, ἀγνοεῖν μοι δοκεῖ τίνα χρὴ τιμὴν ἀπονέμειν τῇ πατρίδι, καὶ ὁ τοιοῦτος δῆλός ἐστιν ἀχθόμενος ἄν, εἰ μετριωτέρας ἔλαχε τῆς πατρίδος· ἐμοὶ δὲ ἥδιον αὐτὸ τιμᾶν τὸ τῆς πατρίδος ὄνομα. πόλεις μὲν γὰρ παραβαλεῖν πειρωμένῳ προσήκει μέγεθος ἐξετάζειν καὶ κάλλος καὶ τὴν τῶν ὠνίων ἀφθονίαν· ὅπου δ᾽ αἵρεσίς ἐστι πόλεων, οὐδεὶς ἂν ἕλοιτο τὴν λαμπροτέραν ἐάσας τὴν πατρίδα, ἀλλ᾽ εὔξαιτο μὲν ἂν εἶναι καὶ τὴν πατρίδα ταῖς εὐδαίμοσι παραπλησίαν, ἕλοιτο δ᾽ ἂν τὴν ὁποιανοῦν. [3] τὸ δ᾽ αὐτὸ τοῦτο καὶ οἱ δίκαιοι τῶν παίδων πράττουσιν καὶ οἱ χρηστοὶ τῶν πατέρων· οὔτε γὰρ νέος καλὸς κἀγαθὸς ἄλλον ἂν προτιμήσαι τοῦ πατρὸς οὔτε πατὴρ καταμελήσας τοῦ παιδὸς ἕτερον ἂν στέρξαι νέον, ἀλλὰ τοσοῦτόν γε οἱ πατέρες νικώμενοι προσνέμουσι τοῖς παισίν, ὥστε καὶ κάλλιστοι καὶ μέγιστοι καὶ τοῖς πᾶσιν ἄριστα κεκοσμημένοι οἱ

LOB DER VATERSTADT

(1) Dass es nichts Süßeres gibt als die eigene Vaterstadt, das hat man schon früher oft gesagt.[1] Wenn aber also nichts angenehmer ist, gibt es dann auch nichts anderes, das ehrwürdiger, ja sogar göttlicher wäre? Und in der Tat: Alles, was die Menschen als ehrwürdig und göttlich ansehen, das verdanken sie der Vaterstadt, ihrer Lehrmeisterin, die sie hervorgebracht, aufgezogen und fertig ausgebildet hat. Die Größe von Städten, den Glanz und die Pracht ihrer Einrichtungen bewundern viele, die Vaterstadt lieben alle. Und noch nie hat sich jemand, selbst von denjenigen, die von ihrer Schaulust völlig überwältigt waren, so sehr verirrt, dass er über der Fülle der Wunder andernorts seine Vaterstadt vergessen hätte. **(2)** Wer sich also damit brüstet, Bürger einer glücklichen Stadt zu sein, scheint mir dabei nicht zu bedenken, welche Ehre der Vaterstadt erwiesen werden muss, und ein solcher Mensch würde es ganz offensichtlich schwernehmen, hätte ihn das Schicksal mit einer mittelprächtigeren Vaterstadt bedacht. Und so mehr freut es mich, dem Begriff Vaterstadt selbst Ehre zu erweisen. Denn wer versucht, Städte miteinander zu vergleichen, der sollte ihre Größe prüfen, ihre Schönheit und ihren Reichtum an Waren. Wenn man aber die Wahl hat zwischen zwei Städten, dann wird wohl niemand die prächtigere wählen und seine Vaterstadt links liegen lassen, sondern er würde sich zwar wünschen, dass auch seine Vaterstadt den glücklichen nahekommt, aber wählen würde er sie, ungeachtet ihrer Beschaffenheit. **(3)** Genauso machen es auch alle Kinder mit Gerechtigkeitssinn und alle richtigen Väter. Denn weder würde ein junger Mann, der in Aussehen und Charakter auf sich hält, seinem Vater einen anderen vorziehen, noch würde ein Vater seinen Sohn ignorieren und einem anderen jungen Mann seine Zuneigung schenken, sondern die Väter sind jedenfalls von ihren Kindern so eingenommen, dass diese für sie die schönsten, die wichtigsten und in jeder Hinsicht perfekt sind.

παῖδες αὐτοῖς. ὅστις δὲ μὴ τοιοῦτός ἐστι δικαστὴς πρὸς τὸν υἱόν, οὐ δοκεῖ μοι πατρὸς ὀφθαλμοὺς ἔχειν.

[4] Πατρίδος τοίνυν τὸ ὄνομα πρῶτον οἰκειότατον πάντων· οὐδὲν γὰρ ὅ τι τοῦ πατρὸς οἰκειότερον. εἰ δέ τις ἀπονέμει τῷ πατρὶ τὴν δικαίαν τιμήν, ὥσπερ καὶ ὁ νόμος καὶ ἡ φύσις κελεύει, προσηκόντως ἂν τὴν πατρίδα προτιμήσαι· καὶ γὰρ ὁ πατὴρ αὐτὸς τῆς πατρίδος κτῆμα καὶ ὁ τοῦ πατρὸς πατὴρ καὶ οἱ ἐκ τούτων οἰκεῖοι πάντες ἀνωτέρω, καὶ μέχρι θεῶν πατρῴων πρόεισιν ἀναβιβαζόμενον τὸ ὄνομα. [5] χαίρουσι καὶ θεοὶ πατρίσι καὶ πάντα μέν, ὡς εἰκός, ἐφορῶσι τὰ τῶν ἀνθρώπων, αὑτῶν ἡγούμενοι κτήματα πᾶσαν γῆν καὶ θάλασσαν, ἐφ᾿ ἧς δὲ ἕκαστος αὐτῶν ἐγένετο, προτιμᾷ τῶν ἄλλων ἁπασῶν πόλεων. καὶ πόλεις σεμνότεραι θεῶν πατρίδες καὶ νῆσοι θειότεραι παρ᾿ αἷς ὑμνεῖται γένεσις θεῶν. ἱερὰ γοῦν κεχαρισμένα ταῦτα νομίζεται τοῖς θεοῖς, ἐπειδὰν εἰς τοὺς οἰκείους ἕκαστος ἀφικόμενος ἱερουργῇ τόπους. εἰ δὲ θεοῖς τίμιον τὸ τῆς πατρίδος ὄνομα, πῶς οὐκ ἀνθρώποις γε πολὺ μᾶλλον; [6] καὶ γὰρ εἶδε τὸν ἥλιον πρῶτον ἕκαστος ἀπὸ τῆς πατρίδος, ὡς καὶ τοῦτον τὸν θεόν, εἰ καὶ κοινός ἐστιν, ἀλλ᾿ οὖν ἑκάστῳ νομίζεσθαι πατρῷον διὰ τὴν πρώτην ἀπὸ τοῦ τόπου θέαν· καὶ φωνῆς ἐνταῦθα ἤρξατο τὰ ἐπιχώρια πρῶτα λαλεῖν μανθάνων καὶ θεοὺς ἐγνώρισεν. εἰ δέ τις τοιαύτης ἔλαχε πατρίδος, ὡς ἑτέρας δεηθῆναι πρὸς τὴν τῶν μειζόνων παιδείαν, ἀλλ᾿ οὖν ἐχέτω καὶ τούτων τῶν παιδευμάτων τῇ πατρίδι τὴν χάριν· οὐ γὰρ ἂν ἐγνώρισεν οὐδὲ πόλεως ὄνομα μὴ διὰ τὴν πατρίδα πόλιν εἶναι μαθών.

[7] Πάντα δέ, οἶμαι, παιδεύματα καὶ μαθήματα συλλέγουσιν ἄνθρωποι χρησιμωτέρους αὑτοὺς ἀπὸ τούτων ταῖς πατρίσι παρασκευά-

Und wer kein solcher Richter ist gegenüber seinem Sohn, der, so scheint mir, besitzt nicht die Augen eines Vaters.

(4) So ist also zunächst schon das Wort ›Vaterstadt‹ uns mehr als alles andere heimisch und vertraut: Denn es gibt nichts, was vertrauter wäre als der Vater. Erweist man dem Vater die ihm zukommende Ehre, wie Gesetz und Natur es befehlen, dann wird man richtigerweise auch die Vaterstadt mehr als alles ehren; bedeutet doch die schiere Existenz des Vaters selbst den Besitz der Vaterstadt, ebenso wie die des Vaters des Vaters und die aller ihrer Vorfahren, und der Vatersname steigt bis hinauf zu den väterlichen Göttern. **(5)** Auch die Götter haben Freude an ihren Vaterstädten, und zwar achten sie, wie es natürlich ist, auf alle menschlichen Angelegenheiten – betrachten sie doch alles Land und Meer als ihren Besitz –, doch schätzt jeder von ihnen die Stadt, in der er geboren wurde, mehr als alle anderen Städte. Auch sind die Vaterstädte der Götter ehrwürdiger und die Inseln göttlicher, wo das Werden von Göttern hymnisch besungen wird.[2] Diese Opfer hält man jedenfalls für gottgefällig, die jeder, kommt er in seine Heimat, dort als heilige Handlungen vollzieht. Wenn nun schon bei den Göttern das Wort Vaterstadt in Ehren steht, wie dann nicht um Vieles mehr bei den Menschen? **(6)** Es hat ja auch jeder die Sonne zum ersten Mal von seiner Vaterstadt aus gesehen, so dass auch dieser Gott – mag er allen gemein sein – jedem als heimische Gottheit gilt, weil er ihn erstmals von diesem Ort aus erblickte; auch die Laute seiner Muttersprache hat er hier erstmals sprechen gelernt, erstmals hier Kenntnis von den Göttern erlangt. Und wenn einer eine solche Vaterstadt hat, dass er für seine höhere Bildung eine weitere benötigt, dann soll er auch für diese Ausbildung seiner Vaterstadt dankbar sein! Er würde ja nicht einmal das Wort Stadt kennen, hätte er nicht durch seine Vaterstadt gelernt, dass es Städte gibt.

(7) Alles, glaube ich, worin Menschen sich bilden und was sie sich lernend aneignen, tragen sie zusammen, um sich dadurch für ihre Vaterstädte nützlicher zu machen; auch Reichtum erwerben sie

ζοντες· κτῶνται δὲ καὶ χρήματα φιλοτιμίας ἕνεκεν τῆς εἰς τὰ κοινὰ τῆς πατρίδος δαπανήματα. καὶ εἰκότως, οἶμαι· δεῖ γὰρ οὐκ ἀχαρίστους εἶναι τοὺς τῶν μεγίστων τυχόντας εὐεργεσιῶν. ἀλλ' εἰ τοῖς καθ' ἕνα τις ἀπονέμει χάριν, ὥσπερ ἐστὶ δίκαιον, ἐπειδὰν εὖ πάθῃ πρός τινος, πολὺ μᾶλλον προσήκει τὴν πατρίδα τοῖς καθήκουσιν ἀμείβεσθαι· κακώσεως μὲν γὰρ γονέων εἰσὶ νόμοι παρὰ ταῖς πόλεσι, κοινὴν δὲ προσήκει πάντων μητέρα τὴν πατρίδα νομίζειν καὶ χαριστήρια τροφῶν ἀποδιδόναι καὶ τῆς τῶν νόμων αὐτῶν γνώσεως.

[8] Ὤφθη δὲ οὐδεὶς οὕτως ἀμνήμων τῆς πατρίδος, ὡς ἐν ἄλλῃ πόλει γενόμενος ἀμελεῖν, ἀλλ' οἵ τε κακοπραγοῦντες ἐν ταῖς ἀποδημίαις συνεχῶς ἀνακαλοῦσιν ὡς μέγιστον τῶν ἀγαθῶν ἡ πατρίς, οἵ τε εὐδαιμονοῦντες, ἂν καὶ τὰ ἄλλα εὖ πράττωσιν, τοῦτο γοῦν αὐτοῖς μέγιστον ἐνδεῖν νομίζουσιν τὸ μὴ τὴν πατρίδα οἰκεῖν, ἀλλὰ ξενιτεύειν· ὄνειδος γὰρ τὸ τῆς ξενιτείας. καὶ τοὺς κατὰ τὸν τῆς ἀποδημίας χρόνον λαμπροὺς γενομένους ἢ διὰ χρημάτων κτῆσιν ἢ διὰ τιμῆς δόξαν ἢ διὰ παιδείας μαρτυρίαν ἢ δι' ἀνδρείας ἔπαινον ἔστιν ἰδεῖν εἰς τὴν πατρίδα πάντας ἐπειγομένους, ὡς οὐκ ἂν ἐν ἄλλοις βελτίοσιν ἐπιδειξαμένους τὰ αὑτῶν καλά· καὶ τοσούτῳ γε μᾶλλον ἕκαστος σπεύδει λαβέσθαι τῆς πατρίδος, ὅσῳπερ ἂν φαίνηται μειζόνων παρ' ἄλλοις ἠξιωμένος.

[9] Ποθεινὴ μὲν οὖν καὶ νέοις πατρίς· τοῖς δὲ ἤδη γεγηρακόσιν ὅσῳ πλεῖον τοῦ φρονεῖν ἢ τοῖς νέοις μέτεστι, τοσούτῳ καὶ πλείων ἐγγίνεται πόθος τῆς πατρίδος· ἕκαστος γοῦν τῶν γεγηρακότων καὶ σπεύδει καὶ εὔχεται καταλῦσαι τὸν βίον ἐπὶ τῆς πατρίδος, ἵν', ὅθεν ἤρξατο βιοῦν,

aus Ehrgeiz: dem Ehrgeiz, Aufwendungen für das Gemeinwohl ihrer Vaterstadt tätigen zu können. Und das ist nur vernünftig, denke ich: Wer größte Wohltaten erfahren hat, darf ja nicht undankbar sein. Erweist man sich aber einzelnen Menschen als dankbar, wie es nur gerecht ist, wenn einem jemand Gutes getan hat, dann gehört es sich noch viel mehr, der Vaterstadt das wiederzugeben, was man ihr schuldig ist. Denn zwar gibt es in den Städten gegen die Misshandlung der Eltern Gesetze, als die gemeinsame Mutter aller aber muss man, gleichsam gesetzlich, die Vaterstadt ansehen, ihr Dankesgaben für Ernährung und Aufzucht darbringen und dafür, dass sie uns mit ihren Gesetzen selbst bekannt gemacht hat.

(8) Noch nie hat man jemanden gesehen, der seine Vaterstadt so weit vergessen hätte, dass sie ihm, wenn es ihn in eine andere Stadt verschlägt, gleichgültig würde, sondern wem es im Ausland schlecht geht, der ruft sich ständig in Erinnerung, wie seine Vaterstadt doch das größte Gut ist, und wer glücklich und zufrieden ist, der findet, dass ihm doch, mag es ihm auch ansonsten gut gehen, jedenfalls das Wichtigste fehlt: nämlich in seiner Vaterstadt zu leben statt in der Fremde. Denn in der Fremde zu leben ist erniedrigend. Und wer in seiner Zeit im Ausland hohes Ansehen erlangt, entweder durch den Erwerb von Reichtümern, durch den Ruhm einer Ehrenstellung, durch die Bekundung seiner Bildung oder die Belobigung seiner Tapferkeit, den zieht es, wie man sehen kann, ohne Ausnahme in seine Vaterstadt, da er vor niemandem anderen die eigenen Vorzüge besser präsentieren kann;[3] und desto mehr jedenfalls eilt jeder, wieder mit seiner Vaterstadt in Berührung zu kommen, je größerer Ehren man ihn, für alle sichtbar, bei anderen gewürdigt hat.[4]

(9) Zwar ist auch jungen Menschen die Vaterstand ein Ort der Sehnsucht; doch bei den Älteren wächst im gleichen Maß, wie ihre Vernunft die der Jungen übertrifft, das Verlangen nach der Vaterstadt. Jedenfalls arbeitet jeder von den Alten darauf hin und wünscht sich inständig, sein Leben in der Vaterstadt zu beschließen, damit sein Körper dort, wo er ins Leben trat, auch wieder in der Erde

ἐνταῦθα πάλιν καὶ τὸ σῶμα παρακατάθηται τῇ γῇ τῇ θρεψαμένῃ καὶ τῶν πατρῴων κοινωνήσῃ τάφων· δεινὸν γὰρ ἑκάστῳ δοκεῖ ξενίας ἁλίσκεσθαι καὶ μετὰ θάνατον, ἐν ἀλλοτρίᾳ κειμένῳ γῇ.

[10] Ὅσον δὲ τῆς εὐνοίας τῆς πρὸς τὰς πατρίδας μέτεστιν τοῖς ὡς ἀληθῶς γνησίοις πολίταις μάθοι τις ἐκ τῶν αὐτοχθόνων· οἱ μὲν γὰρ ἐπήλυδες καθάπερ νόθοι ῥᾳδίας ποιοῦνται τὰς μεταναστάσεις, τὸ μὲν τῆς πατρίδος ὄνομα μήτε εἰδότες μήτε στέργοντες, ἡγούμενοι δ' ἁπανταχοῦ τῶν ἐπιτηδείων εὐπορήσειν, μέτρον εὐδαιμονίας τὰς τῆς γαστρὸς ἡδονὰς τιθέμενοι. οἷς δὲ καὶ μήτηρ ἡ πατρίς, ἀγαπῶσι τὴν γῆν ἐφ' ἧς ἐγένοντο καὶ ἐτράφησαν, κἂν ὀλίγην ἔχωσι, κἂν τραχεῖαν καὶ λεπτόγεων· κἂν ἀπορῶσι τῆς γῆς ἐπαινέσαι τὴν ἀρετήν, τῶν γε ὑπὲρ τῆς πατρίδος οὐκ ἀπορήσουσιν ἐγκωμίων. ἀλλὰ κἂν ἴδωσιν ἑτέρους σεμνυνομένους πεδίοις ἀνειμένοις καὶ λειμῶσι φυτοῖς παντοδαποῖς διειλημμένοις, καὶ αὐτοὶ τῶν τῆς πατρίδος ἐγκωμίων οὐκ ἐπιλανθάνονται, τὴν δὲ ἱπποτρόφον ὑπερορῶντες τὴν κουροτρόφον ἐπαινοῦσι. **[11]** καὶ σπεύδει τις εἰς τὴν πατρίδα, κἂν νησιώτης ᾖ, κἂν παρ' ἄλλοις εὐδαιμονεῖν δύνηται, καὶ διδομένην ἀθανασίαν οὐ προσήσεται, προτιμῶν τὸν ἐπὶ τῆς πατρίδος τάφον, καὶ ὁ τῆς πατρίδος αὐτῷ καπνὸς λαμπρότερος ὀφθήσεται τοῦ παρ' ἄλλοις πυρός.

[12] Οὕτω δὲ ἄρα τίμιον εἶναι δοκεῖ παρὰ πᾶσιν ἡ πατρίς, ὥστε καὶ τοὺς πανταχοῦ νομοθέτας ἴδοι τις ἂν ἐπὶ τοῖς μεγίστοις ἀδικήμασιν ὡς χαλεπωτάτην ἐπιβεβληκότας τὴν φυγὴν τιμωρίαν. καὶ οὐχ οἱ νομοθέται μὲν οὕτως ἔχουσιν, οἱ δὲ πιστευόμενοι τὰς στρατηγίας ἑτέρως, ἀλλ' ἐν ταῖς μάχαις τὸ μέγιστόν ἐστι τῶν παραγγελμάτων τοῖς παραταττομέ-

ruht, die ihn aufzog, und an der Gemeinschaft der Ahnengräber teilhat. Denn jeder hält es für eine schlimme Sache, sich sogar nach dem Tod noch einer Usurpation des Bürgerrechts schuldig zu machen – indem er in fremder Erde liegt.

(10) Wie wohlwollend wahrhaft echtbürtige Bürger ihrer Vaterstadt gegenüber eingestellt sind, kann man an den Einheimischen sehen. Denn Zugereisten fällt, wie angenommenen Kindern, das Auswandern leicht, kennen sie doch den Begriff Vaterstadt nicht, und er bedeutet ihnen auch nichts, da sie meinen, sie würden schon überall ihr Auskommen finden; dabei machen sie zum Maß des Glücks die Freuden des Bauches. Wer aber die Vaterstadt zur Mutter hat, der liebt die Erde, auf der er geboren und großgezogen wurde, ist sein Stück Land auch klein, ist es auch rau und ist sein Boden auch mager. Und selbst wenn es ihnen schwerfällt, die Qualitäten der Erde zu loben: An Lobreden über ihre Vaterstadt jedenfalls werden sie nie Mangel haben. Nein, selbst wenn sie sehen, wie sich andere mit freien Ebenen und Wiesen mit reichem Pflanzenbestand brüsten, dann vergessen sie selbst doch nicht das Lob der Vaterstadt, und sie verachten das Land, das Rosse trägt, um das Land zu loben, das streitbare Männer trägt.[5] **(11)** Und es zieht einen in seine Vaterstadt, selbst wenn man nur von einer Insel stammt, und kann man auch bei anderen glücklich sein, so wird man doch sogar das Angebot der Unsterblichkeit nicht annehmen und dem Grab im Vaterland den Vorzug geben,[6] und noch der Rauch, der von den Häusern der Vaterstadt aufsteigt, wird einem heller erstrahlen als anderswo Feuer.[7]

(12) So sehr scheint mir also die Vaterstadt bei allen in hohem Ansehen zu stehen, dass sogar die Gesetzgeber überall auf der Welt, wie man sieht, für die schlimmsten Vergehen als Höchststrafe die Verbannung aussprechen. Und es ist keineswegs so, dass nur die Gesetzgeber diese Haltung einnehmen, die mit der Kriegsführung Betrauten aber eine andere, sondern in der Schlacht ist die wichtigste Losung, die an die kampfbereite Truppe ausgegeben wird, dass es

νοις, ὡς ὑπὲρ πατρίδος αὐτοῖς ὁ πόλεμος, καὶ οὐδεὶς ὅστις ἂν ἀκούσας τούτου κακὸς εἶναι θέλῃ· ποιεῖ γὰρ τὸν δειλὸν ἀνδρεῖον τὸ τῆς πατρίδος ὄνομα.

in diesem Krieg um ihre Vaterstadt geht, und niemand könnte, wenn er das hört, noch schlecht sein wollen. Denn selbst den Feigen macht das Wort Vaterstadt tapfer.

ΜΥΙΑΣ ΕΓΚΩΜΙΟΝ

[1] Ἡ μυῖα ἔστι μὲν οὐ τὸ σμικροτάτον τῶν ὀρνέων, ὅσον ἐμπίσι καὶ κώνωψι καὶ τοῖς ἔτι λεπτοτέροις παραβάλλειν, ἀλλὰ τοσοῦτον ἐκείνων μεγέθει προὔχει ὅσον αὐτὴ μελίττης ἀπολείπεται. ἐπτέρωται δὲ οὐ κατὰ τὰ αὐτὰ τοῖς ἄλλοις, ὡς τοῖς μὲν ἁπανταχόθεν κομᾶν τοῦ σώματος, τοῖς δὲ ὠκυπτέροις χρῆσθαι, ἀλλὰ κατὰ τὰς ἀκρίδας καὶ τέττιγας καὶ μελίττας ἐστὶν ὑμενόπτερος, τοσοῦτον ἁπαλώτερα ἔχουσα τὰ πτερὰ ὅσον τῆς Ἑλληνικῆς ἐσθῆτος ἡ Ἰνδικὴ λεπτοτέρα καὶ μαλακωτέρα· καὶ μὴν διήνθισται κατὰ τοὺς ταῶνας, εἴ τις ἀτενὲς βλέποι ἐς αὐτήν, ὁπόταν ἐκπετάσασα πρὸς τὸν ἥλιον πτερύσσηται. [2] ἡ δὲ πτῆσις οὔτε κατὰ τὰς νυκτερίδας εἰρεσίᾳ συνεχεῖ τῶν πτερῶν οὔτε κατὰ τὰς ἀκρίδας μετὰ πηδήματος οὔτε ὡς οἱ σφῆκες μετὰ ῥοιζήματος, ἀλλ' εὐκαμπὴς πρὸς ὅ τι ἂν μέρος ὁρμήσῃ τοῦ ἀέρος. καὶ μὴν κἀκεῖνο πρόσεστιν αὐτῇ, τὸ μὴ καθ' ἡσυχίαν, ἀλλὰ μετ' ᾠδῆς πέτεσθαι οὐκ ἀπηνοῦς οἵα κωνώπων καὶ ἐμπίδων, οὐδὲ τὸ βαρύβρομον τῶν μελιττῶν ἢ τῶν σφηκῶν τὸ φοβερὸν καὶ ἀπειλητικὸν ἐνδεικνυμένης, ἀλλὰ τοσοῦτόν ἐστι λιγυρωτέρα, ὅσον σάλπιγγος καὶ κυμβάλων αὐλοὶ μελιχρότεροι. [3] τὸ δὲ ἄλλο σῶμα ἡ μὲν κεφαλὴ λεπτότατα τῷ αὐχένι συνέχεται καὶ ἔστιν εὐπεριάγωγος, οὐ συμπεφυκυῖα ὡς ἡ τῶν ἀκρίδων· ὀφθαλμοὶ δὲ προπετεῖς, πολὺ τοῦ κέρατος ἔχοντες· στέρνον εὐπαγές, καὶ ἐμπεφύκασιν αὐτῇ ⟨τῇ ἐντομῇ⟩ οἱ πόδες οὐ κατὰ τοὺς σφῆκας πάνυ ἐσφιγμένῃ. ἡ γαστὴρ δὲ ὠχύρωται καὶ αὐτῇ καὶ θώρακι ἔοικεν ζώνας πλατείας καὶ φολίδας ἔχουσα. ἀμύνεται μέντοι οὐ κατὰ τοὐρροπύγιον ὡς σφὴξ καὶ μέλιττα, ἀλλὰ τῷ στόματι καὶ τῇ προβοσκίδι, ἣν κατὰ τὰ αὐτὰ τοῖς ἐλέφασι καὶ αὐτὴ

LOB DER FLIEGE

(1) Die Fliege ist, verglichen mit den Mücken, den Stechmücken und den noch winzigeren Arten, nicht das kleinste unter den geflügelten Lebewesen, sondern übertrifft sie soviel an Größe, wie sie selbst hinter der Biene zurückbleibt.[1] Ihre Beflügelung entspricht nicht derjenigen anderer Vögel – dass sie also am ganzen Körper behaart wäre und Federflügel benutzte –, sondern sie besitzt wie die Grashüpfer, die Heuschrecken und die Bienen Hautflügel, wobei ihre Flügel soviel zarter sind, wie das indische Gewand feiner und weicher ist als das griechische; überdies haben sie ein pfauenartiges Muster, wenn man einmal genau hinsieht, sobald die Fliege ihre Flügel gegen die Sonne ausbreitet und in Bewegung setzt. **(2)** Ihr Flug verläuft nicht in ununterbrochenem Flügelschlag wie bei den Fledermäusen, auch nicht in einzelnen Sprüngen wie bei den Grashüpfern und auch nicht wie bei den Wespen mit Gesurre, sondern sie fliegt in einem schönen Bogen immer genau zu der Luftgegend hin, zu der sie aufgebrochen ist. Sie besitzt außerdem noch die Eigenschaft, nicht still, sondern mit Gesang zu fliegen, und zwar nicht mit einem feindseligen, wie die Stechmücken und Mücken, und auch das Gebrumm der Bienen lässt sie nicht hören, ebenso wenig wie das erschreckende und bedrohliche Geräusch der Wespen, sondern ihr Gesang ist so viel heller und klarer, wie der Klang von Auloi honigsüßer ist als der von Trompeten und Zimbeln.[2] **(3)** Was den restlichen Körper betrifft, so ist ihr Kopf sehr fein mit dem Nacken verbunden und lässt sich gut in alle Richtungen drehen; Nacken und Kopf sind nicht zusammengewachsen wie bei den Grashüpfern. Ihre Augen ragen hervor und sind in hohem Maße hornartig;[3] ihre Brust ist kompakt, und die Beine sitzen in einer Kerbe, die nicht so eng ist wie bei den Wespen. Ihr Bauch ist fest, ja gleicht einem Brustpanzer, mit breiten Schuppen.[4] Ihre Waffe sitzt nicht im Hinterteil wie bei Wespe und Biene, sondern in der Mundöffnung und in ihrem Rüssel, mit dem sie, ganz wie die Elefanten,

ἔχουσα προνομεύει τε καὶ ἐπιλαμβάνεται καὶ προσφῦσα κατέχει κοτυληδόνι κατὰ τὸ ἄκρον ἐοικυῖαν. ἐκ δὲ αὐτῆς ὀδοὺς προκύπτει, ᾧ κεντοῦσα πίνει τοῦ αἵματος – πίνει μὲν γὰρ καὶ γάλακτος, ἡδὺ δὲ αὐτῇ καὶ τὸ αἷμα – οὐ μετὰ μεγάλης ὀδύνης τῶν κεντουμένων. ἑξάπους δὲ οὖσα τοῖς μὲν τέσσαρσι βαδίζει μόνοις, τοῖς δὲ προσθίοις δυσὶ καὶ ὅσα χερσὶ χρῆται. ἴδοις ἂν οὖν αὐτὴν ἐπὶ τεττάρων βεβηκυῖαν ἔχουσάν τι ἐν τοῖν χεροῖν μετέωρον ἐδώδιμον, ἀνθρωπίνως πάνυ καὶ καθ' ἡμᾶς.

[4] Γίνεται δὲ οὐκ εὐθὺς τοιαύτη, ἀλλὰ σκώληξ τὸ πρῶτον ἤτοι ἐξ ἀνθρώπων ἢ ἄλλων ζῴων ἀποθανόντων· εἶτα κατ' ὀλίγον πόδας τε ἐκφέρει καὶ φύει τὰ πτερὰ καὶ ἐξ ἑρπετοῦ ὄρνεον γίνεται καὶ κυοφορεῖ δὲ καὶ ἀποτίκτει σκώληκα μικρὸν τὴν μυῖαν ὕστερον. σύντροφος δὲ ἀνθρώποις ὑπάρχουσα καὶ ὁμοδίαιτος καὶ ὁμοτράπεζος ἁπάντων γεύεται πλὴν ἐλαίου· θάνατος γὰρ αὐτῇ τοῦτο πιεῖν. καὶ μέντοι ὠκύμορος οὖσα – πάνυ γὰρ ἐς στενὸν ὁ βίος αὐτῇ συμμεμέτρηται – τῷ φωτὶ χαίρει μάλιστα κἀν τούτῳ πολιτεύεται· νυκτὸς δὲ εἰρήνην ἄγει καὶ οὔτε πέτεται οὔτε ᾄδει, ἀλλ' ὑπέπτηχε καὶ ἀτρεμεῖ. [5] σύνεσιν δὲ οὐ μικρὰν αὐτῆς εἰπεῖν ἔχω, ὁπόταν τὸν ἐπίβουλον καὶ πολέμιον αὐτῇ τὸν ἀράχνην διαδιδράσκῃ· λοχῶντά τε γὰρ ἐπιτηρεῖ καὶ ἀντίον αὐτῷ ὁρᾷ ἐκκλίνουσα τὴν ὁρμήν, ὡς μὴ ἁλίσκοιτο σαγηνευθεῖσα καὶ περιπεσοῦσα ταῖς τοῦ θηρίου πλεκτάναις. τὴν μὲν γὰρ ἀνδρείαν καὶ τὴν ἀλκὴν αὐτῆς οὐχ ἡμᾶς χρὴ λέγειν, ἀλλ' ὃς μεγαλοφωνότατος τῶν ποιητῶν Ὅμηρος· τὸν γὰρ ἄριστον τῶν ἡρώων ἐπαινέσαι ζητῶν οὐ λέοντι ἢ παρδάλει ἢ ὑῒ τὴν ἀλκὴν αὐτοῦ εἰκάζει, ἀλλὰ τῷ θάρσει τῆς μυίας καὶ τῷ ἀτρέστῳ καὶ λιπαρεῖ τῆς ἐπιχειρήσεως· οὐδὲ γὰρ θράσος ἀλλὰ θάρσος φησὶν αὐτῇ προσεῖναι. καὶ γὰρ εἰργομένη, φησίν, ὅμως οὐκ ἀφίσταται, ἀλλ' ἐφίεται

Nahrung sucht, sie ergreift und sich, mithilfe seiner saugnapfartigen Spitze, festsaugt. Aus ihm springt ein Zahn vor; damit sticht sie und trinkt das Blut – denn sie trinkt zwar auch Milch, Blut ist ihr aber ebenfalls willkommen –, ohne dass die Gestochenen heftigen Schmerz empfinden. Sie hat sechs Füße, benutzt aber nur vier zur Fortbewegung, die zwei vorderen gebraucht sie wie Hände. Man kann sie daher sich auf vier Füßen fortbewegen sehen, während sie in den Händen etwas Essbares hochhält, ganz wie der Mensch, wie wir.

(4) Sie entsteht aber nicht gleich in einer solchen Gestalt, sondern zunächst als Wurm aus Leichen von Menschen oder denen anderer Lebewesen; schon bald danach streckt sie Beine hervor und lässt Flügel wachsen, wird vom Kriech- zum Flugwesen, wird trächtig und bringt einen kleinen Wurm zur Welt, der später eine Fliege wird. Sie teilt den Lebensraum des Menschen, seine Nahrung, seinen Tisch und kostet von allem außer vom Öl: Denn das zu trinken bringt ihr den Tod. Und obwohl ihr Leben kurz ist – denn es ist nur auf einen engen Zeitraum bemessen –, genießt sie vor allem das Tageslicht und betreibt ihre Angelegenheiten tagsüber; nachts gibt sie Ruhe, fliegt nicht und singt nicht, sondern verkriecht sich und bewegt sich nicht. **(5)** Ich wage zu behaupten, dass ihr Verstand nicht gering ist, gelingt es ihr doch, den Hinterhalten ihrer Feindin, der Spinne, zu entkommen; sie beobachtet sie nämlich, wie sie auf der Lauer liegt, und behält sie, ihrem Angriff ausweichend, im Blick, um nicht umgarnt zu werden und in die Netze des Tieres zu geraten. Ihre Tapferkeit und Wehrhaftigkeit brauche ich nicht in Worte zu fassen – das tut schon er, der starkstimmigste unter allen Dichtern: Denn will er den größten Helden rühmen, vergleicht er seine Wehrhaftigkeit nicht mit dem Löwen, dem Panther oder dem Eber, sondern mit der Courage der Fliege und der Unerschrockenheit und Beharrlichkeit ihrer Attacken; er nennt sie nämlich couragiert, nicht ungeniert.[5] Denn auch wenn sie bedrängt wird, so sagt er, weicht sie doch nicht zurück, sondern versucht, zum Biss zu

τοῦ δήγματος. οὕτω δὲ πάνυ ἐπαινεῖ καὶ ἀσπάζεται τὴν μυῖαν, ὥστε οὐχ ἅπαξ οὐδ' ἐν ὀλίγοις μέμνηται αὐτῆς, ἀλλὰ πολλάκις· οὕτω κοσμεῖ τὰ ἔπη μνημονευομένη. ἄρτι μὲν τὴν ἀγελαίαν πτῆσιν αὐτῆς ἐπὶ τὸ γάλα διέρχεται, ἄρτι δὲ τὴν Ἀθηνᾶν, ὁπότε τοῦ Μενέλεω τὸ βέλος ἀποκρούεται, ὡς μὴ ἐπὶ τὰ καιριώτατα ἐμπέσοι, εἰκάζων μητρὶ κηδομένῃ κοιμωμένου αὐτῇ τοῦ βρέφους, τὴν μυῖαν αὖθις ἐπεισάγει τῷ παραδείγματι. καὶ μὴν καὶ ἐπιθέτῳ καλλίστῳ αὐτὰς ἐκόσμησεν ἀδινὰς προσειπὼν καὶ τὴν ἀγέλην αὐτῶν ἔθνη καλῶν.

[6] Οὕτω δὲ ἰσχυρά ἐστιν, ὥσθ' ὁπόταν τι δάκνῃ, τιτρώσκει οὐκ ἀνθρώπου δέρμα μόνον, ἀλλὰ καὶ βοὸς καὶ ἵππου, καὶ ἐλέφαντα λυπεῖ ἐς τὰς ῥυτίδας αὐτοῦ παρεισδυομένη καὶ τῇ αὐτῆς προνομαίᾳ κατὰ λόγον τοῦ μεγέθους ἀμύσσουσα. μίξεως δὲ καὶ ἀφροδισίων καὶ γάμων πολλὴ αὐταῖς ἡ ἐλευθερία, καὶ ὁ ἄρρην οὐ κατὰ τοὺς ἀλεκτρυόνας ἐπιβὰς εὐθὺς ἀπεπήδησεν, ἀλλ' ἐποχεῖται τῇ θηλείᾳ ἐπὶ πολύ, κἀκείνη φέρει τὸν νυμφίον, καὶ συμπέτονται τὴν ἐναέριον ἐκείνην μῖξιν τῇ πτήσει μὴ διαφθείρουσαι. ἀποτμηθεῖσα δὲ τὴν κεφαλὴν μυῖα ἐπὶ πολὺ ζῇ τῷ σώματι καὶ ἔμπνους ἐστίν.

[7] Ὃ δὲ μέγιστον ἐν τῇ φύσει αὐτῶν ὑπάρχει, τοῦτο δὴ βούλομαι εἰπεῖν. καί μοι δοκεῖ ὁ Πλάτων μόνον αὐτὸ παριδεῖν ἐν τῷ περὶ ψυχῆς καὶ ἀθανασίας αὐτῆς λόγῳ. ἀποθανοῦσα γὰρ μυῖα τέφρας ἐπιχυθείσης ἀνίσταται καὶ παλιγγενεσία τις αὐτῇ καὶ βίος ἄλλος ἐξ ὑπαρχῆς γίνεται, ὡς ἀκριβῶς πεπεῖσθαι πάντας, ὅτι κἀκείνων ἀθάνατός ἐστιν ἡ ψυχή, εἴ γε καὶ ἀπελθοῦσα ἐπανέρχεται πάλιν καὶ γνωρίζει καὶ ἐπανίστησι τὸ σῶμα καὶ πέτεσθαι τὴν μυῖαν ποιεῖ, καὶ ἐπαληθεύει τὸν περὶ Ἑρμοτίμου τοῦ Κλαζομενίου μῦθον, ὅτι πολλάκις ἀφιεῖσα αὐτὸν ἡ ψυχὴ ἀπεδήμει

kommen. So sehr rühmt er die Fliege, so sehr ist er ihr zugetan, dass er sie nicht nur einmal und auch nicht nur in wenigen Worten erwähnt, sondern oft: Und diese Erwähnungen sind ästhetische Höhepunkte seiner Dichtung. Bald beschreibt er den Flug eines Fliegenschwarms zur Milch, bald vergleicht er Athena, als sie das Geschoss von Menelaos wegschnippt, damit es ihn nicht an der tödlichen Stelle trifft, mit einer Mutter, die den Schlaf ihres Säuglings behütet, und führt dabei wieder die Fliege als Beispiel an.[6] Ja, und er schmückt sie auch mit dem schönsten Attribut, indem er sie ›dicht geschart‹ nennt und ihre Schwärme als ›Völker‹ bezeichnet.[7]

(6) Sie ist so kräftig, dass ihr Biss nicht nur die Haut des Menschen, sondern auch das Fell des Rindes und des Pferdes verletzt, und sogar Elefanten fügt sie Schmerz zu, indem sie in ihre Nasenlöcher hineinfliegt und sie mit ihrem Rüssel anritzt – dessen Größe entsprechend. Bei der Paarung, beim Liebesakt und bei der Vermählung genießen sie jede Freiheit, und das Männchen besteigt das Weibchen nicht nach Art der Hähne, um wie diese sofort wieder herunterzuspringen, sondern reitet eine ganze Zeitlang auf ihr, und sie trägt ihren Bräutigam, ja sie fliegen gemeinsam, ohne die luftige Paarung durch den Flug zunichte zu machen. Schneidet man der Fliege den Kopf ab, lebt sie noch geraume Zeit nur mit ihrem Körper und atmet weiter.[8]

(7) Was aber der bedeutendste Vorzug ihrer Natur ist, das will ich nun sagen; und Platon scheint mir in seinem Werk über die Seele und ihre Unsterblichkeit dies allein übersehen zu haben.[9] Denn wenn die Fliege gestorben ist, dann erlangt sie Auferstehung, indem man Asche über sie schüttet, und ihr wird von neuem eine Wiedergeburt und ein weiteres Leben zuteil; daher sind alle völlig überzeugt, dass auch ihre Seele unsterblich ist, wo sie doch nach ihrem Fortgang wieder zurückkehrt, ihren Körper wiedererkennt, auf die Beine stellt, die Fliege wieder fliegen lässt und so die Wahrheit des Mythos von Hermotimos aus Klazomenai bezeugt, dass seine Seele ihn oft verließ und für sich auf Reisen ging, dann aber, zurückge-

καθ᾽ ἑαυτήν, εἶτα ἐπανελθοῦσα ἐπλήρου αὖθις τὸ σῶμα καὶ ἀνίστα τὸν Ἑρμότιμον.

[8] Ἀργὸς δὲ αὐτὴ καὶ ἄνετος οὖσα τὰ ὑπὸ τῶν ἄλλων πονούμενα καρποῦται καὶ πλήρης αὐτῇ πανταχοῦ τράπεζα· καὶ γὰρ ⟨αἱ⟩ αἶγες αὐτῇ ἀμέλγονται, καὶ ἡ μέλιττα οὐχ ἥκιστα μυίαις καὶ ἀνθρώποις ἐργάζεται, καὶ οἱ ὀψοποιοὶ ταύτῃ τὰ ὄψα ἡδύνουσι, καὶ βασιλέων αὐτῶν προγεύεται καὶ ταῖς τραπέζαις ἐμπεριπατοῦσα συνεστιᾶται αὐτοῖς καὶ συναπολαύει πάντων. **[9]** νεοττιὰν δὲ ἢ καλιὰν οὐκ ⟨ἐν⟩ ἑνὶ τόπῳ κατεστήσατο, ἀλλὰ πλάνητα τὴν πτῆσιν κατὰ τοὺς Σκύθας ἐπανῃρημένη, ὅπου ἂν τύχῃ ὑπὸ τῆς νυκτὸς καταληφθεῖσα, ἐκεῖ καὶ ἑστίαν καὶ εὐνὴν ποιεῖται. ὑπὸ σκότῳ μέντοι, ὡς ἔφην, οὐδὲν ἐργάζεται οὐδὲ ἀξιοῖ λανθάνειν τι πράττουσα, οὐδὲ ἡγεῖταί τι αἰσχρὸν ποιεῖν, ὃ ἐν φωτὶ δρώμενον αἰσχυνεῖ αὐτήν.

[10] Φησὶν δὲ ὁ μῦθος καὶ ἄνθρωπόν τινα Μυῖαν τὸ ἀρχαῖον γενέσθαι πάνυ καλήν, λάλον μέντοι γε καὶ στωμύλον καὶ ᾠδικήν, καὶ ἀντερασθῆναί γε τῇ Σελήνῃ [κατὰ τὸ αὐτὸ ἀμφοτέρας] τοῦ Ἐνδυμίωνος. εἶτ᾽ ἐπειδὴ κοιμώμενον τὸ μειράκιον συνεχὲς ἐπήγειρεν ἐρεσχηλοῦσα καὶ ᾄδουσα καὶ κωμάζουσα ἐπ᾽ αὐτόν, τὸν μὲν ἀγανακτῆσαι, τὴν δὲ Σελήνην ὀργισθεῖσαν εἰς τοῦτο τὴν Μυῖαν μεταβαλεῖν· καὶ διὰ τοῦτο πᾶσι νῦν τοῖς κοιμωμένοις αὐτὴν τοῦ ὕπνου φθονεῖν μεμνημένην ἔτι τοῦ Ἐνδυμίωνος, καὶ μάλιστα τοῖς νέοις καὶ ἁπαλοῖς· καὶ τὸ δῆγμα δὲ αὐτὸ καὶ ἡ τοῦ αἵματος ἐπιθυμία οὐκ ἀγριότητος, ἀλλ᾽ ἔρωτός ἐστι σημεῖον καὶ φιλανθρωπίας· ὡς γὰρ δυνατὸν ἀπολαύει καὶ τοῦ κάλλους τι ἀπανθίζεται.

[11] Ἐγένετο κατὰ τοὺς παλαιοὺς καὶ γυνή τις ὁμώνυμος αὐτῇ, ποιήτρια, πάνυ καλὴ καὶ σοφή, καὶ ἄλλη ἑταίρα τῶν Ἀττικῶν ἐπιφανής,

kehrt, seinen Leib wieder erfüllte und Hermotimos wieder aufstehen ließ.[10]

(8) In ihrer Neigung zu Müßiggang und Lässigkeit bedient sie sich an den Früchten fremder Mühen und findet überall reichen Tisch. Denn selbst die Ziegen werden zu ihrem Nutzen gemolken, auch die Biene schuftet nicht am wenigsten für Fliegen und Menschen, die Köche süßen die Speisen eigens für sie, ja, sie ist Vorkosterin selbst von Königen, beteiligt sich, auf den Tischen herumspazierend, an ihren Festgelagen und holt sich von jedem Genuss ihren Teil. **(9)** Kinderstube oder Wohnsitz errichtet sie nicht an einem einzigen Ort, sondern im Flug zieht sie wie die Skythen umher, und wo sie gerade von der Nacht überrascht wird, dort verschafft sie sich Herd und Nachtlager. In der Dunkelheit indes, wie ich schon sagte, tut sie nichts, ist nicht daran interessiert, im Verborgenen zu handeln, und denkt auch nicht daran, etwas Schändliches zu tun, was ihr, bei Licht getan, Schande bringen müsste.

(10) Auch der Mythos erzählt, in alter Zeit habe es eine Frau namens Myia, gegeben, die, zwar außerordentlich schön, indes einen Hang zu Geschwätz, Geplapper und Gesang gehabt habe, und jedenfalls Selenes Konkurrentin in der Liebe zu Endymion gewesen sei.[11] Da, weil der junge Bursche ununterbrochen schlief, habe sie ihn durch Necken, Singen und Tanzen geweckt. Ihn habe das geärgert, Selene aber sei wütend geworden und habe Myia in dieses Tier verwandelt;[12] und das sei der Grund, warum sie noch heute allen Schläfern ihren Schlaf neide, nämlich in Erinnerung an Endymion, und deshalb vor allem den Jungen und Zarten. So sei auch ihr Biss selbst und ihr Verlangen nach Blut kein Zeichen tierischer Wildheit, sondern eines der Liebe und Menschenfreundlichkeit: Denn sie genießt nach ihren Möglichkeiten und pflückt für sich ein kleines Bisschen von der Schönheit.

(11) Die Überlieferung spricht auch von einer Frau mit dem gleichen Namen Myia, einer Dichterin, ausnehmend schön und klug,[13] sowie von einer weiteren Namensvetterin, einer berühmten atti-

περὶ ἧς καὶ ὁ κωμικὸς ποιητὴς ἔφη,

ἡ Μυῖα ⟨δ'⟩ ἔδακνεν αὐτὸν ἄχρι τῆς καρδίας·

οὕτως οὐδὲ ἡ κωμικὴ χάρις ἀπηξίωσεν οὐδὲ ἀπέκλεισε τῆς σκηνῆς τὸ τῆς μυίας ὄνομα, οὐδ' οἱ γονεῖς ᾐδοῦντο τὰς θυγατέρας οὕτω καλοῦντες. ἡ μὲν γὰρ τραγῳδία καὶ σὺν μεγάλῳ ἐπαίνῳ μέμνηται τῆς μυίας, ὡς ἐν τούτοις,

δεινόν γε τὴν μὲν μυῖαν ἀλκίμῳ σθένει
πηδᾶν ἐπ' ἀνδρῶν σώμαθ', ὡς πλησθῇ φόνου,
ἄνδρας δ' ὁπλίτας πολέμιον ταρβεῖν δόρυ.

πολλὰ ⟨δ'⟩ ἂν εἶχον εἰπεῖν καὶ περὶ Μυίας τῆς Πυθαγορικῆς, εἰ μὴ γνώριμος ἦν ἅπασιν ἡ κατ' αὐτὴν ἱστορία.

[12] Γίγνονται δὲ καὶ μέγισταί τινες μυῖαι, ἃς στρατιώτιδας οἱ πολλοὶ καλοῦσιν, οἱ δὲ κύνας, τραχύταται τὸν βόμβον καὶ τὴν πτῆσιν ὠκύταται, αἵ γε καὶ μακροβιώταταί εἰσιν καὶ τοῦ χειμῶνος ὅλου ἄσιτοι διακαρτεροῦσιν ὑπεπτηχυῖαι τοῖς ὀρόφοις μάλιστα, ἐφ' ὧν κἀκεῖνο θαυμάζειν ἄξιον, ὅτι ἀμφότερα, καὶ τὰ θηλειῶν καὶ τὰ ἀρρένων, δρῶσιν ⟨βαινόμεναι⟩ καὶ βαίνοντες ἐν τῷ μέρει κατὰ τὸν Ἑρμοῦ καὶ Ἀφροδίτης παῖδα τὸν μικτὸν τὴν φύσιν καὶ διττὸν τὸ κάλλος. πολλὰ δ' ἔτι ἔχων εἰπεῖν καταπαύσω τὸν λόγον, μὴ καὶ δόξω κατὰ τὴν παροιμίαν ἐλέφαντα ἐκ μυίας ποιεῖν.

schen Hetäre, über die auch der Komödiendichter Folgendes sagt: »Die ›Fliege‹ biss und biss ihn tief ins Herz hinein.«[14] So hielt auch die Grazie der Komödie den Namen ›Fliege‹ nicht für unwürdig und versperrte ihr nicht den Weg auf die Bühne, und auch Eltern schämten sich nicht, ihre Töchter so zu nennen. Auch die Tragödie gedenkt ja der Fliege, und zwar mit lautem Lob, wie in den folgenden Versen:

Ein Unding ist's: Die Fliege springt mit Mut und Kraft
auf Männerleiber, auf dass sie mit Blut sich füllt –
doch Männer, wohlgerüstet, scheuen Feindesspeer.[15]

Vieles könnte ich auch noch über die Myia der Pythagoräer sagen, wäre die sie betreffende Geschichte nicht allen bekannt.[16]

(12) Es gibt auch sehr große Fliegen, welche die meisten Waffenfliegen[17] nennen, manche auch Hundsfliegen[18]. Ihr Surren klingt sehr rau, sie fliegen sehr schnell, sind äußerst langlebig und überwintern ohne Nahrung, wobei sie sich vor allem in den Dächern verkriechen. Bei ihnen ist auch staunenswert, dass sie beide Funktionen erfüllen, die der Weibchen wie die der Männchen: Abwechselnd lassen sie sich bespringen und bespringen selbst, ganz wie der Sohn des Hermes und der Aphrodite, von Natur ein Mischwesen und doppelt schön.[19] Ich könnte noch vieles vorbringen, doch komme ich zum Schluss, damit es nicht aussieht, als wolle ich, wie das Sprichwort sagt, aus einer Fliege einen Elefanten machen.

ΔΗΜΟΣΘΕΝΟΥΣ ΕΓΚΩΜΙΟΝ

[1] Βαδίζοντί μοι κατὰ τὴν στοὰν τὴν ἐντεῦθεν ἐξιόντων ἐν ἀριστερᾷ, τῆς ἕκτης ἐπὶ δέκα σμικρὸν πρὸ μεσημβρίας, Θερσαγόρας περιτυγχάνει. τάχα τινὲς αὐτὸν ὑμῶν ἐπίσταιντο· σμικρός τίς ἐστι γρυπὸς ὑπόλευκος ἀνδρικὸς τὴν φύσιν. ἰδὼν οὖν αὐτὸν ἔτι προσιόντα Θερσαγόρας, ἔφην, ὁ ποιητής, ποῖ δὴ καὶ πόθεν;

Οἴκοθεν, ἦ δ' ὅς, ἐνταῦθα.

Πότερον, ἦν δ' ἐγώ, διαβαδίσων;

Ἀμέλει μέν, ἔφη, καὶ τούτου δεόμενος· ἀωρὶ γάρ τοι τῶν νυκτῶν ἐξαναστὰς ἔδοξέ μοι χρῆναι τοῖς Ὁμήρου γενεθλίοις τῆς ποιητικῆς ἀπάρξασθαι.

Καλῶς γε σὺ ποιῶν, ἔφην, καὶ τὰ τροφεῖα τῆς παιδεύσεως ἐκτίνων.

Ἐκεῖθεν οὖν ἀρξάμενος, ἦ δ' ὅς, ἔλαθον ἐμαυτὸν εἰς τοῦτο τῆς μεσημβρίας ἐκπεσών. ὅπερ οὖν ἔφην, δεῖ μέν μοι καὶ τοῦ περιπάτου·

[2] πολὺ μέντοι πρότερον, ἔφη, προσειπεῖν τουτονὶ δεόμενος ἥκω – τῇ χειρὶ τὸν Ὅμηρον ἐπιδείξας· ἴστε δήπου τὸν ἐν δεξιᾷ τοῦ τῶν Πτολεμαίων νεώ, τὸν καθειμένον τὰς κόμας – προσερῶν τε οὖν αὐτὸν ἀφικόμην, ἔφη, καὶ προσευξόμενος ἀφθόνων διδόναι τῶν ἐπῶν.

Εἰ γάρ, ἔφην, ἐν εὐχαῖς τὰ πράγματα εἴη. πάλαι γάρ τοι καὶ αὐτὸς ⟨ἂν⟩ ἐνοχλεῖν μοι δοκῶ τὸν Δημοσθένην ἐπικουρῆσαί τι πρὸς τὴν αὑτοῦ γενέθλιον. εἰ οὖν ἡμῖν ἐπαρκέσει τὸ εὔχεσθαι, συμβουλοίμην ἄν σοι· κοινὸν γὰρ ἡμῖν τὸ ἕρμαιον.

Ἐγὼ μέν, ἔφη, καὶ τῶν νύκτωρ τε καὶ τήμερον πεποιημένων δοκῶ μοι τῆς εὐροίας τὸν Ὅμηρον ἐπιγράψασθαι· θείως γάρ πως καὶ μαντικῶς εἰς τὴν ποίησιν ἐξεβακχεύθην. κρινεῖς δ' αὐτός· ἐπίτηδες γάρ

LOB DES DEMOSTHENES

(1) Auf meinem Gang bei der Säulenhalle, der auf der linken Seite, wenn man die Stadt verlässt, am sechzehnten, kurz vor Mittag,[1] da läuft mir Thersagoras über den Weg. Vielleicht kennen ihn ja einige von euch; klein ist er, krummnasig, das Haar allmählich grau, ein männlicher Typ. Ich erblickte ihn schon beim Näherkommen – »Thersagoras«, sagte ich, »der Dichter, wohin des Wegs und woher?«[2] – »Von zuhause«, darauf er, »hierher«. – »Womöglich«, sagte ich, »auf einem Spaziergang?« – »Allerdings«, sagte er, »und den habe ich auch nötig. Stand ich doch zur Unzeit in der Nacht auf und meinte, ich müsse für Homers Geburtstag ein Erstlingsopfer von meiner Dichtung darbringen.« – »Recht tust du«, sagte ich, »und zahlst den Lohn für die Bildung, die du ihm verdankst!« – »So ging es also los«, sagte er, »und ehe ich mich's versah, war es Mittag. Und wie ich schon sagte, ich kann einen Spaziergang auch gebrauchen. **(2)** Aber noch viel mehr bin ich deshalb hier, weil es mir ein Bedürfnis ist, ihn da zu begrüßen« – dabei zeigte er mit der Hand auf Homer; ihr habt ihn ja wohl vor Augen, den auf der rechten Seite des Tempels der Ptolemaier,[3] mit den langen Haaren –, »also, um ihn zu begrüßen, bin ich hierhergekommen«, sagte er, »und um ihn anzuflehen, mir epische Verse im Überfluss zu gewähren.« – »Wäre doch«, sagte ich, »die Sache nur mit Wünschen getan! Denn schon lange belästige ich ja, scheint's mir, auch selbst den Demosthenes, mir für seinen Geburtstag seine Hilfe zukommen zu lassen. Wenn uns also das Wünschen hinreicht, dann könnte ich mich dir anschließen, und den Gewinn würden wir dann teilen.« – »Ich«, sagte er, »glaube, dafür, dass mir das, was ich in der Nacht und heute morgen gedichtet habe, so leicht aus dem Griffel geflossen ist, Homer verantwortlich machen zu können; denn gleichsam göttlich und seherisch geriet ich in dichterischen Enthusiasmus. Aber das wirst du selbst beurteilen; denn ich habe eigens dafür dieses Schreibtäfelchen mitgenommen, für den

τοι τουτὶ τὸ γραμματεῖον περιηγόμην, εἰ ἄρα τῳ σχολὴν ἄγοντι τῶν ἑταίρων περιτύχοιμι. δοκεῖς οὖν ἐν καλῷ μοι σὺ τῆς σχολῆς εἶναι.

[3] Μακάριος γὰρ εἶ, ἦν δ' ἐγώ, καὶ πέπονθας τὸ τοῦ τὸν δόλιχον νενικηκότος, ὃς ἤδη λελουμένος τὴν κόνιν καὶ τὸ λοιπὸν τῆς θέας ψυχαγωγούμενος μυθολογεῖν πρὸς τὸν παλαιστὴν διενοεῖτο, ἐπιδόξου κληθήσεσθαι τῆς πάλης οὔσης· ὁ δ' »Ἀλλ' ἐπὶ τῆς βαλβῖδος οὐκ ἂν ἐμυθολόγεις«, ἔφη. καὶ σὺ δή μοι δοκεῖς νενικηκὼς τὸν δόλιχον τῶν ἐπῶν ἐντρυφᾶν ἀνδρὶ μάλα δὴ κατορρωδοῦντι τὴν τοῦ σταδίου τύχην. καὶ ὃς γελάσας,

Ὡς δή σοι τί τῶν ἀπόρων, εἶπεν, ἐργασομένῳ;

[4] Ἴσως γάρ, ἔφην, ὁ Δημοσθένης ἐλάττονος ἢ καθ' Ὅμηρον εἶναί σοι λόγου καταφαίνεται. καὶ σὺ μὲν φρονεῖς Ὅμηρον ἐπαινέσας, ἐμοὶ δὲ ὁ Δημοσθένης σμικρὸν καὶ τὸ μηδέν;

Συκοφαντεῖς, ἔφη. διαστασιάσαιμι δ' οὐκ ἂν τοὺς ἥρως, εἰ καὶ πλείων εἰμὶ τὴν γνώμην πρὸς Ὁμήρου τετάχθαι.

[5] Εὖ ⟨σύ⟩ γε, εἶπον· ἐμὲ δ' οὐκ ἂν νομίζοις πρὸς τοῦ Δημοσθένους; ἀλλὰ ἐπεί γε μὴ ταύτῃ τὸν λόγον ἀτιμάζεις, κατὰ τὴν ὑπόθεσιν δῆλον ὡς τὴν ποιητικὴν ἔργον ἡγῇ μόνον, τοὺς δὲ ῥητορικοὺς λόγους καταφρονεῖς ἀτεχνῶς οἷον ἱππεὺς παρὰ πεζοὺς ἐλαύνων.

Μὴ μανείην, ἔφη, ταῦτά γε, κἂν εἰ πολλῆς δεῖ τῆς μανίας ἐπὶ τὰς ποιητικὰς ἰοῦσιν θύρας.

Δεῖ γάρ τοι καὶ τοῖς καταλογάδην, ἔφην, ἐνθέου τινὸς ἐπιπνοίας, εἰ μέλλουσιν μὴ ταπεινοὶ φανεῖσθαι καὶ φαύλης φροντίδος.

Οἶδά τοι, ἔφη, ὦ ἑταῖρε, καὶ χαίρω πολλάκις ἄλλων τε δὴ λογοποιῶν καὶ τὰ Δημοσθένους ἐγγὺς τῶν Ὁμήρου τιθείς, οἷον λέγω τὴν

Fall, dass ich auf einen Freund treffe, der gerade nichts zu tun hat. Und du machst mir den Eindruck, so recht gar nichts zu tun zu haben.«

(3) »Du bist natürlich ein Glückskind«, sagte ich, »und es geht dir wie dem Sieger im Dauerlauf, der, den Staub frisch abgewaschen und nun gespannt auf den Rest des Spektakels, sich in den Kopf setzte, dem Ringkämpfer von seinen Ruhmestaten zu erzählen, während gerade der Ringkampf aufgerufen werden sollte. Und der sagte: ›Nein, also wirklich, auf der Startlinie würdest du auch nichts erzählen.‹ Und genauso scheinst du mir jetzt, als Sieger im Dauerlauf der epischen Verse, mich zum Besten zu haben, einen Mann, der gerade ernsthaft vor seinem Schicksal im Stadion-Lauf zittert.« – Da musste er lachen: »Und an was für ein unmögliches Werk[4] gehst du da gerade?« – (4) »Vielleicht meinst du ja«, sagte ich, »Demosthenes verdiene nur eine geringere Rede, als sie für Homer angemessen ist. Und du bist stolz auf dein Lob Homers, mir aber soll Demosthenes wenig oder gar nichts bedeuten?« – »Du verleumdest mich!«, sagte er. »Ganz sicher wiegle ich nicht die Heroen gegeneinander auf, auch wenn mir mein Sinn mehr nach Homer steht.«

(5) »Schön für dich«, sagte ich. »Und du glaubst nicht, dass ich auf Demosthenes' Seite stehe? Aber wenn du auf diese Weise wenigstens nicht unehrenhaft über die Rede sprichst, so ist es doch in der Hauptsache klar, dass du allein die Dichtkunst für echte Arbeit hältst und die Reden der Rhetoriker schlicht und ergreifend verachtest, wie ein Kavallerist, der am Fußvolk vorbeigaloppiert.« – »So verrückt dürfte ich kaum sein«, sagte er, »auch wenn man schon ziemlich verrückt sein muss, wenn man sich zu den Pforten der Dichtkunst begibt.« – »Aber auch die Prosaiker«, sagte ich, »brauchen so etwas wie göttliche Inspiration, wenn sie nicht den Eindruck von Erbärmlichkeit und geringer Vernunft machen wollen.« – »Das weiß ich doch, lieber Freund«, sagte er, »und deshalb setze ich oft und gern das Werk anderer Redner und besonders das

σφοδρότητα καὶ πικρίαν καὶ τὸν ἐνθουσιασμόν, καὶ τὸ μὲν »οἰνοβαρὲς« πρὸς τὰς Φιλίππου μέθας καὶ κορδακισμοὺς καὶ τὴν ἀσέλγειαν, τὸ δὲ »εἷς οἰωνὸς ἄριστος« πρὸς τὸ »δεῖ γὰρ τοὺς ἀγαθοὺς ἄνδρας τὰς ἀγαθὰς ὑποθεμένους ἐλπίδας« καὶ τὸ

»ἦ κε μέγ' οἰμώξειε γέρων ἱππηλάτα Πηλεύς«

πρὸς τὸ »πηλίκον ποτὲ ἂν στενάξειαν οἱ ἄνδρες ἐκεῖνοι οἱ ὑπὲρ δόξης καὶ ἐλευθερίας τελευτήσαντες;« παραβάλλω δὲ καὶ τὸν »ῥέοντα Πύθωνα« πρὸς τὰς Ὀδυσσέως »νιφάδας« τῶν λόγων καὶ τὸ

»εἰ μὲν μέλλοιμεν ἀγήρω τ' ἀθανάτω τε / ἔσσεσθαι«

πρὸς τὸ »πέρας μὲν γὰρ ἅπασιν ἀνθρώποις τοῦ βίου θάνατος, κἂν ἐν οἰκίσκῳ τις αὐτὸν καθείρξας τηρῇ.« καὶ μυρίαι γε αὖθις αὐτοῖς ἐπὶ ταὐτὸν τῆς διανοίας ἐπιδρομαί.

[6] ἥδομαι δὲ καὶ πάθη καὶ διαθέσεις καὶ τροπὰς λέξεως καὶ τὰς ἀφαιρούσας τὸν κόρον μεταβολὰς καὶ τὰς ἐκ τῶν παρατροπῶν ἐπανόδους καὶ τὰς τῶν παραβολῶν σὺν τῷ καιρῷ γλαφυρότητας καὶ τὸ τοῦ τρόπου μισοβάρβαρον ⟨ ⟩ πανταχοῦ.

[7] καί μοι πολλάκις ἔδοξεν – οὐ γὰρ ἂν τἀληθὲς ἀποκρυψαίμην – εὐπρεπέστερον μὲν ῥᾳθυμίας Ἀττικῆς καθάπτεσθαι Δημοσθένης ὁ τὴν παρρησίαν, ὥς φασιν, ἀνειμένος τοῦ τοὺς Ἀχαιοὺς »Ἀχαιΐδας« προσειπόντος, διαρκεστέρῳ δὲ τόνῳ πνεύματος τὰς Ἑλληνικὰς ἀποπληροῦν τραγῳδίας τοῦ μεταξὺ τῆς ἀκμαιοτάτης μάχης διαλόγους ἀναπλάττοντος καὶ μύθοις τὴν φορὰν σκεδαννύντος. **[8]** πολλάκις δέ με τὰ τοῦ Δημοσθένους – καὶ μέτρα κώλων καὶ ῥυθμοὶ καὶ βάσεις – οὐκ ἔξω τῆς ποιητικῆς ἡδονῆς ἐκβιβάζουσιν, ὥσπερ οὐδ' Ὅμηρος ἐλλιπὴς ἀντιθέσεων ἢ παρισώσεων ἢ σχημάτων τραχύτητος ἢ καθαρότητος. ἀλλ' ἔοικεν

des Demosthenes mit dem Homers beinahe gleich, um nur, als Beispiel, ihre Heftigkeit, Bitterkeit und Begeisterung zu nennen, und das ›weinbeschwert‹ setze ich problemlos neben Philipps Besäufnisse, seine barbarischen Tänze und seine Ausschweifung, das ›*Ein* Vogel ist der beste‹ neben ›Gute Männer müssen mit guten Hoffnungen im Herzen‹ und das ›Ja, laut dürfte wohl ächzen der Greis, der Rosstreiber Peleus‹ neben das ›Wie sehr würden wohl jene Männer stöhnen, die für den Ruhm und die Freiheit ihr Leben ließen?‹ Und ich vergleiche auch den ›strömenden Python‹ mit den ›Schneeflocken‹ der Worte des Odysseus und das ›Könnten wir wohl ohne Alter und Tod auch in Zukunft / leben‹ mit ›Denn die Grenze des Lebens ist für alle Menschen der Tod, selbst wenn einer sich zu seinem Schutz in ein Häuschen einschlösse.‹[5] Jedenfalls bewegen sich ihre Gedanken unzählige Male in die gleiche Richtung.

(6) Und mit Genuss vergleiche ich ihre Emotionalitäten, ihre Darstellungen, Redefiguren und Variationen, die nie Überdruss aufkommen lassen, die Art und Weise, wie sie aus ihren Exkursen den Weg zurück finden, die gedrechselte Eleganz ihrer treffenden Vergleiche, ihre ganze von allen Barbarismen freie Art ⟨ ⟩[6] – das kommt überall zum Ausdruck. **(7)** Und mir kam es sogar oft so vor – um nämlich die Wahrheit nicht zu verbergen –, dass Demosthenes, der der Freiheit der Rede die sprichwörtlichen Zügel schießen ließ, den attischen Schlendrian viel bestechender attackierte als er, der die Griechen ›Griechenweiber‹[7] nannte, und den tragischen Verstrickungen der Griechen mit länger durchgehaltener Atemspannung ihr volles Maß gab als er, der mitten auf dem Höhepunkt der Schlacht Gespräche erfindet und durch Reden den ganzen Schwung der Handlung zerschlägt. **(8)** Und oft ermöglicht mir Demosthenes' Stil – seine Bemessung von Wortgruppen, seine Rhythmen, seine Takte – eine poetische Lustempfindung, wie auch Homer es nicht an Härte oder Reinheit von Antithesen, Parisa oder Wortfiguren fehlen lässt. Nein, es scheint mir irgendwie von Natur

φύσει πως ὑπάρχειν ταῖς δυνάμεσι τὰς ἀρετὰς ἐπιπεπλέχθαι. πόθεν γε δὴ περιφρονοίην ἂν τὴν Κλειὼ τῇ Καλλιόπῃ ταὐτὰ ⟨δυναμένην⟩ γιγνώσκων;

[9] ἀλλ᾽ οὐδὲν ἧττον τοὐμὸν ἀγώνισμα τῶν εἰς Ὅμηρον ἐγκωμίων διπλάσιον ἔργον ἢ τοὺς σοὺς εἰς Δημοσθένην ἐπαίνους τίθημι, οὐ τοῖς μέτροις –

Ἀλλὰ τῷ μέν; ἔφην. – Τῷ τοὐμὸν μὲν οὐκ ἔχειν ἑδραίαν τινὰ κρηπῖδα τῶν ἐπαίνων ὑποβάλλεσθαι πλήν γε τῆς ποιητικῆς αὐτῆς· τὰ δ᾽ ἄλλα τῷ μὲν ἀσαφῆ, πατρὶς καὶ γένος καὶ χρόνος. εἰ γοῦν τι σαφὲς αὐτῶν ἦν,

οὐκ ἦν ἂν ἀμφίλεκτος ἀνθρώποις ἔρις,

πατρίδα μὲν αὐτῷ διδόντων Ἴον ἢ Κολοφῶνα ἢ Κύμην ἢ Χίον ἢ Σμύρναν ἢ Θήβας τὰς Αἰγυπτίας ἢ μυρίας ἄλλας, πατέρα δὲ Μαίονα τὸν Λυδὸν ἢ ποταμόν, ὅπου γε καὶ τοὔνομα πρὸ τοῦ γνωρίμου τὸ Μελησιγενῆ προκρίνουσιν· καὶ μητέρα ⟨τὴν⟩ Μελανώπου φασὶν ἢ νύμφην τῶν Ὑδριάδων ἀνθρωπίνου γένους ἀπορίᾳ, χρόνον δὲ τὸν ἡρωϊκὸν ἢ τὸν Ἰωνικόν, καὶ μηδ᾽ ὅπως πρὸς τὸν Ἡσίοδον εἶχεν ἡλικίας σαφῶς εἰδέναι, τύχην δὲ πενίας ἢ πάθος ὀμμάτων. ἀλλὰ μὴν βέλτιον εἴη καὶ ταῦτα ἐᾶν ἐν ἀσαφεῖ κείμενα. περὶ στενὸν δή μοι κομιδῇ τὸ ἐγκώμιον, ποίησιν ἄπρακτον ἐπαινέσαι καὶ σοφίαν ἐκ τῶν ἐπῶν εἰκαζομένην συλλέγειν. **[10]** τὸ δὲ σόν, ἔφη, κατὰ χειρὸς ἐπίδρομόν τε καὶ λεῖον ἐφ᾽ ὡρισμένοις τε καὶ γνωρίμοις μόνον ⟨τῶν⟩ ὀνομάτων, οἷον ὄψον ἕτοιμον ἡδυσμάτων παρὰ σοῦ δεόμενον. τί γὰρ οὐ μέγα τῷ Δημοσθένει καὶ λαμπρὸν ἡ τύχη προσῆψε; τί δ᾽ οὐ γνώριμον; οὐκ Ἀθῆναι μὲν αὐτῷ πατρίς, »αἱ λιπαραὶ καὶ ἀοίδιμοι καὶ τῆς Ἑλλάδος ἔρεισμα«; καίτοι

aus so zu sein, dass Fähigkeiten Qualitäten beigeflochten sind. Wie sollte ich mich daher zu Verachtung versteigen, wo ich doch erkenne, dass Klio und Kalliope[8] die gleichen Fähigkeiten besitzen? **(9)** Doch behaupte ich auch um nichts weniger, dass mein Ringen um ein Lob Homers doppelt so viel Arbeit ist wie deine lobenden Worte auf Demosthenes, und zwar nicht wegen des Metrums« – »Sondern weswegen?«, fragte ich. – »Weil meins kein anderes festes Fundament des Lobs besitzt als seine Dichtung selbst. Das Übrige ist unklar, Heimat, Familie, Lebenszeit. Wäre nur etwas von diesen Dingen klar,

›gäb's für die Menschen keinen zweifelvollen Streit‹,[9]

während man ihm jetzt als Heimat Ios, Kolophon, Kyme, Chios, Smyrna, das ägyptische Theben oder tausend andere Städte gibt, als Vater aber den Lyder Maion oder einen Fluss[10], wobei sie dann anstelle des bekannten Namens ›Melesigenes‹ bevorzugen. Und seine Mutter, sagt man, war die Tochter des Melanopos oder, aus Mangel an einer menschlichen Familie, eine Nymphe der Hydriaden, seine Zeit aber soll die heroische oder die ionische Epoche[11] gewesen sein, und nicht einmal, wie er sich altersmäßig zu Hesiod verhielt, sollen wir genau wissen; sein Geschick: Armut oder Augenleiden. Ach, da ist es schon besser, auch dies alles im Unbestimmten ruhen zu lassen. Und so hat meine Lobrede eben einfach einen ganz schmalen Stoff: eine Dichtung ohne Lebensaktivität zu loben und die Weisheit durch Erschließung aus den Epen zu sammeln. **(10)** Dein Gegenstand hingegen«, sagte er, »liegt auf der Hand, gut zugänglich und ohne Hindernisse, ausschließlich mit präzisen und bekannten Fakten, und verlangt, wie ein bereitstehendes Gericht, nur noch, dass du es mit der Würze deiner Worte verfeinerst. Was an Gewaltigem und Prächtigem hat das Schicksal dem Demosthenes denn nicht verliehen? Was, das nicht wohlbekannt wäre? Ist nicht Athen seine Heimat, Athen, ›das strahlende, vielbesungene, das Bollwerk Griechenlands‹?[12] Da würde ich mich

λαβόμενος ἂν ἐγὼ τῶν Ἀθηνῶν ἐπὶ τῆς ποιητικῆς ἐξουσίας ἐπεισῆγον ἂν ἔρωτας θεῶν καὶ κρίσεις καὶ κατοικήσεις καὶ δωρεὰς καὶ τὴν Ἐλευσῖνα. νόμων δὲ καὶ δικαστηρίων καὶ πανηγύρεων καὶ Πειραιῶς καὶ ἀποικιῶν καὶ τροπαίων θαλαττίων τε καὶ χερσαίων ἐπεισηγμένων οὐδ' ἂν εἷς ἐπ' ἴσης ἀξίως ἐφικέσθαι δύναιτο τῷ λόγῳ, φησὶν ὁ Δημοσθένης. ἀφθονία μὲν ⟨οὖν⟩ ἦν ἄν μοι περιττὴ πάντως, τὸ δὲ ἐγκώμιον οὐκ ἂν ἀπαρτᾶν ἐνομιζόμην, ἐν νόμῳ τοῖς ἐπαίνοις ὂν ἐκ τῶν πατρίδων ἐπικοσμεῖν τοὺς ἐπαινουμένους. Ἰσοκράτης δὲ παρεμπόρευμα τῆς Ἑλένης φέρων ἐνέθηκεν τὸν Θησέα. τὸ μὲν δὴ ποιητικὸν φῦλον ἐλεύθερον. σοὶ δ' ἴσως εὐλάβεια τὸ τῆς παροιμίας ἐπὶ σκώμματι τῆς συμμετρίας ἐπαγαγέσθαι, μή σοι μεῖζον προσκέοιτο τοὐπίγραμμα τῷ θυλάκῳ.

[11] Παρέντι δὴ τὰς Ἀθήνας ἐκδέχεται τὸν λόγον πατὴρ τριήραρχος, »χρυσέα κρηπὶς« κατὰ Πίνδαρον. οὐ γὰρ ἦν Ἀθήνησιν λαμπρότερον τίμημα τοῦ τριηραρχικοῦ. εἰ δὲ τοῦ Δημοσθένους ἔτι κομιδῇ παιδὸς ὄντος ἐτελεύτα, τὴν ὀρφανίαν οὐ συμφορὰν ὑποληπτέον, ἀλλὰ δόξης ὑπόθεσιν τὸ τῆς φύσεως γενναῖον ἀποκαλύπτουσαν.

[12] Ὁμήρου μὲν οὖν οὔτε παίδευσιν οὔτ' ἄσκησιν μνήμῃ καθ' ἱστορίαν παρειλήφαμεν, ἀλλ' εὐθὺς ἀνάγκη τὸν ἔπαινον ἅπτεσθαι τῶν ὑπ' αὐτοῦ δεδημιουργημένων, ὕλην ἐκ τροφῆς καὶ μελέτης καὶ διδασκαλίας οὐκ ἔχοντα μηδ' οὖν ἐπὶ τὴν Ἡσιόδου δάφνην καταφυγόντα, τὴν ῥᾳθύμως καὶ τοῖς ποιμέσιν τῶν ἐπῶν ἐπιπνέουσαν. σοὶ δ' ἐνταῦθα δήπου πολὺς μὲν ὁ Καλλίστρατος, λαμπρὸς δ' ὁ κατάλογος, Ἀλκιδάμας, Ἰσοκράτης, Ἰσαῖος, Εὐβουλίδης. μυρίων μὲν ἐφελκομένων Ἀθήνησι

doch, wenn ich mich mit Blick auf dichterische Möglichkeiten an Athen halten wollte, auf die Liebschaften der Götter stürzen, auf ihre Wettstreite, ihre Behausungen und Geschenke und Eleusis[13]. Nimmt man aber auch Gesetze, Gerichtshöfe, Feste, den Piräus, die Koloniegründungen und die militärischen Erfolge zu Lande und zu Wasser mit dazu, dann ›könnte wohl niemand dem allen in einer Rede gleichermaßen gerecht werden‹,[14] sagt Demosthenes. Überall hätte ich also Material in Hülle und Fülle, aber dass ich mein Enkomion davon abkopple, würde man nicht für richtig halten, ist es doch ein Gesetz für Lobreden, dass sie die zu Lobenden durch Rückgriff auf ihre Heimat schmücken. So brachte Isokrates als Dreingabe zu seiner *Helena* zugleich den Theseus ins Spiel. Das Volk der Dichter genießt jede Freiheit. Aber du musst dich vielleicht davor hüten, dir das zuzuziehen, was das Sprichwort spöttisch über Proportion und Angemessenheit sagt: Dass dir das Etikett auf dem Sack nur nicht zu groß gerate!

(11) Lassen wir nun Athen einmal, dann ist der nächste Gegenstand der Rede sein Vater, der Trierarch, in Pindars Worten ein ›goldenes Fundament‹.[15] Denn es gab in Athen keine glänzendere Ehrenstellung als die Trierarchie.[16] Und wenn er auch starb, als Demosthenes noch ein ganz kleines Kind war, dann muss man doch annehmen, dass sein Waisenstand kein Unglück, sondern Grundlage seines Ruhms war, die seine edle Natur erst aufdeckte.

(12) Von Homer ist uns hinsichtlich seiner Unterweisung und seiner Ausbildung im historischen Sinne nichts überliefert, sondern das Lob kann nicht anders, als sich von vornherein an seine Werke zu halten, ohne Materialien zu seiner Erziehung, seinen Übungen und seiner Lehrzeit zu besitzen, und es kann noch nicht einmal zum Lorbeer Hesiods seine Zuflucht nehmen, der so leichthin sogar die Hirten seiner Epen inspiriert.[17] Du hingegen kannst viel über Kallistratos sagen und hast die prachtvolle Liste mit Alkidamas, Isokrates, Isaios und Eubulides.[18] Obwohl es in Athen unzählige verlockende Attraktionen gab, die ihre Anziehungskraft selbst

τῶν ἡδονῶν καὶ τοὺς πατρονομίας ἀνάγκαις ὑποκειμένους, ταχείας δ' οὔσης τοῖς μειρακίοις τῆς ἡλικίας εἰς τὰς θρύψεις ὑπολισθάνειν, παρὸν δ' αὐτῷ κατ' ἐξουσίαν ἐκ τῆς τῶν ἐπιτρόπων ὀλιγωρίας, καὶ φιλοσοφίας καὶ τῆς πολιτικῆς ἀρετῆς κατεῖχε πόθος, ὃς αὐτὸν ἦγεν οὐκ ἐπὶ τὰς Φρύνης, ἀλλ' ἐπὶ τὰς Ἀριστοτέλους καὶ Θεοφράστου καὶ Ξενοκράτους καὶ Πλάτωνος θύρας.

[13] κἀνταῦθ' ἄν, ὦ βέλτιστε, φιλοσοφοῖς τῷ λόγῳ διττὰς ἐπ' ἀνθρώποις ἐρώτων ἀγωγάς, τὴν μὲν θαλαττίου τινὸς ἔρωτος παράφορόν τε καὶ ἀγρίαν καὶ κυμαίνουσαν ἐν ψυχῇ, Ἀφροδίτης πανδήμου κλύδωνα, φλεγμαινούσαις νέων ὁρμαῖς αὐτόχρημα θαλάττιον, τὴν δ' οὐρανίου »χρυσῆς τινος σειρᾶς ἕλξιν«, οὐ πυρὶ καὶ τόξοις ἐντιθεῖσαν δυσαλθεῖς νόσους τραυμάτων, ἀλλ' ἐπὶ τὴν αὐτοῦ τοῦ κάλλους ἄχραντόν τε καὶ καθαρὰν ἰδέαν ἐξορμῶσαν μανίᾳ σώφρονι τῶν ψυχῶν, »ὅσαι Ζηνὸς ἐγγὺς καὶ θεῶν ἀγχίσποροι«, φησὶν ὁ τραγικός.

[14] ἔρωτι δὴ πάντα πόριμα, κουρὰ σπήλαιον κάτοπτρον ξίφος, γλῶτταν διαρθρῶσαι, μετελθεῖν ὀψὲ τῆς ἡλικίας ὑπόκρισιν, μνήμην ἀκριβῶσαι, θορύβου καταφρονῆσαι, συνάψαι νύκτας ἐπιπόνοις ἡμέραις. ἐξ ὧν τίς οὐκ οἶδεν, ὁποῖος ὁ Δημοσθένης, ἔφη, σοὶ τὴν ῥητορικὴν ἐγένετο, ταῖς μὲν ἐννοίαις καὶ τοῖς ὀνόμασιν καταπυκνῶν τὸν λόγον, ταῖς δὲ διαθέσεσιν ἐξακριβῶν τὰς πιθανότητας, λαμπρὸς μὲν τῷ μεγέθει, σφοδρὸς δὲ τῷ πνεύματι, σωφρονέστατος δὲ τὴν τῶν ὀνομάτων καὶ τῶν νοημάτων ἐγκράτειαν, ποικιλώτατος δ' ἐναλλαγαῖς σχημάτων; μόνος γέ τοι τῶν ῥητόρων, ὡς ὁ Λεωσθένης ἐτόλμησεν εἰπεῖν, ἔμψυχον καὶ σφυρήλατον παρεῖχεν τὸν λόγον.

auf diejenigen ausübten, die noch der väterlichen Gewalt unterstanden, und obwohl das Jugendalter ja nur allzu schnell darin ist, in Ausschweifungen abzugleiten, schlug ihn, obwohl ihm all diese Möglichkeiten aufgrund der Nachlässigkeit seiner Vormunde offen gestanden hätten, das Verlangen nach Philosophie und Bürgertugend in Bann, das ihn nicht zu den Türen der Phryne,[19] sondern zu denen des Aristoteles, des Theophrast,[20] des Xenokrates[21] und des Platon führte.

(13) Und dort, mein Bester, könntest du nun die Existenz von zwei Wegen, die bei den Menschen zu den Leidenschaften führen, in deiner philosophischen Rede reflektieren, den einen Weg einer sozusagen meeresmäßigen Leidenschaft, die sich hinreißen lässt, wild ist und in der Seele große Wellen schlägt, eine Sturmflut der Aphrodite Pándemos,[22] in Anbetracht der schäumenden Leidenschaften der Jugend wahrhaftig aus dem Meer,[23] den anderen Weg als das ›Ziehen einer Art goldener Kette‹ vom Himmel,[24] das nicht mit Flammenpfeilen unheilbare Wunden schlägt, sondern zu der fleckenlosen und reinen Idee der Schönheit selbst treibt,[25] im vernünftigen Wahnsinn all der Seelen, die ›Zeus nahe sind und Blutsverwandte der Götter‹, so der tragische Dichter.[26]

(14) Wirklichem Begehren ist alles erreichbar: Schur, Höhle, Spiegel, Schwert, artikuliertes Sprechen, in hohem Alter die Schauspielerei zu erlernen, das Gedächtnis zu verbessern, nichts auf Gelärme zu geben, an arbeitsreiche Tage Nächte zu hängen.[27] Wer weiß nicht«, sagte er, »was für ein Redner Demosthenes durch all dies geworden ist, indem er seiner Rede gedankliche und stilistische Kompaktheit verlieh, durch kluge Gliederung die Plausibilität seiner Argumentation schärfte, prachtvoll durch seine Größe, machtvoll durch seine Atemfülle, äußerst beherrscht in seiner Bemeisterung von Worten und Gedanken, ausnehmend bunt im Wechsel der Stilfiguren? Er allein jedenfalls unter den Rednern, wie Leosthenes zu formulieren wagte, ließ Reden hören, die voller Leben waren und zugleich wie mit dem Hammer geschmiedet.[28]

[15] οὐ γάρ, ὡς τὸν Αἰσχύλον ὁ Καλλισθένης ἔφη που λέγων τὰς τραγῳδίας ἐν οἴνῳ γράφειν ἐξορμῶντα καὶ ἀναθερμαίνοντα τὴν ψυχήν, οὐχ οὕτως ὁ Δημοσθένης συνετίθει πρὸς μέθην τοὺς λόγους, ἀλλ' ὕδωρ πίνων· ᾗ καὶ τὸν Δημάδην παῖξαί φασιν εἰς ταύτην αὐτοῦ τὴν ὑδροποσίαν, ὡς οἱ μὲν ἄλλοι πρὸς ὕδωρ λέγοιεν, τὸν Δημοσθένην δὲ πρὸς ὕδωρ γράφειν. Πυθέᾳ δὲ ὁ κρότος τῶν Δημοσθενικῶν λόγων ἀπόζειν ἐφαίνετο τοῦ νυκτερινοῦ λύχνου. καὶ τουτὶ μέν, ἔφη, σοὶ τὸ χωρίον τοῦ λόγου κοινὸν πρὸς τὴν ἐμὴν ὑπόθεσιν. οὐ γάρ τοι μείων ὁ περὶ τὴν Ὁμήρου ποίησιν ὑπῆρχε κἀμοὶ λόγος.

[16] ἀλλ' εἰ μετίοις ἐπὶ τὰς φιλανθρωπίας καὶ τὴν ἐν τοῖς χρήμασι φιλοτιμίαν καὶ τῆς πολιτείας τὴν ὅλην λαμπρότητα – καὶ ὁ μὲν ᾔει συνείρων ὡς τὰ λοιπὰ προσθήσων, ἐγὼ δὲ γελάσας, Ἦ πού γε, ἔφην, διανοῇ καταχεῖν μου τῶν ὤτων ὥσπερ βαλανεὺς καταντλήσας τὸν λοιπὸν λόγον;

Νὴ Δία γε, εἶπεν, δημοθοινίας τε καὶ χορηγίας ἐθελουσίους καὶ τριηραρχίας καὶ τεῖχος καὶ τάφρον καὶ λύσεις αἰχμαλώτων καὶ παρθένων ἐκδόσεις, ἀρίστην πολιτείαν, καὶ πρεσβείας καὶ νομοθεσίας καὶ μέγεθος πολιτευμάτων ἐμπεσόν, γελᾶν ἔπεισί μοι τοῦ τὰς ὀφρῦς συνάγοντος καὶ δεδιότος μὴ λόγοι τῶν Δημοσθένους αὐτὸν ἔργων ἐπιλίποιεν.

[17] Ἴσως γάρ, ἔφην, ὦγαθέ, νομίζεις ἐμὲ δὴ μόνον τῶν ἐν ῥητορικῇ βεβιωκότων μὴ διατεθρυλῆσθαι τὰ ὦτα ταῖς Δημοσθένους πράξεσιν;

Εἴ γε, ἔφη, περὶ τὸν λόγον ἐπικουρίας τινός, ὡς σὺ φῄς, δεόμεθα· πλὴν εἰ μή σε τοὐναντίον κατέχει πάθος, οἷον αὐγῆς περιλαμπούσης οὐκ ἔχεις πρὸς λαμπρὰν τὴν Δημοσθένους δόξαν τὴν ὄψιν ἀπερεῖσαι·

(15) Denn nicht, wie Kallisthenes es von Aischylos behauptet, von dem er irgendwo sagt, er habe seine Tragödien beim Wein geschrieben und so seine Seele angetrieben und befeuert, nein, nicht so im Rausch verfertigte Demosthenes seine Reden, sondern er trank Wasser dabei. So soll ja auch Demades über seine Wassertrinkerei spöttisch gesagt haben, die anderen sprächen, Demosthenes aber schreibe im Takt des Wassers.[29] Pytheas fand, der Applaus für Demosthenes' Reden rieche nach der nächtlichen Lampe.[30] Und dieses Feld der Rede«, sagte er, »haben dein und mein Gegenstand gemeinsam. Denn auch meine Rede über Homers Dichtung fiele gewiss nicht kürzer aus.

(16) Gehst du aber nun zu seinen Akten der Menschenfreundlichkeit über, zu seiner Generosität in Gelddingen und zu dem ganzen Glanz seiner Politik«, – und er ging daran, die Liste weiterzuspinnen, als ob er auch alles Übrige noch hinzufügen wollte, ich aber lachte auf und sagte: »Hast du vielleicht etwa vor, mir die Ohren vollzuschütten und wie ein Bademeister deine weitere Rede emporzupumpen?«[31] – »Genau, bei Zeus«, sagte er, »freiwillige Volksspeisungen und Choregien, Trierarchien, Stadtmauer, Stadtgraben, Auslösungen von Kriegsgefangenen, Mitgiftspenden für junge Frauen, bester bürgerlicher Lebenswandel, Gesandtschaften, Gesetzesentwürfe, die Größe seiner politischen Leistungen: Kommt mir das in den Sinn, muss ich lachen, wenn ich sehe, wie einer die Augenbrauen runzelt und fürchtet, ihm könnten die Worte für Demosthenes' Taten ausgehen.«

(17) »Glaubst du denn vielleicht, mein Bester«, sagte ich, »dass mir als einzigem unter all denen, die ihr Leben mit der Rhetorik zugebracht haben, nicht die Ohren klingen von den Taten des Demosthenes?[32]« – »Für den Fall«, sagte er, »wir würden je, wie du sagst, für die Lobrede Unterstützung benötigen. Es sei denn, dich drückt die ganz entgegengesetzte Empfindung nieder und du vermagst, als ob um dich herum helles Licht glänzte, deinen Blick nicht auf Demosthenes' strahlenden Ruhm zu heften; ist es mir

καὶ γὰρ αὐτός τι τοιοῦτον ἐφ' Ὁμήρῳ κατὰ τὰς ἀρχὰς πέπονθα. κατέβαλον γοῦν σμικροῦ δεῖν, ὡς οὐκ ἀντιβλεπτέον ὂν μοι πρὸς τὴν ὑπόθεσιν. εἶτ' ἐγὼ μέν, οὐκ οἶδ' ὅπως, ἀνήνεγκα, ⟨καὶ⟩ δοκῶ μοι κατὰ σμικρὸν προσεθιζόμενος ἀντίον ὁρᾶν μηδ' ἀποτρέπων ὥσπερ ἡλίου τὰς ὄψεις νόθος τοῦ τῶν Ὁμηριδῶν γένους ἐλέγχεσθαι.

[18] Σὸν δέ μοι φαίνεται καὶ τοῦτο, ἔφη, πολὺ ῥᾷον ἢ κατ' ἐμὲ εἶναι. τῆς μὲν γὰρ Ὁμήρου δόξης οἷον ἐπὶ μιᾶς ὁρμούσης τῆς ποιητικῆς δυνάμεως ἀθρόως ἐξ ἀνάγκης ἦν ἁπάσης λαβέσθαι. σὺ δ' εἰ μὲν ἐπὶ τὸν Δημοσθένην ὅλον ἐφάπαξ τῇ γνώμῃ τράποιο, καὶ μάλα ἂν ἀποροῖς, περὶ τὸν λόγον ᾄττων οὐδ' ἔχων ὅτου πρώτου τῇ γνώμῃ λάβοιο, καθάπερ οἱ λίχνοι πάσχουσιν περὶ τὰς Συρακουσίας τραπέζας ἢ οἱ φιλήκοοι καὶ φιλοθεάμονες εἰς μυρίας ἀκουσμάτων καὶ θεαμάτων ἡδονὰς ἐμπεσόντες· οὐκ ἔχουσιν ἐφ' ἣν ἔλθωσιν ἀεὶ τὴν ἐπιθυμίαν μετατιθέντες. οἶμαι δὲ καὶ σὲ μεταπηδᾶν οὐκ ἔχοντα ἐφ' ὅτι σταίης, ἐν κύκλῳ σε περιελκόντων φύσεως μεγαλοπρεποῦς, ὁρμῆς διαπύρου, βίου σώφρονος, λόγου δεινότητος, τῆς ἐν ταῖς πράξεσιν ἀνδρείας, λημμάτων πολλῶν καὶ μεγάλων ὑπεροψίας, δικαιοσύνης, φιλανθρωπίας, πίστεως, φρονήματος, συνέσεως, ἑκάστου τῶν πολλῶν καὶ μεγάλων πολιτευμάτων. ἴσως οὖν ὁρῶν ἔνθεν μὲν ψηφίσματα πρεσβείας δημηγορίας νόμους, ἐκεῖθεν ἀποστόλους Εὔβοιαν Μέγαρα τὴν Βοιωτίαν Χίον Ῥόδον τὸν Ἑλλήσποντον Βυζάντιον, οὐκ ἔχεις ὅποι τὴν γνώμην ἀποκλί-

doch selbst mit Homer zu Beginn ganz ähnlich ergangen. Jedenfalls hat nicht viel gefehlt, und ich hätte alles hingeworfen, weil es mir nicht möglich war, meinem Thema ins Gesicht zu sehen. Doch dann habe ich es, ich weiß nicht wie, geschultert, und jetzt kommt es mir so vor, als hätte ich mich in kleinen Schritten daran gewöhnt, könne es direkt anschauen und müsse nicht den Blick davon abwenden wie von der Sonne und so als bloßer Bastard der Homeriden-Familie entlarvt werden.

(18) Deine Aufgabe hingegen scheint mir«, sagte er, »auch in dieser Hinsicht entschieden leichter zu sein als meine. Denn Homers Ruhm musste ich notwendigerweise gesammelt als Ganzes anpacken, da er gleichsam allein auf seiner poetischen Macht beruht. Wenn du hingegen den ganzen Demosthenes auf einen Schlag erfassen willst, dann kannst du sogar sehr in Schwierigkeiten geraten, indem du um den Gegenstand deiner Rede herumspringst und keinen Punkt findest, wo deine Überlegungen zuerst greifen sollen, so wie es den Leckermäulern geht, die um Syrakus' Tische sitzen, oder den Freunden des Schauens oder Hörens, die sich in unzählige Lustbarkeiten von Hör- und von Schaustücken verstricken: Sie wissen nicht, welche sie jeweils ansteuern sollen, weil sie ihr Begehren ständig auf ein anderes Objekt richten. Ich glaube, dass auch du von einem zum anderen springst, ohne einen Gegenstand, bei dem du Stand fassen könntest, wobei dich seine großartige Begabung, sein feuriger Schwung, seine maßvolle Lebensführung, seine Wortgewalt, sein Mut in all seinen Taten, seine Verachtung vieler, sogar großer Gewinnmöglichkeiten, seine Gerechtigkeit, seine Menschenfreundlichkeit, seine Vertrauenswürdigkeit, seine stolze Entschlossenheit, seine Klugheit, jede einzelne seiner zahlreichen bedeutsamen politischen Entscheidungen im Kreis herumzerren. Vielleicht siehst du ja also hier Abstimmungen, Gesandtschaften, Volksreden, Gesetze, dort Marineexpeditionen, Euboia, Megara, Boiotien, Chios, Rhodos, den Hellespont, Byzanz, und kannst dich nicht entscheiden, worauf du deine Überlegungen richten möch-

νης συμπεριφερόμενος τοῖς πλεονεκτήμασιν. **[19]** ὥσπερ οὖν ὁ Πίνδαρος ἐπὶ πολλὰ τῷ νῷ τραπόμενος οὕτως πως ἠπόρηκεν,

Ἰσμηνὸν ἢ χρυσαλάκατον Μελίαν,
ἢ Κάδμον, ἢ σπαρτῶν ἱερὸν γένος ⟨ἀνδρῶν⟩,
ἢ τὰν κυανάμπυκα Θήβαν,
ἢ τὸ πάντολμον σθένος Ἡρακλέους,
ἢ τὰν Διονύσου πολυγαθέα τιμάν,
ἢ γάμον λευκωλένου Ἁρμονίας ὑμνήσομεν;

οὑτωσὶ δὲ καὶ σὺ ταὐτὸν ἔοικας ἀπορεῖν, λόγον ἢ βίον ἢ φιλοσοφίαν ἢ δημαγωγίαν ἢ τὸν θάνατον τἀνδρὸς ὑμνητέον.

[20] ἔστι δ᾽ οὐδὲν ἔργον ἐκφυγεῖν, ἔφη, τὴν πλάνην· ἀλλ᾽ ἑνὸς ὅτου δὴ λαβόμενος ἢ τῆς ῥητορείας καθ᾽ αὑτήν, εἰς ταύτην καθοῦ τοῦτον τὸν λόγον. ἱκανή γ᾽ ἂν οὐδ᾽ ἡ Περικλέους· ἐκείνου μέν γε τὰς ἀστραπὰς καὶ βροντὰς καὶ πειθοῦς τι κέντρον δόξῃ παραλαβόντες, ἀλλ᾽ αὐτήν γε οὐχ ὁρῶμεν, δῆλον ὡς οὐδὲν ὁποῖον τὴν φαντασίαν οὐδ᾽ ἔμμονον ἔχουσαν οὐδ᾽ οἵαν ἐξαρκέσαι πρὸς τὴν τοῦ χρόνου βάσανον καὶ κρίσιν· τὰ δὲ τοῦ Δημοσθένους – ἀλλὰ σοὶ καταλελείφθω λέγειν, εἰ ταύτῃ τράποιο.

[21] πρός γε μὴν τὰς τῆς ψυχῆς ἀρετὰς ἢ τὰς πολιτείας αὐτοῦ τραπομένῳ καλὸν μίαν ἡντινοῦν ἀποτεμέσθαι τὴν διατριβήν, εἰ δὲ βούλοιο δαψιλές, δύο καὶ σύντρεις ἑλόμενον ἔχειν ἀποχρῶσαν λόγων ὑποβολήν. πολλὴ γὰρ ἐν ἅπασιν ἡ λαμπρότης. εἰ δ᾽ οὐκ ἐκ τοῦ παντὸς ἀλλ᾽ ἐκ μέρους ἐπαινεσόμεθα, νόμος μὲν Ὁμηρικὸς ἡρώων ἐπαίνους ἐκ μερῶν διατίθεσθαι, ποδῶν ἢ κεφαλῆς ἢ κόμης, ἤδη δὲ κἀκ τῶν φορημά-

test, von einem *embarras de richesse* umhergewirbelt. **(19)** Genau wie Pindar, der seinen Geist auf viele Gegenstände wandte und seine Hilflosigkeit ungefähr so formuliert hat:[33] *Sollen wir Ismenos oder Melia mit der goldenen Spindel / oder Kadmos, oder das heilige Geschlecht der Gesäten Männer, / oder Theben mit dem schwarzen Reif, / oder die vielwagende Kraft des Herakles, / oder die freudenvolle Ehre des Dionysos, / oder die Hochzeit der Harmonia mit den weißen Armen im Lied preisen?* Genau dasselbe Problem scheinst auch du mir zu haben: Sollst du die Rhetorik, das Leben, die Philosophie, die politische Dominanz oder den Tod des Mannes preisen?

(20) Jedoch ist es nicht schwierig«, sagte er, »dieser Irrfahrt zu entgehen. Halte dich vielmehr an irgendeine einzelne dieser Eigenschaften, oder gleich an seine Rhetorik selbst, und darauf wende deine Rede. Nicht einmal die rednerische Kraft des Perikles würde ja dafür wohl reichen. Denn von dessen Blitzen und Donnern und vom Stachel seiner Überredungskunst wissen wir durch die Überlieferung, aber seine Rhetorik selbst kennen wir nicht, offensichtlich deshalb, weil sie nicht derart war, dass sie einen lebhaften Eindruck gemacht oder etwas Bleibendes an sich gehabt hätte, auch nichts, was stark genug gewesen wäre, um gegen den Prüfstein und das Urteil der Zeit zu bestehen. Demosthenes' Werk hingegen – aber das sei dir überlassen, falls du diesen Weg einschlägst.

(21) Solltest du dich hingegen den Qualitäten seiner Persönlichkeit oder seiner Politik zuwenden, dann wäre es schön, eine einzelne seiner Beschäftigungen, welche auch immer, herauszuschneiden, oder wenn du es verschwenderisch angehen willst, auch zwei oder insgesamt drei herauszugreifen und damit schon hinreichende Substanz für eine Rede zu besitzen. Denn in dem allen liegt doch Pracht in Hülle und Fülle. Wollen wir aber nicht mit Blick aufs Ganze, sondern mit Blick auf einen einzelnen Aspekt loben, dann gilt Homers Gesetz, das Lob von Helden nach Körperteilen zu disponieren, nach den Füßen, dem Kopf oder dem Haar, oder auch nach ihrer Kleidung oder ihren Schilden; und nicht einmal für

των ἢ ἀσπίδων, μεμπτὸν δ' οὐδὲ τοῖς θεοῖς ἐγένετο ὑμνεῖσθαι πρὸς τῶν ποιητῶν ἐξ ἠλακάτης ἢ τόξων ἢ τῆς αἰγίδος, μή τί γε δὴ μέρει σώματος ἢ τῆς ψυχῆς, τῶν εὐεργεσιῶν δ' οὐδὲ δυνατὸν ἐφάπαξ ⟨ἁπάσας⟩ διελθεῖν. οὐκοῦν οὐδ' ὁ Δημοσθένης αἰτιάσεται καθ' ἓν τῶν αὑτοῦ καλῶν ἐπαινούμενος, ἐπεὶ τό γε σύμπαν οὐδ' αὐτὸς ἂν αὑτὸν ἐξαρκέσειεν ἐπαινέσαι.

[22] ταῦτα τοῦ Θερσαγόρου διελθόντος, Οἶμαί σε, ἔφην, ἓν ἐπιδεδεῖχθαί μοι, τὸ μὴ μόνον ποιητὴν ἀγαθὸν εἶναι, τῷ δώρῳ παρεμπόρευμα πεποιῆσθαι τὸν Δημοσθένην, τὰ πεζὰ τοῖς ἐμμέτροις προστιθέντα.

Σοὶ μὲν οὖν, ἔφη, τὴν ῥᾳστώνην ὑποτιθεὶς προήχθην ἐπιδραμεῖν τὸν λόγον, εἴ τι τῆς φροντίδος ἀνεὶς ἀκροατὴς ἡμῖν γένοιο.

Προὔργου τοίνυν, ἔφην, σοὶ γέγονεν οὐδέν, εὖ ἴσθι. σκόπει δὲ καὶ μὴ πλέον ᾖ γεγονὸς θάτερον.

Καλὸν ἂν λέγοις, ἔφη, τὸ ἴαμα.

Σὺ γάρ, ἔφην, ἀγνοεῖς, οἶμαι, τὸ παρὸν ἄπορον, εἶτα ἰατροῦ δίκην τὸ τοῦ νοσοῦντος σαθρὸν ἀγνοήσαντος ἄλλο θεραπεύεις.

Ὅτι τί δή;

Σὺ μὲν ἃ ταράξειεν ἂν τὸν πρῶτον ἰόντα πρὸς τὸν λόγον ἐπεχείρησας ἰάσασθαι, τὰ δ' ἤδη κατανάλωται παλαιαῖς ἐτῶν περιόδοις· ὡς ταύταις ⟨ταῖς⟩ ἀπορίαις ἕωλά σοι τὰ ἰάματα.

Ταῦτ' οὖν, ἔφη, σοὶ τόδε ἴαμα· χρὴ μέντοι καθάπερ ὁδὸν θαρραλεωτάτην εἶναι τὴν συνηθεστάτην.

[23] Τὴν ἐναντίαν γάρ, εἶπον, προὐθέμην, ᾗ φασιν Ἀννίκεριν τὸν Κυρηναῖον φιλοτιμηθῆναι πρὸς Πλάτωνά τε καὶ τοὺς ἑταίρους· τὸν μέν γε τὴν Κυρηναίων ἁρματηλασίαν ἐπιδεικνύντα πολλοὺς περὶ τὴν

Götter war es tadelnswert, von den Dichtern einer Spindel, eines Bogens oder der Aigis wegen gepriesen zu werden,[34] geschweige denn für einen Teil ihres Körpers oder für einen Aspekt ihrer Persönlichkeit; denn ihre Wohltaten hätte man ja gar nicht alle auf einen Schlag darlegen können. So wird also auch Demosthenes sich nicht beklagen, wenn er unter Rückgriff auf eine seiner vorzüglichen Qualitäten gelobt wird, da doch nicht einmal er es vermocht hätte, sich selbst vollumfänglich zu loben.«

(22) Als Thersagoras das alles vorgebracht hatte, sagte ich: »Ich glaube, dass du mir, was dich betrifft, eines bewiesen hast, dass du nämlich nicht nur ein guter Dichter bist, da du den Versen noch Prosa hinzugefügt und so dem Geschenk noch den Demosthenes als Dreingabe dazugelegt hast.[35]« – »Nur um dir die Leichtigkeit der Rede zu zeigen«, sagte er, »kam ich dazu, sie summarisch durchzugehen, in der Hoffnung, dass du wohl deine Sorgen hintanstellen und dich mir als Zuhörer präsentieren würdest.« – »Somit hast du also«, sagte ich, »nichts erreicht, mach dir das bitte klar! Und sieh zu, dass nicht noch mehr als das passiert ist!« – »Das wäre ja eine schöne Therapie«, sagte er, »von der du da sprichst.« – »Ich glaube nämlich«, sagte ich, »du kennst das tatsächliche Problem gar nicht, und dann therapierst du nach Art eines Arztes, der das eigentliche gesundheitliche Problem seines Patienten nicht diagnostiziert hat, ein ganz anderes.« – »Und das wäre was?« – »Du hast versucht zu heilen, was denjenigen, der sich erstmals zu einer Rede anschickt, in Angst und Schrecken versetzen könnte. Aber das hat sich schon längst, in vielen Jahresläufen, erledigt. Und so sind deine Therapien für solche Probleme schon hinfällig.« – »Genau darin«, sagte er, »besteht doch deine Heilung! Es ist wie mit den Wegen: Der, den du am besten kennst, muss der sein, auf den du am meisten vertraust.« – **(23)** »Ich hatte mir ja«, sprach ich, »genau das Gegenteil des Weges vorgenommen, auf dem, wie es heißt, Annikeris aus Kyrene bei Platon und seinen Freunden um Anerkennung gebuhlt haben soll.[36] Er habe nämlich bei seiner Vorführung der

Ἀκαδημίαν ἐξελαύνειν δρόμους ἐπὶ τῆς αὐτῆς ἁρματοτροχιᾶς ἅπαντας μηδὲν παραβάντας, ὥσθ᾽ ἑνὸς δρόμου σημεῖα κατὰ τῆς γῆς ὑπολείπεσθαι· τοὐμὸν δέ γε τὴν ἐναντίαν σπεύδει, τὰς ἁρματοτροχιὰς ἀλεείνειν, οὐ μάλα ῥᾴδιον ⟨ὄν⟩, οἶμαι, καινουργεῖν ὁδοὺς τῶν τετριμμένων ἐκτρεπόμενον.

Ἀλλά τοι τὸ Παύσωνος, ἔφη, σοφόν.

Ποῖον; ἔφην· οὐ γὰρ ἀκήκοα.

[24] Παύσωνι τῷ ζωγράφῳ φασὶν ἐκδοθῆναι γράψαι ἵππον ἀλινδούμενον· τὸν δὲ γράψαι τρέχοντα καὶ πολὺν κονιορτὸν περὶ τὸν ἵππον. ὡς δ᾽ ἔτι γράφοντος ἐπιστῆναι τὸν ἐκδόντα, μέμφεσθαι· μὴ γὰρ τοῦτο προστάξαι. τὸν οὖν Παύσωνα τοῦ πίνακος τὰ μετέωρα κάτω περιαγαγόντα τῷ παιδὶ τὴν γραφὴν ἐπιδεῖξαι κελεῦσαι, καὶ τὸν ἵππον ἔμπαλιν κείμενον ὀφθῆναι κυλινδούμενον.

Ἡδὺς εἶ, ἔφην, Θερσαγόρα, ἂν μίαν οἴῃ με στροφὴν μεμηχανῆσθαι τοσούτων ἐτῶν, ἀλλ᾽ οὐχὶ πάσας στροφὰς καὶ περιαγωγὰς ἐναλλάττοντα καὶ μετατιθέντα δεδιέναι μή τι τελευτῶν πάθοιμι τὸ τοῦ Πρωτέως.

Ποῖον, ἔφη, πάθος;

Τὸ γενόμενον, ὅ φασιν αὐτὸν γενέσθαι δρασμὸν ἐξευρίσκοντα τῆς ἀνθρωπίνης ὄψεως· ἐπεὶ καταναλώκει πάσας ἰδέας θηρίων καὶ φυτῶν καὶ στοιχείων, αὖθις αὖ πενίᾳ μορφῆς ἐπεισάκτου Πρωτέα γενέσθαι.

[25] Σὺ μέν, εἶπεν, ὑπὲρ τὸν Πρωτέα μηχανᾷ τὴν ἐμὴν ἀκρόασιν ἀποδιδράσκειν.

Οὐκ, ὦγαθέ, ἔφην, τοῦτο. παρέξω γοῦν ἐμαυτὸν ἀκροᾶσθαι παρεὶς τὴν ἐπηρτημένην φροντίδα. τάχ᾽ ἂν τι περὶ τοῦ σοῦ κυήματος ἄφροντις γενόμενος καὶ τῆς ἐμῆς ὠδῖνος συμφροντίσαις.

Ὡς οὖν ἐδόκει ταῦτα, καθίσαντες ἐπὶ τῆς πλησίον κρηπῖδος ἐγὼ μὲν ἠκροώμην, ὁ δ᾽ ἀνελέγετο μάλα γενναῖα ποιήματα. μεταξὺ δ᾽ ὥσπερ

Wagenlenkerkunst der Kyrenaier viele Runden um die Akademie auf ein und derselben Spur gedreht, und zwar alle ohne eine Abweichung, so dass am Ende nur die Spur einer einzigen Runde auf dem Boden zurückgeblieben sei. Meine Absicht geht nun genau in die entgegengesetzte Richtung: aus der Spur zu fahren, wobei es nicht einfach ist, glaube ich, neue Wege zu bahnen und die eingefahrenen zu verlassen.« – »Aber Pausons Verfahren«, sagte er, »war schlau.« – »Welches? Davon habe ich ja noch nie etwas gehört.« – **(24)** »Von Pauson, dem Maler,[37] berichtet man, er habe den Auftrag erhalten, ein sich wälzendes Pferd zu malen; er habe es aber im vollen Lauf gemalt, mit viel aufgewirbeltem Staub um das Pferd. Während er noch am Malen war, trat, so heißt es, der Auftraggeber hinzu und beschwerte sich: Das habe er doch gar nicht bestellt! Daraufhin drehte Pauson das Bild auf den Kopf und befahl dem Sklaven, es vorzuzeigen – und da konnte man ein Pferd auf dem Rücken sehen, das sich wälzte.« – »Wirklich reizend von dir, Thersagoras«, sagte ich, »zu glauben, ich hätte in all den Jahren nur eine Wendung ersonnen und nicht vielmehr sämtliche Wendungen und Drehungen im Wechsel und in Umstellungen vorgenommen, immer in der Furcht, dass es mir am Ende so gehe wie Proteus.«[38] – »Was ist dem passiert?«, fragte er. – »Das, was ihm passiert sein soll, als er versuchte, dem Anblick der Menschen zu entfliehen: Nachdem er alle Gestalten von Tieren, Pflanzen und Elementen aufgebraucht hatte, wurde er, aus Mangel an einer weiteren fremden Gestalt, wieder Proteus.« – **(25)** »Und du planst also«, sagte er, »auf der Flucht vor meinem Vortrag den Proteus noch zu übertreffen?« – »Das nicht, mein Guter!«, sagte ich. »Ich werde mich dir jedenfalls für deinen Vortrag zur Verfügung stellen und meine drängenden Sorgen beiseitelassen. Vielleicht magst du dich ja, wenn du dich erst einmal nicht mehr um dein Neugeborenes sorgen musst, mit mir zusammen auch um meine Wehen bemühen.«

Dies beschlossen, setzten wir uns auf eine Stufe in der Nähe, und ich lauschte ihm, er aber rezitierte äußerst edle Gedichte. Dabei

ἔνθους γενόμενος, ἐπιπτύξας τὸ γραμματεῖον, Κομίζου τὸν ἀκροατικόν, ἔφη, μισθόν, καθάπερ Ἀθήνησιν ἐκκλησιαστικὸν ἢ δικαστικόν. ἀλλ' ὅπως εἴσῃ μοι χάριν.

[26] Χάριν μέν, ἔφην, εἴσομαι καὶ πρὶν ὅτι λέγεις εἰδέναι. τί δ' ἐστὶν ὅτι καὶ λέγεις;

Μακεδονικοῖς, εἶπεν, ἐντυχὼν τῆς βασιλικῆς οἰκίας ὑπομνήμασιν, καὶ τότε ὑπερησθεὶς τὸ βιβλίον οὐ κατὰ πάρεργον ἐκτησάμην καὶ νῦν ὑπεμνήσθην ἔχων οἴκαδε. γέγραπται δ' ἄλλα τε τῶν Ἀντιπάτρῳ πραχθέντων ἐπὶ τῆς οἰκείας καὶ περὶ Δημοσθένους, ἅ μοι δοκεῖς οὐκ ἂν παρέργως ἀκοῦσαι.

Καὶ μήν, εἶπον, ἤδη γέ σοι τῶν εὐαγγελίων χάρις καὶ τὰ λοιπὰ τῶν ἐπῶν. ἐγὼ μὲν ⟨οὖν⟩ οὐκ ἀπολείψομαι τοῦ τὴν ὑπόσχεσιν ἔργον σοι γενέσθαι, σὺ δ' εἱστίακάς με λαμπρῶς τὴν Ὁμήρου γενέθλιον, ἔοικας δ' ἑστιάσειν αὐτὸς καὶ τὴν Δημοσθένους.

[27] Ὡς οὖν ἀνέγνω τὰ λοιπὰ τοῦ γραμματείου, διατρίψαντες ὀλίγον ὅσον ἀποδοῦναι τῷ ποιήματι τοὺς δικαίους ἐπαίνους ᾔειμεν εἰς τοῦ Θερσαγόρου. καὶ μόλις μέν, ἐπιτυγχάνει δὲ τῷ βιβλίῳ. κἀγὼ λαβὼν τότε μὲν ἀπηλλαττόμην, ἐντυχὼν δ' οὕτω τὴν γνώμην διετέθην, ὡς οὐδέν τι περιτρέψας, ἀλλ' ἐπ' αὐτῶν ⟨τῶν⟩ ὀνομάτων τε καὶ ῥημάτων ὑμῖν ἀναλέξομαι. οὐδὲ γὰρ τἀσκληπιῷ μεῖόν τι γίγνεται τῆς τιμῆς, εἰ μὴ τῶν προσιόντων αὐτῶν ποιησάντων ὁ παιὰν Ἰσοδήμου τοῦ Τροιζηνίου καὶ Σοφοκλέους ᾄδεται, καὶ τῷ Διονύσῳ τὸ μὲν ποιῆσαι κωμῳδίας ἢ τραγῳδίας ἐκλέλειπται, τὰ δὲ ἑτέροις συντεθέντα τοῖς νῦν εἰς μέσον ἐν καιρῷ κομίζουσιν χάριν οὐκ ἐλάττω φέρει ⟨τῷ⟩ τὸν θεὸν δοκεῖν τετιμηκέναι.

[28] τὸ μὲν οὖν βιβλίον τοῦτο – ἔστι δὲ τῶν ὑπομνημάτων τὸ προσῆκον ἡμῖν μέρος τόδε δρᾶμα – τὸ βιβλίον φησίν Ἀντιπάτρῳ

geriet er gleichsam in göttliche Begeisterung, schloss seine Schreibtafel und sagte: »Empfange den Hörersold, wie seinerzeit in Athen den Sold für die Teilnahme an der Volksversammlung oder am Gericht. Doch dass du mir auch dankbar bist!« – **(26)** »Ich werde dir dankbar sein«, sagte ich, »selbst noch bevor ich weiß, wovon du redest. Und wovon redest du?« – »Ich stieß einmal auf Aufzeichnungen des makedonischen Königshauses, und schon damals war ich außer mir vor Freude und kaufte das Buch nicht als bloße Nebensache; heute fiel mir ein, dass ich es daheim habe. Neben anderem über Antipatros' Taten zuhause steht darin auch einiges über Demosthenes, wovon ich denke, dass du es nicht wie eine bloße Nebensache hören willst.« – »Gewiss«, sagte ich, »auch den Rest deines Epos zu hören soll schon mal Ausdruck meines Dankes für deine schöne Nachricht sein. Mir wird also die Verwirklichung deines Versprechens nicht entgehen, und du hast mich zu Homers Geburtstag prächtig bewirtet – und wie es aussieht, wirst du auch Demosthenes' Feier ausrichten.« **(27)** Nachdem er darauf den Rest von seiner Schreibtafel vorgelesen hatte und wir noch ein wenig verweilt hatten, um dem Gedicht das gerechte Lob widerfahren zu lassen, machten wir uns auf den Weg zum Haus des Thersagoras. Mit ein bisschen Mühe fand er das Buch. Damals ging ich damit nach Hause, und jetzt, wo ich es gelesen habe, bin ich zu der Ansicht gelangt, dass ich es euch, ohne etwas zu ändern, Wort für Wort vorlesen will.[39] Denn auch Asklepios wird nicht weniger Ehre zuteil, wenn seine Bittsteller nicht selbst dichten, sondern der Paian des Isodemos aus Troizen[40] und der des Sophokles gesungen wird, und für Dionysos werden zwar keine Komödien und Tragödien mehr gedichtet, das, was andere verfasst haben, wird aber auch den Heutigen, wenn sie es zur rechten Zeit vortragen, nicht weniger Dank einbringen, weil sie dann im Ansehen stehen, den Gott geehrt zu haben.

(28) Dieses Buch – von den Aufzeichnungen ist die folgende dramatische Szene derjenige Teil, der für uns von Interesse ist –, das

μεμηνύσθαι παρόντα τὸν Ἀρχίαν. ὁ δ' Ἀρχίας, εἴ τις ἄρα τῶν νεωτέρων ἀγνοεῖ, τοὺς φυγάδας ἐτέτακτο συλλαμβάνειν. ἐπέσταλτο δ' αὐτῷ καὶ Δημοσθένην ἀπὸ τῆς Καλαυρίας πεῖσαι μᾶλλον ἢ βιάσασθαι πρὸς τὸν Ἀντίπατρον ἥκειν. καὶ δὴ καὶ μετέωρος ἐπὶ ταύτης ὁ Ἀντίπατρος ἦν τῆς ἐλπίδος, τὸν Δημοσθένην ἀεὶ προσδοκῶν. ὡς οὖν ἤκουσεν ἀπὸ τῆς Καλαυρίας ἥκοντα τὸν Ἀρχίαν, εὐθὺς ὡς εἶχεν ἐκέλευσεν εἴσω καλεῖν. **[29]** ἐπεὶ δ' εἰσῆλθεν – αὐτὸ φράσει τὰ λοιπὰ τὸ βιβλίον.

ΑΡΧΙΑΣ

Χαῖρε, ὦ Ἀντίπατρε.

ΑΝΤΙΠΑΤΗΡ

Τί δ' οὐ μέλλω χαίρειν, εἰ Δημοσθένην ἤγαγες;

ΑΡΧΙΑΣ

Ἤγαγον ὡς ἐδυνάμην· ὑδρίαν γὰρ κομίζω τῶν Δημοσθένους λειψάνων.

ΑΝΤΙΠΑΤΗΡ

Ἀπ' ἐλπίδος γε μήν μ' ἔσφηλας, ὦ Ἀρχία. τί γὰρ τῶν ὀστῶν καὶ τῆς ὑδρίας Δημοσθένην οὐκ ἔχοντι;

ΑΡΧΙΑΣ

Τὴν γὰρ ψυχήν, ὦ βασιλεῦ, πρὸς βίαν αὐτοῦ κατέχειν οὐκ ἐδυνάμην.

ΑΝΤΙΠΑΤΗΡ

Τί δ' οὐ ζῶντα κατειλήφατε;

ΑΡΧΙΑΣ

Κατειλήφαμεν.

ΑΝΤΙΠΑΤΗΡ

Κατὰ τὴν ὁδὸν οὖν τέθνηκεν;

ΑΡΧΙΑΣ

Οὔκ, ἀλλ' οὗπερ ἦν, ἐν Καλαυρίᾳ.

Buch also berichtet, man habe dem Antipatros die Anwesenheit des Archias gemeldet.[41] Archias – für den Fall, dass einer von den Jüngeren ihn nicht kennt – hatte den Auftrag, Überläufer zu verhaften. Es war ihm außerdem befohlen worden, auch den Demosthenes eher zu überreden als zu zwingen, von Kalauria[42] zu Antipatros zu kommen. Und so fühlte sich Antipatros denn auch bei dieser Hoffnung sehr erhoben und wartete ständig auf Demosthenes. Als er nun hörte, Archias sei von Kalauria zurück, ließ er ihn ohne Umschweife, so wie er war, hereinrufen. **(29)** Als er eintrat – aber den Rest soll das Buch selbst erzählen:

ARCHIAS:

Freue dich, Antipatros!

ANTIPATROS:

Warum sollte ich mich nicht freuen, wenn du mir den Demosthenes bringst?

ARCHIAS:

Ich bringe ihn dir, so gut ich kann: Denn ich habe hier für dich eine Hydria mit den sterblichen Überresten des Demosthenes.

ANTIPATROS:

Da machst du mir wirklich eine große Hoffnung zunichte, Archias! Denn was nützen mir Knochen und Hydria, habe ich Demosthenes nicht?[43]

ARCHIAS:

Seine Seele, König, konnte ich gegen seinen Willen nicht zurückhalten.

ANTIPATROS:

Warum habt ihr ihn nicht lebend festgesetzt?

ARCHIAS:

Wir haben ihn festgesetzt.

ANTIPATROS:

Ist er also auf der Reise verstorben?

ARCHIAS:

Nein, sondern dort, wo er war, in Kalauria.

ΑΝΤΙΠΑΤΗΡ

Τάχα τῆς ὑμετέρας γέγονεν ἔργον ὀλιγωρίας οὐ θεραπευόντων τὸν ἄνθρωπον;

ΑΡΧΙΑΣ

Ἀλλ᾽ οὐδ᾽ ὑφ᾽ ἡμῖν ἐγένετο.

ΑΝΤΙΠΑΤΗΡ

Τί φῄς; αἰνίγματα λέγεις, ὦ Ἀρχία, ζῶντα λαβόντες οὐκ ἔχετε;

[30] ΑΡΧΙΑΣ

Οὐ γὰρ ἐκέλευες τήν γε πρώτην μὴ βιάζεσθαι; καίτοι πλέον ἂν οὐδὲ βιασαμένοις οὐδὲν ἦν· καὶ γὰρ οὖν ἐμελλήσαμεν.

ΑΝΤΙΠΑΤΗΡ

Οὐκ εὖ γε ὑμεῖς οὐδὲ μελλήσαντες. ἴσως οὖν ἐκ τῆς ὑμετέρας τέθνηκε βίας;

ΑΡΧΙΑΣ

Ἡμεῖς μὲν αὐτὸν οὐκ ἀπεκτείναμεν, βιάζεσθαι δὲ μὴ πείθουσιν ἀναγκαῖον ἦν. σοὶ δέ, ὦ βασιλεῦ, τί τὸ πλέον, εἰ ζῶν ἀφίκετο; πάντως οὐδὲν ⟨ἂν⟩ αὐτὸν ἢ ἀπέκτεινας.

[31] ΑΝΤΙΠΑΤΗΡ

Εὐφήμει, ὦ Ἀρχία· δοκεῖς μοι μὴ συννενοηκέναι μήθ᾽ ὅστις ὁ Δημοσθένης μήτε τὴν ἐμὴν γνώμην, ἀλλὰ νομίζειν ὅμοιον εἶναι Δημοσθένην εὑρεῖν καὶ τούτους ζητεῖν τοὺς κακῶς ἀπολωλότας, Ἱμεραῖον τὸν Φαληρέα καὶ τὸν Μαραθώνιον Ἀριστόνικον καὶ τὸν ἐκ Πειραιῶς Εὐκράτην, τῶν ῥαγδαίων ῥευμάτων οὐδὲν διαφέροντας, ἀνθρώπους ταπεινούς, ἀφορμῇ προσκαίρων θορύβων ἐπιπολάσαντας καὶ πρὸς μικρὰν ταραχῆς ἐλπίδα θρασέως ἐξαναστάντας, εἶτα πτήξαν-

Antipatros:

Ist das vielleicht das Werk eurer Nachlässigkeit, weil ihr nicht gut auf den Mann aufgepasst habt?

Archias:

Nein, es stand nicht in unserer Macht.

Antipatros:

Was sagst du da? Du sprichst in Rätseln, Archias! Ihr fingt ihn lebend, aber habt ihn nicht?

(30) Archias:

Hattest du nicht in erster Linie angeordnet, keine Gewalt anzuwenden? Und doch wäre auch dann nicht mehr dabei herausgekommen, wenn wir Gewalt angewandt hätten. Und wir standen auch schon kurz davor!

Antipatros:

Das war jedenfalls nicht gut von euch, auch wenn ihr nur kurz davorstandet! Vielleicht ist er also durch eure Gewaltanwendung zu Tode gekommen?

Archias:

Wir haben ihn nicht getötet, auch wenn Gewaltanwendung nötig geworden wäre, weil wir mit Überredung nicht durchdrangen. Aber was, König, wäre der Vorteil für dich gewesen, wenn er lebend hierhergekommen wäre? Du hättest doch auch nichts anderes getan, als ihn zu töten.

(31) Antipatros:

Gott behüte, Archias! Ich habe den Eindruck, du verstehst weder, was für ein Mensch Demosthenes war, noch meine Einstellung, sondern du meinst, Demosthenes aufzuspüren sei dasselbe wie diese Leute zu suchen, die ein schlimmes Ende gefunden haben, Himeraios aus Phaleron, Aristonikos aus Marathon, Eukrates aus dem Piräus,[44] die sich in nichts von reißenden Flüssen unterscheiden, niedrige Menschen, die, wann immer kurzlebige Tumulte hochkochen, obenauf schwimmen und bei der geringsten Hoffnung, Unruhe stiften zu können, dreist den Aufstand proben, um sich dann

τας οὐκ εἰς μακράν, δίκην τῶν δειλινῶν πνευμάτων, καὶ τὸν ἄπιστον Ὑπερίδην, τὸν δημοκόλακα, τὸν οὐδὲν αἰσχρὸν νομίσαντα κολακείᾳ τοῦ πλήθους συκοφαντῆσαι Δημοσθένην οὐδ' αὐτὸν εἰς ταῦτα παρασχεῖν διάκονον, ἐφ' οἷς αὐτοὶ μετενόησαν οἷς ἐχαρίζετο· μετ' οὐ πολὺ γοῦν τῆς συκοφαντίας λαμπροτέραν ἢ κατ' Ἀλκιβιάδην αὐτῷ τὴν κάθοδον ἀκηκόαμεν γενέσθαι. τῷ δ' οὐκ ἔμελεν οὐδ' ἐπῃσχύνετο κατὰ τῶν ποτε φιλτάτων τῇ γλώττῃ χρώμενος, ἣν ἐχρῆν δήπου τῆς ἀγνωμοσύνης ἐκτεμεῖν.

[32] ΑΡΧΙΑΣ

Τί δέ; οὐκ ἐχθρῶν ἡμῖν ἔχθιστος ὁ Δημοσθένης;

ΑΝΤΙΠΑΤΗΡ

Οὐχ ὅτῳ μέλει τρόπου πίστεως, φίλον πᾶν ἄδολον καὶ βέβαιον ἦθος ἡγουμένῳ. τὰ γάρ τοι καλὰ καὶ παρ' ἐχθροῖς καλὰ καὶ τὸ τῆς ἀρετῆς πανταχοῦ τίμιον. οὐδὲ κακίων ἐγὼ Ξέρξου τοῦ Βοῦλιν καὶ Σπέρχιν τοὺς Λακεδαιμονίους θαυμάσαντος καὶ κτεῖναι παρὸν ἀφέντος. ἀλλ' εἰ δή τινα πάντων καὶ Δημοσθένην αὐτός τε δὶς Ἀθήνησιν, εἰ καὶ μὴ κατὰ πολλὴν σχολήν, συγγενόμενος καὶ παρὰ τῶν ἄλλων ἀναπυνθανόμενος ἔκ τε τῶν πολιτευμάτων αὐτῶν εἶχον θαυμάσας, οὐχ ὡς ἂν νομίσειέ τις τῆς τῶν λόγων δεινότητος, εἰ καὶ μηδὲν μὲν ὁ Πύθων πρὸς αὐτόν, οἱ δ' Ἀττικοὶ ῥήτορες παιδιὰ παραβάλλειν τῷ τούτου κρότῳ καὶ τόνῳ καὶ λέξεων εὐρυθμίᾳ καὶ ταῖς τῶν διανοιῶν περιγραφαῖς καὶ συνεχείαις ἀποδείξεων καὶ τῷ συνακτικῷ τε καὶ κρουστικῷ. μετενοοῦμεν γοῦν ὅτε τοὺς Ἕλληνας Ἀθήναζε συνηγάγομεν ὡς ἐλέγξοντες Ἀθηναίους,

schon nach kurzer Zeit wieder zu ducken, ganz nach Art nachmittäglicher Winde, und den treulosen Hypereides, der dem Volk ums Maul ging, ihn, der es nicht für eine Schande hielt, zugleich der Masse zu schmeicheln und Demosthenes zu verleumden und sich selbst als Diener für Aktionen zur Verfügung zu stellen, bei denen sich selbst die, denen er gefällig sein wollte, eines Besseren besannen. Schon bald nach der Verleumdung, so haben wir gehört, wurde ihm, Demosthenes, eine glänzendere Rückkehr zuteil, als es die des Alkibiades war.[45] Dem Hypereides hingegen war es gleichgültig, und er schämte sich auch nicht, gegen Leute, die früher seine besten Freunde gewesen waren, seine Zunge ins Werk zu setzen – sie ihm für seine Herzlosigkeit herauszuschneiden war also nötig und richtig.[46]

(32) Archias:

Was denn?! War Demosthenes nicht der schlimmste von all unseren Feinden?

Antipatros:

Nicht für jemanden, dem die Glaubwürdigkeit eines Charakters am Herzen liegt und dem jede der List abgeneigte und zuverlässige Wesensart lieb und wert ist. Das Gute ist nämlich auch an unseren Feinden gut, und Tugendhaftigkeit steht überall in Ehren; ich bin auch nicht schlechter als Xerxes, der die Spartaner Boulis und Sperchis bewunderte und es unterließ, sie zu töten, obwohl sich ihm die Möglichkeit bot.[47] Aber wenn unter allen überhaupt einen, dann habe ich den Demosthenes sowohl selbst bei zwei Treffen in Athen, obwohl dafür nicht viel Zeit war, als auch aufgrund der Befragung anderer und für seine politischen Aktionen dauernd bewundert, nicht, wie man meinen könnte, für seine Wortgewalt, obgleich Python[48] ihm gegenüber ein Nichts war und die attischen Redner im Vergleich mit dem Donnern seiner Stimme, der Intensität seines Sprechens, der herrlichen rhythmischen Fügung seiner Wörter, der Präzision seiner Gedanken, dem Ineinandergreifen seiner Argumente und der schlagenden Kraft seiner Schlussfolgerungen Kinder waren. Wir haben es jedenfalls bereuen müssen, als wir, voller

Πύθωνι καὶ τοῖς Πύθωνος ἐπαγγέλμασιν πεπιστευκότες, εἶτα Δημοσθένει καὶ τοῖς Δημοσθένους ἐλέγχοις περιπεσόντες. ἀλλ' ἦν μὲν ἀπρόσιτος ἡ δύναμις αὐτῷ τοῦ λόγου.

[33] ἐγὼ δὲ ταύτην μὲν δευτέραν ἔταττον, ἐν χώρᾳ τιθεὶς ὀργάνου, Δημοσθένην δ' αὐτὸν ὑπερηγάμην τοῦ τε φρονήματος καὶ τῆς συνέσεως, ἀκλινῆ τὴν ψυχὴν ἐπ' ὀρθῆς ἐν ἁπάσαις φυλάττοντα τρικυμίαις τῆς τύχης καὶ πρὸς μηδὲν τῶν δεινῶν ἐνδιδόντα. καὶ Φίλιππον δὲ τὴν αὐτὴν ἐμοὶ γνώμην ἔχοντα περὶ τἀνδρὸς ἠπιστάμην· τούτῳ μέν γε δημηγορίας ἐξαγγελθείσης Ἀθήνηθέν ποτε καθαπτομένης τοῦ Φιλίππου, καὶ Παρμενίωνος ἠγανακτηκότος καί τι καὶ σκωπτικὸν εἰς τὸν Δημοσθένην ἐπειπόντος, Ὦ Παρμενίων, ἔφη, δίκαιος ὁ Δημοσθένης παρρησίας τυγχάνειν· μόνος γέ τοι τῶν ἐπὶ τῆς Ἑλλάδος δημαγωγῶν οὐδαμοῦ τοῖς ἀπολογισμοῖς ἐγγέγραπται τῶν ἐμῶν ἀναλωμάτων, καίτοι μᾶλλον ἠβουλόμην ἢ γραμματεῦσι τριηρίταις ἐμαυτὸν πεπιστευκέναι. νῦν δ' ἐκείνων μὲν ἕκαστος ἀπογέγραπται χρυσίον ξύλα πυροὺς θρέμματα γῆν Βοιωτίας οὐκ ἔσθ' ὅτι μὴ παρ' ἐμοῦ λαβόντες. ἡμεῖς δὲ θᾶττον ἂν τὸ Βυζαντίων τεῖχος ἕλοιμεν μηχαναῖς ἢ Δημοσθένην χρυσίῳ.

[34] ἐγὼ δέ, ὦ Παρμενίων, ἔφη, εἰ μέν τις Ἀθηναῖος ὢν ἐν Ἀθήναις λέγων ἐμὲ τῆς πατρίδος προτιμᾷ, τούτοις ἀργύριον μὲν προείμην ἄν, φιλίαν δ' οὐκ ἄν. εἰ δέ τις ὑπὲρ τῆς πατρίδος ἐμὲ μισεῖ, τούτῳ προσπολεμῶ μὲν ὡς ἀκροπόλει καὶ τείχει καὶ νεωρίοις καὶ τάφρῳ, θαυμάζω δὲ τῆς ἀρετῆς καὶ μακαρίζω γε τοῦ κτήματος τὴν πόλιν. καὶ τοὺς μὲν ἔξω τῆς χρείας γενόμενος ἥδιστ' ἂν προσαπολέσαιμι, τὸν δὲ βουλοίμην ἂν

Vertrauen auf Python und Pythons Versprechungen, die Griechen in Athen zusammenkommen ließen, um die Athener vorzuführen, und dann auf Demosthenes stießen und von Demosthenes vorgeführt wurden. Nein, die Macht seiner Rede war unangreifbar.

(33) Aber seine Redegewalt kam in meiner Wertschätzung an zweiter Stelle, hatte sie doch nur den Rang eines Hilfsmittels. Den Menschen Demosthenes hingegen bewunderte ich über alle Maßen für seine stolze Geisteshaltung und seinen scharfen Verstand, hielt er doch seine Seele ohne jede Abweichung aufrecht, schlugen die Wellen des Schicksals auch hoch, und ergab sich keiner noch so schlimmen Lage. Und ich wusste, dass auch Philipp genau die gleiche Meinung wie ich von dem Mann hatte: Ja, denn als einmal eine seiner Reden vor dem Volk aus Athen zu uns gebracht wurde, die Philipp stark ins Visier nahm, und Parmenion[49] seinem Ärger Luft machte und noch einen despektierlichen Witz über Demosthenes draufsetzte, da sagte er: »Parmenion, es ist Demosthenes' gutes Recht, eine offene Sprache zu führen. Denn als einziger von all den Demagogen in Griechenland findet er sich nirgends in meinen Kostenaufstellungen, und doch hätte ich mich lieber ihm anvertraut als Ruderbank-Schreiberlingen.[50] Jetzt ist jeder von diesen Leuten registriert als Empfänger von Gold, Bauholz, Weizen, Vieh, Land in Böotien und ich weiß nicht was noch aus meiner Hand. Aber wir würden eher die Mauern von Byzantion[51] mit Kriegsmaschinen einnehmen als den Demosthenes mit Gold.

(34) Und ich, Parmenion«, sagte er, »würde, wenn mich ein Athener in einer Rede vor Athenern seinem Vaterland vorzieht, dem zwar Gold schicken, meine Freundschaft aber nicht. Wenn mich hingegen einer aus Liebe zu seinem Vaterland hasst, dann bekämpfe ich ihn zwar genau wie eine Akropolis, eine Stadtmauer, wie Werften und einen Befestigungsgraben, aber ich bewundere ihn für seine Vortrefflichkeit und preise seine Stadt glücklich für ihren Besitz. Und die einen würde ich, sobald ich sie nicht mehr bräuchte, mit Vergnügen noch obendrein vernichten, ihn aber hätte ich,

ἐνταυθοῖ παρ' ἡμῖν τυχεῖν γενόμενον μᾶλλον ἢ τὴν Ἰλλυριῶν ἵππον καὶ Τριβαλλῶν καὶ πᾶν τὸ μισθοφορικόν, τῆς ὅπλων βίας τὴν τοῦ λόγου πειθὼ καὶ τὸ τῆς γνώμης ἐμβριθὲς οὐδαμῇ τιθεὶς δεύτερον. πρὸς Παρμενίωνα μὲν ταῦτα.

[35] τοιούτους δέ τινας καὶ πρὸς ἐμὲ λόγους ἐποιήσατο. τῶν γὰρ μετὰ Διοπείθους Ἀθήνηθεν ἀπεσταλμένων ἐγὼ μὲν εἶχον διὰ φροντίδος, ὁ δ' εὖ μάλα γελάσας ἔφη· Σὺ δ' Ἀττικὸν στρατηγὸν ἢ στρατιώτην δέδοικας ἡμῖν; αἱ μὲν τριήρεις καὶ Πειραιεὺς καὶ τὰ νεώρια λῆρος ἔμοιγε καὶ φλήναφος. τί δ' ἂν ἄνθρωποι πράξαιεν διονυσιάζοντες, ἐν κρεανομίαις καταζῶντες καὶ χοροῖς; εἰ δὲ μὴ Δημοσθένης εἷς ἐν Ἀθηναίοις ἐγένετο, ῥᾷον ἂν εἴχομεν τὴν πόλιν ἢ Θηβαίους καὶ Θετταλούς, ἀπατῶντες βιαζόμενοι φθάνοντες ὠνούμενοι. νῦν δὲ εἷς ἐκεῖνος ἐγρήγορεν καὶ πᾶσι τοῖς καιροῖς ἐφέστηκεν καὶ ταῖς ἡμετέραις ὁρμαῖς ἐπακολουθεῖ καὶ τοῖς στρατηγήμασιν ἀντιπαρατάττεται. λανθάνομεν δὲ αὐτὸν οὐ τεχνάζοντες, οὐκ ἐπιχειροῦντες, οὐ βουλευόμενοι, ⟨καὶ⟩ καθάπαξ κώλυμά τι καὶ πρόβολος ἡμῖν ἄνθρωπός ἐστιν μὴ πάντ' ἔχειν ἐξ ἐπιδρομῆς. τό γέ τοι κατ' αὐτὸν οὐκ Ἀμφίπολιν εἵλομεν, οὐκ Ὄλυνθον, οὐ Φωκέας καὶ Πύλας ἔσχομεν, οὐ Χερρονήσου καὶ τῶν περὶ τὸν Ἑλλήσποντον κεκρατήκαμεν.

[36] ἀλλ' ἀνίστησι μὲν ἄκοντας οἷον ἐκ μανδραγόρου καθεύδοντας τοὺς αὑτοῦ πολίτας, ὥσπερ τομῇ τινι καὶ καύσει τῆς ῥᾳθυμίας τῇ παρρησίᾳ χρώμενος, ὀλίγον τοῦ πρὸς ἡδονὴν φροντίσας. μετατίθησιν δὲ τῶν χρημάτων τοὺς πόρους ἀπὸ τῶν θεάτρων ἐπὶ τὰ στρατόπεδα, συντίθησι δὲ τὸ ναυτικὸν νόμοις τριηραρχικοῖς ὑπὸ τῆς ἀταξίας μόνον οὐ τελέως διεφθαρμένον, ἐγείρει δ' ἐρριμμένον ἤδη χρόνου πρὸς τὴν

träfe es sich, lieber hier bei mir als die Kavallerie der Illyrer und der Triballer[52] und als das gesamte Söldnerheer, denn nie und nimmer würde ich die Überzeugungskraft der Rede und das Gewicht einer richtigen Einstellung hinter die Macht der Waffen an die zweite Stelle setzen.« Das waren seine Worte zu Parmenion. **(35)** Einige solche Ausführungen richtete er auch an mich. So war ich, als zusammen mit Diopeithes[53] aus Athen Gesandte geschickt worden waren, voller Sorge, er aber lachte recht herzlich und sagte: »Du meinst, wir müssten einen General oder einen Soldaten Attikas fürchten? Die Trieren, der Piräus, die Werften – das ist, für mich jedenfalls, alles Larifari und Unfug. Was können denn schon Menschen zustande bringen, die Dionysosfeste feiern, die ihr Leben mit Fleischverteilungen zubringen und mit Choraufführungen? Gäbe es nicht diesen einen Demosthenes unter den Athenern, dann hätten wir diese Stadt leichter eingenommen als die Thebaner und die Thessalier, durch Betrug und Gewalt, durch Vorsprung und Bestechung. Doch jetzt ist dieser eine stets wach, bei jeder Gelegenheit ist er schon da, er verfolgt jeden unserer Schritte und stellt sich unseren Manövern in den Weg. Keiner unserer Tricks bleibt ihm verborgen, kein Versuch, kein Plan, der Mensch, Blockade und Bollwerk in einer Person, hindert uns daran, alles in einem Durchmarsch unter Kontrolle zu bringen. Hätte es jedenfalls von ihm abgehangen, dann hätten wir nicht Amphipolis, nicht Olynth, nicht die Phoker oder Pylai eingenommen und herrschten nicht über die Chersones und die Völker am Hellespont. **(36)** Doch er weckt seine Mitbürger, die wie im Rausch der Alraune schlummern, gegen ihren Willen und bringt sie auf die Beine, wobei er die Freimütigkeit seiner Rede gleichsam zum Schneiden und Ausbrennen ihres Schlendrians verwendet, ohne große Rücksicht darauf, ob ihnen das gefällt oder nicht. Er überträgt die Steuereinkünfte von den Theatern auf das Heer, er stellt durch Trierarchie-Gesetze die Flotte neu auf, die aufgrund von Organisationsmängeln gerade nur noch nicht ruiniert ist, er erweckt die Reputation der Stadt, die schon lange auf die

δραχμὴν καὶ τὸ τριώβολον τὸ τῆς πόλεως ἀξίωμα, πάλαι τούτους κατακεκλιμένους εἰς τοὺς προγόνους ἐπανάγων καὶ τὸν ζῆλον τῶν Μαραθῶνι καὶ Σαλαμῖνι κατειργασμένων, συνίστησιν δ' ἐπὶ συμμαχίας καὶ συντάξεις Ἑλληνικάς. τοῦτον οὐ λαθεῖν ἐστιν, οὐ φενακίσαι, οὐ πρίασθαι οὐ μᾶλλον ἢ τὸν Ἀριστείδην ἐκεῖνον ὁ Περσῶν βασιλεὺς ἐπρίατο.

[37] τοῦτον οὖν, ὦ Ἀντίπατρε, χρὴ δεδιέναι μᾶλλον ἢ πάσας τριήρεις καὶ πάντας ἀποστόλους. ὃ γὰρ Ἀθηναίοις τοῖς πάλαι Θεμιστοκλῆς καὶ Περικλῆς ἐγένετο, τοῦτο τοῖς νῦν ὁ Δημοσθένης, ἐφάμιλλος Θεμιστοκλεῖ μὲν τὴν σύνεσιν, Περικλεῖ δὲ τὸ φρόνημα. ἐκτήσατο γοῦν αὐτοῖς ἀκούειν Εὔβοιαν, Μέγαρα, τὰ περὶ τὸν Ἑλλήσποντον, τὴν Βοιωτίαν. καὶ καλῶς γε, ἔφη, ποιοῦσιν Ἀθηναῖοι Χάρητα μὲν καὶ Διοπείθην καὶ Πρόξενον καὶ τοιούτους τινὰς ἀποδεικνύντες στρατηγεῖν, Δημοσθένην δὲ εἴσω κατέχοντες ἐπὶ τοῦ βήματος. ὡς εἰ τοῦτον τὸν ἄνθρωπον ὅπλων ἀπέφηναν καὶ νεῶν καὶ στρατοπέδων ⟨καὶ⟩ δὴ καὶ καιρῶν καὶ χρημάτων κύριον, ὀκνῶ μὴ περὶ τῆς Μακεδονίας ἂν κατέστησέ μοι τὸν λόγον, ὃς καὶ νῦν ἀπὸ ψηφισμάτων ἀνταγωνιζόμενος ἡμῖν πανταχοῦ συμπεριτρέχει, καταλαμβάνει, πόρους εὑρίσκει, στόλους ἀποπέμπει, συντάττει δυνάμεις, ἀντιμεθίσταται.

[38] Τοιαῦτα καὶ τότε καὶ πολλάκις πρός με Φίλιππος περὶ τἀνδρὸς ἔλεγεν, ἓν τῶν παρὰ τῆς τύχης χρηστῶν τιθέμενος τὸ μὴ στρατηγεῖν τὸν Δημοσθένην, οὗ γε καὶ τοὺς λόγους ὥσπερ κριοὺς ἢ καταπέλτας Ἀθήνηθεν ὁρμωμένους διασείειν αὐτοῦ καὶ ταράττειν τὰ βουλεύματα. περὶ μὲν γὰρ Χαιρωνείας οὐδὲ μετὰ τὴν νίκην ἐπαύετο πρὸς ἡμᾶς λέγων εἰς ὅσον ἄνθρωπος ἡμᾶς κινδύνου κατέστησεν. Καὶ γὰρ εἰ παρ' ἐλπίδα

Drachme und die Triobole heruntergekommen ist,[54] zu neuem Leben, und die Bürger selbst, längst auf dem absteigenden Ast, holt er auf das Niveau ihrer Ahnen zurück und bewegt sie, deren Taten in Marathon und in Salamis nachzueifern, er integriert sie in Bündnisse und gemeinsame griechische Truppenverbände. Man kann nichts tun, ohne dass er es merkt, man kann ihn nicht betrügen und nicht kaufen – ebenso wenig wie seinerzeit der persische Großkönig den Aristeides zu kaufen vermochte. **(37)** Er ist es daher, Antipatros, den wir mehr als alle Trieren und alle Gesandte fürchten müssen. Denn was für die Athener von einst Themistokles und Perikles waren, das ist für die heutigen Demosthenes, und er kann, was seine Klugheit betrifft, mit Themistokles, und was seinen Stolz betrifft, mit Perikles leicht mithalten. Er hat ihnen den Gehorsam von Euboia, von Megara, von den Ländern am Hellespont, von Boiotien verschafft. Und es ist jedenfalls ein netter Zug von den Athenern«, sagte er, »Chares, Diopeithes, Proxenos[55] und solche Leute zu Generälen zu ernennen, Demosthenes aber sicher in der Stadt und auf der Rednertribüne zu behalten. Denn wenn sie diesen Menschen zum Herrn über Waffen, Schiffe, Heere, ja über Augenblicksentscheidungen und Gelder machten, dann würden wir jetzt, fürchte ich, über Makedonien reden, wo er uns doch schon jetzt nur mit Abstimmungen unter Druck setzt, überall gleichzeitig ist, uns attackiert, Einkünfte auftreibt, militärische Expeditionen auf den Weg bringt, Truppen zusammenstellt und jeden unserer Züge mit einem Gegenzug beantwortet.«

(38) Solche Dinge waren es, die mir Philipp damals und auch sonst oft über den Mann sagte. Er hielt es für eine der nützlichen Gaben des Schicksals, dass Demosthenes kein militärisches Kommando führte, wo doch schon dessen Reden wie Rammböcke und Katapulte von Athen aus abgefeuert seine Pläne erschütterten und durcheinanderbrächten. Was Chaironeia[56] betrifft, so sagte er uns selbst nach seinem Sieg ein ums andere Mal, wie sehr uns der Kerl in Gefahr gebracht habe: »Denn obwohl wir gegen alle Hoffnung

καὶ κακίᾳ στρατηγῶν καὶ στρατιωτῶν ἀταξίᾳ καὶ τῇ παραδόξῳ ῥοπῇ τῆς τύχης τῇ πολλὰ πολλάκις ἡμῖν συνειργασμένῃ κεκρατήκαμεν, ἀλλ' ἐπὶ μιᾶς γε ταύτης ἡμέρας τὸν περὶ τῆς ἀρχῆς καὶ τῆς ψυχῆς κίνδυνον ἐπέστησέ μοι, τὰς ἀρίστας πόλεις εἰς ἓν συναγαγὼν καὶ πᾶσαν τὴν Ἑλληνικὴν δύναμιν ἀθροίσας, πρὸς Ἀθηναίοις ἅμα καὶ Θηβαίους Βοιωτούς τε τοὺς ἄλλους καὶ Κορινθίους Εὐβοέας τε καὶ Μεγαρέας καὶ τὰ κράτιστα τῆς Ἑλλάδος διακινδυνεύειν συναναγκάσας καὶ μηδ' εἴσω με τῆς Ἀττικῆς ἐπιτρέψας παρελθεῖν.

[39] τοιοῦτοί τινες ἦσαν αὐτῷ συνεχεῖς περὶ Δημοσθένους οἱ λόγοι· καὶ πρός γε τοὺς λέγοντας ὡς μέγαν ἔχοι τὸν Ἀθηναίων δῆμον ἀνταγωνιστήν, Ἐμοὶ Δημοσθένης μόνος, εἶπεν, ἀνταγωνιστής, Ἀθηναῖοι δὲ Δημοσθένην οὐκ ἔχοντες Αἰνιᾶνές εἰσι καὶ Θετταλοί. καὶ πρέσβεις ὁπότε πρὸς τὰς πόλεις πέμποι, τῶν μὲν ἄλλων ῥητόρων εἴ τινας ἡ τῶν Ἀθηναίων πόλις ἀνταποστέλλοι τῇ πρεσβείᾳ, κεκρατηκὼς ἂν ἥδετο, τοῦ Δημοσθένους δ' ἐπιστάντος, Μάτην, εἶπεν ἄν, ἀντεπρεσβεύσαμεν. οὐ γὰρ ἔστιν κατὰ τῶν Δημοσθένους λόγων ἐγεῖραι τρόπαιον.

[40] Ταῦτα ὁ Φίλιππος. καὶ μέντοι καὶ πάντως ἔλαττον ἂν ἔχοντες λάβοιμεν· τοιοῦτον οὖν ἄνδρα πρὸς Διός, Ἀρχία, τί ποτε νομίζεις, βοῦν ἂν ἐπὶ σφαγὴν ἤγομεν ἢ πολὺ μᾶλλον ἂν σύμβουλον περὶ τῶν Ἑλληνικῶν πραγμάτων καὶ τῆς ἀρχῆς πάσης ἐποιούμεθα; φύσει μὲν γὰρ αὐτῷ καὶ κατ' ἀρχὰς προσεπεπόνθειν ἐξ αὐτῶν τῶν πολιτευμάτων, ἔτι δὲ μᾶλλον Ἀριστοτέλει μάρτυρι. πρὸς γοῦν τὸν Ἀλέξανδρον καὶ πρὸς ἡμᾶς γε λέγων οὐδὲν ἐπαύετο τοσούτων ὄντων τῶν αὐτῷ προσπεφοιτηκότων μηδένα οὕτως πώποτε θαυμάσαι μεγέθους τε φύσεως καὶ τῆς περὶ τὴν

nur durch die Unfähigkeit der Kommandeure, die Unorganisiertheit der Soldaten und die unerwartete Neigung der Waage des Schicksals gesiegt haben, die ja schon oft und in vielen Dingen unsere Seite favorisiert hat, hat er doch an diesem einzigen Tag meine Herrschaft und mein Leben in Gefahr gebracht, indem er die besten Städte zu einem Bund zusammenzog und die gesamte griechische Streitmacht vereinigte und zugleich mit den Athenern auch die Thebaner und die übrigen Boioter, die Korinther, die Euboier, die Megarer und die mächtigsten Kräfte Griechenlands dazu zwang, die Gefahr gemeinsam auf sich zu nehmen, und indem er mir nicht die Möglichkeit gab, in Attika einzudringen.«

(39) Diese Art von Reden über Demosthenes führte er unablässig; und wer ihm sagte, was für einen gewaltigen Widersacher er doch mit dem Volk der Athener habe, dem antwortete er: »Mein einziger Gegner ist Demosthenes, und ohne Demosthenes sind die Athener bloß Ainianer[57] und Thessalier.« Und wann immer er Gesandte zu den Städten schickte, freute er sich schon im Voraus über seinen Sieg über die anderen Redner, wenn die Stadt der Athener Gegengesandte abordnete; war aber Demosthenes dabei, dann pflegte er zu sagen: »Unsere Gesandtschaft ist für die Katz. Denn gegen Demosthenes' Reden macht man keinen Stich.«

(40) Soweit Philipp. Indes, angenommen, wir wären seiner trotz unserer so viel schwächeren Position habhaft geworden: Hätten wir dann einen solchen Mann – bei Zeus, was glaubst du denn, Archias?! – wie einen Ochsen zur Schlachtbank geführt? Oder hätten wir ihn nicht viel eher zu unserem Ratgeber für griechische Angelegenheiten und die ganze Frage der Herrschaft gemacht? Ich fühlte mich ihm ja von Natur aus und von Anfang an schon aufgrund seiner Politik eng verbunden, und mehr noch aufgrund von Aristoteles' Zeugnis. Der konnte kein Ende finden, Alexander und uns darzulegen, dass bei der immensen Zahl seiner Schüler er doch keinen je so sehr bewundert habe wie ihn für die Größe seiner Anlagen, seine Disziplin beim Üben, die Gewichtigkeit seiner Würde,

ἄσκησιν ἐγκρατείας καὶ βάρους καὶ τάχους καὶ παρρησίας καὶ καρτερίας.

[41] Ὑμεῖς δέ, ἔφη, διανοεῖσθε ὡς ὑπὲρ Εὐβούλου καὶ Φρύνωνος καὶ Φιλοκράτους, καὶ πειρᾶσθε δώροις καὶ τοῦτον ἀναπείθειν, ἄνθρωπον καὶ τὴν πατρῴαν οὐσίαν εἰς Ἀθηναίους ἰδίᾳ τε τοῖς δεηθεῖσι καὶ δημοσίᾳ τῇ πόλει καταναλωκότα, διαμαρτάνοντες δὲ φοβήσειν οἴεσθε πάλαι βεβουλευμένον τὴν ψυχὴν ὑποθεῖναι ταῖς τῆς πατρίδος ἀδήλοις τύχαις, καὶ καθαπτομένου τῶν πραττομένων ὑμῖν ἀγανακτεῖτε; ὁ δὲ οὐδὲ τὸν Ἀθηναίων δῆμον ὑποστέλλεται. λέληθεν ὑμᾶς, ἔφη, τῇ μὲν τῆς πατρίδος εὐνοίᾳ πολιτευόμενος, αὑτῷ δὲ τὴν πολιτείαν γυμνάσιον φιλοσοφίας προθέμενος.

[42] ταῦτά τοι, ὦ Ἀρχία, ὑπερεπεθύμουν αὐτῷ συγγενόμενος τήν τε γνώμην, ἣν ἔχοι περὶ τῶν παρόντων, ἀκοῦσαι λέγοντος καὶ τῶν ἀεὶ παραπεπτωκότων ἡμῖν κολάκων, εἰ ἐδεόμην, ἀποστὰς ἁπλοῦ τινος ἐξ ἐλευθέρας γνώμης ἀκοῦσαι λόγου καὶ φιλαλήθους συμβουλῆς μεταλαβεῖν. καί τι καὶ νουθετῆσαι δίκαιον, ὑπὲρ οἵων ὄντων ⟨τῶν⟩ Ἀθηναίων τὴν ἀχαριστίαν πάντα παραβάλοιτο τὸν αὑτοῦ βίον, ἐξὸν εὐγνωμονεστέροις καὶ βεβαιοτέροις κεχρῆσθαι φίλοις.

ΑΡΧΙΑΣ

Ὦ βασιλεῦ, τῶν μὲν ἄλλων ἴσως ἂν ἔτυχες, ταυτὶ δὲ μάτην ἂν ἔλεγες· οὕτως μανικῶς φιλαθήναιος ἦν.

ΑΝΤΙΠΑΤΗΡ

Ταῦτα, ὦ Ἀρχία· τί γὰρ ἂν καὶ λέγοιμεν; ἀλλὰ πῶς ἀπέθανεν;

[43] ΑΡΧΙΑΣ

Ἔοικας ἔτι μᾶλλον, ὦ βασιλεῦ, θαυμάσειν· καὶ γὰρ ἡμεῖς οἱ

seine Schnelligkeit, seinen Freimut und seine Selbstbeherrschung. **(41)** »Und ihr«, sagte Philipp, »ihr macht Pläne, als ob es um Eubulos, Phrynon und Philokrates ginge,[58] und versucht, auch ihn durch Bestechung auf eure Seite zu bringen, einen Mann, der doch sogar schon sein väterliches Erbe für die Athener aufgebraucht hat, privat für Bedürftige, öffentlich für die Stadt, und ihr glaubt, ihr könntet ihm, wenn das nicht klappt, Angst machen, ihm, der immer schon bereit war, sein Leben für das ungewisse Geschick seiner Vaterstadt aufs Spiel zu setzen, und ihr ärgert euch, wenn er dann öffentlich eure Aktivitäten rügt? Er kennt doch noch nicht einmal dem Volk von Athen gegenüber irgendeine Zurückhaltung. Euch ist wohl entgangen«, sagte er, »dass er seine Politik aus Liebe zur Vaterstadt betreibt, für sich selbst aber das politische Leben zum Übungsfeld der Philosophie erkoren hat.«

(42) Dies wollte ich daher, Archias, mehr als alles andere: ihn treffen und sowohl ihn seine Meinung über die aktuellen Verhältnisse darlegen hören als auch, wenn ich es bräuchte, mit Abstand zu den Ohrenbläsern, die ständig um uns herum sind, ungeschminkte Worte von freier Denkungsart hören und in den Genuss eines wahrheitsliebenden Rates gelangen. Und es wäre auch richtig gewesen, ihn zu warnen, wie undankbar die Athener seien, für die er sein ganzes Leben aufs Spiel setzte, wo es ihm doch möglich gewesen wäre, sich mit vernünftigeren und beständigeren Freunden zu umgeben.

Archias

König, deine übrigen Wünsche wären dir vielleicht erfüllt worden, aber dieses letztere hättest du in den Wind gesprochen: so fanatisch athenfreundlich war er.

Antipatros

So ist es, Archias. Was sollen wir da noch sagen? Aber wie fand er den Tod?

(43) Archias

Ich glaube, König, du wirst noch mehr staunen. Denn selbst

τεθεαμένοι διαφέρομεν οὐδὲν ἐκπλήξει τε καὶ ἀπιστίᾳ τῶν ὁρώντων. ἔοικεν γὰρ δὴ πάλαι ὧδε βεβουλευμένῳ περὶ τῆς ὑστάτης ἡμέρας. δηλοῖ δὲ ἡ παρασκευή. καθῆστο μὲν γὰρ ἔνδον ἐν τῷ νεῴ, μάτην δὲ τῶν πρόσθεν ἡμερῶν λόγους ἦμεν ἀναλωκότες.

ΑΝΤΙΠΑΤΗΡ

Τίνες γὰρ ἦσαν οἱ παρ’ ὑμῶν λόγοι;

ΑΡΧΙΑΣ

Πολλὰ καὶ φιλάνθρωπα προὔτεινόμην ἐλεόν τινα παρὰ σοῦ καθυπισχνούμενος, οὐ μάλα μὲν προσδοκῶν – οὐ γὰρ ἠπιστάμην, ἀλλὰ σὲ ᾤμην δι’ ὀργῆς ἔχειν τὸν ἄνθρωπον – χρήσιμον δ’ οὖν πρὸς τὸ πείθειν νομίζων.

ΑΝΤΙΠΑΤΗΡ

Ὁ δὲ πῶς προσίετο τοὺς λόγους; καί με μηδὲν ἀποκρύψῃ· μάλιστα μὲν γὰρ αὐτήκοος ἂν ἐβουλόμην παρὼν εἶναι νῦν. ἀλλὰ σύ γε μὴ παραλίπῃς μηδέν· οὐ γάρ τοι σμικρὸν ἔργον ἦθος ἀνδρὸς γενναίου πρὸς αὐτῷ τῷ τέλει τοῦ βίου καταμαθεῖν, πότερον κἄτονος καὶ νωθρὸς ἦν ἢ παντάπασιν ἀκλινὲς τὸ τῆς ψυχῆς ὄρθιον ἐφύλαττεν.

[44] ΑΡΧΙΑΣ

Οὐδὲν ὑπέστελλεν ἐκεῖνός γε. πῶς γάρ; ὃς ἡδὺ γελάσας κἀμὲ δὴ σκώπτων εἰς τὸν πρότερον βίον, ἀπίθανον ἔφη με ὑποκριτὴν εἶναι τῶν σῶν ψευσμάτων.

ΑΝΤΙΠΑΤΗΡ

Ἀπιστήσας ἄρα τοῖς ἐπαγγέλμασιν προεῖτο τὴν ψυχήν;

ΑΡΧΙΑΣ

Οὔκ· εἴ γε τῶν λοιπῶν ἀκούσαις, οὐ δόξει σοι μόνον ἀπιστεῖν. ἀλλ’ ἐπεὶ κελεύεις, ὦ βασιλεῦ, λέγειν, Μακεδόσιν μέν, εἶπεν, οὐδὲν ἀπώμο-

wir, die wir zugesehen haben, sind heute noch so verblüfft und ungläubig wie damals, als wir es sahen. Und in der Tat hat es den Anschein, als habe er die Pläne für seinen letzten Tag schon lange geschmiedet gehabt. Das zeigen seine Vorkehrungen ganz klar. Er hatte sich im Inneren des Tempels niedergelassen, und wir hatten unsere Worte der Tage davor für nichts verschwendet.

ANTIPATROS

Was hattet ihr denn gesagt?

ARCHIAS

Viele freundliche Vorspiegelungen hatte ich ihm gemacht und ihm Gnade deinerseits versprochen – nicht, dass ich daran besonders geglaubt hätte; ich hatte ja keine Ahnung, sondern meinte, du seist zornig auf den Kerl –, aber ich hielt das als Überredungsstrategie für ganz nützlich.

ANTIPATROS

Wie nahm er deine Worte auf? Und verheimliche mir ja nichts! Am liebsten wollte ich ja, ich könnte hier und jetzt mit meinen eigenen Ohren dabei sein! Und dass du mir ja nichts auslässt! Es ist doch keine kleine Sache, die Haltung eines edlen Mannes in der letzten Stunde seines Lebens kennenzulernen, ob er schlaff und träge war oder seine seelische Haltung völlig ungebeugt zu bewahren vermochte.

(44) ARCHIAS

Er ließ sich kein bisschen unterkriegen. Wie denn auch? Er lachte freundlich, machte einen Witz über mein früheres Leben und sagte, ich sei ein wenig überzeugender Schauspieler deiner Lügen.[59]

ANTIPATROS

Er hat also sein Leben aus Misstrauen deinen Versprechungen gegenüber drangegeben?

ARCHIAS

Nein. Wenn du den Rest hörst, wirst du nicht meinen, er habe dir bloß misstraut. Aber da du mir zu berichten befiehlst, König: »Makedonen«, sagte er, »würden jeden Eid leisten und jede noch

τον οὐδὲ παράδοξον, εἰ Δημοσθένην οὕτως λαμβάνουσιν ὡς Ἀμφίπολιν, ὡς Ὄλυνθον, ὡς Ὠρωπόν. τοιαῦτα πολλὰ ἔλεγεν. καὶ γὰρ οὖν ὑπογραφέας παρεστησάμην, ἵνα σοι τὰ λεχθέντα σῴζοιτο.

Ἐγὼ μέντοι, ἔφη, ὦ Ἀρχία, βασάνων ἢ θανάτου φόβῳ κατ' ὄψιν οὐκ ἂν Ἀντιπάτρῳ γενοίμην, ἀλλ' εἰ ταῦτ' ἀληθεύετε, πολύ μοι μᾶλλόν ἐστι φυλακτέον μὴ τὴν ψυχὴν αὐτὴν παρ' Ἀντιπάτρου δεδωροδοκηκέναι μηδ' ἣν ἐμαυτὸν ἔταξα τάξιν λιπὼν τὴν Ἑλληνικὴν εἰς τὴν Μακεδονικὴν μεταβάλλεσθαι.

[45] καλὸν γὰρ, Ἀρχία, τὸ ζῆν ἐμοί, εἰ Πειραιεὺς αὐτὸ παρέχοι καὶ τριήρης ἣν ἐπιδέδωκα καὶ τεῖχος καὶ τάφρος τοῖς ἐμοῖς τέλεσιν ἐξειργασμένα καὶ φυλὴ Πανδιονίς, ἧς ἐθελοντὴς ἐχορήγουν ἐγώ, καὶ Σόλων καὶ Δράκων καὶ παρρησία βήματος καὶ δῆμος ἐλεύθερος καὶ ψηφίσματα στρατιωτικὰ καὶ νόμοι τριηραρχικοὶ καὶ προγόνων ἀρεταὶ καὶ τρόπαια ⟨καὶ⟩ πολιτῶν εὔνοια τῶν ἐμὲ πολλάκις ἐστεφανωκότων καὶ δύναμις Ἑλλήνων τῶν ὑπ' ἐμοῦ μέχρι νῦν τετηρημένων· εἰ δὲ καὶ βιωτὸν ἐλεηθέντι, ταπεινὸν μέν, ἀνεκτὸς δ' οὖν ὁ ἔλεος παρὰ τοῖς οἰκείοις, ὧν ἐλυσάμην αἰχμαλώτων, ἢ τοῖς πατράσιν, ὧν συνεξέδωκα τὰς θυγατέρας ἢ οἷς τοὺς ἐράνους συνδιελυσάμην. **[46]** εἰ δέ με μὴ σῴζει νήσων ἀρχὴ καὶ θάλαττα, παρά γε τουτουὶ Ποσειδῶνος αἰτῶ τὸ σῴζεσθαι καὶ τοῦδε τοῦ βωμοῦ καὶ τῶν ἱερῶν νόμων. εἰ δὲ Ποσειδῶν, ἔφη, μὴ δύναται φυλάττειν τὴν ἀσυλίαν τοῦ νεὼ μηδ' ἐπαισχύνεται προδοῦναι Δημοσθένην Ἀρχίᾳ, τεθναίην· οὐδὲν Ἀντίπατρος ἡμῖν ἀντὶ τοῦ θεοῦ κολακευτέος. ἐξῆν μοι φιλτέρους ἔχειν Ἀθηναίων Μακεδόνας καὶ νῦν μετέχειν τῆς

so unerwartete Maßnahme ergreifen, wenn sie Demosthenes so einnehmen könnten wie Amphipolis, wie Olynth, wie Oropos.«[60] Er sagte eine Menge solcher Dinge. Ich habe daher Sekretäre hinzubefohlen, um seine genauen Worte für dich zu bewahren.

»Ich würde, Archias«, sagte er, »mich aus Furcht vor Folter und Tod in der Tat nicht vor Antipatros' Angesicht bringen lassen. Aber wenn das, was ihr sagt, der Wahrheit entspricht, dann muss ich mich eher um meine Seele sorgen, dass ich sie mir nicht von Antipatros bestechen lasse und mir nicht selbst von der Fahne gehe, indem ich von der griechischen zur makedonischen Seite wechsle. **(45)** Denn, Archias: Das Leben ist schön für mich, wenn es mir der Piräus schenkt und die Triere, die ich freiwillig gestiftet habe, die Mauer und der Graben, die durch meine Abgaben errichtet wurden, die Phyle Pandionis, für die ich mich freiwillig als Chorege engagiert habe, Solon und Drakon, die Redefreiheit der Tribüne und das freie Volk, die Militärdekrete und die Trierarchie-Gesetze, die Leistungen der Vorfahren, die Siegeszeichen, das Wohlwollen der Bürger, die mich oft bekränzt haben, und die Macht der Griechen, die bis heute von mir beschützt wurden. Ist das Leben auch für einen Begnadigten lebenswert, dann ist das zwar niedrig, aber Gnade und Mitleid sind erträglich, wenn sie von den Verwandten derer kommen, die ich als Kriegsgefangene ausgelöst habe, oder von den Vätern, deren Töchter ich mit einer Mitgift ausstattete oder die ich bei der Zahlung ihrer Fälligkeiten unterstützte. **(46)** Wenn mich aber die Herrschaft über die Inseln und das Meer nicht retten, dann verlange ich doch jedenfalls von dem Poseidon hier, gerettet zu werden, von diesem Altar und den heiligen Bräuchen. Vermag aber auch Poseidon«, sagte er, »die Unberührbarkeit seines Tempels nicht zu bewahren und schämt er sich nicht, Demosthenes dem Archias zu übergeben, dann will ich sterben: Es wäre mir nicht recht, anstelle des Gottes dem Antipatros zu schmeicheln. Ich hätte die Makedonen eher zu Freunden haben können als die Athener und könnte jetzt an eurem Geschick teilhaben, hätte ich mich auf

ὑμετέρας τύχης, εἰ μετὰ Καλλιμέδοντος καὶ Πυθέου καὶ Δημάδου συνεταττόμην· ἐξῆν κἂν ὀψὲ τῆς τύχης μεθαρμόσασθαι, εἰ μὴ τὰς Ἐρεχθέως θυγατέρας καὶ τὸν Κόδρον ἐπῃσχυνόμην. οὔκουν ᾑρούμην αὐτομολοῦντι τῷ δαίμονι συμμεταβάλλεσθαι. καλὸν γὰρ κρησφύγετον θάνατον ἐν ἀκινδύνῳ παντὸς αἰσχροῦ γενέσθαι. καὶ νῦν, Ἀρχία, τὸ κατ' ἐμαυτὸν οὐ καταισχυνῶ τὰς Ἀθήνας δουλείαν ἑκὼν ἑλόμενος, ἐντάφιον δὲ τὸ κάλλιστον, τὴν ἐλευθερίαν, προέμενος.

[47] ἀλλὰ δίκαιον γάρ, ἔφη, σοὶ τῶν τραγῳδιῶν μνημονεύειν, οὗ σεμνὸν τὸ λεχθὲν

ἡ δὲ καὶ θνῄσκουσ' ὅμως
πολλὴν πρόνοιαν εἶχεν εὐσχήμως πεσεῖν.

κόρη καὶ ταῦτα· Δημοσθένης δὲ εὐσχήμονος θανάτου βίον προκρινεῖ ἀσχήμονα τῶν Ξενοκράτους καὶ Πλάτωνος ὑπὲρ ἀθανασίας λόγων ἐκλαθόμενος;

καί τινα καὶ πικρότερον ἔλεγεν προαχθεὶς εἰς τοὺς ταῖς τύχαις ἐξυβρίζοντας. ἀλλὰ τί δεῖ λέγειν νῦν ἐμέ; τέλος δ' ἐμοῦ τὰ μὲν δεομένου, τὰ δ' ἀπειλοῦντος, ἁπαλὴν μοῦσαν στερεᾷ κεραννύντος, Ἐπείσθην ἄν, ἔφη, τούτοις Ἀρχίας ὤν, ἐπεὶ δὲ Δημοσθένης εἰμι, συγγίγνωσκέ μοι, ὦ δαιμόνιε, μὴ πεφυκότι κακῷ γενέσθαι.

[48] τότε δὴ τότε πρὸς βίαν αὐτὸν ἀποσπᾶν διενοούμην· ὁ δ' ὡς ᾔσθετο, δῆλος ἦν καταγελῶν καὶ τὸν θεὸν προσβλέψας, Ἔοικεν Ἀρχίας, εἶπεν, ὅπλα μόνα καὶ τριήρεις καὶ τείχη καὶ στρατόπεδα δυνάμεις εἶναι καὶ κρησφύγετα ταῖς ἀνθρωπίναις ψυχαῖς ὑπολαμβάνειν, τῆς δὲ ἐμῆς παρασκευῆς καταφρονεῖν, ἣν οὐκ ἂν ἐλέγξειαν Ἰλλυριοὶ καὶ Τριβαλλοὶ καὶ Μακεδόνες, ἐχυρωτέραν ἢ ξύλινόν ποτε τεῖχος ἡμῖν, ὃ θεὸς ἀνεῖλεν ἀπόρθητον εἶναι· μεθ' ἧς ἀεὶ τῆς προνοίας ἀδεῶς μὲν ἐπολιτευσάμην,

Kallimedons, Pytheas' und Demades' Seite geschlagen;[61] selbst spät hätte ich mein Schicksal noch umgestalten können, hätte ich mich nicht vor den Töchtern des Erechtheus und vor Kodros geschämt.[62] Und so habe ich mich nicht dafür entschieden, zusammen mit dem Glück, diesem Überläufer, die Fahne zu wechseln. Denn es ist schön und richtig, dass der Tod der ultimative Zufluchtsort ist, in Sicherheit vor allem Hässlichen und Schändlichen. Und jetzt, Archias, werde ich, was mich betrifft, Athen nicht dadurch in Schande stürzen, dass ich freiwillig die Knechtschaft wähle und das schönste Grabtuch, die Freiheit, preisgebe. **(47)** Denn zu Recht«, sagte er, »sollst du an die Tragödien denken, wo sich jenes ehrwürdige Wort findet: ... *doch besaß sie selbst im Tod / so viel Voraussicht, dass sie in edler Haltung fiel.*[63] Und das von einer jungen Frau! Aber Demosthenes soll anstelle eines Todes in edler Haltung ein haltloses Leben wählen und Xenokrates' und Platons Ausführungen über die Unsterblichkeit vergessen?«[64] Er fühlte sich auch noch zu einigen noch bittereren Bemerkungen über diejenigen getrieben, die sich von ihrem Schicksal zu Übertretungen und Rücksichtslosigkeiten verleiten lassen. Aber was soll ich dir das jetzt erzählen? Zu guter Letzt, als ich ihn teils durch Bitten zu bewegen suchte, teils durch Drohungen, wobei ich sozusagen die sanfte mit der harten Muse mischte, sagte er: »Ich würde mich von all dem überzeugen lassen, wäre ich Archias. Da ich aber Demosthenes bin, musst du mir schon verzeihen, du merkwürdiger Mensch: Meine Natur erlaubt mir keine Niedrigkeit.« **(48)** Da war ich nun wirklich so weit, dass ich erwog, ihn mit Gewalt wegzuziehen. Als er das merkte, konnte ich sehen, wie er mich auslachte, und mit einem Blick zum Gott sagte er: »Archias scheint anzunehmen, nur Waffen, Trieren, Mauern und Heere seien machtvolle Kräfte und Zufluchtsorte für Menschenseelen, aber meine Bewaffnung scheint er zu verachten, an der Illyrer, Triballer und Makedonen wohl keinen Fehl finden können, eine festere Mauer als seinerzeit unsere aus Holz, von der der Gott weissagte, sie sei unzerstörbar.[65] Mit dieser Vorsorge habe ich in der

ἀδεὲς δέ μοι τὸ κατὰ Μακεδόνων θάρσος, ἐμέλησεν δ' οὐδὲν οὐκ Εὐκτήμονος, οὐκ Ἀριστογείτονος, οὐ Πυθέου καὶ Καλλιμέδοντος, οὐ Φιλίππου τότε, οὐ τὰ νῦν Ἀρχίου.

[49] ταῦτ' εἰπὼν, Μὴ πρόσαγέ μοι τὴν χεῖρα, ἔφη· τὸ κατ' ἐμὲ γὰρ οὐδὲν παράνομον ὁ νεὼς πείσεται, τὸν δὲ θεὸν προσειπὼν ἑκὼν ἕψομαι. κἀγὼ μὲν ἐπὶ τῆς ἐλπίδος ταύτης ἦν καὶ τὴν χεῖρα τῷ στόματι προσαγαγόντος οὐδὲν ἀλλ' ἢ προσκυνεῖν ὑπελάμβανον.

ΑΝΤΙΠΑΤΗΡ

Τὸ δὲ τί ποτε ἦν;

ΑΡΧΙΑΣ

Ὕστερον βασάνοις θεραπαίνης ἐφωράσαμεν πάλαι φάρμακον αὐτὸν τεταμιεῦσθαι, λύσει ψυχῆς ἀπὸ σώματος ἐλευθερίαν κτώμενον. οὐ γὰρ οὖν ἔφθασεν ὑπερβὰς τὸν οὐδὸν τοῦ νεώ, καὶ πρὸς ἐμὲ βλέψας Ἄγε δὴ τοῦτον, ἔφη, πρὸς Ἀντίπατρον, Δημοσθένην δὲ οὐκ ἄξεις, οὐ μὰ τούς, κἀμοὶ μὲν ἐφαίνετο προσθήσειν τοὺς ἐν Μαραθῶνι πεπτωκότας. **[50]** ὁ δὲ χαίρειν εἰπὼν ἀπέπτη. τοῦτό σοι τὸ τέλος, ὦ βασιλεῦ, τῆς Δημοσθένους πολιορκίας κομίζειν ἔχω.

ΑΝΤΙΠΑΤΗΡ

Δημοσθένους γε καὶ ταῦτα, ὦ Ἀρχία. βαβαὶ τῆς ἀηττήτου ψυχῆς καὶ μακαρίας, ὡς ἀνδρεῖον μὲν αὐτῷ τὸ λῆμα, πολιτικὴ δ' ⟨ἡ⟩ πρόνοια μετὰ χεῖρα τὸ πιστὸν τῆς ἐλευθερίας ἔχειν. ἀλλ' ὁ μὲν οἴχεται βίον ἕξων τὸν ἐν μακάρων νήσοις ἡρώων λεγόμενον ἢ τὰς εἰς οὐρανὸν ψυχαῖς νομιζομένας ὁδούς, ὀπαδός τις δαίμων ἐσόμενος ἐλευθερίου Διός· τὸ

Politik stets ohne Furcht gehandelt, und ohne Furcht war mein gegen die Makedonen gerichteter tatkräftiger Mut – und nicht im Geringsten habe ich mich um Euktemon geschert, nicht um Aristogeiton,[66] nicht um Pytheas und Kallimedon, damals nicht um Philipp, und jetzt nicht um Archias.«

(49) Nachdem er dies vorgebracht hatte, sagte er: »Rühr mich nicht an! Denn was mich betrifft, so wird der Tempel keine Ungesetzlichkeit erdulden müssen, sondern ich werde kurz zum Gott beten und dir dann freiwillig folgen.« Und ich hoffte, das sei es, was er tun werde, und als er die Hand zum Mund führte, nahm ich an, er wolle nur den Gott mit einem Kuss verehren.

Antipatros

Und was war es in Wirklichkeit?

Archias

Später haben wir durch Folterung einer Dienerin herausgefunden, dass er sich schon vor langer Zeit ein Gift besorgt hatte, das ihm durch die Lösung der Seele vom Körper die Freiheit geben würde. Denn er hatte noch nicht die Schwelle des Tempels überschritten, da schaute er mich an und sagte: »Bring den hier zu Antipatros! Demosthenes allerdings wirst du ihm nicht bringen, wahrlich nicht, bei den –« und es schien mir, als wolle er noch »Gefallenen von Marathon« hinzusetzen. **(50)** Doch verschied er mit diesem Gruß. Dies ist das Ende, König, der Belagerung des Demosthenes, das ich dir zu bringen vermag.

Antipatros

Auch das ist ganz Demosthenes, Archias! Weh seiner unbesiegten und glücklichen Seele! Was für einen tapferen Willen besaß er! Was für eine politische Voraussicht, in der Hand stets den Garanten der Freiheit zu halten! Nun, er ist unterwegs zu einem Leben auf der, wie man sagt, Insel der glückseligen Heroen, oder auf den Straßen, von denen man glaubt, dass sie für die Seelen in den Himmel führen, als aufwartender Daimon des Zeus der Freiheit. Seine sterb-

σῶμα δ' ἡμεῖς εἰς Ἀθήνας ἀποπέμψομεν, κάλλιον ἀνάθημα τῇ γῇ τῶν ἐν Μαραθῶνι πεπτωκότων.

lichen Überreste aber wollen wir nach Athen senden, eine schönere Weihgabe für die Erde als die Gefallenen von Marathon.

ΙΠΠΙΑΣ Η ΒΑΛΑΝΕΙΟΝ

[1] Τῶν σοφῶν ἐκείνους μάλιστα ἔγωγέ φημι δεῖν ἐπαινεῖν, ὁπόσοι μὴ λόγους μόνον δεξιοὺς παρέσχοντο ὑπὲρ τῶν πραγμάτων ἑκάστων, ἀλλὰ καὶ ἔργοις ὁμοίοις τὰς τῶν λόγων ὑποσχέσεις ἐπιστώσαντο. καὶ γὰρ τῶν ἰατρῶν ὅ γε νοῦν ἔχων οὐ τοὺς ἄριστα ὑπὲρ τῆς τέχνης εἰπεῖν δυναμένους μεταστέλλεται νοσῶν, ἀλλὰ τοὺς πρᾶξαί τι κατ᾽ αὐτὴν μεμελετηκότας. ἀμείνων δὲ καὶ μουσικός, οἶμαι, τοῦ διακρίνειν ῥυθμοὺς καὶ ἁρμονίας ἐπισταμένου ὁ καὶ ψᾶλαι καὶ κιθαρίσαι αὐτὸς δυνάμενος. τί γὰρ ἄν σοι τῶν στρατηγῶν λέγοιμι τοὺς εἰκότως ἀρίστους κριθέντας, ὅτι οὐ τάττειν μόνον καὶ παραινεῖν ἦσαν ἀγαθοί, ἀλλὰ καὶ προμάχεσθαι τῶν ἄλλων καὶ χειρὸς ἔργα ἐπιδείκνυσθαι; οἷον πάλαι μὲν Ἀγαμέμνονα καὶ Ἀχιλλέα, τῶν κάτω δὲ τὸν Ἀλέξανδρον καὶ Πύρρον ἴσμεν γεγονότας.

[2] Πρὸς δὴ τί ταῦτ᾽ ἔφην; οὐ γὰρ ἄλλως ἱστορίαν ἐπιδείκνυσθαι βουλόμενος ἐπεμνήσθην αὐτῶν, ἀλλ᾽ ὅτι καὶ τῶν μηχανικῶν ἐκείνους ἄξιον θαυμάζειν, ὁπόσοι ἐν τῇ θεωρίᾳ λαμπροὶ γενόμενοι καὶ μνημόσυνα ὅμως τῆς τέχνης καὶ παραδείγματα τοῖς μετ᾽ αὐτοὺς κατέλιπον· ἐπεὶ οἵ γε τοῖς λόγοις μόνοις ἐγγεγυμνασμένοι σοφισταὶ ἂν εἰκότως μᾶλλον ἢ σοφοὶ καλοῖντο. τοιοῦτον ἀκούομεν τὸν Ἀρχιμήδη γενέσθαι καὶ τὸν Κνίδιον Σώστρατον, τὸν μὲν Πτολεμαίῳ χειρωσάμενον τὴν Μέμφιν ἄνευ πολιορκίας ἀποστροφῇ καὶ διαιρέσει τοῦ ποταμοῦ, τὸν δὲ τὰς τῶν πολεμίων τριήρεις καταφλέξαντα τῇ τέχνῃ. καὶ Θαλῆς δὲ ὁ Μιλήσιος πρὸ αὐτῶν ὑποσχόμενος Κροίσῳ ἄβροχον διαβιβάσειν τὸν στρατὸν ἐπινοίᾳ κατόπιν τοῦ στρατοπέδου μιᾷ νυκτὶ τὸν Ἅλυν περιήγαγεν, οὐ

HIPPIAS ODER DAS BAD

(1) Lob gebührt, behaupte ich, insbesondere all jenen unter den Weisen, die nicht nur die rechten Worte für jede Angelegenheit gefunden, sondern auch durch entsprechende Taten die in ihren Worten liegenden Verheißungen erfüllt haben. Denn auch bei den Ärzten ist es ja so, dass, wer Verstand hat, nicht diejenigen an sein Krankenbett ruft, die am besten über ihre Kunst reden können, sondern diejenigen, die über Behandlungsroutine verfügen. Und ein besserer Musiker als derjenige, der Rhythmen und Harmonien zu unterscheiden versteht, ist, meine ich, derjenige, der selbst Zither und Kithara spielen kann. Ja, was soll ich dir von denjenigen unter den Strategen reden, die völlig zu Recht als die besten bewertet wurden, weil sie nicht nur im Erteilen taktischer Ratschläge gut waren, sondern auch darin, in vorderster Linie vor den anderen zu kämpfen und ihre Fähigkeiten im Handwerk des Krieges unter Beweis zu stellen? Wie es etwa, unseres Wissens, in alten Zeiten Agamemnon und Achill, und von den Späteren Alexander und Pyrrhos[1] waren.

(2) Wozu sage ich das? Nicht ja etwa, weil ich einfach mein historisches Wissen demonstrieren wollte, habe ich an sie erinnert, sondern weil auch unter den Ingenieuren all jene Bewunderung verdienen, die glänzende Theoretiker waren und doch der Nachwelt auch denkwürdige Beispiele ihrer Kunst hinterlassen haben – dürfte man doch ganz zu Recht Leute, die nur in Worten geübt sind, eher als Sophisten denn als Weise bezeichnen. So einer war, wie wir hören, Archimedes und auch Sostratos von Knidos: Der eine soll dem Ptolemaios ohne Belagerung, nur durch Umleitung und Teilung des Flusses, Memphis in die Hände gespielt, der andere durch seine technisches Können die Trieren der Feinde niedergebrannt haben.[2] Noch vor ihnen hat Thales aus Milet, nachdem er Kroisos versprochen hatte, sein Heer trockenen Fußes überzusetzen, dank einem Geistesblitz den Halys in einer einzigen Nacht um

μηχανικὸς οὗτος γενόμενος, σοφὸς δὲ καὶ ἐπινοῆσαι καὶ συνεῖναι πιθανώτατος. τὸ μὲν γὰρ τοῦ Ἐπειοῦ πάνυ ἀρχαῖον, ὃς οὐ μόνον τεχνήσασθαι τοῖς Ἀχαιοῖς τὸν ἵππον, ἀλλὰ καὶ συγκαταβῆναι αὐτοῖς ἐς αὐτὸν λέγεται.

[3] Ἐν δὴ τούτοις καὶ Ἱππίου τουτουὶ τοῦ καθ' ἡμᾶς μεμνῆσθαι ἄξιον, ἀνδρὸς λόγοις μὲν παρ' ὅντινα βούλει τῶν πρὸ αὐτοῦ γεγυμνασμένου καὶ συνεῖναί τε ὀξέος καὶ ἑρμηνεῦσαι σαφεστάτου, τὰ δὲ ἔργα πολὺ τῶν λόγων ἀμείνω παρεχομένου καὶ τὴν τῆς τέχνης ὑπόσχεσιν ἀποπληροῦντος, οὐκ ἐν τοιαύταις μὲν ὑποθέσεσιν ἐν αἷς οἱ πρὸ αὐτοῦ ⟨πρῶτοι⟩ γενέσθαι εὐτύχησαν, κατὰ δὲ τὸν γεωμετρικὸν λόγον ἐπὶ τῆς δοθείσης, φασίν, εὐθείας τὸ τρίγωνον ἀκριβῶς συνισταμένου. καίτοι τῶν γε ἄλλων ἕκαστος ἕν τι τῆς ἐπιστήμης ἔργον ἀποτεμόμενος ἐν ἐκείνῳ εὐδοκιμήσας εἶναί τις ὅμως ἔδοξεν, ὁ δὲ μηχανικῶν τε ὢν τὰ πρῶτα καὶ γεωμετρικῶν, ἔτι δὲ ἁρμονικῶν καὶ μουσικῶν φαίνεται, καὶ ὅμως ἕκαστον τούτων οὕτως ἐντελῶς δείκνυσιν ὡς ἓν αὐτὸ μόνον ἐπιστάμενος. τὴν μὲν γὰρ περὶ ἀκτίνων καὶ ἀνακλάσεων καὶ κατόπτρων θεωρίαν, ἔτι δὲ ἀστρονομίαν, ἐν ᾗ παῖδας τοὺς πρὸ αὐτοῦ ἀπέφηνεν, οὐκ ὀλίγου χρόνου ἂν εἴη ἐπαινεῖν. [4] ἃ δὲ ἔναγχος ἰδὼν αὐτοῦ τῶν ἔργων κατεπλάγην, οὐκ ὀκνήσω εἰπεῖν· κοινὴ μὲν γὰρ ἡ ὑπόθεσις κἀν τῷ καθ' ἡμᾶς βίῳ πάνυ πολλή, βαλανείου κατασκευή· ⟨ἡ⟩ περίνοια δὲ καὶ ἐν τῷ κοινῷ τούτῳ σύνεσις θαυμαστή.

Τόπος μὲν ἦν οὐκ ἐπίπεδος, ἀλλὰ πάνυ προσάντης καὶ ὄρθιος, ὃν παραλαβὼν κατὰ θάτερα εἰς ὑπερβολὴν ταπεινόν, ἰσόπεδον ⟨θάτερον⟩ θατέρῳ ἀπέφηνεν, κρηπῖδα μὲν βεβαιοτάτην ἅπαντι τῷ ἔργῳ βαλόμε-

die Rückseite des Heerlagers herumgeführt, und dabei war der gar kein Ingenieur, sondern ein Weiser und besonders gewandt im Ausdenken und Verstehen.[3] Und ganz alt ist ja das Beispiel des Epeios, der den Achaiern nicht nur das Pferd erbaut haben, sondern auch zusammen mit ihnen hineingestiegen sein soll.[4]

(3) Nun, unter diesen allen sollte man auch den Hippias aus unserer eigenen Zeit erwähnen,[5] einen Mann, dessen rhetorische Geläufigkeit der seiner Vorgänger, wen auch immer du nennen willst, gleichkam und der ein scharfsinniger und äußerst präziser Erklärer war, dessen Werke die Qualität seiner Worte aber weit übertrafen und die Verheißungen seiner Kunst voll erfüllten, und zwar nicht in solchen Gegenständen, in denen es seinen Vorgängern gelang, die ersten[6] zu sein, sondern nach Art der Geometer, fähig, wie man sagt, auf eine gegebene gerade Linie ein Dreieck präzise aufzusetzen. Während indes jeder der anderen sich einen einzelnen klar umrissenen Arbeitsbereich aus der Wissenschaft auswählte und, weil er in ihm zu Ansehen gelangte, doch jemand zu sein schien, zeigt er sich sowohl an der Spitze der Ingenieure als auch der Geometer, obendrein aber auch noch der Harmoniker und Musiker, und dennoch führt er uns jedes dieser Gebiete so vollendet vor, als ob er sich ausschließlich auf ein einziges verstünde. Denn sein theoretisches Wissen über Lichtstrahlen, Brechungen und Spiegel zu loben, außerdem seine Kenntnisse der Astronomie, in der er seine Vorgänger wie Kinder aussehen lässt, würde nicht wenig Zeit in Anspruch nehmen. **(4)** Ich werde hingegen nicht zögern, über dasjenige Werk zu sprechen, das mich, als ich es aus der Nähe sah, in Ekstase versetzte. Denn das, worum es geht, ist zwar etwas Landläufiges und ist in unser aller Leben sehr gegenwärtig: die Konstruktion eines Bades. Aber seine Umsicht und seine Klugheit selbst bei diesem landläufigen Bau sind bewundernswert.

Das Baugelände war nicht eben, sondern sehr abschüssig und steil. Als er es übernahm, ebnete er es – es war auf einer Seite extrem niedrig – gleichmäßig ein. Zum einen unterlegte er dann dem ge-

νος καὶ θεμελίων θέσει τὴν τῶν ἐπιτιθεμένων ἀσφάλειαν ἐμπεδωσάμενος, ἀψῖσι δὲ πάνυ ἀποτόμοις καὶ πρὸς ἀσφάλειαν συνεχομένοις τὸ ὅλον κρατυνάμενος· τὰ δὲ ἐποικοδομηθέντα τῷ τε τοῦ τόπου μεγέθει σύμμετρα καὶ τῷ εὐλόγῳ τῆς κατασκευῆς ἁρμοδιώτατα καὶ τὸν τῶν φώτων λόγον φυλάττοντα. [5] πυλὼν μὲν ὑψηλὸς ἀναβάσεις πλατείας ἔχων, ὕπτιος μᾶλλον ἢ ὄρθιος πρὸς τὴν τῶν ἀνιόντων εὐμάρειαν· εἰσιόντα δὲ τοῦτον ἐκδέχεται κοινὸς οἶκος εὐμεγέθης, ἱκανὴν ἔχων ὑπηρέταις καὶ ἀκολούθοις διατριβήν, ἐν ἀριστερᾷ δὲ τὰ ἐς τρυφὴν παρεσκευασμένα οἰκήματα, βαλανείῳ δ' οὖν καὶ ταῦτα πρεπωδέστατα, χαρίεσσαι καὶ φωτὶ πολλῷ καταλαμπόμεναι ὑποχωρήσεις. εἶτ' ἐχόμενος αὐτῶν οἶκος, περιττὸς μὲν ὡς πρὸς τὸ λουτρόν, ἀναγκαῖος δὲ ὡς πρὸς τὴν τῶν εὐδαιμονεστέρων ὑποδοχήν. μετὰ δὲ τοῦτον ἑκατέρωθεν διαρκεῖς τοῖς ἀποδυομένοις ἀποθέσεις, καὶ μέσος οἶκος ὕψει τε ὑψηλότατος καὶ φωτὶ φαιδρότατος, ψυχροῦ ὕδατος ἔχων τρεῖς κολυμβήθρας, Λακαίνῃ λίθῳ κεκοσμημένος, καὶ εἰκόνες ἐν αὐτῷ λίθου λευκοῦ τῆς ἀρχαίας ἐργασίας, ἡ μὲν Ὑγιείας, ἡ δὲ Ἀσκληπιοῦ.

[6] Ἐξελθόντας δὲ ὑποδέχεται ἠρέμα χλιαινόμενος οἶκος οὐκ ἀπηνεῖ τῇ θέρμῃ προαπαντῶν, ἐπιμήκης, ἀμφιστρόγγυλος, μεθ' ὃν ἐν δεξιᾷ οἶκος εὖ μάλα φαιδρός, ἀλείψασθαι προσηνῶς παρεχόμενος, ἑκατέρωθεν εἰσόδους ἔχων Φρυγίῳ λίθῳ κεκαλλωπισμένας, τοὺς ἀπὸ παλαίστρας εἰσιόντας δεχόμενος. εἶτ' ἐπὶ τούτῳ ἄλλος οἶκος οἴκων ἁπάντων κάλλιστος, στῆναί τε καὶ ἐγκαθίζεσθαι προσηνέστατος καὶ ἐμβραδῦναι ἀβλαβέστατος καὶ ἐγκυλίσασθαι ὠφελιμώτατος, Φρυγίου

samten Bau ein besonders solides Fundament und garantierte die Sicherheit der darauf gesetzten Konstruktion durch die Errichtung von Grundmauern, zum anderen befestigte er das Ganze durch sehr steile Stützbögen[7], die zur Sicherheit miteinander verbunden waren. Der aufgehende Bau entspricht der Größe des Geländes, passt aufs Beste zu der vernünftigen Anlage des Gebäudes und beachtet die Prinzipien der Lichtführung.

(5) Das Entrée ist hoch und besitzt breite Aufgänge; zur Bequemlichkeit der hinaufsteigenden Besucher ist es eher flach als steil. Betritt man es, empfängt einen eine öffentlich zugängliche Halle von schöner Größe, die den Dienern und der Gefolgschaft einen geeigneten Aufenthaltsort bietet; zur Linken befinden sich die luxuriös ausgestatteten Aufenthaltsräume, auch sie also völlig angemessen für eine Badeanlage: geschmackvolle und lichtdurchflutete Rückzugsorte. Daran schließt sich ein Saal an, der größer dimensioniert ist als für ein Bad nötig, jedoch unumgänglich für den Empfang der besseren Gesellschaft. Danach kommen auf beiden Seiten hinreichend große Umkleiden, und zwischen ihnen ein ausnehmend hoher, hell erleuchteter Saal, der drei Kaltwasserschwimmbecken enthält, ausgestattet mit lakonischem Marmor, und in ihm Statuen aus weißem Marmor, noch in alter Machart ausgeführt, die eine ein Standbild der Hygieia,[8] die andere des Asklepios.

(6) Verlässt man ihn, so empfängt einen ein Saal von lauer und wohliger Wärme, in dem einem nicht gleich beim Eintreten unangenehme Hitze entgegenschlägt, langgestreckt, mit Apsiden auf beiden Seiten, und danach zur Rechten ein strahlend leuchtender Saal, der sich freundlich zum Salben und Ölen anbietet, mit Eingängen auf jeder Seite, die mit phrygischem Marmor verkleidet sind, zum Empfang derer, die vom Ringplatz hereinkommen. Dann in seiner Nähe noch ein weiterer Saal, der Säle allerschönster: Er ist besonders angenehm zum Stehen- und Sitzenbleiben, besonders gefahrlos zum Verweilen und besonders geeignet zum Herumschlen-

καὶ αὐτὸς εἰς ὀροφὴν ἄκραν ἀποστίλβων. ἑξῆς δὲ ὁ θερμὸς ὑποδέχεται διάδρομος Νομάδι λίθῳ διακεκολλημένος. ὁ δὲ ἔνδον οἶκος κάλλιστος, φωτός τε πολλοῦ ἀνάμεστος καὶ ὡς πορφύρᾳ διηνθισμένος. τρεῖς καὶ οὗτος θερμὰς πυέλους παρέχεται.

[7] Λουσαμένῳ δὲ ἔνεστί σοι μὴ τὴν διὰ τῶν αὐτῶν οἴκων αὖθις ἐπανιέναι, ἀλλὰ ταχεῖαν τὴν ἐπὶ τὸ ψυχρὸν δι᾽ ἠρέμα θερμοῦ οἰκήματος, καὶ ταῦτα πάντα ὑπὸ φωτὶ μεγάλῳ καὶ πολλῇ τῇ ἔνδον ἡμέρᾳ. ὕψη πρὸς τούτοις ἀνάλογα καὶ πλάτη τοῖς μήκεσι σύμμετρα καὶ πανταχοῦ πολλὴ χάρις καὶ Ἀφροδίτη ἐπανθεῖ· κατὰ γὰρ τὸν καλὸν Πίνδαρον, ἀρχομένου ἔργου πρόσωπον χρὴ θέμεν τηλαυγές. τοῦτο δ᾽ ἂν εἴη ἐκ τῆς αὐγῆς μάλιστα καὶ τοῦ φέγγους καὶ τῶν φωταγωγῶν μεμηχανημένον. ὁ γὰρ σοφὸς ὡς ἀληθῶς Ἱππίας τὸν μὲν ψυχροδόχον οἶκον εἰς βορρᾶν προσκεχωρηκότα ἐποίησεν, οὐκ ἄμοιρον οὐδὲ τοῦ μεσημβρινοῦ ἀέρος· τοὺς δὲ πολλοῦ τοῦ θάλπους δεομένους νότῳ καὶ εὔρῳ καὶ ζεφύρῳ ὑπέθηκε. [8] τί ⟨δ᾽⟩ ἂν σοι τὸ ἐπὶ τούτῳ λέγοιμι παλαίστρας καὶ τὰς κοινὰς τῶν ἱματιοφυλακούντων κατασκευὰς ταχεῖαν ἐπὶ τὸ λουτρὸν καὶ μὴ διὰ μακροῦ τὴν ὁδὸν ἐχούσας τοῦ χρησίμου τε καὶ ἀβλαβοῦς ἕνεκα;

Καὶ μή με ὑπολάβῃ τις μικρὸν ἔργον προθέμενον κοσμεῖν τῷ λόγῳ προαιρεῖσθαι· τὸ γὰρ ἐν τοῖς κοινοῖς καινὰ ἐπινοῆσαι κάλλους δείγματα, οὐ μικρᾶς σοφίας ἔγωγε τίθεμαι, οἷον καὶ τόδε τὸ ἔργον ὁ θαυμάσιος ἡμῖν Ἱππίας ἐπεδείξατο πάσας ἔχον τὰς βαλανείου ἀρετάς, τὸ χρήσιμον, τὸ? εὔκαιρον, τὸ εὐφεγγές, τὸ σύμμετρον, τὸ τῷ τόπῳ ἡρμοσμένον, τὸ τὴν χρείαν ἀσφαλῆ παρεχόμενον, καὶ προσέτι τῇ ἄλλῃ περινοίᾳ κεκοσμημένον, ἀφόδων μὲν ἀναγκαίων δυσὶν ἀναχωρήσεσιν, ἐξόδοις δὲ

dern, und auch er erglänzt bis zum höchsten Punkt seines Daches von phrygischem Marmor. Darauffolgend nimmt einen ein Durchgang mit starker Hitze auf, in numidischem Marmor ausgekleidet. Der nächste, noch weiter innen liegende Saal ist von besonderer Schönheit, lichtdurchflutet und gleichsam purpurgemustert. Er bietet ebenfalls drei Wannenbäder, mit heißem Wasser.

(7) Hast du gebadet, dann brauchst du nicht den Weg durch dieselben Säle wieder zurückzugehen, sondern kannst eine Abkürzung durch einen lauwarmen Saal zum Kaltwassersaal nehmen, all das bei strahlender Beleuchtung und vollem Tageslicht im Inneren. Außerdem ist die Höhe der Säle verhältnisgemäß, ihre Breite steht in Proportion zur Länge, überall herrscht Anmut und über allem erblüht Aphrodite. Denn wie es der edle Pindar formuliert hat: »Das Antlitz des Werks, das beginnt, lasse weithin strahlen!«[9] Das dürfte hier am allermeisten durch den Glanz, das Strahlen und die lichtführenden Fenster bewerkstelligt sein. Denn der wahrhaft kluge Hippias hat den Kaltwassersaal so angelegt, dass er nach Norden geht, aber doch ein wenig von der Luft aus dem Süden empfängt; die Säle, die viel Wärme benötigen, hat er dem Süd-, dem Ost- und dem Westwind ausgesetzt. **(8)** Und was soll ich dir darüber hinaus noch über die Ringplätze und über die öffentlichen Vorrichtungen für die Kleiderablage sagen, wie schnell und ohne lange Wege man von ihnen aus in der Badehalle ist, bequem und ohne Risiko?

Dass mir keiner glaubt, ich hätte mir da ein unerhebliches Werk vorgenommen, um es durch meine Beredsamkeit zu schmücken! Es bedarf nämlich nicht unerheblicher Klugheit, sich bei Allerweltsgegenständen neue Proben und Beispiele von Schönheit auszudenken, wie es auch bei diesem Bauwerk der bewunderungswürdige Hippias gemacht hat, der uns präsentiert hat,[10] wie es alle Vorzüge eines Bades besitzt: Nützlichkeit, glückliche Lage, gute Beleuchtung, Proportion, Anpassung an die Gegebenheiten des Geländes, risikolose Benutzbarkeit; obendrein die allgemeine Umsicht, mit der es ausgestattet wurde: mit zwei Rückzugsorten für die natürlichen Be-

πολλαῖς τεθυρωμένον, ὡρῶν δὲ διττὰς δηλώσεις, τὴν μὲν δι' ὕδατος καὶ μυκήματος, τὴν δὲ δι' ἡλίου ἐπιδεικνύμενον.

Ταῦτα ἰδόντα μὴ ἀποδοῦναι τὸν πρέποντα ἔπαινον τῷ ἔργῳ οὐκ ἀνοήτου μόνον, ἀλλὰ καὶ ἀχαρίστου, μᾶλλον δὲ βασκάνου μοι εἶναι ἔδοξεν. ἐγὼ μὲν οὖν εἰς δύναμιν καὶ τὸ ἔργον καὶ τὸν τεχνίτην καὶ δημιουργὸν ἠμειψάμην τῷ λόγῳ. εἰ δὲ θεὸς παράσχοι καὶ λούσασθαί ποτε, πολλοὺς οἶδα ἕξων τοὺς κοινωνήσοντάς μοι τῶν ἐπαίνων.

dürfnisse, mit vielen Ausgängen und mit zwei Stundenzeigern, von denen der eine durch Wasser und ein Stiergebrüll die Zeit weist, der andere durch die Sonne.

Wer dies sieht und dem Werk nicht das gebührende Lob abstattet, wäre, habe ich gedacht, nicht nur unverständig, sondern auch für Schönheit unempfänglich, ja mehr noch neiderfüllt und boshaft. Daher habe ich nun jedenfalls nach Kräften mit meiner Beredsamkeit dem Werk, dem Künstler und dem Baumeister meinen Tribut gezollt. Gewährt euch ein Gott, dort eines Tages ebenfalls baden zu dürfen, so werden, das weiß ich, viele in mein Lob einstimmen.

ΠΕΡΙ ΤΟΥ ΟΙΚΟΥ

[1] Εἶτα Ἀλέξανδρος μὲν ἐπεθύμησεν ἐν τῷ Κύδνῳ λούσασθαι καλόν τε καὶ διαυγῆ τὸν ποταμὸν ἰδὼν καὶ ἀσφαλῶς βαθὺν καὶ προσηνῶς ὀξὺν καὶ νήξασθαι ἡδὺν καὶ θέρους ὥρᾳ ψυχρόν, ὥστε καὶ ἐπὶ προδήλῳ τῇ νόσῳ ἣν ἐνόσησεν ἀπ᾽ αὐτοῦ δοκεῖ μοι οὐκ ἂν τοῦ λουτροῦ ἀποσχέσθαι· οἶκον δέ τις ἰδὼν μεγέθει μέγιστον καὶ κάλλει κάλλιστον καὶ φωτὶ φαιδρότατον καὶ χρυσῷ στιλπνότατον καὶ γραφαῖς ἀνθηρότατον οὐκ ἂν ἐπιθυμήσειε λόγους ἐν αὐτῷ διαθέσθαι, εἰ τύχοι περὶ τούτους διατρίβων, καὶ ἐνευδοκιμῆσαι καὶ ἐλλαμπρύνασθαι καὶ βοῆς ἐμπλῆσαι καὶ ὡς ἔνι μάλιστα καὶ αὐτὸς μέρος τοῦ κάλλους αὐτοῦ γενέσθαι, ἀλλὰ περισκοπήσας ἀκριβῶς καὶ θαυμάσας μόνον ἄπεισι κωφὸν αὐτὸν καὶ ἄλογον καταλιπών, μήτε προσειπὼν μήτε προσομιλήσας, ὥσπερ τις ἄναυδος ἢ φθόνῳ σιωπᾶν ἐγνωκώς; **[2]** Ἡράκλεις, οὐ φιλοκάλου τινὸς οὐδὲ περὶ τὰ εὐμορφότατα ἐρωτικοῦ τὸ ἔργον, ἀγροικία δὲ πολλὴ καὶ ἀπειροκαλία καὶ προσέτι γε ἀμουσία, τῶν ἡδίστων αὑτὸν ἀπαξιοῦν καὶ τῶν καλλίστων ἀποξενοῦν καὶ μὴ συνιέναι ὡς οὐχ ὁ αὐτὸς περὶ τὰ θεάματα νόμος ἰδιώταις τε καὶ πεπαιδευμένοις ἀνδράσιν, ἀλλὰ τοῖς μὲν ἀπόχρη τὸ κοινὸν τοῦτο, ἰδεῖν μόνον καὶ περιβλέψαι καὶ τὼ ὀφθαλμὼ περιενεγκεῖν καὶ πρὸς τὴν ὀροφὴν ἀνακῦψαι καὶ τὴν χεῖρα ἐπισεῖσαι καὶ καθ᾽ ἡσυχίαν ἡσθῆναι, δέει τοῦ μὴ ἂν δυνηθῆναι ἄξιόν τι τῶν βλεπομένων εἰπεῖν, ὅστις δὲ μετὰ παιδείας ὁρᾷ τὰ καλά, οὐκ ἄν, οἶμαι, ἀγαπή-

VOM SAAL

(1) Als Alexander der Große den Kydnos erblickte, diesen schönen und klaren Fluss mit seiner zuverlässigen Tiefe, seiner leichten Strömung, zum Schwimmen verlockend und kühl in der Sommerhitze, ja, da packte ihn so sehr das Verlangen, darin zu baden, dass er, meine ich, nicht einmal dann, wenn sich die Krankheit, die danach ausbrechen sollte, bereits angekündigt hätte, von diesem Bad Abstand genommen hätte:[1] Wer aber einen Saal erblickt, von gewaltiger Größe, von strahlender Schönheit, von leuchtendem Licht und glitzerndem Goldglanz erfüllt, mit einer Blütenpracht von Malereien, würde den denn etwa nicht das Verlangen packen, eine Rede in ihm zu halten – wenn dies sein Betätigungsfeld wäre –, Ruhm und Ansehen in ihm zu ernten, ihn mit dem Klang seiner Stimme zu füllen, ja womöglich gar selbst ein Teil seiner Schönheit zu werden? Oder würde er sich etwa nur eingehend umschauen, um dann voll stiller Bewunderung den Saal stumm und wortlos zurückzulassen, ohne ihn anzusprechen, ohne seine Gesellschaft zu suchen, gerade als ob er keine Stimme besäße oder sich aus Missgunst zu schweigen entschlossen hätte?

(2) Beim Herakles, so würde kein Freund von Schönheit, kein Liebhaber von Wohlgestalt handeln: Nein, große Plumpheit, Geschmacklosigkeit, ja schlimmer noch: Banausentum wäre es, sich solcher Herrlichkeiten für unwert zu halten, sich solchen Schönheiten zu entfremden und nicht zu verstehen, dass im Umgang mit Sehenswürdigem für Gebildete nicht die gleichen Regeln gelten wie für Laien. Denn denen genügt zwar das Verhalten der Allgemeinheit: bloß zu gucken, herumzuschauen, die Augen wandern zu lassen, den Kopf im Nacken zur Decke zu blicken, mit den Fingern auf alles zu zeigen und stumm zu genießen, aus Furcht, nichts äußern zu können, was des Gesehenen würdig wäre. Wer aber das Schöne als gebildeter Mensch anschaut, der würde sich, glaube ich, nicht damit zufrieden geben wollen, die lieblichen Früchte nur mit

σειεν ὄψει μόνῃ καρπωσάμενος τὸ τερπνὸν οὐδ᾽ ἂν ὑπομεῖναι ἄφωνος θεατὴς τοῦ κάλλους γενέσθαι, πειράσεται δὲ ὡς οἷόν τε καὶ ἐνδιατρῖψαι καὶ λόγῳ ἀμείψασθαι τὴν θέαν. [3] ἡ δὲ ἀμοιβὴ οὐκ ἔπαινος τοῦ οἴκου μόνον – τοῦτο μὲν γὰρ ἴσως ἐκείνῳ τῷ νησιώτῃ μειρακίῳ ἔπρεπε, τὴν Μενελάου οἰκίαν ὑπερεκπεπλῆχθαι καὶ πρὸς τὰ ἐν οὐρανῷ καλὰ τὸν ἐλέφαντα καὶ τὸν χρυσὸν αὐτῆς ἀπεικάζειν, ἅτε μηδὲν ἐν γῇ καλόν τι ἄλλο ἑωρακότι – ἀλλὰ καὶ τὸ εἰπεῖν ἐν αὐτῷ καὶ τοὺς βελτίστους συγκαλέσαντα λόγων ἐπίδειξιν ποιήσασθαι μέρος τοῦ ἐπαίνου καὶ τοῦτο γένοιτο ἄν.

Καὶ τὸ πρᾶγμα ὑπερήδιστον, οἶμαι, οἴκων ὁ κάλλιστος ἐς ὑποδοχὴν λόγων ἀναπεπταμένος καὶ ἐπαίνου καὶ εὐφημίας μεστὸς ὤν, ἠρέμα καὶ αὐτὸς ὥσπερ τὰ ἄντρα συνεπηχῶν καὶ τοῖς λεγομένοις παρακολουθῶν καὶ παρατείνων τὰ τελευταῖα τῆς φωνῆς καὶ τοῖς ὑστάτοις τῶν λόγων ἐμβραδύνων, μᾶλλον δὲ ὡς ἄν τις εὐμαθὴς ἀκροατὴς διαμνημονεύων τὰ εἰρημένα καὶ τὸν λέγοντα ἐπαινῶν καὶ ἀντίδοσιν οὐκ ἄμουσον ποιούμενος πρὸς αὐτά· οἷόν τι πάσχουσι πρὸς τὰ αὐλήματα τῶν ποιμένων αἱ σκοπιαὶ ἐπαυλοῦσαι, τῆς φωνῆς ἐπανιούσης κατὰ τὸ ἀντίτυπον καὶ πρὸς αὑτὴν ἀναστρεφούσης· οἱ δὲ ἰδιῶται νομίζουσι παρθένον τινὰ εἶναι τὴν ἀμειβομένην τοὺς ᾄδοντας ἢ βοῶντας, ἐν μέσοις που τοῖς κρημνοῖς κατοικοῦσαν καὶ λαλοῦσαν ἐκ τῶν πετρῶν ἔνδοθεν.

[4] Ἐμοὶ γοῦν δοκεῖ καὶ συνεξαίρεσθαι οἴκου πολυτελείᾳ ἡ τοῦ λέγοντος γνώμη καὶ πρὸς τοὺς λόγους ἐπεγείρεσθαι, καθάπερ τι καὶ ὑποβαλλούσης τῆς θέας· σχεδὸν γὰρ εἰσρεῖ τι διὰ τῶν ὀφθαλμῶν ἐπὶ τὴν ψυχὴν καλόν, εἶτα πρὸς αὐτὸ κοσμῆσαν ἐκπέμπει τοὺς λόγους. ἢ τῷ μὲν Ἀχιλλεῖ πιστεύομεν τὴν ὄψιν τῶν ὅπλων ἐπιτεῖναι κατὰ τῶν Φρυγῶν

Blicken zu pflücken, und es nicht ertragen, sprachloser Betrachter der Schönheit zu sein, sondern er wird sich nach Kräften bemühen, bei ihr zu verweilen und dem Anblick durch das Wort zu entsprechen.

(3) Und diese Entsprechung besteht nun nicht bloß in einem Lob des Saales – denn das hätte sich vielleicht sogar für jenen jungen Burschen aus der Inselprovinz gehört: vom Palast des Menelaos völlig verblüfft zu sein und das Elfenbein und das Gold darin mit den Schönheiten im Himmel zu vergleichen, hatte er doch auf Erden noch nie etwas anderes Schönes gesehen –,[2] sondern auch in ihm zu sprechen, die Spitzen der Gesellschaft einzuladen und dann vor ihnen zu deklamieren: Auch das sollte wohl ein Bestandteil des Lobes sein.

Ich meine, etwas Genussvolleres kann es nicht geben: Der schönste aller Säle, aufgetan zum Empfang von Reden und voll des Lobes und des Preises, gibt wie eine Höhle seinen Widerhall dazu, begleitet das Gesagte, lässt die Stimme länger ausklingen und verweilt auf jedem Satzende, ja mehr noch, er verhält sich wie ein aufmerksamer Zuhörer, der alles, was der Redner sagt, im Gedächtnis behält, ihm applaudiert und seine Worte – eine keinesfalls banausische Gegenleistung – nachspricht, genau wie die Felsen, die sich am Aulosspiel der Hirten beteiligen, indem dessen Klang sich an ihnen bricht und zu sich selbst zurückkehrt; die Laien aber glauben, es sei ein Mädchen, das den Singenden oder Rufenden antworte, ein Mädchen, das irgendwo in den Schluchten hause und vom Inneren der Felsen aus spreche.[3]

(4) Ich jedenfalls meine, dass die Pracht des Saales auch die geistigen Fähigkeiten des Redners erhebt und zum Reden erweckt, als ob das Schauen gleichsam etwas in Gang setze: Denn durch die Augen fließt geradezu etwas Schönes in die Seele, das dann die Worte in eine ihm entsprechende Ordnung bringt und hinausgehen lässt. Oder wollen wir glauben, dass zwar der Anblick der Waffen Achills Wut auf die Phryger entfachte und er sich, als er sie zur

τὴν ὀργήν, καὶ ἐπεὶ ἐνέδυ αὐτὰ πειρώμενος, ἐπαρθῆναι καὶ πτερωθῆ?ναι πρὸς τὴν τοῦ πολέμου ἐπιθυμίαν, λόγου δὲ σπουδὴν μὴ ἐπιτείνεσθαι πρὸς κάλλη χωρίων; καίτοι Σωκράτει μὲν ἀπέχρησε πλάτανος εὐφυὴς καὶ πόα εὐθαλὴς καὶ πηγὴ διαυγὴς μικρὸν ἀπὸ τοῦ Ἰλισσοῦ, κἀνταῦθα καθεζόμενος Φαίδρου τε τοῦ Μυρρινουσίου κατειρωνεύετο καὶ τὸν Λυσίου τοῦ Κεφάλου λόγον διήλεγχε καὶ τὰς Μούσας ἐκάλει, καὶ ἐπίστευεν ἥξειν αὐτὰς ἐπὶ τὴν ἐρημίαν συνεπιληψομένας τῶν περὶ τοῦ ἔρωτος λόγων, καὶ οὐκ ᾐσχύνετο γέρων ἄνθρωπος παρακαλῶν παρθένους συνᾳσομένας τὰ παιδεραστικά. ἐς δὲ οὕτω καλὸν χωρίον οὐκ ἂν οἰόμεθα καὶ ἀκλήτους αὐτὰς ἐλθεῖν;

[5] Καὶ μὴν οὐ κατά γε σκιὰν μόνην οὐδὲ κατὰ πλατάνου κάλλος ἡ ὑποδοχή, οὐδ᾽ ἂν τὴν ἐπὶ τῷ Ἰλισσῷ καταλιπὼν τὴν βασιλέως λέγῃς τὴν χρυσῆν· ἐκείνης μὲν γὰρ ἐν τῇ πολυτελείᾳ μόνῃ τὸ θαῦμα, τέχνη δὲ ἢ κάλλος ἢ τέρψις ἢ τὸ σύμμετρον ἢ τὸ εὔρυθμον οὐ συνείργαστο οὐδὲ κατεμέμικτο τῷ χρυσῷ, ἀλλ᾽ ἦν βαρβαρικὸν τὸ θέαμα, πλοῦτος μόνον καὶ φθόνος τῶν ἰδόντων καὶ εὐδαιμονισμὸς τῶν ἐχόντων· ἔπαινος δὲ οὐδαμοῦ προσῆν. οὐδὲ γὰρ ἔμελε τοῖς Ἀρσακίδαις τῶν καλῶν οὐδὲ πρὸς τὸ τερπνὸν ἐποιοῦντο τὰς ἐπιδείξεις οὐδ᾽ ἐφρόντιζον εἰ ἐπαινέσονται οἱ θεαταί, ἀλλ᾽ ὅπως ἐκπλαγήσονται. οὐ φιλόκαλοι γάρ, ἀλλὰ φιλόπλουτοί εἰσιν οἱ βάρβαροι.

[6] τούτου δὲ τοῦ οἴκου τὸ κάλλος οὐ κατὰ βαρβαρικούς τινας ὀφθαλμοὺς οὐδὲ κατὰ Περσικὴν ἀλαζονείαν ἢ βασιλικὴν μεγαλαυχίαν οὐδὲ πένητος μόνον, ἀλλὰ εὐφυοῦς θεατοῦ δεόμενον καὶ ὅτῳ μὴ ἐν τῇ ὄψει ἡ κρίσις, ἀλλά τις καὶ λογισμὸς ἐπακολουθεῖ τοῖς βλεπομένοις.

Τὸ γὰρ τῆς τε ἡμέρας πρὸς τὸ κάλλιστον ἀποβλέπειν – κάλλιστον

Probe anlegte, auf den Flügeln der Kampfeslust emporgetragen fühlte,[4] der rhetorische Eifer hingegen aber nicht durch die Schönheit einer Örtlichkeit entfacht werde? Und doch genügten dem Sokrates eine gut gewachsene Platane, eine grüne Wiese und eine klare Quelle unweit des Ilissos:[5] Dort nahm er Platz, ironisierte Phaidros aus Myrrhinus in Grund und Boden, widerlegte die Darlegungen von Kephalos' Sohn Lysias und rief die Musen an; er war der festen Überzeugung, sie würden in diese einsame Gegend kommen, um sich mit ihm zusammen an eine Rede über die Liebe zu machen, und obgleich er ein alter Mann war, genierte er sich nicht, junge Mädchen zum gemeinsamen Gesang über die Knabenliebe zu bitten. Da sollen wir nicht glauben, dass sie zu einem so schönen Ort wie diesem hier sogar ungerufen kämen?

(5) Und in der Tat: Die Musen machen nicht dort Quartier, wo es nur Schatten und schöne Platanen gibt, nicht einmal, wenn du statt der Platane am Ilissos die goldene Platane des persischen Großkönigs anführen wolltest.[6] Denn in ihrem Fall gilt die Bewunderung allein der Pracht – Kunst aber, Schönheit, Ergötzen, Ebenmaß, Proportion hatten keinen Anteil am Werk und waren dem Gold nicht beigemischt, sondern barbarisch war ihr Anblick, bloßer Reichtum, Neid in den Augen der Betrachter und Seligpreisungen der Besitzer: Wahres Lob aber gab es keines. Denn den Arsakiden[7] ging es nicht um Schönheit, ihre Zurschaustellungen zielten nicht auf Ergötzen ab und es war ihnen nicht um das Lob der Betrachter zu tun, sondern um ihr sprachloses Staunen. Sind die Barbaren doch keine Liebhaber des Schönen, sondern Liebhaber des Reichtums.

(6) Die Schönheit dieses Saales aber ist nicht auf Barbarenaugen berechnet, auch nicht für persische Angeberei oder großkönigliche Prahlerei bestimmt; und sie bedarf auch nicht einfach nur eines armen, sondern eines begabten Betrachters, dessen Urteilsvermögen sich nicht auf seine Augen beschränkt, sondern der auch mit dem Verstand begreift, was er sieht.

Denn die Tatsache, dass der Saal auf die schönste Seite des Tages

δὴ αὐτῆς καὶ ποθεινότατον ἡ ἀρχή – καὶ τὸν ἥλιον ὑπερκύψαντα εὐθὺς ὑποδέχεσθαι καὶ τοῦ φωτὸς ἐμπίπλασθαι ἐς κόρον ἀναπεπταμένων τῶν θυρῶν [καθ᾽ ὃ καὶ τὰ ἱερὰ βλέποντα ἐποίουν οἱ παλαιοί], καὶ τὸ τοῦ μήκους πρὸς τὸ πλάτος καὶ ἀμφοῖν πρὸς τὸ ὕψος εὔρυθμον καὶ τῶν φωταγωγῶν τὸ ἐλεύθερον καὶ πρὸς ὥραν ἑκάστην εὖ ἔχον, πῶς οὐχ ἡδέα ταῦτα πάντα καὶ ἐπαίνων ἄξια;

[7] Ἔτι δὲ θαυμάσειεν ἄν τις καὶ τῆς ὀροφῆς ἐν τῷ εὐμόρφῳ τὸ ἀπέριττον κἀν τῷ εὐκόσμῳ τὸ ἀνεπίληπτον καὶ τὸ τοῦ χρυσοῦ ἐς τὸ εὐπρεπὲς σύμμετρον, ἀλλὰ μὴ παρὰ τὰς χρείας ἐπίφθονον, ἀλλ᾽ ὁπόσον ἂν καὶ γυναικὶ σώφρονι καὶ καλῇ ἀρκέσῃ ἐπισημότερον ἐργάσασθαι τὸ κάλλος, ἢ περὶ τῇ δειρῇ λεπτός τις ὅρμος ἢ περὶ τῷ δακτύλῳ σφενδόνη εὔφορος ἢ ἐν τοῖν ὤτοιν ἐλλόβια ἢ πόρπη τις ἢ ταινία τὸ ἄφετον τῆς κόμης συνδέουσα, τοσοῦτον τῇ εὐμορφίᾳ προστιθεῖσα ὅσον τῇ ἐσθῆτι ἡ πορφύρα· αἱ δέ γε ἑταῖραι, καὶ μάλιστα αἱ ἀμορφότεραι αὐτῶν, καὶ τὴν ἐσθῆτα ὅλην πορφυρᾶν καὶ τὴν δειρὴν χρυσῆν πεποίηνται, τῷ πολυτελεῖ θηρώμεναι τὸ ἐπαγωγὸν καὶ τὸ ἐνδέον τῷ καλῷ προσθέσει τοῦ ἔξωθεν τερπνοῦ παραμυθούμεναι· ἡγοῦνται γὰρ καὶ τὴν ὠλένην αὐταῖς στιλπνοτέραν φανεῖσθαι συναπολάμπουσαν τῷ χρυσῷ καὶ τοῦ ποδὸς τὸ μὴ εὐπερίγραφον λήσειν ὑπὸ χρυσῷ σανδάλῳ καὶ τὸ πρόσωπον αὐτὸ ἐρασμιώτερον γενήσεσθαι τῷ φαεινοτάτῳ συνορώμενον. ἀλλ᾽ ἐκεῖναι μὲν οὕτως· ἡ δέ γε σώφρων χρυσῷ μὲν τὰ ἀρκοῦντα καὶ μόνον τὰ ἀναγκαῖα προσχρῆται, τὸ δ᾽ αὑτῆς κάλλος οὐκ ἂν αἰσχύνοιτο, οἶμαι, καὶ γυμνὴ δεικνύουσα.

[8] Καὶ τοίνυν ἡ τοῦδε τοῦ οἴκου ὀροφή, μᾶλλον δὲ κεφαλή,

ausgerichtet ist – die schönste und mit größter Sehnsucht erwartete Zeit des Tages ist sein Anfang –, dass er die ersten Strahlen der Sonne aufnimmt, sobald sie über den Horizont steigt, und bei geöffneten Türen von Licht durchflutet wird, [ganz wie die alten Baumeister die Heiligtümer auszurichten pflegten][8], dazu das wohlproportionierte Verhältnis von Länge zu Breite und von beiden zur Höhe, die großzügige und für jede Jahreszeit passende Bemessung der Fenster: Wie sollte das alles nicht erfreulich sein und Lob verdienen?[9]

(7) Darüber hinaus kann man an der Decke die schlichte Schönheit ihrer Form bewundern, die Tadellosigkeit ihrer Ausschmückung und die Angemessenheit der Verarbeitung von Gold, die die Grenzen des Schicklichen wahrt und nicht ohne Not neidische Blicke hervorrufen will; nein, der Aufwand an Gold entspricht im Verhältnis dem, was auch einer anständigen und schönen Frau genügen würde, um ihre Schönheit augenfälliger zu machen, eine dünne Kette um den Hals oder am Finger ein schmaler Reif, Ohrringe, eine Spange oder ein Band, um die Fülle des Haares zu bändigen und ihr gutes Aussehen gerade so viel zu unterstützen wie ein Purpurstreifen das Kleid. Hetären hingegen, und vor allem die hässlicheren unter ihnen, färben ihr ganzes Kleid purpurn und schminken sich ihren Hals golden: So jagen sie mit Hilfe bloßer Pracht der Attraktivität hinterher und versuchen, dem Mangel an Schönheit durch äußerliche Reize abzuhelfen. Denn sie glauben, ihre Arme würden zugleich mit dem Gold, das auf ihnen funkelt, auch selbst mehr schimmern, die Tatsache, dass ihr Fuß nicht schlank und wohlgeformt ist, werde von einer goldenen Sandale gut kaschiert, und ihr Gesicht werde durch den gleichzeitigen Anblick von glitzerndem Schmuck auch selbst liebreizender. So machen es die Hetären! Eine anständige Frau hingegen verwendet jedenfalls gerade genug Gold und nicht mehr als nötig, und würde sich, meine ich, ihrer eigenen Schönheit auch dann nicht schämen müssen, wenn sie sie nackt zeigen sollte.

(8) Und so bietet also auch das Dach, oder besser, das Haupt

εὐπρόσωπος μὲν καὶ καθ' ἑαυτήν, τῷ χρυσῷ δὲ ἐς τοσοῦτον κεκόσμηται, ἐς ὅσον καὶ οὐρανὸς ἐν νυκτὶ ὑπὸ τῶν ἀστέρων ἐκ διαστήματος περιλαμπόμενος καὶ ἐκ διαλείμματος ἀνθῶν τῷ πυρί. εἰ δέ γε πῦρ ἦν τὸ πᾶν, οὐ καλὸς ἄν, ἀλλὰ φοβερὸς ἡμῖν ἔδοξεν. ἴδοι δ' ἄν τις οὐδ' ἀργὸν ἐνταῦθα τὸν χρυσὸν οὐδὲ μόνου τοῦ τέρποντος εἵνεκα τῷ λοιπῷ κόσμῳ συνεσπαρμένον, ἀλλὰ καὶ αὐγήν τινα ἡδεῖαν ἀπολάμπει καὶ τὸν οἶκον ὅλον ἐπιχρώννυσι τῷ ἐρυθήματι· ὁπόταν γὰρ τὸ φῶς προσπεσὸν ἐφάψηται καὶ ἀναμιχθῇ τῷ χρυσῷ, κοινόν τι ἀπαστράπτουσι καὶ διπλασίαν τοῦ ἐρυθήματος ἐκφαίνουσι τὴν αἰθρίαν.

[9] Τὰ μὲν δὴ ὑψηλὰ καὶ κορυφαῖα τοῦ οἴκου τοιάδε, Ὁμήρου τινὸς δεόμενα ἐπαινέτου, ἵνα αὐτὸν ἢ ὑψώροφον ὡς τὸν Ἑλένης θάλαμον ἢ αἰγλήεντα ὡς τὸν Ὄλυμπον εἴποι· τὸν δὲ ἄλλον κόσμον καὶ τὰ τῶν τοίχων γράμματα καὶ τῶν χρωμάτων τὰ κάλλη καὶ τὸ ἐναργὲς ἑκάστου καὶ τὸ ἀκριβὲς καὶ τὸ ἀληθὲς ἔαρος ὄψει καὶ λειμῶνι δὲ εὐανθεῖ καλῶς ἂν ἔχοι παραβαλεῖν· πλὴν παρ' ὅσον ἐκεῖνα μὲν ἀπανθεῖ καὶ μαραίνεται καὶ ἀλλάττεται καὶ ἀποβάλλει τὸ κάλλος, τουτὶ δὲ [τὸ] ἔαρ ἀΐδιον καὶ λειμὼν ἀμάραντος καὶ [τὸ] ἄνθος ἀθάνατον, ἅτε μόνης τῆς ὄψεως ἐφαπτομένης καὶ δρεπομένης τὸ ἡδὺ τῶν βλεπομένων.

[10] Τὰ δὴ τοσαῦτα καὶ τοιαῦτα τις οὐκ ἂν ἡσθείη βλέπων ἢ τις οὐκ ἂν προθυμηθείη καὶ παρὰ τὴν δύναμιν ἐν αὐτοῖς λέγειν, εἰδὼς αἴσχιστον ὂν ἀπολειφθῆναι τῶν ὁρωμένων; ἐπαγωγότατον γάρ τι ἡ ὄψις τῶν καλῶν, οὐκ ἐπ' ἀνθρώπων μόνον, ἀλλὰ καὶ ἵππος ἥδιον ἂν οἶμαι δράμοι κατὰ πρανοῦς πεδίου καὶ μαλακοῦ, προσηνῶς δεχομένου τὴν βάσιν καὶ ἠρέμα ὑπείκοντος τῷ ποδὶ καὶ μὴ ἀντιτυποῦντος τῇ ὁπλῇ· ἅπαντι γοῦν

dieses Saales schon von sich aus ein schönes Antlitz, mit Goldschmuck aber ist es nur soweit ausgestattet wie der Nachthimmel mit Sternen: Sie prangen rings in weiter Entfernung voneinander, und ihre feurigen Knospen sind durch Abstände getrennt. Wäre der Himmel jedoch ganz Feuer, käme er uns nicht schön vor, sondern schrecklich. Man kann sehen, dass das Gold auch hier nicht dem Selbstzweck dient und auch nicht nur um des bloßen Ergötzens willen über den übrigen Schmuck verstreut ist: Vielmehr glänzt es angenehm und verleiht dem ganzen Saal einen rötlichen Farbschimmer: Trifft nämlich das einfallende Licht auf das Gold und verbindet sich mit ihm, dann blitzen sie sozusagen gemeinsam auf und lassen die Halle[10] in doppelt rötlichem Glanz leuchten.

(9) Soweit zur Decke, gleichsam dem Scheitel des Saales, die eines Homer als Lobredners bedürfte, damit er ihn entweder »hochgedeckt« wie das Gemach der Helena[11] oder »strahlend« wie den Olymp[12] nennte. Die übrige Dekoration, die Wandgemälde, die Schönheit der Farben, die Klarheit, die Treue und Deutlichkeit jedes Details lassen sich gut mit dem Anblick des Frühlings und einer Blumenwiese in voller Blütenpracht vergleichen – sieht man davon ab, dass jene Blumen verblühen, verwelken, vergehen und ihre Schönheit verlieren, dieser Frühling hier aber ewig dauert, diese Wiese nie verwelkt, diese Blüte nie stirbt: Denn nur der Blick berührt sie, nur das Auge pflückt den Liebreiz ihres Anblicks.

(10) Wen würden solche Herrlichkeiten, in solcher Zahl, nicht beglücken, wer würde sich nicht wünschen, sich selbst zu übertreffen und an einem solchen Ort zu sprechen, selbst in dem Wissen, welche Schande es bedeutet, hinter all dem, was sich dem Auge darbietet, zurückzubleiben? Denn Schönes anzuschauen wirkt im Höchstmaß motivierend. Und das gilt nicht nur für Menschen, sondern auch ein Pferd, meine ich, läuft lieber über einen leicht abfallenden und weichen Grasboden, der seinen Tritt sanft auffängt, seinem Ballen sachte nachgibt und nicht hart gegen den Huf schlägt. Dann jedenfalls greift es im Lauf weit aus, und in seiner

τότε χρῆται τῷ δρόμῳ καὶ ὅλον ἐπιδοὺς ἑαυτὸν τῷ τάχει ἁμιλλᾶται καὶ πρὸς τοῦ πεδίου τὸ κάλλος.

[11] ὁ δὲ ταὼς ἦρος ἀρχομένου πρὸς λειμῶνά τινα ἐλθών, ὁπότε καὶ τὰ ἄνθη πρόεισιν οὐ ποθεινότερα μόνον, ἀλλὰ καὶ ὡς ἂν εἴποι τις ἀνθηρότερα καὶ τὰς βαφὰς καθαρώτερα, τότε καὶ οὗτος ἐκπετάσας τὰ πτερὰ καὶ ἀναδείξας τῷ ἡλίῳ καὶ τὴν οὐρὰν ἐπάρας καὶ πάντοθεν αὑτῷ περιστήσας ἐπιδείκνυται τὰ ἄνθη τὰ αὑτοῦ καὶ τὸ ἔαρ τῶν πτερῶν ὥσπερ αὐτὸν προκαλοῦντος τοῦ λειμῶνος ἐς τὴν ἅμιλλαν· ἐπιστρέφει γοῦν ἑαυτὸν καὶ περιάγει καὶ ἐμπομπεύει τῷ κάλλει· ὅτε δὴ καὶ θαυμασιώτερος φαίνεται πρὸς τὴν αὐγὴν ἀλλαττομένων αὐτῷ τῶν χρωμάτων καὶ μεταβαινόντων ἠρέμα καὶ πρὸς ἕτερον εὐμορφίας εἶδος τρεπομένων. πάσχει δὲ αὐτὸ μάλιστα ἐπὶ τῶν κύκλων, οὓς ἐπ᾽ ἄκροις ἔχει τοῖς πτεροῖς, ἴριδός τινος ἕκαστον περιθεούσης· ὃ γὰρ τέως χαλκὸς ἦν, τοῦτο ἐγκλίναντος ὀλίγον χρυσὸς ὤφθη, καὶ τὸ ὑπὸ τῷ ἡλίῳ κυαναυγές, εἰ σκιασθείη, χλοαυγές ἐστιν· οὕτω μετακοσμεῖται πρὸς τὸ φῶς ἡ πτέρωσις.

[12] ὅτι μὲν γὰρ καὶ ἡ θάλαττα ἱκανὴ προκαλέσασθαι καὶ εἰς ἐπιθυμίαν ἐπισπάσασθαι ἐν γαλήνῃ φανεῖσα, ἴστε, κἂν μὴ εἴπω· ὅτε, εἰ καὶ παντάπασιν ἠπειρώτης καὶ ἀπειρόπλους τις εἴη, πάντως ἂν ἐθελήσειε καὶ αὐτὸς ἐμβῆναι καὶ περιπλεῦσαι καὶ πολὺ ἀπὸ τῆς γῆς ἀποσπάσαι, καὶ μάλιστα εἰ βλέποι τὴν μὲν αὔραν κούφως ἐπουριάζουσαν τὴν ὀθόνην, τὴν δὲ ναῦν προσηνῶς τε καὶ λείως ἐπ᾽ ἄκρων ἠρέμα διολισθάνουσαν τῶν κυμάτων.

[13] Καὶ τοίνυν καὶ τοῦδε τοῦ οἴκου τὸ κάλλος ἱκανὸν καὶ παρορμῆσαι ἐς λόγους καὶ λέγοντα ἐπεγεῖραι καὶ πάντα τρόπον εὐδοκιμῆσαι παρασκευάσαι. ἐγὼ μὲν δὴ τούτοις πείθομαι καὶ ἤδη πέπεισμαι καὶ ἐς

völligen Hingabe an die Geschwindigkeit wetteifert es sogar mit der Schönheit des Bodens.[13]

(11) Kommt ein Pfau zu Frühlingsbeginn auf eine Wiese – wenn die Blumen so sprießen, dass sie entzückender, ja, wie soll man sagen, blühender und farbenreiner nicht sein könnten –, dann spreizt auch er seine Flügel, zeigt sie der Sonne, hebt seinen Schwanz, schlägt sein Rad und präsentiert auf diese Weise seine eigenen Blüten und seiner Flügel Frühling, gerade als ob ihn die Blumenwiese zum Wettstreit herausfordere: Dann dreht er sich und wendet sich und triumphiert in seiner Schönheit. Ja, bisweilen erstrahlt sie noch staunenswerter, wenn seine Farben sich im Sonnenlicht verändern, ohne scharfe Kontraste ineinander übergehen und sich in immer neue schöne Anblicke wandeln. Am häufigsten geschieht das bei den Augen auf den Flügelspitzen, deren jedes einzelne eine Art Regenbogen umspielt: Was eben noch bronzen schimmerte, das sieht bei der leisesten Neigung golden aus, und was im Sonnenlicht Azur war, das wird, fällt Schatten darauf, zu leuchtendem Grün. So wandelt sich der malerische Schmuck seines Gefieders mit dem Lichteinfall.

(12) Dass auch das Meer, wie es sich an einem heiteren und windstillen Tag zeigt, uns leicht herauszufordern und zu heftigem Begehren hinzureißen vermag, das wisst ihr, auch ohne dass es meiner Worte bedürfte; wie sehr einer auch dem Festland verbunden und ohne jede Ahnung von der Seefahrt sein mag, es wird ihn doch oft sehr verlocken, sich auch selbst einzuschiffen und umherzukreuzen und sich weit von der Küste zu entfernen, vor allem dann, wenn er sieht, wie eine Brise leicht das Segel bläht und das Schiff sanft und ruhig schwebend langsam über die Wellenkämme gleitet.

(13) Genau so vermag einen nun auch die Schönheit dieses Saales zum Reden zu animieren und während des Redens zu inspirieren und auf jede Weise in die Stimmung zu bringen, Ruhm und Ehre zu erlangen. Davon bin ich wirklich überzeugt, und mit dieser Überzeugung bin ich in diesen Saal gekommen, um eine Rede zu

τὸν οἶκον ἐπὶ λόγοις παρελήλυθα ὥσπερ ὑπὸ ἴυγγος ἢ Σειρῆνος τῷ κάλλει ἑλκόμενος, ἐλπίδα οὐ μικρὰν ἔχων, εἰ καὶ τέως ἡμῖν ἄμορφοι ἦσαν οἱ λόγοι, καλοὺς αὐτοὺς φανεῖσθαι καθάπερ ἐσθῆτι καλῇ κεκοσμημένους.

[14] Ἕτερος δέ τις οὐκ ἀγεννὴς λόγος, ἀλλὰ καὶ πάνυ γενναῖος, ὥς φησι, καὶ μεταξύ μου λέγοντος ὑπέκρουε καὶ διακόπτειν ἐπειρᾶτο τὴν ῥῆσιν καὶ ἐπειδὴ πέπαυμαι, οὐκ ἀληθῆ ταῦτα λέγειν φησί με, ἀλλὰ θαυμάζειν, εἰ φάσκοιμι ἐπιτηδειότερον εἶναι πρὸς λόγων ἐπίδειξιν οἴκου κάλλος γραφῇ καὶ χρυσῷ κεκοσμημένον· αὐτὸ γάρ που τοὐναντίον ἀποβαίνειν. μᾶλλον δέ, εἰ δοκεῖ, αὐτὸς παρελθὼν ὁ λόγος ὑπὲρ ἑαυτοῦ καθάπερ ἐν δικασταῖς ὑμῖν εἰπάτω, ὅπῃ λυσιτελέστερον ἡγεῖται τῷ λέγοντι εὐτέλειαν οἴκου καὶ ἀμορφίαν. ἐμοῦ μὲν ἀκηκόατε ἤδη λέγοντος, ὥστε οὐδὲν δέομαι δὶς περὶ τῶν αὐ?τῶν εἰπεῖν, ὁ δὲ παρελθὼν ἤδη λεγέτω, κἀγὼ σιωπήσομαι καὶ πρὸς ὀλίγον αὐτῷ μεταστήσομαι.

[15] Ἄνδρες τοίνυν δικασταί, φησὶν ὁ λόγος, ὁ μὲν προειπὼν ῥήτωρ πολλὰ καὶ μεγάλα τόνδε τὸν οἶκον ἐπῄνεσε καὶ τῷ ἑαυτοῦ λόγῳ ἐκόσμησεν, ἐγὼ δὲ τοσούτου δέω ψόγον αὐτοῦ διεξελεύσεσθαι, ὥστε καὶ τὰ ὑπ' ἐκείνου παραλελειμμένα προσθήσειν μοι δοκῶ· ὅσῳ γὰρ ἂν ὑμῖν καλλίων φαίνηται, τοσῷδε ὑπεναντίος τῇ τοῦ λέγοντος χρείᾳ δειχθήσεται.

Καὶ πρῶτόν γε ἐπειδὴ γυναικῶν καὶ κόσμου καὶ χρυσοῦ ἐκεῖνος ἐμνημόνευσεν, κἀμοὶ ἐπιτρέψατε χρήσασθαι τῷ παραδείγματι· φημὶ γὰρ οὖν καὶ γυναιξὶ καλαῖς οὐχ ὅπως συλλαμβάνειν ἐς τὸ εὐμορφότερον, ἀλλὰ καὶ ἐναντιοῦσθαι τὸν κόσμον τὸν πολύν, ὁπόταν τῶν ἐντυγχανόντων ἕκαστος ὑπὸ τοῦ χρυσοῦ καὶ τῶν λίθων τῶν πολυτελῶν

halten, von seiner Schönheit gleichsam herbeigezogen wie von einem Zauberrädchen oder einer Sirene,[14] und ich hege die nicht geringe Hoffnung, dass meine Worte, waren sie bislang auch ungestalt, wie von einem schönen Kleid geschmückt in Schönheit erstrahlen werden.

(14) Ein anderer Logos,[15] keineswegs ein unedler, vielmehr ganz im Gegenteil ein sehr edler, wie er sagt, ist mir, während ich sprach, immer wieder ins Wort gefallen und hat ständig versucht, meine Rede zu unterbrechen, und nun, wo ich geendet habe, behauptet er, dass ich lüge und dass er sich wundere, wie ich sagen könne, dass für eine Deklamation die mit Bildern und Gold geschmückte Schönheit eines Saales besonders hilfreich sei: Das Gegenteil treffe nämlich zu. Daher soll er, der Logos, wenn alle einverstanden sind, selbst auftreten und vor euch wie vor Richtern seine Auffassung verteidigen, dass ein schlichter und unscheinbarer Saal für einen Redner von größerem Vorteil sei. Meine Ausführungen habt ihr ja bereits gehört, so dass ich nicht zweimal über dasselbe zu sprechen brauche; soll also er vortreten und sprechen, und ich will schweigen und ihm für eine kurze Weile Platz machen.

(15) Nun also, ihr Herren Richter, sagt der Logos, mein Vorredner hat viele und gewaltige Worte des Lobes für diesen Saal hier gefunden und ihn solchermaßen durch seine eigene Rede geschmückt, und ich bin so weit davon entfernt, ihn etwa tadeln zu wollen, dass es mir vielmehr angemessen scheint, das, was er ausgelassen hat, noch nachzutragen: Denn je schöner der Saal sich euch präsentiert, als desto sperriger wird er sich für die Bedürfnisse eines Redners erweisen.

Da jener ja Frauen, Schmuck und Gold erwähnt hat, erlaubt auch mir, zunächst einmal von diesem Beispiel auszugehen: Denn ich behaupte, dass reicher Schmuck schönen Frauen nicht nur nicht zu größerer Schönheit verhelfen, sondern sich sogar gegenteilig auswirken kann, wenn nämlich jeder, der ihnen begegnet, geblendet von dem Gold und den Edelsteinen nicht das Lob ihres Hauttones, das

ἐκπλαγεὶς ἀντὶ τοῦ ἐπαινεῖν ἢ χρόαν ἢ βλέμμα ἢ δειρὴν ἢ πῆχυν ἢ δάκτυλον, ὁ δὲ ταῦτ' ἀφεὶς ἐς τὴν σαρδὼ ἢ τὸν σμάραγδον ἢ τὸν ὅρμον ἢ τὸ ψέλιον ἀποβλέπῃ, ὥστε ἄχθοιτο ἂν εἰκότως παρορωμένη διὰ τὸν κόσμον, οὐκ ἀγόντων σχολὴν ἐπαινεῖν αὐτὴν τῶν θεατῶν, ἀλλὰ πάρεργον αὐτῆς ποιουμένων τὴν θέαν.

[16] ὅπερ ἀνάγκη, οἶμαι, παθεῖν καὶ τὸν ἐν οὕτω καλοῖς ἔργοις λόγους δεικνύοντα· λανθάνει γὰρ ἐν τῷ μεγέθει τῶν καλῶν τὸ λεχθὲν καὶ ἀμαυροῦται καὶ συναρπάζεται, καθάπερ εἰ λύχνον τις εἰς πυρκαϊὰν μεγάλην φέρων ἐμβάλλοι ἢ μύρμηκα ἐπ' ἐλέφαντος ἢ καμήλου δεικνύοι. τοῦτό τε οὖν φυλακτέον τῷ λέγοντι, καὶ προσέτι μὴ καὶ τὴν φωνὴν αὐτὴν ἐπιταράττηται ἐν οὕτως εὐφώνῳ καὶ ἠχήεντι οἴκῳ λέγων· ἀντιφθέγγεται γὰρ καὶ ἀντιφωνεῖ καὶ ἀντιλέγει, μᾶλλον δὲ ἐπικαλύπτει τὴν βοήν, οἷόν τι καὶ σάλπιγξ δρᾷ τὸν αὐλόν, εἰ συναυλοῖεν, ἢ τοὺς κελευστὰς ἡ θάλαττα, ὁπόταν πρὸς κύματος ἦχον ἐπᾴδειν τῇ εἰρεσίᾳ θέλωσιν· ἐπικρατεῖ γὰρ ἡ μεγαλοφωνία καὶ κατασιωπᾷ τὸ ἧττον.

[17] Καὶ μὴν κἀκεῖνο, ὅπερ ἔφη ὁ ἀντίδικος, ὡς ἄρα ἐπεγείρει ὁ καλὸς οἶκος τὸν λέγοντα καὶ προθυμότερον παρασκευάζει, ἐμοὶ δοκεῖ τὸ ἐναντίον ποιεῖν· ἐκπλήττει γὰρ καὶ φοβεῖ καὶ τὸν λογισμὸν διαταράττει καὶ δειλότερον ἐργάζεται ἐνθυμούμενον ὡς ἁπάντων ἐστὶν αἴσχιστον ἐν εὐμόρφῳ χωρίῳ μὴ ὁμοίους φαίνεσθαι τοὺς λόγους. ἐλέγχων γὰρ οὗτός γε ὁ φανερώτατος, ὥσπερ ἂν εἴ τις πανοπλίαν καλὴν ἐνδὺς ἔπειτα φεύγοι πρὸ τῶν ἄλλων, ἐπισημότερος ὢν δειλὸς ἀπὸ τῶν ὅπλων. τοῦτο δέ μοι δοκεῖ λογισάμενος καὶ ὁ τοῦ Ὁμήρου ῥήτωρ ἐκεῖνος εὐμορφίας

Lob ihres Blickes, ihres Halses, ihres Armes oder ihres Fingers singt, sondern all das beiseite wischt und statt dessen auf den Karneol, den Smaragd, die Kette oder das Armband starrt. Da dürfte sie sich natürlich ärgern, wenn sie zugunsten ihres Schmuckes übersehen wird und ihre Bewunderer sich gar keine Zeit nehmen, sie selbst zu loben, sondern die Betrachtung ihrer Person zur Nebensache machen.

(16) Genauso geht es, meine ich, zwangsläufig auch demjenigen, der seine Rede inmitten solch herrlicher Kunstwerke hält: Von der Größe des Schönen wird das, was er zu sagen hat, verdeckt, verdunkelt, hinweggerissen, als ob man eine Lampe in ein mächtiges Feuer würfe oder eine Ameise auf einem Elefanten oder einem Kamel zeigte. Davor muss sich der Redner in Acht nehmen, und außerdem auch davor, dass er nicht den Klang seiner Stimme verdirbt, wenn er in einem Saal mit so klangvoll hallendem Echo spricht: Der dröhnt und tönt und spricht dagegen, mehr noch, er verdeckt sein Deklamieren, wie es auch eine Trompete mit einem Aulos täte, wenn sie gleichzeitig bliesen, oder wie das Meer mit den Rudermeistern, wenn sie den Männern auf den Bänken ihre Kommandos über das Klatschen der Wellen hinweg zurufen wollen: Denn die größere Lautstärke übertönt die geringere und lässt sie verstummen.[16]

(17) Meiner Meinung nach wirkt sich auch das, was mein Gegner behauptet hat, dass also ein schöner Saal den Redner anstachle und noch stärker entflamme, eher gegenteilig aus: Es versetzt ihn nämlich in Angst und Schrecken, es trübt ihm den Verstand und nimmt ihm allen Mut, wenn er sich klar macht, dass es keine größere Schande geben kann, als an einem herrlichen Ort keine vergleichbaren Worte hören zu lassen. Denn nichts kann einen Redner so unbarmherzig entlarven wie dieser Saal; wie wenn jemand eine schöne Rüstung angelegt hätte und dann vor allen anderen die Flucht ergriffe: Die Waffen machen nur um so deutlicher, dass er ein Feigling ist. Ich bin sicher, dass es diese Überlegung war, die den bekannten Redner bei Homer dazu bewog, sich am allerwenigsten

ἐλάχιστον φροντίσαι, μᾶλλον δὲ καὶ παντελῶς ἀΐδρει φωτὶ ἑαυτὸν ἀπεικάσαι, ἵνα αὐτῷ παραδοξότερον φαίνηται τῶν λόγων τὸ κάλλος ἐκ τῆς πρὸς τὸ ἀμορφότερον ἐξετάσεως. ἄλλως τε ἀνάγκη πᾶσα καὶ τὴν τοῦ λέγοντος αὐτοῦ διάνοιαν ἀσχολεῖσθαι περὶ τὴν θέαν καὶ τῆς φροντίδος τὸ ἀκριβὲς ἐκλύειν τῆς ὄψεως ἐπικρατούσης καὶ πρὸς αὐτὴν καλούσης καὶ τῷ λόγῳ προσέχειν οὐκ ἐώσης. ὥστε τίς μηχανὴ μὴ οὐχὶ πάντως ἔλαττον ἐρεῖν αὐτὸν τῆς ψυχῆς διατριβούσης περὶ τὸν τῶν δρωμένων ἔπαινον;

[18] Ἐῶ γὰρ λέγειν ὅτι καὶ οἱ παρόντες αὐτοὶ καὶ πρὸς τὴν ἀκρόασιν παρειλημμένοι ἐπειδὰν εἰς τοιοῦτον οἶκον παρέλθωσιν, ἀντὶ ἀκροατῶν θεαταὶ καθίστανται, καὶ οὐχ οὕτω Δημόδοκος ἢ Φήμιος ἢ Θάμυρις ἢ Ἀμφίων ἢ Ὀρφεύς τις λέγων ἐστίν, ὥστε ἀποσπάσαι τὴν διάνοιαν αὐτῶν ἀπὸ τῆς θέας· ἀλλ᾽ οὖν ἕκαστος, ἐπειδὰν μόνον ὑπερβῇ τὸν οὐδόν, ἀθρόῳ τῷ κάλλει περιχυθεὶς λόγων μὲν ἐκείνων ἢ ἀκροάσεως ἄλλης οὐδὲ τὴν ἀρχὴν ἀΐοντι ἔοικεν, ὅλος δὲ πρὸς τοῖς δρωμένοις ἐστίν, εἰ μὴ τύχοι τις παντελῶς τυφλὸς ὢν ἢ ἐν νυκτὶ ὥσπερ ἡ ἐξ Ἀρείου πάγου βουλὴ ποιοῖτο τὴν ἀκρόασιν.

[19] ὅτι γὰρ οὐκ ἀξιόμαχον λόγων ἰσχὺς ὄψει ἀνταγωνίσασθαι καὶ ὁ Σειρήνων μῦθος παρατεθεὶς τῷ περὶ τῶν Γοργόνων διδάξει ἄν· ἐκεῖναι μὲν γὰρ ἐκήλουν τοὺς παραπλέοντας μελῳδοῦσαι καὶ κολακεύουσαι τοῖς ᾄσμασιν καὶ καταπλεύσαντας ἐπὶ πολὺ κατεῖχον, καὶ ὅλως τὸ ἔργον αὐτῶν ἐδεῖτό τινος διατριβῆς, καί πού τις αὐτὰς καὶ παρέπλευσε καὶ τοῦ μέλους παρήκουσε· τὸ δὲ τῶν Γοργόνων κάλλος, ἅτε βιαιότατόν τε ὂν καὶ τοῖς καιριωτάτοις τῆς ψυχῆς ὁμιλοῦν, εὐθὺς ἐξίστη τοὺς ἰδόντας καὶ

um ein schönes Aussehen zu kümmern, ja mehr noch, sich den Anschein eines völligen Dummkopfs zu geben, damit sich im Vergleich mit seiner Hässlichkeit die Schönheit seiner Worte um so unerwarteter zeige.[17] Im übrigen wird es sich gar nicht vermeiden lassen, dass auch der Redner sich in Gedanken ständig mit dem beschäftigt, was er sieht, und die Präzision seiner Gedankenführung sich unter dem starken Einfluss und Anspruch der sinnlichen Wahrnehmung auflöst, die ihn dazu bringt, sich auf sie und nicht auf seine Worte zu konzentrieren. Was kann ihn daher davor bewahren, eine ganz und gar minderwertige Rede zu halten – widmet sich doch seine Seele dem Lob dessen, was zu sehen ist?

(18) Dabei will ich gar nicht davon reden, dass auch die Anwesenden selbst, die sich zum Zuhören versammelt haben, von Zuhörern zu Zuschauern werden, sobald sie in einen solchen Saal kommen, und dass kein Redner in einem solchen Maße ein Demodokos, ein Phemios, ein Thamyris, ein Amphion oder ein Orpheus ist,[18] dass er ihre Aufmerksamkeit vom Schauen abziehen könnte. Nein, ganz im Gegenteil wird jeder, wie es aussieht, sobald er nur über die Schwelle tritt, von so viel geballter Schönheit überwältigt, nicht einmal mehr den Anfang jener Rede oder des Vortrags wahrnehmen, sondern sich ganz und gar den anzuschauenden Dingen zuwenden, es müsste denn einer auf beiden Augen blind sein oder der Vortrag, wie die Beratungen des Areopags, bei Nacht stattfinden.[19]

(19) Dass nämlich die Macht des Wortes für das Sehen kein würdiger Gegner ist, mag auch der Vergleich zwischen Sirenen- und Gorgonenmythos lehren. Denn die Sirenen pflegten durch Lieder und durch schmeichelnde Gesänge die vorübersegelnden Schiffer zu bezaubern und diejenigen, die bei ihnen landeten, auf lange Zeit festzuhalten. Auf jeden Fall bedurfte es für die Erfüllung ihrer Aufgabe eines Aufenthaltes, und es kam vor, dass einer an ihnen vorbeisegelte und ihr Lied überhörte. Die Schönheit der Gorgonen hingegen war gewalttätig und ergriff die Seele dort, wo sie am leichtesten zu packen ist, und daher brachte sie diejenigen, die sie sahen,

ἀφώνους ἐποίει, ὡς δὲ ὁ μῦθος βούλεται καὶ λέγεται, λίθινοι ἐγίγνοντο ὑπὸ θαύματος. ὥστε καὶ ὃν ὑπὲρ τοῦ ταὼ λόγον εἶπε πρὸς ὑμᾶς μικρὸν ἔμπροσθεν, ὑπὲρ ἐμαυτοῦ εἰρῆσθαι νομίζω· καὶ γὰρ ἐκείνου ἐν τῇ ὄψει, οὐκ ἐν τῇ φωνῇ τὸ τερπνόν. καὶ εἴ γέ τις παραστησάμενος τὴν ἀηδόνα ἢ τὸν κύκνον ᾄδειν κελεύοι, μεταξὺ δὲ ᾀδόντων παραδείξειε τὸν ταὼ σιωπῶντα, εὖ οἶδ' ὅτι ἐπ' ἐκεῖνον μεταβήσεται ἡ ψυχὴ μακρὰ χαίρειν φράσασα τοῖς ἐκείνων ᾄσμασιν· οὕτως ἄμαχόν τι ἔοικεν εἶναι ἡ δι' ὄψεως ἡδονή.

[20] καὶ ἔγωγε, εἰ βούλεσθε, μάρτυρα ὑμῖν παραστήσομαι σοφὸν ἄνδρα, ὃς αὐτίκα μοι μαρτυρήσει ὡς πολὺ ἐπικρατέστερά ἐστι τῶν ἀκουομένων τὰ ὁρώμενα. καί μοι σὺ ἤδη ὁ κῆρυξ προσκάλει αὐτὸν Ἡρόδοτον Λύξου Ἁλικαρνασόθεν· κἀπειδὴ καλῶς ποιῶν ὑπήκουσε, μαρτυρείτω παρελθών· ἀναδέξασθε δὲ αὐτὸν Ἰαστὶ πρὸς ὑμᾶς λέγοντα ὥσπερ αὐτῷ ἔθος.

»Ἀληθέα τάδε ὁ λόγος ὑμῖν, ἄνδρες δικασταί, μυθέεται καί οἱ πείθεσθε ὅσα ἂν λέγῃ τουτέων πέρι ὄψιν ἀκοῆς προτιμέων· ὦτα γὰρ τυγχάνει ἐόντα ἀπιστότερα ὀφθαλμῶν.«

Ἀκούετε τοῦ μάρτυρος ἅ φησιν, ὡς τὰ πρῶτα τῇ ὄψει ἀπέδωκεν; εἰκότως. τὰ μὲν γὰρ ἔπεα πτερόεντά ἐστι καὶ οἴχεται ἅμα τῷ προελθεῖν ἀποπτάμενα, ἡ δὲ τῶν ὁρωμένων τέρψις ἀεὶ παρεστῶσα καὶ παραμένουσα πάντως τὸν θεατὴν ὑπάγεται.

[21] Πῶς οὖν οὐ χαλεπὸς τῷ λέγοντι ἀνταγωνιστὴς οἶκος οὕτω καλὸς καὶ περίβλεπτος ὤν; μᾶλλον δὲ τὸ μέγιστον οὐδέπω φημί· ὑμεῖς γὰρ αὐτοὶ οἱ δικασταὶ καὶ μεταξὺ λεγόντων ἡμῶν ἐς τὴν ὀροφὴν ἀπεβλέπετε καὶ τοὺς τοίχους ἐθαυμάζετε καὶ τὰς γραφὰς ἐξητάζετε πρὸς

sogleich aus der Fassung und machte sie stumm; oder sie wurden, wie der Mythos will und erzählt wird, vor Staunen zu Stein.[20] Ich meine deshalb, dass auch seine Ausführungen von vorhin über den Pfau eher meine Argumentation unterstützen: Denn auch beim Pfau besteht der Reiz im Anblick, nicht in seiner Stimme. Und wenn man die Nachtigall oder den Schwan auftreten und singen ließe und mitten in ihrem Gesang den schweigenden Pfau vorführte, dann, da bin ich völlig sicher, würde die Seele ihm zufliegen und auf die Gesänge jener Vögel herzlich gerne verzichten: So konkurrenzlos scheint mir das aus der visuellen Wahrnehmung resultierende Vergnügen zu sein.

(20) Und nun werde ich euch, wenn ihr einverstanden seid, einen weisen Mann als Zeugen vorführen, der mir sogleich bezeugen wird, dass das, was man sieht, viel beeindruckender ist als das, was man hört. Du, Gerichtsdiener, ruf mir Herodot selbst herbei, den Sohn des Lyxos, aus Halikarnass. Und nachdem er so freundlich war und meiner Aufforderung gefolgt ist, soll er vortreten und sein Zeugnis ablegen; bitte habt Verständnis dafür, dass er mit euch Ionisch spricht, wie er es gewohnt ist. »Wahr kündet euch dies der Logos, ihr Herren Richter, und glaubet ihm das, was er über diese Dinge saget, das Sehen vor dem Hören bevorzugend; trifft es sich doch, dass die Ohren weniger vertrauenswürdig sind als die Augen.«[21] Hört ihr, was der Zeuge sagt: Dass er dem Sehen den Primat zugesprochen hat? Und das mit gutem Grund! Sind doch die Worte geflügelt[22] und, kaum hervorgebracht, schon davongeflogen. Der Reiz dessen hingegen, was man sieht, bleibt immer bestehen und unterwirft sich den Betrachter völlig.

(21) Wie sollte nun ein so schöner und allseits bewunderter Saal nicht ein schwieriger Widersacher für einen Redner sein? Und mehr noch: Das größte Problem habe ich noch gar nicht erwähnt! Ihr Richter selbst habt, während wir redeten, die ganze Zeit zur Decke geschaut und die Wände bewundert und euch jedem einzelnen Gemälde zur kritischen Begutachtung zugewandt. Das muss

ἑκάστην ἀποστρεφόμενοι. καὶ μηδὲν αἰσχυνθῆτε· συγγνώμη γάρ, εἴ τι ἀνθρώπινον πεπόνθατε, ἄλλως τε καὶ πρὸς οὕτω καλὰς καὶ ποικίλας τὰς ὑποθέσεις. τῆς γὰρ τέχνης τὸ ἀκριβὲς καὶ τῆς ἱστορίας μετὰ τοῦ ἀρχαίου τὸ ὠφέλιμον ἐπαγωγὸν ὡς ἀληθῶς καὶ πεπαιδευμένων θεατῶν δεόμενον. καὶ ἵνα μὴ πάντα ἐκεῖσε ἀποβλέπητε ἡμᾶς ἀπολιπόντες, φέρε ὡς οἷόν τε γράψωμαι αὐτὰ ὑμῖν τῷ λόγῳ· ἡσθήσεσθε γάρ, οἶμαι, ἀκούοντες ἃ καὶ ὁρῶντες θαυμάζετε. καὶ ἴσως ἄν με καὶ δι᾽ αὐτὸ ἐπαινέσαιτε καὶ τοῦ ἀντιδίκου προτιμήσαιτε, ὡς καὶ αὐτὸν ἐπιδείξαντα καὶ διπλασιάσαντα ὑμῖν τὴν ἡδονήν. τὸ χαλεπὸν δὲ τοῦ τολμήματος ὁρᾶτε, ἄνευ χρωμάτων καὶ σχημάτων καὶ τόπου συστήσασθαι τοσαύτας εἰκόνας· ψιλὴ γάρ τις ἡ γραφὴ τῶν λόγων.

[22] Ἐν δεξιᾷ μὲν οὖν εἰσιόντι Ἀργολικῷ μύθῳ ἀναμέμικται πάθος Αἰθιοπικόν· ὁ Περσεὺς τὸ κῆτος φονεύει καὶ τὴν Ἀνδρομέδαν καθαιρεῖ, καὶ μετὰ μικρὸν γαμήσει καὶ ἄπεισιν αὐτὴν ἄγων· πάρεργον τοῦτο τῆς ἐπὶ Γοργόνας πτήσεως. ἐν βραχεῖ δὲ πολλὰ ὁ τεχνίτης ἐμιμήσατο, αἰδῶ παρθένου καὶ φόβον – ἐπισκοπεῖ γὰρ μάχην ἄνωθεν ἐκ τῆς πέτρας – καὶ νεανίου τόλμαν ἐρωτικὴν καὶ θηρίου ὄψιν ἀπρόσμαχον· καὶ τὸ μὲν ἔπεισι πεφρικὸς ταῖς ἀκάνθαις καὶ δεδιττόμενον τῷ χάσματι, ὁ Περσεὺς δὲ τῇ λαιᾷ μὲν προδείκνυσι τὴν Γοργόνα, τῇ δεξιᾷ δὲ καθικνεῖται τῷ ξίφει· καὶ τὸ μὲν ὅσον τοῦ κήτους εἶδε τὴν Μέδουσαν, ἤδη λίθος ἐστίν, τὸ δ᾽ ὅσον ἔμψυχον μένει, τῇ ἅρπῃ κόπτεται.

[23] Ἑξῆς δὲ μετὰ τήνδε τὴν εἰκόνα ἕτερον δρᾶμα γέγραπται δικαιότατον, οὗ τὸ ἀρχέτυπον ὁ γραφεὺς παρ᾽ Εὐριπίδου ἢ Σοφοκλέους δοκεῖ μοι λαβεῖν· ἐκεῖνοι γὰρ ὁμοίαν ἔγραψαν τὴν εἰκόνα. τὼ νεανία τὼ ἑταίρω Πυλάδης τε ὁ Φωκεὺς καὶ Ὀρέστης δοκῶν ἤδη τεθνάναι

euch nicht peinlich sein: Es ist verzeihlich – ihr seid ja auch nur Menschen! –, gerade im Angesicht so schöner und vielfältiger Sujets. Denn die Verbindung von handwerklicher Präzision, hohem antiquarischen Interesse und belehrender Erbaulichkeit des Dargestellten ist in der Tat attraktiv und verlangt nach gebildeten Betrachtern. Und damit ihr nicht nur noch dorthin schaut und mich vergesst, will ich euch nun nach Kräften die Bilder mit Worten malen; denn es wird euch, glaube ich, Freude machen zu hören, was ihr bewundernd betrachtet. Und vielleicht werdet ihr mich ja auch loben und mich meinem Gegner vorziehen, weil ich schildere, was euch erfreut, und es so für euch verdoppele. Macht euch die Schwierigkeit meiner Aufgabe klar: ohne Farbe, Form und Raum solche Bilder zu komponieren! Schlicht und unscheinbar ist ja die Malerei der Sprache.[23]

(22) Beim Hereinkommen findet sich rechterhand ein Gemälde, auf dem sich äthiopisches Abenteuer mit argolischem Mythos paart: Perseus tötet das Meerungeheuer und befreit Andromeda, bald wird er sie heiraten und mit ihr davoneilen; ein Abstecher auf dem Rückweg von seinem Flug gegen die Gorgonen. Auf kleinstem Raum hat der Künstler vieles dargestellt, die Scheu und die Angst des Mädchens – sie schaut vom Felsen aus auf den Kampf herab –, den von seiner Verliebtheit beflügelten tollkühnen Mut des jungen Mannes und den Anblick des unbezwingbaren Untiers. Von Stacheln starrend und mit furchterregend aufgerissenem Maul geht es auf ihn los, Perseus streckt mit der Linken die Gorgo vor, mit der Rechten lässt er das Schwert niederfahren: Und der Teil des Ungeheuers, der die Medusa gesehen hat, ist schon versteinert, der noch lebende Teil hingegen wird Opfer der Sichel.

(23) Als nächstes nach diesem Bild ist ein anderes dramatisches Geschehen gemalt, eines von äußerster Gerechtigkeit, für dessen Sujet sich der Maler meiner Ansicht nach bei Euripides oder Sophokles bedient hat, die ein ganz ähnliches Bild entworfen haben. Die beiden miteinander befreundeten Jünglinge, Pylades aus Phokis und

λαθόντ' ἐς τὰ βασίλεια παρελθόντε φονεύουσιν ἄμφω τὸν Αἴγισθον· ἡ δὲ Κλυταιμήστρα ἤδη ἀνῄρηται καὶ ἐπ' εὐνῆς τινος ἡμίγυμνος πρόκειται καὶ θεραπεία πᾶσα ἐκπεπληγμένοι τὸ ἔργον οἱ μὲν ὥσπερ βοῶσιν, οἱ δέ τινες ὅπῃ φύγωσι περιβλέπουσι. σεμνὸν δέ τι ὁ γραφεὺς ἐπενόησεν, τὸ μὲν ἀσεβὲς τῆς ἐπιχειρήσεως δείξας μόνον καὶ ὡς ἤδη πεπραγμένον παραδραμών, ἐμβραδύνοντας δὲ τοὺς νεανίσκους ἐργασάμενος τῷ τοῦ μοιχοῦ φόνῳ.

[24] Μετὰ δὲ τοῦτο θεός ἐστιν εὔμορφος καὶ μειράκιον ὡραῖον, ἐρωτική τις παιδιά· ὁ Βράγχος ἐπὶ πέτρας καθεζόμενος ἀνέχει λαγὼν καὶ προσπαίζει τὸν κύνα, ὁ δὲ πηδησομένῳ ἔοικεν ἐπ' αὐτὸν εἰς τὸ ὕψος, καὶ Ἀπόλλων παρεστὼς μειδιᾷ τερπόμενος ἀμφοῖν καὶ τῷ παιδὶ παίζοντι καὶ πειρωμένῳ τῷ κυνί.

[25] Ἐπὶ δὲ τούτοις ὁ Περσεὺς πάλιν τὰ πρὸ τοῦ κήτους ἐκεῖνα τολμῶν καὶ ἡ Μέδουσα τεμνομένη τὴν κεφαλὴν καὶ Ἀθηνᾶ σκέπουσα τὸν Περσέα· ὁ δὲ τὴν μὲν τόλμαν εἴργασται, τὸ δὲ ἔργον οὐχ ἑώρακεν, πλὴν ἐπὶ τῆς ἀσπίδος τῆς Γοργόνος τὴν εἰκόνα· οἶδε γὰρ τὸ πρόστιμον τῆς ἀληθοῦς ὄψεως.

[26] Κατὰ δὲ τὸν μέσον τοῖχον ἄνω τῆς ἀντιθύρος Ἀθηνᾶς ναὸς πεποίηται, ἡ θεὸς λίθου λευκοῦ, τὸ σχῆμα οὐ πολεμιστήριον, ἀλλ' οἷον ἂν γένοιτο εἰρήνην ἀγούσης θεοῦ πολεμικῆς.

[27] Εἶτα μετὰ ταύτην ἄλλη Ἀθηνᾶ, οὐ λίθος αὕτη γε, ἀλλὰ γραφὴ πάλιν· Ἥφαιστος αὐτὴν διώκει ἐρῶν, ἡ δὲ φεύγει, κἀκ τῆς διώξεως Ἐριχθόνιος γίγνεται.

[28] Ταύτῃ ἕπεται παλαιά τις ἄλλη γραφή· Ὠρίων φέρει τὸν Κηδαλίωνα τυφλὸς ὤν, ὁ δ' αὐτῷ σημαίνει τὴν πρὸς τὸ φῶς ὁδὸν ἐποχούμενος, **[29]** καὶ ὁ Ἥλιος φανεὶς ἰᾶται τὴν πήρωσιν, καὶ ὁ Ἥφαιστος Λημνόθεν ἐπισκοπεῖ τὸ ἔργον.

der vermeintlich tote Orestes, dringen heimlich in den Palast ein und töten gemeinsam den Aigisthos. Klytaimestra ist schon ermordet und liegt halbentblößt auf einer Bahre, und die Diener, voller Entsetzen über die Tat, scheinen teils zu schreien, teils halten sie Ausschau nach einer Fluchtmöglichkeit. Der Maler hat bei seiner Darstellung Gefühl für Anstand und Würde bewiesen, indem er den frevlerischen Aspekt der Tat nur andeutet und als etwas, das bereits geschehen ist, gleichsam im Vorübergehen zeigt, vor allem aber das Zögern der Jünglinge bei der Ermordung des Ehebrechers ausgearbeitet hat.

(24) Es folgen ein schöner Gott und ein hübsches Bürschchen, eine erotische Spielerei: Branchos, auf einem Felsen sitzend, hält einen Hasen empor und neckt seinen Hund, der aussieht, als ob er gleich an ihm hochspringen wolle; Apoll steht lächelnd daneben und hat an beidem seine Freude, an den Neckereien des Knaben wie am Eifer des Hundes.[24]

(25) Danach wieder Perseus, diesmal in dem Abenteuer, das er vor jenem mit dem Meeresungeheuer zu bestehen hatte, Medusa, der der Kopf abgeschlagen wird, Athena, die den Perseus beschützt. Er besteht das Wagnis, die Tat selbst sieht er nicht, außer dem Bild der Gorgo in seinem Schild: Denn er weiß, was der wahre Anblick kostet.

(26) In der Mitte der Wand oberhalb der dem Haupteingang gegenüberliegenden Tür ist ein Tempel der Athena eingelassen; die Göttin ist aus weißem Stein, ihre Haltung nicht feindselig, sondern so wie die einer kriegerischen Göttin im Frieden.

(27) Dann nach ihr eine weitere Athena, diesmal nicht aus Stein, sondern wieder ein Gemälde: Hephaistos verfolgt sie voller Begehren, sie läuft weg, und Ergebnis dieser Verfolgung ist Erichthonios.[25]

(28) Dem folgt ein weiteres altes Gemälde: Orion, geblendet, trägt den Kedalion, und der zeigt ihm, auf seinen Schultern, den Weg zum Licht. **(29)** Helios erscheint und heilt die Verletzung, und Hephaistos beobachtet die ganze Angelegenheit von Lemnos aus.[26]

[30] Ὀδυσσεὺς τὸ μετὰ τοῦτο δῆθεν μεμηνώς, ἅτε συστρατεύειν τοῖς Ἀτρείδαις μὴ θέλων· πάρεισι δὲ οἱ πρέσβεις ἤδη καλοῦντες. καὶ τὰ μὲν τῆς ὑποκρίσεως πιθανὰ πάντα, ἡ ἀπήνη, τὸ τῶν ὑπεζευγμένων ἀσύμφωνον, ἡ ἄνοια τῶν δρωμένων· ἐλέγχεται δὲ ὅμως τῷ βρέφει· Παλαμήδης γὰρ ὁ τοῦ Ναυπλίου συνεὶς τὸ γιγνόμενον, ἁρπάσας τὸν Τηλέμαχον ἀπειλεῖ φονεύσειν πρόκωπον ἔχων τὸ ξίφος, καὶ πρὸς τὴν τῆς μανίας ὑπόκρισιν ὀργὴν καὶ οὗτος ἀνθυποκρίνεται. ὁ δὲ Ὀδυσσεὺς πρὸς τὸν φόβον τοῦτον σωφρονεῖ καὶ πατὴρ γίγνεται καὶ λύει τὴν ὑπόκρισιν.

[31] Ὑστάτη δὲ ἡ Μήδεια γέγραπται τῷ ζήλῳ διακαής, τὼ παῖδε ὑποβλέπουσα καί τι δεινὸν ἐννοοῦσα· ἔχει γοῦν ἤδη τὸ ξίφος, τὼ δ᾽ ἀθλίω καθῆσθον γελῶντε, μηδὲν τῶν μελλόντων εἰδότε, καὶ ταῦτα ὁρῶντε τὸ ξίφος ἐν ταῖν χεροῖν.

[32] Ταῦτα πάντα, ὦ ἄνδρες δικασταί, οὐχ ὁρᾶτε ὅπως ἀπάγει μὲν τὸν ἀκροατὴν καὶ πρὸς τὴν θέαν ἀποστρέφει, μόνον δὲ καταλείπει τὸν λέγοντα; καὶ ἔγωγε διεξῆλθον αὐτά, οὐχ ἵνα τὸν ἀντίδικον τολμηρὸν ὑπολαβόντες καὶ θρασύν, εἰ τοῖς οὕτω δυσκόλοις ἑαυτὸν ἑκὼν φέρων ἐπέβαλεν, καταγνῶτε καὶ μισήσητε καὶ ἐπὶ τῶν λόγων ἐγκαταλίπητε, ἀλλ᾽ ἵνα μᾶλλον αὐτῷ συναγωνίσησθε καὶ ὡς οἷόν τε καταμύοντες ἀκούητε τῶν λεγομένων, λογιζόμενοι τοῦ πράγματος τὴν δυσχέρειαν· μόλις γὰρ ἂν οὕτω δυνηθείη οὐ δικασταῖς ἀλλὰ συναγωνισταῖς ὑμῖν χρησάμενος μὴ παντάπασιν ἀνάξιος τῆς τοῦ οἴκου πολυτελείας νομισθῆναι. εἰ δὲ ὑπὲρ ἀντιδίκου ταῦτα δέομαι, μὴ θαυμάσητε· ὑπὸ γὰρ τοῦ τὸν οἶκον φιλεῖν καὶ τὸν ἐν αὐτῷ λέγοντα, ὅστις ἂν ᾖ, βουλοίμην ἂν εὐδοκιμεῖν.

(30) Danach kommt Odysseus, vorgeblich wahnsinnig, weil er die Atriden nicht auf ihrem Feldzug begleiten will; ebenfalls anwesend sind die Boten, die gerade ihre Botschaft ausrichten. Die Requisiten seiner Verstellung sind alle glaubwürdig, der Wagen, das ungleiche Gespann, die Absurdität der Handlungen. Und doch wird er durch sein kleines Kind entlarvt: Denn Palamedes, der Sohn des Nauplios, durchschaut, was da vor sich geht, schnappt sich Telemachos und droht, mit vorgehaltenem Schwert, ihn zu töten, und so setzt er der Inszenierung des Wahnsinns einen ebenfalls gespielten Wutausbruch entgegen. Odysseus aber nimmt auf diesen Schrecken hin Vernunft an, wird wieder zu einem Vater und lässt das Theater sein.

(31) Das letzte Bild zeigt Medea, von Eifersucht durchglüht, wie sie ihre Kinder scheel ansieht und Schlimmes plant: Jedenfalls hält sie schon das Schwert in der Hand, die beiden armen Kleinen aber sitzen lachend da, völlig ahnungslos, und das, obwohl sie das Schwert in den Händen sehen.

(32) Seht ihr nicht, ihr Herren Richter, wie all dies den Zuhörer vom Hören ab- und zum Schauen hinlenkt, den Redner aber einsam dastehen lässt? Ich bin diese Bilder durchgegangen, nicht damit ihr meinen Gegner für einen Draufgänger haltet und ihn, wenn er sich ohne Not an so schwierige Gegenstände gewagt hat, für seine Dreistigkeit verurteilt, ihn ablehnt und auf seiner Rede sitzen lasst, sondern damit ihr ihm um so mehr in seinem Kampf beisteht und seinen Darlegungen, wenn irgend möglich, mit geschlossenen Augen lauscht, im Bewusstsein der Schwierigkeit seines Unterfangens. Mit Müh und Not könnte es ihm, wenn ihr nicht seine Richter, sondern seine Mitkämpfer wäret, dann gelingen, dass man ihn der Pracht dieses Saales nicht für gänzlich unwürdig hielte. Und wenn ich eine solche Bitte zugunsten meines Gegners äußere, so wundert euch nicht: Denn weil ich diesen Saal liebe, möchte ich, dass auch derjenige, der in ihm spricht, wer immer es sein mag, Ehre und Ruhm erlangt.

ΔΙΑΤΡΙΒΑΙ

DIATRIBEN

ΠΕΡΙ ΤΟΥ ΜΗ ΡΑΙΔΙΩΣ ΠΙΣΤΕΥΕΙΝ ΔΙΑΒΟΛΗΙ

[1] Δεινόν γε ἡ ἄγνοια καὶ πολλῶν κακῶν ἀνθρώποις αἰτία, ὥσπερ ἀχλύν τινα καταχέουσα τῶν πραγμάτων καὶ τὴν ἀλήθειαν ἀμαυροῦσα καὶ τὸν ἑκάστου βίον ἐπηλυγάζουσα. ἐν σκότῳ γοῦν πλανωμένοις πάντες ἐοίκαμεν, μᾶλλον δὲ τυφλοῖς ὅμοια πεπόνθαμεν, τῷ μὲν προσπταίοντες ἀλόγως, τὸ δὲ ὑπερβαίνοντες, οὐδὲν δέον, καὶ τὸ μὲν πλησίον καὶ παρὰ πόδας οὐχ ὁρῶντες, τὸ δὲ πόρρω καὶ πάμπολυ διεστηκὸς ὡς ἐνοχλοῦν δεδιότες· καὶ ὅλως ἐφ' ἑκάστου τῶν πραττομένων οὐ διαλείπομεν τὰ πολλὰ ὀλισθαίνοντες. τοιγάρτοι μυρίας ἤδη τοῖς τραγῳδοδιδασκάλοις ἀφορμὰς εἰς τὰ δράματα τὸ τοιοῦτο παρέσχηται, τοὺς Λαβδακίδας καὶ τοὺς Πελοπίδας καὶ τὰ τούτοις παραπλήσια· σχεδὸν γὰρ τὰ πλεῖστα τῶν ἐν τῇ σκηνῇ ἀναβαινόντων κακῶν εὕροι τις ἂν ὑπὸ τῆς ἀγνοίας καθάπερ ὑπὸ τραγικοῦ τινος δαίμονος κεχορηγημένα.

Λέγω δὲ καὶ ἐς τὰ ἄλλα μὲν ἀποβλέπων, μάλιστα δὲ ἐς τὰς οὐκ ἀληθεῖς κατὰ τῶν συνήθων καὶ φίλων διαβολάς, ὑφ' ὧν ἤδη καὶ οἶκοι ἀνάστατοι γεγόνασι καὶ πόλεις ἄρδην ἀπολώλασι, πατέρες τε κατὰ παίδων ἐξεμάνησαν καὶ ἀδελφοὶ κατὰ τῶν ὁμογενῶν καὶ παῖδες κατὰ τῶν γειναμένων καὶ ἐρασταὶ κατὰ τῶν ἐρωμένων· πολλαὶ δὲ καὶ φιλίαι συνεκόπησαν καὶ ὅρκοι συνεχύθησαν ὑπὸ τῆς κατὰ τὰς διαβολὰς πιθανότητος.

[2] ἵν' οὖν ὡς ἥκιστα περιπίπτωμεν αὐταῖς, ὑποδεῖξαι βούλομαι τῷ λόγῳ καθάπερ ἐπί τινος γραφῆς ὁποῖόν τί ἐστιν ἡ διαβολὴ καὶ πόθεν ἄρχεται καὶ ὁποῖα ἐργάζεται. Μᾶλλον δὲ Ἀπελλῆς ὁ Ἐφέσιος πάλαι ταύτην προὔλαβε τὴν εἰκόνα· καὶ γὰρ αὖ καὶ οὗτος διαβληθεὶς πρὸς τὸν

WARUM MAN VERLEUMDUNGEN NICHT LEICHTFERTIG GLAUBEN SCHENKEN SOLL

(1) Unwissenheit ist ja eine schlimme Sache und für die Menschen Ursache vieler Übel, gießt sie doch gleichsam eine Art Nebel über die Angelegenheiten, verdunkelt die Wahrheit und wirft einen Schatten auf das Leben jedes einzelnen. So gleichen wir alle miteinander Leuten, die im Dunkeln umherirren, ja mehr noch: Es geht uns ähnlich wie den Blinden, an der einen Stelle stoßen wir uns ganz unerwartet, an der anderen Stelle übertreten wir ohne Not eine Grenze, und das, was sich in der Nähe und vor unseren Füßen befindet, das sehen wir nicht, was aber fernab und wirklich weit weg liegt, das fürchten wir, als sei es uns eine aktuelle Belastung; und insgesamt stolpern und stürzen wir meist pausenlos bei allem, was wir tun. Ja, das hat den Tragödiendichtern schon zahllose Motive für ihre Dramen geliefert, die Labdakiden, die Pelopiden[1] und Vergleichbares. Denn fast das meiste all der schlimmen Dinge, die auf die Bühne kommen, ist, wie man feststellen dürfte, von der Unwissenheit wie von einem gleichsam tragischen Dämon in Szene gesetzt.

Nun, ich sage das durchaus auch mit Blick auf anderes, vor allem aber mit Blick auf unwahre Verleumdungen gegen Verwandte und Freunde, durch die schon ganze Familien verheert, Städte von Grund auf vernichtet wurden, Väter gegen ihre Kinder in Raserei gerieten, Brüder gegen Brüder, Kinder gegen Eltern und Liebende gegen ihre Geliebten; viele Freundschaften wurden zerschlagen und Eide gebrochen, nur weil man plausibel klingenden Verleumdungen geglaubt hat.

(2) Damit wir möglichst wenig auf sie hereinfallen, würde ich gern in meinen Ausführungen, als wären sie ein Gemälde, vor Augen führen, was für eine Sache die Verleumdung eigentlich ist, wo sie ihren Anfang nimmt und was sie bewirkt. Allein, Apelles aus Ephesos[2] hat dieses Bild schon vor langer Zeit vorweggenommen.

Πτολεμαῖον ὡς μετεσχηκὼς Θεοδότᾳ τῆς συνωμοσίας ἐν Τύρῳ, – ὁ δὲ Ἀπελλῆς οὐχ ἑωράκει ποτὲ τὴν Τύρον οὐδὲ τὸν Θεοδόταν, ὅστις ἦν, ἐγίνωσκεν, ἢ καθ' ὅσον ἤκουε Πτολεμαίου τινὰ ὕπαρχον εἶναι τὰ κατὰ τὴν Φοινίκην ἐπιτετραμμένον. ἀλλ' ὅμως τῶν ἀντιτέχνων τις Ἀντίφιλος τοὔνομα ὑπὸ φθόνου τῆς παρὰ βασιλεῖ τιμῆς καὶ ὑπὸ τῆς κατὰ τὴν τέχνην ζηλοτυπίας κατεῖπεν αὐτοῦ πρὸς τὸν Πτολεμαῖον ὡς εἴη κεκοινωνηκὼς τῶν ὅλων καὶ ὡς θεάσαιτό τις αὐτὸν ἐν Φοινίκῃ συνεστιώμενον Θεοδότᾳ καὶ παρ' ὅλον τὸ δεῖπνον πρὸς τὸ οὖς αὐτῷ κοινολογούμενον, καὶ τέλος ἀπέφηνε τὴν Τύρου ἀπόστασιν καὶ Πηλουσίου κατάληψιν ἐκ τῆς Ἀπελλοῦ συμβουλῆς γεγονέναι.

[3] Ὁ δὲ Πτολεμαῖος ὡς ἂν καὶ τἆλλα οὐ κάρτα φρενήρης τις ὤν, ἀλλ' ἐν κολακείᾳ δεσποτικῇ τεθραμμένος, οὕτως ἐξεκαύθη καὶ συνεταράχθη πρὸς τῆς παραδόξου ταύτης διαβολῆς, ὥστε μηδὲν τῶν εἰκότων λογισάμενος, μηδ' ὅτι ἀντίτεχνος ἦν ὁ διαβάλλων μηδ' ὅτι μικρότερος ἢ κατὰ τηλικαύτην προδοσίαν ζωγράφος, καὶ ταῦτα εὖ πεπονθὼς ὑπ' αὐτοῦ καὶ παρ' όντινοῦν τῶν ὁμοτέχνων τετιμημένος, ἀλλ' οὐδὲ τὸ παράπαν εἰ ἐξέπλευσεν Ἀπελλῆς ἐς Τύρον ἐξετάσας, εὐθὺς ἐξεμήνιεν καὶ βοῆς ἐνεπίμπλα τὰ βασίλεια τὸν ἀχάριστον κεκραγὼς καὶ τὸν ἐπίβουλον καὶ συνωμότην. καὶ εἴ γε μὴ τῶν συνειλημμένων τις ἀγανακτήσας ἐπὶ τῇ τοῦ Ἀντιφίλου ἀναισχυντίᾳ καὶ τὸν ἄθλιον Ἀπελλῆν κατελεήσας ἔφη μηδενὸς αὐτοῖς κεκοινωνηκέναι τὸν ἄνθρωπον, ἀπετέτμητο ἂν τὴν κεφαλὴν καὶ παραπελελαύκει τῶν ἐν Τύρῳ κακῶν οὐδὲν αὐτὸς αἴτιος γεγονώς.

[4] Ὁ μὲν οὖν Πτολεμαῖος οὕτω λέγεται αἰσχυνθῆναι ἐπὶ τοῖς γεγονόσιν, ὥστε τὸν μὲν Ἀπελλῆν ἑκατὸν ταλάντοις ἐδωρήσατο, τὸν δὲ

Denn auch er war bei Ptolemaios als Teilnehmer an der tyrischen Verschwörung des Theodotas verleumdet worden – dabei hatte Apelles Tyros[3] noch nie gesehen und hatte auch keine Ahnung, wer Theodotas war, oder nur so viel, dass er gehört hatte, er sei einer der Statthalter des Ptolemaios und mit Phoinikien betraut.[4] Aber dennoch verklagte ihn einer seiner Konkurrenten, ein gewisser Antiphilos mit Namen,[5] bei Ptolemaios aus Neid auf sein hohes Ansehen beim ihm und aus Eifersucht auf seine Kunst und behauptete, er habe Anteil an der ganzen Angelegenheit und es habe ihn jemand in Phoinikien gesehen, wie er mit Theodotas zu Tisch gelegen und ihm die ganze Mahlzeit über Vertraulichkeiten ins Ohr geflüstert habe, und schließlich legte er dar, der Abfall von Tyros und die Einnahme von Pelousion[6] gehe auf Apelles' Planungen zurück.

(3) Ptolemaios, schon so kein besonders heller Kopf, aber mit den Schmeicheleien des Despotentums aufgewachsen,[7] wurde durch diese absurde Verleumdung dermaßen in heißen Zorn und Fassungslosigkeit gestürzt, dass er, ohne einen Gedanken an Wahrscheinlichkeiten zu verschwenden, weder daran, dass der Verleumder ein Konkurrent war, noch daran, dass ein Maler für eine Verschwörung dieses Kalibers nicht das Format hat, – und obendrein noch einer, der Wohltaten von ihm erfahren hatte und mehr als seine Zunftgenossen von ihm geehrt worden war –, geschweige denn, dass er überprüft hatte, ob Apelles überhaupt je nach Tyros gesegelt war, sogleich raste und tobte und den Palast mit seinem Geschrei erfüllte und »der Undankbare!«, »der Intrigant!«, »der Verschwörer!« brüllte. Und jedenfalls hätte man, wenn nicht einer der mit ihm Verhafteten aus Empörung über die Unverfrorenheit des Antiphilos und aus Mitleid mit dem armen Apelles ausgesagt hätte, dass der Mensch nichts mit ihnen zu tun gehabt habe, ihn enthaupten lassen, und so hätte er von den schlimmen Ereignissen in Tyros seinen Schaden gehabt, ohne selbst im Geringsten daran schuld zu sein.

(4) Ptolemaios nun soll solche Reue gezeigt und sich für das Geschehene so geschämt haben, dass er dem Apelles hundert Talente

Ἀντίφιλον δουλεύειν αὐτῷ παρέδωκεν. ὁ δὲ Ἀπελλῆς ὧν παρεκινδύνευσε μεμνημένος τοιᾷδέ τινι εἰκόνι ἠμύνατο τὴν διαβολήν. **[5]** ἐν δεξιᾷ τις ἀνὴρ κάθηται τὰ ὦτα παμμεγέθη ἔχων μικροῦ δεῖν τοῖς τοῦ Μίδου προσεοικότα, τὴν χεῖρα προτείνων πόρρωθεν ἔτι προσιούσῃ τῇ Διαβολῇ. περὶ δὲ αὐτὸν ἑστᾶσι δύο γυναῖκες, Ἄγνοιά μοι δοκεῖ καὶ Ὑπόληψις· ἑτέρωθεν δὲ προσέρχεται ἡ Διαβολή, γύναιον ἐς ὑπερβολὴν πάγκαλον, ὑπόθερμον δὲ καὶ παρακεκινημένον, οἷον δὴ τὴν λύτταν καὶ τὴν ὀργὴν δεικνύουσα, τῇ μὲν ἀριστερᾷ δᾷδα καιομένην ἔχουσα, τῇ ἑτέρᾳ δὲ νεανίαν τινὰ τῶν τριχῶν σύρουσα τὰς χεῖρας ὀρέγοντα εἰς τὸν οὐρανὸν καὶ μαρτυρόμενον τοὺς θεούς. ἡγεῖται δὲ ἀνὴρ ὠχρὸς καὶ ἄμορφος, ὀξὺ δεδορκὼς καὶ ἐοικὼς τοῖς ἐκ νόσου μακρᾶς κατεσκληκόσι. τοῦτον οὖν εἶναι τὸν Φθόνον ἄν τις εἰκάσειε. καὶ μὴν καὶ ἄλλαι τινὲς δύο παρομαρτοῦσι προτρέπουσαι καὶ περιστέλλουσαι καὶ κατακοσμοῦσαι τὴν Διαβολήν. ὡς δέ μοι καὶ ταύτας ἐμήνυσεν ὁ περιηγητὴς τῆς εἰκόνος, ἡ μέν τις Ἐπιβουλὴ ἦν, ἡ δὲ Ἀπάτη. κατόπιν δὲ ἠκολούθει πάνυ πενθικῶς τις ἐσκευασμένη, μελανείμων καὶ κατεσπαραγμένη, Μετάνοια, οἶμαι, αὕτη ἐλέγετο· ἐπεστρέφετο γοῦν εἰς τοὐπίσω δακρύουσα καὶ μετ᾽ αἰδοῦς πάνυ τὴν Ἀλήθειαν προσιοῦσαν ὑπέβλεπεν.

Οὕτως μὲν Ἀπελλῆς τὸν ἑαυτοῦ κίνδυνον ἐπὶ τῆς γραφῆς ἐμιμήσατο. **[6]** φέρε δὲ καὶ ἡμεῖς, εἰ δοκεῖ, κατὰ τὴν τοῦ Ἐφεσίου ζωγράφου τέχνην διέλθωμεν τὰ προσόντα τῇ διαβολῇ, πρότερόν γε ὅρῳ τινὶ περιγράψαντες αὐτήν· οὕτω γὰρ ἂν ἡμῖν ἡ εἰκὼν γένοιτο φανερωτέρα. ἔστι τοίνυν διαβολὴ κατηγορία τις ἐξ ἐρημίας γινομένη, τὸν κατηγορούμενον λεληθυῖα, ἐκ τοῦ μονομεροῦς ἀναντιλέκτως πεπιστευμένη. τοιαύτη μὲν ἡ ὑπόθεσις τοῦ λόγου. τριῶν δ᾽ ὄντων προσώπων, καθάπερ

schenkte und ihm den Antiphilos als Sklaven überließ. In Erinnerung aber an die Gefahr, der er beinahe zum Opfer gefallen wäre, rächte sich Apelles für die Verleumdung durch das folgende Gemälde:[8] **(5)** Auf der rechten Seite sitzt ein Mann mit übergroßen Ohren – es fehlt nicht viel, und sie glichen denen des Midas –, die Hand ausgestreckt in Richtung VERLEUMDUNG, die noch fern ist, aber auf ihn zukommt. Er wird von zwei Frauen flankiert, UNWISSENHEIT, wie mir scheint, und VERDÄCHTIGUNG; auf der anderen Seite tritt VERLEUMDUNG hinzu, ein über alle Maßen gutaussehendes Frauenzimmer, leidenschaftlich und erregt, gleichsam mit einem Ausdruck von Wahnsinn und Zorn; in der Linken hält sie eine brennende Fackel, mit der anderen schleift sie einen jungen Mann an den Haaren, der die Hände zum Himmel hebt und die Götter zu Zeugen anruft. Ihnen voraus geht ein bleicher, hässlicher Mann mit scharfem Blick und ausgezehrt wie von einer langen Krankheit. Man könnte denken, dies sei NEID. Indes begleiten auch noch zwei andere Frauen VERLEUMDUNG, die sie ermuntern, ihr aufwarten und sie frisieren. Den Erklärungen zufolge, die mir der Führer gab, handelte es sich bei ihnen zum einen um eine Frau namens NACHSTELLUNG, zum anderen um TÄUSCHUNG. Hintendrein folgte eine Frau ganz in Trauerpose, schwarz gekleidet und zerknirscht, ich glaube, ihr Name war REUE: Jedenfalls wandte sie sich unter Tränen nach hinten um und blickte voller Scham zur herantretenden WAHRHEIT auf.

So brachte Apelles seine eigene Gefährdung im Bild zur Darstellung. **(6)** Und nun wollen wir, wenn's recht ist, uns am Kunstwerk des Malers aus Ephesos orientieren und alles, was mit der Verleumdung zusammenhängt, durchgehen, nachdem wir sie vorher noch in einer Definition umschrieben haben: Denn auf diese Weise sollte uns das Bild deutlicher geraten. Es ist also die Verleumdung eine isolierte Anklage ohne Wissen des Beklagten, die ohne seine Anhörung und unwidersprochen geglaubt wird. Dies sei die Grundlage meiner Ausführungen. Da es, wie in den Komödien, drei Personen

ἐν ταῖς κωμῳδίαις, τοῦ διαβάλλοντος καὶ τοῦ διαβαλλομένου καὶ τοῦ πρὸς ὃν ἡ διαβολὴ γίνεται, καθ' ἕκαστον αὐτῶν ἐπισκοπήσωμεν οἷα εἰκὸς εἶναι τὰ γινόμενα.

[7] Πρῶτον μὲν δή, εἰ δοκεῖ, παραγάγωμεν τὸν πρωταγωνιστὴν τοῦ δράματος, λέγω δὲ τὸν ποιητὴν τῆς διαβολῆς. οὗτος δὲ δὴ ὡς μὲν οὐκ ἀγαθὸς ἄνθρωπός ἐστι, πᾶσιν οἶμαι γνώριμον· οὐδεὶς γὰρ ἂν ἀγαθὸς κακῶν αἴτιος γένοιτο τῷ πλησίον, ἀλλ' ἔστιν ἀγαθῶν ἀνδρῶν ἀφ' ὧν εὖ ποιοῦσιν αὐτοὶ τοὺς φίλους, οὐκ ἀφ' ὧν τοὺς ἄλλους ἀδικοῦντες αἰτιῶνται καὶ μισεῖσθαι παρασκευάζουσιν, εὐδοκιμεῖν δόξαν εὐνοίας προσλαβόντες.

[8] Ἔπειτα δὲ ὡς ἄδικος ὁ τοιοῦτος καὶ παράνομός ἐστι καὶ ἀσεβὴς καὶ τοῖς χρωμένοις ἐπιζήμιος, ῥᾴδιον καταμαθεῖν. τίς γὰρ οὐκ ἂν ὁμολογήσειε τὴν μὲν ἰσότητα ἐν ἅπαντι καὶ τὸ μηδὲν πλέον δικαιοσύνης ἔργα εἶναι, τὸ δὲ ἄνισόν τε καὶ πλεονεκτικὸν ἀδικίας; ὁ δὲ τῇ διαβολῇ κατὰ τῶν ἀπόντων λάθρᾳ χρώμενος πῶς οὐ πλεονέκτης ἐστὶν ὅλον τὸν ἀκροατὴν σφετεριζόμενος καὶ προκαταλαμβάνων αὐτοῦ τὰ ὦτα καὶ ἀποφράττων καὶ τῷ δευτέρῳ λόγῳ παντελῶς ἄβατα κατασκευάζων αὐτὰ ὑπὸ τῆς διαβολῆς προεμπεπλησμένα; ἐσχάτης ἀδικίας τὸ τοιοῦτον, ὡς φαῖεν ἂν καὶ οἱ ἄριστοι τῶν νομοθετῶν, οἷον ὁ Σόλων καὶ ὁ Δράκων, ἔνορκον ποιησάμενοι τοῖς δικασταῖς τὸ ὁμοίως ἀμφοῖν ἀκροᾶσθαι καὶ τὸ τὴν εὔνοιαν ἴσην τοῖς κρινομένοις ἀπονέμειν, ἄχρι ἂν ὁ τοῦ δευτέρου λόγος παρατεθεὶς θατέρου χείρων ἢ ἀμείνων φανῇ· πρὶν δέ γε ἀντεξετάσαι τὴν ἀπολογίαν τῇ κατηγορίᾳ, παντελῶς ἀσεβῆ καὶ

sind, der Verleumder, der Verleumdete und derjenige, dem gegenüber die Verleumdung erfolgt, wollen wir jede von ihnen genau daraufhin betrachten, welcher Art das, was hier geschieht, natürlicherweise sein muss.

(7) Zuerst wollen wir nun, wenn's recht ist, den Protagonisten des Dramas vorführen, ich meine den Urheber der Verleumdung. Dass es sich bei ihm in der Tat um keinen guten Menschen handelt, ist, denke ich, jedem einsichtig. Denn wer gut ist, kann wohl kaum seinem Nächsten Ursache von Schlechtem sein, sondern gute Männer zeichnen sich dadurch aus, dass sie ihren guten Leumund und dazu den Ruf, wohlwollend zu sein, durch die Wohltaten erwerben, die sie ihren Freunden erweisen, nicht hingegen dadurch, dass sie andere zu Unrecht beschuldigen und alles tun, damit diese verhasst werden.

(8) Dass zweitens so ein Mensch ungerecht, ein Feind der Rechtlichkeit, unfromm und eine Strafe für alle ist, die mit ihm Umgang haben, lässt sich leicht verstehen. Denn wer würde nicht zustimmen, dass es Werke der Gerechtigkeit sind, Gleichheit in jeder Hinsicht und nicht mehr als andere zu wollen, Ungleichheit und Eigennutz hingegen solche der Ungerechtigkeit? Wer sich gegen Abwesende heimlich der Verleumdung bedient: Wie ist das kein eigennütziger Mensch, wo er doch seinen Zuhörer ganz auf seine Seite bringen will, dessen Ohren vor allen anderen mit Beschlag belegt und verschließt und sie, die doch schon durch die Verleumdung vorab verstopft sind, den Darlegungen eines Zweiten ganz und gar unzugänglich macht? So etwas ist Zeichen äußerster Rechtlosigkeit, wie es auch die besten Gesetzgeber formulieren würden, beispielsweise Solon und Drakon,[9] die den Richtern die eidliche Verpflichtung auferlegten, beide Seiten gleichermaßen anzuhören und ihr Wohlwollen den Prozessgegnern zu gleichen Teilen zukommen zu lassen, bis die Rede des Zweiten daneben tritt und sich als schlechter oder besser als die des anderen erweist. Sie hielten es für ganz und gar ruchlos und unfromm, zu einem Urteil zu kommen,

ἀνόσιον ἡγήσαντο ἔσεσθαι τὴν κρίσιν. καὶ γὰρ ἂν καὶ αὐτοὺς ἀγανακτῆσαι τοὺς θεοὺς εἴποιμεν, εἰ τῷ κατηγόρῳ μετ' ἀδείας ἃ θέλει λέγειν ἐπιτρέποιμεν, ἀποφράξαντες δὲ τῷ κατηγορουμένῳ τὰ ὦτα ἢ τῷ στόματι σιωπῶντος καταψηφιζοίμεθα τῷ προτέρῳ λόγῳ κεχειρωμένοι, ὥστε οὐ κατὰ τὸ δίκαιον καὶ τὸ νόμιμον καὶ τὸν ὅρκον τὸν δικαστικὸν φαίη τις ἂν γίγνεσθαι τὰς διαβολάς. εἰ δέ τῳ μὴ ἀξιόπιστοι δοκοῦσιν οἱ νομοθέται παραινοῦντες οὕτω δικαίας καὶ ἀμερεῖς ποιεῖσθαι τὰς κρίσεις, ποιητήν μοι δοκῶ τὸν ἄριστον ἐπάγειν τῷ λόγῳ εὖ μάλα περὶ τούτων ἀποφηνάμενον, μᾶλλον δὲ νομοθετήσαντα. φησὶ δέ,

μήτε δίκην δικάσῃς, πρὶν ἄμφω μῦθον ἀκούσῃς.

ἠπίστατο γάρ, οἶμαι, καὶ οὗτος ὡς πολλῶν ὄντων ἐν τῷ βίῳ ἀδικημάτων οὐδὲν ἄν τις εὕροι χεῖρον οὐδὲ ἀδικώτερον ἢ ἀκρίτους τινὰς καὶ ἀμοίρους λόγων καταδεδικάσθαι· ὅπερ ἐξ ἅπαντος ὁ διαβάλλων ἐπιχειρεῖ ποιεῖν ἄκριτον ὑπάγων τὸν διαβαλλόμενον τῇ τοῦ ἀκούοντος ὀργῇ καὶ τὴν ἀπολογίαν τῷ λαθραίῳ τῆς κατηγορίας παραιρούμενος.

[9] Καὶ γὰρ ἀπαρρησίαστος καὶ δειλὸς ἅπας ὁ τοιοῦτος ἄνθρωπος οὐδὲν ἐς τοὐμφανὲς ἄγων, ἀλλ' ὥσπερ οἱ λοχῶντες ἐξ ἀφανοῦς ποθεν τοξεύων, ὡς μηδὲ ἀντιτάξασθαι δυνατὸν εἶναι μηδὲ ἀνταγωνίσασθαι, ἀλλ' ἐν ἀπορίᾳ καὶ ἀγνοίᾳ τοῦ πολέμου διαφθείρεσθαι, ὃ μέγιστόν ἐστι σημεῖον τοῦ μηδὲν ὑγιὲς τοὺς διαβάλλοντας λέγειν. ἐπεὶ εἴ τίς γε τἀληθῆ κατηγοροῦντι ἑαυτῷ συνεπίσταται, οὗτος, οἶμαι, καὶ εἰς τὸ φανερὸν ἐλέγχει καὶ διευθύνει καὶ ἀντεξετάζει τῷ λόγῳ, ὥσπερ οὐδεὶς ἂν ἐκ τοῦ

bevor man Anklage und Verteidigung aneinander geprüft hatte. Ja, wir würden doch wohl auch sagen, dass selbst die Götter in Zorn gerieten, wenn wir dem Kläger erlaubten, ohne Furcht zu sagen, was er sagen will, vor dem Beklagten aber die Ohren verschlössen oder ihn mundtot machten und ihn dann verurteilten, eingenommen von der vorangehenden Rede, und so könnte man sagen, dass Verleumdungen nicht der Gerechtigkeit, der Gesetzlichkeit und dem Richtereid entsprechen. Sollten einem aber die Gesetzgeber mit ihrem Rat, Urteile auf diese Weise gerecht und unparteiisch zu fällen, nicht glaubwürdig erscheinen, dann halte ich es für richtig, meinem Argument den vorzüglichsten Dichter beizugesellen, der sich schon sehr gut zu diesen Fragen erklärt, ja, geradezu ein Gesetz formuliert hat. Er sagt: »Fälle dein Urteil nicht, bis du beide Reden gehört hast!«[10] Schon er wusste nämlich, glaube ich, dass man unter den vielen Ungerechtigkeiten, die es im Leben gibt, keine schlimmere, keine gravierendere finden könnte, als dass jemand ohne ordentlichen Prozess und ohne zu Wort gekommen zu sein abgeurteilt ist. Und genau das ist es, was der Verleumder unter allen Umständen zu bewirken sucht, indem er den Verleumdeten ohne Urteil dem Zorn seines Zuhörers aussetzt und ihm die Gelegenheit zur Verteidigung durch die Heimlichkeit der Anklage entzieht.

(9) Denn auch ein Feind freier Rede und ein Feigling ist jeder solche Mensch, da er nichts offen austrägt, sondern wie Leute im Hinterhalt seine Pfeile von irgendeiner nicht einsehbaren Position aus verschießt, so dass man sich dem weder entgegenstellen noch etwas dagegenhalten kann, sondern ohne den Feind vor sich zu haben oder ihn zu kennen zugrunde geht, was das stärkste Anzeichen dafür ist, dass Verleumder nichts Gescheites vorbringen. Denn wenn sich einer sicher ist, dass seine Anklage der Wahrheit entspricht, dann führt der, denke ich, seine Untersuchungen, seine Richtigstellungen und seine verbalen Auseinandersetzungen öffentlich, genau wie auch niemand, der im offenen Kampf zu siegen vermag, sich

προφανοῦς νικᾶν δυνάμενος ἐνέδρᾳ ποτὲ καὶ ἀπάτῃ χρήσαιτο κατὰ τῶν πολεμίων.

[10] Ἴδοι δ' ἄν τις τοὺς τοιούτους μάλιστα ἔν τε βασιλέων αὐλαῖς καὶ περὶ τὰς τῶν ἀρχόντων καὶ δυναστευόντων φιλίας εὐδοκιμοῦντας, ἔνθα πολὺς μὲν ὁ φθόνος, μυρίαι δὲ ὑπόνοιαι, πάμπολλαι δὲ κολακειῶν καὶ διαβολῶν ὑποθέσεις· ὅπου γὰρ ἀεὶ μείζους ἐλπίδες, ἐνταῦθα καὶ οἱ φθόνοι χαλεπώτεροι καὶ τὰ μίση ἐπισφαλέστερα καὶ αἱ ζηλοτυπίαι κακοτεχνέστεραι. πάντες οὖν ἀλλήλους ὀξὺ δεδόρκασι καὶ ὥσπερ οἱ μονομαχοῦντες ἐπιτηροῦσιν εἴ πού τι γυμνωθὲν μέρος θεάσαιντο τοῦ σώματος· καὶ πρῶτος αὐτὸς ἕκαστος εἶναι βουλόμενος παρωθεῖται καὶ παραγκωνίζεται τὸν πλησίον καὶ τὸν πρὸ αὑτοῦ, εἰ δύναιτο, ὑποσπᾷ καὶ ὑποσκελίζει. ἔνθα ὁ μὲν χρηστὸς ἀτεχνῶς εὐθὺς ἀνατέτραπται καὶ παρασέσυρται καὶ τὸ τελευταῖον ἀτίμως ἐξέωσται, ὁ δὲ κολακευτικώτερος καὶ πρὸς τὰς τοιαύτας κακοηθείας πιθανώτερος εὐδοκιμεῖ· καὶ ὅλως ὁ φθάσας κρατεῖ· τὰ γὰρ τοῦ Ὁμήρου πάνυ ἐπαληθεύουσιν, ὅτι τοι

ξυνὸς Ἐνυάλιος καὶ τὸν κτανέοντα κατέκτα.

τοιγαροῦν ὡς οὐ περὶ μικρῶν τοῦ ἀγῶνος ὄντος ποικίλας κατ' ἀλλήλων ὁδοὺς ἐπινοοῦσιν, ὧν ταχίστη καὶ ἐπισφαλεστάτη ἐστὶν ἡ τῆς διαβολῆς, τὴν μὲν ἀρχὴν ἀπὸ φθόνου ἢ μίσους εὐέλπιδα λαμβάνουσα, οἰκτρότερα δὲ καὶ τραγικὰ ἐπάγουσα τὰ τέλη καὶ πολλῶν συμφορῶν ἀνάπλεα.

[11] Οὐ μέντοι μικρὸν οὐδὲ ἁπλοῦν ἐστι τοῦτο, ὡς ἄν τις ὑπολάβοι, ἀλλὰ πολλῆς μὲν τέχνης, οὐκ ὀλίγης δὲ ἀγχινοίας, ἀκριβοῦς δέ τινος ἐπιμελείας δεόμενον· οὐ γὰρ ἂν τοσαῦτα ἔβλαπτεν ἡ διαβολή, εἰ μὴ πιθανόν τινα τρόπον ἐγίνετο· οὐδ' ἂν κατίσχυε τὴν πάντων ἰσχυροτέραν

jemals des Hinterhalts und der Täuschung gegen seine Feinde bedienen würde.

(10) Man trifft diese Leute wohl am häufigsten an Königshöfen und im Umfeld von Herrschern und Machthabern, deren Freundschaft wegen sie hohes Ansehen genießen; dort, wo der Neid immens, die Verdächtigungen unzählige und der Stoff für Schmeicheleien und Verleumdungen zahlreich ist. Denn wo die Hoffnungen größer sind, dort sind auch immer Neid und Missgunst bösartiger, ist der Hass gefährlicher und die Eifersucht tückischer. Alle behalten einander scharf im Blick und belauern einander wie Einzelkämpfer, ob sie irgendwo am Körper eine Blöße erspähen können; und da jeder selbst der erste sein will, benutzt er seine Ellbogen und rempelt seinen Nächsten zur Seite, zieht dem, der vor ihm steht, bei erster Gelegenheit die Füße weg und stellt ihm ein Bein. Da wird der brave Mann sofort einfach auf den Kopf gestellt, zur Seite gewischt und schließlich in Unehren hinausgejagt, der erfahrenere Schmeichler und in solchen Bösartigkeiten Glaubwürdigere hingegen steht in hohem Ansehen, und überhaupt: Wer zuerst kommt, mahlt zuerst. Sie bestätigen voll und ganz Homers Worte, dass nämlich »für alle gleich ist der Krieg und er den, der getötet hat, tötet.«[11] Und da es bei dem Kampf ja wahrlich nicht um Kleinigkeiten geht, denken sie sich vielfältige Wege gegeneinander aus, von denen der Weg, der am schnellsten zum Ziel führt und der zugleich die meisten Stolpersteine bereit hält, derjenige der Verleumdung ist, die ihren Anfang bei hoffnungsvollem Neid und Hass nimmt, aber zu einem jammervolleren, ja tragischen Ende führt, das voll ist von zahlreichen Unglücksfällen.

(11) Indes ist das nichts Minderwertiges oder Einfaches, wie man denken könnte, sondern bedarf großer Raffinesse, nicht geringen Scharfsinns und auch einer Art präziser Sorgfalt. Denn die Verleumdung könnte nicht so großen Schaden anrichten, wenn sie nicht auf glaubwürdige Art und Weise zustande käme. Gegen die Wahrheit, die stärker als alles ist, könnte sie sich nicht durchsetzen,

ἀλήθειαν, εἰ μὴ πολὺ τὸ ἐπαγωγὸν καὶ πιθανὸν καὶ μυρία ἄλλα παρεσκεύαστο κατὰ τῶν ἀκουόντων.

[12] Διαβάλλεται μὲν οὖν ὡς τὸ πολὺ μάλιστα ὁ τιμώμενος καὶ διὰ τοῦτο τοῖς ὑπολειπομένοις αὐτοῦ ἐπίφθονος· ἅπαντες γὰρ τῷδ' ἐπιτοξάζονται καθάπερ τι κώλυμα καὶ ἐμπόδιον προορώμενοι, καὶ ἕκαστος οἴεται πρῶτος αὐτὸς ἔσεσθαι τὸν κορυφαῖον ἐκεῖνον ἐκπολιορκήσας καὶ τῆς φιλίας ἀποσκευασάμενος. οἷόν τι καὶ ἐπὶ τοῖς γυμνικοῖς ἀγῶσιν ἐπὶ τῶν δρομέων γίγνεται· κἀκεῖ γὰρ ὁ μὲν ἀγαθὸς δρομεὺς τῆς ὕσπληγγος εὐθὺς καταπεσούσης μόνον τοῦ πρόσω ἐφιέμενος καὶ τὴν διάνοιαν ἀποτείνας πρὸς τὸ τέρμα κἀν τοῖς ποσὶ τὴν ἐλπίδα τῆς νίκης ἔχων τὸν πλησίον οὐδὲν κακουργεῖ οὐδέ τι τῶν κατὰ τοὺς ἀγωνιστὰς πολυπραγμονεῖ, ὁ δὲ κακὸς ἐκεῖνος καὶ ἄναθλος ἀνταγωνιστὴς ἀπογνοὺς τὴν ἐκ τοῦ τάχους ἐλπίδα ἐπὶ τὴν κακοτεχνίαν ἐτράπετο, καὶ τοῦτο μόνον ἐξ ἅπαντος σκοπεῖ, ὅπως τὸν τρέχοντα ἐπισχὼν ἢ ἐμποδίσας ἐπιστομιεῖ, ὡς, εἰ τούτου διαμάρτοι, οὐκ ἄν ποτε νικῆσαι δυνάμενος. ὁμοίως δὲ τούτοις κἀν ταῖς φιλίαις τῶν εὐδαιμόνων τούτων γίνεται· ὁ γὰρ προέχων αὐτίκα ἐπιβουλεύεται καὶ ἀφύλακτος ἐν μέσῳ ληφθεὶς τῶν δυσμενῶν ἀνηρπάσθη, οἱ δὲ ἀγαπῶνται καὶ φίλοι δοκοῦσιν ἐξ ὧν ἄλλους βλάπτειν ἔδοξαν.

[13] Τό τε ἀξιόπιστον τῆς διαβολῆς οὐχ ὡς ἔτυχεν ἐπινοοῦσιν, ἀλλ' ἐν τούτῳ τὸ πᾶν αὐτοῖς ἐστιν ἔργον δεδοικόσι τι προσάψαι ἀπῳδὸν ἢ καὶ ἀλλότριον. ὡς γοῦν ἐπὶ πολὺ τὰ προσόντα τῷ διαβαλλομένῳ πρὸς τὸ χεῖρον μεταβάλλοντες οὐκ ἀπιθάνους ποιοῦνται τὰς κατηγορίας, οἷον

wenn sie nicht viel Suggestives, viel Glaubhaftes und unzähliges anderes gegen ihre Zuhörer in Stellung brächte.

(12) Verleumdet wird also meistens und vor allem, wer in Ehren steht und deshalb von denen, die hinter ihm zurückbleiben müssen, beneidet wird; denn auf ihn schießen alle ihre Pfeile ab, als sähen sie vor sich gleichsam ein Hindernis, einen Hemmschuh, und jeder glaubt, er werde erster sein, wenn er nur erst jenen Mann in der ersten Reihe erfolgreich verdrängt und ihm die Freundschaft abspenstig gemacht hätte. So etwas passiert auch an den gymnischen Agonen bei den Läufern: Auch dort tut ja der gute Läufer, weil er sofort nach dem Fall des Startseils nur nach vorn strebt, sein Sinnen und Trachten auf das Ziel richtet und die Siegeshoffnung auf seine Füße setzt, seinem Nebenmann nichts Böses an und interessiert sich kein bisschen für die anderen Wettkämpfer, jener schlechte und unfaire, kampfesunlustige[12] Gegner aber greift, weil er die auf Schnelligkeit beruhende Hoffnung schon aufgegeben hat, zu üblen Tricks und späht bei allem nur darauf, wie er den Laufenden aufhalten oder behindern und so an die Kandare nehmen kann, da er ja, misslänge ihm dies, niemals siegen könnte. Ganz ähnlich wie dort geht es auch in den Freundschaftsbeziehungen dieser Reichen und Mächtigen zu: Denn derjenige, der die Nase vorn hat, wird sofort Ziel von Nachstellungen und pflegt, lässt er sich inmitten seiner Feinde unbewacht erwischen, über den Haufen gerannt zu werden, die aber werden geschätzt und für Freunde gehalten aufgrund des Schadens, den sie anderen zugefügt zu haben scheinen.

(13) In die Glaubwürdigkeit der Verleumdung investieren sie ihre Gedankenkraft nicht einfach irgendwie, sondern darin steckt ihre ganze Arbeit, da sie befürchten müssen, ihm etwas anzudichten, was nicht recht zu ihm passt oder sich sogar überhaupt nicht mit ihm in Verbindung bringen lässt. Indem sie also meistens tatsächliche Eigenschaften des Verleumdeten ins Schlechtere verkehren, lassen sie ihre Anklage nicht unwahrscheinlich aussehen: Beispielswei-

τὸν μὲν ἰατρὸν διαβάλλουσιν ὡς φαρμακέα, τὸν πλούσιον δὲ ὡς τύραννον, τὸν τυραννικὸν δὲ ὡς προδοτικόν.

[14] Ἐνίοτε μέντοι καὶ ὁ ἀκροώμενος αὐτὸς ὑποβάλλει τῆς διαβολῆς τὰς ἀφορμάς, καὶ πρὸς τὸν ἐκείνου τρόπον οἱ κακοήθεις αὐτοὶ ἁρμοζόμενοι εὐστοχοῦσιν. ἢν μὲν γὰρ ζηλότυπον αὐτὸν ὄντα ἴδωσι, Διένευσε, φασί, τῇ γυναικί σου παρὰ τὸ δεῖπνον καὶ ἀπιδὼν ἐς αὐτὴν ἐστέναξε, καὶ ἡ Στρατονίκη πρὸς αὐτὸν οὐ μάλα ἀηδῶς· καὶ ὅλως ἐρωτικαί τινες καὶ μοιχικαὶ πρὸς αὐτὸν αἱ διαβολαί. ἢν δὲ ποιητικὸς ᾖ καὶ ἐπὶ τούτῳ μέγα φρονῇ, Μὰ Δί' ἐχλεύασέ σου Φιλόξενος τὰ ἔπη καὶ διέσυρε καὶ ἄμετρα εἶπεν αὐτὰ καὶ κακοσύνθετα. πρὸς δὲ τὸν εὐσεβῆ καὶ φιλόθεον ὡς ἄθεος καὶ ἀνόσιος ὁ φίλος διαβάλλεται καὶ ὡς τὸ θεῖον παρωθούμενος καὶ τὴν πρόνοιαν ἀρνούμενος· ὁ δὲ ἀκούσας εὐθὺς μύωπι διὰ τοῦ ὠτὸς τυπεὶς διακέκαυται ὡς τὸ εἰκὸς καὶ ἀπέστραπται τὸν φίλον οὐ περιμείνας τὸν ἀκριβῆ ἔλεγχον. **[15]** ὅλως γὰρ τὰ τοιαῦτα ἐπινοοῦσι καὶ λέγουσιν, ἃ μάλιστα ἴσασιν ἐς ὀργὴν δυνάμενα προκαλέσασθαι τὸν ἀκροώμενον, καὶ ἔνθα τρωτός ἐστιν ἕκαστος ἐπιστάμενοι, ἐπ' ἐκεῖνο τοξεύουσι καὶ ἀκοντίζουσιν ἐς αὐτό, ὥστε τῇ παραυτίκα ὀργῇ τεταραγμένον μηκέτι σχολὴν ἄγειν τῇ ἐξετάσει τῆς ἀληθείας, ἀλλὰ κἂν θέλῃ τις ἀπολογεῖσθαι, μὴ προσίεσθαι, τῷ παραδόξῳ τῆς ἀκροάσεως ὡς ἀληθεῖ προκατειλημμένον.

[16] Ἀνυσιμώτατον γὰρ τὸ εἶδος τῆς διαβολῆς τὸ ὑπεναντίον τῆς τοῦ ἀκούοντος ἐπιθυμίας, ὁπότε καὶ παρὰ Πτολεμαίῳ τῷ Διονύσῳ ἐπικληθέντι ἐγένετό τις ὃς διέβαλλε τὸν Πλατωνικὸν Δημήτριον, ὅτι ὕδωρ τε πίνει καὶ μόνος τῶν ἄλλων γυναικεῖα οὐκ ἐνεδύσατο ἐν τοῖς

se verleumden sie den Arzt als Giftmischer, den Reichen als Tyrannen, den herrscherlichen Charakter als Verräter.

(14) Manchmal liefert indes auch der Zuhörer selbst Anlass und Motiv für die Verleumdung, und indem die Bösewichte sich seinem Charakter anpassen, treffen sie leicht ihr Ziel. Wissen sie nämlich, dass er zur Eifersucht neigt, sagen sie: »Er hat deiner Frau beim Essen zugenickt, ihr einen Blick zugeworfen und dabei geseufzt, und Stratonike[13] hat gar nicht ablehnend auf ihn reagiert.« Und überhaupt sind bei ihm die Verleumdungen erotischer und ehebrecherischer Natur. Ist er hingegen dichterisch veranlagt und bildet sich einiges darauf ein: »Bei Zeus, Philoxenos hat sich über deine Verse lustig gemacht, sie durchgehechelt und behauptet, sie verstießen gegen das Metrum und seien im Aufbau missglückt.«[14] Beim Frommen und Gottesfürchtigen wird der Freund als gottlos und unfromm verleumdet, als Gottesverächter und Leugner göttlicher Vorsehung. Er hört's und , den Stachel mitten ins Ohr getrieben, lodert er natürlich gleich vor Zorn und hat sich schon von seinem Freund abgewandt, ohne eine detaillierte Widerlegung abzuwarten. **(15)** Überhaupt erdenken und sagen sie nämlich solche Dinge, von denen sie wissen, dass sie den Zuhörer am ehesten in Rage versetzen können, und sie schießen ihre Pfeile und werfen ihre Speere genau auf die ihnen bekannten verwundbaren Stellen jedes einzelnen, so dass er, von seiner plötzlichen Zornesaufwallung verwirrt, keine Ruhe mehr für die Prüfung der Wahrheit findet, sondern auch, wenn sich einer noch verteidigen will, ihn nicht mehr an sich heranlässt und durch die Befremdlichkeit dessen, was er zu hören bekommen hat, voreingenommen ist, als ob es wahr wäre.

(16) Besonders zielführend ist die Art von Verleumdung, die behauptet, was den Bestrebungen des Zuhörers am meisten zuwiderläuft. So trat einmal bei Ptolemaios, der den Beinamen Dionysos trug, einer auf, der den Platoniker Demetrios verleumdete,[15] er trinke Wasser und habe an den Dionysien als einziger von allen keine Frauenkleider angezogen; und hätte Demetrios nicht, als er am

Διονυσίοις· καὶ εἴ γε μὴ κληθεὶς ἕωθεν ἔπιέ τε πάντων ὁρώντων καὶ λαβὼν ταραντινίδιον ἐκυμβάλισε καὶ προσωρχήσατο, ἀπολώλει ἂν ὡς οὐχ ἡδόμενος τῷ βίῳ τοῦ βασιλέως, ἀλλ' ἀντισοφιστὴς ὢν καὶ ἀντίτεχνος τῆς Πτολεμαίου τρυφῆς.

[17] Παρὰ δὲ Ἀλεξάνδρῳ μεγίστη ποτὲ πασῶν ἦν διαβολή, εἰ λέγοιτο τις μὴ σέβειν μηδὲ προσκυνεῖν τὸν Ἡφαιστίωνα· ἐπεὶ γὰρ ἀπέθανεν Ἡφαιστίων, ὑπὸ τοῦ ἔρωτος Ἀλέξανδρος ἐβουλήθη προσθεῖναι καὶ τοῦτο τῇ λοιπῇ μεγαλουργίᾳ καὶ θεὸν χειροτονῆσαι τὸν τετελευτηκότα. εὐθὺς οὖν νεώς τε ἀνέστησαν αἱ πόλεις καὶ τεμένη καθιδρύετο καὶ βωμοὶ καὶ θυσίαι καὶ ἑορταὶ τῷ καινῷ τούτῳ θεῷ ἐπετελοῦντο, καὶ ὁ μέγιστος ὅρκος ἦν ἅπασιν Ἡφαιστίων. εἰ δέ τις ἢ μειδιάσειε πρὸς τὰ γινόμενα ἢ μὴ φαίνοιτο πάνυ εὐσεβῶν, θάνατος ἐπέκειτο ἡ ζημία. ὑπολαμβάνοντες δὲ οἱ κόλακες τὴν μειρακιώδη ταύτην τοῦ Ἀλεξάνδρου ἐπιθυμίαν προσεξέκαιον εὐθὺς καὶ ἀνεζωπύρουν ὀνείρατα διηγούμενοι τοῦ Ἡφαιστίωνος, ἐπιφανείας τινὰς καὶ ἰάματα προσάπτοντες αὐτῷ καὶ μαντείας ἐπιφημίζοντες· καὶ τέλος ἔθυον παρέδρῳ καὶ ἀλεξικάκῳ θεῷ. ὁ δὲ Ἀλέξανδρος ἥδετό τε ἀκούων καὶ τὰ τελευταῖα ἐπίστευε καὶ μέγα ἐφρόνει ὡσανεὶ οὐ θεοῦ παῖς ὢν μόνον, ἀλλὰ καὶ θεοὺς ποιεῖν δυνάμενος. πόσους τοίνυν οἰώμεθα τῶν Ἀλεξάνδρου φίλων παρὰ τὸν καιρὸν ἐκεῖνον ἀπολαῦσαι τῆς Ἡφαιστίωνος θειότητος, διαβληθέντας ὡς οὐ τιμῶσι τὸν κοινὸν ἁπάντων θεόν, καὶ διὰ τοῦτο ἐξελαθέντας καὶ τῆς τοῦ βασιλέως εὐνοίας ἐκπεσόντας; **[18]** τότε καὶ Ἀγαθοκλῆς ὁ Σάμιος ταξιαρχῶν παρ' Ἀλεξάνδρῳ καὶ τιμώμενος παρ' αὐτοῦ μικροῦ δεῖν συγκαθείρχθη λέοντι διαβληθεὶς ὅτι δακρύσειε παριὼν τὸν Ἡφαιστίωνος τάφον. ἀλλ' ἐκείνῳ μὲν βοηθῆσαι λέγεται Περδίκκας ἐπομοσάμενος κατὰ πάντων θεῶν καὶ

frühen Morgen herbeizitiert wurde, vor aller Augen getrunken und in einem durchsichtigen Tarentiner Gewand das Tamburin geschlagen und dazu getanzt, dann wäre das sein Ende gewesen: Hege er doch keine Sympathie für die Lebensführung des Königs, sondern polemisiere und arbeite gegen Ptolemaios' Luxusleben.

(17) Bei Alexander galt einst als die machtvollste Verleumdung von allen, wenn von jemandem behauptet wurde, er achte und verehre Hephaistion[16] nicht fußfällig; Denn nach Hephaistions Tod wollte Alexander aus Liebe dem sonstigen Pomp auch noch hinzufügen, dass man den Verstorbenen zum Gott erkläre. Sofort ließen die Städte also Tempel errichten, man richtete Weihbezirke ein, es wurden diesem neuen Gott Altäre, Opfer und Festtage bestimmt, und die bedeutendste Eidesformel für alle war ›Hephaistion‹. Wenn einer aber über das, was da stattfand, lächelte oder nicht ganz und gar ehrfürchtig schien, stand darauf die Todesstrafe. Die Schmeichler griffen dieses kindische Verlangen Alexanders auf und entzündeten und befeuerten es noch stärker, indem sie erzählten, sie hätten von Hephaistion geträumt, und ihm Epiphanien und Heiltaten andichteten und ihn als Urheber von Weissagungen bezeichneten; und zu guter Letzt opferten sie ihm als Helfer- und Schutzgottheit.[17] Alexander freute sich, das zu hören, und schließlich glaubte er daran und war außerordentlich stolz darauf, als ob er nicht nur Sohn eines Gottes sei, sondern auch selbst Götter machen könne. Wie viele der Freunde Alexanders, wollen wir glauben, erhielten von Hephaistions Göttlichkeit wohl eine ganz unwillkommene Kostprobe: nämlich verleumdet, dass sie den allen gemeinsamen Gott nicht ehrten, und deshalb vertrieben zu werden und aus der Gnade des Königs zu fallen? **(18)** Damals wäre beinahe sogar Agathokles von Samos,[18] einer der Hauptleute in Alexanders Heer und in Ehren bei ihm, mit einem Löwen zusammengesperrt worden, weil er verleumdet wurde, er habe beim Vorbeigehen an Hephaistions Grab Tränen vergossen. Aber ihm soll Perdikkas zur Hilfe gekommen sein,[19] indem er bei allen Göttern und bei Hephaistion schwur,

κατὰ Ἡφαιστίωνος, ὅτι δὴ κυνηγετοῦντί οἱ φανέντα ἐναργῆ τὸν θεὸν ἐπισκῆψαι εἰπεῖν Ἀλεξάνδρῳ φείσασθαι Ἀγαθοκλέους· οὐ γὰρ ὡς ἀπιστοῦντα οὐδὲ ὡς ἐπὶ νεκρῷ δακρῦσαι, ἀλλὰ τῆς πάλαι συνηθείας μνημονεύσαντα.

[19] Ἡ δ' οὖν κολακεία καὶ ἡ διαβολὴ τότε μάλιστα χώραν ἔσχε πρὸς τὸ Ἀλεξάνδρου πάθος συντιθεμένη· καθάπερ γὰρ ἐν πολιορκίᾳ οὐκ ἐπὶ τὰ ὑψηλὰ καὶ ἀπόκρημνα καὶ ἀσφαλῆ τοῦ τείχους προσίασιν οἱ πολέμιοι, ἀλλ' ᾗ ἂν ἀφύλακτόν τι μέρος ἢ σαθρὸν αἴσθωνται ἢ ταπεινόν, ἐπὶ τοῦτο πάσῃ δυνάμει χωροῦσιν ὡς ῥᾷστα παρεισδῦναι καὶ ἑλεῖν δυνάμενοι, οὕτω καὶ οἱ διαβάλλοντες ὅ τι ἂν ἀσθενὲς ἴδωσι τῆς ψυχῆς καὶ ὑπόσαθρον καὶ εὐεπίβατον, τούτῳ προσβάλλουσι καὶ προσάγουσι τὰς μηχανάς, καὶ τέλος ἐκπολιορκοῦσι μηδενὸς ἀντιταττομένου μηδὲ τὴν ἔφοδον αἰσθομένου. εἶτ' ἐπειδὰν ἐντὸς ἅπαξ τῶν τειχῶν γένωνται, πυρπολοῦσι πάντα καὶ παίουσι καὶ σφάττουσι καὶ ἐξελαύνουσιν, οἷα εἰκὸς ἁλισκομένης ψυχῆς καὶ ἐξηνδραποδισμένης ἔργα εἶναι.

[20] Μηχανήματα δὲ αὐτοῖς κατὰ τοῦ ἀκούοντος ἥ τε ἀπάτη καὶ τὸ ψεῦδος καὶ ἡ ἐπιορκία καὶ προσλιπάρησις καὶ ἀναισχυντία καὶ ἄλλα μυρία ῥᾳδιουργήματα. ἡ δὲ δὴ μεγίστη πασῶν ἡ κολακεία ἐστί, συγγενής, μᾶλλον δὲ ἀδελφή τις οὖσα τῆς διαβολῆς. οὐδεὶς γοῦν οὕτω γεννάδας ἐστὶ καὶ ἀδαμάντινον τεῖχος τῆς ψυχῆς προβεβλημένος, ὃς οὐκ ἂν ἐνδοίη πρὸς τὰς τῆς κολακείας προσβολάς, καὶ ταῦτα ὑπορυττούσης καὶ τοὺς θεμελίους ὑφαιρούσης τῆς διαβολῆς. **[21]** καὶ τὰ μὲν ἐκτὸς ταῦτα. ἔνδοθεν δὲ πολλαὶ προδοσίαι συναγωνίζονται τὰς χεῖρας ὀρέγουσαι καὶ τὰς πύλας ἀναπετῶσαι καὶ πάντα τρόπον τῇ ἁλώσει τοῦ

ihm sei auf der Jagd der Gott in aller Deutlichkeit erschienen und habe ihm aufgetragen, Alexander zu sagen, er solle Agathokles schonen: Denn er habe nicht aus Unglauben und auch nicht wie für einen Toten Tränen vergossen, sondern im Gedenken an die alte Freundschaft.

(19) Jedenfalls konnten Schmeichelei und Verleumdung damals deshalb so stark Raum greifen, weil sie eigens auf Alexanders Gefühlslage hin komponiert waren. Denn wie auch bei einer Belagerung die Feinde nicht gegen die hohen, steil abstürzenden und sicheren Punkte der Mauer vorgehen, sondern überall dort, wo sie einen unbewachten, hinfälligen oder niedrigen Abschnitt entdecken, gegen ihn mit aller Macht anrücken, weil sie dort besonders leicht eindringen und die Stadt einnehmen können, so beschießen auch die Verleumder den Bereich der Seele, den sie als schwach, angeschlagen und leicht zugänglich erkennen, führen die Belagerungswerke gegen ihn, und schließlich ist ihre Belagerung erfolgreich, weil sich niemand entgegenstellt, ja noch nicht einmal den Angriff bemerkt. Sind sie dann erst einmal innerhalb der Mauern, setzen sie alles in Flammen, brennen und morden und vertreiben – Taten, wie man sie erwarten kann, wenn eine Seele eingenommen und versklavt wird.

(20) Als Hilfsmittel gegen den Zuhörer dienen ihnen Trug, Lüge, Meineid, beharrliches Angehen, Unverschämtheit und unzählige andere Niederträchtigkeiten. Die gewichtigste unter ihnen allen ist die Schmeichelei, eine Verwandte, mehr noch: sozusagen eine Schwester der Verleumdung. Es ist doch niemand so edel und mit einer Mauer aus Stahl um die Seele gewappnet, dass er den Attacken der Schmeichelei nicht nachgeben würde, und erst recht dann, wenn die Verleumdung die Seele unterminiert und ihre Grundmauern aus dem Weg räumt. **(21)** So weit das, was außerhalb vor sich geht! Innen wirken viele verräterische Aktivitäten zusammen, die die Hände ausstrecken, die Tore öffnen und auf jede Weise gemeinsam Pläne zur Einnahme des Zuhörers schmieden. Zunächst einmal

ἀκούοντος συμπροθυμούμεναι. πρῶτον μὲν τὸ φιλόκαινον, ὃ φύσει πᾶσιν ἀνθρώποις ὑπάρχει, καὶ τὸ ἀψίκορον, ἔπειτα δὲ τὸ πρὸς τὰ παράδοξα τῶν ἀκουσμάτων ἑπόμενον. οὐ γὰρ οἶδ' ὅπως ἡδόμεθα πάντες λαθρηδὰ καὶ πρὸς τὸ οὖς λεγόμενα καὶ μεστὰ ὑπονοίας ἀκούοντες· οἶδα γοῦν τινας οὕτως ἡδέως γαργαλιζομένους τὰ ὦτα ὑπὸ τῶν διαβολῶν ὥσπερ τοὺς πτεροῖς κνωμένους.

[22] Ἐπειδὰν τοίνυν ὑπὸ τούτων ἁπάντων συμμαχούμενοι προσπέσωσι, κατὰ κράτος αἱροῦσιν, οἶμαι, καὶ οὐδὲ δυσχερὴς ἡ νίκη γένοιτ' ἂν μηδενὸς ἀντιπαρατattομένου μηδὲ ἀμυνομένου τὰς προσβολάς, ἀλλὰ τοῦ μὲν ἀκούοντος ἑκόντος ἑαυτὸν ἐνδιδόντος, τοῦ διαβαλλομένου δὲ τὴν ἐπιβουλὴν ἀγνοοῦντος· ὥσπερ γὰρ ἐν νυκτὶ πόλεως ἁλούσης καθεύδοντες οἱ διαβαλλόμενοι φονεύονται.

[23] Καὶ τὸ πάντων οἴκτιστον, ὁ μὲν οὐκ εἰδὼς τὰ γεγενημένα προσέρχεται τῷ φίλῳ φαιδρὸς ἅτε μηδὲν ἑαυτῷ φαῦλον συνεπιστάμενος καὶ τὰ συνήθη λέγει καὶ ποιεῖ, παντὶ τρόπῳ ὁ ἄθλιος ἐνηδρευμένος· ὁ δὲ ἢν μὲν ἔχῃ τι γενναῖον καὶ ἐλεύθερον καὶ παρρησιαστικόν, εὐθὺς ἐξέρρηξε τὴν ὀργὴν καὶ τὸν θυμὸν ἐξέχεε, καὶ τέλος τὴν ἀπολογίαν προσιέμενος ἔγνω μάτην κατὰ τοῦ φίλου παρωξυμμένος. **[24]** ἢν δὲ ἀγεννέστερος καὶ ταπεινότερος, προσίεται μὲν καὶ προσμειδιᾷ τοῖς χείλεσιν ἄκροις, μισεῖ δὲ καὶ λάθρᾳ τοὺς ὀδόντας διαπρίει καί, ὡς ὁ ποιητής φησι, βυσσοδομεύει τὴν ὀργήν. οὗ δὴ ἐγὼ οὐδὲν οἶμαι ἀδικώτερον οὐδὲ δουλοπρεπέστερον, ἐνδακόντα τὸ χεῖλος ὑποτρέφειν τὴν χολὴν καὶ τὸ μῖσος ἐν αὑτῷ κατάκλειστον αὔξειν ἕτερα μὲν κεύθοντα ἐνὶ φρεσίν,

die Sensationslüsternheit, die von Natur aus allen Menschen zu eigen ist, und die Launenhaftigkeit, dann die Bereitschaft, gerade dem Unerwarteten in dem zu folgen, was man hört. Denn – ich weiß nicht, wie es kommt – wir alle haben Freude daran, Heimlichkeiten und Dinge anzuhören, die man uns ins Ohr flüstert und die voll von Verdächtigungen sind. Jedenfalls kenne ich manche, die sich so gern von Verleumdungen die Ohren kitzeln lassen wie Leute, die sich mit Federkielen kratzen.

(22) Wenn sie also mit dieser ganzen kämpferischen Unterstützung die Seele anfallen, nehmen sie sie gewaltsam ein, glaube ich, und der Sieg sollte ihnen nicht schwer fallen, wo doch niemand gegen sie mobil macht und die Attacken abwehrt, sondern der Zuhörer sich ihnen freiwillig in die Hand gibt, der Verleumdete aber von der Intrige gar nichts weiß. Wie Menschen, die bei der nächtlichen Einnahme einer Stadt schlafen, werden die Verleumdeten hingemeuchelt.

(23) Und das Beklagenswerteste von allem: Da geht einer, ohne jede Kenntnis der Lage, zu seinem Freund, heiteren Gesichts, weil er ja nicht im Geringsten ein schlechtes Gewissen hat, und sagt und tut das Übliche, der arme Kerl, auf jede Weise mitten im Hinterhalt; der andere, besitzt er denn einen edlen, freien und freimütigen Charakter, platzt mit seiner Wut sofort heraus und gießt seinen Zorn aus, und schließlich lässt er doch eine Verteidigung zu und sieht ein, dass er sich grundlos gegen den Freund erregt hat. **(24)** Ist er aber nicht so edel und ein eher niedriger Mensch, dann empfängt er ihn zwar und lächelt ihn schmallippig an, ist jedoch voller Hass, knirscht heimlich mit den Zähnen und baut, wie der Dichter sagt, seinem Zorn ein Haus tief in seinem Inneren.[20] Wirklich, ich weiß nichts, was ungerechter wäre und noch mehr eine sklavische Denkweise verriete: sich auf die Lippe zu beißen, seinen Zorn im Inneren zu nähren und seinen Hass dort eingeschlossen wachsen zu lassen, wobei man das eine in seinem Herzen verbirgt, aber etwas ganz

ἄλλα δὲ λέγοντα καὶ ὑποκρινόμενον ἱλαρῷ καὶ κωμικῷ τῷ προσώπῳ μάλα περιπαθῆ τινα καὶ ἰοῦ γέμουσαν τραγῳδίαν.

Μάλιστα δὲ τοῦτο πάσχουσιν, ἐπειδὰν πάλαι φίλος ὁ ἐνδιαβάλλων δοκῶν εἶναι τῷ ἐνδιαβαλλομένῳ ποιῆται ὅμως· τότε γὰρ οὐδὲ φωνὴν ἀκούειν ἔτι θέλουσι τῶν διαβαλλομένων ἢ τῶν ἀπολογουμένων, τὸ ἀξιόπιστον τῆς κατηγορίας ἐκ τῆς πάλαι δοκούσης φιλίας προειληφότες, οὐδὲ τοῦτο λογιζόμενοι, ὅτι πολλαὶ πολλάκις ἐν τοῖς φιλτάτοις μίσους παραπίπτουσιν αἰτίαι τοὺς ἄλλους λανθάνουσαι· καὶ ἐνίοτε οἷς αὐτός τις ἔνοχός ἐστι, ταυτὶ φθάσας κατηγόρησε τοῦ πλησίον ἐκφυγεῖν οὕτω πειρώμενος τὴν διαβολήν. καὶ ὅλως ἐχθρὸν μὲν οὐδεὶς ἂν τολμήσειε διαβαλεῖν· ἄπιστος γὰρ αὐτόθι ἡ κατηγορία πρόδηλον ἔχουσα τὴν αἰτίαν· τοῖς δοκοῦσι δὲ μάλιστα φίλοις ἐπιχειροῦσι τὴν πρὸς τοὺς ἀκούοντας εὔνοιαν ἐμφῆναι προαιρούμενοι, ὅτι ἐπὶ τῷ ἐκείνων συμφέροντι οὐδὲ τῶν οἰκειοτάτων ἀπέσχοντο.

[25] Εἰσὶ δέ τινες οἳ κἂν μάθωσιν ὕστερον ἀδίκως διαβεβλημένους παρ᾽ αὐτοῖς τοὺς φίλους, ὅμως ὑπ᾽ αἰσχύνης ὧν ἐπίστευσαν οὐδ᾽ ἔτι προσίεσθαι οὐδὲ προσβλέπειν τολμῶσιν αὐτοῖς ὥσπερ ἠδικημένοι, ὅτι μηδὲν ἀδικοῦντας ἐπέγνωσαν.

[26] Τοιγαροῦν πολλῶν κακῶν ὁ βίος ἐπλήσθη ὑπὸ τῶν οὕτω ῥᾳδίως καὶ ἀνεξετάστως πεπιστευμένων διαβολῶν. ἡ μὲν γὰρ Ἄντεια

τεθναίης [φησίν], ὦ Προῖτ᾽, ἢ κάκτανε Βελλεροφόντην,
ὅς μ᾽ ἔθελεν φιλότητι μιγήμεναι οὐκ ἐθελούσῃ

αὐτὴ προτέρα ἐπιχειρήσασα καὶ ὑπεροφθεῖσα. καὶ μικροῦ ὁ νεανίας ἐν τῇ πρὸς τὴν Χίμαιραν συμπλοκῇ διεφθάρη ἐπιτίμιον σωφροσύνης

anderes sagt und mit heiterer Komödienmaske eine sehr emotionsreiche Tragödie spielt, voll von Weh und Ach.

Vor allem ergeht es ihnen so, wenn der Verleumder, obwohl er ein langjähriger Freund des Verleumdeten zu sein scheint, ihn trotzdem attackiert. Denn dann will man von den Verleumdeten oder von denen, die etwas zu ihrer Verteidigung zu sagen versuchen, kein einziges Wort mehr hören, hält man doch die Glaubwürdigkeit der Anklage wegen der scheinbar seit langem bestehenden Freundschaft von vornherein für gegeben, ohne zu bedenken, dass sich auch unter den besten Freunden oft viele Anlässe zum Hassen ergeben, die anderen Menschen verborgen bleiben; und es kommt auch vor, dass einer genau das, dessen er selbst schuldig ist, dem Nächsten als Anklage anhängt, in dem Versuch, ihm zuvorzukommen und so der Beschuldigung zu entgehen. Und überhaupt würde es niemand wagen, einen Feind zu verleumden: Die Anklage wäre ja von vornherein unglaubwürdig, aufgrund ihrer offensichtlichen Motivation. Nein, man attackiert diejenigen, die die engsten Freunde zu sein scheinen, in der tieferen Absicht, seinem Wohlwollen gegenüber den Zuhörern dadurch Nachdruck zu verleihen, dass man doch zu ihrem Nutzen nicht einmal die vertrautesten Menschen schont.

(25) Es gibt auch solche, die, selbst wenn sie später erfahren, dass die Freunde bei ihnen zu Unrecht verleumdet wurden, dennoch aus Scham über das, was sie geglaubt haben, nicht mehr den Mut haben, sie an sich heranzulassen und ihnen ins Gesicht zu schauen, als ob ihnen gerade dadurch Unrecht geschehen sei, dass sie zu spät erkannten, dass diese gar kein Unrecht begangen haben.

(26) Ja, wirklich, das Leben ist voll zahlreicher Übel, die dadurch entstehen, dass Verleumdungen so leichthin und ungeprüft geglaubt werden. Schon Anteia sagt ja: »Stirb du selbst, Proitos, oder töte den Bellerophontes, / der sich mit mir, die es nicht wollte, mischen wollte in Liebe«[21], wo sie doch selbst mit den Avancen begonnen hatte und zurückgewiesen worden war. Und es fehlte nicht viel, und der junge Mann wäre bei seinem Handgemenge mit der

ὑποσχὼν καὶ τῆς πρὸς τὸν ξένον αἰδοῦς ὑπὸ μάχλου γυναικὸς ἐπιβεβουλευμένος. ἡ δὲ Φαίδρα, κἀκείνη τὰ ὅμοια κατειποῦσα τοῦ προγόνου, ἐπάρατον ἐποίησε τὸν Ἱππόλυτον γενέσθαι ὑπὸ τοῦ πατρὸς οὐδέν, ὦ θεοί, οὐδὲν ἀνόσιον εἰργασμένον.

[27] Ναί, φήσει τις· ἀλλ' ἀξιόπιστός ἐστιν ἐνίοτε ὁ διαβάλλων ἀνὴρ τά τε ἄλλα δίκαιος καὶ συνετὸς εἶναι δοκῶν, καὶ ἐχρῆν προσέχειν αὐτῷ ἅτε μηδὲν ἂν τοιοῦτο κακουργήσαντι. ἆρ' οὖν τοῦ Ἀριστείδου ἔστι τις δικαιότερος; ἀλλ' ὅμως κἀκεῖνος συνέστη ἐπὶ τὸν Θεμιστοκλέα καὶ συμπαρώξυνε τὸν δῆμον, ἧς, φασίν, ἐκεῖνος πολιτικῆς φιλοτιμίας ὑποκεκνισμένος. δίκαιος μὲν γὰρ ὡς πρὸς τοὺς ἄλλους Ἀριστείδης, ἄνθρωπος δὲ καὶ αὐτὸς ἦν καὶ χολὴν εἶχε, καὶ ἠγάπα τινὰ καὶ ἐμίσει. **[28]** καὶ εἴ γε ἀληθής ἐστιν ὁ περὶ τοῦ Παλαμήδους λόγος, ὁ συνετώτατος τῶν Ἀχαιῶν κἀν τοῖς ἄλλοις ἄριστος τὴν ἐπιβουλὴν καὶ ἐνέδραν ὑπὸ φθόνου φαίνεται συντεθεικὼς κατὰ ἀνδρὸς ὁμαίμου καὶ φίλου καὶ ἐπὶ τὸν αὐτὸν κίνδυνον ἐκπεπλευκότος· οὕτως ἔμφυτον ἅπασιν ἀνθρώποις ἡ περὶ τὰ τοιαῦτα ἁμαρτία. **[29]** τί γὰρ ἄν τις ἢ τὸν Σωκράτην λέγοι τὸν ἀδίκως πρὸς τοὺς Ἀθηναίους διαβεβλημένον ὡς ἀσεβῆ καὶ ἐπίβουλον; ἢ τὸν Θεμιστοκλέα ἢ τὸν Μιλτιάδην, τοὺς μετὰ τηλικαύτας νίκας ἐπὶ προδοσίᾳ τῆς Ἑλλάδος ὑπόπτους γενομένους; μυρία γὰρ τὰ παραδείγματα καὶ σχεδὸν τὰ πλεῖστα ἤδη γνώριμα.

[30] Τί οὖν χρὴ καὶ ποιεῖν τόν γε νοῦν ἔχοντα ἢ ἀρετῆς ἢ ἀληθείας ἀμφισβητοῦντα; ὅπερ, οἶμαι, καὶ Ὅμηρος ἐν τῷ περὶ Σειρήνων μύθῳ ᾐνίξατο παραπλεῖν κελεύσας τὰς ὀλεθρίους ταύτας τῶν ἀκουσμάτων ἡδονὰς καὶ ἀποφράττειν τὰ ὦτα καὶ μὴ ἀνέδην αὐτὰ ἀναπεταννύειν τοῖς πάθει προειλημμένοις, ἀλλ' ἐπιστήσαντα ἀκριβῆ θυρωρὸν τὸν

Chimaira zu Tode gekommen, zur Strafe für seine maßvolle Zurückhaltung und Rücksicht auf seinen Gastgeber, verleumdet von einer geilen Frau. Und mit einer ähnlichen Anklage gegen ihren Stiefsohn bewirkte Phaidra, dass Hippolytos unter den Fluch seines Vaters geriet, obwohl er überhaupt nichts, bei den Göttern, wirklich überhaupt nichts Frevelhaftes getan hatte.[22]

(27) Ja, wird einer sagen: Aber bisweilen ist der Verleumder doch auch glaubwürdig, weil er im Übrigen ein gerechter und vernünftiger Mann zu sein scheint, und dann sollte man ihm schon Aufmerksamkeit schenken, weil er doch nie eine solche Untat begehen würde. Gab es denn jemand Gerechteren als Aristeides? Und dennoch geriet er in Konflikt mit Themistokles und stachelte das Volk gegen ihn auf, und zwar, wie es heißt, gereizt von politischer Ambition.[23] Denn wie Aristeides zwar gegen andere gerecht war, so war er doch eben auch ein Mensch und besaß Galle, konnte lieben und hassen. **(28)** Und wenn denn die Erzählung von Palamedes stimmt, dann hat der Klügste der Achaier und in allen anderen Angelegenheiten der Beste aus Neid, so heißt es, Intrige und Hinterhalt gegen einen Waffengefährten angezettelt, gegen einen Freund, einen, der mit ihm gemeinsam zu den gleichen Gefahren ausgefahren war:[24] So angeboren ist allen Menschen die Fehlbarkeit in solchen Dingen. **(29)** Warum sollte man denn noch Sokrates erwähnen, den zu Unrecht bei den Athenern als unfromm und intrigant Verleumdeten? Oder Themistokles, oder Miltiades, sie, die nach so bedeutenden Siegen des Verrats an Griechenland verdächtigt wurden?[25] Unzählig sind ja die Beispiele, und nahezu die meisten kennt man längst.

(30) Was sollte also tun, wer Verstand hat und Tugend und Wahrheitsliebe für sich beansprucht? Das, denke ich, was auch Homer in seiner Erzählung von den Sirenen andeutete, als er anordnete, an diesen verderblichen Verlockungen des Hörens vorbeizufahren,[26] die Ohren zu verstopfen und sie nicht hemmungslos für Menschen zu öffnen, die durch Leidenschaft voreingenommen sind, sondern

λογισμὸν ἅπασι τοῖς λεγομένοις τὰ μὲν ἄξια προσίεσθαι καὶ παραβάλλεσθαι, τὰ φαῦλα δὲ ἀποκλείειν καὶ ἀπωθεῖν· καὶ γὰρ ἂν εἴη γελοῖον τῆς μὲν οἰκίας θυρωροὺς καθιστάναι, τὰ ὦτα δὲ καὶ τὴν διάνοιαν ἀνεῳγμένα ἐᾶν. **[31]** ἐπειδὰν τοίνυν τοιαῦτα προσίῃ τις λέγων, αὐτὸ ἐφ' ἑαυτοῦ χρὴ τὸ πρᾶγμα ἐξετάζειν, μήτε ἡλικίαν τοῦ λέγοντος ὁρῶντα μήτε τὸν ἄλλον βίον μήτε τὴν ἐν τοῖς λόγοις ἀγχίνοιαν. ὅσῳ γάρ τις πιθανώτερος, τοσούτῳ ἐπιμελεστέρας δεῖται τῆς ἐξετάσεως. οὐ δεῖ τοίνυν πιστεύειν ἀλλοτρίᾳ κρίσει, μᾶλλον δὲ μίσει τοῦ κατηγοροῦντος, ἀλλ' ἑαυτῷ τὴν ἐξέτασιν φυλακτέον τῆς ἀληθείας, ἀποδόντα καὶ τῷ διαβάλλοντι τὸν φθόνον καὶ ἐν φανερῷ ποιησάμενον τὸν ἔλεγχον τῆς ἑκατέρου διανοίας, καὶ μισεῖν οὕτω καὶ ἀγαπᾶν τὸν δεδοκιμασμένον. πρὶν δὲ τοῦτο ποιῆσαι ἐκ τῆς πρώτης διαβολῆς κεκινημένον, Ἡράκλεις, ὡς μειρακιῶδες καὶ ταπεινὸν καὶ πάντων οὐχ ἥκιστα ἄδικον. **[32]** ἀλλὰ τούτων ἁπάντων αἴτιον, ὅπερ ἐν ἀρχῇ ἔφημεν, ἡ ἄγνοια καὶ τὸ ἐν σκότῳ που εἶναι τὸν ἑκάστου τρόπον· ὡς εἴ γε θεῶν τις ἀποκαλύψειεν ἡμῶν τοὺς βίους, οἴχοιτο ἂν φεύγουσα ἐς τὸ βάραθρον ἡ διαβολὴ χώραν οὐκ ἔχουσα, ὡς ἂν πεφωτισμένων τῶν πραγμάτων ὑπὸ τῆς ἀληθείας.

als peniblen Türhüter den Verstand vor alles zu setzen, was gesagt wird, und das, was Wert besitzt, zuzulassen und willkommen zu heißen, das Nichtswürdige hingegen auszusperren und wegzustoßen. Es wäre ja doch lachhaft, zwar vor seinem Haus Türhüter aufzustellen, Ohren und Gedanken aber offenstehen zu lassen. **(31)** Tritt also einer heran, der derartige Dinge sagt, dann muss man die Angelegenheit als solche bei sich prüfen, ohne Berücksichtigung des Alters des Sprechers noch seines sonstigen Lebenswandels noch des in seinen Worten zum Ausdruck kommenden Scharfsinns. Denn je überzeugender jemand ist, desto gründlicher muss die Prüfung sein. Das heißt: Man darf fremdem Urteil nicht trauen, erst recht nicht dem Hass des Klägers, sondern muss sich selbst die Prüfung der Wahrheit vorbehalten, dem Verleumder auch Missgunst unterstellen und die Prüfung beider Gesinnungen öffentlich vornehmen, und dann dem Ergebnis der Prüfung entsprechend hassen und lieben. Das schon vorher zu tun, von der ersten Verleumdung in Gang gebracht, beim Herakles, wie kindisch, niedrig und am allerwenigsten gerecht ist das! **(32)** Ursache all dessen ist aber das, was wir schon zu Beginn sagten: die Unwissenheit und die Tatsache, dass jedermanns Charakter irgendwie im Dunkeln ist. Würde nämlich ein Gott unsere Leben aufdecken, dann würde die Verleumdung sich eilends in den Abgrund verflüchtigen, gäbe es doch keinen Platz mehr für sie, da ja dann alle Dinge im hellen Licht stünden – dem der Wahrheit.

ΠΕΡΙ ΘΥΣΙΩΝ

[1] Ἃ μὲν γὰρ ἐν ταῖς θυσίαις οἱ μάταιοι πράττουσι καὶ ταῖς ἑορταῖς καὶ προσόδοις τῶν θεῶν καὶ ἃ αἰτοῦσι καὶ ἃ εὔχονται καὶ ἃ γιγνώσκουσι περὶ αὐτῶν, οὐκ οἶδα εἴ τις οὕτως κατηφής ἐστι καὶ λελυπημένος ὅστις οὐ γελάσεται τὴν ἀβελτερίαν ἐπιβλέψας τῶν δρωμένων. καὶ πολύ γε, οἶμαι, πρότερον τοῦ γελᾶν πρὸς ἑαυτὸν ἐξετάσει πότερον εὐσεβεῖς αὐτοὺς χρὴ καλεῖν ἢ τοὐναντίον θεοῖς ἐχθροὺς καὶ κακοδαίμονας, οἵ γε οὕτω ταπεινὸν καὶ ἀγεννὲς τὸ θεῖον ὑπειλήφασιν ὥστε εἶναι ἀνθρώπων ἐνδεὲς καὶ κολακευόμενον ἥδεσθαι καὶ ἀγανακτεῖν ἀμελούμενον.

Τὰ γοῦν Αἰτωλικὰ πάθη καὶ τὰς τῶν Καλυδωνίων συμφορὰς καὶ τοὺς τοσούτους φόνους καὶ τὴν Μελεάγρου διάλυσιν, πάντα ταῦτα ἔργα φασὶν εἶναι τῆς Ἀρτέμιδος μεμψιμοιρούσης ὅτι μὴ παρελήφθη πρὸς τὴν θυσίαν ὑπὸ τοῦ Οἰνέως· οὕτως ἄρα βαθέως καθίκετο αὐτῆς ἡ τῶν ἱερείων διαμαρτία. καί μοι δοκῶ ὁρᾶν αὐτὴν ἐν τῷ οὐρανῷ τότε μόνην τῶν ἄλλων θεῶν εἰς Οἰνέως πεπορευμένων, δεινὰ ποιοῦσαν καὶ σχετλιάζουσαν οἵας ἑορτῆς ἀπολειφθήσεται.

[2] Τοὺς δ᾽ αὖ Αἰθίοπας καὶ μακαρίους καὶ τρισευδαίμονας εἴποι τις ἄν, εἴ γε ἀπομνημονεύει τὴν χάριν αὐτοῖς ὁ Ζεὺς ἣν πρὸς αὐτὸν ἐπεδείξαντο δώδεκα ἑξῆς ἡμέρας ἑστιάσαντες, καὶ ταῦτα ἐπαγόμενον καὶ τοὺς ἄλλους θεούς. Οὕτως οὐδέν, ὡς ἔοικεν, ἀμισθὶ ποιοῦσιν ὧν ποιοῦσιν, ἀλλὰ πωλοῦσιν τοῖς ἀνθρώποις τἀγαθά, καὶ ἔνεστι πρίασθαι παρ᾽ αὐτῶν τὸ μὲν ὑγιαίνειν, εἰ τύχοι, βοϊδίου, τὸ δὲ πλουτεῖν βοῶν τεττάρων, τὸ δὲ βασιλεύειν ἑκατόμβης, τὸ δὲ σῶον ἐπανελθεῖν ἐξ Ἰλίου εἰς Πύλον ταύρων ἐννέα, καὶ τὸ ἐκ τῆς Αὐλίδος εἰς Ἴλιον διαπλεῦσαι

VON DEN OPFERN

(1) Was die Menschen in ihrer Einfalt bei den Opfern tun, an den Festen und während der Prozessionen für die Götter, und was sie fordern, was sie erflehen und welche Meinungen sie sich über sie bilden: Nun, ich weiß nicht, ob einer so niedergedrückt und bekümmert sein kann, dass er nicht wird lachen müssen, wenn er sich die Dummheit all dieser Aktivitäten anschaut. Doch noch viel eher als zu lachen wird er bei sich selbst prüfen, ob er diese Leute fromm nennen soll oder, im Gegenteil, Götterfeinde und Bösewichter, weil sie doch das Göttliche für so niedrig und unedel halten, dass es der Menschen bedürfe, sich über Schmeicheleien freue und sich über Vernachlässigung erzürne.

Die tragischen Verwicklungen in Aitolien, das Unglück der Kalydonier, das fürchterliche Morden und Meleagers Dahinschwinden, all das soll, so heißt es, Artemis' Werk gewesen sein, die mit ihrem Schicksal haderte, weil sie von Oineus nicht zum Opfer eingeladen worden war;[1] so tief traf sie also der Schmerz darüber, dass ihr die Opferfeierlichkeiten entgangen waren. Ich sehe sie geradezu vor mir, wie sie da, während die anderen Götter zu Oineus' Palast aufgebrochen sind, allein im Himmel hockt, sich aufregt und herumjammert, was für ein tolles Fest sie verpasse.[2]

(2) Die Äthiopier wiederum könnte man glückselig und dreimal glücklich nennen, wenn Zeus ihnen denn die Gunst nicht vergisst, die sie ihm mit dem zwölftägigen Fest erwiesen haben, und das, wo er auch noch die anderen Götter mitbrachte.[3] So tun also, wie es aussieht, die Götter nichts, was sie tun, ohne Entlohnung, sondern sie verkaufen den Menschen das Gute, und man kann von ihnen, je nachdem, Gesundheit zum Preis eines Kälbchens erwerben, Reichtum zum Preis von vier Rindern, ein Königreich für eine Hekatombe,[4] die gesunde Heimkehr von Troja nach Pylos für neun Stiere und die heile Überfahrt von Aulis nach Troja für eine Jungfrau königlichen Geblüts.[5] Hekabe hatte ja nämlich seinerzeit versucht,

παρθένου βασιλικῆς. ἡ μὲν γὰρ Ἑκάβη τὸ μὴ ἁλῶναι τὴν πόλιν τότε ἐπρίατο παρὰ τῆς Ἀθηνᾶς βοῶν δώδεκα καὶ πέπλου. εἰκάζειν δὲ χρὴ πολλὰ εἶναι ἀλεκτρυόνος καὶ στεφάνου καὶ λιβανωτοῦ μόνου παρ' αὐτοῖς ὤνια.

[3] Ταῦτά γε, οἶμαι, καὶ ὁ Χρύσης ἐπιστάμενος ἅτε ἱερεὺς ὢν καὶ γέρων καὶ τὰ θεῖα σοφός, ἐπειδὴ ἄπρακτος ἀπῄει παρὰ τοῦ Ἀγαμέμνονος, ὡς ἂν καὶ προδανείσας τῷ Ἀπόλλωνι τὴν χάριν δικαιολογεῖται καὶ ἀπαιτεῖ τὴν ἀμοιβὴν καὶ μόνον οὐκ ὀνειδίζει λέγων, »Ὦ βέλτιστε Ἄπολλον, ἐγὼ μέν σου τὸν νεὼν τέως ἀστεφάνωτον ὄντα πολλάκις ἐστεφάνωσα, καὶ τοσαῦτά σοι μηρία ταύρων τε καὶ αἰγῶν ἔκαυσα ἐπὶ τῶν βωμῶν, σὺ δὲ ἀμελεῖς μου τοιαῦτα πεπονθότος καὶ παρ' οὐδὲν τίθεσαι τὸν εὐεργέτην;« τοιγαροῦν οὕτω κατεδυσώπησεν αὐτὸν ἐκ τῶν λόγων, ὥστε ἁρπασάμενος τὰ τόξα καὶ ἐπὶ τοῦ ναυστάθμου καθίσας ἑαυτὸν κατετόξευσε τῷ λοιμῷ τοὺς Ἀχαιοὺς αὐταῖς ἡμιόνοις καὶ κυσίν.

[4] Ἐπεὶ δὲ ἅπαξ τοῦ Ἀπόλλωνος ἐμνήσθην, βούλομαι καὶ τὰ ἄλλα εἰπεῖν, ἃ περὶ αὐτοῦ οἱ σοφοὶ τῶν ἀνθρώπων λέγουσιν, οὐχ ὅσα περὶ τοὺς ἔρωτας ἐδυστύχησεν οὐδὲ τοῦ Ὑακίνθου τὸν φόνον οὐδὲ τῆς Δάφνης τὴν ὑπεροψίαν, ἀλλ' ὅτι καὶ καταγνωσθεὶς ἐπὶ τῷ τῶν Κυκλώπων θανάτῳ καὶ ἐξοστρακισθεὶς διὰ τοῦτο ἐκ τοῦ οὐρανοῦ, ἐπέμφθη εἰς τὴν γῆν ἀνθρωπίνῃ χρησόμενος τῇ τύχῃ· ὅτε δὴ καὶ ἐθήτευσεν ἐν Θετταλίᾳ παρὰ Ἀδμήτῳ καὶ ἐν Φρυγίᾳ παρὰ Λαομέδοντι, παρὰ τούτῳ μέν γε οὐ μόνος ἀλλὰ μετὰ τοῦ Ποσειδῶνος, ἀμφότεροι πλινθεύοντες ὑπ' ἀπορίας καὶ ἐργαζόμενοι ἐς τὸ τεῖχος· καὶ οὐδὲ ἐντελῆ τὸν μισθὸν ἐκομίσαντο παρὰ τοῦ Φρυγός, ἀλλὰ προσώφειλεν αὐτοῖς πλέον ἢ τριάκοντα, φασί, δραχμὰς Τρωϊκάς.

[5] Ἦ γὰρ οὐ ταῦτα σεμνολογοῦσιν οἱ ποιηταὶ περὶ τῶν θεῶν καὶ πολὺ τούτων ἱερώτερα περί τε Ἡφαίστου καὶ Προμηθέως καὶ Κρόνου

die Nichteinnahme ihrer Stadt von Athena für zwölf Rinder und einen Peplos zu kaufen.[6] Man kann daraus ableiten, dass bei ihnen viele Dinge für einen Hahn, für einen Kranz und für bloßen Weihrauch zum Verkauf stehen.

(3) So verstand das jedenfalls, glaube ich, auch Chryses, der ja Priester, alter Mann und Götterkenner war, als er Agamemnon unverrichteter Dinge verließ; gerade als ob er dem Apoll seinen Gunsterweis vorgeschossen hätte, rechtet er mit ihm, fordert seine Schulden ein und sagt – gerade dass er ihn nicht beschimpft –: »Bester Apoll, ich habe dir deinen Tempel, der so lange unbekränzt war, oftmals bekränzt und dir so viele Schenkel von Stieren und Ziegen auf den Altären verbrannt, aber du lässt mich im Stich, wo es mir so schlimm ergangen ist, und erachtest deinen Wohltäter für nichts?« Und tatsächlich konnte er ihn mit seinen Reden so sehr erweichen, dass er sich seinen Bogen griff, sich ans Schiffslager setzte und mit der Seuche die Achaier mitsamt ihren Maultieren und Hunden niederschoss.[7]

(4) Da ich ja nun schon einmal Apoll erwähnt habe, will ich auch das Übrige berichten, was die Weisen unter den Menschen über ihn sagen, nicht all seine erotischen Niederlagen, auch nicht die Tötung des Hyakinthos oder wie Daphne ihn links liegen ließ,[8] sondern dass er, wegen des Todes der Kyklopen verurteilt und dafür per Scherbengericht[9] aus dem Himmel verbannt, auf die Erde geschickt wurde, um dort ein Menschenschicksal zu fristen. Da verrichtete er dann tatsächlich sowohl in Thessalien bei Admet als auch bei Laomedon in Phrygien die Dienste eines Tagelöhners – bei letzterem allerdings nicht allein, sondern zusammen mit Poseidon –, und aus Not mussten sie sich als Ziegelarbeiter verdingen und an der Mauer arbeiten, und sie erhielten nicht einmal den vollen Lohn von dem Phryger, sondern er blieb ihnen, wie man erzählt, mehr als dreißig troische Drachmen schuldig.[10]

(5) Ist es denn nicht dies, was die Dichter in hehrem Ton über die Götter erzählen, und noch viel Heiligeres als dies über Hephai-

καὶ Ῥέας καὶ σχεδὸν ὅλης τῆς τοῦ Διὸς οἰκίας; καὶ ταῦτα παρακαλέσαντες τὰς Μούσας συνῳδοὺς ἐν ἀρχῇ τῶν ἐπῶν, ὑφ᾽ ὧν δὴ ἔνθεοι γενόμενοι, ὡς τὸ εἰκός, ᾄδουσιν ὡς ὁ μὲν Κρόνος ἐπειδὴ τάχιστα ἐξέτεμε τὸν πατέρα τὸν Οὐρανόν, ἐβασίλευσέν τε ἐν αὐτῷ καὶ τὰ τέκνα κατήσθιεν ὥσπερ ὁ Ἀργεῖος Θυέστης ὕστερον· ὁ δὲ Ζεὺς κλαπεὶς ὑπὸ τῆς Ῥέας ὑποβαλομένης τὸν λίθον εἰς τὴν Κρήτην ἐκτεθεὶς ὑπ᾽ αἰγὸς ἀνετράφη καθάπερ ὁ Τήλεφος ὑπὸ ἐλάφου καὶ ὁ Πέρσης Κῦρος ὁ πρότερος ὑπὸ τῆς κυνός, εἶτ᾽ ἐξελάσας τὸν πατέρα καὶ εἰς τὸ δεσμωτήριον καταβαλὼν αὐτὸς ἔσχε τὴν ἀρχήν· ἔγημε δὲ πολλὰς μὲν καὶ ἄλλας, ὑστάτην δὲ τὴν ἀδελφὴν κατὰ τοὺς Περσῶν καὶ Ἀσσυρίων νόμους· ἐρωτικὸς δὲ ὢν καὶ εἰς τὰ ἀφροδίσια ἐκκεχυμένος ῥᾳδίως ἐνέπλησε παίδων τὸν οὐρανόν, τοὺς μὲν ἐξ ὁμοτίμων ποιησάμενος, ἐνίους δὲ νόθους ἐκ τοῦ θνητοῦ καὶ ἐπιγείου γένους, ἄρτι μὲν ὁ γεννάδας γενόμενος χρυσός, ἄρτι δὲ ταῦρος ἢ κύκνος ἢ ἀετός, καὶ ὅλως ποικιλώτερος αὐτοῦ Πρωτέως· μόνην δὲ τὴν Ἀθηνᾶν ἔφυσεν ἐκ τῆς ἑαυτοῦ κεφαλῆς ὑπ᾽ αὐτὸν ἀτεχνῶς τὸν ἐγκέφαλον συλλαβών· τὸν μὲν γὰρ Διόνυσον ἡμιτελῆ, φασίν, ἐκ τῆς μητρὸς ἔτι καιομένης ἁρπάσας ἐν τῷ μηρῷ φέρων κατώρυξε κᾆτα ἐξέτεμεν τῆς ὠδῖνος ἐνστάσης.

[6] Ὅμοια δὲ τούτοις καὶ περὶ τῆς Ἥρας ᾄδουσιν, ἄνευ τῆς πρὸς τὸν ἄνδρα ὁμιλίας ὑπηνέμιον αὐτὴν παῖδα γεννῆσαι τὸν Ἥφαιστον, οὐ μάλα εὐτυχῆ τοῦτον, ἀλλὰ βάναυσον καὶ χαλκέα καὶ πυρίτην, ἐν καπνῷ τὸ πᾶν βιοῦντα καὶ σπινθήρων ἀνάπλεων οἷα δὴ καμινευτήν, καὶ οὐδὲ ἄρτιον τὼ πόδε· χωλευθῆναι γὰρ αὐτὸν ἀπὸ τοῦ πτώματος, ὁπότε ἐρρίφη ὑπὸ τοῦ Διὸς ἐξ οὐρανοῦ, καὶ εἴ γε μὴ οἱ Λήμνιοι καλῶς ποιοῦν-

stos, Prometheus, Kronos, Rhea und beinahe die gesamte Sippschaft des Zeus? Und das auch noch unter Anrufung der Musen als Mitsängerinnen, in der Einleitung der Epen, durch die inspiriert – klar doch! – sie davon singen, wie Kronos, gleich nachdem er Vater Himmel entmannt hatte, in eben jenem Himmel die Herrschaft antrat[11] und seine Kinder verspeiste, genau wie später der Argiver Thyest. Und Zeus – gestohlen von Rhea, die an seiner Stelle einen Stein unterschob, und auf Kreta ausgesetzt – wurde von einer Ziege genährt – wie Telephos von einer Hirschkuh und der Perser Kyros der Ältere von einer Hündin –, vertrieb dann seinen Vater, warf ihn in die Tiefen des Gefängnisses hinab[12] und ergriff selbst die Herrschaft; er schlief mit vielen anderen Frauen, zuletzt aber sogar mit seiner Schwester, wie es bei den Persern und Assyrern Brauch ist; als Mann des Eros und sexbesessen, wie er war, füllte er den Himmel mühelos mit seinen Kindern,[13] wobei er die einen mit gleichgestellten Frauen zeugte, einige aber auch als Bastarde mit dem sterblichen und irdischen Geschlecht, indem der hohe Herr bald zu Gold wurde, bald ein Stier, ein Schwan oder ein Adler,[14] und überhaupt war er verwandlungsfreudiger als selbst Proteus;[15] nur Athene erzeugte er in seinem eigenen Kopf, wo er sie einfach unter seinem Gehirn verstaute;[16] denn den Dionysos riss er, wie man erzählt, energisch nur halbfertig aus seiner noch brennenden Mutter, vergrub ihn eiligst in seinem Schenkel und schnitt ihn dann heraus, als die Wehen einsetzten.[17]

(6) Vergleichbares singen sie auch über Hera: Sie habe ohne Vereinigung mit ihrem Mann den Hephaistos als Windkind gezeugt;[18] sehr vom Glück begünstigt sei der allerdings nicht gewesen, sondern ein Handwerker, Schmied und Feuerarbeiter, der sein ganzes Leben im Qualm verbrachte, voller Funkenspuren, eben ganz wie einer, der am Brennofen arbeitet, und nicht einmal mit geraden Füßen; denn er sei lahm gewesen seit dem Sturz, als er von Zeus aus dem Himmel geschleudert wurde, und wenn ihm jedenfalls die Lemnier nicht den Gefallen getan hätten, ihn noch im Fallen auf-

τες ἔτι φερόμενον αὐτὸν ὑπεδέξαντο, κἂν ἐτεθνήκει ἡμῖν ὁ Ἥφαιστος ὥσπερ ὁ Ἀστυάναξ ἀπὸ τοῦ πύργου καταπεσών.

Καίτοι τὰ μὲν Ἡφαίστου μέτρια· τὸν δὲ Προμηθέα τίς οὐκ οἶδεν οἷα ἔπαθεν, διότι καθ' ὑπερβολὴν φιλάνθρωπος ἦν; καὶ γὰρ αὖ καὶ τοῦτον εἰς τὴν Σκυθίαν ἀγαγὼν ὁ Ζεὺς ἀνεσταύρωσεν ἐπὶ τοῦ Καυκάσου, τὸν ἀετὸν αὐτῷ παρακαταστήσας τὸ ἧπαρ ὁσημέραι κολάψοντα. [7] Οὗτος μὲν οὖν ἐξετέλεσε τὴν καταδίκην. ἡ Ῥέα δέ – χρὴ γὰρ ἴσως καὶ ταῦτα εἰπεῖν – πῶς οὐκ ἀσχημονεῖ καὶ δεινὰ ποιεῖ, γραῦς μὲν ἤδη καὶ ἔξωρος οὖσα καὶ τοσούτων μήτηρ θεῶν, παιδεραστοῦσα δὲ ἔτι καὶ ζηλοτυποῦσα καὶ τὸν Ἄττιν ἐπὶ τῶν λεόντων περιφέρουσα, καὶ ταῦτα μηκέτι χρήσιμον εἶναι δυνάμενον; ὥστε πῶς ἂν ἔτι μέμφοιτό τις ἢ τῇ Ἀφροδίτῃ ὅτι μοιχεύεται, ἢ τὴν Σελήνην πρὸς τὸν Ἐνδυμίωνα κατιοῦσαν πολλάκις ἐκ μέσης τῆς ὁδοῦ;

[8] Φέρε δὲ ἤδη τούτων ἀφέμενοι τῶν λόγων εἰς αὐτὸν ἀνέλθωμεν τὸν οὐρανὸν ποιητικῶς ἀναπτάμενοι κατὰ τὴν αὐτὴν Ὁμήρῳ καὶ Ἡσιόδῳ ὁδὸν καὶ θεασώμεθα ὅπως διακεκόσμηται τὰ ἄνω. καὶ ὅτι μὲν χαλκοῦς ἐστιν τὰ ἔξω, καὶ πρὸ ἡμῶν τοῦ Ὁμήρου λέγοντος ἠκούσαμεν· ὑπερβάντι δὲ καὶ ἀνακύψαντι μικρὸν εἰς τὸ ἄνω καὶ ἀτεχνῶς ἐπὶ τοῦ νώτου γενομένῳ φῶς τε λαμπρότερον φαίνεται καὶ ἥλιος καθαρώτερος καὶ ἄστρα διαυγέστερα καὶ χρυσοῦν τὸ δάπεδον καὶ τὸ πᾶν ἡμέρα. εἰσιόντι δὲ πρῶτα μὲν οἰκοῦσιν αἱ Ὧραι· πυλωροῦσι γάρ· ἔπειτα δ' ἡ Ἶρις καὶ ὁ Ἑρμῆς ὄντες ὑπηρέται καὶ ἀγγελιαφόροι τοῦ Διός, ἑξῆς δὲ τοῦ Ἡφαίστου τὸ χαλκεῖον ἀνάμεστον ἁπάσης τέχνης, μετὰ δὲ αἱ τῶν θεῶν οἰκίαι καὶ τοῦ Διὸς τὰ βασίλεια, ταῦτα πάντα περικαλλῆ τοῦ Ἡφαίστου κατασκευάσαντος. [9] »οἱ δὲ θεοὶ πὰρ Ζηνὶ καθήμενοι« – πρέπει γάρ, οἶμαι, ἄνω ὄντα μεγαληγορεῖν – ἀποσκοποῦσιν εἰς τὴν γῆν

zufangen, dann wäre unser Hephaistos wohl hin gewesen, wie Astyanax nach seinem Sturz von der Stadtmauer.[19]

Nun halten sich die Leiden des Hephaistos ja noch in Grenzen. Aber wer wüsste nicht, was Prometheus alles erdulden musste, weil er viel zu menschenfreundlich war? Denn auch den verbrachte Zeus nach Skythien und kreuzigte ihn dort auf dem Kaukasus, wobei er ihm noch den Adler beigesellte, der ihm täglich die Leber zerhacken sollte.[20] **(7)** Prometheus musste also sein Urteil absitzen. Aber Rhea – vielleicht sollten wir auch darüber mal sprechen! Welche Unanständigkeiten, welche Untaten begeht sie nicht, sie, schon ein altes Weib, das seine besten Tage hinter sich hat, Mutter so vieler Götter, aber immer noch hinter schönen Knaben her und eifersüchtig, und den Attis fährt sie auf Löwen durch die Gegend, und das, wo sie doch von seinen Diensten wirklich nicht mehr profitieren kann? Warum sollte man da noch Aphrodite für ihre Ehebrüche tadeln, oder Selene, weil sie öfter mal mitten aus ihrer Bahn zu Endymion hinabsteigt?

(8) Aber nun wollen wir diese Geschichten mal lassen und direkt in den Himmel steigen, auffliegend in poetischer Manier auf dem gleichen Weg wie Homer und Hesiod, und uns einmal anschauen, wie die Dinge dort oben so geordnet sind. Dass der Himmel außen ganz aus Bronze ist, das haben wir von Homer gehört, der es schon vor unserer Zeit gesagt hat.[21] Tritt man aber darüber, zieht sich nach oben und gelangt einfach so auf den Himmelsrücken, dann erstrahlt ein helleres Licht, eine reinere Sonne, funkelndere Sterne, der Fußboden ist aus Gold, und alles ist heller Tag.[22] Geht man hinein, wohnen da zuerst die Horen; sie arbeiten nämlich als Türwächterinnen.[23] Dann Iris und Hermes, Diener und Missionsträger des Zeus, darauf Hephaistos' Schmiede, vollgestopft mit Technikprodukten aller Art, danach die Häuser der Götter und Zeus' Palast, all das wunderschön, da es ja Hephaistos errichtet hat. **(9)** »Die Götter aber, sitzend bei Zeus«[24] – es ist ja wohl angemessen, von den Dingen oben in hymnischem Tonfall zu sprechen –

καὶ πάντῃ περιβλέπουσιν ἐπικύπτοντες εἴ ποθεν ὄψονται πῦρ ἀναπτόμενον ἢ ἀναφερομένην κνῖσαν »ἑλισσομένην περὶ καπνῷ.« κἂν μὲν θύῃ τις, εὐωχοῦνται πάντες ἐπικεχηνότες τῷ καπνῷ καὶ τὸ αἷμα πίνοντες τοῖς βωμοῖς προσχεόμενον ὥσπερ αἱ μυῖαι· ἢν δὲ οἰκοσιτῶσιν, νέκταρ καὶ ἀμβροσία τὸ δεῖπνον. πάλαι μὲν οὖν καὶ ἄνθρωποι συνειστιῶντο καὶ συνέπινον αὐτοῖς, ὁ Ἰξίων καὶ ὁ Τάνταλος· ἐπεὶ δὲ ἦσαν ὑβρισταὶ καὶ λάλοι, ἐκεῖνοι μὲν ἔτι νῦν κολάζονται, ἄβατος δὲ τῷ θνητῷ γένει καὶ ἀπόρρητος ὁ οὐρανός.

[10] Τοιοῦτος ὁ βίος τῶν θεῶν. τοιγαροῦν καὶ οἱ ἄνθρωποι συνῳδὰ τούτοις καὶ ἀκόλουθα περὶ τὰς θρησκείας ἐπιτηδεύουσιν. καὶ πρῶτον μὲν ὕλας ἀπετέμοντο καὶ ὄρη ἀνέθεσαν καὶ ὄρνεα καθιέρωσαν καὶ φυτὰ ἐπεφήμισαν ἑκάστῳ θεῷ. μετὰ δὲ νειμάμενοι κατὰ ἔθνη σέβουσι καὶ πολίτας αὐτῶν ἀποφαίνουσιν, ὁ μὲν Δελφὸς τὸν Ἀπόλλω καὶ ὁ Δήλιος, ὁ δὲ Ἀθηναῖος τὴν Ἀθηνᾶν – μαρτυρεῖται γοῦν τὴν οἰκειότητα τῷ ὀνόματι – καὶ τὴν Ἥραν ὁ Ἀργεῖος καὶ ὁ Μυγδόνιος τὴν Ῥέαν καὶ τὴν Ἀφροδίτην ὁ Πάφιος. οἱ δ' αὖ Κρῆτες οὐ γενέσθαι παρ' αὐτοῖς οὐδὲ τραφῆναι μόνον τὸν Δία λέγουσιν, ἀλλὰ καὶ τάφον αὐτοῦ δεικνύουσιν· καὶ ἡμεῖς ἄρα τοσοῦτον ἠπατήμεθα χρόνον οἰόμενοι τὸν Δία βροντᾶν τε καὶ ὕειν καὶ τὰ ἄλλα πάντα ἐπιτελεῖν, ὁ δὲ ἐλελήθει πάλαι τεθνεὼς παρὰ Κρησὶ τεθαμμένος.

[11] Ἔπειτα δὲ ναοὺς ἐγείραντες ἵνα αὐτοῖς μὴ ἄοικοι μηδὲ ἀνέστιοι δῆθεν ὦσιν, εἰκόνας αὐτοῖς ἀπεικάζουσιν παρακαλέσαντες ἢ Πραξιτέλην ἢ Πολύκλειτον ἢ Φειδίαν, οἱ δὲ οὐκ οἶδ' ὅπου ἰδόντες ἀναπλάττουσι γενειήτην μὲν τὸν Δία, παῖδα δὲ εἰς ἀεὶ τὸν Ἀπόλλωνα καὶ τὸν Ἑρμῆν ὑπηνήτην καὶ τὸν Ποσειδῶνα κυανοχαίτην καὶ γλαυκῶπιν τὴν Ἀθηνᾶν.

spähen auf die Erde, beugen sich vor und schauen sich überall um, ob sie irgendwo sehen können, dass ein Feuer entzündet wird oder Opferdampf emporsteigt, »wirbelnd im Rauche«.[25] Und opfert einer, so schmausen sie alle, indem sie den offenen Mund in den Rauch halten und das Blut trinken, das auf den Altären vergossen wird, wie die Fliegen; essen sie aber zuhause, so besteht ihr Mahl aus Nektar und Ambrosia. In alter Zeit speisten und tranken auch Menschen mit ihnen, Ixion und Tantalos;[26] weil sie sich aber als übergriffig und geschwätzig erwiesen, werden sie noch heute bestraft, und für das Menschengeschlecht gilt im Himmel ›Zutritt strengstens verboten‹.

(10) So ist das Leben der Götter. Entsprechend agieren folgerichtig und in Einklang damit auch die Menschen in ihren religiösen Verrichtungen. Und zwar fällten sie zuerst Wälder, weihten Bergspitzen, erklärten Vögel für heilig und wiesen jedem Gott seine Pflanze zu. Danach teilten sie sie unter sich auf, verehren sie nun volksweise und erklären sie zu ihren Mitbürgern, der Delpher und der Delier den Apoll, der Athener die Athena – man bezeugt die Verwandtschaft durch den Namen –, der Argiver die Hera, der Mygdonier die Rhea und die Aphrodite der Paphier. Die Kreter wiederum behaupten nicht nur, Zeus sei bei ihnen geboren und auch aufgezogen worden, sondern sie zeigen sogar sein Grab. Da haben wir uns also so lange täuschen lassen und geglaubt, es sei Zeus, der da donnere, es regnen lasse und auch alles andere bewirke, und haben gar nicht gemerkt, dass er schon lange tot ist und bei den Kretern begraben liegt!

(11) Als nächstes errichteten sie Tempel, damit – warum sonst! – sie bei ihnen nicht ohne Haus und ohne Herd seien, und verfertigten Abbilder, die ihnen ähnelten, indem sie dafür Praxiteles, Polykleitos oder Phidias beizogen; die aber – keine Ahnung, wo sie das gesehen haben wollen – gestalten den Zeus als Bartträger, als ewigen Knaben den Apoll, den Hermes mit erstem Bartflaum, Poseidon mit dunklen Haaren und Athene mit Eulenaugen. Und doch glau-

ὅμως δ᾽ οὖν οἱ παριόντες εἰς τὸν νεὼν οὔτε τὸν ἐξ Ἰνδῶν ἐλέφαντα ἔτι οἴονται ὁρᾶν οὔτε τὸ ἐκ τῆς Θρᾴκης μεταλλευθὲν χρυσίον ἀλλ᾽ αὐτὸν τὸν Κρόνου καὶ Ῥέας, εἰς τὴν γῆν ὑπὸ Φειδίου μετῳκισμένον καὶ τὴν Πισαίων ἐρημίαν ἐπισκοπεῖν κεκελευσμένον καὶ ἀγαπῶντα εἰ διὰ πέντε ὅλων ἐτῶν θύσει τις αὐτῷ πάρεργον Ὀλυμπίων.

[12] Θέμενοι δὲ βωμοὺς καὶ προρρήσεις καὶ περιρραντήρια προσάγουσι τὰς θυσίας, βοῦν μὲν ἀροτῆρα ὁ γεωργός, ἄρνα δὲ ὁ ποιμὴν καὶ αἶγα ὁ αἰπόλος, ὁ δέ τις λιβανωτὸν ἢ πόπανον, ὁ δὲ πένης ἱλάσατο τὸν θεὸν κύσας μόνον τὴν ἑαυτοῦ δεξιάν. ἀλλ᾽ οἵ γε θύοντες – ἐπ᾽ ἐκείνους γὰρ ἐπάνειμι – στεφανώσαντες τὸ ζῷον καὶ πολύ γε πρότερον ἐξετάσαντες εἰ ἐντελὲς εἴη, ἵνα μηδὲ τῶν ἀχρήστων τι κατασφάττωσιν, προσάγουσι τῷ βωμῷ καὶ φονεύουσιν ἐν ὀφθαλμοῖς τοῦ θεοῦ γοερόν τι μυκώμενον καὶ ὡς τὸ εἰκὸς εὔφημοῦν καὶ ἡμίφωνον ἤδη τῇ θυσίᾳ ἐπαυλοῦν. τίς οὐκ ἂν εἰκάσειεν ἥδεσθαι ταῦτα ὁρῶντας τοὺς θεούς; **[13]** καὶ τὸ μὲν πρόγραμμά φησι μὴ παριέναι εἰς τὸ εἴσω τῶν περιρραντηρίων ὅστις μὴ καθαρός ἐστιν τὰς χεῖρας· ὁ δὲ ἱερεὺς αὐτὸς ἕστηκεν ᾑμαγμένος καὶ ὥσπερ ὁ Κύκλωψ ἐκεῖνος ἀνατέμνων καὶ τὰ ἔγκατα ἐξαιρῶν καὶ καρδιουλκῶν καὶ τὸ αἷμα τῷ βωμῷ περιχέων καὶ τί γὰρ οὐκ εὐσεβὲς ἐπιτελῶν; ἐπὶ πᾶσι δὲ πῦρ ἀνακαύσας ἐπέθηκε αὐτῇ δορᾷ τὴν αἶγα καὶ αὐτοῖς ἐρίοις τὸ πρόβατον· ἡ δὲ κνῖσα θεσπέσιος καὶ ἱεροπρεπὴς χωρεῖ ἄνω καὶ εἰς αὐτὸν τὸν οὐρανὸν ἠρέμα διασκίδναται.

Ὁ μέν γε Σκύθης πάσας τὰς θυσίας ἀφεὶς καὶ ἡγησάμενος ταπεινὰς αὐτοὺς τοὺς ἀνθρώπους τῇ Ἀρτέμιδι παρίστησι καὶ οὕτως ποιῶν ἀρέσκει τὴν θεόν.

ben die Besucher des Tempels nicht mehr, indisches Elfenbein oder in Thrakien geschürftes Gold zu sehen, sondern den Sohn des Kronos und der Rhea in eigener Person, von Phidias auf die Erde umgesiedelt mit dem Auftrag, die einsamen Landstriche von Pisa zu beaufsichtigen, und zufrieden, wenn man ihm alle vier Jahre ein Opfer bringt, als nebensächliche Beigabe zu den olympischen Spielen.

(12) Man errichtet Altäre, erlässt heilige Satzungen und markiert geweihte Zonen, und dann bringt man die Opfergaben herbei, der Bauer einen Ackerochsen, der Hirte ein Schaf, der Ziegenhirte eine Ziege, einer bringt Weihrauch oder Gebäck, und ein Armer besänftigt den Gott schon auch mal nur durch einen Kuss auf seine Rechte. Die Opfernden aber – jetzt komme ich nämlich endlich auf sie zurück – führen das Tier, sobald sie es bekränzt und zuallererst natürlich überprüft haben, ob es ohne Fehl ist, damit sie nur ja nichts Unwertes schlachten, zum Altar und töten es vor den Augen des Gottes, während es kläglich muht und damit Laute von – wie könnte es anders sein! – guter Vorbedeutung von sich gibt und mit ersterbender Stimme das Opfer durch süße Flötentöne begleitet.[27] Wer würde nicht denken, dass sich die Götter über diesen Anblick freuen? **(13)** Und am Eingang verkündet eine Tafel, man dürfe den heiligen Bezirk nur mit reinen Händen betreten! Der Priester selbst allerdings steht blutbesudelt da, und wie jener bekannte Kyklop schneidet er die Tiere auf,[28] holt ihre Eingeweide heraus, reißt ihnen das Herz aus der Brust, gießt das Blut über den Altar und verrichtet was weiß ich nicht alles für Tätigkeiten im Dienste der Frömmigkeit. Als krönenden Abschluss entzündet er ein Feuer und legt die Ziege im Fell und das Schaf in der Wolle darauf: Und der Opferdampf steigt in göttlicher Süße[29] und gottgefällig nach oben und breitet sich sanft im Himmel aus.

Der Skythe allerdings offeriert, da er alle Opfer ablehnt und für unwürdig hält, der Artemis die Menschen selbst und findet mit diesem Tun den Beifall der Göttin.

[14] Ταῦτα μὲν δὴ ἴσως μέτρια καὶ τὰ ὑπ' Ἀσσυρίων γιγνόμενα καὶ ὑπὸ Φρυγῶν καὶ Λυδῶν, ἢν δ' εἰς τὴν Αἴγυπτον ἔλθῃς, τότε δὴ τότε ὄψει πολλὰ τὰ σεμνὰ καὶ ὡς ἀληθῶς ἄξια τοῦ οὐρανοῦ, κριοπρόσωπον μὲν τὸν Δία, κυνοπρόσωπον δὲ τὸν βέλτιστον Ἑρμῆν καὶ τὸν Πᾶνα ὅλον τράγον καὶ ἶβίν τινα καὶ κροκόδειλον ἕτερον καὶ πίθηκον.

εἰ δ' ἐθέλεις καὶ ταῦτα δαήμεναι, ὄφρ' εὖ εἰδῇς,

ἀκούσῃ πολλῶν σοφιστῶν καὶ γραμματέων καὶ προφητῶν ἐξυρημένων διηγουμένων, – πρότερον δέ, φησὶν ὁ λόγος, »θύρας δ' ἐπίθεσθε βέβηλοι« – ὡς ἄρα ὑπὸ τὸν πόλεμον καὶ τῶν γιγάντων τὴν ἐπανάστασιν οἱ θεοὶ φοβηθέντες ἧκον εἰς τὴν Αἴγυπτον ὡς δὴ ἐνταῦθα λησόμενοι τοὺς πολεμίους· εἶθ' ὁ μὲν αὐτῶν ὑπέδυ τράγον, ὁ δὲ κριὸν ὑπὸ τοῦ δέους, ὁ δὲ θηρίον ἢ ὄρνεον· διὸ δὴ εἰσέτι καὶ νῦν φυλάττεσθαι τὰς τότε μορφὰς τοῖς θεοῖς. ταῦτα γὰρ ἀμέλει ἐν τοῖς ἀδύτοις ἀπόκειται γραφέντα πλεῖον ἢ πρὸ ἐτῶν μυρίων.

[15] Αἱ δὲ θυσίαι καὶ παρ' ἐκείνοις αἱ αὐταί, πλὴν ὅτι πενθοῦσι τὸ ἱερεῖον καὶ κόπτονται περιστάντες ἤδη πεφονευμένον. οἱ δὲ καὶ θάπτουσι μόνον ἀποσφάξαντες. Ὁ μὲν γὰρ Ἆπις, ὁ μέγιστος αὐτοῖς θεός, ἐὰν ἀποθάνῃ, τίς οὕτω περὶ πολλοῦ ποιεῖται τὴν κόμην ὅστις οὐκ ἀπεξύρησε καὶ ψιλὸν ἐπὶ τῆς κεφαλῆς τὸ πένθος ἐπεδείξατο, κἂν τὸν Νίσου ἔχῃ πλόκαμον τὸν πορφυροῦν; ἔστι δὲ ὁ Ἆπις ἐξ ἀγέλης θεός, ἐπὶ τῷ προτέρῳ χειροτονούμενος ὡς πολὺ καλλίων καὶ σεμνότερος τῶν ἰδιωτῶν βοῶν.

Ταῦτα οὕτω γιγνόμενα καὶ ὑπὸ τῶν πολλῶν πιστευόμενα δεῖσθαί μοι δοκεῖ τοῦ μὲν ἐπιτιμήσοντος οὐδενός, Ἡρακλείτου δέ τινος ἢ Δημοκρίτου, τοῦ μὲν γελασομένου τὴν ἄγνοιαν αὐτῶν, τοῦ δὲ τὴν ἄνοιαν ὀδυρουμένου.

(14) Nun bleibt das tatsächlich vielleicht alles noch im Rahmen, ebenso das, was bei den Assyrern, den Lydern oder den Phrygern stattfindet; aber wenn du nach Ägypten kommst, dann wirst du in der Tat viel Erhabenes und wahrlich Himmelswürdiges zu Gesicht bekommen, Zeus mit Widderkopf, Hermes, den Guten, mit Hundskopf, Pan komplett als Bock, und dann noch einen als Ibis und einen anderen als Krokodil oder als Affen. »Willst du aber auch dieses erfahren, auf dass du es wissest«,[30] so kannst du dir von vielen Sophisten, Schreiberlingen und glattrasierten Propheten erzählen lassen – vorher aber, wie man so sagt, »verschließet die Türen, ihr Uneingeweihten!"[31] –, wie also am Vorabend des Krieges, nämlich des Aufstands der Giganten, die Götter voller Angst nach Ägypten kamen, um sich dort vor ihren Feinden zu verstecken. Und dann schlüpfte der eine von ihnen aus Furcht in einen Bock, der andere in einen Widder, der dritte in ein wildes Tier oder in einen Vogel; und das ist eben der Grund, weshalb die Gestalten von damals auch jetzt noch für die Götter reserviert sind. Denn all das ruht natürlich seit mehr als zehntausend Jahren aufgeschrieben in den unzugänglichen Bereichen der Tempel.

(15) Auch bei denen werden die gleichen Opfer verrichtet, davon abgesehen, dass sie um das Opfertier trauern, es umringen, wenn es tot daliegt, und sich die Brust schlagen. Manche begraben es auch, nachdem sie es einfach nur abgeschlachtet haben. Und wenn Apis, der größte Gott bei ihnen, stirbt, wer legt dann soviel Wert auf sein eigenes Haar, dass er es nicht abschert und seine Trauer kahlgeschoren auf dem Kopf präsentiert, und besäße er auch die purpurne Locke des Nisos?[32] Apis ist ein Gott aus der Herde, als Nachfolger für seinen Vorgänger gewählt, aus dem Grund, weil er viel schöner und ehrwürdiger ist als das gemeine Rind.

Da sich dies nun so verhält und so der Glaube vieler Menschen aussieht, scheint es mir, dass wir zwar keinen Tadler benötigen, wohl aber einen Heraklit oder einen Demokrit: Der eine verlacht ihre Unwissenheit, der andere beklagt ihre Unvernunft.[33]

ΠΕΡΙ ΠΕΝΘΟΥΣ

[1] Ἄξιόν γε παρατηρεῖν τὰ ὑπὸ τῶν πολλῶν ἐν τοῖς πένθεσι γιγνόμενα καὶ λεγόμενα καὶ τὰ ὑπὸ τῶν παραμυθουμένων δῆθεν αὐτοὺς αὖθις λεγόμενα, καὶ ὡς ἀφόρητα ἡγοῦνται τὰ συμβαίνοντα σφίσι τε αὐτοῖς οἱ ὀδυρόμενοι καὶ ἐκείνοις οὓς ὀδύρονται, οὐ μὰ τὸν Πλούτωνα καὶ Φερσεφόνην κατ' οὐδὲν ἐπιστάμενοι σαφῶς οὔτε εἰ πονηρὰ ταῦτα καὶ λύπης ἄξια οὔτε εἰ τοὐναντίον ἡδέα καὶ βελτίω τοῖς παθοῦσι, νόμῳ δὲ καὶ συνηθείᾳ τὴν λύπην ἐπιτρέποντες. ἐπειδὰν τοίνυν ἀποθάνῃ τις, οὕτω ποιοῦσιν – μᾶλλον δὲ πρότερον εἰπεῖν βούλομαι ἅστινας περὶ αὐτοῦ τοῦ θανάτου δόξας ἔχουσιν· οὕτω γὰρ ἔσται φανερὸν οὗτινος ἕνεκα τὰ περιττὰ ἐκεῖνα ἐπιτηδεύουσιν.

[2] Ὁ μὲν δὴ πολὺς ὅμιλος, οὓς ἰδιώτας οἱ σοφοὶ καλοῦσιν, Ὁμήρῳ τε καὶ Ἡσιόδῳ καὶ τοῖς ἄλλοις μυθοποιοῖς περὶ τούτων πειθόμενοι καὶ νόμον θέμενοι τὴν ποίησιν αὐτῶν, τόπον τινα ὑπὸ τῇ γῇ βαθὺν Ἅιδην ὑπειλήφασιν, μέγαν δὲ καὶ πολύχωρον τοῦτον εἶναι καὶ ζοφερὸν καὶ ἀνήλιον, οὐκ οἶδ' ὅπως αὐτοῖς φωτίζεσθαι δοκοῦντα πρὸς τὸ καὶ καθορᾶν τῶν ἐνόντων ἕκαστον· βασιλεύειν δὲ τοῦ χάσματος ἀδελφὸν τοῦ Διὸς Πλούτωνα κεκλημένον, ὥς μοι τῶν τὰ τοιαῦτα δεινῶν τις ἔλεγε, διὰ τὸ πλουτεῖν τοῖς νεκροῖς τῇ προσηγορίᾳ τετιμημένον. τοῦτον δὲ τὸν Πλούτωνα τὴν παρ' αὑτῷ πολιτείαν καὶ τὸν κάτω βίον καταστήσασθαι τοιοῦτον· κεκληρῶσθαι μὲν γὰρ αὐτὸν ἄρχειν τῶν ἀποθανόντων, καταδεξάμενον δὲ αὐτοὺς καὶ παραλαβόντα κατέχειν δεσμοῖς ἀφύκτοις, οὐδενὶ τὸ παράπαν τῆς ἄνω ὁδοῦ ὑφιέμενον πλὴν ἐξ ἅπαντος τοῦ αἰῶνος πάνυ ὀλίγων ἐπὶ μεγίσταις αἰτίαις. [3] περιρρεῖσθαι δὲ τὴν χώραν αὐτοῦ

VOM TRAUERN

(1) Wirklich, es lohnt sich, einmal genau darauf aufzupassen, was die Masse bei Trauerfällen tut und sagt und was dann ihrerseits die Tröster sagen, ebenso darauf, wie die Trauernden das, was ihnen selbst und denen, die sie betrauern, widerfährt, als nicht auszuhalten ansehen, wobei sie, bei Pluton und Persephone!, nicht einmal ansatzweise über ein klares Wissen verfügen – weder darüber, ob das eigentlich schlimm und der Trauer wert ist, noch darüber, ob es für die Betroffenen nicht sogar angenehm und besser ist –, sondern ihre Trauer Sitte und Gebrauch anheimstellen. Stirbt nun also jemand, dann handeln sie folgendermaßen – nein, vorher möchte ich noch ihre Auffassungen vom Tod darlegen; denn dann wird an den Tag kommen, welchen Zweck sie mit ihren übertriebenen Aktivitäten verfolgen.

(2) Die große Menge also, die kluge Menschen als ›Idioten‹, eben als Laien, bezeichnen, glaubten in dieser Angelegenheit Homer, Hesiod und den anderen Märchenerzählern, erklären deren Dichtung zum Gesetz und nehmen daher an, tief unter der Erde gebe es einen Ort, den Hades, und der sei gewaltig und geräumig, dunkel und sonnenlos, wobei er ihnen, ich weiß nicht wie, aber irgendwie beleuchtet zu sein scheint, so dass man alles, was sich darin befindet, einzeln erkennen kann. Über diesen Abgrund soll ein Bruder des Zeus als König herrschen, Pluton genannt, und zwar ehren ihn, wie mir einer von denen erzählt hat, die sich mit solchen Dingen richtig gut auskennen, mit dieser Bezeichnung die Toten für seinen Reichtum. Dieser Pluton soll die Verfassung seines Reiches und das Leben dort unten folgendermaßen eingerichtet haben: Er habe durch Los die Herrschaft über die Verstorbenen erlangt,[1] nehme sie auf, halte sie, habe er sie übernommen, in unentrinnbaren Fesseln gefangen und erlaube überhaupt niemandem den Aufstieg, außer in all der langen Zeit ganz wenigen, und nur aus besonderen Anlässen.[2]
(3) Sein Land werde von gewaltigen Strömen umflossen, deren

ποταμοῖς μεγάλοις τε καὶ φοβεροῖς καὶ ἐκ μόνων τῶν ὀνομάτων· Κωκυτοὶ γὰρ καὶ Πυριφλεγέθοντες καὶ τὰ τοιαῦτα κέκληνται. τὸ δὲ μέγιστον, ἡ Ἀχερουσία λίμνη πρόκειται πρώτη δεχομένη τοὺς ἀπαντῶντας, ἣν οὐκ ἔνι διαπλεῦσαι ἢ παρελθεῖν ἄνευ τοῦ πορθμέως· βαθεῖά τε γὰρ περᾶσαι τοῖς ποσὶν καὶ διανήξασθαι πολλή, καὶ ὅλως οὐκ ἂν αὐτὴν διαπταίη οὐδὲ τὰ νεκρὰ τῶν ὀρνέων. [4] πρὸς δὲ αὐτῇ τῇ καθόδῳ καὶ πύλῃ οὔσῃ ἀδαμαντίνῃ ἀδελφιδοῦς τοῦ βασιλέως Αἰακὸς ἕστηκε τὴν φρουρὰν ἐπιτετραμμένος καὶ παρ' αὐτῷ κύων τρικέφαλος μάλα κάρχαρος, τοὺς μὲν ἀφικνουμένους φίλιόν τι καὶ εἰρηνικὸν προσβλέπων, τοὺς δὲ πειρῶντας ἀποδιδράσκειν ὑλακτῶν καὶ τῷ χάσματι δεδιττόμενος. [5] περαιωθέντας δὲ τὴν λίμνην εἰς τὸ εἴσω λειμὼν ὑποδέχεται μέγας τῷ ἀσφοδέλῳ κατάφυτος καὶ ποτὸν μνήμης πολέμιον· Λήθης γοῦν διὰ τοῦτο ὠνόμασται. ταῦτα γὰρ ἀμέλει διηγήσαντο τοῖς πάλαι ἐκεῖθεν ἀφιγμένοι Ἄλκηστίς τε καὶ Πρωτεσίλαος οἱ Θετταλοὶ καὶ Θησεὺς ὁ τοῦ Αἰγέως καὶ ὁ τοῦ Ὁμήρου Ὀδυσσεύς, μάλα σεμνοὶ καὶ ἀξιόπιστοι μάρτυρες, ἐμοὶ δοκεῖν οὐ πιόντες τῆς πηγῆς· οὐ γὰρ ἂν ἐμέμνηντο αὐτῶν.

[6] Ὁ μὲν οὖν Πλούτων, ὡς ἐκεῖνοι ἔφασαν, καὶ ἡ Φερσεφόνη δυναστεύουσι καὶ τὴν τῶν ὅλων δεσποτείαν ἔχουσιν, ὑπηρετοῦσι δ' αὐτοῖς καὶ τὴν ἀρχὴν συνδιαπράττουσιν ὄχλος πολύς, Ἐρινύες τε καὶ Ποιναὶ καὶ Φόβοι καὶ ὁ Ἑρμῆς, οὗτος μέν γε οὐκ ἀεὶ συμπαρών. [7] ὕπαρχοι δὲ καὶ σατράπαι καὶ δικασταὶ κάθηνται δύο, Μίνως τε καὶ Ῥαδάμανθυς οἱ Κρῆτες, ὄντες υἱοὶ τοῦ Διός. οὗτοι δὲ τοὺς μὲν ἀγαθοὺς τῶν ἀνδρῶν καὶ δικαίους καὶ κατ' ἀρετὴν βεβιωκότας, ἐπειδὰν συναλισθῶσι πολλοί, καθάπερ εἰς ἀποικίαν τινὰ πέμπουσιν εἰς τὸ Ἠλύσιον πεδίον τῷ ἀρίστῳ βίῳ συνεσομένους. [8] ἂν δέ τινας τῶν πονηρῶν λάβωσι, ταῖς Ἐρινύσι παραδόντες εἰς τὸν τῶν ἀσεβῶν χῶρον εἰσπέμ-

Namen allein schon Furcht und Schrecken einflößen: Denn sie tragen Namen wie ›Jammergeheul‹ und ›Feuerflämmer‹ und so ähnlich. Aber was das Schlimmste ist: Gleich als erstes liegt da der Acherusische See zum Empfang der Besucher. Man kann ihn nicht überqueren oder umgehen ohne den Fährmann,[3] denn er ist zu tief, um ihn zu Fuß zu durchqueren, und zu ausgedehnt, um ihn zu durchschwimmen, und nicht einmal die verstorbenen Vögel könnten ihn überfliegen. **(4)** Direkt beim Abstiegsweg und beim Tor aus Stahl steht Aiakos, der Neffe des Königs, der mit der Wache betraut ist, und bei ihm ein dreiköpfiger Hund,[4] ein äußerst bissiges Vieh, das den Ankömmlingen freundlich und friedlich entgegenschaut, diejenigen aber, die wegzulaufen versuchen, verbellt und mit seinem aufgerissenen Maul in Schrecken versetzt. **(5)** Wer den sumpfigen See überquert hat und ins Innere vorgedrungen ist, den empfängt eine gewaltige, ganz mit Asphodel[5] bewachsene Wiese und ein der Erinnerung feindlicher Trank: Entsprechend wird er ›Wasser des Vergessens‹ genannt. Denn so haben es den Menschen der Frühzeit halt die Leute erzählt, die von dort zurückgekehrt sind, Alkestis und Protesilaos aus Thessalien, Aigeus' Sohn Theseus und Homers Odysseus,[6] wirklich ehrfurchtgebietende und vertrauenswürdige Zeugen, und meiner Meinung nach haben sie nicht von der Quelle getrunken; sonst hätten sie sich ja nicht an diese Details erinnert.

(6) Machthaber sind dort, wie jene behaupteten, Pluton und Persephone, und sie haben die absolute Herrschaft über das Ganze. Ihnen dienen als Sachwalter der Herrschaft ein großer Haufen Leute, Rachedämonen, Strafen, Schrecken und Hermes, der ist allerdings nicht immer vor Ort. **(7)** Als Unterregenten, Satrapen und Richter fungieren zwei weitere Personen, die Zeussöhne Minos und Rhadamanthys aus Kreta. Sie schicken gute und gerechte Menschen, die tugendhaft gelebt haben, wenn hinreichend viele zusammengekommen sind, quasi als Kolonisten zur Elysischen Ebene, wo sie das beste Leben erwartet. **(8)** Kriegen sie aber welche von den Bösen in die Finger, dann leiten sie sie an die Erinyen weiter und

πουσι κατὰ λόγον τῆς ἀδικίας κολασθησομένους. ἔνθα δὴ τί κακῶν οὐ πάσχουσι στρεβλούμενοί τε καὶ καιόμενοι καὶ ὑπὸ γυπῶν ἐσθιόμενοι καὶ τροχῷ συμπεριφερόμενοι καὶ λίθους ἀνακυλίοντες; ὁ μὲν γὰρ Τάνταλος ἐπ' αὐτῇ τῇ λίμνῃ αὖος ἕστηκεν κινδυνεύων ὑπὸ δίψους ὁ κακοδαίμων ἀποθανεῖν. [9] οἱ δὲ τοῦ μέσου βίου, πολλοὶ ὄντες οὗτοι, ἐν τῷ λειμῶνι πλανῶνται ἄνευ τῶν σωμάτων σκιαὶ γενόμενοι καὶ ὑπὸ τῇ ἁφῇ καθάπερ καπνὸς ἀφανιζόμενοι. τρέφονται δὲ ἄρα ταῖς παρ' ἡμῶν χοαῖς καὶ τοῖς καθαγιζομένοις ἐπὶ τῶν τάφων· ὡς εἴ τῳ μὴ εἴη καταλελειμμένος ὑπὲρ γῆς φίλος ἢ συγγενής, ἄσιτος οὗτος νεκρὸς καὶ λιμώττων ἐν αὐτοῖς πολιτεύεται.

[10] Ταῦτα οὕτως ἰσχυρῶς περιελήλυθε τοὺς πολλοὺς ὥστε ἐπειδάν τις ἀποθάνῃ τῶν οἰκείων, πρῶτα μὲν φέροντες ὀβολὸν εἰς τὸ στόμα κατέθηκαν αὐτῷ, μισθὸν τῷ πορθμεῖ τῆς ναυτιλίας γενησόμενον, οὐ πρότερον ἐξετάσαντες ὁποῖον τὸ νόμισμα νομίζεται καὶ διαχωρεῖ παρὰ τοῖς κάτω, καὶ εἰ δύναται παρ' ἐκείνοις Ἀττικὸς ἢ Μακεδονικὸς ἢ Αἰγιναῖος ὀβολός, οὐδ' ὅτι πολὺ κάλλιον ἦν μὴ ἔχειν τὰ πορθμεῖα καταβαλεῖν· οὕτω γὰρ ἂν οὐ παραδεξαμένου τοῦ πορθμέως ἀναπόμπιμοι πάλιν εἰς τὸν βίον ἀφικνοῦντο.

[11] Μετὰ ταῦτα δὲ λούσαντες αὐτούς, ὡς οὐχ ἱκανῆς τῆς κάτω λίμνης λουτρὸν εἶναι τοῖς ἐκεῖ, καὶ μύρῳ τῷ καλλίστῳ χρίσαντες τὸ σῶμα πρὸς δυσωδίαν ἤδη βιαζόμενον καὶ στεφανώσαντες τοῖς ὡραίοις ἄνθεσι προτίθενται λαμπρῶς ἀμφιέσαντες, ἵνα μὴ ῥιγῷεν δῆλον ὅτι παρὰ τὴν ὁδὸν μηδὲ γυμνοὶ βλέποιντο τῷ Κερβέρῳ.

[12] Οἰμωγαὶ δὲ ἐπὶ τούτοις καὶ κωκυτὸς γυναικῶν καὶ παρὰ πάντων δάκρυα καὶ στέρνα τυπτόμενα καὶ σπαραττομένη κόμη καὶ φοινισσόμεναι παρειαί· καί που καὶ ἐσθὴς καταρρήγνυται καὶ κόνις ἐπὶ

schicken sie zum Ort der Unfrommen, wo sie nach Maßgabe ihres Unrechts bestraft werden sollen. Ja, und dort, was für Schlimmes erleiden sie dort nicht alles! Sie werden gefoltert, gebrannt, von Geiern angeknabbert, aufs Rad geflochten und müssen Steine hinaufwälzen![7] Tantalos sitzt mitten im See auf dem Trockenen und läuft, der arme Kerl, dennoch Gefahr zu verdursten. **(9)** Die mit einer mittelprächtigen Lebensführung, und das sind ganz schön viele, laufen als Schatten ohne ihre Körper planlos auf der Wiese herum, und bei Berührung verflüchtigen sie sich wie Rauch. Sie ernähren sich von unseren Trankspenden und den Weihopfern auf den Gräbern. Wenn daher einem auf Erden kein Freund oder Verwandter bleibt, dann findet er sich als Toter ohne Nahrung wieder und fristet bei ihnen sein Bürgerdasein als Hungerleider.

(10) Dies spukt den meisten so eindringlich im Kopf herum, dass, wenn ein Verwandter stirbt, sie ihm bei der Bestattung einen Obolus in den Mund legen, der dem Fährmann als Lohn für die Fahrt dienen soll, ohne allerdings vorher zu prüfen, welche Währung bei denen da unten gilt und im Umlauf ist, und ob bei ihnen die attische, die makedonische oder die äginetische Obole Kaufkraft besitzt, und auch ohne zu bedenken, dass es doch viel besser wäre, den Fährzoll nicht entrichten zu können: Denn dann würden sie, weil der Fährmann sie nicht an Bord lässt, hinaufgeschickt und könnten wieder ins Leben zurückkehren.

(11) Daraufhin, sobald sie sie gewaschen haben, als ob der See da unten denen dort nicht als Bad reichen würde, und den Leichnam, der schon kräftig in Richtung Gestank unterwegs ist, mit dem feinsten Balsam gesalbt und mit Blüten der Jahreszeit bekränzt haben, bahren sie ihn auf, in prächtige Gewänder gekleidet, offensichtlich, damit die Verstorbenen auf ihrem Weg nicht frieren und dem Kerberos nicht nackt zu Gesicht kommen.

(12) Es folgen Klagen und Jammergeheul der Frauen, Tränen aller Anwesenden, Schläge auf die Brust, zerrauftes Haar und blutig gekratzte Wangen; ab und zu wird auch mal ein Gewand zerrissen

τῇ κεφαλῇ πάσσεται, καὶ οἱ ζῶντες οἰκτρότεροι τοῦ νεκροῦ· οἱ μὲν γὰρ χαμαὶ κυλινδοῦνται πολλάκις καὶ τὰς κεφαλὰς ἀράττουσι πρὸς τὸ ἔδαφος, ὁ δ' εὐσχήμων καὶ καλὸς καὶ καθ' ὑπερβολὴν ἐστεφανωμένος ὑψηλὸς πρόκειται καὶ μετέωρος ὥσπερ εἰς πομπὴν κεκοσμημένος.

[13] Εἶθ' ἡ μήτηρ ἢ καὶ νὴ Δία ὁ πατὴρ ἐκ μέσων τῶν συγγενῶν προελθὼν καὶ περιχυθεὶς αὐτῷ – προκείσθω γάρ τις νέος καὶ καλός, ἵνα καὶ ἀκμαιότερον τὸ ἐπ' αὐτῷ δρᾶμα ᾖ – φωνὰς ἀλλοκότους καὶ ματαίας ἀφίησι, πρὸς ἃς ὁ νεκρὸς αὐτὸς ἀποκρίναιτ' ἄν, εἰ λάβοι φωνήν· φήσει γὰρ ὁ πατὴρ γοερόν τι φθεγγόμενος καὶ παρατείνων ἕκαστον τῶν ὀνομάτων. »Τέκνον ἥδιστον, οἴχῃ μοι καὶ τέθνηκας καὶ πρὸ ὥρας ἀνηρπάσθης, μόνον ἐμὲ τὸν ἄθλιον καταλιπών, οὐ γαμήσας, οὐ παιδοποιησάμενος, οὐ στρατευσάμενος, οὐ γεωργήσας, οὐκ εἰς γῆρας ἐλθών· οὐ κωμάσῃ πάλιν οὐδὲ ἐρασθήσῃ, τέκνον, οὐδ' ἐν συμποσίοις μετὰ τῶν ἡλικιωτῶν μεθυσθήσῃ.«

[14] Ταῦτα δὲ καὶ τὰ τοιαῦτα φήσει οἰόμενος τὸν υἱὸν δεῖσθαι μὲν ἔτι τούτων καὶ ἐπιθυμεῖν καὶ μετὰ τὴν τελευτήν, οὐ δύνασθαι δὲ μετέχειν αὐτῶν. καίτοι τί ταῦτα φημί; πόσοι γὰρ καὶ ἵππους καὶ παλλακίδας, οἱ δὲ καὶ οἰνοχόους ἐπικατέσφαξαν καὶ ἐσθῆτα καὶ τὸν ἄλλον κόσμον συγκατέφλεξαν ἢ συγκατώρυξαν ὡς χρησομένοις ἐκεῖ καὶ ἀπολαύσουσιν αὐτῶν κάτω;

[15] Ὁ δ' οὖν πρεσβύτης ὁ πενθῶν οὑτωσὶ ταῦτα πάντα ὁπόσα εἴρηκα καὶ ἔτι τούτων πλείονα οὔτε τοῦ παιδὸς ἕνεκα τραγῳδεῖν ἔοικεν – οἶδεν γὰρ οὐκ ἀκουσόμενον οὐδ' ἂν μεῖζον ἐμβοήσῃ τοῦ Στέντορος – οὔτε μὴν αὑτοῦ· φρονεῖν γὰρ οὕτω καὶ γιγνώσκειν ἱκανὸν ἦν καὶ ἄνευ

und Asche auf das Haupt gestreut, und die Lebenden sind bemitleidenswerter als der Tote. Denn sie wälzen sich ein ums andere Mal auf der Erde und schlagen die Köpfe auf den Boden, er aber liegt da hoch aufgebahrt, in guter Haltung, schön und überreich bekränzt, und thront in der Höhe, gerade als sei er für einen Festzug ausstaffiert.

(13) Dann tritt die Mutter oder, bei Zeus, auch der Vater aus der Mitte der Anverwandten hervor, wirft sich über ihn – lasst uns mal annehmen, hier sei ein junger und schöner Mensch aufgebahrt, damit das Drama um ihn so recht effektvoll ist – und gibt fremdartige und vergebliche Ausrufe von sich, auf die der Tote selbst wohl antworten könnte, wäre er wieder bei Stimme. Denn der Vater wird, unter Klagelauten und jedes einzelne Wort dehnend, sagen: »Mein allerliebstes Kind, so verlässt du mich nun, bist tot, wurdest mir vor der Zeit dahingerafft, und mich armen Mann lässt du allein zurück, ohne dass du geheiratet hättest, Kinder gezeugt hättest, ohne zu Feld gezogen zu sein, ohne das Land bestellt zu haben, ohne ins Alter gekommen zu sein. Nie wieder wirst du fröhlich durch die Straßen ziehen, nie wieder dich verlieben, mein Kind, und dir nie wieder mit deinen Freunden beim Symposion einen Rausch antrinken.«

(14) Das und mehr von der Sorte wird er von sich geben, im Glauben, sein Sohn brauche das alles noch und begehre es selbst nach seinem Ableben, könne aber nicht mehr daran teilhaben. Ach, was rede ich! Wie viele haben ja sogar Pferde und Nebenfrauen, manche auch Mundschenke über ihrem Grab hinschlachten lassen und Kleidung und den übrigen Staat mitverbrennen oder mitbegraben lassen, als ob sie dort unten noch einen Nutzen davon hätten oder sie genießen könnten?

(15) Der alte Mann, der da so sehr trauert, scheint mir all das, was ich gesagt habe, und noch einiges mehr als das weder um seines Kindes willen mit tragischem Pathos zu deklamieren – er weiß ja, der wird's nicht hören, und brüllte er auch lauter als Stentor[8] – noch indes um seiner selbst willen: Es würde ja reichen, sich die

τῆς βοῆς· οὐδεὶς γὰρ δὴ πρὸς ἑαυτὸν δεῖται βοᾶν. λοιπὸν οὖν ἐστιν αὐτὸν τῶν παρόντων ἕνεκα ταῦτα ληρεῖν οὔθ᾽ ὅ τι πέπονθεν αὐτῷ ὁ παῖς εἰδότα οὔθ᾽ ὅποι κεχώρηκε, μᾶλλον δὲ οὐδὲ τὸν βίον αὐτὸν ἐξετάσαντα ὁποῖός ἐστιν· οὐ γὰρ ἂν τὴν ἐξ αὐτοῦ μετάστασιν ὥς τι τῶν δεινῶν ἐδυσχέραινεν.

[16] Εἴποι δ᾽ ἂν οὖν πρὸς αὐτὸν ὁ παῖς παραιτησάμενος τὸν Αἰακὸν καὶ τὸν Ἀϊδωνέα πρὸς ὀλίγον τοῦ στομίου ὑπερκῦψαι καὶ τὸν πατέρα παῦσαι ματαιάζοντα. »Ὦ κακόδαιμον ἄνθρωπε, τί κέκραγας; τί δέ μοι παρέχεις πράγματα; παῦσαι τιλλόμενος τὴν κόμην καὶ τὸ πρόσωπον ἐξ ἐπιπολῆς ἀμύσσων. τί μοι λοιδορῇ καὶ ἄθλιον ἀποκαλεῖς καὶ δύσμορον πολύ σου βελτίω καὶ μακαριώτερον γεγενημένον; ἢ τί σοι δεινὸν πάσχειν δοκῶ; ἢ διότι μὴ τοιουτοσὶ γέρων ἐγενόμην οἷος εἶ σύ, φαλακρὸς μὲν τὴν κεφαλήν, τὴν δὲ ὄψιν ἐρρυτιδωμένος, κυφὸς καὶ τὰ γόνατα νωθής, καὶ ὅλως ὑπὸ τοῦ χρόνου σαθρὸς πολλὰς τριακάδας καὶ ὀλυμπιάδας ἀναπλήσας, καὶ τὰ τελευταῖα δὴ ταῦτα παραπαίων ἐπὶ τοσούτων μαρτύρων; ὦ μάταιε, τί σοι χρηστὸν εἶναι δοκεῖ παρὰ τὸν βίον οὗ μηκέτι μεθέξομεν; ἢ τοὺς πότους ἐρεῖς δῆλον ὅτι καὶ τὰ δεῖπνα καὶ ἐσθῆτα καὶ ἀφροδίσια, καὶ δέδιας μὴ τούτων ἐνδεὴς γενόμενος ἀπόλωμαι. οὐκ ἐννοεῖς δὲ ὅτι τὸ μὴ διψῆν τοῦ πιεῖν πολὺ κάλλιον καὶ τὸ μὴ πεινῆν τοῦ φαγεῖν καὶ τὸ μὴ ῥιγοῦν τοῦ ἀμπεχόνης εὐπορεῖν;

[17] Φέρε τοίνυν, ἐπειδὴ ἔοικας ἀγνοεῖν, διδάξωμαί σε θρηνεῖν ἀληθέστερον, καὶ δὴ ἀναλαβὼν ἐξ ὑπαρχῆς βόα, ›Τέκνον ἄθλιον, οὐκέτι διψήσεις, οὐκέτι πεινήσεις οὐδὲ ῥιγώσεις. οἴχῃ μοι κακοδαίμων

Dinge so zu denken und zu überlegen, auch ohne das Geschrei: Denn sich selbst braucht nun wirklich niemand anzuschreien. Es bleibt also nur, dass er das der Anwesenden wegen faselt, weiß er doch weder, wie es seinem Sohn jetzt geht, noch, wohin er gegangen ist, ja mehr noch: Er hat sich auch nicht klar gemacht, was das Leben selbst eigentlich ist: Denn sonst wäre er darüber, dass man aus ihm scheidet, nicht so unwillig, als gehörte das zu den schlimmen Dingen.

(16) Und sein Sohn, hätte er von Aiakos und Aidoneus[9] erbeten, dass sie ihn für einen Augenblick den Kopf aus dem Maul der Unterwelt herausstrecken und den Vater dazu bewegen ließen, mit dem unsinnigen Gerede aufzuhören, würde wohl zu ihm sagen: »Ach, Mensch, du Unglückswurm, was plärrst du denn so? Warum machst du mir Schwierigkeiten? Hör auf damit, dir die Haare auszureißen und dir oberflächlich dein Gesicht zu zerkratzen! Was schmähst du mich, nennst mich arm und unglücklich, wo ich doch viel besser dran bin als du, und glücklicher? Oder in welcher Hinsicht genau, meinst du, geht es mir schlecht? Etwa weil ich nicht so ein alter Mann geworden bin wie du, kahlköpfig, lauter Runzeln im Gesicht, krumm, lahm in den Knien, total vergammelt nach all den Jahren, in denen du die Zeit vieler Triakaden und Olympiaden[10] ausgeschöpft hast, und zu guter Letzt langst du jetzt tatsächlich noch voll daneben, vor so vielen Zeugen? Idiot, was am Leben scheint dir denn so wertvoll, woran wir nicht mehr teilhaben werden? Natürlich, du wirst die Trinkereien nennen, das Essen, die Kleider, den Sex, und du fürchtest, dass es mein Tod ist, wenn ich das nicht mehr habe! Verstehst du nicht, dass keinen Durst zu haben viel schöner ist als zu trinken, keinen Hunger zu haben schöner als zu essen, und nicht zu frieren schöner als in Hüllen zu schwelgen?

(17) Dann mal los! Da du ja offensichtlich keine Ahnung hast, will ich dir beibringen, richtiger zu trauern! Fang also nochmal von vorn an und schrei’: ›Armes Kind, du wirst nie mehr Durst haben, nie mehr wirst du hungern, nie mehr frieren! Da gehst du Unglück-

ἐκφυγὼν τὰς νόσους, οὐ πυρετὸν ἔτι δεδιώς, οὐ πολέμιον, οὐ τύραννον· οὐκ ἔρως σε ἀνιάσει οὐδὲ συνουσία διαστρέψει, οὐδὲ σπαθήσῃ ἐπὶ τούτῳ δὶς ἢ τρὶς τῆς ἡμέρας, ὢ τῆς συμφορᾶς. οὐ καταφρονηθήσῃ γέρων γενόμενος οὐδὲ ὀχληρὸς ἔσῃ τοῖς νέ?οις βλεπόμενος.‹

[18] Ἂν ταῦτα λέγῃς, ὦ πάτερ, οὐκ οἴει πολὺ ἀληθέστερα καὶ γενναιότερα ἐκείνων ἐρεῖν; ἀλλ᾽ ὅρα μὴ τόδε σε ἀνιᾷ, καὶ διανοῇ τὸν παρ᾽ ἡμῖν ζόφον καὶ τὸ πολὺ σκότος, κᾆτα δέδιας μή σοι ἀποπνιγῶ κατακλεισθεὶς ἐν τῷ μνήματι; χρὴ δὲ πρὸς ταῦτα λογίζεσθαι ὅτι τῶν ὀφθαλμῶν διασαπέντων ἢ καὶ νὴ Δία καέντων μετ᾽ ὀλίγον, εἴ γε καῦσαί με διεγνώκατε, οὔτε σκότος οὔτε φῶς ὁρᾶν δεησόμεθα.

[19] Καὶ ταῦτα μὲν ἴσως μέτρια· τί δέ με ὁ κωκυτὸς ὑμῶν ὀνίνησι καὶ ἡ πρὸς τὸν αὐλὸν αὕτη στερνοτυπία καὶ ἡ τῶν γυναικῶν περὶ τὸν θρῆνον ἀμετρία; τί δὲ ὁ ὑπὲρ τοῦ τάφου λίθος ἐστεφανωμένος; ἢ τί ὑμῖν δύναται τὸν ἄκρατον ἐπιχεῖν; ἢ νομίζετε καταστάξειν αὐτὸν πρὸς ἡμᾶς καὶ μέχρι τοῦ Ἅιδου διίξεσθαι; τὰ μὲν γὰρ ἐπὶ τῶν καθαγισμῶν καὶ αὐτοὶ ὁρᾶτε, οἶμαι, ὡς τὸ μὲν νοστιμώτατον τῶν παρεσκευασμένων ὁ καπνὸς παραλαβὼν ἄνω εἰς τὸν οὐρανὸν οἴχεται μηδέν τι ἡμᾶς ὀνήσας τοὺς κάτω, τὸ δὲ καταλειπόμενον, ἡ κόνις, ἀχρεῖον, ἐκτὸς εἰ μὴ τὴν σποδὸν ἡμᾶς σιτεῖσθαι πεπιστεύκατε. οὐχ οὕτως ἄσπορος οὐδὲ ἄκαρπος ἡ τοῦ Πλούτωνος ἀρχή, οὐδὲ ἐπιλέλοιπεν ἡμᾶς ὁ ἀσφόδελος, ἵνα παρ᾽ ὑμῶν τὰ σιτία μεταστελλώμεθα. ὥστε μοι νὴ τὴν Τισιφόνην πάλαι δὴ ἐφ᾽ οἷς ἐποιεῖτε καὶ ἐλέγετε παμμέγεθες ἐπῄει ἀνακαγχάσαι, διεκώλυσε δὲ ἡ ὀθόνη καὶ τὰ ἔρια, οἷς μου τὰς σιαγόνας ἀπεσφίγξατε.«

licher mir dahin und entgehst den Krankheiten, musst nie mehr das Fieber fürchten, keinen Feind, keinen Tyrannen. Nie mehr wird dir Begehren Kummer bereiten, keine Schmerzen mehr nach einer Liebesnacht, nie mehr wirst du dich dafür zwei- oder dreimal am Tag verausgaben – oh, was für ein Unglück! Man wird dich nie als alten Mann verachten, nie wirst du den Jungen ein lästiger Anblick sein!‹

(18) Solltest du das sagen, Vater, glaubst du nicht, dass du damit viel Wahreres und Edleres als deine früheren Worte von dir geben wirst? Sieh aber zu, dass dich auch das Folgende nicht betrübt und du dir die Finsternis vorstellst, die bei uns herrscht, und die völlige Dunkelheit, und dann fürchtest, dass ich dir da in dem Grabmal eingesperrt ersticke. Hierzu musst du dir klarmachen, dass wir mit verrotteten oder auch, beim Zeus, schon bald verbrannten Augen – wenn ihr denn beschließt, mich zu verbrennen – weder Dunkelheit noch Licht zu sehen brauchen werden.

(19) Und das mag ja vielleicht alles noch im Rahmen sein. Aber was soll mir euer Jammergeheul bringen, dieses Brustgeschlage zum Klang des Aulos und die unmäßigen Klagen der Frauen? Und was der bekränzte Stein über dem Grab? Oder was habt ihr davon, unvermischten Wein darüber auszugießen? Ja, glaubt ihr denn, der werde zu uns hinabtropfen und bis zum Hades durchlaufen? Das mit den Opferungen, das seht ihr doch wohl selbst: Der Rauch nimmt das Nahrhafteste der dargebrachten Dinge schnell mit sich hinauf in den Himmel, ohne den geringsten Nutzen für uns da unten, und der Dreck, der übrig bleibt, ist unbrauchbar, außer ihr würdet wirklich glauben, dass wir uns von Asche ernähren. Nein, so sehr ohne Saat und Frucht ist Plutons Reich nicht, und uns geht auch der Asphodel nicht aus, dass wir uns das Essen von euch kommen lassen müssten! Und so hätte ich in der Tat schon längst, bei Tisiphone,[11] über das, was ihr da treibt und von euch gebt, vor Lachen wiehern müssen, hätten mich nicht das Leichentuch und die Wollfäden, mit denen ihr mir die Kinnlade zugeschnürt habt, daran gehindert.«

ὣς ἄρα μιν εἰπόντα τέλος θανάτοιο κάλυψε.

[20] Πρὸς Διός, ἂν λέγῃ ταῦτα ὁ νεκρὸς ἐπιστραφείς, ἀνακλίνας αὑτὸν ἐπ' ἀγκῶνος, οὐκ ἂν οἰόμεθα δικαιότατα ἂν αὐτὸν εἰπεῖν; ἀλλ' οἱ μάταιοι καὶ βοῶσι καὶ μεταστειλάμενοί τινα θρήνων σοφιστὴν πολλὰς συνειλοχότα παλαιὰς συμφορὰς τούτῳ συναγωνιστῇ καὶ χορηγῷ τῆς ἀνοίας καταχρῶνται, ὅπῃ ἂν ἐκεῖνος ἐξάρχῃ πρὸς τὸ μέλος ἐπαιάζοντες.

[21] Καὶ μέχρι μὲν θρήνων ὁ αὐτὸς ἅπασι νόμος τῆς ἀβελτερίας· τὸ δὲ ἀπὸ τούτου διελόμενοι κατὰ ἔθνη τὰς ταφὰς ὁ μὲν Ἕλλην ἔκαυσεν, ὁ δὲ Πέρσης ἔθαψεν, ὁ δὲ Ἰνδὸς ὑάλῳ περιχρίει, ὁ δὲ Σκύθης κατεσθίει, ταριχεύει δὲ ὁ Αἰγύπτιος· οὗτος μέν γε – λέγω δὲ ἰδών – ξηράνας τὸν νεκρὸν σύνδειπνον καὶ συμπότην ἐποιήσατο. πολλάκις δὲ καὶ δεομένῳ χρημάτων ἀνδρὶ Αἰγυπτίῳ ἔλυσε τὴν ἀπορίαν ἐνέχυρον ἢ ὁ ἀδελφὸς ἢ ὁ πατὴρ ἐν καιρῷ γενόμενος.

[22] Χώματα μὲν γὰρ καὶ πυραμίδες καὶ στῆλαι καὶ ἐπιγράμματα πρὸς ὀλίγον διαρκοῦντα πῶς οὐ περιττὰ καὶ παιδιαῖς προσεοικότα; **[23]** καίτοι καὶ ἀγῶνας ἔνιοι διέθεσαν καὶ λόγους ἐπιταφίους εἶπον ἐπὶ τῶν μνημάτων ὥσπερ συναγορεύοντες ἢ μαρτυροῦντες παρὰ τοῖς κάτω δικασταῖς τῷ νεκρῷ.

[24] Ἐπὶ πᾶσι τούτοις τὸ περίδειπνον, καὶ πάρεισιν οἱ προσήκοντες καὶ τοὺς γονέας παραμυθοῦνται τοῦ τετελευτηκότος καὶ πείθουσι γεύσασθαι, οὐκ ἀηδῶς μὰ Δί' οὐδ' αὐτοὺς ἀναγκαζομένους, ἀλλ' ἤδη ὑπὸ λιμοῦ τριῶν ἑξῆς ἡμερῶν ἀπηυδηκότας. καί, »Μέχρι μὲν τίνος, ὦ οὗτος, ὀδυρόμεθα; ἔασον ἀναπαύσασθαι τοὺς τοῦ μακαρίτου δαίμονας·

Sprach's also, und schon verhüllt' ihn das Ende des Todes.[12]

(20) Bei Zeus, redete der Tote so, zu uns gewandt, auf den Ellbogen gestützt: Würden wir nicht meinen, alles, was er sage, sei absolut zutreffend? Aber die Dummen schreien herum, lassen einen Spezialisten für Klagelieder kommen mit seinem großen Repertoire lang verjährter Unglücksfälle und bedienen sich seiner als Mitstreiter, ja Regisseur ihres Unverstands, und unter seinem Dirigat jammern sie zur Melodie.

(21) Und bis zu den Klagen herrscht bei allen das gleiche Gesetz des Blödsinns. Was aber danach kommt, da unterscheiden sich die nationalen Begräbnissitten, und der Grieche verbrennt den Toten, der Perser begräbt ihn, der Inder glast ihn ein, der Skythe verspeist ihn, der Ägypter pökelt ihn.[13] Letzterer – das sage ich als einer, der es mit eigenen Augen gesehen hat – macht den Toten nach dem Trocknen sogar zu seinem Speise- und Trinkgenossen.[14] Und schon oft hat ein Ägypter in Geldnot sich dadurch aus der Verlegenheit befreit, dass er seinen Bruder oder seinen Vater im rechten Moment verpfänden konnte.[15]

(22) Grabhügel, Pyramiden, Stelen und Epigramme, die doch alle nicht lange halten: Wie sollten die nicht überflüssig und sozusagen Kinderspielzeug sein? **(23)** Und doch haben manche sogar Leichenspiele veranstaltet und Grabreden gehalten, am Grab!, als ob sie dem Toten als Advokaten oder Zeugen bei den unterweltlichen Richtern beistehen müssten.

(24) Zu all dem kommt dann noch der Leichenschmaus, und alle Verwandten sind da, trösten die Eltern des Verstorbenen und überreden sie, etwas zu sich zu nehmen, wobei die sich, bei Zeus, auch gar nicht ungern dazu zwingen lassen, weil sie nach drei Tagen des ununterbrochenen Fastens schon völlig erschöpft sind. Und dazu das »Mein Lieber, wann machen wir Schluss mit dem Klagen? Lass die Totengeister des Seligen einmal zur Ruhe kommen! Wenn du beschlossen hast, in alle Ewigkeit zu weinen, dann darfst du

εἰ δὲ καὶ τὸ παράπαν κλάειν διέγνωκας, αὐτοῦ γε τούτου ἕνεκα χρὴ μὴ ἀπόσιτον εἶναι, ἵνα καὶ διαρκέσῃς πρὸς τοῦ πένθους τὸ μέγεθος.« τότε δὴ τότε ῥαψωδοῦνται πρὸς ἁπάντων δύο τοῦ Ὁμήρου στίχοι·

καὶ γάρ τ᾽ ἠΰκομος Νιόβη ἐμνήσατο σίτου·

καὶ

γαστέρι δ᾽ οὔπως ἐστὶ νέκυν πενθῆσαι Ἀχαιούς.

οἱ δὲ ἅπτονται μέν, αἰσχυνόμενοι δὲ τὰ πρῶτα καὶ δεδιότες εἰ φανοῦνται μετὰ τὴν τελευτὴν τῶν φιλτάτων τοῖς ἀνθρωπίνοις πάθεσιν ἐμμένοντες.

Ταῦτα καὶ πολὺ τούτων γελοιότερα εὕροι τις ἂν ἐπιτηρῶν ἐν τοῖς πένθεσι γιγνόμενα διὰ τὸ τοὺς πολλοὺς τὸ μέγιστον τῶν κακῶν τὸν θάνατον οἴεσθαι.

doch genau deswegen nicht ganz aufs Essen verzichten, damit du dem Umfang deiner Trauer auch gewachsen bist!« Und dann, ja dann werden von allen zwei Verse Homers deklamiert:

> Denn es gedachte der Speise selbst Niobe mit den Locken[16]

und

> Nein, die Griechen betrauern den Toten nicht mit dem Magen.[17]

Und sie greifen zu, schämen sie sich auch zuerst noch und haben Sorge, sie könnten den Eindruck erwecken, sich nach dem Hinscheiden der Liebsten noch mit menschlichen Empfindungen abzugeben.

Dies alles und noch viel mehr an Lächerlichkeiten kann man zutage fördern, wenn man beobachtet, was alles beim Trauern vor sich geht, nur weil die Masse den Tod für das größte aller Übel hält.

ANMERKUNGEN

Περὶ τοῦ ἐνυπνίου ἤτοι Βίος Λουκιανοῦ / Lukians Lebenstraum

1 Hiermit ist eine den Text übergreifende Anspielung auf Sokrates plaziert, der Sohn eines Steinmetzen war. Dies wird im folgenden an verschiedenen Stellen aufgegriffen; die Sokrates-Anspielung lässt zugleich an eine auktoriale Persona Lukians denken, die in seinem Werk häufig auftritt, nämlich Lykinos, dessen Gestaltung sich ebenfalls stark an Sokrates orientiert.

2 Die Anspielung auf Prometheus erhält durch den Einwurf »bei Zeus« einen ironischen Unterton, da es im Mythos gerade Zeus ist, der den Menschenbildner Prometheus durch Ankettung an den Kaukasus bestraft.

3 Wörtlich: Der Anfang ist die Hälfte vom Ganzen (Hesiod, *Werke und Tage* 40, dann ein geläufiges antikes Sprichwort).

4 Zitiert nach Homer, *Ilias* 2,56–7. Der griechische Text operiert mit einem im Deutschen nur anzudeutenden (Gott, oheimlich) Wortspiel mit dem Homonym θεῖος, das zugleich »göttlich« und »Onkel« bedeutet. Anders als sich vermuten ließe und wie es dem Geschehen durchaus angemessen gewesen wäre, erscheint dem Erzähler der Onkel jedoch gar nicht in seinem im folgenden berichteten Traum. Dessen (lebensentscheidende) Aussagen werden vielmehr durch das Homer-Zitat verunklart. Denn der hier anzitierte Traum ist derjenige Agamemnons, der ihn vor Troja das griechische Heer auf die Probe stellen lässt, mit einem fatalen Ergebnis, und der sich daher als trügerisch erweist.

5 Die folgende Traumerzählung erinnert an die allegorische Anekdote von Herakles am Scheideweg, wie sie von Xenophon, *Memorabilia* 2,1,22–33 erzählt wird; entsprechend dienen in (17) die zweifache Erwähnung des Herakles und der Hinweis auf Xenophon als passende Schlussmarkierung. Herakles traf an einer Kreuzung auf zwei Frauen, die ihm jede eine andere Lebensform zur Wahl stellten. Die eine (Tugend, Ἀρετή) wollte ihn zu einem pflicht-, die andere (Schlechtigkeit, Κακία) zu einem lustorientierten Leben bewegen. Herakles wählte natürlich den Weg der Pflicht. Die scheinbare Analogie zu der hier vorliegenden Erzählung geht aber nicht wirklich auf. Denn auch wenn man zunächst die Handwerkskunst (Τέχνη) mit der Schlechtigkeit, die Bildung (Παιδεία) mit der Tugend assoziieren würde, so lässt einen das doch aus naheliegenden Gründen unbefriedigt. Hinzu kommt, dass die Schilderung, die Xenophon vom

Äußeren der beiden Frauen gibt, verunsichernd wirkt, weil aus dieser Perspektive die Bildung eher der Schlechtigkeit, die Handwerkskunst eher der Tugend gleicht. Von vornherein steckt daher ein subversives Moment in dieser so plakativ bildungsprotreptischen Erzählung, das im Folgenden noch verstärkt wird. Es wird noch dadurch verstärkt, dass das Urteil des Paris mit seinen fatalen Folgen einen weiteren Anspielungshintergrund darstellt.

6 Bildung ruft hier das archaische und klassische sozialethische Ideal auf, den Freunden zu nützen, den Feinden zu schaden.

7 Dieses Versprechen ist unseriös, wie Lukian in anderen Werken – etwa im *Rednerlehrer* – zu betonen nicht müde wird. Es spielt zudem in prätentiöser Weise auf die göttlichen Versprechungen der Musen in der Einleitung von Hesiods *Theogonie* an.

8 Die Formulierung spielt auf Aristophanes' Komödie *Die Wolken* an, in der zwei im Hause des Sokrates lebende Logoi, der stärkere (κρείττων; auch der ›gerechte‹ genannt) und der schwächere (ἥττων; auch der ›ungerechte‹ genannt) gegeneinander antreten. Der schwächere, ungerechte Logos gewinnt die Auseinandersetzung, daraufhin läuft der gerechte Logos zu ihm über; Lukian verwendet hier die gleiche Begrifflichkeit. Sokrates wäre dann der ursprünglich Gerechte, der sich aber aus argumentativer Schwäche der stärkeren, aber ungerechten Seite angeschlossen hätte, die wiederum mit Paideia zu assoziieren ist. Wie schon bei der Schilderung des Äußeren der beiden Kontrahentinnen und bei der Evokation von Agamemnons trügerischem Traum unterläuft Lukian weiterhin die in der Bildungskultur des 2. Jh.s mit Paideia verknüpften positiven Assoziationen. Demosthenes' Vater war reich, es ist aber Demosthenes, der das Bildungsideal der Epoche Lukians paradigmatisch verkörpert.

9 Die griechische Formulierung (τὸ ἐπὶ λόγοις εὐδοκιμεῖν) verkehrt Technes abschätziges ›Lob für bloße Wörter‹ (ἐπὶ λόγοις ἐπαινέσονται: 7) in sein Gegenteil.

10 Dieser lange, gewissermaßen auf einen Atem gesagte Satz erinnert an den Abschluss der Reden im epirrhematischen Agon der Alten Komödie, auf den ja (s. Anm. 8) die Erwähnung des Sokrates im vorangehenden Absatz schon anspielte: Der jeweilige Sprecher steigert sich in einen Erregungszustand und spricht seine letzten Ausführungen in gesteigertem Tempo, in einem Satz und auf einen Atemzug (Pnigos). Tatsächlich ist in der abschließenden Forderung, dass man vor allem sich selbst formen müsse, das Bildungsideal der Epoche pointiert formuliert.

11 Auch dies eine Desavouierung der Entscheidung für eine Karriere als Gebildeter. Die Motive dieser Wahl sind niederer Natur.

12 Niobe wurde von Artemis und Apoll für ihre Prahlerei bestraft.

13 Lukian kombiniert hier eine Anspielung auf philosophische Himmelsreisen, wie sie Parmenides und Platon entworfen haben und die metaphysische Wahrheitserkenntnis ins Motiv setzen, mit dem Mythos von Triptolemos, dem Begründer der Eleusinischen Mysterien, dem Demeter ihren von geflügelten Drachen gezogenen Wagen lieh, um Saatgut unter die Menschen zu verteilen und ihnen so die Kenntnis des Ackerbaus zu bringen. Dass der Sprecher sich nicht mehr erinnert, was er eigentlich ausgestreut hat, führt die Reihe der latenten Subversionen in der Traumerzählung weiter.

14 Im Griechischen steht hier der Aorist ἔφη. Tatsächlich geht der Text aber an dieser Stelle in eine Gegenwartsform über, wie die gleich folgende Replik des Sprechers (»Nein, mein Guter!«) zeigt. Die temporale Ambivalenz des Aorists unterstützt den metaleptischen Charakter des Einwurfs.

15 Zeus soll als Alkmenes Verführer drei Nächte benötigt haben, um einen Helden wie Herakles zu zeugen.

16 Der Text an dieser Stelle ist korrupt. Ich folge der Konjektur von Jacobitz (bei Mcleod übernommen), die der Überlieferung am nächsten steht. Die Anspielung verweist auf Xenophon, *Anabasis* 3,1,11.

Προλαλιά. Ἡρακλῆς / Vorrede: Herakles

1 Die griechische Kunst zeigt Herakles üblicherweise als athletischen Heros in den besten Mannesjahren.

2 Das überlieferte ταῖς σειραῖς ist wohl mit Jacobs zu athetieren.

3 Eine ähnliche Beschreibung eines Redners, der einen »an den Ohren packt«, findet sich in *Der Skythe* 11 [in diesem Band].

4 Das erste griechische Zitat stammt aus Homer, *Ilias* 3,108 (»flatterhaft ist der Jugend Sinn«); der Schiller-Vers der Übersetzung soll die poetische Herkunft des Sprichworts transportieren. Das zweite Zitat entstammt Euripides *Phoenissen* 530.

5 Anspielungen auf des greisen Nestors Beredsamkeit (Homer, *Ilias* 1,249) und auf die führenden Persönlichkeiten Trojas, ebenfalls alte Männer (Homer, *Ilias* 3,150–152); sie werden dort auch mit zirpenden Grillen und deren zarten, »lilienhaften« Stimmen verglichen, allerdings war die Etymologie dieses Adjektivs bereits in der Antike umstritten, so dass der Kelte hier als Gebildeter auf eine grammatische Diskussion anspielt. Vgl. hierzu *Dionysos* 7 u. Anm. 8.

6 Die Quelle des Zitats ist unbekannt. Aufgrund seiner Herkunft aus der Komödie ist aber das mehrdeutige λάλος wohl eher negativ zu verstehen. Tatsächlich

überflutet ja auch der Sprecher ab §7, verstärkt dann in §8, quasi inspiriert vom Herakleischen Logos, den Rezipienten mit einer Flut von Anspielungen.

7 Die ›geflügelten Worte‹ (ἔπεα πτερόεντα) sind eine geläufige Wendung des Homerischen Epos. Das Bogenschützengleichnis wird in *Nigrinus* 35–37 (Band II) ausgearbeitet.

8 Beide Zitate stammen aus Homer, *Ilias* 8,103f. Hier tadelt Diomedes den greisen Nestor, dass er trotz seines hohen Alters noch auf dem Schlachtfeld weilt.

9 Der Sprecher präsentiert sich hier möglicherweise als Gichtkranker. Ob das als autobiographisches Detail Lukians anzusehen ist, lässt sich nicht klären; in seinem Werk finden sich jedenfalls auch zwei Dramolette, die die Gicht zum Thema haben, der *Schnellfuß* (Ὠκύπους) und die *Gicht* (Ποδάγρα) [Bd. 4].

10 Anspielung auf Anakreon PMG 379.

11 Die Wendung geht zurück auf Herodot, *Historien* 6,129 und hat von da aus sprichwörtlichen Charakter erlangt. Hippokleides hatte sich um die Hand der Tochter des Kleisthenes von Sikyon beworben, machte aber seine guten Aussichten durch unseriöses Verhalten beim Gastmahl zunichte; auf die Vorhaltungen des Kleisthenes reagierte er nonchalant mit οὐ φροντὶς Ἱπποκλείδῃ (das macht dem Hippokleides kein Kopfzerbrechen).

12 Die finale Metapher des In-See-Stechens, häufig auf epische Texte bezogen, könnte dafür sprechen, dass der *Herakles* die Vorrede des ersten Buches der *Wahren Geschichten* war, das genau mit einer solchen Seereise beginnt; vgl. auch *Dionysos* 9 u. Anm. 9 [in diesem Band]. Eine vergleichbare Schlusswendung allerdings auch in *Der Skythe* 11 [in diesem Band].

13 Die Formulierung so etwa in Homer, *Odyssee* 11,7; dort fehlen auch Konnektoren zwischen den Attributen, wie sie in Lukians Text überliefert sind; sie sollten daher mit Herwerden und Mcleod athetiert werden.

14 Homer, *Odyssee* 18,74 über den als Bettler verkleideten Odysseus, der für den Kampf mit Iros seine tatsächlichen Muskeln zeigt.

Προλαλιά. Διόνυσος / Vorrede: Dionysos

1 Dionysos gilt im griechischen Mythos wie Herakles als kulturbringender Welteroberer. Während Herakles sich nach Westen wendet, pazifiziert Dionysos den Osten.

2 Der wild-ausgelassene Kordax gehört zu den griechischen Gruppentänzen und wurde beispielsweise vom Chor in der Alten Komödie getanzt.

3 Gemeint sind Silen und Pan, wie die Beschreibung in §4 aufgelöst wird. Die Identifikation unterbleibt hier, weil Lukian den Rezipienten auf die befremdete

Perspektive der Inder einstimmen möchte. Das weist voraus auf die Deutung der Erzählung ab §5, in der der Rezipient selbst in die Rolle der ›Inder‹ versetzt wird.

4 Auch dies wird in §4 aufgelöst: »Euoi« ist der kultische Ruf, der in den Riten zu Ehren des Dionysos ausgestoßen wird und hier als Schlachtruf des dionysischen Heeres dient.

5 Das Wüten der Bakchantinnen ist besonders eindrucksvoll geschildert in Euripides' Tragödie *Die Bakchen*.

6 Dionysos' Mutter Semele wollte Zeus in seiner wahren Gestalt sehen. Er erschien ihr als Blitz.

7 ›Was hat das mit Dionysos zu tun?‹ (τί ταῦτα πρὸς τὸν Διόνυσον;) ist eine sprichwörtliche Redewendung, die der Tragödienkritik des 5. Jh. v. C. entstammt und ausdrücken soll, dass die Handlungen der attischen Tragödien, die im Rahmen von Dionysosfesten zu Ehren des Gottes aufgeführt wurden, nur selten mit den sich um ihn rankenden Mythen zu tun hatten.

8 Es ist unwahrscheinlich, dass Efeu und Eisen hier als Metaphern für verschiedene Textsorten stehen sollen. Eher geht es um eine spezifische literarische Qualität, die Lukian – in der Tradition der Alten Komödie – bereits in der Antike zugesprochen wurde, nämlich das σπουδογέλοιον, die Mischung von Ernstem und Komischem. Unter dem witzigen Äußeren (Efeu) ist ein ernsthaftes Anliegen verborgen, das im Sinne der Satire auch als diskursive Waffe zu verstehen ist (Eisen). Die Metaphorik bezieht sich zurück auf die Bewaffnung der Bakchantinnen in §1 und §4.

9 Nach Homer, *Ilias* 3,222, wo Odysseus' Rhetorik mit einem Schneesturm verglichen wird.

10 Nach antiker Auffassung sang der Schwan in seiner Todesstunde; vgl. *Vom Bernstein oder Von den Schwänen* (in diesem Band). Der Vergleich mit dem Gezirpe der Grillen ruft einen vielfältigen Assoziationshorizont auf: Der Jüngling Tithonos, dem Zeus auf Bitten der Eos ewiges Leben, aber nicht ewige Jugend verleiht, schrumpft im Alter so zusammen, dass er sich in eine Zikade verwandelt und seine Stimme deren Gezirpe ähnelt. Zugleich stand das Gezirpe sprichwörtlich für den ›süßen Klang‹ ebenso wie für dauernde Geschwätzigkeit, und man glaubte, die Zikade vermöge ohne Nahrungszufuhr zu zirpen. Alle diese Assoziationen passen zu Lukians Erzählung. Vgl. dazu auch *Herakles* 4 u. Anm. 4 (in diesem Band).

11 Einen weitergehenden Sinn besitzt dieses Motiv nur dann, wenn man mit Teilen der Forschung annimmt, dass diese Vorrede die Einleitung des Vortrags des zweiten Buchs der *Wahren Geschichten* bildet, während die Vorrede *Herakles* (Nr. 2 in diesem Band) zum Vortrag des ersten Buches gehörte; zwischen den beiden Deklamationen hätte man sich dann eine einjährige Pause zu denken. Beide Pro-

lalien zeichnen ihren Sprecher als wortmächtigen alten Mann, dessen Äußeres seine tatsächlichen Qualitäten auf den ersten Blick nicht vermuten lässt.

12 Momos (Tadel) wird als Sohn der Göttin Nyx bereits bei Hesiod erwähnt. Er gilt als spöttischer Kritiker der Götter; bei Lukian wird er häufig als Archeget der Satire herangezogen.

Περὶ τοῦ ἠλέκτρου ἢ τῶν κύκνων / Vom Bernstein oder Von den Schwänen

1 Griechischer Name des Po in Norditalien.

2 Anspielung auf den Mythos von Kyknos, einem Freund oder Verwandten des Phaethon, der wegen seiner unstillbaren Trauer um dessen Tod von Apoll in einen Schwan verwandelt wurde, aber weiter sein Klagelied singt; vgl. Hyginus *Fabulae* 154.

3 Gold und Bernstein stehen hier als glanzvolle Materialien für den bloßen schönen Schein der Sprache; vgl. die Ketten, an die die Bewunderer des Herakles gebunden sind (*Herakles* 3 [in diesem Band]).

4 Das Motiv der optischen Täuschung bei Gegenständen unter Wasser bereits bei Platon, *Staat* 10,602c10ff., als Analogie für den Abstand menschlicher Darstellungskunst vom metaphysisch Wahren.

Περὶ τῶν διψάδων / Die Durstschlangen

1 Ein historisches Volk in der libyschen Sahara, das im Gegensatz zu der hier beschriebenen Wüste sein Land mithilfe eines Qanat-Systems bewirtschaftete.

2 Nikandros von Kolophon (ca. 197–133 v. Chr.), hellenistischer Arzt und Dichter, von dem zwei Lehrgedichte (*Theriaka* über Bisse und Stiche giftiger Tiere, *Alexipharmaka* über Gifte und Gegenmittel) erhalten sind.

3 Beiname des Zeus in seiner Funktion als Schützer der Freundschaft.

4 Dies könnte eine Anspielung auf Platon, *Phaidros* 240c sein; allerdings scheint dort die Pointe genau in die entgegengesetzte Richtung zu weisen. Jedoch kann auch bei Platon die Liebe zum Schönen nie zur Gänze gestillt werden und ist nicht zuletzt der Antrieb zum Philosophieren.

Ἡρόδοτος ἢ Ἀετίων / Herodot oder Aëtíon

1 Herodot wirkte gleichzeitig mit den in diesem Abschnitt genannten berühmten Sophisten; seine Zusammenstellung mit ihnen ist gleichwohl ungewöhnlich und geistesgeschichtlich interessant.

2 Aëtions Datierung ist umstritten; die Hochzeit Alexanders mit Roxane fand 328/327 statt, Aëtions Lebenszeit dürfte weitgehend im 3. Jh. v. Chr. gelegen haben. In antiken Texten wird er in einem Atemzug mit den berühmtesten Malern genannt, er war aber wohl auch als Bildhauer tätig. Die folgende Bildbeschreibung ist so detailliert, dass das Gemälde in der Renaissance nachgeschaffen werden konnte (Fresco Francesco Primaticcios, 1517, Villa Farnesina, Rom); vgl. Botticellis Version von Apelles' Gemälde *Verleumdung* (in diesem Band).

3 Beiname des Zeus als Schützer der Freundschaft.

4 Hier könnte angedeutet sein, dass diese Vorrede und die an sie anschließende Deklamation in Beroe (heute: Veria) vorgetragen wurde, wo in römischer Zeit der makedonische Bund tagte; auch insofern war der Verweis auf Aetions Bild mit seinem Sujet des bedeutendsten makedonischen Königs und seiner Hochzeit mit einer persischen Prinzessin geschickt gewählt. Die Annahme liegt dann nahe, dass es sich bei der folgenden Deklamation um Lukians *Von der syrischen Göttin* (Band V) handelte, deren Sprecher, der ersten der beiden Erzählungen in der Vorrede entsprechend, als zweiter Herodot auftritt und seine Perihegese des großen Heiligtums der Göttin im syrischen Hierapolis – auch Lukian stammte aus Syrien – in ionischem Dialekt abfasst. Im makedonischen Beroe gab es ebenfalls ein Heiligtum der Göttin, und umgekehrt trägt ein syrischer Ort in der Nähe von Hierapolis auch den Namen Beroe. Das makedonische Beroe könnte auch der in *Der Skythe* genannte Vortragsort sein (in diesem Band).

5 Berühmte Athleten der spätarchaischen und der klassischen Zeit.

6 Von Peitschenhieben für einen unwürdigen Auftritt bei panhellenischen Agonen berichtet auch Lukian, *Gegen den ungebildeten Büchernarren* 9 (Band VII). Bei den olympischen Spielen wurden schwere Regelverletzungen durch die Verpflichtung zur Aufstellung einer kleinen Zeusstatue bestraft, die den Namen und das Vergehen des Schuldigen trugen. Eine zusätzliche Auspeitschung war selten.

Ζεῦξις ἢ Ἀντίοχος / Zeuxis oder Antiochos

1 Zitiert nach Homer, *Odyssee* 1,351f.

2 Zeuxis von Herakleia lebte Ende des 5., Anfang des 4. Jh. v. Chr. Die antike Literatur erwähnt 15 seiner Gemälde, erhalten ist nichts; er galt als bedeutendster Maler der Klassik und war vor allem für die täuschende Naturähnlichkeit seiner Malerei berühmt.

3 Sowohl das Bild als auch die in der Folge beschriebene Szene seiner Enthüllung hat Johann Georg Hiltensperger als Aquarell gestaltet (›Zeuxis führt sein Kentaurenbild vor‹, 1840, Lenbachhaus, München); nur das Bild setzt der Graveur Jan van der Straett in einem Werk über die Physiologie und Ernährung von Zentauren um (1580, Herzog August Bibliothek, Wolfenbüttel).

4 Die Überlieferung des griechischen Texts ist an dieser Stelle gestört. Die Lesart der jüngeren Handschriften ebenso wie die meisten Rekonstruktionsversuche führen zu einer der obigen Übersetzung nahen Wendung.

5 Die Galater waren drei keltische Stämme, die zu Beginn des 3. Jh. v. Chr. als Söldner nach Kleinasien gekommen waren. Nachdem sie aus dem Dienst entlassen und plündernd durch das Land gezogen waren, stellte und unterwarf sie Antiochos I (ein Nachkomme des Seleukos, eines der Heerführer Alexanders) 268 v. Chr. in der so genannten ›Elefantenschlacht‹, deren genauer Austragungsort unbekannt ist.

6 Die plötzlich eingeschaltete Form χαλκοθώρηκας (statt attisch χαλκοθώρακας) weist das Wort als homerisches Zitat aus (*Ilias* 4,448).

7 Theodotas (auch: Theodotos) gilt als historische Gestalt und soll auch Taktiktraktate verfasst haben; Lukian erwähnt ihn ein weiteres Mal in *Warum man Verleumdungen nicht leichtfertig Glauben schenken soll* 2 (in diesem Band); vgl. dort Anm. 4.

8 Zitiert aus Homer, *Ilias* 16,379.

9 Zitiert aus Homer, *Ilias* 11,160.

10 Wörtlich: ›glorreicher Sieger‹.

11 In den jüngeren Handschriften ist vor ἐλέφαντές γέ τινες noch der Zusatz τὰ μὲν ἄλλα οὐκ ἄξια μάχης (zwar insgesamt nicht kampftauglich, doch …) eingefügt; dies scheint aber eher der Versuch einer Erklärung zu sein, die später in den Text eingeflossen ist.

Πρὸς τὸν εἰπόντα Προμηθεὺς εἶ ἐν λόγοις / Der literarische Prometheus

1 Der Titan Prometheus galt der Antike als Erschaffer der Menschen aus Lehm. Um ihren kulturellen Fortschritt zu sichern, stahl er Feuer vom Herd des Zeus und brachte es seinen Geschöpfen. Zeus ließ ihn für dieses Vergehen an den Kaukasus schmieden und seinen Adler – oder einen Geier – regelmäßig seine Leber zerfleischen, die aufgrund von Prometheus' Unsterblichkeit immer wieder nachwuchs. Ein anderes Vergehen des Prometheus gegen Zeus war der Opferbetrug; vgl. unten Anm. 11. Herakles tötete den Adler durch einen Pfeilschuss und erlöste so Prometheus von seinen Qualen. In einer weiteren Sagenversion wird Prometheus schließlich von Zeus selbst wieder freigelassen.

2 Die Herkunft dieses Komödienverses ist ungeklärt; er könnte aus einem Werk des Eupolis stammen. Sinn des Witzes könnte sein: Kleon – athenischer Politiker und Kriegstreiber in der ersten Phase des Peloponnesischen Krieges – hat seine großartigen Ideen immer erst dann, wenn schon alles gelaufen ist. Die hier vermutete Polemik gegen den Sprecher bestünde also darin, seine Kreativität als epigonal zu bezeichnen.

3 Gemeint ist Ptolemaios I. (Soter) (367–283 v. Chr.), General Alexanders d. Gr. und Begründer der in Ägypten herrschenden makedonischen Ptolemäer-Dynastie.

4 Heute der Norden Afghanistans.

5 Drei persische Großkönige; der persische Hof galt als äußerst luxuriös.

6 Der Aulós ist ein Blattblasinstrument.

7 Der Anapäst, ein aus zwei Kürzen und einer Länge zusammengesetztes Metrum, dient in der Komödie als Begleitversmaß für die Bewegungen des Chores.

8 Diese und die folgenden Schmähungen stammen aus Aristophanes' Komödie *Die Wolken* (225ff.) und richten sich gegen Sokrates, den Vater des philosophischen Gesprächs, und seine Schüler.

9 Die ›Natur‹ war ein geläufiger Gegenstand der älteren Philosophie, allerdings nicht des Sokrates, zu dem eher ein Thema wie ›Über die Tugend‹ passt.

10 Im griechischen Text ist hier eine Lücke von ca. zehn Buchstaben, die – entsprechend einer in der Handschrift E angebrachten Korrektur: κατ' ἄλλο τι τοιοῦτος ἂν φανείην – wahrscheinlich sinngemäß wie in der Übersetzung auszufüllen ist.

11 Dies spielt auf Prometheus' berüchtigten Versuch an, Zeus um seinen Anteil am Opfer zu betrügen.

12 Damit sind chimärische Wesen bezeichnet.

13 Beim griechischen Satz – ἐμμενετέον γὰρ οἷς ἅπαξ προειλόμην – handelt es sich um einen vollständigen iambischen Trimeter, also einen Komödienvers, der

zugleich eine ethische Maxime formuliert. Hier werden mithin Komödie und philosophischer Dialog auch in der Textpraxis kombiniert, wie es die Neue Komödie tat (vgl. bspw. Menander *Phasma* 8).

Σκύθης ἢ Πρόξενος / Der Skythe oder Der Konsul

1 Die Skythen waren ein eurasisches Steppenvolk im Norden des Schwarzen Meers. Sie werden bei Lukian als starker ethnischer Kontrast zu den Griechen eingeführt, zu denen sie aber wiederholt in Kontakt treten; weitere solche Texte sind *Anacharsis* (Band V) und *Toxaris* (Band VI).

2 Kappen, πῖλοι, waren in der Antike weitverbreitete Kopfbedeckungen, die regional verschieden auch schichtenspezifisch getragen wurden.

3 Zamolxis, auch Zalmoxis: Thrakische Himmelsgottheit, vgl. Herodot *Historien* 4,94, zu dem nach thrakischer Vorstellung die Verstorbenen gingen. Die Thraker »schickten« alle fünf Jahre einen Boten zu Zamolxis, der Bitten und Wünsche übermitteln sollte, indem sie ihn in drei aufgestellte Lanzen warfen.

4 Gemeint sein dürfte die Seuche, die Athen bei Ausbruch des Peloponnesischen Krieges, in den Jahren 430–426, heimsuchte.

5 Nordwestliches Stadttor Athens.

6 Gräber- und Töpferviertel Athens.

7 Solon (ca. 640–560 v. Chr.), athenischer Staatsmann, der die Schuldknechtschaft abschaffte und eine verbindliche schriftliche Polis-Verfassung ausarbeitete. Er nutzte seine Machtstellung nicht zur Etablierung einer Tyrannis, sondern verließ die Stadt nach Abschluss seines Reformwerkes für eine mehrjährige Reise, auf die Toxaris bei seiner Präsentation anspielt.

8 Das im Text mehrfach ausgespielte Motiv, die Rückkehr in die Heimat über den Bildungsattraktionen der Fremde zu vergessen, könnte sich auf die Homerische Warnung vor den Versprechungen der Sirenen beziehen, demjenigen, der ihrem Gesang lauscht, großes Wissen zu verschaffen. Während Odysseus es vorzieht, nach Ithaka zurückzukehren, beziehen hier die beiden Skythen ihre Identität ganz aus dem Wissen, das sie sich im Wortsinne an-eignen.

9 Gemeint ist die Einweihung in den Kult der eleusinischen Mysterien.

10 Die Rede, wohl die Vorrede, Prolalia, zu einer längeren Deklamation, wird in Makedonien gehalten; vgl. *Herodotos* (in diesem Band).

11 Gemeint ist Odysseus' Sohn Telemachos, der auf der Suche nach seinem Vater auch zu Menelaos nach Sparta kommt (Homer *Odyssee* 4,43ff.).

12 Die Quelle des Zitats ist unbekannt.

13 Die Bezeichnung bezieht sich auf den hellenistischen Kanon der zehn bedeutendsten attischen Redner: Antiphon, Andokides, Lysias, Isokrates, Isaios, Aischines, Lykurgos, Demosthenes, Hypereides, Deinarchos.

14 Neben dem oben schon vorgestellten Solon gelten Perikles (ca. 490–429 v. Chr.) und Aristides, genannt ›der Gerechte‹ (ca. 550–467 v. Chr.), der stärkste Konkurrent des Themistokles, als die bedeutendsten athenischen Staatsmänner der klassischen Zeit.

15 Dieses Bild erinnert an das Gemälde des Herakles Ogmios in *Herakles* 3 (in diesem Band). Ein Vater-Sohn-Paar, das sich im Gegenteil durch Schlechtigkeit und Tyrannei auszeichnet, findet sich im *Tyrannentöter* (in diesem Band).

16 Alkibiades (450–404 v. Chr.), Sohn des Kleinias, eine der schillerndsten politischen Persönlichkeiten Athens während des Peloponnesischen Krieges, der mehrfach die Seiten wechselte und schließlich auf der Flucht nach Persien erschlagen wurde.

17 Zitat nach dem Dithyrambiker Bakchylides von Keos (ca. 520–451 v. Chr.), *fr.* 15,1–3 Snell-Maehler.

18 Vgl. die ähnliche Schlusswendung in *Herakles* 8.

Ἁρμονίδης / Harmonides

1 Eine verlorene tragische Tetralogie aus dem Umfeld des Tereus-Mythos, wahrscheinlich von Philokles verfasst.

2 Gemeint sein dürfte der berühmte Timotheos aus Milet (ca. 450–360 v. Chr.), ein u. a. in Athen wirkender Vertreter der »neuen Musik«, die auf stärkere emotionale Wirkungen aus war. Ein Papyrus aus dem 4. Jh. v. Chr. bewahrt rund 250 Verse einer seiner Tragödien mit dem Titel *Die Perser*.

3 Nach einer Fabel Äsops baten die Vögel die Eule um Rat bezüglich eines guten Nistplatzes, hörten allerdings nicht auf sie, zu ihrem eigenen Schaden. Insofern ist fraglich, ob die Meinung des hier gemeinten angesehenen Gebildeten (s. u. (3)) wirklich die gewünschten Folgen hätte.

4 Marsyas soll das Spiel auf dem Aulos zu solcher Meisterschaft gebracht haben, dass er sogar Apoll mit seiner Kithara zum musikalischen Wettstreit aufforderte – und unterlag. Olympos, ein kleinasiatischer Sänger, soll selbst den Aulos erfunden haben oder der Meisterschüler des Marsyas gewesen sein.

5 Das Sprichwort wird etwa auch bei Aulus Gellius, *Noctes Atticae* 13,31,3 zitiert und dort als alt bezeichnet.

6 Dies spielt auf den Mythos des Muttermörders Orestes an, der seinen Fall vor dem von Athena präsidierten Areopag in Athen zu vertreten hatte, mit Apollon

als Verteidiger und den Erinyen als Anklägern. Die menschlichen Richter verurteilten ihn mit einer Stimme Mehrheit, Athena als Vorsitzende votierte jedoch für ihn, wodurch er mit Stimmengleichheit freigesprochen wurde. Den Prozess schildert ausführlich Aischylos in den *Eumeniden*.

Φάλαρις Α / Phalaris I

1 Phalaris war ca. 565–549 v. Chr. Alleinherrscher (Tyrann) von Akragas (heute: Agrigent); er erlag schließlich einer Verschwörung. Zur Ermordung von Tyrannen als etabliertem Thema kaiserzeitlicher Deklamationen vgl. *Tyrannentöter* (in diesem Band). Die Erzählung vom Folterstier, vgl. unten ab (11), gehört zu den beliebtesten Geschichten, die sich um ihn und seine sprichwörtliche Grausamkeit rankten. Unter dem Namen des Phalaris sind 148 Briefe erhalten, die in Wirklichkeit kaiserzeitlicher und spätantiker Provenienz sind und, wie Lukians Rede, die rhetorische Herausforderung annehmen, seine Herrschaft zu rechtfertigen.

2 Kultverbrechen wurden in Delphi dadurch geahndet, dass man den Schuldigen von den Phaidriaden, einem steilen Felsen unmittelbar im Norden der Stadt, herabstürzte.

3 Aiakos, Minos und Rhadamanthys waren die mythischen Alleinherrscher von Ägina und von Kreta. Nach ihrem Tod fungierten sie als Seelenrichter in der Unterwelt.

4 Phalaris spielt hier auf die sog. Sieben Weisen an, griechische Staatsmänner des 7. und 6. Jh.s v. Chr., von denen einige Weisheitssprüche auch in Delphi aufgestellt wurden.

5 Eine der zwölf Arbeiten des Herakles bestand darin, die siebenköpfige Hydra von Lerna zu töten. Ihre Köpfe wuchsen immer nach, weshalb schließlich sein Freund Iolaos, der Sohn des thessalischen Königs Iphiklos, jeweils die Schnittstellen ausbrannte.

6 In diesem Abschnitt bedient sich Phalaris sechsmal des Wortstammes ἀναγκ- (unüberwindlicher Zwang) und macht durch diese semantische Insistenz implizit deutlich, dass seine Situation ihm tatsächlich nie ein alternatives Handeln erlaubt hätte. Die den Abschnitt abschließende und sich im ersten Satz des Folgeabschnittes fortsetzende Sentenz, bestrafen sei schlimmer als bestraft zu werden, bezieht sich auf die von Sokrates in seiner Verteidigungsrede vorgetragene Auffassung, Unrecht tun sei schlimmer als Unrecht zu erleiden; damit stellt sich Phalaris in eine Deszendenzlinie mit dem attischen Proto-Ethiker.

7 Pythagoras von Samos (ca. 570–510 v. Chr.) gründete in Süditalien eine philosophische Schule mit dem Charakter eines religiösen Bundes, der nach strengen diätetischen Regeln lebte und die Lehre der Seelenwanderung vertrat; wesentliche Erkenntnisse sammelte er auch in der Mathematik und der Musiktheorie.

8 Perilaos gilt als historische Gestalt; der glühende Stier wird erstmals bei Pindar (Pyth. 1,95f.) um 470 v. Chr. erwähnt und ist von da an in der antiken Literatur ein festes Motiv für die Beschreibung tyrannischer Grausamkeit. Phalaris' Weihung des Stieres nach Delphi dürfte Lukians Erfindung sein.

9 Die ganze Erfindung des Perilaos, vor allem aber ihre Beschreibung durch Phalaris wirkt wie eine Parodie auf eine der berühmtesten antiken Skulpturen, die bronzene Kuh des athenischen Bildhauers Myron (ca. 500–440 v. Chr.), die Gegenstand vieler sich paragonal mit ihr auseinandersetzender Epigramme war, in denen gerade ihre täuschende Lebensähnlichkeit gerühmt wurde; ihr Defizit, nicht muhen zu können, wird hier auf sadistische Weise kompensiert. Hierzu passen auch die in (12) folgenden Formulierungen »leere Versprechungen« (κενὴ ὑπόσχεσις) und »was deine Kunst *wirklich* zu leisten vermag« (τὴν *ἀλήθειαν* τῆς τέχνης), ebenso der Hinweis auf das »zur Darstellung bringen« (μίμησαι), womit einer der zentralen kunsttheoretischen Termini der Antike aufgerufen wird.

10 Gemeint ist hierbei vor allem eine kultische Reinigung, da der Stier durch das Blut befleckt und also im kultischen Bereich nicht verwendbar war.

11 Apoll ist selbst Gott der Reinheit, zugleich Führer der Musen, worauf hier angespielt wird.

Φάλαρις Β / Phalaris II

1 Kirrha ist der Name des Hafens im Süden von Delphi, am Korinthischen Meerbusen, wo Besucher des Heiligtums zu landen pflegten.

2 Bei Homer wird Delphi regelmäßig mit dem Beiwort ›felsig‹ (πετρήεσσα) versehen; so etwa *Hym. Apoll.* 183, *Ilias* 2,519 u. a.

3 Hier zitiert der Redner aus Homer, *Odyssee* 9,109 u. 123, der Beschreibung des Kyklopenlandes; insofern geht das Argument nach hinten los, denn gerade der Kyklop Polyphem erweist sich im weiteren Verlauf der homerischen Erzählung als gottloser Unhold (vgl. *Od.* 9,273-278).

Τυραννοκτόνος / Der Tyrannentöter

1 Der kurze Vorspann macht klar, dass es sich bei der folgenden Rede um eine Melétê (μελέτη), eine Übungsrede, handelt, die in der kaiserzeitlichen Rhetorikausbildung von fortgeschrittenen Schülern zu standardisierten Themen verfasst und vorgetragen wurden. Das Thema des Tyrannentöters, der um seine Prämie zu kämpfen hat, gehörte dort zum festen Inventar, ebenso wie die Rede des »enterbten Sohnes« (in diesem Band). Lukian erweist seine Begabung auch hier, indem er die ganze Klaviatur der motivischen Variationen und immer neuen Wendungen zum Erklingen bringt und zugleich das gestellte Thema gerade durch seine Übertreibungen leicht ironisiert, so etwa bei der permanenten heroisierenden Personifikation des Schwertes, oder wenn er den Tyrannen in einer aufwendigen und raren Formenbildung von sich selbst sagen lässt, man habe ihn und seinen Sohn »tyrannengetötet« (τετυραννοκτονήμεθα: 20). Die Lebensferne eines solchen Sujets – im römischen Imperium gab es keine Tyrannenherrschaften mehr – wurde nicht als störend empfunden, sondern gehörte gerade in ihrer klassizistischen Rückwendung zum Bildungsideal der *paideía*. In seinen Ausführungen handelt der Redner zudem die wesentlichen topischen Fragestellungen ab, die im Rahmen der sog. *Stasis*-Lehre Unterrichtsgegenstand waren und die Fähigkeit vermitteln sollten, jeder Causa ein Maximum an Argumenten zu entnehmen.

2 Die Aufzählung dieser Verbrechen erinnert an die antityrannischen Vorwürfe, die Phalaris, Tyrann von Syrakus, in seiner Rede zitiert (in diesem Band).

3 Die Formulierung im Ganzen erinnert an Aristoteles' Bericht von der Tötung des athenischen Tyrannen Hipparchos durch Harmodios und Aristogeiton, *Ath. Pol.* 18,3.

4 Überliefert ist an dieser Stelle einhellig αὐτὸν … τὸν τύραννον (weil du den Tyrannen selbst nicht getötet hast). In der folgenden Argumentation fokussiert der Sprecher allerdings seine eigene Person, nicht die des Tyrannen. Es geht darum, ob er selbst die Tat vollbracht hat, nicht darum, ob der Getötete der eigentliche Tyrann war; vgl. insbesondere im Folgenden die Wendung αὐτὸς εἴργασμαι τὴν σφαγήν (habe ich damit selbst die Bluttat vollbracht), außerdem die entsprechende ›gesetzliche‹ Formulierung zu Beginn von (12). Es dürfte daher hier eine Verschreibung von αὐτὸς zu αὐτόν vorliegen.

5 »Befürchtungen« (ἐλπίδας) fehlt in der Hauptüberlieferung, wird aber in jüngeren Handschriften ergänzt.

Ἀποκηρυττόμενος / Der enterbte Sohn

1 Die Handschriften Γ, B und U weisen hier keine Lücke auf, obwohl offenkundig etwas fehlt. Eine Randnotiz der Handschrift B ergänzt: καὶ μὴ βουλόμενος διὰ τὸ λέγειν μὴ δύνασθαι (und dies nicht tun will, weil er sagt, er könne es nicht). Diese Ergänzung klingt schon von ihrer Formulierung her merkwürdig umständlich und ist daher wahrscheinlich ein späterer erklärender Zusatz.

2 Dieser kurze Vorspann lässt erkennen, dass die Rede zu den Übungsreden (μελέται) der kaiserzeitlichen Rhetorikausbildung gehört; vgl. hierzu *Tyrannentöter* Anm. 1 (in diesem Band).

3 Mit dem Stichwort διηγησάμενος (berichten) leitet der Sprecher schulmäßig von den Vorbemerkungen zur Darlegung der Vorgänge (διήγησις, *narratio*) über; genauso prononciert wird er am Ende von (7) mit δικαιολογήσομαι (verteidigen) den Beginn der Beweisführung (πίστις, *argumentatio*) markieren; vgl. außerdem §32 und Anm. 11. Dies weist auf den Übungscharakter der Rede.

4 Der überlieferte Text μὴ δὴ ist grammatisch unhaltbar. Mehrere Lösungen wurden vorgeschlagen, am meisten überzeugt die bei Harmon abgedruckte Konjektur ἤδη der Editio Juntina von 1535, die hier übernommen wurde.

5 Nach Hippokrates *De Arte* 3 gehört diese Differenzierung sogar zur Definition der Heilkunst.

6 In der nun folgenden *argumentatio* (πίστις, s. o. Anm. 2) arbeitet sich der Sprecher, genau wie der ›Tyrannentöter‹ (in diesem Band), lehrbuchmäßig an den argumentativen Topoi der Beweisführung ab.

7 Die verwendete Terminologie zeigt, dass der Sprecher implizit den Gesetzen und den Richtern die gleiche Bewertungskompetenz zuspricht wie den Ärzten und sich so unausgesprochen mit ihnen verbündet. Das »Eingießen des Wassers« bezieht sich auf die den Prozessbeteiligten durch eine Wasseruhr jeweils zugemessene Redezeit.

8 Damit dürfte die sich schon bei der ersten Enterbung ankündigende (3) Geisteskrankheit des Vaters gemeint sein.

9 Die etwas verklausulierte Formulierung will sagen, dass Gesetze in ihrer schieren Existenz dem gesellschaftlichen Frieden dienen und ihre tatsächliche Anwendung den Ausnahmefall darstellen soll.

10 Τόπος (Ort) ist hier metaphorisch gemeint und bezieht sich auf die unterschiedlichen körperlichen Verfassungen, mit denen Krankheiten konfrontiert werden.

11 Mit dieser abschließenden Formulierung leitet der Sprecher den Schlussteil seiner Rede (ἐπίλογος, *peroratio*) ein. In diesem einen Satz fasst er seine Beurteilung zusammen (vgl. auch (7)) und lässt es sich dann angelegen sein, seine eigene ethische Unangreifbarkeit zu betonen und die Register der Pathos-Erzeugung

zu ziehen. Mit dem letzten Satz seiner Rede schließt er überdies den Kreis zum Anfang und erschafft so ein harmonisches und abgerundetes Ganzes.

12 Gemeint ist die Klage des Vaters vor Gericht.

Πατρίδος ἐγκώμιον / Lob der Vaterstadt

1 Diese Rede gehört, wie auch ihre einfache und eher additive Argumentation zeigt, zum Training im Rahmen der rhetorischen ›Vorübungen‹ (Progymnasmata); anders als das *Lob der Fliege* steht diese Rede auf einer Stufe reduzierter Schwierigkeit, da der Gegenstand der *laudatio* offenkundig eines Lobs würdig ist.

2 Man denke hier etwa an Delos, wo Apollon und Artemis zur Welt kamen. Einer der längsten Homerischen Hymnen preist den delischen Apollon.

3 Der bisher vom Redner angeführten Argumente bedient sich, *mutatis mutandis*, auch der ›enterbte Sohn‹ (in diesem Band) an verschiedenen Stellen.

4 Dieses Argument trägt auch der Sprecher des *Lebenstraumes* (in diesem Band) vor.

5 Hier zieht der Sprecher zwei Anspielungen auf die *Odyssee* (4,601 und 9,27) zusammen – und in der Tat ist Odysseus selbst ein eindrucksvolles Beispiel für die Sehnsucht nach der Heimat.

6 Weitere Anspielungen auf die *Odyssee*: Odysseus bei Kirke (10,484) und bei Kalypso (5,203-210); gerade die Abfahrt von ihrer Insel liegt in seiner Sehnsucht nach Ithaka begründet.

7 Vgl. schließlich Homer, *Odyssee* 1,57f.

Μυίας ἐγκώμιον / Lob der Fliege

1 Auch mit dem *Lob der Fliege* (in diesem Band) liegt eine Form der sophistischen Redeübung vor, allerdings auf einem hierarchisch niedrigeren Niveau im Rahmen der so genannten ›Vorübungen‹, Progymnasmata. Gegenstand des Lobes waren hier oft paradoxe Themen, wie etwa ein *Lob der Kahlheit*, ein *Lob des Fiebers* oder gar ein *Lob des Todes*, die selbst wiederum schwieriger auszuführen sind als etwa das *Lob der Vaterstadt* (in diesem Band).

2 Der Aulós (αὐλός) ist ein Rohrblattinstrument nach Art der Klarinette oder Oboe; je nach Länge verfügt er über unterschiedlich hohe Tonräume. Es gibt ihn auch in Gestalt des Díaulos mit zwei Rohren.

3 Die Oberflächen der Ommatidien des Facettenauges bestehen aus Hornhaut.

4 Die Stubenfliege besitzt ein dreigeteiltes Sternum als Exoskelett.

5 Im attischen Griechisch konnten θάρσος und θράσος einander gegenübergestellt werden, während Homer nicht differenziert (*Ilias* 21,394f. (Ares gegen Athena) vs. 17,570 (Hektor)). Es handelt sich hier wohl um eine attizistische Polemik; so lässt Pollux, *Onomastikon* 3,135 θράσος die Courage, θάρσος hingegen die Dreistigkeit bezeichnen (hingegen behauptet Moeris, *Lex. Att.* 199,8, die einzig korrekte attische Form laute θάρρος).

6 Homer *Ilias* 4,130–134.

7 Homer *Ilias* 2,469.

8 Insekten verfügen über Hautatmung. Die Luft gelangt über ein Tracheensystem zu den diversen Körperpartien.

9 Gemeint ist Platons *Phaidon*. Dieser zunächst etwas flach erscheinende Bildungswitz hat insofern eine hinterhältige Pointe, als Platons *Phaidon* von Sterben und Tod des Sokrates berichtet, der Sprecher aber in (4) behauptet, die Fliege entstehe aus menschlichen Leichnamen. Eine etwas anders gerichtete Pointe könnte darin bestehen, dass Sokrates im *Phaidon* über seine eigene eventuelle Unsterblichkeit reflektiert, sein Todesurteil aber der Tatsache verdankt, dass er – wie Platon ihn in seiner Verteidigungsrede vor Gericht (*Apologia* 30e) selbst ausführen lässt – die Athener mit seinen Fragen wie eine lästige Bremse gequält habe.

10 Die alte Erzählung von der bei lebendigem Leibe erfolgenden Seelenwanderung des Hermotimos aus Klazomenai war in der Kaiserzeit populär.

11 Dieser Mythos könnte von Lukian erfunden sein; er ist sonst nirgends überliefert.

12 Myia behält also als Tier ihren Namen als Gattungsbezeichnung bei.

13 Gemeint ist möglicherweise die unklar zu datierende böotische Dichterin Korinna, die nach einer späten Quelle den Beinamen ›Myia‹ trug.

14 Comica adespota *fr.* 459 K.-A.; der Vers aus einer unbekannten Komödie ist nur an dieser Stelle überliefert.

15 Die Verse stammen aus einer unbekannten Tragödie (Tragica adespota *fr.* 295 Kannicht-Snell) und sind nur an dieser Stelle überliefert.

16 Anders als vom Sprecher behauptet wird die pythagoreische Philosophin Myia ansonsten nicht häufig erwähnt; nach Porphyrios *Vita Pythagorae* 4 war sie eine Tochter des Pythagoras und der Theano und lebte im unteritalischen Kroton. Ein Fragment eines angeblich von ihr stammenden Briefes ist erhalten.

17 Die heutige zoologische Terminologie nennt sie passend ›Stratiomyiden‹.

18 Möglicherweise verballhornt aus Koinomyiden (> Kynomyiden) [Stinkfliegen].

19 Gemeint ist Hermaphroditos.

Δημοσθένους ἐγκώμιον / Lob des Demosthenes

1 Der 16. des attischen Monats Pyanepsion (im Jahr 322 v. Chr.) ist der Tag, an dem nach Plutarch *Demosthenes* 30,5 Demosthenes in Kalauria verstorben sein soll; vgl. unten 48–50. Die folgende Lobrede lässt sich also als kommemoratives Enkomion lesen.

2 Hier zitiert der Sprecher den Anfang von Platons *Phaidros.* Generell sind die ersten Kapitel des Textes in einem stark attizisierenden Stil gehalten, wie es sich bei der Begegnung zweier Bewunderer von Homer und Demosthenes, der beiden Sterne des kaiserzeitlichen Attizismus, auch gehört, hier jedoch womöglich ein wenig selbstironisch gemeint sein könnte.

3 Ort der Handlung könnte die so genannte südöstliche Stoa am athenischen Panathenäenweg sein, dort, wo er die Agora verlässt und wo im 2. Jh. n. C. das Nymphaion errichtet wurde; dort findet sich auch ein Tempel, dessen Pronaos in Richtung der Agora weist, sich also denen zuwendet, die sie hier in Richtung der Akropolis verlassen. Das Setting ist damit ein entschieden kaiserzeitliches.

4 Vgl. Anm. 1. Während Thersagoras ausdrücklich eine Geburtstagsrede auf Homer hält, geht es hier implizit um eine Leichenrede, was zum zweiten Teil des Dialogs passt. De facto stellt der Gesamttext dieses Dialogs das hier in Aussicht genommene und diskutierte Enkomion dar, während in 25–27 erwähnt wird, dass Thersagoras sein Homerenkomion vorträgt. Ein vergleichbares Wechselspiel der narrativen Ebenen findet sich in Lukians *Bildern* und *Verteidigung der Bilder* [Bd. V].

5 *Weinbeschwert: Ilias* 1,225; *Vogel: Ilias* 12,243; *gute Männer:* Demosthenes 18,97; *Rosstreiber Peleus: Ilias* 7,125; *Ruhm und Freiheit:* Demosthenes 23,210; *strömender Python:* Demosthenes 18,136; *Schneeflocken: Ilias* 3,222; *ohne Alter und Tod: Ilias* 12,322–324; *Grenze des Lebens:* Demosthenes 18,97. Philipps Exzesse thematisiert Demosthenes in *oratio* 2,18.

6 Lücke unbestimmter Länge im Text.

7 Homer *Ilias* 2,235 und 7,96.

8 Klio, Muse der Geschichtsschreibung, vor allem aber Muse der Erzählung von den zivilisatorischen Leistungen der Menschen, und Kalliope, Muse des kriegerischen Epos.

9 Euripides *Phoenissae* 500.

10 Der Fluss Meles bei Smyrna, dem heutigen Izmir.

11 Heroische Epoche: Zeitalter des Trojanischen Krieges; ionische Epoche: Zeitalter der griechischen Kolonisierung Kleinasiens, nach antiker Rechnung 140 Jahre nach dem Trojanischen Krieg, der in der Antike gewöhnlich ins 12. oder 13. Jh. v. Chr. datiert wurde.

12 Pindar *Isthmien* 2,20; fr. 76 Snell-Maehler.

13 Eleusis, nordwestlich von Athen, war Veranstaltungsort der berühmtesten antiken Mysterien.

14 Demosthenes 14,1.

15 Pindar *fr.* 194,1 Snell-Maehler.

16 Eine besonders kostenträchtige Form der athenischen Leitourgia, also einer freiwilligen Leistung im Dienste des Allgemeinwohls, nämlich die Ausstattung und einjährige Unterhaltung eines Kriegsschiffes.

17 Dies bezieht sich auf die Einleitung von Hesiods *Theogonie*, die so genannte ›Musenweihe‹.

18 Der Redner Kallistratos soll Demosthenes zu seiner rhetorischen Karriere angeregt, die übrigen vier attischen Rhetoren ihn beeinflusst haben (vgl. u. a. Plutarch *Demosthenes* 5).

19 Berühmte athenische Hetäre und Geliebte des Redners Hypereides, der 324 v. Chr. mitverantwortlich für den Sturz des Demosthenes war; vgl. unten Anm. 45 und 46.

20 Schüler des Aristoteles und nach 322 v. Chr. Leiter der peripatetischen Schule.

21 Schüler Platons und nach 339/38 v. Chr. Leiter der Platonischen Akademie. Die Nennung der vier Philosophen erfolgt in kunstvoller chiastischer Stellung (Lehrer-Schüler-Schüler-Lehrer).

22 Urania und Pandemos sind differente Hypostasen der Aphrodite und genießen in unterschiedlichen Kontexten Verehrung; in Platons *Symposion* differenziert Pausanias sie als Vertreterinnen einer höheren, himmlischen (Urania) und einer niederen, vornehmlich körperlichen Lust (Pandemos), worauf hier angespielt ist.

23 Im Mythos entsteht Aphrodite aus dem Blutschaum des Gliedes des Uranos, das Kronos abschlug und ins Meer warf.

24 Anspielung zugleich auf die in Homer *Ilias* 8,18–27 erwähnte goldene Kette des Zeus, an der er die Welt und die Götter wie Marionetten zu sich ziehen könnte, und über οὐρανίου auch auf die Platonische Aphrodite Uranía (s. Anmerkung 22).

25 Hier integriert Thersagoras eine Anspielung auf Platons Ideenlehre, wie sie ebenfalls im *Symposion* entwickelt wird.

26 Aischylos *fr.* 162 Radt (*Niobe*).

27 Diese Stichworte verweisen auf eine Reihe didaktischer Maßnahmen, die Demosthenes zur Verbesserung seiner rhetorischen Kompetenz ergriff; sie werden näherhin referiert von Plutarch *Demosthenes* 6.

28 Leosthenes: ein attischer Stratege, der eng mit Demosthenes kooperierte und in einer Schlacht gegen Antipatros – s. u. ab 28 – kurze Zeit vor Demosthenes' Tod fiel.

29 Anspielung auf die Wasseruhr, die im attischen Prozess die jedem Redner zugemessene Zeit anzeigte.

30 Verkürzung der bei Plutarch *Dem.* 8,4 referierten spöttischen Bemerkung des Pytheas, Demosthenes habe nie aus dem Stegreif gesprochen, auch wenn das Volk ihn laut reklamiert habe, und deshalb »röchen seine Raisonnements nach dem Öl der nächtlichen Lampe«. Hier ist es der Applaus, den Demosthenes für seine (vorbereiteten) Reden erhält, die nach jenem Öl riechen.

31 Das Bild stammt aus Platon *Politeia* 1,344d1–3.

32 Die Wendung stammt aus Platon *Politeia* 2,358c6–8.

33 Pindar *Hymnen* fr. 9 Bowra.

34 Die Spindel ist das Symbol der Moira Klotho, der Bogen das des Apoll und der Artemis, die Aigis (der Schild) das des Zeus.

35 Mit »Geschenk« dürfte Thersagoras' in §1 erwähnte ›Erstlingsgabe‹ an Homer gemeint sein.

36 Annikeris aus Kyrene, ein Freund Platons, befreite ihn aus der Sklaverei, in die er nach seinem sizilischen Aufenthalt verkauft werden sollte, und brachte ihn nach Athen zurück; nicht gemeint ist hingegen der ebenfalls aus Kyrene stammende gleichnamige Philosoph der kyrenäischen Schule (und also Konkurrent Platons).

37 Pauson lebte in Athen wohl zur Zeit des Peloponnesischen Krieges und malte keinen idealisierenden Stil, was ihm viel Kritik einbrachte; in Aristophanes' Komödien wird er des Öfteren aufs Korn genommen. Die hier erzählte Anekdote war in der Antike sehr bekannt.

38 Von den Verwandlungen des Meergottes Proteus erzählt Menelaos in Homer *Odyssee* 4.

39 Von extradihegetischen Zuhörern war bereits gleich zu Beginn (§1) die Rede.

40 Über Isodemos aus Troizen ist außer einer inschriftlichen Erwähnung in Epidauros nichts weiter bekannt.

41 Antipatros (398–319 v. Chr.), Feldherr des Philipp und des Alexander, nach dessen Tod einer der Diadochen und Regent Makedoniens. Er beendete den griechischen Aufstand im Lamischen Krieg und installierte in Athen eine oligarchische Regierung; dies war Auslöser für Demosthenes' Flucht und Selbstmord in Kalauria. Archias: Ursprünglich ein Tragödienschauspieler – hierauf spielt Demosthenes in (44) sarkastisch an –, wurde er von Antipatros unter dem Titel eines Φυγαδοθήρας (Häscher) eingesetzt und konnte die nach der Etablierung der Oligarchie geflohenen Athener Hypereides, Aristonikos und Himeraios erfolgreich arrestieren (s. auch Anm. 46).

42 Kalauria: Antiker Name der Insel Poros am südwestlichen Ausgang des Saronischen Golfes, mit einem alten Poseidon-Heiligtum.

43 Hieraus folgt, dass die Makedonen Demosthenes' Leichnam verbrannten. Analog zu Antipatros' Formulierung wird Demosthenes in (49) sagen, Archias könne seinen Körper, nicht aber ihn selbst zu Antipatros bringen.

44 Aristonikos war in die Harpalos-Affaire verwickelt (s. Anm. 45) und musste 322 v. Chr. als antimakedonischer Politiker Athen verlassen; Himeraios, Bruder des Demetrios von Phaleron, einer der Ankläger des Demosthenes im Harpalos-Prozess, floh wie Aristonikos nach Aigina und wurde trotz seines Asyls im Aiakeion verhaftet und hingerichtet. Vgl. Plutarch *Demosthenes* 28. Eukrates aus dem Piräus ist nur aus dieser Stelle bekannt.

45 Hier ist auf die sog. Harpalos-Affaire angespielt. Demosthenes wurde vorgeworfen, einen Teil der Gelder, die Harpalos, Schatzmeister Alexanders, als Überläufer nach Athen gebracht hatte, veruntreut zu haben. Er wurde daher 324 v. Chr. auf Betreiben seines Konkurrenten Hypereides (s. die folgende Anmerkung) zu einer hohen Geldstrafe verurteilt, musste, da er die Summe nicht aufbringen konnte, ins Gefängnis, konnte jedoch von dort fliehen. Nach Alexanders Tod im Jahr 323 kehrte Demosthenes nach Athen zurück und agitierte weiter gegen Makedonien. Rund 100 Jahre zuvor musste der athenische Politiker Alkibiades im Jahr 415 v. Chr. Athen verlassen, weil er mit einem Religionsfrevel (sog. Hermokopidenfrevel) in Verbindung gebracht wurde. Nach Exilstationen in Sparta und Persien konnte er 408 v. Chr. nach einigen glänzenden militärischen Erfolgen nach Athen zurückkehren, musste 407 aber bereits wieder in die nun endgültige Verbannung gehen. Es gibt also in den Viten des Alkibiades und des Demosthenes in der Tat, wie hier behauptet, gewisse Parallelen.

46 Hypereides (390–322 v. Chr.) war ebenfalls antimakedonisch gesinnt, aber Gegner des Demosthenes. Auch er musste 322 in die Verbannung und wurde auf Aigina aus dem Aiakeion geholt und zum Tode verurteilt. Die besondere Strafaktion gegen Hypereides berichtet Plutarch *Demosthenes* 28. Betrachtet man die Schicksale all dieser antimakedonischen Politiker Athens sowie die Tatsache, dass die Makedonen in vielen Fällen keineswegs vor der Verletzung einer Kultstätte zurückschreckten, versteht man Archias' Erstaunen über Antipatros' Wertschätzung des Demosthenes (43), umgekehrt wird auf diese Weise Antipatros' Einstellung beglaubigt.

47 Hiervon berichtet Herodot *Historien* 7,134f.

48 Ein Gesandter Philipps.

49 Parmenion (400–330 v. Chr.), General Philipps und Alexanders, starb während Alexanders Persienfeldzug.

50 Antipatros spielt damit auf Demosthenes' Reichtum an, der ihm Unabhängigkeit erlaubte, während andere – wie etwa Aischines – sich zu niederen Diensten bereitfanden.

51 Stadt am südwestlichen Ausgang des Bosporos. Sowohl Philipp als auch Alexander vermochten Byzantion nicht einzunehmen.

52 Illyrer: Volk im Osten der Adria; Demosthenes versuchte 342 v. Chr., sie auf die antimakedonische Seite zu ziehen. Triballer: Volk im Umfeld des heutigen Kosovo.

53 Diopeithes, ein athenischer Stratege, sabotierte durch verschiedene Attacken gegen Philipp den durch den Friedensschluss mit Athen von 346 v. Chr. gewonnenen Handlungsspielraum; Demosthenes wiederum verhinderte athenische Sanktionen für diese Vertragsverletzung in seiner Rede über den Chersones (*or.* 8).

54 Laut Aristophanes *Wespen* 690f. erhielten öffentliche Advokaten (συνήγοροι) eine Drachme pro Tag, Mitglieder der Richtergremien drei Obolen als Kompensation ihres Verdienstausfalls.

55 Zu Diopeithes s. o. Anm. 50. Chares war ebenfalls ein Stratege im Dienste Athens, der allerdings oft sehr eigenständig agierte, aber bis zur Schlacht von Chaironeia (338 v. Chr.) Demosthenes' antimakedonische Linie vertrat. Proxenos: Gemeint ist wohl der Stratege, der 338 v. Chr. gemeinsam mit Chares militärische Aktionen gegen Makedonien unternahm.

56 Schlacht bei Chaironeia im Westen Böotiens: 338 v. Chr. besiegte hier Philipp die vereinigten griechischen Städte, mit seinem Sohn Alexander als Kommandeur der Reiterei. Aus Chaironeia stammt auch der Schriftsteller Plutarch (1. Jh. n. Chr.), dessen Demosthenes-Vita der vorliegende Text einen wesentlichen Teil, allerdings nicht alles, seiner Informationen über den Redner verdankt.

57 Kleines Volk im Süden von Thessalien, das auf Seiten Athens gegen Makedonien in den Lamischen Krieg zog.

58 Philokrates: Attischer Politiker aus Hagnous, der 346 v. Chr. den nach ihm benannten Frieden zwischen Athen und Philipp aushandelte und den Vertrag formulierte, im Laufe der kommenden Jahre aber von Demosthenes ausgebootet wurde; alternativ könnte es sich auch um Philokrates aus Eleusis handeln, der nach Chaironeia dauerhaft gegen Demosthenes agitierte. Phrynon und Eubulos, ein aktiver und insbesondere in der athenischen Finanzverwaltung tätiger attischer Politiker, nahmen ebenfalls an der athenischen Gesandtschaft nach Makedonien teil, bei der jener Friede ausgehandelt wurde.

59 Vgl. oben Anm. 41.

60 Um die Einverleibung von Amphipolis im Nordosten der Chalkidike in den attischen Einflussbereich hatte sich Athen schon im Peloponnesischen Krieg erfolglos bemüht; hier stießen in der Folgezeit makedonische und athenische Interessen hart aufeinander, bis Philipp 356 die Stadt einnahm. Sie war danach ein Zankapfel zwischen den beiden Staaten bis 338. Olynth, ebenfalls auf der

Chalkidike, wurde von Philipp im Zuge seiner nordgriechischen Expansion 348 eingenommen und zerstört; ein athenisches Hilfskorps unter Chares (s. o. Anm. 55) kam zu spät. Oropos im Grenzgebiet Attikas war unter Vermittlung von Philipp nach dem Frieden von 346 im Jahr 338 als Ersatz für die verlorene thrakische Chersones (Halbinsel Gallipoli an den Dardanellen) an Athen zurückgegeben worden, ging aber nach dem Lamischen Krieg 322 wieder verloren.

61 Pytheas, ein athenischer Politiker, stand bis 324 auf der antimakedonischen Seite, gehörte aber in der Harpalos-Affäre zu Demosthenes' Anklägern und schlug sich dann ganz auf die Gegenseite, offensichtlich aufgrund von Bestechung. Nach Alexanders Tod floh er nach Makedonien und versuchte vor dem Lamischen Krieg die peloponnesischen Städte vom Beitritt zur antimakedonischen Allianz abzuhalten. Demades wurde in der Schlacht von Chaironeia gefangen genommen, wechselte dann auf die makedonische Seite und agitierte, offen von Bestechung profitierend, in Athen. In den Wirren der Harpalos-Affäre, Alexanders Tod und des Lamischen Krieges schwamm er letztendlich wieder oben und beantragte gegen Demosthenes die Todesstrafe. 319 ging er erneut als athenischer Gesandter nach Makedonien und wurde dort auf Befehl von Antipatros' ältestem Sohn Kassandros getötet (was zu der Einstellung des Antipatros gegen Verräter, wie sie dieser Text plakatiert, passen mag). Der Politiker Kallimedon gehörte zur makedonenfreundlichen Partei und unterstützte Pytheas im Vorfeld des Lamischen Krieges.

62 Erechtheus und Kodros: Mythische Könige Athens. Erechtheus opferte auf Orakelweisung eine seiner Töchter, um Athen vor den Thrakern zu schützen; seine übrigen Töchter töteten sich selbst. Kodros ging, ebenfalls auf Orakelweisung, selbst in den Opfertod, um die Dorer abzuwehren.

63 Euripides *Hecuba* 568f. Die Rede ist von Priamos' Tochter Polyxena.

64 Platons Dialog über die Unsterblichkeit: *Phaidon*. Xenokrates: Schüler Platons, später (zur Zeit des Demosthenes) Schulhaupt der Akademie (339–314 v. Chr.), Verfasser zahlreicher philosophischer Dialoge, darunter *Über die Seele* (Περὶ ψυχῆς) und möglicherweise *Über den freiwilligen Tod* (Περὶ θανάτου ἑκουσίου).

65 Bezugnahme auf den Rat der Pythia an die Athener, gegen den Einfall der Perser eine »hölzerne Mauer« zu errichten, was Themistokles erfolgreich als »Ausbau der Flotte« und Seeschlacht in Salamis interpretierte; vgl. Herodot *Historien* 7,141–143.

66 Euktemon und Aristogeiton waren Prozessgegner des Demosthenes.

Ἱππίας ἢ Βαλανεῖον / Hippias oder Das Bad

1 Gemeint ist Pyrrhos I. (319–272 v. Chr.), König der Molosser in Epirus, nach dem Tode Alexanders d. Gr. einer der bedeutendsten griechischen Heerführer; er ist insbesondere durch seine Niederlage gegen die Römer (280–275 v. Chr.) bekannt, die für die Römer mit erheblichen Verlusten erkauft und deshalb als »Pyrrhussieg« bekannt wurde.

2 Der griechische Mathematiker und Ingenieur Archimedes von Syrakus (287–212 v. Chr.) erfand eine Reihe von Kriegsmaschinen, die bei der Belagerung durch die Römer (212 v. Chr.) eingesetzt wurden. Lukian ist der erste, der von einer Waffe berichtet, mit der Schiffe auf Distanz in Brand gesteckt werden konnten, also wohl einem Brennspiegel. In modernen Versuchen konnte ein solches Szenario nicht erfolgreich nachgestellt werden. Sostratos von Knidos (4./3. Jh. v. Chr.) half Ptolemaios II. (308–246 v. Chr.) durch Ableitungen aus dem Nilhauptkanal bei der Einnahme der Stadt Memphis; zur Geschichte seiner Namensinschrift auf dem von ihm errichteten Leuchtturm von Pharos *Wie man Geschichte schreiben soll* 62 (Band V).

3 Thales von Milet (ca. 624–548 v. Chr.) gilt als einer ersten sog. vorsokratischen Philosophen und sah das Wasser als Urelement an; auch der mathematische Satz vom rechtwinkligen Dreieck im Halbkreis stammt von ihm. Die hier berichtete Anekdote übernimmt Lukian aus Herodot *Historien* I,75.

4 Gemeint ist hier das ›trojanische Pferd‹, mit dessen Hilfe die Griechen Troja eroberten.

5 Der Architekt Hippias, der hier als Zeitgenosse Lukians bezeichnet wird, ist nur aus diesem Text bekannt; daher ist auch nicht zu identifizieren, um welche Thermenanlage es sich handelt. Der Text galt in der älteren Lukian-Forschung als unecht; er bietet einiges an technischer Thermen-Terminologie.

6 πρῶτοι findet sich nicht in den Mss., sondern ist eine Ergänzung von E. Capps.

7 Mit Du Soul ist statt des überlieferten ὕψεσι besser ἁψῖσι zu lesen.

8 Hygieia ist die Göttin der Gesundheit, häufig dargestellt, wie sie eine Schlange aus einem Napf tränkt.

9 Pindar, Olympien 6,3f., dort im Rahmen einer poetologischen Architekturmetapher.

10 Der Sprecher verwendet hier das Verb ἐπιδείκνυσθαι (präsentieren) mit Bedacht, da es üblicherweise die rhetorische Präsentation meint. Damit unterstreicht er die im letzten Absatz des Textes akzentuierte Komplementarität von Kunst und Rede: Das schöne Bauwerk bedarf essentiell der schönen Lobrede, wie es umgekehrt sie nur aufgrund ihres schönen Objektes geben kann; vgl. hierzu auch die Überlegungen in *Vom Saal* (in diesem Band).

Περὶ τοῦ οἴκου / Vom Saal

1 Kydnos: Fluss in Kilikien. Zur Erkrankung Alexanders nach dem Bad vgl. Arrian *Alex. Anab.* 2,4,7.

2 Gemeint ist Odysseus' Sohn Telemachos, der auf der Suche nach seinem Vater zu Menelaos' Palast in Sparta kommt; vgl. Homer *Odyssee* 4,69–75, wo Telemachos Menelaos' Halle mit der des Zeus auf dem Olymp vergleicht.

3 Gemeint ist die Nymphe Echo; die Erzählung bspw. bei Ovid *Metamorphosen* 3,339–401 und Longos *Daphnis und Chloe* 3,21–23.

4 Es handelt sich um die Waffen, die Hephaistos nach Patroklos' Tod neu für Achill anfertigte; vgl. Homer *Ilias* 19,12–18 u. 19,367–386(!).

5 Die Anspielung zitiert das Dialogszenario des Platonischen *Phaidros*, in dem das Wesen des Eros verhandelt wird (er enthält auch eine dem Logographen Lysias zugeschriebene Rede); die Platane als Ort eines Gesprächs mit weitreichenden Erkenntnissen hat von dort ausgehend in der antiken Literatur große Beliebtheit erlangt.

6 Zur goldenen Platane vgl. Herodot *Hist.* 7,27.

7 Die Dynastie der Arsakiden herrschte seit der Mitte des 3. Jh.s. v. Chr. über das Reich der Parther, bis in Lukians Zeit; mit der Dynastie der persischen Achaimeniden – zu denen die goldene Platane gehört – haben sie allerdings nichts zu tun, obwohl das Partherreich große Teile des älteren Perserreiches beinhaltete.

8 Der überlieferte Text wird an dieser Stelle von Harmon athetiert; es könnte sich um den kommentierenden Zusatz eines Schreibers handeln.

9 Die architektonische Beschreibung der idealen Anlage des Saales erinnert an das Lob von Hippias' Bad (in diesem Band).

10 Das überlieferte τὴν αἰθρίαν ist hier wohl wie τὸ αἴθριον als Gräzisierung des lat. *atrium* zu verstehen, vgl. so *Anacharsis* 2 (Band V).

11 Vgl. Homer *Ilias* 3,423 und *Odyssee* 4,121.

12 Vgl. bspw. Homer *Ilias* 1,532 oder *Odyssee* 20,103.

13 Der Vergleich scheint auf den ersten Blick zu hinken, denn im Falle des Pferdes geht es nicht um die Anschauung, sondern um die Berührung. Aber in (12) führt der Sprecher die beiden Bereiche zusammen: Das Meer verlockt nicht nur durch seinen Anblick, sondern auch durch die innere Vorwegnahme des Gefühls, über die Wogen zu gleiten. Der Sprecher entwirft hier also nicht nur eine Visualitätstheorie, sondern eine alle Sinne umfassende ästhetische Anschauung. Pferd und Pfau können dem Eindruck ›nur‹ im gleichen Modus (Druck und Gegendruck, Farbigkeit und Gegenfarbigkeit) antworten, der Mensch jedoch kann zwar naiv durch Staunen und Begehren (wie im Bild des Schiffes auf dem Meer) reagieren, eine adäquate Reaktion – die des Gebildeten – besteht aber in

der Ausnutzung seiner Fähigkeit, selbst aktiv und kreativ zu werden und dem Eindruck im Medium der Sprache einen Gegen-Eindruck beizugesellen. Wichtig ist, dass in allen hier genannten Fällen es die Kombination von Typos und Antitypos ist, die den neuen ästhetischen Reiz ausmacht; vgl. auch § 13 Ende. Dieser künstlerischen Reaktion liegt jedoch nicht nur eine interesselose Wahrnehmung zugrunde. Sowohl die ›wahrnehmungstheoretischen‹ Überlegungen zu Beginn von § 4 als auch der Tiervergleich als solcher machen deutlich, dass dem kreativen Akt ein bedeutender emotionaler Anteil, eine unmittelbare Erfahrung von Lust am Schönen vorausliegt.

14 Sirenen: Vgl. Homer *Odyssee* 12,166–200. Zauberrädchen: Ein magisches Instrument, mit dessen Hilfe eine Person verliebt gemacht und herbeigerufen werden kann; vgl. bspw. Theokrit *Idyllen* 2,17.

15 Lukian lässt in seinen Schriften bisweilen eine abstrakte Argumentationsinstanz als Figur mit dem mehrdeutigen Namen ›Logos‹ auftreten; ähnlich intensiv wie hier in *Hermotimus* 63ff. (Band II).

16 Der gegnerische Logos behauptet also, dass eine Rede, gehalten in einem schönen Saal, weder allein für sich genommen Erfolg haben noch eine Wirkungsgemeinschaft mit ihrem Kontext eingehen könne; der Saal beanspruche alle Wirkung, sei sie visuell, sei sie akustisch, für sich. Damit vertritt er das exakte Gegenteil der Position des Hauptredners.

17 Gemeint ist Odysseus bei seiner Gesandtschaft nach Troja, vgl. Homer *Ilias* 3,216–220.

18 Phemios und Demodokos: idealisierte Sängerfiguren in Homers *Odyssee*; Thamyris, Amphion, Orpheus: berühmte Sänger des Mythos.

19 Diese Behauptung findet sich nur bei Lukian (hier und in *Hermotimus* 64 [Bd. II]).

20 Die Kontroverse wird aufgegriffen in *Bilder* 1f. (Band V).

21 So etwa formuliert bei Herodot *Historien* 1,8. Die Autopsie spielt für Herodots Geschichtsverständnis zwar eine wesentliche Rolle, auf der anderen Seite ist er als Historiker eingestandenermaßen größtenteils auf Hörensagen angewiesen.

22 Die ›geflügelten Worte‹ (ἔπεα πτερόεντα) sind eine stehende Wendung im Homerischen Epos.

23 Der Logos behauptet mithin, dass in einem solchen Ambiente, wie es der Saal darstelle, nur ekphrastisch gesprochen werden könne, und zwar so, dass sich das verbale dem visuellen Artefakt unterwerfe bzw. sich in seinen Dienst stelle. Tatsächlich liefert der Logos im Folgenden inhaltlich wie stilistisch äußerst dürre Beschreibungen der Gemälde an den Wänden des Saales, eher in der Art eines Fremdenführers, der zurückhaltende einordnende Kommentare und Erklärungen abgibt. Man vergleiche demgegenüber den hohen stilistischen Aufwand der ersten Kapitel des Textes mit seinen zahlreichen rhythmischen und klanglichen

Effekten, die offenkundig darauf abgestellt sind, die in § 3 beschriebenen Resonanzeffekte des Saales hervorzurufen und zum Klingen zu bringen. Inhaltlich fällt auf, dass der Sprecher der ersten Hälfte nur wenige deskriptive Bemerkungen zum Saal macht (§§ 6 und 8f.), die stets schnell in Worte des Lobs übergehen. Er vertritt offenkundig die Auffassung, dass die Rede sich nicht inhaltlich dem Ambiente anpassen darf, sondern dessen ästhetischen Qualitäten übernehmen und in medialer Transcodierung abbilden muss.

24 Branchos von Milet wurde von Apoll geliebt, der ihm für sein erotisches Entgegenkommen (hier symbolisiert im Hasen) die Gabe der Prophezeiung verlieh.

25 Der Sprecher umschreibt mit »Ergebnis dieser Verfolgung« die Peinlichkeit, dass Erichthonios, vierter mythischer König Athens, aus dem Samen entspross, den Hephaistos bei seinem missglückten Versuch der Vergewaltigung Athenas auf den Boden vergoss.

26 Orion wurde von König Oinopion geblendet, erlangte jedoch mit Hilfe des Schmiedes Kedalion (daher der Verweis auf Hephaistos) und des Helios beim Sonnenaufgang sein Augenlicht zurück.

Περὶ τοῦ μὴ ῥᾳδίως πιστεύειν διαβολῇ / Warum man Verleumdungen nicht leichtfertig Glauben schenken soll

1 Tragödien um die Familiengeschichte des Ödipus und des Tantalos.

2 Apelles aus Ephesos: einer der berühmtesten Maler der Antike, ca. 375/0 bis um 300 v. Chr. Von seinen Gemälden ist keines erhalten.

3 Tyros: Stadt im südlichen Libanon, während der Alexanderzeit und der Diadochenkriege permanent umkämpft.

4 Der historische Hintergrund ist nicht ganz klar, ebenso wie die Namensform ›Theodotas‹ (in historiographischen Quellen ›Theodotos‹). Wahrscheinlich handelt es sich um Ptolemaios IV. (Pharao Ägyptens 221–204 v. Chr.) und seine Territorialkämpfe um Koilesyrien und Auseinandersetzungen mit Antiochos III.; vgl. Polybios *Historien* 5,40,1ff., bei dem Theodotos als Ptolemaios' Statthalter bezeichnet wird (um 221 v. C.). Dies passt allerdings nicht zu Apelles' Lebensdaten (s. o. Anm. 2), ebenso wenig zu der von Lukian *Zeuxis* 9 (in diesem Band) berichteten Unterstützung des Theodotas für Antiochos I. anderthalb Generationen früher. Theodotas und Theodotos sind also wohl zwei verschiedene historische Gestalten und werden hier fälschlich miteinander identifiziert.

5 Antiphilos, ein Maler der Zeit Alexanders und des Ptolemaios I., in die Lukian (s. Anm. 4) die Ereignisse aus der Zeit des Ptolemaios IV. zurückzuversetzen scheint; er wird von Plinius *Naturgeschichte* 35,138 erwähnt. Er malte auch Genreszenen und Karikaturen.

6 Pelousion: Altägyptische Stadt im Nildelta in der Nähe des heutigen Port Said.

7 Ptolemaios I. war vor seiner Königherrschaft einer der Generäle Alexanders des Großen.

8 Sandro Botticelli malte auf Grundlage dieser Beschreibung sein Gemälde *La Calunnia di Apelle* (1494/5, Florenz, Uffizien).

9 Solon von Athen (ca. 640–560 v. Chr.), Wegbereiter der attischen Demokratie, Vertreter eines Konzepts von grundständiger Rechtlichkeit eines Staatswesens (Eunomie) und der Bindung an ein schriftlich fixiertes und daher vor willkürlichen Veränderungen geschütztes Gesetzeswerk. Drakon von Athen (um 650 v. Chr.), Solons ›Vorgänger‹, kodifizierte und verschriftlichte erstmals die Rechtspraxis, reformierte das Strafrecht und setzte spezialisierte Gerichtshöfe ein.

10 Die Herkunft des Zitats ist nicht geklärt. Der Verweis auf den »besten Dichter« lässt an Homer denken, bei dem es aber nicht erhalten ist; Cicero spricht es Hesiod zu, wo es sich im Erhaltenen jedoch ebenfalls nicht findet.

11 Homer *Ilias* 18,309.

12 Das Adjektiv ἄναθλος hat Lukian eigens für diese Stelle erschaffen.

13 Mit Stratonike könnte die Gemahlin des Seleukidenherrschers Antiochos I. (324–261 v. Chr.) gemeint sein. Zu ihrem Verhältnis zu ihrem offiziellen Begleiter Kombabos vgl. *Von der syrischen Göttin* 17–27 (Band V).

14 Hier ist auf den Dithyrambendichter Philoxenos von Kythera (ca. 435–380 v. Chr.) angespielt, der – wie Lukian auch den Sprecher von *Gegen den ungebildeten Büchernarren* 15 (Band VII) erzählen lässt – die tragischen Verse des syrakusischen Tyrannen Dionysios I. verspottet haben und dafür in die Steinbrüche geschickt worden sein soll.

15 Ptolemaios XII., spöttisch ›Auletes‹ (Aulosspieler) genannt, ca. 115–51 v. Chr., König von Ägypten und Vater von Kleopatra VII. Sein selbstgewählter Beiname war νέος Διόνυσος (junger Dionysos). Der hier erwähnte Platoniker Demetrios, über den sonst nichts weiter bekannt ist, könnte mit dem Demetrios, den Marc Aurel in seinen *Selbstbetrachtungen* 8,25 erwähnt, identisch sein.

16 Hephaistion: Jugendfreund und einer der acht engsten ›Leibwächter‹ (σωματοφύλακες) Alexanders, mit einer großen Zahl eigenständiger Kommandos betraut, außerdem sein späterer Schwager, da mit der Schwester der Roxane verheiratet (vgl. hierzu das in *Herodotus* 4–6 [in diesem Band] beschriebene Gemälde des Aëtion), und schließlich Alexanders Stellvertreter. Er starb 324 in Ekbatana am Fieber. Von Alexanders Umgang mit diesem Todesfall berichten viele Quellen.

17 In der griechischen Formulierung ἀλεξίκακος θεός steckt eine ironische lautmalerische Anspielung auf Ἀλέξανδρος: Im Tode ist Hephaistion seinem Freund noch ähnlicher geworden.

18 Agathokles von Samos ist ansonsten nicht bekannt.

19 Perdikkas (ca. 365–321/20 v. Chr.), ein weiterer enger Vertrauter und Heerführer Alexanders, allerdings deutlich älter als jener. Nach Alexanders Tod (323 v. Chr.) Regent des Reiches. Im Konflikt mit den übrigen Prätendenten der Alexander-Nachfolge (Diadochen) kam er in einer Revolte seiner Truppe ums Leben.

20 Zitiert nach Homer *Odyssee* 9,316: Odysseus brütet voller Hass über einem Plan, wie er den Kyklopen ausschalten könnte.

21 Homer *Ilias* 6,164f. Es handelt sich um die pagane Version der biblischen Potiphar-Erzählung.

22 Theseus brachte von seinem Kreta-Abenteuer Ariadnes Schwester Phaidra mit nach Athen und heiratete sie. Phaidras Unterstellung und Selbsttötung aus verschmähter Liebe zu Theseus' Sohn Hippolytos endete in der Verfluchung des Sohnes durch den Vater und schließlich in Hippolytos' Tod.

23 Aristeides, genannt der Gerechte, athenischer Politiker der Epoche der Perserkriege, der in unterschiedlicher Funktion an den drei bedeutenden Schlachten von Marathon, Salamis und Plataiai teilnahm (um 550–467 v. Chr.); als politischer Gegner des Themistokles wurde er 482–480 durch Ostrakismos verbannt, konnte danach aber wieder in hohe Stellungen zurückkehren. Als Gründer des Attischen Seebundes sorgte er für gerechte Tributzahlungen der Verbündeten, was ihm seinen Beinamen eintrug. Themistokles (ca. 524–459 v. Chr.) war im Jahr 480 der Sieger der Schlacht bei Salamis. Aufgrund des Vorwurfs, bei der Schlacht an den Thermopylen (480 v. Chr.) die Spartaner nicht unterstützt und damit das Eindringen der Perser nach Attika begünstigt zu haben, wurde er 471 v. Chr. ebenfalls durch Ostrakismos verbannt. Darüber hinaus als Verräter verurteilt, floh er nach Persien und wurde Satrap des Großkönigs Artaxerxes I. Einem neuerlichen persischen Feldzug gegen Griechenland als Admiral der persischen Flotte soll er sich durch Suizid entzogen haben; aus der Kaiserzeit datiert ein fiktiver Briefwechsel des Themistokles, situiert in die Zeit seiner Verbannung.

24 Palamedes hatte Odysseus' Versuch entlarvt, sich durch vorgetäuschten Wahnsinn dem griechischen Feldzug gegen Troja zu entziehen, und sich damit seinen Hass zugezogen. Odysseus rächte sich vor Troja, in dem er dem Palamedes gefälschte Dokumente einer Kollaboration mit den Trojanern unterschob; Palamedes wurde zum Tod durch Steinigung verurteilt.

25 Zu Themistokles s. o. Anm. 23. Miltiades (ca. 550–489 v. Chr.), Sieger von Marathon, brach die Belagerung der Insel Paros ab, weil er die Ankunft einer

persischen Flotte befürchtete. Er wurde wegen Hochverrats angeklagt, zu einer hohen Geldstrafe verurteilt und starb im Gefängnis an den Folgen einer Verwundung.

26 Die unkontrahierte Form des griechischen παραπλέειν spielt auf Homers ionischen Dialekt an.

Περὶ θυσιῶν / Von den Opfern

1 Oineus, König von Aitolien, lud alle Götter zum Dank für reiche Feldfrucht zum Opfer, vergaß jedoch Artemis, die zur Rache einen Eber schickte, der Oineus' Ländereien verwüstete. Oineus' Sohn Meleager machte sich zusammen mit einer Reihe berühmter Heroen auf die Jagd. Ihm war bei seiner Geburt vorausgesagt worden, er werde nur so lange leben, bis ein Scheit im Feuer verbrannt sei. Seine Mutter Althaia riss daraufhin das Scheit aus den Flammen. Im Streit um das Fell des Ebers tötete Meleager jedoch Althaias Brüder, woraufhin sie das Scheit wieder ins Feuer warf.

2 Vgl. das ähnliche Verhalten des stoischen Philosophen Hetoimokles im *Gastmahl* 22–27 (Band II), der nicht wie die übrigen Philosophen zur Hochzeitsfeier des Aristainetos eingeladen worden war.

3 Vgl. Homer *Ilias* 1,423–425.

4 Hekatombe: Ein Opfer von hundert Tieren.

5 Nestor brachte das Stieropfer für seine Rückkehr nach Pylos dar; Agamemnon opferte seine Tochter Iphigenie für einen guten Fahrtwind nach Troja.

6 Hekabe wurde also offensichtlich überboten; ihr Opfer wird von Homer *Ilias* 6,271ff. erwähnt.

7 Der Bericht von diesem Vorgang, der die Handlung der *Ilias* auslöst, bei Homer *Ilias* 1,33–52.

8 Apoll liebte den Knaben Hyakinthos, tötete ihn aber aus Versehen beim gemeinsamen Sport mit einem Diskuswurf; aus Hyakinthos' Blut entstand die gleichnamige Blume. Daphne konnte Apolls Versuch der Vergewaltigung nur dadurch abwenden, dass sie sich in einen Lorbeer verwandelte.

9 Dies eine witzige Übertragung attischen Exilierungsrechts auf die himmlischen Verhältnisse; ähnlich am Ende dieses Abschnitts die Behauptung, in Troja habe es Drachmen gegeben.

10 Admet von Pherai erhielt als Lohn für seine Freundschaft zu Apoll von diesem die Möglichkeit, einen anderen zu überreden, an seiner Statt zu sterben; dies die Voraussetzung des Mythos von Alkestis. Laomedon von Phrygien erbaute mit Poseidons und Apollons erzwungener Hilfe die Mauern Trojas.

11 Das griechische Wortspiel – οὐρανός, der Himmel, ist zugleich der Name von Kronos' Vater – lässt sich im Deutschen nicht ganz verlustfrei nachahmen.

12 Nämlich in die tiefste Unterwelt, den Tartaros.

13 Vergleichbare ›Vorwürfe‹ in *Götterversammlung* (Band III).

14 Hier wird stichwortartig auf die Mythen um Europa, Leda und Ganymed angespielt.

15 Der Meergott Proteus besaß die Gabe der unbegrenzten Metamorphose; von einer Begegnung mit ihm erzählt Menelaos in Homer *Odyssee* 4,450–459.

16 Zeus verschlang Metis, die ihm einem Orakel gemäß ein Kind gebären sollte, das ihn vom Thron stürzen werde; daraufhin kam er mit der ›Kopfgeburt‹ Athena nieder.

17 Hiervon berichtet Euripides in den *Bakchen* 286ff.

18 Vgl. Hesiod *Theogonie* 927.

19 Hephaistos: Vgl. Homer *Ilias* 1,584–596. Astyanax, Hektors und Andromaches Sohn, wurde nach dem Fall Trojas von einem der griechischen Heroen von den Zinnen der Stadtmauer gestürzt.

20 Als Strafe für den Diebstahl des Feuers.

21 Vgl. Homer *Ilias* 17,425.

22 Vgl. Platon *Phaidros* 247c.

23 So Homer *Ilias* 5,749.

24 Homer *Ilias* 4,1.

25 Eine ähnliche Vorstellung in *Ikaromenippos* (Band III) und in *Tragödienzeus* 33f. (Band III). Das Zitat aus Homer *Ilias* 1,317.

26 Ixion nutzte die Götternähe für einen Annäherungsversuch gegenüber Hera; Tantalos wollte die Allwissenheit der Götter auf die Probe stellen, indem er ihnen seinen Sohn als Festmahl auftischte.

27 Vgl. die ähnliche Beschreibung der durch den bronzenen Stier vollzogene Folter in *Phalaris* I,11 (in diesem Band).

28 Angespielt ist auf die Schlachtung von Odysseus' Gefährten in Polyphems Höhle; Homer *Odyssee* 9.

29 Vgl. zur Formulierung Homer *Odyssee* 9,211.

30 Homer *Ilias* 6,150.

31 Eine verschiedentlich überlieferte Ausschlussformel der Orphiker.

32 Nisos, König von Megara, sollte einem Orakel gemäß so lange leben, wie er die purpurne Locke, die auf seinem Kopf wuchs, zu behalten vermochte. Im Krieg gegen Minos raubte Nisos' Tochter Skylla sie ihm aus Liebe zu dem Angreifer.

33 Die beiden Philosophen werden einander gegenüber gestellt in *Versteigerung der Lebensweisen* 13 (Band II). Lachender Demokrit und weinender Heraklit sind auch in der späteren Bildkunst ein geläufiges Paar.

Περὶ πένθους / Vom Trauern

1 Die drei göttlichen Brüder sollen zu Beginn der Herrschaft der zwölf Götter die Welt untereinander aufgeteilt haben: Zeus erhielt den Himmel, Poseidon das Meer und Hades die Unterwelt, während die Erde ihnen gemeinsam gehören sollte.

2 Beispiele werden in § 5 genannt.

3 Charon. Ihm hat Lukian einen eigenen Dialog gewidmet (*Charon oder Die Betrachter* [Band IV]).

4 Er trägt im Mythos den Namen ›Kerberos‹ (Totenseelenfresser).

5 Der Affodill wächst in vielen Unterarten im gesamten Mittelmeerraum und gilt der antiken Mythologie als Hauptpflanze der Unterwelt.

6 Alkestis war bereit, anstelle ihres Ehemanns Admetos zu sterben, wurde aber von Herakles wieder aus dem Hades zurückgeholt. Protesilaos starb, jungverheiratet, als erster vor Troja; die Unterweltsgötter gewährten ihm auf Bitten seiner Ehefrau Laodamia drei Stunden an der Oberwelt, danach folgte ihm Laodamia freiwillig in den Hades. Theseus, mythischer König von Athen, und sein Freund Peirithoos wurden bei dem Versuch, Persephone aus dem Hades zu rauben, in der Unterwelt festgehalten und wie Alkestis erst von Herakles befreit. Odysseus schließlich betritt während seiner Irrfahrt die Schwelle der Unterwelt und lockt die Toten mit Hilfe von Opferblut an.

7 Gemeint sind u. a. Tityos (Geier), Ixion (Rad) und Sisyphos (Stein).

8 Stentor, ein griechischer Krieger vor Troja, der in Homer *Ilias* 5,785 einmal wegen seiner überlauten Stimme Erwähnung findet.

9 Ein anderer Name Plutons.

10 Gemeint sind Monate und die Vierjahresspannen der Olympiaden.

11 Tisiphone ist eine der in § 6 genannten Erinyen.

12 *Il.* 16,502 und öfter.

13 Die hier berichteten Begräbnissitten werden von Herodot in seinen *Historien* erwähnt (3,24; 1,216, 2,85 u.a.); das hier mit ›Pökeln‹ übersetzte ταριχεύειν wird auch für das ›Einbalsamieren‹ verwendet, die Übersetzung wahrt aber den polemischen Charakter der ganzen Schilderung.

14 Vgl. Herodot *Historien* 2,78. Der Hinweis auf die Autopsie soll ebenfalls an Herodot denken lassen.

15 So bei Herodot *Historien* 2,136.

16 Homer *Ilias* 24,602.

17 Homer *Ilias* 19,225.